KB123443

기문둔갑

이론편

실전

기문둔갑

이론편

기문학 전문가 **김갑진** 편저

보고사
BOGOSA

序文

젊은 시절부터 본시 東洋五術에 대해 관심이 많아 이 분야를 탐구하고 궁구한지도 어느덧 강산이 세 번 변하고도 또 몇 년의 세월이 흘렀다. 그동안 틈나는대로 사주명리학을 토대로 하여 風水地理, 六壬, 奇門遁甲까지 공부를 한다고 해보기는 하였지만 깨우친 것이 없으니 이 방대한 학문에 대해 다시 한 번 경외감을 느끼게 되는 것이다. 사주명리학에 관한 책인 "실전사주비결 1·2·3권"을 출간하면서 언젠가 기회가 닿으면 기문둔갑에 관한 책을 저술해야겠다고 마음을 다 잡고서도, 한참의 세월이 흘러간 이제서야 실행에 옮기게 된 것이다. "萬法歸宗(만법귀종)"이란 기문둔갑 古書가 있듯이, 奇門學은 萬法의 으뜸이며 萬學의 최정점인 것이다. 그러나 이 학문에 入門하려는 초학들에게는 방대한 이론들과 異說들 그리고 다양한 접근법들이 기문둔갑을 배우는데 있어서 많은 장애요소가 되었던 것 역시 사실이다.

기문둔갑이란 학문은 본시 중국에서 창안된 학문이다. 따라서 중국에서 출간된 서적들과 국내에서 발행된 책들을 탐구하고 정리정돈을 하며, 또한 틈나는 대로 실전에 적용해보는 과정에서, 적중되지 않는 이론들과 그리고 너무 이론에만 치우친 성향의 내용들은 배제하고, 비교적 정확하게 규명되고 실전풀이에서 합당하게 들어맞는 내용들을 정리하는 데까지 또한 많은 시간이 소요됐던 것이다.

국내외에서 발행된 많은 서적들이 있지만 대체로 이론 위주로 서술되어 있어, 이 학문을 배우는 분들이나, 현업에 종사하시는 많은 분들이, 실전에 활용시에 많은 어려움이 있다고 토로하는 것을 종종 들을 수 있었다. 그러한 면을 참고하여, 이 책은 실전에서 기문둔갑을 활용하여 看命시 비교적 적중률이 높았던 내용들을 정리하여, 초학자들도 쉽게 배우고 응용하며 연구해갈 수 있도록 실전위주에 초점을 맞추고 저술한 것이다.

본시 천학비재하지만 방대하고 심오하며 난해한 기문둔갑의 저술에 도전한 것은, 현학적이지 않으면서도 우리나라 역술학 발전에 일익이라도 담당했으면 하는 소박한 마음에서 비롯된 것이니, 재야 선배동문들의 조언이 있으시면 甘呑苦吐하지 않고 달게 받아들여 학문적 발전의 계기로 삼고자하는 마음을 헤아려주시길 바랄 따름이다.

奇門學에 入門하려는 후학들이 좀 더 쉽게 이 학문에 접근하고 좀 더 나은 학문적 성과를 이루고, 우리나라 奇門學 중흥의 기틀을 이루어내는데 작은 도움이라도 되길 다시 한번 기대해 본다.

젊은 시절 상원암에서 스승이신 法印禪師께 이 학문을 사사받을 때, 늘 상 저에게 어떤 경우라도 "공부의 끈을 놓아서는 안된다…"라는 말씀을 자주 하시었는데, 耳順의 나이를 지나서 이제 생각해보면 그 말씀이 金科玉條임을 새삼 깨닫게 된 것이다. 세상사 모든 일이 땀과 고통과 번뇌없이 이루어지는 것이 한 가지라도 있을 것인가? 사서오경 중 하나인 孟子 "告子篇"에 가슴에 와 닿는 글귀가 있어 인용해본다.

天將降大任어신대
必先苦其心志하고 勞其筋骨하며
餓其體膚하고 空乏其身하여
行不亂其所爲하나니
所而는 動心忍性하여
增益其所不能이니라.
人恒過然後에 能改하나니
困於心하며 衡於慮而後에 作하며
徵於色하며 發於聲而後에 喩이라.

하늘이 사람에게 큰 임무를 내리려 할 때에는,

반드시 먼저, 마음과 뜻을 고통스럽게 하고, 근육과 뼈를 수고스럽게 하고,

몸을 굶주리게 하고, 돈도 없어 궁핍하게 하고,

하고자 하는 일마다 불란스럽게 만드는데,

이렇게 하는 이유는 흔들리는 마음을 참고 견디게 해서,

자신이 해내지 못했던 일을 더 많이 할 수 있도록 하게함이다.

사람은 항시 잘못을 저지른 후에야 고쳐나가고,

마음이 곤고하고 많은 번민을 한 후에야 일을 하며,
얼굴색과 목소리까지 고통이 배어나와야만 비로서 깨닫게 되느니라.

　상기 金言은 역술학을 접하는 마음의 일면을 잘 대변하고 있는 것 같아 인용해
본 것이다. 아무쪼록 필자의 경우도 기문학 공부가 많은 인내와 노고가 수반됨을
늦게 철이 들어서야 깨닫게 된 것이다.
　아울러 금번 기문둔갑이란 책을 출간함에, 학술서적이라 비인기 서적이지만 출판
을 흔쾌히 허락해주신 보고사출판사 김흥국 사장님과 출판까지의 과정을 세세하게
배려해주신 여러 직원분들께 심심한 감사의 말씀을 전하며, 책 출간까지 묵묵히
힘을 실어주신 연로하신 어머님과 가족들에게도 감사의 말씀을 전하며 글을 마친다.

－戊戌年 寅月 －
帝釋 拜上

목차

역술학 연원 개략易術學 淵源 槪略

時代	著者	著書	內容
三皇	伏羲氏	河圖論	伏羲 四卦론·河圖論 創案
五帝	皇帝(軒轅氏)	皇帝內·外經	九天의 玄女에게 十干 十二支 받음 太乙·奇門·六壬의 三式 받음
五帝	帝堯(요임금)		六十甲子를 완성
夏나라	禹(우)임금	洛書論	洛書論 창안
周나라	文王	八卦論	文王八卦 창안 太乙·奇門·六壬 이론 완성
周나라	呂尙(姜太公)	六韜三略	奇門과 六壬을 응용한 兵法서
春秋時代	孔子		周易 체계 완성
戰國時代	珞珠子·鬼谷子	鬼谷秘訣	합종과 연형책의 소진·장의 사부 奇門遁甲 응용편
漢	張良		奇門과 六壬의 응용 이론
漢	董仲舒· 司馬李東方朔· 嚴君平		漢代의 정치가 겸 책략가
三國時代	管輅·晋有郭 璞北齊·有魏定		占術家 및 策略家
三國時代	諸葛亮	奇門遁甲 通宗大典	蜀漢의 정치가 겸 책략가
唐	李靖	遁甲萬一訣	책략가 겸 역술학자
唐	李筌	天一遁甲經	책략가 겸 역술학자
唐	李淳風 遠天綱	萬法歸宗	唐代의 뛰어난 정치가 겸 역술학자
唐	一行禪師	大衍曆	천문학자
唐	李虛中	李虛中命書	年柱의 納音으로 運命判斷
唐	李虛中	玉井訣	日干爲主의 논설
宋	陣搏(希夷)	紫微斗數	麻衣道士 弟子·宋太祖 등극 예언
宋	陣搏·邵康節	河洛二數	河圖와 洛書의 이론 체계적 정리

時代	著者	著書	内容
	徐公升(子平)	淵海子平	日干을 중심으로 四柱體系 定立
	楊愉德	景祐太乙福應經	정치가 겸 역술학자
		景祐六壬神定經	
		景祐遁甲符應經	
	岳 珂	奇門遁甲元機	
	趙 普	烟波釣叟歌	기문둔갑의 체계 및 정리
元	耶聿楚材	千官經	五星書
明	劉秉忠	奇門秘竅	기문둔갑 이론서
	張 果	果老星宗	五星書의 일종
	茅元義	武備志 奇門玄覽	기문둔갑 술수학
	張 楠(神峯)	命理正宗	淵海子平의 誤謬 바로잡음
	萬育吾	三命通會	諸神煞 定理가 優秀
	劉基(伯溫)	滴天髓	四柱命理學의 最高峰이라 함
		奇門遁甲 秘笈全書	明나라 개국공신으로 奇門遁甲의 체계화된 정리 및 응용이론 확립
		陽宅遁甲圖	
		燒餅歌	
		金面玉掌記	
清	陣素菴	滴天髓輯要	
	저자미상	窮通寶鑑	欄江網·調候를 適用 用神 찾기
	甘霖時	奇門一得	기문둔갑 술수학
	釋孟樨	奇門法竅	기문둔갑 술수학
	沈孝瞻	子平眞詮	四柱命理의 格局이론 정리
		命理約言	
	任鐵樵	滴天髓闡微	滴天髓에 註釋
近·現代	徐樂吾	滴天髓徵義	陣素菴선생의 주석부분 삭제
		滴天髓補註	

時代	著者	著書	內容
		子平粹言	
	遠樹珊	命理探原	
		命 普	
	韋千理	命理講義	
		八字提要	
	하건충	八字心理學	
	吳俊民	命理新論	
	花提館主	命理新義	
韓國 (朝鮮祖)	無學大師	無學秘訣	예언서·지리서
	徐敬德(花潭)	洪烟眞訣	東國奇門(中國奇門을 我東邦에 맞게 洪局과 烟局으로 구분 체계 세움)
	南師古	格菴遺錄	비결서
	金 緻	深谷秘訣	紫微斗數를 심층 연구한 저서· 조선중기 인조 등극을 예언·
	李之菡(土亭)	月影圖 土亭秘訣	洪烟眞訣의 이론 발전시킴
韓國	自彊 李錫映	四柱捷徑 6권	상담을 통해 사주를 정리연구 총6권
	陶溪 朴在玩	命理要綱	命理講義를 연구하여 지은 이론서
		命理辭典	韋千里의 八字提要를 飜譯 日支論을 첨부하여 지음

제1편

입문入門

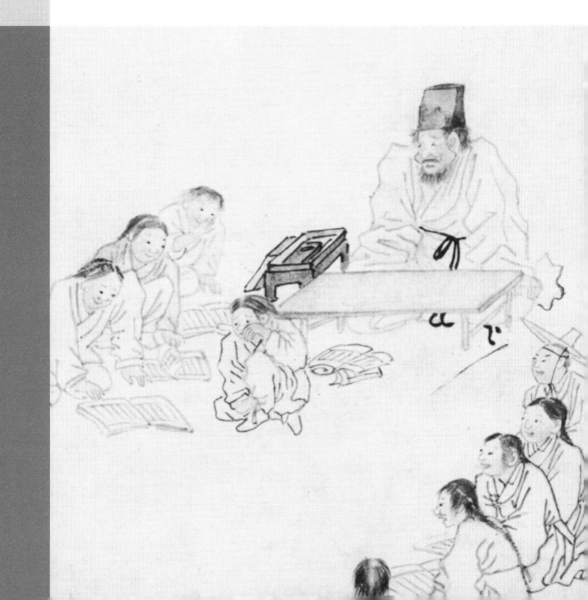

제1장
기문둔갑奇門遁甲

1. 연원淵源

奇門遁甲(기문둔갑)이라는 학문의 어원은 일반적으로 알려지기는 天盤·地盤六儀 三奇(천반·지반육의삼기)의 **"奇"**, 八門神將(팔문신장)의 **"門"**, 陽遁局·陰遁局(양둔국· 음둔국)의 **"遁"** 六十甲子의 **"甲"**의 네 글자를 따서 "奇門遁甲"이라 칭했다고 알려진 다. 이 학문의 발생지는 본시 중국으로 기원전 3000년경(B.C. 3,000) 지금으로부터 약 5,000여년 전에 중국의 三皇五帝(삼황오제)시대의 五帝 중 한분인 皇帝 "軒轅氏 (헌원씨)"가 백성들이 天氣의 부조화로 인한 기근과 수해, 냉해 등으로 인해 고통받 는 것을 보고 天帝에게 제사를 지내 천지 삼라만상의 순환의 법칙을 알아, 天道와 人倫에 따른 올바른 국가통치를 통해 백성들의 고통을 덜어주고자 기도를 하였던 바, 九天에 있는 "玄女"라는 옥황상제의 仙女를 통해 三式(三數)을 받았는데, 3명의 아들에게 각각 한 가지씩 전수하여 그 심오한 뜻을 깨닫게 하고 德人이 아니면 함 부로 전수치 못하게 엄명한 학문이 **太乙神數**(태을신수)**"奇門遁甲**(기문둔갑)**"六壬 神課**(육임신과)**"** 三式(三數)인 것이다.

太乙數는 하늘의 별들의 운행괘도의 법칙을 알고자 하는 학문으로, 이에 통달하 면 선·후천세계의 형성과정과 같은 지구상의 지정학적인 변화와 향후 지각변동 문제, 국가의 흥망성쇠, 성인, 성군 등의 탄생들을 알아볼 수 있는 학문으로 上通天 文에 도달 할 수 있는 학문이나, 현재에는 이 학문의 본고장인 중국에서도 문서의 일부분만 존재할 뿐 거의 사장되었다고 알려져 오고 있다.

奇門遁甲은 지리에 관한 학문이다. 주로 고대 중국 등 동양에서는 병법에 실전

적용하는 경우가 많았고, 풍수지리학의 이기론의 근거를 이루었으며, 제반 인간사의 길흉화복 판단에 두루 적용되는 학문이다. 아울러 한 나라의 흥망성쇠나 한 가정의 길흉화복을 점단하는데 적중률이 뛰어난 학문이다. 현대 중국의 역술가들은 운명점술학의 최고봉은 단연코 기문둔갑이라고 전하고 있다.

기문둔갑은 크게 "右道"와 "左道"의 두 학문세계로 나누는데, 右道는 운명학, 방위학, 풍수학 등의 "理氣"를 다루는 순수학문의 세계를 말하고, 左道는 술법, 부적, 둔갑술 등의 靈과 精神의 세계를 다루는 학문이다.

六壬神課는 人事에 관한 학문이다. 시시각각으로 변화무쌍한 세상사와 제반 인간사에 그 적중률이 탁월하다. 육임학의 근거는 우리들 주변에서 일어나는 세상만사 모든 일이 우연이 아닌 어떤 필연적인 숙명을 띄고 서로간 유기적인 연관관계가 있다는 사실에 근거하여, 그 처음과 끝을 알고 운명과 숙명에 대처하며 현명하게 살아가고자 하는 사람들의 지침서로 삼고자 창안된 학문인 것이다.

六壬學은 점술학이다. 옛날의 성인들은 우리들 인간세계의 운명에 미치는 영향이, 조상신과 천지신명세계의 영향에서 벗어날 수 없다는 것을 깊이 통찰하고 신들세계의 영역을 이해하고 알고자 깊이 연구했던 학문이 바로 이 육임학이다. 현대 역술인들은 육임학은 "中通人義之學問"이라 인사를 다루는 학문이기 때문에 현세대에 깊이 연구하고 활용해야 하는 학문이라 매우 중요시하고 있다.

중국 宋나라 太宗 때의 宰相 趙普(조보)가 지은 烟波釣叟歌(연파조수가)에 의하면 軒轅皇帝(헌원황제)가 涿鹿(탁록=지금의 하북성 탁현) 들판에서 東邦의 蚩尤天皇(치우천황)과 전쟁을 벌였으나 승부가 나지 않았는데, 하늘나라 옥황상제의 仙女인 九天玄女에게 三式의 符訣(부결)을 받는 꿈을 꾸었다. 목욕재계하고 壇(단)에 올라 경건한 마음으로 천신께 제사를 올린 후 符訣(부결)의 이치를 터득하여 蚩尤天皇(치우천황)을 멸망시켰다 한다.

三式은 "太乙神數(태을신수)" "奇門遁甲(기문둔갑)" "六壬神課(육임신과)"이다. 이것을 세 명의 아들에게 전수시켜 義人이 아니고는 전수치 말라는 엄명을 내렸다. 이후 신하인 風后에게 명하여 기록하게 하였는데 이것이 기문둔갑의 시작이라고 한다. 이중 "太乙神數(태을신수)"는 그동안 많은 전란을 겪으면서 문헌이 많이 소실됐고 일부분만 남아 학술로서의 가치는 상실됐으며, 현재까지 "奇門遁甲(기문둔갑)"과 "六壬神課(육임신과)"만이 전해지고 있는 것이다.

2. 개략槪略

名稱 變遷 명칭 변천	◆周(주). 秦(진)代 − 陰符(음부) ◆漢(한). 魏(위)代 − 六甲 ◆晋. 隋. 唐. 宋代 − 遁甲 ◆明. 淸代~현재 − 奇門遁甲
略稱 약칭	◆奇門 ◆遁甲 ◆奇學
用事 時間 용사 시간	◆年家奇門 − 1년 內의 길흉사 점단 ◆月家奇門 − 1월 內의 길흉사 점단 ◆日家奇門 − 1일 內의 길흉사 점단 ◆時家奇門 − 매 2時間 內의 길흉사 점단
布局 方法 포국방법	◉ 活盤奇門遁甲 排宮法(약칭 **活盤法**) 　◆十二地支定位圖上의 布局法 　◆관련문헌 − 奇門一得(기문일득) 　　　　　　奇門心悟(기문심오) 　　　　　　協紀辨方(협기변방) ◉ 飛盤奇門遁甲 飛宮法(약칭 **飛宮法**) 　◆九宮定位圖上의 布局法 　◆관련문헌 − 奇門統宗(기문통종) 　　　　　　奇門五總龜(기문오총귀) 　　　　　　景祐遁甲符應經(경우둔갑부응경) 　　　　　　太白陰經(태백음경) 　　　　　　象吉(상길) 　　　　　　遁甲演義(둔갑연의)
用途 용도	◉ 數理奇門(수리기문) 　◆用事하고자 하는 제반사에 대한 길흉 판단 등에 활용. 　◆대표문헌 : 烟波釣叟歌(연파조수가) ◉ 法術奇門(법술기문) 　◆奇門과 道家法術이 결합된 것으로 符籍活用(부적활용), 治鬼(치귀), 道術

(도술), 長生術(장생술) 등에 활용.

◆ 대표문헌 : 秘藏通玄變化六陰洞微遁甲眞經(비장통현변화육음통미둔갑진경).
　　　　　약칭 – 六陰通微眞經(육음통미진경)

◆ 法奇門/術奇門(법기문/술기문)

法奇門 : 符籙六丁六甲(부록육정육갑)을 주축으로 하면서, 踏罡步斗(답강
보두), 口唸法訣(구념법결), 道術精髓(도술정수)에 의지하여 귀신을 물
리치거나 부리고, 적극적으로 행하면 피난하며 몸을 숨길 수 있다.

術奇門 : 일반적인 術數 원리를 조작하는 음양오행학이고, 周易의 象數學
(상수학)을 주축으로 하면서, 天人地 三才와 연관하여 형성된 象(상)을
다시 풀어 인간사와 제반사항에 대해 길흉화복을 논하는 것이다.

**刪述
산술**

1단계

三皇五帝의 한분인 皇帝 軒轅氏가 기문둔갑을 창시할 때는 4,320국 이었다.
그 방법은 1세를 8괘에 의하여 8절로 나누었고, 1절에는 3기가 있고 1세는 대체로
24기이며 매기에는 天人地 3候가 있으니 1세에는 72候가 있다. 1候는 5일이고
1세는 360일이며 1일은 12時이니 1세는 4,320時가 된다. 1時는 1局이니 360*12
時는 4,320局이 된다.

2단계

헌원황제 때의 風后가 4,320局을 1,080국으로 줄였다. 冬至부터 陽이 생겨 坎
·艮·震·巽 4卦에서 12候를 통기하니 합계 36을 나누면 540局이 陽遁이고, 夏至
에서 陰이 생겨 離·坤·兌·乾 4卦에서 일으켜 12候를 통기하니 합계 36을 나누
면 520국이 음둔이므로, 음양둔을 모두 합하면 1,080국이 된다. 이것은 4候를
攝(섭)하여 60時 定局을 보니 4개 1,080국은 곧 4,320국이 된다.

3단계

周代의 姜太公이 기문둔갑을 演布할 때 8卦를 8節로 나누고, 매 절을 3奇로
나누고, 매 奇는 3候로 나누어 1세는 72候가 되므로 72活局을 세웠다. 매 局은
60時이므로 72局은 4,320時가 된다.

4단계

漢代의 張子房이 珊捷(산첩)하였다. 冬至 12奇를 36候로 나누고 4候를 察(찰)하
여 양둔9국이 되고, 夏至 12奇를 36候로 나누고 4候를 察하여 음둔9국이 되는데
음양둔을 모두 합하면 18局이 된다. 이상의 4단계 演變은 모두 正史에는 기록되
어 있지 않으나 기문둔갑이 창제된 과정은 이해할 수 있다.

明代 程道生(정도생)의 遁甲演義(둔갑연의)에서는 遁甲의 原流인 기문둔갑의
局數演變(국수연변)은 상기와 같이 4단계로 되어 있다고 전하고 있다.

3. 통설通說

後漢(후한)의 後漢書(후한서) 高彪傳(고표전)에서는 天에는 太一, 五將, 三門이 있다 하였고, 魏晉南北朝(위진남북조)때 梁(양)나라 簡文帝(간문제)의 樂府詩集(악부시집) 권32에서는 三門應遁甲(삼문응둔갑) 五參學神兵(오참학신병)이라 하였다. 여기서 三門은 開,休,生門을 말하는 것으로 보이며, 또한 後漢書(후한서) 方術列傳(방술열전)에서는 天文(천문)에 밝고 遁甲(둔갑)을 通達(통달)하면 능히 鬼神을 부릴 수 있다고 했고, 기문둔갑은 본시 道家의 南宮派法門(남궁파법문)의 하나인데 九天玄女(구천현녀)가 전했다고 기재되었다.

三國時代(삼국시대) 蜀漢(촉한) 諸葛亮(제갈량)은 기문둔갑을 응용한 八陳圖(팔진도)라는 陳法을 창안하여 병법에 활용하였고, 奇門遁甲通宗大典(기문둔갑통종대전)이라는 책을 저술했다고 전해지며, 魏(위)의 曹操(조조) 휘하의 司馬懿(사마의) 역시 기문둔갑에 정통했다고 전해진다.

晉代(진대) 葛洪(갈홍)의 抱樸子(포박자)의 雜應篇(잡응편)에서는 어떤 사람이 겨울에 춥지 않은 道를 묻자, 立冬에 六丙六丁符를 복용하거나 閉口하여 五火의 氣運을 1,200편 行하면 섣달에도 춥지 않다고 답변하는 대목이 있다.

隋代(수대)의 國師(국사) 蕭吉(소길)의 五行大義(오행대의)에 의하면 당시 國君인 楊堅(양견)이 민간에 命하기를 私家에서는 '術數(술수)" "緯候(위후)" "圖讖(도참)"을 지녀서는 안 된다고 하였고, 楊堅(양견)의 아들 楊廣(양광)은 使者(사자)들을 사방에 파견하여 수사하였다고 적혀있다. 隋書經籍志(수서경적지)에는 南北朝時代(남북조시대) 때 저술한 奇門學과 관련하여 13종의 서적이 열거되어 있다. 아래와 같다.

- ◆ 信都芳遁甲(신도방둔갑) 2권
- ◆ 遁甲(둔갑) 33권
- ◆ 遁甲經(둔갑경) 2권
- ◆ 遁甲入成法(둔갑입성법) 1권
- ◆ 陽遁甲用局法(양둔갑용국법) 1권

◆ 遁甲錄(둔갑록) 1권
◆ 三元九宮遁甲(삼원구궁둔갑) 2권

　　상기와 같은 기문서적들이 실려 있는 것으로 보아 南北朝時代(남북조시대) 때 이미 遁甲書(둔갑서)가 지식층 사이에 많이 유통된 것으로 보인다. 그러나 일반 백성들은 구하기 어려웠기 때문에 특권층만 배웠던 것으로 보인다.

　　唐代(당대) 初期의 李靖(이정)은 唐太宗(당태종) 李世民(이세민)을 보좌하면서 기문둔갑을 활용하여 여러 번 공을 세웠고, 遁甲萬一訣(둔갑만일결) 3권과 遁甲天一萬一訣(둔갑천일만일결)을 저술했다. 그러나 唐代에는 術數(술수)에 관한 서적의 유통을 감시하였고, 私家에서 소장한 자는 2년 형에 처한다고 알려져 있다.

　　唐太宗 시기의 천문학자이며 "推背圖(추배도)"라는 미래 예언서를 저술한 李淳風(이순풍), 袁天罡(원천강)의 萬法歸宗(만법귀종)권4에 "紫府秘文東方隱書(자부비문동방은서)"라는 첫 구절이 있는 것으로 보아, 우리 단군배달국의 仙人이신 紫府禪師(자부선사)가 奇門遁甲의 창시자인 것으로 보인다.
　　일설에 의하면 軒轅皇帝(헌원황제)가 三淸宮(삼청궁)에 가서 紫府禪師(자부선사)를 찾아뵙고 제자가 되었고, 東方隱書(동방은서)인 七回諸神之曆(칠회제신지력)과 三皇內文經(삼황내문경)과 鹿圖文(녹도문)으로 쓴 天符經(천부경)과 七政運天圖(칠정운천도)를 전수해 갔다고 한다. 이것이 기문둔갑의 시초가 된 紫府秘文(자부비문)이다.

　　唐代의 李筌(이전)이 쓴 天一遁甲經(천일둔갑경)에 이르기를 九天之上에는 병력을 배치해도 좋으나 九地之下에 숨는 것은 옳지 않다고 하였다. 손자병법과 天一遁甲經(천일둔갑경)에서 말한 九地와 九天은 奇門遁甲의 神助的要素(신조적요소)인 直符八將(직부팔장)의 神將이다.
　　李筌(이전)의 神機制敵太白陰經(신기제적태백음경)권9에는 軒轅皇帝(헌원황제)가 蚩尤天皇(치우천황)을 정벌하려고 72번을 싸우고도 이기지 못하자, 황제가 나의 잘못이 크다고 한탄하자 오색구름 속에서 홀연히 여섯 玉女가 書를 갖고 내려오고, 두 동자가 나와 九天玄女(구천현녀) 성명을 받으라 하며 遁甲符經(둔갑부경) 3권을 내려

주어 이를 활용하여 싸움에서 이길 수 있었다는 글이 있으며, 3권의 책을 아들 3명에게 각 1권씩 주어 익히게 하였으며 義人이 아니고는 전수치 말라는 엄명도 내렸다 한다. 또한 李筌(이전)은 삼국시대 魏(위)나라 武帝(무제)인 曹操(조조)가 기문둔갑을 알지 못했다고 적고 있다.

宋代(송대) 太宗(태종)때에 太師(태사)를 지냈고, 죽은 후에는 尙書令(상서령)과 韓王(한왕)에 봉해진 趙普(조보)가 지은 烟波釣叟歌(연파조수가)는 奇門의 핵심을 집약한 賦(부)다. 奇門을 연구하는 학도는 반드시 통독하고 이해해야 한다.

宋代의 두 번째 황제 太宗과 그의 아들 眞宗(진종)은 조서를 내려 사사로이 奇門을 익히는 자는 엄벌에 처하고, 감추고 말하지 않는 자는 죽음에 처하며, 신고하는 자에게는 십만전의 상금을 준다고 公表하였다. 그러나 仁宗(인종) 때는 詞天春官 楊愉德(사천춘관 양유덕)에게 景祐太乙福應經(경우태을복응경), 景祐六壬神應經(경우육임신응경), 景祐遁甲符應經(경우둔갑부응경)을 쓰도록 命하고 친히 御序(어서)하였다.

宋代의 仁宗때 임금의 命으로 제작된 景祐遁甲符應經 遁甲總序(경우둔갑부응경 둔갑총서)에서는 옛 법에 遁(둔)이란 隱(은)으로 幽隱(유은)의 道이고, 甲이란 儀로 六十甲子의 六儀를 말하고, 直符(직부)에 있으면 天乙貴神(천을귀신)이다. 항상 六戊之下에 숨고 대개 兵法에 취용하고, 神明의 德에 통하므로 遁甲이라 한다고 하였다.
唐·宋代에는 三式(太乙數·奇門遁甲·六壬神課)이 이미 성숙하여 일상생활 외에도 用兵에서 行軍과 陳法을 펼치는데 그 法訣(법결)을 사용하였다. 宋代 曾公亮(증공량)의 兵書인 武經總要(무경총요)와 許洞(허통)의 虎鈐經(호검경)은 모두 三式의 내용을 응용했는데 墨壺金海(묵호금해)에도 수록되어 있다. 唐代 李筌(이전)의 神機制敵太白陰經(신기제적태백음경)과 宋代의 名將인 岳飛(악비)의 후손 岳珂(악가)가 찬집한 奇門遁甲元機(기문둔갑원기)와 明代 茅元儀(모원의)가 쓴 武備志(무비지)에 기재된 三式은 더욱 발전되고 완비된 것이다.

元代(원대)에는 이방 민족이 통치하던 시기여서 사사로이 天文을 익히는 것을 금지하였다. 그러나 劉秉忠(유병충)의 奇門秘竅(기문비규)가 세상에 전해졌고, 元代 末

期의 劉基(유기=劉伯溫)는 靑田(청전), 지금의 浙江省(절강성) 출신으로 進士(진사)가 된 뒤 浙江儒學提擧(절강유학제거) 등의 벼슬을 하다가, 洪武帝(홍무제) 즉 朱元璋(주원장)의 부름을 받아 朱洪武(주홍무)를 보좌하며 元의 잔존세력을 토벌하고 천하를 평정하는데 협조하여 明나라 開國의 기틀을 마련하는데 일조하였으며, 御史中丞(어사중승) 겸 太師令(태사령)까지 지냈고, 護國軍師(호국군사)로서 역사상 제2의 평민황제로 불리며 개국공신으로 誠意伯(성의백)에 封(봉)해졌다.

明代(명대)의 개국공신인 劉基(유기)는 군사방면에서 朱元璋(주원장)을 보좌하며 많은 전공을 세웠는데 이는 奇門學에 기인한 바가 크며, 후대의 역술학 발전에 기여한 바가 큰 저술들을 많이 남기었는데 아래와 같다.

- 奇門遁甲天地書(기문둔갑천지서) 2권
- 陽宅遁甲圖(양택둔갑도) 1권
- 奇門遁甲秘笈全書(기문둔갑비급전서)
- 滴天髓(적천수)
- 劉伯溫燒餅歌(유백온소병가)
- 金面玉掌記(금면옥장기)

이외에도 明代 程道生(정도생)의 遁甲演義(둔갑연의) 4권이 四庫全書(사고전서)에 등재되었고, 池本理(지본리)의 烟波釣叟歌句解(연파조수가구해) 1권이 淸代 康熙帝(강희제)때의 陳夢雷(진몽뢰)가 편집을 시작한 古今圖書集成(고금도서집성)에 수록되어 있다.

世俗에 전하기를 明代 武宗(무종)때 王守仁(왕수인)이 異術(이술=술법, 무술 등)을 收覽(수람)한 奇門眞傳(기문진전)을 李氏奇門(이씨기문)이라 하였고, 世宗 때 陸炳(육병)이 다시 序하여 林氏奇門(임씨기문)이라 하다가, 다시 陶仲(도중)이 李氏林氏奇門(이씨임씨기문)을 종합하면서 다시 다른 서적을 참고하여 전한 것이 陶眞人遁甲神書(도진인둔갑신서) 1권이다. 이 무렵 道家書(도가서)인 玉樞寶經(옥추보경)이 세상에 나돌았다. 明代의 奇門名著(기문명저)는 古今圖書集成(고금도서집성)과 지방지에 기재되어 있다.

明代 程道生(정도생)의 遁甲演義(둔갑연의)에서는 遁甲의 原流인 奇門遁甲의 局數演變(국수연변)은 4단계로 되어 있다고 하였다.

明代의 茅元義(모원의)가 편집한 武備志(무비지), 奇門玄覽(기문현람), 釋義第一(석의제일)에서는 遁甲이란 무엇인가? 天干은 무릇 10가지인데 甲이 우두머리이며 모든 干을 거느리는 지극히 존귀한 것이다. 그가 두려워하는 것은 오직 庚金이므로 숨어서 庚金의 극을 받지 않도록 해야 하고, 따라서 甲이 숨는 것을 遁甲이라고 한다고 하였다.

明代의 저명한 병법가인 茅元義(모원의)의 武備志(무비지)와 奇門玄覽(기문현람)도 楊惟德(양유덕)의 三式을 참고하였고, 淸代 康熙帝(강희제) 때의 古今圖書集成藝術典(고금도서집성예술전)과 奇門遁甲(기문둔갑)도 宋代 楊惟德(양유덕)의 三式을 모범으로 삼아서 저술한 것이다.

淸代(청대)에는 訓詁考證學(훈고고증학)이 성행하여 三式에 대한 책은 그 수가 적지 않았고, 明末淸初의 사람인 黃宗義(황종의)가 지은 易學象數論(역학상수론)에서는 三式의 原流 및 기본 起例(기례)를 언급하였다. 錢大昕(전대흔)의 十駕齋養新錄(십가재양신록)권17, 奇門遁甲註解(기문둔갑주해)에도 奇門遁甲式(기문둔갑식)을 언급하였고, 俞正燮(유정섭)은 癸巳類稿(계사유고)에서 더욱 상세하게 三式의 유래를 고증하였다.

淸代에는 術數(술수)를 개방하여 자료가 비교적 많고 연구를 게을리 하지 않아 좋은 서적이 많이 나왔다. 汪雙池(왕쌍지)의 戊笈談兵(무급담병) 4권, 甘霖時(감림시)의 奇門一得(기문일득) 2권, 釋孟槨(석맹서)의 奇門法竅(기문법규) 8권, 羅世瑤(나세요)의 奇門闡秘前篇(기문천비전편) 6권, 朱浩文(주호문)의 奇門旨歸(기문지귀) 등이 있다.

甘霖時(감림시)의 奇門一得(기문일득) 序說에서는, 대저 甲은 天干의 머리요 우두머리인데 地支 寅宮에 坐祿(좌록)하여 東方靑帝(동방청제)의 존귀함이고, 化하며 만물을 생하니 공이 막대하다. 甲의 對宮은 庚이고 庚은 陽金의 精이며 西方太白의 象으로 그 성질이 險毒(험독)하여 오로지 살벌한 威權(위권)을 장악하니 소인의 부류다. 甲이 이를 심하게 두려워하여 遁(둔)한다고 하였다.

清代 康熙帝(강희제)는 陳夢雷(진몽뢰)를 불러 셋째 아들인 誠親王(성친왕)을 시독하게 하고 古今圖書集成(고금도서집성)을 편수하게 하였다. 그 가운데 藝術典(예술전)에 수록된 책이 奇門遁甲(기문둔갑), 遁甲穿壬(둔갑천임), 景祐遁甲符應經(경우둔갑부응경)이다.

清代 雍正帝(옹정제) 때 年羹堯(연갱요)는 蜀(촉)을 진압하는 기간에 사사로이 諸葛武侯奇門遁甲書(제갈무후기문둔갑서)와 軒轅皇帝丁甲法(헌원황제정갑법)을 얻어 응용하였다. 또한 年羹堯(연갱요)가 지은 征西必勝占驗靈經(정서필승점험령경)이 바로 景祐遁甲符應經(경우둔갑부응경)이다.

奇門遁甲에 내포된 뜻은 비교적 복잡하다. 사용하는 시간이나 전승이 같지 않고, 定局과 排盤(배반)에 있어서 매우 큰 차이가 있다. 또한 奇門學의 양대 脈인 術奇門(술기문)과 法奇門(법기문)은 조식방식에 따라 아래와 같이 두가지로 나눈다.

◆術奇門(술기문) : 일반적인 易學術數(역학술수) 원리를 조식하는 陰陽五行學이고, 易學象數(역학상수)를 주축으로 하면서 天人地三才를 衍生(연생)하여 형성된 垂象(수상)을 다시 풀어 함축된 의의를 찾는 奇門學을 말한다.
◆法奇門(법기문) : 符籙六丁六甲(부록육정육갑)을 주축으로 하면서, 踏罡步斗(답강보두), 口唸法訣(구념법결), 道術精髓(도술정수)에 의지하여 부적을 활용하여 귀신을 물리치거나 부리고, 적극적으로 행하면 피난하며 몸을 숨길 수도 있는 奇門學을 말한다.

清代 甘霖時(감림시)의 奇門一得(기문일득)에 이르기를, 天罡六戊眞人訣(천강육무진인결)을 스승없이 배우면 헛되이 마음만 지치게 된다고 하였다.

法奇門(법기문)은 道家의 산물인 法術(법술)이며 符籍(부적)과 呪術(주술)의 秘語(비어)로써 사람이 형체를 숨기며 변할 수 있다고 하였다. 法奇門(법기문)은 景祐遁甲符應經(경우둔갑부응경)의 玉女反閉局(옥녀반폐국), 眞人閉六戊法(진인폐육무법), 眞人步斗法(진인보두법)은 符籍法(부적법)에 의하고, 遁甲演義(둔갑연의)에도 遁甲呪法(둔갑주법)이 있다.

法奇門(법기문)의 중요문헌은 道藏六陰洞微眞經(도장육음통미진경)이다. 그리고 諸

葛武侯奇門遁甲全書(제갈무후기문둔갑전서)권6에 상세하게 기재되어 있고, 秘錄遁甲天書(비록둔갑천서)와 遁甲玄文(둔갑현문)에도 체계적으로 정리, 서술되어 있다. 年盤定局法(년반정국법)인 年家奇門(년가기문)은 年干支를 기준으로 포국하되 전적으로 陰遁(음둔)을 사용하고, 月盤定局法(월반정국법)인 月家奇門(월가기문)은 月干支를 기준으로 포국하되 전적으로 陰遁(음둔)을 사용하고, 日盤定局法(일반정국법)인 日家奇門(일기기문)은 日干支를 기준으로 포국하되 冬至 後에는 陽遁順行(양둔순행)하고 夏至 後에는 陰遁逆行(음둔역행)한다. 時盤定局法(시반정국법)인 時家奇門(시가기문)은 時干支를 기준으로 布局하되 冬至 後에는 陽遁順行(양둔순행)하고 夏至 後에는 陰遁逆行(음둔역행) 한다. 이중에서 가장 많이 활용하는 것은 時盤定局法(시반정국법)이다. 年盤定局(년반정국)과 月盤定局(월반정국)은 기간이 비교적 길어 순식간에 만변하는 요구에 맞지 않기 때문에 사용하는 경우가 매우 적다. 鍾友聯(종우연)은 奇門遁甲學(기문둔갑학)에서 年盤과 月盤에서 陰遁을 사용하는 이유를 天道左旋(천도좌선)·仰觀天象(앙관천상)·斗柄回寅(두병회인)·一年一週(일년일주)가 영원히 시계방향으로 돌기 때문이라고 하였다.

布盤法(포국법)에는 活盤法(활반법)과 飛宮法(비궁법)이 있다. 活盤法(활반법)은 八門과 九星이 直使(직사)와 直符(직부)의 定宮에 의하여 시계배열로 十二地支定位圖上에 順·逆布局하고, 飛宮法(비궁법)은 八門과 九星이 値使와 値符의 定宮에 의하여 洛書九宮(낙서구궁) 방식으로 九宮定位圖上으로 飛布(비포)한다. 따라서 活盤法과 飛宮法으로 얻은 盤局은 완전히 같지 않다.

皇宮에서 비전된 책은 모두 活盤法을 사용하였다. 예를 들면 景祐遁甲符應經(경우둔갑부응경), 遁甲演義(둔갑연의), 烟波釣叟歌句解(연파조수가구해), 御定奇門寶鑑(어정기문보감) 등이다. 민간에서 유전된 책은 飛宮法을 사용한 것이 많다. 예를 들면 奇門遁甲天地書(기문둔갑천지서), 奇門一得(기문일득), 奇門法竅(기문법규), 奇門天秘前篇(기문천비전편), 奇門旨歸(기문지귀) 등이다.

奇門統宗(기문통종) 권2에서는 陰遁과 陽遁 모두 坤宮에 寄한다고 하였고, 일본에서는 陽遁에는 坤宮에 寄하고 陰遁에는 艮宮에 寄한다고 하였다.

風角占(풍각점)은 東漢(동한)代부터 있었는데 占候學(점후학)에 속하며 氣象學(기상학)의 전신이라고 할 수 있다. 淸代 張爾岐(장이기)의 奇門遁甲風角書(기문둔갑풍각서)

가 여기에 속하나 실제 내용은 정통 기문둔갑이 아닌 것이다.

기문둔갑 방면에서 역사적으로 저명한 인물은 鬼谷子(귀곡자), 范蠡(범려), 伍子胥(오자서), 姜太公(강태공), 東方朔(동방삭), 張良(장량), 諸葛亮(제갈량), 李靖(이정), 劉基(유기) 등이다.

晉代(진대) 葛洪(갈홍) 抱樸子(포박자)의 登涉篇(등섭편)에 名山에 들어가 道를 닦으려면 遁甲秘術(둔갑비술)을 모르면 안 된다며, 자신은 젊어서 立身의 뜻이 있어 遁甲書(둔갑서)를 60여권 공부했으나 다 익힐 수 없어 요점만을 발췌하여 주머니에 넣고 다니면서 공부하며 완성했다는 대목이 있다. 이것으로 보아 당시에 이미 奇門에 관한 서적이 60여 종이 넘은 것으로 보인다.

遁甲의 용도에 관해서 明代 永樂帝(영락제) 12년 欽天監(흠천감) 五官司曆(오관사력)으로 있던 王巽(왕손)은 景祐遁甲符應經(경우둔갑부응경) 後書(후서)에서 성인 입법하면 출군하여 적을 정벌할 수 있다. 전쟁에서 이겨 적을 극하고 , 도둑을 만나면 도둑을 붙잡고, 兵營(병영)을 세워 陳을 칠 때는 天門으로 나가 地戶로 들면 자취를 숨기며 형체를 감추는 데 더 좋은 것이 없다. 민간에서는 관직에 오르거나 취직, 婚姻(혼인), 遠行, 移徙(이사), 賢人(현인)과 貴人謁見(귀인알현), 賣買(매매), 求財, 試驗(시험), 사냥, 賭博(도박), 내기 등 만사에 정확하니 증험하지 않음이 없다. 위로는 나라를 이롭게 하고 아래로는 백성을 구제하는 만세의 좋은 법이라고 하였다.

奇門名家(기문명가)

〈중국〉

◉ 三皇五帝 때의 皇帝 軒轅氏(헌원씨), 風后(풍후).

◉ 夏代(하대)의 夏禹氏(하우씨=우임금),

◉ 殷代(은대)의 伊尹(이윤), 湯(탕)임금, 箕子(기자)

◉ 周代(주대)의 姜子牙(강자아=강태공), 周文王(주문왕), 周公 旦(주공 단).

◉ 春秋戰國時代(춘추전국시대)의 鬼谷子(귀곡자), 范蠡(범려), 伍子胥(오자서), 孫臏(손빈).

◉ 秦代(진대)의 黃石公(황석공),

◉ 漢代(한대)의 張子房(장자방=장량), 董仲舒(근중서), 司馬李(사마리), 嚴君平 (엄군평), 東方朔(동방삭)

◉ 三國時代(삼국시대)의 北極教主(북극교주), 諸葛孔明(제갈공명), 管輅(관로), 璞北齊(박북제), 晋有郭(진유곽),

◉ 晉代(진대)의 葛洪(갈홍), 郭璞(곽박),

◉ 南北朝時代(남북조시대)의 信都芳(신도방), 臨孝恭(임효공),

◉ 隋代(수대)의 榮氏(영씨), 李氏(이씨), 梁有(양유), 王琛(왕침), 郭遠弘(곽원홍), 許肪(허방), 杜仲(두중), 劉毗(유비), 釋智海(석지해),

◉ 唐代(당대)의 李淳風(이순풍), 袁天罡(원천강), 一行禪師(일행선사), 房玄齡(방현령), 郭子儀(곽자의), 呂才(여재), 蕭君靖(소군정), 桑道茂(상도무), 李靖(이정), 蕭吉(소길),

◉ 宋代(송대)의 楊惟德(양유덕), 趙普(조보), 狄靑(적청), 岳飛(악비), 張繼老(장계로), 馮思古(풍사고), 馮繼明(풍계명),

◉ 元代(원대)의 耶律楚材(야율초재), 劉秉忠(유병충), 郭守敬(곽수경),

◉ 明代(명대)의 劉伯溫(유백온), 程道生(정도생), 池本理(지본리), 茅元儀(모원의), 王巽(왕손), 郭仰廉(곽앙렴), 茅鹿門(모록문), 喻龍德(유용덕), 張爾岐(장이기) 등이 있다. 이외의 周述學(주술학), 從任(종임), 呂雯(여문), 張星文(장성문), 李義人(이의인) 등이 術數名流列傳(술수명류열전)에 올라있고,

◉ 淸代(청대)의 陳夢雷(진몽뢰), 兪樾(유월), 汪紱(왕불), 員卓(원탁), 甘時望(감시망), 羅世瑤(나세요), 宋邱濬(송구준) 등이 四庫全書(사고전서), 圖書集成(도서집성), 淸史稿(청사고)에 따로 기재되어 있다.

〈우리나라〉

◉ 紫府禪師(자부선사), 乙巴素(을파소), 乙支文德(을지문덕), 金巖(김암), 薛秀眞(설수진), 玉龍子(옥룡자=도선국사), 姜邯贊(강감찬),

◉ 朝鮮祖에는 無學大師(무학대사), 鄭道傳(정도전), 徐花潭(서화담), 李土亭(이토정), 李滉(이황), 李栗谷(이율곡), 朴雪川(박설천), 奇蘆沙(기로사), 金緻(김치) 등을 꼽을 수 있다.

◉ 이 외에도 유명무명의 인물이 많았으나 지금은 상고할 길이 없다.

중국에서 창안되고 발전된 기문둔갑은 통상 우리들이 "中國奇門"이라 칭하고, 우리 조선조에서 독창적이고 집중적으로 연구발전된 기문둔갑은 통상 "東國奇門"이라 칭하고 있다.

中國奇門은 天氣, 天候, 國運, 家運, 方位의 길흉 등을 주로 점단하고, 東國奇門에서는 자평명리를 기문둔갑 식으로 활용하여 사람의 미래운명을 예측해 보는 "四柱奇門"과 기문둔갑을 洪局과 烟局으로 나누어서 제반사 길흉에 대해 점단해 보는 등 그 활용하는 바가 다양하다.

특히 東國奇門은 고조선 시대를 거쳐 고구려시대의 재상 을파소 선생 이후로 제 현인들의 꾸준한 연구발전으로 독창적인 학문의 세계를 구축해왔고, 조선조에 이르러 花潭 徐敬德(서경덕)선생과 土亭 李之菡(이지함)선생의 각고의 노력으로 "洪烟眞訣(홍연진결)"이라는 학문이 창안되기에 이르렀다.

洪煙眞訣(홍연진결)은 洪局과 烟局의 眞訣이라는 뜻으로, 洪局은 주로 국가나 개인의 미래운명을 점단하는 분야이고, 烟局은 方位學, 九星學, 風水學 등과 같이 방위의 길흉을 연구하는 분야이다.

洪局은 洪局數와 육십갑자의 천간과 지지 중 地支를 주로 활용하고, 烟局은 天·地盤六儀三奇 등 天干을 주로 활용하는 학문이므로 풍수학에서 활용빈도가 높은 분야이다.

"四柱奇門"은 우리 我東邦에서 독특하게 연구 발전된 학문으로, 서화담과 이토정 두 분 선생의 체계적인 정리를 통해 개인의 운세를 점단하는 사주명리학보다 더욱더 정밀하고 적중도가 높은 귀중한 학문이다.

특히 四柱奇門의 平生局, 1年身數局 등은 개개인의 운세를 점단함에 적중도와 활용도면에서 타 학문의 추종을 불허한다. 따라서 역술학을 공부하는 사람들은 기문둔갑을 지득하여야만 역학의 세계를 두루 섭렵했다고 볼 수 있는 것이다.

이렇듯 우리나라 奇門의 역사는 장구하지만 수많은 외세의 침략과 난리를 겪는 과정에서 奇門學의 맥락이 거의 다 끊어졌다. 그러나 다행히도 朝鮮朝 徐敬德(서경덕)先生과 李之菡(이지함)先生의 우리나라 東國奇門인 洪烟眞訣(홍연진결)이 오늘날까지 전해져 명맥을 유지하고 있다. 그러나 애석하게도 많은 내용이 중간에서 사라져 미완성인 상태로 연구 발전되고 있다.

"奇門遁甲(기문둔갑)"은 術數豫測學(술수예측학)의 하나이며 "太乙神數(태을신수)", "六壬神課(육임신과)"와 더불어 三式 혹은 三數라고 한다. "太乙神數(태을신수)"는 주로 국가운명, 사회변동, 국제관계 등을 점치고, "六壬神課(육임신과)"는 주로 人事를 점치고, "奇門遁甲(기문둔갑)"은 주로 兵事와 地理에 응용한다. 奇門學은 본시 兵法에 활용하고자 창안된 학문이나 시대의 발전과 더불어 점차 발전하여 天文地理, 人事命理, 戰術 등에 폭넓게 활용되는 보배로운 학문이다.

제2장
음양오행陰陽五行

1. 생성원리生成原理

　五行이란 목(木), 화(火), 토(土), 금(金), 수(水) 다섯 가지를 말한다. 동양의 전통적 우주관은 우주는 陰陽과 五行으로 구성되어졌으며, 지구에 살고 있는 우리 사람들도 음양오행의 영향을 받아 태어났고 또 살아가고 있으며, 고대에 성현들께서 사람이 태어난 生年, 月, 日, 時를 조합하여 하늘을 상징하는 十干과 땅을 상징하는 十二支로 분류 적용하고, 이를 다시 음양오행으로 구분 상호간의 生化剋制의 연관 관계속에서 사람의 운명을 예지했던 것이다.

　사주명리학의 조종이라 할 수 있는 淵海子平(연해자평)에 五行의 기원에 설하였는데 이를 보완하여 부연설명하면 다음과 같다. 과거 오랜 세월 전에 우주가 대폭발을 한 이후로 무한한 팽창의 과정을 거치면서, 天地가 아직 開判(개판)되지 않았음을 혼돈(混沌)이라 이름하고, 乾坤(건곤)이 始分(시분)되기 이전을 胚運(배운)이라 하니 日月星辰(일월성신)이 생기지 않았고, 陰陽寒暑(음양한서)가 존재하지 않았다. 上虛에는 비와 이슬이 없으며 바람과 구름이 없으며, 우뢰와 천동이 없어서 香香(향향=깊고 어두운 모양)하고 冥冥(명명=고요하고 허령하며 어두움)할 따름이었고, 下에는 초목이 없으며, 산천이 없으며, 금수가 없으며, 인민이 없었으니, 昧昧(매매=날이 새기 전의 어두운 모양)하고 昏暗(혼암=날이 어둘 때의 어둡고 질서없는 모양)할 뿐이었다. 이때에 홀연히 動함이 있고 엉기는 힘이 생기었으니 이를 "太易(태역)"이라 한다.

　太易의 시기에는 氣라는 것도 없고, 물질(원자·분자)이라는 것도 없었으며, 따라서 자연히 형태라는 것도 존재하지 않았던 것이다. 이 太易의 시기에 水가 생성되었던 것이다. 그 후 이제 氣라는 것이 존재하게 되었으나, 아직 물질과 형태는 이루어지지 않은 시점을 "太初(태초)"라 하는데 이 시기에 火를 생하였던 것이다. 다음으론 氣는 이미 존재하고, 다시 물질이라는 것이 존재하게 되었으나, 아직 형태가 존재하지 않은 시기를 "太始(태시)"라 한다. 이 太始의 시기에 木이 생성되었던 것이다. 다음에는 氣와 물질이 이미 존재했고, 이제는 형태가 존재하게 된 시기를 "太素(태소)"라 하는데, 이 太素의 시기에 金이 생성되었던 것이다. 다시 氣와 물질과 형태가 존재하게 된 연후에, 中央이라는 구심점이 있어 이로써 상하와 전후좌우 등의 방향과 높낮이와 거리 등이 존재하게 되었으니 이 시기를 "太極(태극)"이라 한다. 이 太極(삼라만상 일체의 본존)의 시기에 土가 생성되었던 것이다.

그리하여 水의 數는 1이 되고, 火의 數는 2가 되고, 木의 數는 3이 되고, 金의 數는 4가 되고, 土의 數는 5가 된 것이며, 이를 "生水"라 하고, 天地人 三元의 極9극)을 이루었으며, 혼돈은 열리었으며, 배운이 시성되어서 가볍고 맑은 것은 하늘이 되고, 무겁고 흐리며 탁한 것은 땅이 되었으니 이에 2기(天地)가 성립된 것이며 兩儀(양의=陰·陽)가 생출된 것이므로 우주는 바야흐로 전개되기에 이른 것이다. 요약하면 아래와 같다.

우주의 대폭발		生成	生數	中央數	成數
↓					
太易(氣× 質× 形×)	→	水	1	⑤	6
↓					
太初(氣○ 質× 形×)	→	火	2	⑤	7
↓					
太始(氣○ 質○ 形×)	→	木	3	⑤	8
↓					
太素(氣○ 質○ 形○)	→	金	4	⑤	9
↓					
太極(氣○ 質○ 形○)+方位	→	土	5	⑤	10
↓					

太極에서 가벼운 것은 위로 올라가 하늘이 되고, 무거운 것은 아래로 내려와 땅이 되어 천지가 開判(개판)되고 兩儀(양의=陰·陽)를 생하였으니, 生數 1, 2, 3, 4, 5에 中央數 5를 더하여 成數인 6, 7, 8, 9, 10이 되고, 이로써 음양의 배합이 이루어졌고

우주의 數는 10이라는 완성수가 있어 균형과 조화를 이루며 전개되게 된 것이다.

木은 靑色을 띠고 東方을 차지하고, 火는 赤色을 띠고 南方을 차지하고, 土는 黃色을 띠고 中央을 차지하고, 金은 白色을 띠고 西方을 차지하고, 水는 黑色을 띠고 北方을 차지하고 있다.

陽數는 1, 3, 5, 7, 9이고 陰數는 2, 4, 6, 8, 10이다. 陽의 數의 합은 25인데, 우주의 본체인 天元인 1을 빼면 24로써 1년 동안의 24節氣(절기)를 상징하고, 陰의 數의 합은 30인데, 이는 每月의 日數가 이에 해당하는 것이다. 또한 상기의 시기는 先天運의 시기라 하는데, 數가 1부터 10까지 陰과 陽이 짝을 이루어 어느 한쪽으로 치우치지 않으며 균형을 이루니, 상기의 시대는 화평하며 시기질투가 없고, 전쟁과 탐욕이 없었으며, 또한 나눔과 베풂음이 있었으며, 상호 상부상조를 이루어 相生의 시대였던 것이다. 아래표의 오행상생도와 같다.

相生 : 木 → 火 → 土 → 金 → 水

木의 數는 3.8
火의 數는 2.7
土의 數는 5.10
金의 數는 4.9
水의 數는 1.6이다.

상기의 오행상생도에 숫자를 대입하고 陰·陽(●·○)으로 표시하면 아래의 도표와 같은데 이것이 河圖(하도)이다.

이후 오랜 시간이 지나 우주의 氣가 혼탁해지고, 天地의 법도가 제대로 세워지지 않았고, 대자연의 운행질서가 定軌(정궤)대로 움직임이 없어 온갖 재앙이 빈번하게 발생하고, 人倫(인륜)의 기강이 제대로 정립되지 않고, 시비다툼과 전쟁과 사악한 기운이 창궐하니 창생은 도탄에 빠졌고, 간사함과, 요괴스러움과, 황폭함과 무질서가 極(극)에 이르게 된 것이다. 先天의 相生의 시대에는 5.10 土가 있어 중앙에 위치하며 가장 완벽하게 힘의 균형을 이루고 각기 定位에 자리매김하였지만, 後天 相剋

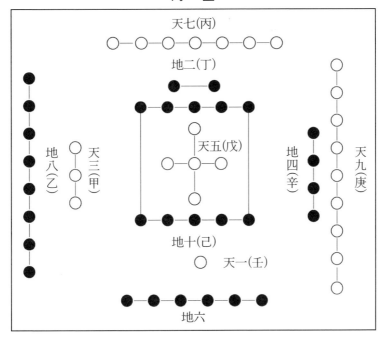

河　圖

의 시대는 우주의 氣는 왜곡되고 뒤틀려지게 운행하게 되었으니 가장 완성된 숫자 10이 隱伏(은복)하게 된 것이다. 이를 後天의 相剋의 시대라 하는 것이다.

　그 중 1, 3, 5, 7, 9는 陽의 數로써 그래도 기세가 있고 柔弱(유약)하지 않으니 東西南北 4正方과 중앙을 차지할 수 있었으나, 陰의 數인 2, 4, 6, 8은 기세가 약하고 柔하므로 자기 자리를 고수하지 못하고 이동하게 된 것이다. 陽의 기운은 左旋(左에서 右로 旋=시계바늘 진행방향)하고, 陰의 기운은 右旋(右에서 左로 旋=시계바늘 진행 반대방향)하는 것이다. 먼저 木은 東方의 靑色에 해당하고 數는 3.8인데 陽數 3은 그대로 동방에 남아있고 陰數 8은 右旋하니, 東方과 北方의 사이 隅方(우방)인 艮方(간방)으로 이동한 것이다. 이어 木剋土하니 土의 數는 5.10인데 中央의 陽數 5는 그대로 남아있으나 陰數 10이 隱伏(은복)되게 된 것이고, 이어 土剋水하니 水의 數는 1.6으로 陽數 1은 그대로 北方을 차지하고 있으나 陰數 6이 右旋하여 西方과 北方 사이 隅方(우방)인 乾方(건방)으로 이동하게 된 것이다. 이어 水剋火하니 火의 數는 2.7인데 陽數 7은 그대로 西方에 남아있고 陰數 2는 右旋하여 西方과 南方의 사이 隅方(우방)인 坤方(곤방)으로 이동하게 된 것이다. 이어 火剋金하니 金의 數는

4.9인데 陽數 9는 그대로 자신의 자리인 南方을 지키고, 陰數인 4는 右旋하여 南方과 東方 사이 隅方(우방)인 巽方(손방)으로 이동하게 된 것이다. 아래표의 五行相剋圖(오행상극도)와 같고 이를 洛書(낙서)의 九宮圖(구궁도)라 한다.

相剋 : 木 → 土 → 水 → 火 → 金

洛 書

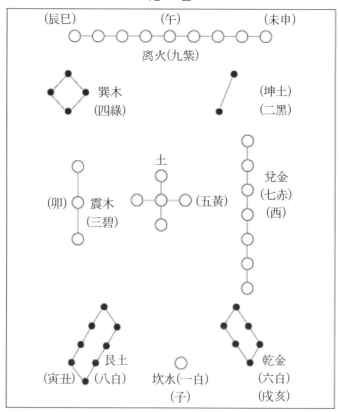

2. 오행五行의 정의正義

五行正義

		木	火	土	金	水
干	陽	甲	丙	戊	庚	壬
	陰	乙	丁	己	辛	癸
支	陽	寅	午	辰戌	申	子
	陰	卯	巳	丑未	酉	亥
方角		東	南	中央	西	北
季節		春	夏	中季節	秋	冬
時刻		아침	점심	대낮	저녁	밤
氣		生氣	旺氣	鈍氣	肅殺之氣	死氣
色		靑色	赤色	黃色	白色	黑色
性質		仁	禮	信	義	智
맛		신맛	쓴맛	단맛	매운맛	짠맛
氣象		바람	청명	흐림	뇌성	비
感情		노여움	즐거움	편안함	서러움	두려움
部類		기는 종류	나는 종류	걷는 종류	껍질 종류	비늘 종류
形態		길고 뻣뻣	활발 돌출	무겁고 투박	단단하고 네모진것	부드럽고 수려함
性質		仁	禮	信	義	智
氣運		양육 밀어줌 나아감 낮은것	활력 들어올림 올라감 마른것	중후함 받아들임 머무름 평탄한것	엄숙함 잡아담김 버팀 높은것	감춤 내맡김 내려감 습한것
身體		다리·코	어깨·눈	머리·얼굴	등·귀	꼬리·혀
五臟		간장	심장	비장	폐장	신장
數		3.8	2.7	5.10	4.9	1.6
事物		나무	불	흙	금	물

3. 오행五行의 성상性狀 및 왕상휴수사旺相休囚死

五行의 性狀

天干	甲	乙	丙	丁	戊	己	庚	辛	壬	癸		
五行	木	木	火	火	土	土	金	金	水	水		
陰陽	+	−	+	−	+	−	+	−	+	−		
性狀	巨木	花草 灌木 벼 芝蘭 蒿草	太陽 大火	燈燭 火爐불	大土 山 제방토	小土 庭園土 담장토	미가공 금속 도끼	가공 금속 수술칼 차바퀴	大海水 먹구름 大雪	甘露水 澗溪水 이슬비 안개		
地支	子	丑	寅	卯	辰	巳	午	未	申	酉	戌	亥
五行	水	土	木	木	土	火	火	土	金	金	土	水
陰陽	+	−	+	−	+	−	+	−	+	−	+	−
性狀	大海水 강 호수	진흙	巨木	花草 灌木 벼 芝蘭 蒿草	濕土	燈燭 火爐불	大火	모래	미가공 금속 도끼	귀금속 차바퀴 수술칼	大土 山	작은물 산골물 도랑물

木(목)

木의 성질은 위로 솟아오를 생각만 하고 그침이 없다. 氣가 너무 솟으면 剪伐(전벌)하여 줌이 좋다. 고로 木은 어떤 형태로든 金을 떠나 생각할 수 없다.

木이 있고 또한 金이 있으면 오직 높이 거두어 줌이 있다. 土의 重함이 필요하니 두터우면 뿌리가 깊이 뻗어 단단해진다. 土가 적고 가지만 무성하면 뿌리가 위태로울 근심이 있다. 木은 水를 의지하여 살고 물이 적으면 滋潤(자윤)하여 주고 너무 많으면 떠내려간다.

火(화)

火는 불길이 있고 따뜻함이 있는 것이 眞火다. 南方을 차지하고 있으므로 밝지 않을 이유가 없고, 輝光(휘광)은 오래가지 못하니 伏藏(복장)됨을 요한다. 이리되면 찬란하지는 않으나 밝음은 오래간다. 火는 木에 의지하는데 많으면 빛을 가리게 되니 흉하고 成格을 이루기 위해서는 金의 쪼개줌이 필요하다. 또한 물이 필요하고 물이 없으면 너무 燥熱(조열)해져 오래가지 못한다. 가을인 金旺節과 四季인 土旺節 엔 死囚가 되므로 미약해지고 겨울엔 감추어지고 隱匿(은익)되어 있으나 또한 水生 木하여 旺相함을 감추고 있다.

土(토)

土는 네 모퉁이에 흩어져 있으므로 木火金水가 이것을 의지하여 또한 만물이 성장하게 된다. 土는 四季節에 고루 旺하다. 대개 土는 火運을 의지하게 되니 火死 하면 土囚하게 된다. 水가 있으면 만물의 생장의 터가 되나 너무 많으면 씻겨 떠내 려간다. 土가 너무 많으면 묻히고 滯(체)하게 되나 흩어지면 輕(경)하게 된다.

金(금)

金은 至陰으로 형성된 것이나 그 가운데는 至陽의 精을 가지고 있어 堅剛(견강) 하므로 다른 사물과 특이하다. 만일 金이 陰으로만 되어 있으면 단단하지 못하니 火를 만나면 소멸되나 金이 火의 鍛鍊(단련)이 없으면 貴器(귀기)를 만들지 못한다. 金은 土를 의지하나 重하면 파묻히게 되고, 輕하면 단단해지지 못한다. 또한 물로 씻어 眞價를 나타냄이 필요하다.

水(수)

水는 炎炎(염염)하여 건조함을 大忌(대기)하고, 金의 근원이 있어 물이 마르지 않 음을 요한다. 너무 많으면 土의 제방이 필요하고 水火가 고르게 있으면 旣濟(기제) 의 功이 있다. 水土가 혼잡되면 탁하게 되니 貴하지 못하고, 土重하면 물길을 막으 니 흉하게 된다.

五行의 旺·相·休·囚·死

陰曆	旺	相	休	囚	死
春(木)	木	水	火	土	金
	寅卯	亥子	巳午	辰戌丑未	申酉
夏(火)	火	木	土	金	水
	午巳	寅卯	辰戌丑未	申酉	亥子
四季(土) 辰戌丑未	土	火	金	水	木
	辰戌丑未	巳午	申酉	亥子	寅卯
秋(金)	金	土	水	木	火
	申酉	辰戌丑未	亥子	寅卯	巳午
冬(水)	水	金	木	火	土
	子亥	申酉	寅卯	巳午	辰戌丑未

木(목)

木은 봄에 가장 왕성하고, 여름에는 木生火로 여름에 기운을 빼앗기어 쇠약해져 休 즉 쉬게 되고, 가을엔 金의 肅殺氣運(숙살기운)에 꺾이게 되어 가장 쇠약해지게 되어 死가 되고, 四季인 土旺季節엔 木이 土에 갇히게 되므로 囚가 되고, 겨울엔 봄에 나무를 생장시킬 水氣가 있어 水生木하여 相生의 기운을 띄게 되므로 相이라 한다.

화(火)

火는 여름에 가장 왕성하고, 四季엔 休가 되고, 겨울엔 死가 되고, 가을엔 囚가 되고, 봄엔 相이 된다.

토(土)

土는 四季에 가장 왕성하고, 가을에 休가 되고, 봄에 死가 되고, 겨울에 囚가 되고, 여름에 相이 된다.

금(金)

金은 가을에 가장 왕성하고, 겨울에 休가 되고, 봄에 水가 되고, 여름에 死가
되고, 四季에 相이 된다.

수(水)

水는 겨울에 가장 왕성하고, 봄에 休가 되고, 四季에 死가 되고, 여름에 囚가
되고, 가을에 相이 된다.

4. 오행五行의 상생相生·상극相剋

오행의 상생순서도
원을 그리며 진행되지 않고,
화→토→금에서 땅속으로 한번 꺾여
들어갔다가 나오는 형태를 취한다.

오행의 상극순서도

相生 : 木→火→土→金→水

相剋 : 木→土→水→火→金

5. 수리오행數理五行

先天數(선천수)											
天干	甲	乙	丙	丁	戊	己	庚	辛	壬	癸		
數	9	8	7	6	5	9	8	7	6	5		
地支	子	丑	寅	卯	辰	巳	午	未	申	酉	戌	亥
數	9	8	7	6	5	4	9	8	7	6	5	4

後天數(후천수)											
天干	甲	乙	丙	丁	戊	己	庚	辛	壬	癸		
數	3	8	7	2	5	10	9	4	1	6		
地支	子	丑	寅	卯	辰	巳	午	未	申	酉	戌	亥
數	1	10	3	8	5	2	7	10	9	4	5	6

陰·陽水					
五行	木	火	土	金	水
陽數	3	7	5	9	1
陰數	8	2	10	4	6

제3장
주역팔괘론周易八卦論 요약要約

1. 태극太極

우주만물이 생성되기 전의 공허하고 혼돈된 상태를 말한다.

无極(무극)의 상태에서 일점 변화가 태동하여 太極이 되고, 太極의 상태에서 일점 변화가 태동하여 皇極(황극)이 된다.

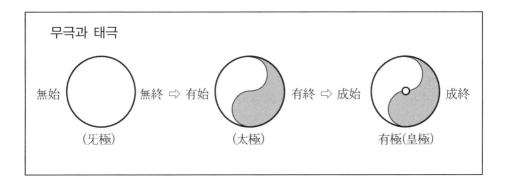

무극과 태극

無始 無終 ⇨ 有始   有終 ⇨ 成始   成終

(无極)   (太極)   有極(皇極)

太極에 대한 이론

太極圖說(태극도설) : 끝이 없는 것이 태극이다. 주렴계

易傳序(역전서) : 나타난 것이나 보이는 것에 틈이 없다. 정자

易序(역서) : 멀리로는 상하와 사방의 밖에까지 미치고, 가까이로는 한 몸의 가운데에 있다.

法性偈(법성게) : 하나가 일체이고 모든 것이 하나이며, 하나의 티끌속에 상하 팔방을 머금고 있는 것. 불교

天符經(천부경) : 하나가 신묘하여 만 가지로 오고가는 것. 우리나라

兩儀(양의)

兩儀는 '둘 兩''거동 儀'라는 뜻으로 두 가지 모습이라는 것이다. 太極에서 변화되어 나오는 陽과 陰의 두 모습을 陽儀(양의:ㅡ)와 陰儀(음의:ㅡㅡ)라고 한다. 이는 하늘과 땅이 되고, 男과 女가 되고, 낮과 밤이 되고, 動과 靜, 해와 달… 등이 되는 것이다.

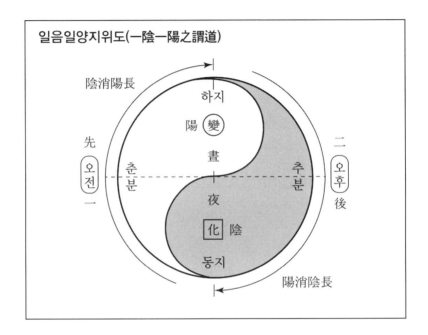

四象(사상)

四象은 네 가지의 형상이란 말로 太陽, 少陰, 少陽, 太陰을 말한다. 陽이 陽으로 진화한 것이 太陽이고, 陽이 陰으로 분화한 것이 少陰이고, 陰이 陰으로 진화한 것이 太陰이고, 陰이 陽으로 분화한 것이 少陽이다. 이 네 가지의 象이 우주삼라만상을 구성하고 있는 것이다.

예로 한의학에서 사람의 체질을 四象體質(사상체질)로 구분하는데 太陽人, 少陽人, 太陰人, 少陰人으로 구별하는 것도 같은 맥락이다.

先天八卦 次序圖(선천팔괘 차서도)

八坤地	七艮山	六坎水	五巽風	四震雷	三離火	二兌澤	一乾天	卦名
☷	☶	☵	☴	☳	☲	☱	☰	八卦
⚏		⚎		⚍		⚌		四象
--				—				兩儀
☯								太極

2. 팔괘표八卦表

八卦表(팔괘표)

卦名	八卦	形象	數	陰陽	五行	人	方位	地支	卦象	卦德	신체/동물	季節
乾	☰	天	1	+	金	老父	西北	戌·亥	乾三連	健(굳건)	머리/말	暮秋 ~ 初冬
兌	☱	澤	2	−	金	少女	西	酉	兌上絶	說(기쁨)	입/양	仲秋
離	☲	火	3	−	火	仲女	南	午	離中絶	麗(걸림)	눈/꿩	仲夏
震	☳	雷	4	+	木	長男	東	卯	震下連	動(움직임)	발/용	仲春
巽	☴	風	5	−	木	長女	東南	巳·辰	巽下絶	入(들어감)	넓적다리/닭	暮春 ~ 初夏
坎	☵	水	6	+	水	仲男	北	子	坎中連	陷(빠질함)	귀/돼지	仲冬
艮	☶	山	7	+	土	少男	東北	寅·丑	艮上連	止(그침)	손/개	暮冬 ~ 初春
坤	☷	地	8	−	土	老母	西南	申·未	坤三絶	順(유순함)	배/소	暮夏 ~ 初秋

八卦의 卦名 해석

1. 乾(건) ☰

♦ 十＋日＋十＋人＋乙(새 을)

♦ 햇볕을 받아 밝은 생명이 싹터 위로 자라는 모습.

♦ 乾은 天地人 三才를 대표하는 주체이며, 하늘의 굳건한 운행법도가 十干干으로 처음과 끝이 연결되어 끊임없이 운행함을 뜻한다.

2. 兌(태) ☱

♦ 八＋口＋儿(사람 인)

♦ 물위에 수증기가 피어오르듯이 사람의 입김이 토해져 흩어지는 모습으로 음의 기운이 밖으로 발산된다는 뜻이다.

♦ 兌는 陰이 陽들 보다 위에 있어 맏이 노릇을 하며 기뻐하는 象이다.

3. 離(이) ☲

♦ 离(흩어질 리)＋隹(새 추)

♦ 새떼가 흩어지고 불꽃이 타올라 흩어짐을 형상화한 것이다. 또는 그물에 걸린 짐승을 형상하여 걸려 붙는다는 뜻이기도 하다.

♦ 離는 陰이 陽 사이에 걸려 붙어 있으며, 불과 같이 환히 아름다운 문체를 드러내는 형상이다.

4. 震(진) ☳

♦ 雨(비 우)＋辰(별 진. 다섯째지지 진. 때 신)

♦ 봄철에 비가 내리며 우레가 울리듯 만물이 힘차게 활동한다는 뜻이다.

♦ 震은 비록 陰 밑에 陽이 있으나 밖의 陰이 유순한데다 열려있으니 밝은 생명이 생동하여 진출하는 卦象이다.

5. 巽(손) ☴

♦ 己(몸 기)＋己(몸 기)＋共(함께 공)

◆ 두 몸이 하나로 합치어 더불어 안듯이 지극히 공손함의 상이다. 원래 바람은 매우 겸손하여 위에서 아래로 내려 불고 밖에서 안으로 파고드는 습성이 있다.

◆ 巽은 陰이 강한 陽들 아래에 처하여 공손히 따르는 象이다.

6. 坎(감) ☵

◆ 土(흙 토)+欠(하품 흠. 빠질 흠)

◆ 흙이 패여 웅덩이를 이룬 상. 물이 흐르다 보면 자연 흙이 패여 물 웅덩이를 이루게 마련이다.

◆ 坎은 밝은 陽이 어두운 陰 사이에 빠져들어 험난함을 겪는 卦象이지만, 가운데가 陽이므로 건실하여 물 흐르듯이 잘 이겨낸다는 象이다.

7. 艮(간) ☶

◆ 日(날 일)+氏(각시 씨. 성 씨. 나라이름 씨)

◆ 해가 동트는 뿌리(씨). 곧 새벽이 동트는 곳인 동북방을 말한다.
  뿌리를 뽑으면 초목이 죽게 되므로 근본 이치는 산과 같이 옮길 수 없다.

◆ 艮은 밝은 陽이 아래의 어린 陰을 보호하고 지켜서 그릇되지 않도록 굳건히 지키는 象이다.

8. 坤(곤) ☷

◆ 土(흙 토)+申(납 신. 아홉째지지 신)

◆ 땅이 초목의 줄기와 가지를 튼튼히 뻗고 자라게 하여 化育하고 伸張함.

◆ 坤은 종자인 하늘의 甲을 받아들여 만물을 發芽(발아) 숙성시킨다. 초가을에 (음력 7월) 해당하는 지지이며 햇곡식을 절구와 공이로 찧음을 뜻하기도 한다.

3. 육십사괘六十四卦 조견표早見表

六十四卦 早見表(육십사괘 조견표)

上卦 下卦	一乾天 ☰	二兌澤 ☱	三離火 ☲	四震雷 ☳	五巽風 ☴	六坎水 ☵	七艮山 ☶	八坤地 ☷
一乾天 ☰	重天乾 一/一 六乾金	澤天夬 二/一 五坤土	火天大有 三/一 三乾金	雷天大壯 四/一 四坤土	風天小畜 五/一 初巽木	水天需 六/一 四坤土	山天大畜 七/一 二艮土	地天泰 八/一 三坤土
二兌澤 ☱	天澤履 一/二 五艮土	重澤兌 二/二 六兌金	火澤睽 三/二 四艮土	雷澤歸妹 四/二 三兌金	風澤中孚 五/二 四艮土	水澤節 六/二 初坎水	山澤損 七/二 三艮土	地澤臨 八/二 二坤土
三離火 ☲	天火同人 一/三 三離火	澤火革 二/三 四坎水	重火離 三/三 六離火	雷火豐 四/三 五坎水	風火家人 五/三 二巽木	水火既濟 六/三 三坎水	山火賁 七/三 初艮土	地火明夷 八/三 四坎水
四震雷 ☳	天雷无妄 一/四 四巽木	澤雷隨 二/四 三巽木	火雷噬嗑 三/四 五巽木	重雷震 四/四 六震木	風雷益 五/四 三巽木	水雷屯 六/四 二坎水	山雷頤 七/四 四巽木	地雷復 八/四 初坤土
五巽風 ☴	天風姤 一/五 初乾金	澤風大過 二/五 四震木	火風鼎 三/五 二離火	雷風恒 四/五 三震木	重風巽 五/五 六巽木	水風井 六/五 五震木	山風蠱 七/五 三巽木	地風升 八/五 四震木
六坎水 ☵	天水訟 一/六 四離火	澤水困 二/六 初兌金	火水未濟 三/六 三離火	雷水解 四/六 二震木	風水渙 五/六 五離火	重水坎 六/六 六坎水	山水蒙 七/六 四離火	地水師 八/六 三坎水
七艮山 ☶	天山遯 一/七 二乾金	澤山咸 二/七 三兌金	火山旅 三/七 初離火	雷山小過 四/七 四兌金	風山漸 五/七 三艮土	水山蹇 六/七 四兌金	重山艮 七/七 六艮土	地山謙 八/七 五兌金
八坤地 ☷	天地否 一/八 二乾金	澤地萃 二/八 二兌金	火地晉 三/八 四乾金	雷地豫 四/八 初震木	風地觀 五/八 四乾金	水地比 六/八 三坤土	山地剝 七/八 五乾金	重地坤 八/八 六坤土

4. 팔괘八卦의 속성屬性

	乾卦 ☰
卦象	하늘. 動的. 天體. 宇宙. 天意. 剛健(강건)
社會	名人. 公門人. 宦官
家庭	尊長人. 老人. 大人. 父親
事業	금융업계통. 정밀과학기술생산품
地位	최고위층. 영도자
職業	관리자. CEO. 전문경영인
人	領導者(영도자). 금융가. 官吏. 노인
性格	1) 장점 : 정치적 자질. 유력가. 판단력 및 조직능력이 강함. 두뇌총명 및 민첩 　　　　임기응변. 강의적 기질. 자제력 강함 2) 단점 : 독단적 행동. 무리와 불화. 엄숙. 金氣가 太重. 성격이 강하고 괴팍. 　　　　高自我感覺. 淸高. 죄를 범하여 官과 어긋남.
場所	形勝地(형승지). 高亢地(고항지). 京都(경도). 大都市
方位	西北方. 上方. 高處
天象	氷(빙). 雹(박). 霰(산)
時間	暮秋~初冬. 음력9.10월. 戌.亥年
數	一(先天八卦數). 六(後天八卦數). 四.九(河洛數)
物象	圓物. 寶石(보석). 冠. 鏡(경). 剛物(강물). 木果. 鐘錶(종표). 古董(고동). 文物. 帽子(모자). 금속제품. 식물표시 소단위. 水果. 瓜(과)
人體	頭. 骨格. 右腿(우퇴). 肺. 男性生殖器(남성생식기)
動物	馬. 天鵝(천아). 獅子(사자). 象
五色	白色. 玄色. 大赤色
五味	辛. 辣(랄)
企業形象	企業文化關聯 形象 1) 主題 : 天. 動. 强. 高大. 寬廣(관광). 明亮(명량). 純淨(순정) 2) 象意 : 眞. 善. 喜. 嚴肅(엄숙). 崇高(숭고) 3) 顔色 : 白色. 赤色. 金黃. 藍色(남색) 4) 形狀 : 圓. 環狀物(환상물)

	兌卦 ☱
卦象	澤(택). 魚. 喜悅(희열). 言辭(언사).
社會	강사. 교수. 연설가. 번역가. 무당. 역술가. 매파. 가수. 음악가. 성악인. 오락실사람. 娼妓(창기). 치과생. 외과생. 공관보조원.
家庭	소녀. 여아. 키 작은 사람.
事業	교직. 역술. 예체능. 의료계통. 遊技場業(유기장업).
地位	교육직공무원. 평민.
職業	요식업. 금속가공. 교육. 금융. 신문관련업. 소식관련업. 상담가.
人	소녀. 교원.
性格	1) 장점 : 낙관주의. 두뇌우수. 독립성향. 자제력. 친교우. 환경적응. 판단능력 우수. 언어표현능력. 외국어실력. 2) 단점 : 구설시비 빈번. 지나친 외향성.
場所	沼澤地(소택지). 窪地(와지). 湖泊(호박). 池塘(지당). 溜冰場(유빙장). 娛樂室 (오락실). 會議室. 音樂室(음악실). 茶室(다실). 판매점. 廢墟(폐허). 舊屋(구옥). 洞穴. 井.
方位	西方. 東南方(先天八卦).
天象	低氣壓(저기압). 露水(노수). 陰雨持續(음우지속). 潮濕天氣(조습천기).
時間	秋月. 幼年.
數	二(先天數). 七(九宮數). 四.九(五行金數).
物象	석류. 호도. 음식기구. 주둥이 있는 기물. 도검류. 완구류. 파손물. 연찬도구. 금속제품.
人體	口. 舌. 齒牙(치아). 咽喉(인후). 肺(폐). 肛門(항문). 右肋(우륵).
動物	羊. 豹(표). 豺(시). 猿猴(원후). 水鳥. 소택지동물. 鷄(계). 鴨(압).
五色	백색. 적색.
五味	辛. 辣(랄).
企業 形象	1) 主題 : 澤(택). 歡樂(환락). 柔(유). 單純(단순). 淸亮(청량). 2) 象意 : 친밀. 매력. 경쾌. 3) 顔色 : 백색. 적색. 4) 形狀 : 凹. 小. 矮(왜). 긴밀. 上柔下强(상유하강). 短.

	離卦 ☲
卦象	火. 日. 光明. 麗(려). 閃光(섬광).
社會	중간계층인. 미인. 미용사. 문인. 작가. 예술가. 연출가. 명성. 혁명가. 화가. 편집인. 정찰원. 검침원. 지식인. 오락관련인.
家庭	중녀. 중년부녀. 허약. 다소 비만형.
事業	전자. 電器. 통신. 조명기구. 광고. 촬영 관련. 미용업. 화장품 관련. 재무관리. 복장설계. 裝潢(장황). 창의방면 자문역. 兵器 제조. 사법관련 대행업. 약품가공.
地位	중간관리자.
職業	사상가. 철학가. 문예 관련업. 연출가.
人	중년 여인. 미인. 완숙한 여자. 처녀. 학자. 문인. 인기직업인. 무기든 병사. 사교적인 사람. 다재다능한 사람. 여애중인 사람.
性格	1) 장점 : 밝아짐. 명쾌. 역동적. 반응 신속. 열심. 2) 단점 : 유시무종. 허영심. 내면 부실. 겉치레가 심함. 의지 不堅.
場所	명승고적. 성지. 예배당. 화려한 街道. 촬영실. 畵室(화실). 도서관. 인쇄소. 간판. 방사실. 冶鍊(치련)관련. 밝은 곳.
方位	南方. 東方(先天八卦方位).
天象	晴. 熱(열). 酷暑(혹서). 건한(건한). 무지개. 노을.
時間	夏. 五月.
數	三(先天八卦數). 九(九宮數). 二.七(五行火數).
物象	字畵(자화). 미술품. 보도자료. 발행물. 도서. 잡지. 계약. 문서. 서신. 촬영실. 전광판. 조명기구. 火 관련제품. 주방용품. 의원. 화장품. 乾燥室(건조실).
人體	眼(안). 頭部(두부). 心臟(심장). 小腸(소장).
動物	꿩. 공작. 봉황. 貝類(패류). 甲殼類(갑각류). 반딧불이.
五色	紅色. 赤色. 紫色(자색).
五味	苦味(쓴맛).
企業 形象	1) 主題 : 火. 열정. 광명. 향상. 盛大. 분발. 전파력 강. 2) 象意 : 美麗(미려). 장식. 문명. 향상성. 3) 顔色 : 紅色. 花色. 4) 形狀 : 外實內虛(외실내허). 친화적. 飛翔(비상). 향상발전. 망상. 원형. 다소 柔함.

	震卦 ☳
卦象	雷. 振動(진동). 奮起的(분기적) 성질이나 상태.
社會	경찰. 법관. 군인. 비행승무원. 열차원. 사회활동가. 무도연출가. 축구동호인 광인. 장사. 운동원. 사법기관관련. 음향기기관련. 장남. 좌우.
家庭	장남.
事業	蔬菜(채소)가공. 氣車有關사업. 오락관련업.
地位	정부부처 소속의 기관장.
職業	법조인. 사회활동가. 武科관련. 운송관련 종사원.
人	장남. 큰형. 무인. 정력가. 군자. 바쁜 사람. 협력자. 스포츠맨. 기술자. 쾌활한 사람. 화약 관련자. 전기계통 관련자.
性格	장점 : 담대. 조작능력우수. 반응빠름. 친교성 탁월. 성격상 豪快(호쾌). 일처리 수완이 뛰어남. 단점 : 변덕이 심함. 武斷(무단). 일을 떠벌리고 은연자중함이 적음.
場所	공장. 오락실. 發射場(발사장). 전장. 삼림. 舞蹈所(무도소). 車站(차참). 초목이 무성한 곳. 대형전광판.
方位	東方. 東北方(先天八卦圖).
天象	雷雨(뇌우). 지진. 화산폭발.
時間	春
數	四(先天八卦數). 三(後天八卦數). 八(河洛數).
物象	木. 竹. 草廬(초려). 악기. 채소. 생화. 수목. 전화. 비행기. 열차. 火箭. 통구이 통. 화초무성. 蹄(제:짐승의 발굽). 육. 목제가구.
人體	足. 肝膽(간담). 左肋(좌륵).
動物	龍. 蛇. 百蟲. 잉어.
五色	靑. 綠. 碧色(벽색).
五味	酸(산)
企業 形象	1) 主題 : 雷. 快. 激烈(격렬). 奮進(분진). 적극적. 창조. 2) 象意 : 健壯(건장). 정복. 용기. 3) 顔色 : 靑. 綠. 4) 形狀 : 向上. 外虛內實. 上實下虛. 역삼각형.

	巽卦 ☴
卦象	風. 泊. 自由, 滲透(삼투). 자라나는 성질 및 상태.
社會	과학기술원. 교사. 僧尼. 仙道人. 기공사. 연공수련자. 상인. 영업사원. 목재경영. 수예인. 직공인. 자유업. 작은 음성. 유화. 이마가 넓고 모발이 길고 곧은 사람. 신체가 큰 사람.
家庭	長女. 寡婦之人(과부지인).
事業	건재. 목재. 채소가공.
地位	하급관리원.
職業	교육관련. 저술가. 광고업관련. 기술관련. 점원. 연예관련.
人	교육자. 기술자. 광고업자. 연예인.
性格	장점 : 사물에 대한 반응이 민첩. 심성이 세밀함. 순종적이고 화평함. 단점 : 권모술수를 좋아함. 억압. 독단적. 신경긴장. 자아주의. 편향된 성격 침묵비관. 다정다감. 進退不果. 피동적. 사심이 많음. 우유부단하며 욕심이 많음.
場所	우편국. 管道(관도). 線路(선로). 隘路(애로). 過道(과도). 長廊(장랑). 寺觀(사관). 초원. 승강기. 초목류의 흔들림. 전송관련.
方位	東南方. 西南方(先天八卦圖)
天象	바람. 태풍.
時間	暮春~初夏
數	五(先天八卦數) 四(九宮數). 三.八(河洛數).
物象	樹木. 목재. 麻(마). 섬유제품. 건조기. 비행기. 氣球. 범선. 모기향. 초목. 한약. 허리띠. 枝葉(지엽). 냉열설비. 화장품.
人體	넓적다리. 팔뚝. 담. 기혈관. 신경. 왼쪽어깨. 氣功.
動物	꿩. 오리. 거위. 나비. 뱀. 뱅장어. 잠자리. 지렁이. 얼룩말.
五色	녹색. 남색.
五味	酸(산)
企業 形象	1) 主題 : 바람. 가벼움. 세밀. 유화. 중복. 지연. 2) 象意 : 유동적. 浮遊(부유). 敎. 巧(교). 3) 顔色 : 綠色. 藍色(남색). 4) 形狀 : 긴 형태. 外實內虛(외실내허). 上實下虛(상실내허). 가지형태.

	坎卦 ☵
卦象	水. 艱難(간난). 함몰되고 막히고 험난한 상태.
社會	江湖人. 어민. 도적. 비적. 수학가. 의학생. 律師(율사). 도망자. 사기범. 노동자. 娼婦(창부). 작업공. 酒鬼(주귀).
家庭	中男
事業	무역관련. 냉동관련. 선박, 기차 등 운송관련. 인쇄관련. 수산관련사업.
地位	정부부처 주무원. 보통 평민. 써비스 관련원.
職業	의료관련. 법률관련. 교육관련. 노무원. 하천관리원.
人	중년남자. 법률가. 외과의사. 교육자. 철학자. 노동자.
性格	장점 : 정교. 심지가 굳음. 시세 판단이 뛰어남. 총명하고 모사에 능함. 고통을 감수하며 인내심이 있음. 단점 : 내성적. 음뭉스러움.
場所	江河. 우물. 하수도, 주점. 욕실. 암실. 음식점. 기생집.
方位	北方. 西方(先天八卦方位).
天象	雨. 露(로). 霜(상).
時間	冬
數	一(先天八卦數) 六(後天八卦數)
物象	물. 기름. 음료. 약품. 水車. 刑具. 냉장설비. 잠수정. 촬영기기.
人體	신장. 방광. 비뇨계통. 생식계통. 혈액. 내분기계통. 귀. 항문.
動物	돼지. 쥐. 이리. 수중동물. 水鳥.
五色	黑色. 紫色. 白色.
五味	鹹味(함미=짠맛)
企業 形象	1) 主題 : 수. 流暢(유창). 곡. 근심. 2) 象意 : 노동. 엄숙. 3) 顔色 : 흑색. 지색. 백색. 4) 形狀 : 유동적. 彎曲(만곡).

	艮卦 ☶
卦象	山. 土. 靜止(정지). 안정적 상태.
社會	소년. 아동. 토건인. 종교인. 관료. 귀족. 순경. 繼承人(계승인). 守門人. 獄吏(옥리). 기술인. 匠人. 石工.
家庭	少男. 청소년.
事業	토목, 건축업. 광산 관련. 기술자.
地位	정부관료. 귀족. 경찰.
職業	기술 관련업. 가정교사. 석공. 경비직.
人	소남. 종교인. 은행원. 은둔인.
性格	장점 : 조리분명. 고적응성. 자주독립. 화순, 충성, 중립. 불호쟁투. 신뢰 분발. 곤란극복. 단점 : 소극. 보수. 극단적 성격. 편고. 고집.
場所	산. 구릉. 휴게실. 분묘장소. 閣樓(각루). 감옥. 공안기관. 파출소. 城牆. 창고. 宗廟(종묘). 사당. 돌산. 은행. 저장실. 채석장.
方位	東北方. 西北方(後天八卦方位).
天象	雲. 霧(무). 언덕.
時間	暮冬 ~ 初春
數	七(先天八卦數). 八(九宮數). 五.十(五行土數).
物象	암석. 山坡(산파). 분묘. 장벽. 사다리. 석비. 土坑. 樓臺. 탁자. 상.
人體	코. 등. 손가락. 관절. 왼쪽넓적다리. 脚趾(각자:다리.발). 유방. 脾. 위. 결장.
動物	개. 호랑이. 쥐. 이리. 곰. 곤충. 파충류.
五色	황색. 백색.
五味	甘味(감미=단맛)
企業 形象	1) 主題 : 山. 高. 거칠고 웅장. 냉정. 침저. 독특한 성격. 2) 象意 : 광명. 개성 강함. 보수. 독립. 표준. 주관. 3) 顔色 : 황색. 백색. 4) 形狀 : 堅硬不動(견경부동). 향상발전. 上硬下軟(상경하연). 정삼각형.

	坤卦 ☷
卦象	大地. 靜. 유순. 잠재의식.
社會	大衆. 향촌인. 유약인. 大腹人(대복인). 소인.
家庭	조모. 노모. 계모. 노부인. 모친.
事業	土性. 房地産9방지산). 건축. 방직. 도살장. 육류가공. 모피생산. 농작물. 농산물. 부녀지사. 출판업. 전선망 관련업.
地位	여성 각료. 여성관련 정부부처의 수장. 여성 경호원.
職業	농업. 원예업. 토목, 건축업. 축산업. 육아관련업. 관계수로관련업.
人	모친. 황후. 대중. 보통사람. 노부인. 신체비만. 비서. 시어머니. 농부.
性格	장점 : 성실. 유순. 仁讓(인양). 온유. 후덕. 환희. 靜. 단점 : 지나친 보수적. 인색. 음기 많음. 新文物에 민감.
場所	대지. 평지. 鄕村(향촌). 田畓.
方位	西南方. 北方(先天八卦方).
天象	陰雲(음운). 霧氣(무기). 冰霜(빙상).
時間	暮夏~初秋
數	二(後天八卦水). 八(先天八卦數). 五.十(五行土數).
物象	진흙. 기와. 오곡. 면포. 부드러운 물품. 쇠고기. 식품. 대차. 부녀용품. 書. 놋쇠로 만든 솥.
人體	배. 우측어깨. 脾(비). 胃(위). 여성생식기. 살가죽.
動物	소. 고양이. 암말.
五色	황색. 흑색.
五味	甘味(감미=단맛)
企業 形象	1) 主題 : 땅. 靜. 후덕. 유화. 優美(우미). 2) 象意 : 균형. 養. 정직. 근로. 느림. 절선. 3) 顏色 : 황색. 흑색. 4) 形狀 : 方形.

5. 팔괘八卦의 오행배속五行配屬

木		火		土
	巽 ☴ 風 辰.巳 陰 東南 ❹	離 ☲ 火 午 陰 南 ❾	坤 ☷ 地 未.申 陰 西南 ❷	
	震 ☳ 雷 卯 陽 東 ❸	❺	兌 ☱ 澤 酉 陰 西 ❼	金
土	艮 ☶ 山 丑.寅 陽 東北 ❽	坎 ☵ 水 子 陽 北 ❶	乾 ☰ 天 戌.亥 陽 西北 ❻	
		水		

제4장

구궁론九宮論

1. 낙서구궁洛書九宮

洛　書

◆ 상기 洛書의 圖式을 9개의 宮으로 나누어 陰陽의 數를 대입하여 정리하면 아래표
  의 구궁도와 같다.

九宮圖

4	9	2
3	5	7
8	1	6

◆ 가로, 세로, 대각선 의 합은 각각 15가 되는데, 이는 節과 氣 사이의 日數 15日과
  같으며 각각 5일씩인 天地人 三元으로 구성되어 15日이 되는 것이다. 현재의 시
  대는 투쟁과 전쟁이 빈번한 後天 相剋의 시대이므로 洛書 九宮圖를 활용하여 미
  래사를 판단하는 근본으로 삼는 것이다.

2. 구궁배속九宮配屬

九宮方位圖

東南	南	西南
東		西
東北	北	西北

九宮定位圖

4	9	2
3	5.10	7
8	1	6

九宮月別圖

3,4月	5月	6,7月
2月		8月
1,12月	11月	9,10月

九宮十二支定位圖

辰.巳	午	未.申
卯		酉
寅.丑	子	戌.亥

九宮名稱圖

巽	離	坤
震		兌
艮	坎	乾

天蓬九星定位圖

四 天輔	九 天英	二 天芮
三 天沖	5 天禽	七 天柱
八 天任	一 天蓬	六 天心

九宮五行圖

木	火	土
木	土	金
土	水	今

九宮四季圖

晚春~ 初夏	夏	晚夏~ 初秋
春		秋
晚冬~ 初春	冬	晚秋~ 初冬

紫白九星定位圖

綠	紫	黑
碧	黃	赤
白	白	白

제5장

하도·낙서河圖·洛書와
선·후천팔괘도先·後天八卦圖

1. 하도河圖

1) 河圖의 原理

河　圖

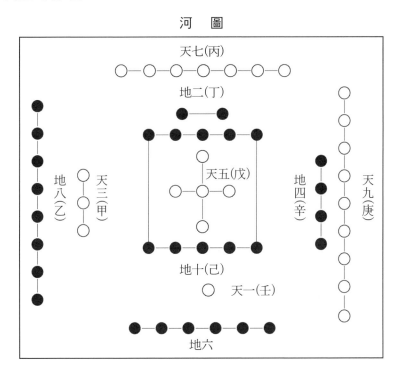

先天八卦圖

兌二 (澤)	乾一 (天)	巽五 (風)
離三 (火)		坎六 (水)
辰四 (雷)	坤八 (地)	艮七 (山)

복희 선천팔괘 방위도(伏羲 先天八卦 方位圖)

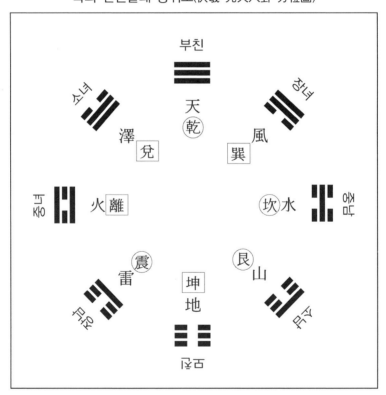

◆ 중국의 三皇五帝 중 伏羲氏가 黃河의 물속에서 나오는 龍馬의 등에 그려진 것을
  보고 만들었다는 河圖는 天干五行의 相生原理를 나타낸 것이다.

◆ 陽數 1.3.5.7.9 – 하늘   陰數 2.4.6.8.10 – 땅
◆ 陽數의 合은 25인데 본체인 1을 빼면 24로 24節候와 같다.

  陰數의 合은 30인데 이는 매달의 日數와 같다.
◆ 陽數, 陰數를 合하면 55로 先天數이다. 55는 5+5로 분리되어 중앙의 5陽土로
  되고, 합하면 10으로 중앙의 陰10土로 된다.

2) 數의 生成과 參天兩地(삼천양지)

  우주안의 모든 數는 1에서 10까지로 구성되어졌다. 상기 河圖의 안에 있는 1에서
5까지의 數를 生하는 數라 하여 生數라고 하고, 밖에 있는 6에서 10까지의 數를
이루는 數라 하여 成數라고 한다. 生數 1~5는 內的이며 體가 되고, 成數 6~10은
外的이며 用이 된다. 즉 內體外用이 되는 것이다.

  본체가 되는 生數 중에서 홀수는 陽으로서 하늘의 數가 되고, 짝수는 陰으로서
땅의 數인데, 홀수는 1, 3, 5의 세 자리이고, 짝수는 2, 4의 두 자리가 있다. 이를
參天兩地(삼천양지)라 한다. 이 삼천양지는 易의 數에서 가장 기본적인 원리가 되는
것이다.

  1~5까지의 生數 중 홀수인 1, 3, 5를 합하면 9가 되어 陽을 대표하는 老陽(太陽)
이 되고, 짝수인 2,4를 합하면 6이 되어 老陰(太陰)이 된다.

  따라서 周易은 陰陽學인 동시에 九六學이 되는 것이다. 즉 陰陽은 體가 되고,
九六은 用이 되는 것이다. 陽을 9라는 숫자로 하고, 陰을 6이라는 숫자로 한 이유
는 늙은 陽과 늙은 陰은 변하기 때문이다.

  9는 하늘이고 아버지이고, 6은 땅이고 어머니로써 천지자연의 조화에 의해 그
사이에 자식이 나오는데 아들에 해당하는 것을 少陽, 딸에 해당하는 것을 少陰이라
한다. 아들에 해당하는 陽卦는 7이고, 딸에 해당하는 陰卦는 8이다. 少陽에는 震
卦, 坎卦, 艮卦가 있고 少陰에는 巽卦, 離卦, 兌卦가 있다.

3) 四象(사상)의 자리수

사상의 위수(位數)

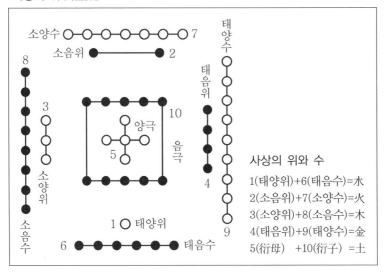

사상의 위와 수

1(태양위)+6(태음수)=水
2(소음위)+7(소양수)=火
3(소양위)+8(소음수)=木
4(태음위)+9(태양수)=金
5(衍母) +10(衍子) =土

◆四象에서 사방의 生數인 1, 2, 3, 4는 四象位라 하고 사방의 成數인 6, 7, 8, 9는 四象數라 한다.

1은 太陽位, 2는 少陰位, 3은 少陽位, 4는 太陰位, 5는 중앙·양극, 6은 太陰數, 7은 少陽數, 8은 少陰數, 9는 太陽數.

◆生數인 1, 2, 3, 4(四象位)는 中央 5의 도움으로 成數인 6, 7, 8, 9(四象數)를 낳는다.

2. 낙서洛書

1) 洛書의 原理

洛　書

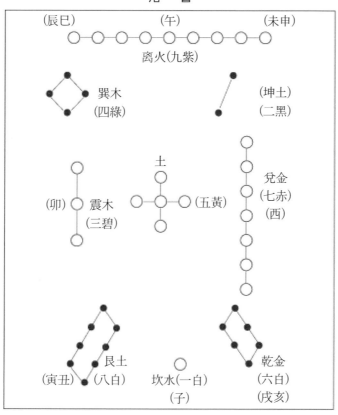

後天八卦圖

巽四 (風)	離九 (火)	坤二 (地)
震三 (雷)		兌七 (澤)
艮八 (山)	坎一 (水)	乾六 (天)

◆ 앞으로 우리가 배우고자 하는 기문둔갑은 현재 後天 相剋의 시대를 적용한 상기 洛書九宮의 數理가 기문학설의 근본이 되는 것이다.

◆ 기문둔갑은 術數豫測學(술수예측학)으로 그 구성요소들은 각 宮의 排盤(배반)과정에서 상기 九宮數理의 法理를 적용하여 造式(조식)된다.

2) 文王 後天八卦圖(문왕 후천팔괘도)

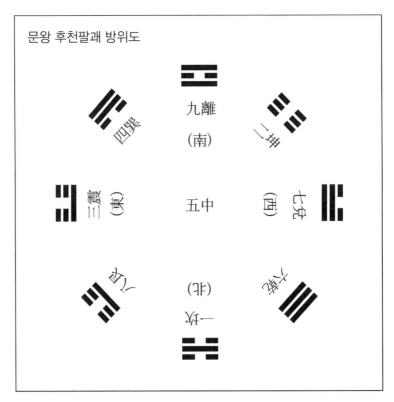

◆ 河圖 이후 禹임금이 황하강 상류의 洛水에서 거북등에 그려진 것 문양을 보고 洛書를 창안했다.

◆ 河圖는 천지만물의 본질인 體가 되고, 洛書는 변화와 用事의 근간이 되는 用이 된다.

◆ 河圖는 천지만물의 완성인 10에서 그치고, 洛書는 1이 부족한 9에 그쳐 완성의 단계로 가고자 하는 相剋과 用事의 원리가 된다.

◆ 가로, 세로, 대각선 각 합하면 15인데 이는 24節候의 해당 日數인 15일이다.

◆ 洛書의 數는 총 45인데 이는 팔괘방향의 한 宮마다 머무는 日數인 것이다.

◆ 陽數는 해가 뜨기 시작하여 생기가 돋는 동쪽 震方의 3木에서 시작되어, 3의 배수로 左旋하고, 陰數는 해가 지기 시작하여 陰氣가 돋는 坤方의 2火에 시작되어 2의 배수로 右旋한다.

제6장
홍국洪局과 연국烟局

기문둔갑은 洪局奇門(홍국기문)과 烟局奇門(연국기문)으로 대분류되는데, 洪局奇門은 生年. 月. 日. 時나 用事하고자 하는 시점의 年. 月. 日. 時에 따른 洪局數(홍국수)를 도출하여 사람의 미래운명을 점단하는데 주로 활용되고, 烟局奇門은 用事하고자 하는 시점의 年. 月. 日. 時에 따른 十天干을 적용하여 방위의 길흉을 점단하는데 주로 이용된다. 따라서 洪局奇門의 구성은 洪局數(홍국수), 洪局數를 오행으로 변환시킨 六神, 日家八門神將(일가팔문신장), 八卦生氣(팔괘생기), 太乙九星(태을구성), 十二胞胎運星(십이포태운성), 十二神殺(십이신살), 十二天將(십이천장) 위주로 구성되고, 烟局奇門은 天·地盤六儀三奇(천·지반육의삼기), 時家八門神將(시가팔문신장), 天蓬九星(천봉구성), 直符八將(직부팔장), 三元紫白法(삼원자백법) 위주로 구성되는 것이다.

洪局奇門은 사주팔자나 혹은 용하고자하는 시점의 年. 月. 日. 時를 子平命理式으로 圖式(도식)하여 天干과 地支에 해당 奇門數(기문수)를 적용하고, 각각 9로 제한 나머지 數를 九宮圖 中宮의 天盤數(천반수)와 地盤數(지반수)로 정하고, 이로써 九宮圖의 각 宮에 洪局數를 도출하고, 이 洪局數를 오행으로 변환시켜 日辰宮의 地盤數를 기준하여 자평명리식의 六神 등을 각 宮에 附法(부법)하여 사람의 미래운명을 점단하는 방법이다. 洪局奇門은 日辰이 중심이 되는 것이다. 자세한 사항은 제2편 洪局奇門에 상세히 서술했으니 이를 공부하도록 한다.

(예) 男命. 陰曆. 1964년 4월 17일 巳時生의 天·地盤布局

```
時 日 月 年
2  4  6  1
```

乙 丁 己 甲	干合 13	天盤 4 　　　 天盤數 4

乙 丁 己 甲　　干合 13　　　　　　　天盤 4　　　　　　天盤數 4
　　　　　　= ----- → 9로 제한 나머지 ----- → 中宮數 -------
巳 丑 巳 辰　　支合 19　　　　　　　地盤 1　　　　　　地盤數 1

```
6  2  6  5
```

巽	巳	離 午	未	坤
辰	❹ $\frac{10}{5}$	❾ $\frac{5}{10}$	❷ $\frac{2}{3}$	申
震 卯	❸ $\frac{1}{4}$	❺ ⑩ $\frac{4}{1}$ (9) (6)	❼ $\frac{7}{8}$	兌 酉
寅	❽ $\frac{6}{9}$ 世	❶ $\frac{3}{2}$	❻ $\frac{8}{7}$	戌
艮	丑	坎 子	亥	乾

奇門數(기문수)

天干	甲	乙	丙	丁	戊	己	庚	辛	壬	癸		
數	1	2	3	4	5	6	7	8	9	10		
地支	子	丑	寅	卯	辰	巳	午	未	申	酉	戌	亥
數	1	2	3	4	5	6	7	8	9	10	11	12

◉ 用事하고자 하는 年. 月. 日. 時를 자평명리식으로 圖式하여 위의 奇門數(기문수)를 적용한 후 洛書九宮 중궁의 천·지반수를 도출하여 각 宮에 홍국수를 표시하는 것이다. 자세한 내용은 제2편 제2장 구궁포국법에서 공부하도록 한다.

◉ 상기 布局圖를 기본 圖式으로 하여, 六神, 日家八門神將, 八卦生氣, 太乙九星, 十二運星, 十二神殺, 十二天將 등을 附法하여 평생사주 등 홍국기문과 연관된 제반 事案의 길흉사를 판단하는 것이다.

◉ 상기 명조에서 홍국기문의 중궁수를 산출하는 또 다른 방법으로는 "手掌圖(수장도)"를 활용하는 방법이 있다.

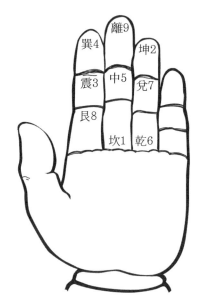

巽4	離9	坤2
震3	中5	兌7
艮8	坎1	乾6

◆ 상기 명조의 경우 천반수 산출은, 坎1宮에서 "甲"을 起하여 年干 甲까지 세어나가면 제자리인 坎1宮에 그친다. 이어서 月干은 己이니 다음 宮인 坤2宮에서 다시 甲을 起하여 己까지 구궁정위도상으로 세어나가면 兌7宮에 落宮한다. 이어서 日干은 丁이니 다음 宮인 艮8宮에서 甲을 起하여 丁까지 세어나가면 坤2宮에 丁이 낙궁한다. 이어서 時干 乙은 다음 宮인 震3宮에서 甲을 起하여 乙까지 세어나가면 巽4宮에 落宮한다. 그러므로 巽4宮의 九宮數理 4數가 중궁의 천반수가 되는 것이다.

◆ 지반수는 坎1宮에 "子"를 起하여 年支 辰부터 상기 천반수 산출방법과 같이 진행하여 落宮하는 곳의 九宮數理가 지반수가 되는 것이다. 상기와 같이 手掌圖(수장도)를 이용하면 중궁수 산출이 매우 수월하니 독자들께서도 숙달시켜 잘 활용해 보기 바란다.

烟局奇門은 節氣三元表(절기삼원표)에 의거 十天干을 활용하는데, 그 중 甲木은 十天干字 중 首位에 해당하고, 지극히 尊貴(존귀)한 존재이므로 손상되는 것을 기피하여 隱伏(은복)되는데 六戊下에 遁하며 이를 遁甲(둔갑)이라 한다. 다른 9개의 天干은 戊·己·庚·辛·壬·癸의 六儀(육의)와 乙·丙·丁의 三奇(삼기)가 있는데, 三奇의 경우는 布局時에는 逆順으로 포국하여 丁·丙·乙로 附法(부법)하는 것이다. 이것을 天盤·地盤六儀三奇(천반·지반육의삼기)라 칭하는 것이다.

천반·지반육의삼기는 烟局奇門의 근간이 되는 것이다. 또한 六十甲子의 旬 중에 따라 이를 대표하는 오행을 符頭(부두)라 하는데, 六十甲子에는 六旬이 있으니 甲子旬은 戊符頭, 甲戌旬은 己符頭하여… 六儀를 구궁도에 布局한 다음 나머지 宮에는 무조건 丁·丙·乙 순서로 三奇를 포국하여 방위의 길흉판단의 근본으로 삼는 것이다. 부연하면 用事하고자 하는 年. 月. 日. 時를 節氣三元表에 의거 해당 局을 찾은 다음, 地盤에 甲子戊하여 戊符頭를 표기하고 陽遁, 陰遁局에 따라 구궁정위도에 따라 나머지 六儀와 三奇를 順·逆 布局하는 것이다. 烟局奇門은 時柱가 중심이 되는 것이다. 자세한 사항은 제3편 연국기문에 상세히 서술했으니 이를 공부하도록 한다.

예) 음력. 1964년 4월 17일 巳時의 天·地盤六儀三奇 附法

時 日 月 年

乙 丁 己 甲

巳 丑 巳 辰

陽遁局 小滿 下元 8局에 해당된다.

時　干 : 乙

時符頭 : 壬(乙巳時는 甲辰旬中이므로 時符頭는 壬이 된다.)

1) 地盤六儀三奇는 陽遁局 小滿節 下元 8局이므로 艮8宮에서 甲子戊를 일으켜 순행시키므로, 艮宮에 戊, 離宮에 己, 坎宮에 庚, 坤宮에 辛, 震宮에 壬, 巽宮에 癸, 中宮에 丁, 乾宮에 丙, 兌宮에 乙 순서로 附法하는 것이다. 아래 도표1과 같다.

2) 天盤六儀三奇는 地盤六儀三奇 중에서 사주의 時干이 있는 곳의 上에 時符頭인 壬을 移去해오고 나머지도 순차적으로 移去해오는 것이다.

상기사주는 사주의 時干이 乙이고 乙은 兌宮에 있다. 고로 兌宮의 乙 위에 震宮의 壬을 移去해 오는 것이다. 다음 乾宮 丙 위에는 巽宮의 地盤奇儀 癸를 이거해오고, 다음 坎宮의 庚 위에는 離宮의 地盤奇儀 己를 이거해오고, 다음 艮宮의 戊 위에는 坤宮의 地盤奇儀 辛을 이거해오고, 다음 震宮의 壬을 兌宮의 地盤奇儀 乙을 이거해오고, 다음 巽宮의 癸 위에는 乾宮의 地盤奇儀 丙을 이거해오고, 다음 離宮의 己 위에는 坎宮의 地盤奇儀 庚을 이거해오고, 다음 坤宮의 辛 위에는 艮宮의 地盤奇儀 戊를 이거해오는 것이다. 아래 도표2와 같다.

도표 1

巽　　　巳	離　午	未　　　坤
❹ 癸	❾ 己	❷ 辛
❸ 壬	❺ ⑩ 丁	❼ 乙
❽ 戊	❶ 庚	❻ 丙
艮　　　丑	坎　子	亥　　　乾

(辰 / 震卯 / 寅 왼쪽, 申 / 兌酉 / 戌 오른쪽)

도표 2

巽　　　巳	離　午	未　　　坤
❹ 丙 癸	❾ 庚 己	❷ 戊 辛
❸ 乙 壬 (時符頭)	❺ ⑩ 丁	❼ 壬 乙 (時干)
❽ 辛 戊	❶ 己 庚	❻ 癸 丙
艮　　　丑	坎　子	亥　　　乾

(辰 / 震卯 / 寅 왼쪽, 申 / 兌酉 / 戌 오른쪽)

3) 통설로는 洪局奇門을 우리나라에서 독특하게 발전된 奇門學이라 하여 "東國奇門"이라고도 하고, 烟局奇門은 본시 중국에서 창안되고 발전된 奇門學이라 하여 "中國奇門"이라 하는데, 실전에서 활용할 경우에는 洪局과 烟局을 구별하지 않고 용사하고자 하는 사안별로 필요한 요소들을 추출하여 적시에 활용하는 것이다.

제2편

홍국기문洪局奇門

제1장
개요概要

奇門學은 본시 중국에서 창안되어 兵法과 人事, 治國에 활용키 위해 오랜 세월 발전과 연구를 거듭해온 학문이지만 그 근본은 方位의 길흉을 논하는 것이 主事였다. 앞으로 서술할 洪局奇門은 우리 我東邦에서 조선조 서화담 선생과 이토정 선생에 의해 독특하게 창안되고 발전해온 우리고유의 기문학으로 "東國奇門"이라 별칭하며 사람의 미래사에 대한 길흉을 논하는데 있어서는 타 學의 추종을 불허하고 있다.

사람의 운명을 주로 논하는 것이니 生 年. 月. 日. 時에 따른 선천운명의 길흉판단과 사안별로 用事하고자 하는 시점의 年. 月. 日. 時에 따른 길흉을 논하는 것이 主事인 것이다. 洪局奇門은 후천 상극시대의 洛書九宮의 이론이 그 근간이다.

洛書의 이론은 중국 우임금시대에 洛水의 거북등에 나타난 象과 그 象과 연관된 數가 근본이 되고, 이것이 子平命理의 圖式과 결부되어 九宮圖의 天盤數와 地盤數인 洪局數를 도출해낸 것인데, 이 洪局數와 이에 따른 六神의 변화무쌍한 通辯(통변)이 洪局奇門의 주류인 것이다. 참고로 기문사주국의 활용에 있어서 근간이 되는 홍국기문의 주요 구성요소는 아래와 같다.

❶ 洪局數　　　❷ 六神　　　❸ 日家八門神將
❹ 八卦生氣　　❺ 太乙九星　　❻ 十二胞胎運星
❼ 十二神殺　　❽ 기타 神殺　　❾ 十二天將

상기 구성요소들을 天·地·人 3要素로 분류한다면 아래와 같으며, 이를 홍국기문의 통변에 있어 주체적요소로 활용한다면 보다 깊이 있고 정밀한 奇門四柱局의 운용을 체득할 수 있으리라 사료된다.

◆ 天時的 要素 - 太乙九星
◆ 地理的 要素 - 八卦生氣
◆ 人和的 要素 - 六神. 日家八門神將

1. 홍국수洪局數

후천 상극시대의 洛書九宮의 數理가 그 근간이며, 用事하고자 하는 年. 月. 日. 時를 자평명리식으로 도식하여 천간과 지지에 奇門數를 대입하고, 天干과 地支의 합을 각각 9로 제한 나머지 수를 중궁의 천반수와 지반수로 정한후, 구궁정위도상의 각 宮에 布局 완성한 천·지반수를 洪局數라 한다.

2. 홍국수洪局數의 오행배속五行配屬

洪局數를 오행으로 변환한 것을 의미한다. 여기에 자평명리식의 六神을 대입하여 구궁정위도상에 포국하면 洪局奇門 통변의 근본원리가 되는 것이다.

天干	甲	乙	丙	丁	戊	己	庚	辛	壬	癸		
洪局數	3	8	7	2	5	10	9	4	1	6		
地支	子	丑	寅	卯	辰	巳	午	未	申	酉	戌	亥
洪局數	1	10	3	8	5	2	7	10	9	4	5	6

◆ 유의할 점은 洪局奇門에서 구궁정위도상에 六神을 布局할 때에는, 자평명리식을 도입한 것이므로 日辰宮의 지반수를 천간으로 바꾸어서 육신을 부법해야 하므로 1數와 6數, 2數와 7數의 음양이 바뀐다는 점이다.

3. 홍국기문洪局奇門의 활용活用

1) 奇門平生四柱局
생년. 월. 일. 시를 기문둔갑을 적용하여 도식하여 사람의 평생사주를 살펴보는 것이다. 약칭 平生局으로 부르기도 한다.

2) 一年身數局
當年太歲에 生月·生日·生時를 적용하여 매월별의 길흉을 논하는 것이다. 약칭 身數局으로 부르기도 한다.

3) 奇門占事局
用事하고자 하는 시점의 年. 月. 日. 時를 적용하여 특정 사안에 대해 길흉을 점단해 보는 것이다. 약칭 占事局으로 부르기도 한다.

4) 天時占
洪局數를 활용하여 天候(천후)를 살펴보는 것이다.

5) 國運論
洪局數를 활용하여 나라의 운세를 판단해보는 것이다.

4. 팔괘八卦의 구궁배속

기문둔갑은 중국에서 창안된 학문으로 본시 方位의 길흉과 兵法에서 用兵術에 활용함이 主된 목적이었다. 따라서 方位와 天時및 陣地의 길흉을 논함이 主事였으나 연구와 발전이 거듭되어 人事와 治國의 범위까지 확대 활용되었던 것이다. 兵法에서 구궁도의 중궁은 軍의 총사령관의 위치라 논하고 각각의 八方은 아군과 적군이 배열된 陣地인 것이다. 따라서 軍이 효율적인 작전과 用兵을 하기 위해 각 방위의 이점을 선점하는 것이 매우 중요한 바, 中宮을 중앙이라 하고 각 여덟 곳의 방위에 八卦를 배속하여 八卦의 변화무쌍한 통변을 통해 天時와 자연과 용병에서 효율의 극대화를 위한 근간으로 삼았던 것이다. 팔괘의 구궁배속은 아래 표와 같다.

巽 ☴ 東南	離 ☲ 南	☷ 坤 西南
❹	❾	❷
震 ☳ 東 ❸	❺ ⑩ 中宮	兌 ☱ 西 ❼
東北 艮 ☶ ❽	❶ 坎 ☵ 北	西北 乾 ☰ ❻

제2장
구궁포국법九宮布局法

1. 사주팔자四柱八字 세우는 법

⊙ 사람의 태어난 生年. 月. 日. 時나 用事하고자 하는 年. 月. 日. 時를 기준하여
　子平命理式으로 사주팔자의 天干과 地支를 造式한다.

⊙ 四柱命理學에서 月令과 日辰이 매우 중요하듯이 洪局奇門에서도 月令과 日辰宮
　의 비중이 매우 크다.

1) 十干과 十二地支

　사주명리학에서는 사람의 태어난 生年, 生月, 生日, 生時를 十干과 十二地支를
적용하여 干支를 도출하고, 干支의 오행상의 生化剋制(생화극제)에 의한 상호 작용
이 개인의 운명을 좌우하는 것으로 생각한다. 각 개인의 生年과, 生月과, 生日과,
生時는 干과 支 두자로 구성되어 있으므로 총 八字가 된다. 그러므로 生年. 月.
日. 時 각 네 기둥에 干支 두자씩 총 여덟자가 되어 사주팔자라고 한 것이다.

⊙ 生年의 干支를 年柱
⊙ 生月의 干支를 月柱
⊙ 生日의 干支를 日柱
⊙ 生時의 干支를 時柱라 한다.

　干支를 사용하게 된 기원은 사주명리학의 조종이라 할 수 있는 연해자평에 중국
삼황오제 중 황제께서 하늘에 빌어 十干과 十二支를 받았고, 후에 요임금께서 十干
과 十二支를 조합하여 六十甲子를 만들어 널리 세상에 이롭게 배포하였다고 전해

지고 있다.

干支 陰陽 區分

干支	陰陽	木	火	土	金	水
干	陽	甲	丙	戊	庚	壬
	陰	乙	丁	己	辛	癸
支	陽	寅	午	辰. 戌	申	子
	陰	卯	巳	丑. 未	酉	亥

　　위의 陰陽으로 나뉘어진 干支를 陽干과 陽支, 陰干과 陰支를 순차적으로 조합하면 소위 六十甲子가 된다.

六十甲子 및 旬中 空亡

六十甲子										空亡
甲子旬	乙丑	丙寅	丁卯	戊辰	己巳	庚午	辛未	壬申	癸酉	戌·亥
甲戌	乙亥	丙子	丁丑	戊寅	己卯	庚辰	辛巳	壬午	癸未	申·酉
甲申	乙酉	丙戌	丁亥	戊子	己丑	庚寅	辛卯	壬辰	癸巳	午·未
甲午	乙未	丙申	丁酉	戊戌	己亥	庚子	辛丑	壬寅	癸卯	辰·巳
甲辰	乙巳	丙午	丁未	戊申	己酉	庚戌	辛亥	壬子	癸丑	寅·卯
甲寅	乙卯	丙辰	丁巳	戊午	己未	庚申	辛酉	壬戌	癸亥	子·丑

2) 生年의 干支를 정하는 법

　　生年의 간지를 정하는 법은 보통 음력을 표준하여 만세력을 이용하는데, 사람의 나이처럼 정월 초하루를 기준으로 하는 것이 아니라 절기상의 立春日을 기준으로 한다. 만약 2005년(乙酉年)에 태어났다 하더라도 立春日 前이면 乙酉年이 아닌 전년도인 2004년 즉 甲申年生이라 한다. 또한 입춘당일에 태어났다 하더라도 절입날의 시각을 기준하는데 절입일 시각 전이면 전년도 干支를 쓰고 절입일 시각 후이면 당해년도의 干支를 쓴다.

(예) 음력으로 1979년 1월 4일 출생한 사람의 生年干支를 풀이한다면 우선 1979년은 己未年이고 1월의 立春日은 1월 8일이다. 따라서 상기의 1월 4일 태어난 사람은 立春日 전에 태어났으므로 1979년 己未年의 生年干支를 쓰지 못하고 전년도인 戊午年의 干支를 쓰는 것이다.

3) 生月의 干支를 정하는 법

生月의 干支는 보통 만세력에 있는 各 月의 월건(月建)에 의한다. 주의할 것은 年의 干支를 정할 때는 立春日을 기준하듯이, 月의 干支를 정할 때에는 절입시기(節入時期)를 기준으로 한다.

예를들어 음력으로 1933년 3월 11일생의 사람은 3월의 절입날이 3월 11일 청명(淸明)시 부터이므로 生月의 干支는 3월의 月建 丙辰을 쓰나, 하루 전에 태어난 3월 10일생의 사람은 비록 3월달에 태어났다 하더라도 3월의 절기인 청명 전에 태어났으므로 2월의 월건(月建)인 乙卯로 生月의 干支를 삼는다.

예를들어 음력으로 1979년 2월 4일인 사람은 2월의 節氣는 驚蟄(경칩)인데 驚蟄日은 2월 8일이다. 그러므로 驚蟄 전에 태어났으므로 2월의 生月 月建 丁卯를 쓰지 못하고 1월의 月建인 丙寅을 써주어야 한다.

예를들어 음력으로 1979년 7월 22일 태어난 사람이라면 7월의 절기는 立秋이고 月建은 壬申을 써주어야 하나, 7월 22일은 7월 절기인 立秋를 지났고, 8월의 節氣인 白露를 지났다. 따라서 위의 사람은 7월 月建 壬申 대신 8월 月建 癸酉를 써주어야 한다.

各月의 절입시기

1월 : 입춘(立春)	2월 : 경칩(驚蟄)	3월 : 청명(淸明)
4월 : 입하(立夏)	5월 : 망종(芒種)	6월 : 소서(小暑)
7월 : 입추(立秋)	8월 : 백로(白露)	9월 : 한로(寒露)
10월 : 입동(立冬)	11월 : 대설(大雪)	12월 : 소한(小寒)

각 절입시기는 만세력에 기재되어 있으므로 이를 참고로 한다.

만세력이 없어도 生月의 干支를 아는 방법이 있다. 우선 各月의 地支는 어느 해를 막론하고 고정되어 있으므로 이를 암기하면 좋다.

1월의 月支 : 寅	2월의 月支 : 卯	3월의 月支 : 辰
4월의 月支 : 巳	5월의 月支 : 午	6월의 月支 : 未
7월의 月支 : 申	8월의 月支 : 酉	9월의 月支 : 戌
10월의 月支 : 亥	11월의 月支 : 子	12월의 月支 : 丑

月干도 일정한 법칙에 의해 정해진다. 이를 알기 위해서는 사주상 干合을 알아야 한다. 干合이란 십간중 오행의 성질이 서로 다르더라도 가까이 있을 때 서로 합해서 각기 다른 오행으로 化한 것을 말한다. 이 干合에 대한 내용은 뒤에 자세히 기술하겠지만 여기서는 간합의 종류만 알고 넘어가기로 한다.

(干合)

甲己 - 合土　　乙庚 - 合金　　丙辛 - 合水　　丁壬 - 合木　　戊癸 - 合火

즉 甲木과 己土는 본래 각자의 五行을 떠나 합해져서 土의 성질을 띤다는 것이다. 마찬가지로 乙木과 庚金은 합해져서 金의 성질을 띤다는 것이다. 위와 같이 干合을 알았으면 月干을 찾는 방법을 알아야 하는데, 甲年과 己年에 태어난 사람은 甲木과 己土는 合土가 되므로 이 土를 생해주는 丙火가 月干이 된다는 것이다.

예로, 甲年에 태어났고 1월생이라면 1월의 月支는 寅으로 정해져 있고, 다음에 月干은 甲年과 己年은 合土 된다 했으므로, 이 토를 생하는 丙火가 1월생의 月干이 되고, 2월은 정묘, 3월은 무진으로 순행시키는 것이다.

예로, 乙年에 태어났고 1월생이라면 1월의 월지는 寅으로 정해져 있고, 다음 月干은 乙年과 庚年은 合金된다 했으므로, 이 金을 生하는 戊土가 1월생의 月干이 되는 것이다. 고로 乙年 1월생이라면 月干支는 戊寅이 되고, 2월생은 己卯, 3월생은 庚辰 등으로 순행한다.

節入時期											
月	1月	2月	3月	4月	5月	6月	7月	8月	9月	10月	11月	12月
節入日	立春 입춘	驚蟄 경칩	清明 청명	立夏 입하	芒種 망종	小暑 소서	立秋 입추	白露 백로	寒露 한로	立冬 입동	大雪 대설	小寒 소한
月令	寅	卯	辰	巳	午	未	申	酉	戌	亥	子	丑
月干支 早見表											
	1月	2月	3月	4月	5月	6月	7月	8月	9月	10月	11月	12月
甲己年	丙寅	丁卯	戊辰	己巳	庚午	辛未	壬申	癸酉	甲戌	乙亥	丙子	丁丑
乙庚年	戊寅	己卯	庚辰	辛巳	壬午	癸未	甲申	乙酉	丙戌	丁亥	戊子	己丑
丙辛年	庚寅	辛卯	壬辰	癸巳	甲午	乙未	丙申	丁酉	戊戌	己亥	庚子	辛丑
丁壬年	壬寅	癸卯	甲辰	乙巳	丙午	丁未	戊申	己酉	庚戌	辛亥	壬子	癸丑
戊癸年	甲寅	乙卯	丙辰	丁巳	戊午	己未	庚申	辛酉	壬戌	癸亥	甲子	乙丑

한가지 유의할 점은 甲.己年生 一月이라고 해서 모두 月建이 丙寅이 된다는 것은 아니다. 즉 생일이 너무 이르거나 혹 너무 늦은 사람은 一月의 月建 전에 들기도 하고 月建을 지나 들기도 하여, 전년도 十二月의 月建을 쓰거나 당해년도 二月의 月建을 쓰는 경우도 생기므로 만세력을 참조하여 生月의 干支를 잘 파악하여야 한다.

4) 生日의 干支를 정하는 법

生年 및 生月의 干支를 구하기는 용이하나, 生日의 干支는 생년 그 당시의 달력 없이는 불가능하므로 부득이 만세력을 이용해 알아보는 수 밖에 없다. 특히 生日의 干支를 구하는 기준은 子時(밤12시)를 기준으로 한다. 今日 밤 12시 前에 태어난 사람은 今日의 干支를 쓰고, 今日 밤 12시 이후에 태어난 사람은 다음날의 干支를 쓴다.

예로, 今日 甲子日 23시 55분에 태어난 사람은 甲子日의 干支를 쓰되, 今日 甲子日을 지나 0시 5분에 태어난 사람은 今日 甲子日 干支를 쓰지 않고 다음날인 乙丑日의 干支를 쓴다.

5) 生時의 干支를 정하는 방법

時의 干支는 月柱의 干支와 같이 時支는 일정하고, 時의 干은 日干에 의해 결정된다. 사주명리학에서의 時는 현재 우리가 일상생활에 쓰고 있는 요즈음 時와 다소 차이가 있다. 즉 요즈음과 같이 하루를 24시로 사용하고 있는 것이 아니라, 하루 24시간을 12地支로 나누어 子時부터 시작하는데 각 支마다 2시간씩을 배정하여 사용한다. 즉 前日 오후 11시 부터 今日 오전 1시 前까지를 子時라 하고 다음 2시간을 丑時 그 다음 2시간을 寅時 등으로 사용한다. 여기서 子時의 시간범위에 대해 이론과 의견이 분분한데, 전날 오후 11시 이후부터 금일 오전 1시전 까지를 통상 자시라 인정하는 학설과, 子時를 전날과 금일로 구분해서 夜子時와 明子時로 구분해야 한다는 이론이 있다. 현재 대다수의 역술인들은 야자시와 명자시를 구분하여 사주감정을 하고 있으며, 또 그것이 통상적인 이론인 것 같으며, 필자의 경험으로도 夜子時와 明子時를 구분하여 적용하는 것이 운명감정에 부합되는 것으로 생각한다.

子時 - 전일 오후 11시 ~ 금일 오전 1시 전

(夜子時 - 전일 오후 11시 ~ 전일 오후 12시 전. 전날의 간지를 적용)

(明子時 - 금일 밤 12:00 ~ 금일 오전 1시 전. 금일의 간지를 적용)

丑時 - 금일 오전 1시 ~ 금일 오전 3시 전

寅時 - 금일 오전 3시 ~ 금일 오전 5시 전

卯時 - 금일 오전 5시 ~ 금일 오전 7시 전

辰時 - 금일 오전 7시 ~ 금일 오전 9시 전

巳時 - 금일 오전 9시 ~ 금일 오전 11시 전

午時 - 금일 오전 11시 ~ 금일 오후 1시 전

未時 - 금일 오후 1시 ~ 금일 오후 3시 전

申時 - 금일 오후 3시 ~ 금일 오후 5시 전

酉時 - 금일 오후 5시 ~ 금일 오후 7시 전

戌時 - 금일 오후 7시 ~ 금일 오후 9시 전

亥時 - 금일 오후 9시 ~ 금일 오후 11시 전

時의 干은 만세력에도 나와 있지 않으므로 아래의 시간조견표를 항상 참조해야 한다. 그러나 月柱의 月干을 아는 방법과 같이 조견표 없이 아는 방법이 있는데, 즉 日干의 干合되는 五行을 剋하는 陽의 오행부터 子時의 時의 干으로 정하면 된다. 즉, 日의 干支가 乙未日 이라면 日干인 乙과 庚은 干合이 되어 乙庚合金이 되므로 이 金을 剋하는 陽의 오행인 丙火가 時의 干이 되는 것이다.

예로, 乙未日 子時라면 時支인 子는 고정되고, 時의 干인 乙은 庚金과 合이 되어 乙庚合金이 되고 이 金을 剋하는 陽의 五行은 丙火이므로 丙子時가 되는 것이고, 丑時라면 乙丑時, 寅時라면 丙寅時가 되는 것이다.

예로, 丙子日 子時라면 時支 子는 고정이고, 時의干 丙은 辛과 合이 되어 丙辛合水로 바뀌므로 이 水를 剋하는 陽의 五行은 戊土이므로 戊子時가 되는 것이다.

간혹 出生時를 정확히 모르는 사람이 많은데, 生時는 末年을 나타내고 또한 자식운을 나타내므로 지나온 인생경험과 자녀들의 운세추이를 유추해서 생시를 적용해 볼 수 있다. 그러나 전혀 生時를 모르는 경우라면 과거에는 여러 가지 사항을 유추하여 생시를 추정하는 방법이 있지만 정확도가 떨어지고, 生時의 干支를 무시해도 용신을 도출하는데 문제가 없는 경우라면 大運과 歲運의 운세추이 만으로 운명을 감정하는 경우도 있으나 세밀한 운명감정을 요하는 경우에는 정확도가 떨어진다.

時干支早見表(시간지조견표)

日/時	子	丑	寅	卯	辰	巳	午	未	申	酉	戌	亥
甲己日	甲子	乙丑	丙寅	丁卯	戊辰	己巳	庚午	辛未	壬申	癸酉	甲戌	乙亥
乙庚日	丙子	丁丑	戊寅	己卯	庚辰	辛巳	壬午	癸未	甲申	乙酉	丙戌	丁亥
丙申日	戊子	己丑	庚寅	辛卯	壬辰	癸巳	甲午	乙未	丙申	丁酉	戊戌	己亥
丁壬日	庚子	辛丑	壬寅	癸卯	甲辰	乙巳	丙午	丁未	戊申	己酉	庚戌	辛亥
戊癸日	壬子	癸丑	甲寅	乙卯	丙辰	丁巳	戊午	己未	庚申	辛酉	壬戌	癸亥

이제까지 生年, 月, 日, 時의 干支를 도출하는 방법을 배웠으니 예제를 통해 숙달을 시켜보도록 한다.

예) 男命. 陰曆. 1983년 3월 16일 아침 10時生

◎ 만세력에서 3월 16일은 立春을 지났으므로 年干支는 당해년도인 1983년 癸亥年을 적용하므로 癸亥를 쓴다.

◎ 月干支는 3월 16일이 淸明節과 立夏節 사이에 있으므로, 3月의 月建을 적용하여 丙辰이다.

◎ 日干支는 16일의 干支를 적용하므로 丙戌이다.

◎ 時干支는 아침 10시는 巳時이고 시간조견표를 살펴보면 日干 丙火와 時干巳時가 만나는 곳은 癸巳이므로 時干支는 癸巳이다. 따라서 아래와 같이 표기된다.

時	日	月	年
癸	丙	丙	癸
巳	戌	辰	亥

2. 천반天盤 · 지반地盤 · 포국법布局法

◎ 奇門遁甲은 後天 相剋시대의 洛書九宮(낙서구궁)의 數理(수리)를 근본으로 布局한다.

◎ 奇門遁甲은 洪局과 烟局으로 구분되는 바, 洪局은 개개인의 운명을 점단함에 많이 활용하고, 烟局은 方位의 길흉을 판단함에 많이 활용한다.

◎ 洪局의 천·지반 포국법은 用事하고자 하는 年. 月. 日. 時를 자평명리식으로 四柱의 天干과 地支에 아래의 奇門數를 적용하여 九宮定位圖上에 중궁의 天盤과 地盤의 數를 정한 후 이를 토대로 각 宮에 천·지반수를 附法한다. 아래의 奇門數는 홍국기문에서 사주의 천간과 지지에만 적용하는 數이고 기타의 경우에는 활용치 않는다.

奇門數(기문수)

天干	甲	乙	丙	丁	戊	己	庚	辛	壬	癸		
數	1	2	3	4	5	6	7	8	9	10		
地支	子	丑	寅	卯	辰	巳	午	未	申	酉	戌	亥
數	1	2	3	4	5	6	7	8	9	10	11	12

⊙ 用事하고자 하는 年. 月. 日. 時를 사주보는 子平式으로 열거하여, 天干을 모두 합하여 9로 나눈 나머지 숫자를 中宮의 天盤數로 정하고, 地支를 모두 합한 숫자를 9로 나눈 나머지 숫자를 中宮의 地盤數로 정한다. 나머지가 없으면 9의 숫자를 그대로 정한다.

(예1) 男命. 陰曆 1975년 4월 19일 寅時生

```
時 日 月 年
5  2 8 2        天干合
戊 乙 辛 乙       17÷9              8(天盤)           8(天盤數)
            =  ----  → 나머지  -----  → 中宮數     ---
寅 亥 巳 卯       25÷9              7(地盤)           7(地盤數)
3  12 6 4       地支合
```

巽 東 南		離		坤
	❹ $\frac{4}{1}$	❾ $\frac{9}{6}$	❷ $\frac{6}{9}$	
震	❸ $\frac{5}{10}$	❺ ⑩ $\frac{8}{7}$ (3) (2)	❼ $\frac{1}{4}$	兌
	❽ $\frac{10}{5}$	❶ $\frac{7}{8}$	❻ $\frac{2}{3}$	
艮		坎	☰	乾

1) 地盤 布局法(지반 포국법)

四柱의 子平式에 의거 기문수를 적용한 후 中宮의 地盤 숫자가 정해지면, 각궁의 地盤布局 순서는 數를 1씩 더하여 九宮定位圖上에 順行하여 布局하는데, 中宮의 地盤에서 반드시 坎宮으로 나오고, 다음 坤宮, 다음 震宮, 다음 巽宮, 다음 中宮은 隱伏數(은복수)가 되므로 건너 띄고, 다음 乾宮, 다음 兌宮, 다음 艮宮, 다음 離宮 등으로 順行 布局한다.

2) 天盤 布局法(천반포국법)

四柱의 子平式에 의거 기문수를 적용한 후 中宮의 천반수가 정해지면, 이를 토대로 각 宮에 천반수를 부법한다. 순서는 數를 1씩 더하여 구궁정위도상에 逆行으로 布局하는데, 中宮의 天盤에서 반드시 離宮으로 나오고, 다음 艮宮, 다음 兌宮, 다음 乾宮, 다음 中宮은 隱伏數(은복수)가 되므로 건너 띄고, 다음 巽宮, 다음 震宮, 다음 坤宮, 다음 坎宮 등으로 逆行 布局한다.

상기 도표와 같다.

(예2) 男命. 陰曆. 1964년 4월 17일 巳時生

```
時 日 月 年
 2  4  6  1        天干合
 乙  丁  己  甲       13÷9            4(天盤)          4(天盤數)

                =  ----  →  나머지   -----  →  中宮數   -----

 巳  丑  巳  辰       19÷9            1(地盤)          1(地盤數)
 6  2  6  5        地支合
```

巽		離			坤
❹		❾		❷	
10/5		5/10		2/3	

震	❸ $\dfrac{1}{4}$	❺ ⑩ $\dfrac{4}{1}$ (9) (6)	❼ $\dfrac{7}{8}$	兌
艮	❽ $\dfrac{6}{9}$	❶ $\dfrac{3}{2}$	❻ $\dfrac{8}{7}$	
		坎	乾	

제3장
육신六神

◉ 洪局奇門(홍국기문)에서 천·지반수를 각 宮에 布局한 후에 子平命理式으로 각 宮에 六神을 附法하는 것을 말하는 것이다. 六神은 자평명리뿐만 아니라, 홍국기문에서도 매우 긴요하게 활용되고 있는 사항으로, 인간사 제반 사안에 대해 길흉화복을 논할 때 六神의 역할을 중점으로 길흉을 논하는 것이다.

◉ 六神의 附法은 子平命理에서는 日干을 기준하여 附法하는데 반해, 홍국기문에서는 사주의 日辰에 해당하는 十二地支定位宮의 지반수를 해당 天干으로 바꾸어 이를 기준하여 각 宮에 六神을 표기한다는 점이 다르다. 십이지지 정위도는 아래 표와 같다.

十二地支 定位圖

巽 巳	離 午	未 坤
❹	❾	❷
辰 ─	─	─ 申
❸	❺ ⑩	❼
震 卯 ─	─	兌 酉
❽	❶	❻
寅 ─	─	─ 戌
艮 丑	坎 子	亥 乾

⊙ 六神의 附法은 다음과 같다.

　日辰宮(世宮) 地盤數와 五行이 같고 陰陽이 다르면 劫財라 附法한다.

　日辰宮 地盤數를 生하는 五行 中 陰陽이 같으면 偏印이라 附法한다.

　日辰宮 地盤數를 生하는 五行 中 陰陽이 다르면 正印이라 附法한다.

　日辰宮 地盤數가 剋하는 五行 中 陰陽이 같으면 財鬼라 附法한다.

　日辰宮 地盤數가 剋하는 五行 中 陰陽이 다르면 正財라 附法한다.

　日辰宮 地盤數를 剋하는 五行 中 陰陽이 같으면 官鬼라 附法한다.

　日辰宮 地盤數를 剋하는 五行 中 陰陽이 다르면 正官이라 附法한다.

　日辰宮 地盤數가 生하는 五行 中 陰陽이 같으면 食神이라 附法한다.

　日辰宮 地盤數가 生하는 五行 中 陰陽이 다르면 傷官이라 附法한다.

　上記의 六神 附法은 子平命理와 同一하다.

⊙ 地盤數의 五行配屬 要約表(지반수의 오행배속 요약표)

〈제1법〉

地盤數	1	2	3	4	5	6	7	8	9	10
天干	壬	丁	甲	辛	戊	癸	丙	乙	庚	己
陰·陽	+	−	+	−	+	−	+	−	+	−
地盤數	1	2	3	4	5	6	7	8	9	10
地支	子	巳	寅	酉	辰·戌	亥	午	卯	申	丑·未
陰·陽	+	−	+	−	+	−	+	−	+	−

◆ 六神附法時 天盤과 地盤은 後天數의 五行을 그대로 적용한 것이다.

〈제2법〉

地盤數	1	2	3	4	5	6	7	8	9	10
天干	壬	丁	甲	辛	戊	癸	丙	乙	庚	己
陰·陽	+	−	+	−	+	−	+	−	+	−
地盤數	1	2	3	4	5	6	7	8	9	10
地支	子	巳	寅	酉	辰·戌	亥	午	卯	申	丑·未
陰·陽	−	+	+	−	+	+	−	−	+	−

◆ 六神附法時 <u>子平命理</u>와 같이 부법하되, 〈제1법〉의 경우와는 달리 巳.午火, 子.亥 水는 陰陽을 바뀌어 附法한다는 것이다. 즉 地支 巳火와 亥水는 본시 陰이지만 六神 附法에서는 陽으로 바꾸어 子平命理와 같이 六神을 附法하고, 地支 午火와 子水는 본시 陽이지만 陰으로 바꾸어 六神을 附法한다는 것이다.

◆ 홍국기문에서의 六神 附法에 대해서는 여러 이론이 많지만, 필자의 경우는 〈제2 법〉을 활용시 用事하고자 하는 사안에 대해 좀 더 정확한 판단을 내릴수 있었음을 고지하며, 향후 기술하는 내용도 〈제2법〉을 적용하였음을 참고하기 바란다.

⊙ 六神 早見表 〈제2법 활용〉

洪局奇門 六神 早見表(홍국기문 육신 조견표)

名 宮 地盤數·六神 〈세로〉 世宮(日辰宮) 地盤數		木		火		土		金		水	
		3	8	2	7	5	10	4	9	1	6
各 宮의 地盤數 · 六神	正印	1	6	8	3	7	2	5	10	9	4
	偏印	6	1	3	8	2	7	10	5	4	9
	正官	4	9	1	6	8	3	7	2	5	10
	官鬼	9	4	6	1	3	8	2	7	10	5
	正財	10	5	9	4	6	1	3	8	2	7
	財鬼	5	10	4	9	1	6	8	3	7	2
	食神	2	7	5	10	9	4	6	1	8	3
	傷官	7	2	10	5	4	9	1	6	3	8
	劫財	8	3	7	2	10	5	9	4	6	1

(예) 男命. 음력. 1964년 4월 17일 巳時生

```
時 日 月 年
2  4  6  1        天干合
乙 丁 己 甲      13÷9              4(天盤)              4(天盤數)
              =  ----  →  나머지  -----  →  中宮數  -----
巳 丑 巳 辰      19÷9              1(地盤)              1(地盤數)
6  2  6  5        地支合
```

1) 상기 예제의 천·지반수 부법과 십이지지정위도 표시는 도표1과 같다.

도표 1

巽　　　　巳	離　午	未　　　　坤
❹ $\dfrac{10}{5}$	❾ $\dfrac{5}{10}$	❷ $\dfrac{2}{3}$
辰		申
❸ $\dfrac{1}{4}$	❺ ⑩ 4 (9) 1 (6)	❼ $\dfrac{7}{8}$
震 卯		兌 酉
❽ $\dfrac{6}{9}$ 世	❶ $\dfrac{3}{2}$	❻ $\dfrac{8}{7}$
寅		戌
艮　　　　丑	坎　子	亥　　　　乾

2) 사주의 日辰이 丁丑日이니 십이지지정위도상의 艮8土宮에 十二地支 丑과 寅이 표기되므로 십이지지정위도상의 日支 丑이 있는 艮宮의 지반수 9(庚)가 자평명리의 日干이 되는 것이다. 그리고 艮宮에 "世"라 표기한다. 이를 기준하여 자평명리식으로 각 宮에 六神을 부기하면 아래 도표2와 같다.

震宮 地盤數　4는 酉金이니 육신상 劫財가 되는 것이다.

巽宮 地盤數　5는 辰戌土니 육신상 偏印이 되는 것이다.

離宮 地盤數 10은 丑未土니 육신상 正印이 되는 것이다.

坤宮 地盤數　3은 寅木이니 육신상 財鬼가 되는 것이다.

兌宮 地盤數　8은 卯木이니 육신상 正財가 되는 것이다.

乾宮 地盤數　7은 午火이니 육신상 正官이 되는 것이다.

坎宮 地盤數　2는 巳火이니 육신상 官鬼가 되는 것이다.

中宮 地盤數　1은 子水이니 육신상 傷官이 되는 것이다.

도표 2

巽	巳	離 午	未	坤
	❹	❾	❷	
辰	$\frac{10}{5}$	$\frac{5}{10}$	$\frac{2}{3}$	申
	偏印	正印	財鬼	
	❸	❺ ⑩	❼	
震卯	$\frac{1}{4}$	$\frac{4}{1}$ (9)(6)	$\frac{7}{8}$	兌酉
	劫財	傷官	正財	
	❽	❶	❻	
寅	$\frac{6}{9}$ 世	$\frac{3}{2}$	$\frac{8}{7}$	戌
		官鬼	正官	
艮	丑	坎 子	亥	乾

제4장
대운大運

자평명리학에서는 大運을 표기시 陽年生과 陰年生의 男·女를 구분하여 月干支를 기준하여 10년 단위로 부기하여 順·逆 시키지만, 홍국기문에서의 大運 附法은 이와는 다르며 두 가지 법이 있다.

〈제1법〉

陽遁局(冬至~夏至)과 陰遁局(夏至~冬至)을 구분하는데, 陽遁局의 경우 지반수는 구궁정위도에 의거 順行計去하고 천반수는 구궁정위도에 의거 逆行計去하며, 陰遁局의 경우에는 지반수는 구궁정위도에 의거 逆行計去하고 天盤는 구궁정위도에 의거 順行計去하는 것이다.

世宮의 지반수에서 시작하여 각 宮의 지반수를 합해 나가므로 지반수 총계는 45세에 그치고, 이어 천반수 합계는 역시 世宮의 천반수에서 시작하되 지반수 총계 45세에 더해 나가서 90세에 그치니 천·지반수 合하여 총90세에 그치는 것이다. 지반수가 10인 경우에는 中宮의 隱伏數(은복수)를 적용하여 계산한다. 즉, 홍국기문에서는 大運 附法이 陽遁局과 陰遁局이 다르게 표기한다는 것이다.

〈제2법〉

陰遁局 陽遁局을 막론하고 지반수는 順行計去하고 천반수는 逆行計去하는 것이다.

◉ 大運 附法은 필자의 경험상 천·지반수 공히 양둔국과 음둔국을 구분하여 順. 逆을 시킴이 적중률이 높았으니 참고하기 바란다.

(예) 男命. 음력. 1964년 4월 17일 巳時生의 대운 부법은 아래와 같다.
상기사주는 冬至~夏至 사이에 태어났으므로 陽遁局이다.


```
時 日 月 年
2  4  6  1       天干合              나머지
乙  丁  己  甲       13            4(天盤)              4(天盤數)
          =  ----  → 9로 제함  -----  → 中宮數  -----
巳  丑  巳  辰       19            1(地盤)              1(地盤數)
6  2  6  5       地支合
```

도표 1

巽	巳	離 午	未	坤
辰	❹ 25~29세 $\frac{10}{5}$ 偏印	❾ 10~15세 $\frac{5}{10}$ 正印	❷ 18~20세 $\frac{2}{3}$ 財鬼	
震 卯	❸ 21~24세 $\frac{1}{4}$ 劫財	❺ ⑩ 30~30세 $\frac{4}{1}$ (9) (6) 傷官	❼ 38~45세 $\frac{7}{8}$ 正財	
寅	❽ 1~9세 $\frac{6}{9}$ 世 	❶ 16~17세 $\frac{3}{2}$ 官鬼	❻ 31~37세 $\frac{8}{7}$ 正官	
艮	丑	坎 子	亥	乾

1) 상기 도표1은 홍국기문의 大運을 표기한 것으로 世宮인 艮宮의 지반수가 숫자
9이므로 1세~9세 까지 대운이 머무르는 것이다.

다음은 양둔국이니 順行시키므로 離宮으로 가는데 離宮의 지반수는 10이다. 홍
국기문은 後天의 洛書數理을 적용한 것이므로 10이란 숫자는 드러나지 않고 隱伏
(은복)되어 있는 것이다. 따라서 10의 숫자를 쓰지 않고 중궁의 은복수인 (6)을 적용
해야 하므로, 숫자 6을 합하니 10세~15세 까지 머무르는 것이다.

다음은 中宮으로 가는데 중궁은 5번궁도 되고, 10번궁도 되는데 10번은 은복되어 나타나지 않으므로 중궁은 건너 띄고, 1번궁인 坎宮으로 가서 지반수가 2니 2를 합하여 16세~17세 까지 머무르는 것이다.

다음은 2번궁인 坤宮으로 가서 지반수 3을 합하니 18세~20세 까지 머무르는 것이다.

다음은 3번궁인 震宮으로 가서 지반수 4를 합하니 21세~24세 까지 머무르는 것이다.

다음은 4번궁인 巽宮으로 가서 지반수 5를 합하니 25세~29세 까지 머무르는 것이다.

다음은 5번궁인 中宮을 이번에는 활용한다. 중궁의 지반수가 1이니 합하여 30세~30세 까지 머무르는 것이다.

다음은 6번궁인 乾宮의 지반수가 7이니 이를 합하면 31~37세까지 머무르는 것이다.

다음은 7번궁인 兌宮으로 이동하여 지반수가 8이니 이를 합하면 38~45세까지 머무르며, 이렇게 하여 지반수의 大運의 합계는 45세에 그치는 것이다.

2)하기 도표2는 천반수를 합하여 大運을 표기한 것이다. 지반수의 대운이 兌宮에서 45세에 그치니, 다시 8번궁인 世宮에서 천반수를 합하여 逆行附法하는 것이다. 즉 46세부터 시작하여 世宮의 천반수 6을 합하니 46~51세 까지 대운이 艮宮에 머무르는 것이다.

다음은 7번궁인 兌宮으로 가서 천반수 7을 합하니 52~58세 까지 兌宮에 머무르는 것이다.

다음은 6번궁인 乾宮으로 이동하여 천반수가 8이니 59~66세 까지 머무르는 것이다.

다음은 5번궁인 中宮으로 이동하여 천반수가 4이니 67~70세 까지 머무른다.

다음은 4번궁인 巽宮으로 이동하여 천반수가 10인데 10은 은복(隱伏)되어 있으므로 中宮의 隱伏(은복)된 천반수 (9)를 적용하여 71~79세 까지 머무르는 것이다.

다음은 3번궁인 震宮으로 이동하여 천반수가 1이므로 震宮에 80~80세 까지 머무른다.

다음은 2번궁인 坤宮으로 이동하여 천반수가 2이므로 81~ 82세 까지 坤宮에 머무른다.

다음 1번궁인 坎宮으로 이동하여 천반수가 3이므로 83~85세 까지 坎宮에 머무른다.

다음은 中宮을 건너 띄고 9번궁인 離宮으로 이동하는데 離宮의 천반수는 5이다. 따라서 86~90세 까지 머무른다. 이렇게 하여 홍국기문의 大運이 모두 포국된 것이다. 아래의 도표2와 같다.

도표 2

巽	巳	離 午	未	坤
辰	❹ 25~29세 71~79세 $\frac{10}{5}$ 偏 印	❾ 10~15세 86~90세 $\frac{5}{10}$ 正 印	❷ 18~20세 81~82세 $\frac{2}{3}$ 財 鬼	申
震 卯	❸ 21~24세 80~80세 $\frac{1}{4}$ 劫 財	❺ ⑩ 30~30세 67~70세 $\frac{4}{1}$ (9) (6) 傷 官	❼ 38~45세 52~58세 $\frac{7}{8}$ 正 財	兌 酉
寅	❽ 1~9세 46~51세 $\frac{6}{9}$ 世	❶ 16~17세 83~85세 $\frac{3}{2}$ 官 鬼	❻ 31~37세 59~66세 $\frac{8}{7}$ 正 官	戌
艮	丑	坎 子	亥	乾

제5장
일가팔문신장日家八門神將

1. 개요槪要

　日家八門神將은 日辰을 기준하여 부법하고 洪局奇門에서만 사용하므로 일명 洪局八門神將이라고도 하고, 조선조 서화담선생과 이토정 선생에 의해 우리나라에서 독특하게 창안되고 활용되고 있는 奇門學의 한 구성요소로 "花奇八門(화기팔문)"이라고도 한다. 특히 奇門四柱局은 사람의 天命을 살펴보는데 있어서 매우 탁월한 학술인데, 人和的要素(인화적요소)인 六神과 日家八門神將, 그리고 地理的要素(지리적요소)인 八卦生氣의 영향력이 매우 크므로 이에 보다 더 비중을 두고 看命해야 한다는 것이 衆論(중론)이다.

2. 포국법布局法

◉ 日家八門神將은 홍국기문 중 奇門四柱局에서 주로 활용한다. 日辰을 기준하여 아래의 포국법처럼 양둔국과 음둔국이 다르게 附法(부법)된다.
  ◆陽遁局 ： 冬至-夏至
  ◆陰遁局 ： 夏至-冬至

◉ 日家八門神將의 포국순서는 生門(생문)→傷門(상문)→杜門(두문)→景門(경문)→死門(사문)→驚門(경문)→開門(개문)→休門(휴문)의 순서대로 포국된다.
◉ 陽·陰遁을 구별하여 아래의 포국순서대로 艮宮에서 甲子를 시작하여 3일씩 머무르며 진행시키는데, 各宮마다 3일씩 留한 후 진행하여 日辰이 떨어지는 곳에

生門을 붙이고, 이어서 傷門→杜門→景門→死門→驚門→開門→休門 순으로, 아래도표의 양둔·음둔 포국 순서에 맞추어 附法해 나가는 것이다.

◆ 陽遁局은 일가팔문신장을 艮宮→兌宮→巽宮→離宮→坎宮→乾宮→震宮→坤宮 순으로 부법해 나간다.

陽遁局八門布局順序

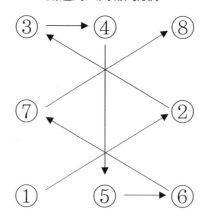

◆ 陰遁局은 일가팔문신장을 艮宮→坤宮→震宮→乾宮→坎宮→離宮→巽宮→兌宮 순으로 부법해 나간다.

陰遁局八門布局順序

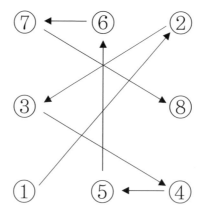

◆ 부연하면 艮宮에서 甲子를 起하여 음·양둔을 구별하여 3일씩 留하며 세어나
가되, 日辰이 떨어지는 곳에 生門을 붙이고 나머지 八門神將은 상기와 같이
음·양둔 포국순서에 따라 傷門→杜門→景門→死門→驚門→開門→休門 순으
로 부법한다.

3. 팔문신장日家八門神將 속성屬性

八門	屬宮	五行	吉凶	主事
生門	艮宮	土	大吉	• 생동감·발전·활동력을 나타낸다. • 求財(구재)·創業(창업)·婚姻(혼인)·築造(축조) 등에 길하다. • 葬埋(장매) 등엔 불리하다
傷門	震宮	木	凶	• 질병·사고·도적·재난·계약파기 등을 나타낸다. • 捕盜(포도)·逃走(도주)·隱匿(은익)·채무독촉 등에 이롭다. • 官詞訟(관사송)·出行(출행)·婚事(혼사)·移徙(이사) 등은 불리하다.
杜門	巽宮	木	凶	• 隱匿(은익)·斷絕(단절)·閉塞(폐색) 등을 나타낸다. • 隱居(은거)나 災害(재해)를 피함과, 變業(변업)을 준비함과, 홍수예 방을 위한 築造(축조) 등에 길하다. • 親交(친교) 등에 불리하다.
景門	離宮	火	平吉	• 文章(문장)·宴會(연회)·잔치·화합 등을 나타낸다. • 문장발표·求名·圖謀之事(도모지사)·시험 등에 이롭다. • 葬埋(장매)·埋伏(매복) 등은 불리하다.
死門	坤宮	土	凶	• 殺傷·失敗·事故·挫折(좌절) 등을 나타낸다. • 葬埋(장매)·刑戮(형륙)·戰爭(전쟁)·捕獲(포획) 등에 이롭다. • 喜慶之事(희경지사)는 不利하다.
驚門	兌宮	金	凶	• 驚惶(경황)·시비구설·다툼·怪異(괴이) 등을 나타낸다. • 詞訟(사송)·捕盜(포도)·辯論(변론)·賭博(도박)·埋伏(매복) 등은 이롭다. • 靜(정)이나 守舊(수구)를 요구하는 사안은 불리하다.
開門	乾宮	金	大吉	• 새 출발의 발전, 개척을 나타낸다. • 開店·變業·求職·求財·到任 등에 이롭다. • 葬埋(장매)·隱匿(은익) 등은 불리하다.
休門	坎宮	水	大吉	• 休養(휴양)과 만물이 開場을 위한 준비기간을 나타낸다. • 婚事·휴식·오락·修理築造(수리축조) 등에 이롭다. • 賞罰(상벌)·捕盜(포도) 등엔 不利하다.

4. 양둔·음둔국陽遁·陰遁局 일진日辰 낙궁표落宮表

陽遁局 日辰 落宮表

日家八門 부법 순서 : 8-7-4-9-1-6-3-2

巽 巳	離 午	未 坤
❹ 庚辛壬 午未申 甲乙丙 午未申 戊己庚 午未申	**❾** 癸甲乙 酉戌亥 丁戊己 酉戌亥 辛壬癸 酉戌亥	**❷** 乙丙丁 酉戌亥 己庚辛 酉戌亥
辰		申
震 卯 **❸** 壬癸甲 午未申 丙丁戊 午未申	**❺** ⑩	**❼** 丁戊己 卯辰巳 辛壬癸 卯辰巳 乙丙丁 卯辰巳
		兌 酉
❽ 甲乙丙 子丑寅 戊己庚 子丑寅 壬癸甲 子丑寅	**❶** 丙丁戊 子丑寅 庚辛壬 子丑寅	**❻** 己庚辛 卯辰巳 癸甲乙 卯辰巳
寅		戌
艮 丑	坎 子	亥 乾

陰遁局 日辰 落宮表

日家八門 부법 순서 : 8-2-3-6-1-9-4-7

巽 巳	離 午	未 坤
❹ 壬癸甲 午未申 丙丁戊 午未申	**❾** 己庚辛 卯辰巳 癸甲乙 卯辰巳	**❷** 丁戊己 卯辰巳 辛壬癸 卯辰巳 乙丙丁 卯辰巳
辰		申

❸	❺ ⑩	❼
震卯 庚辛壬 / 午未申 / 甲乙丙 / 午未申 / 戊己庚 / 午未申		乙丙丁 / 酉戌亥 / 己庚辛 / 酉戌亥　兌酉
❽	❶	❻
甲乙丙 / 子丑寅 / 戊己庚 / 子丑寅 / 壬癸甲 / 子丑寅　寅	丙丁戊 / 子丑寅 / 庚辛壬 / 子丑寅	癸甲乙 / 酉戌亥 / 丁戊己 / 酉戌亥 / 辛壬癸 / 酉戌亥　戌
艮　丑	坎子	亥　乾

◆ 陰·陽遁을 구분하여 日辰이 닿는 宮부터 순서대로 生門→傷門→杜門→景門→死門→驚門→開門→休門 순으로 附法해 나간다.

5. 일가팔문신장日家八門神將 부법附法 예例

男命. 음력. 1964년 4월 17일 巳時生

(時) (日) (月) (年)

乙　丁　己　甲

巳　丑　巳　辰

　상기사주에서 음력 4월 17일은 立冬과 夏至 사이에 위치하여 陽遁局이므로, 상기 陽遁局 日辰 落宮表를 참조한다. 日辰이 丁丑日이므로, 艮宮부터 甲子를 起하여 3일씩 머무르며 진행시키면 丁丑은 坎宮에 떨어지게 된다. 따라서 坎宮에 生門을 붙이고 상기 양둔국팔문포국순대로 日家八門神將을 포국하는 것이다. 坎宮(生門)→乾宮(傷門)→震宮(杜門)→坤宮(景門)→艮宮(死門)→兌宮(驚門)→巽宮(開門)→離宮(休門) 순으로 부법한다.

　아래 도표와 같다.

巽　　　　巳	離　午	未　　　　坤
❹ 25~29세 71~79세 $\frac{10}{5}$ 偏印 開門	❾ 10~15세 86~90세 $\frac{5}{10}$ 正印 休門	❷ 18~20세 81~82세 $\frac{2}{3}$ 財鬼 景門
辰 震卯 ❸ 21~24세 80~80세 $\frac{1}{4}$ 劫財 杜門	❺ ⑩ 30~30세 67~70세 $\frac{4}{1}$ (9)(6) 傷官	申 兌酉 ❼ 38~45세 52~58세 $\frac{7}{8}$ 正財 驚門
寅 ❽ 1~9세 46~51세 $\frac{6}{9}$ 世 死門	❶ 16~17세 83~85세 $\frac{3}{2}$ 官鬼 生門	戌 ❻ 31~37세 59~66세 $\frac{8}{7}$ 正官 傷門
艮　　　　丑	坎　子	亥　　　　乾

제6장

팔괘생기八卦生氣

1. 개요概要

八卦生氣는 일명 生氣八神이라고도 하는데 洪局奇門의 구성요소 중 하나이다. 특히 상기에서 설명한 日家八門神將과 더불어 기문사주국에서는 매우 긴요하게 활용되는 요소이다. 사주를 子平式으로 도식하여 天干과 地支를 합한 數를 각기 9로 제하여 남는 數가 중궁의 천반과 지반의 숫자가 되는데, 이를 중궁의 천반수와 지반수라 말한다. 八卦生氣는 中宮의 **지반수**에 해당하는 구궁정위도상의 卦宮을 기준하여 陰·陽遁을 논하지 않고 九宮의 각 팔방위에 부법하는 것이다.

八卦의 吉卦가 吉門과 同宮이면 大吉하고, 凶卦와 凶門이 同宮이면 大凶하다. 통상 홍국기문에서는 八門의 길흉판단을 八卦의 길흉판단 보다는 우선 중요시한다. 先門後卦인 것이다. 즉 卦는 凶한데 門이 吉하다면 事案은 先吉後凶이고, 卦는 吉한데 門이 凶하다면 先凶後吉한다는 것이다.

2. 팔괘생기八卦生氣 포국법布局法

◉ 중궁의 지반수에 따른 洛書九宮 數理의 해당 卦를 本 卦로 하여, 이 本 卦의 上·中·下의 爻를 일정한 순서대로 변화시켜 만든 卦에 명칭을 붙여, 해당 각각의 卦宮에 부법하는 것이다.

◉ 명칭과 附法 순서는 아래와 같다.

①生氣(생기) → ②天宜(천의) → ③絶體(절체) → ④遊魂(유혼) → ⑤禍害(화해) → ⑥福德(복덕) → ⑦絶命(절명) → ⑧歸魂(귀혼) 순이다. 天宜는 天醫라 표기하기도 한다.

◉ 예로, 상기 男命, 음력 1964년 4월 17일 巳時生의 경우는 중궁의 지반수가 1이므로 1數는 洛書九宮 數理의 坎1宮에 해당되며 坎卦가 本 卦가 되는것이다.

本卦 坎卦	-- 上 爻 (상효)
	— 中 爻 (중효)
	-- 下 爻 (하효)

一上變 生氣 – 本卦의 上爻가 陰에서 陽으로 바뀌니 ☴ 巽4卦에 生氣 표기

二中變 天宜 – 巽卦의 中爻가 陽에서 陰으로 바뀌니 ☶ 艮7卦에 天宜 표기

三下變 絶體 – 艮卦의 下爻가 陰에서 陽으로 바뀌니 ☲ 離9卦에 絶體 표기

四中變 遊魂 – 離卦의 中爻가 陰에서 陽으로 바뀌니 ☰ 乾6卦에 遊魂 표기

五上變 禍害 – 乾卦의 上爻가 陽에서 陰으로 바뀌니 ☱ 兌7卦에 禍害 표기

六中變 福德 – 兌卦의 中爻가 陽에서 陰으로 바뀌니 ☳ 震3卦에 福德 표기

七下變 絶命 – 震卦의 下爻가 陽에서 陰으로 바뀌니 ☷ 坤2卦에 絶命 표기

八中變 歸魂 – 坤卦의 中爻가 陰에서 陽으로 바뀌니 ☵ 坎1卦에 歸魂 표기

3. 팔괘생기八卦生氣 길흉표吉凶表

八卦	一上變 生氣 (생기)	二中變 天宜 (천의)	三下變 絶體 (절체)	四中變 遊魂 (유혼)	五上變 禍害 (화해)	六中變 福德 (복덕)	七下變 絶命 (절명)	八中變 歸魂 (귀혼)
吉.凶	吉	吉	凶	平吉	凶	吉	凶	平吉

4. 팔괘생기八卦生氣 구궁정위도九宮定位圖

巽　　巳	離午	未　　坤
❹ 歸魂 （辰）	❾ 福德	❷ 天宜 （申）
❸ 震卯 絕體	❺ ⑩ 中宮	❼ 遊魂 （兌酉）
❽ 寅 絕命	❶ 生氣	❻ 禍害 （戌）
艮　　丑	坎子	亥　　乾

5. 팔괘생기八卦生氣 조견표早見表

◎ 陰遁·陽遁局을 막론하고 중궁의 지반수에 해당하는 구궁정위도상의 卦를 本 卦로 하여 부법한다.

八卦生氣 早見表

中宮 地盤數	本卦	生氣 (生門) 一上變	天宜 (開門) 二中變	絕體 (驚門) 三下變	遊魂 (杜門) 四中變	禍害 (傷門) 五上變	福德 (景門) 六中變	絕命 (死門) 七下變	歸魂 (休門) 八中變
一	坎	巽	艮	離	乾	兌	震	坤	坎
二	坤	艮	巽	乾	離	震	兌	坎	坤
三	震	離	乾	巽	艮	坤	坎	兌	震
四.五	巽	坎	坤	震	兌	乾	離	艮	巽
六	乾	兌	震	坤	坎	巽	艮	離	乾

七	兌	乾	離	艮	巽	坎	坤	震	兌
八	艮	坤	坎	兌	震	離	乾	巽	艮
九	離	震	兌	坎	坤	艮	巽	乾	離

6. 팔괘생기八卦生氣 변국표變局表

중궁 지반수에 따른 각 宮의 八卦生氣 變局(변국)은 다음과 같다.

1變局

生氣	絶體	絶命
福德	− 1	禍害
天宜	歸魂	遊魂

2變局

天宜	遊魂	歸魂
禍害	− 2	福德
生氣	絶命	絶體

3變局

絶體	生氣	禍害
歸魂	− 3	絶命
遊魂	福德	天宜

4·5變局

歸魂	福德	天宜
絶體	− 4·5	遊魂
絶命	生氣	禍害

6變局

禍害	絶命	絶體
天宜	− 6	生氣
福德	遊魂	歸魂

7變局

遊魂	天宜	福德
絶命	− 7	歸魂
絶體	禍害	生氣

8變局

絶命	禍害	生氣
遊魂	− 8	絶體
歸魂	天宜	福德

9變局

福德	歸魂	遊魂
生氣	− 9	天宜
禍害	絶體	絶命

7. 팔괘생기론八卦生氣論

1) 槪要(개요)

1. 生氣(생기)

別稱 : 生門·貪狼(탐랑)

主事 : 매사 길함. 승진·시험·이사·개업·잉태·결혼·건물 증개축.
變業(변업)·開門 등에 길하다.

2. 天宜(천의)

別稱 : 開門·巨門·奇門·天醫(천의)

主事 : 開業·榮達·酒食과 每事에 慶事·의술·질병치료·활인사업.

3. 絶體(절체)

別稱 : 驚門·疑問(의문)·祿存(녹존)

主事 : 折傷(절상), 놀래거나, 疾病을 앓게 된다. 장애·좌절·이별·상처.

4. 遊魂(유혼)

別稱 : 杜門·遁門

主事 : 出行·變業·移動·驛馬殺(역마살). 地殺과 의미가 같다.

5. 禍害(화해)

別稱 : 傷門·戒文(계문)

主事 : 盜賊之亂(도적지란)·官災口舌(관재구설)·질병·橫厄(횡액).

6. 福德(복덕)

別稱 : 景門

主事 : 財物·穀食(곡식)을 얻는다.

7. 絕命(절명)

別稱 : 死門·破軍

主事 : 破軍·喪事(상사)·凶事

8. 歸魂(귀혼)

別稱 : 休門·伏吟

主事 : 墓, 宅地의 變動. 隱遁(은둔)의 괘. 후퇴의 흉괘.

2) 卦·門의 屬性(문·괘의 속성)

生氣(생기) : 生門 − 吉. 水. 生氣.

天宜(천의) : 開門 − 吉. 土. 榮達. 開業.

絕體(절체) : 驚門 − 凶. 木. 驚駭(경해).

遊魂(유혼) : 杜門 − 平. 金. 遁藏(둔장). 變業(변업).

禍害(화해) : 傷門 − 凶. 金. 傷害.

福德(복덕) : 景門 − 吉. 火. 文書. 宴會(연회).

絕命(절명) : 死門 − 凶. 土. 喪死.

歸魂(귀혼) : 休門 − 平. 木. 財榮. 移動(이동). 家宅變動(가택변동).

8. 팔괘생기八卦生氣 부법附法 예例

(예) 男命. 음력. 1964년 4월 17일 巳時生의 경우

```
時 日 月 年
 2  4  6  1
乙 丁 己 甲        13÷9        4                    4
           =     ----   →    ---   →  中宮數    ---
巳 丑 巳 辰        19÷9        1                    1
 6  2  6  5
```

따라서 中宮의 천반수는 4가 되고, 중궁의 지반수는 1이 된다. 八卦生氣부법은

중궁의 지반수가 기준이니 상기 팔괘생기조견표에서 지반수 1에 해당하는 坎1宮의 卦(☵)에서 부터 八卦生氣를 부법하면 아래 표와 같다.

巽　　　巳	離　午	未　　　坤
❹ 25~29세 71~79세 $\dfrac{10}{5}$ 偏 開 生 印 門 氣	❾ 10~15세 86~90세 $\dfrac{5}{10}$ 正 休 絶 印 門 體	❷ 18~20세 81~82세 $\dfrac{2}{3}$ 財 景 絶 鬼 門 命
❸ 21~24세 80~80세 $\dfrac{1}{4}$ 劫 杜 福 財 門 德	❺ ⑩ 30~30세 67~70세 $\dfrac{4}{1}$ (9)(6) 傷 官	❼ 38~45세 52~58세 $\dfrac{7}{8}$ 正 驚 禍 財 門 害
❽ 1~9세 46~51세 $\dfrac{6}{9}$ 世 死 天 門 宜	❶ 16~17세 83~85세 $\dfrac{3}{2}$ 官 生 歸 鬼 門 魂	❻ 31~37세 59~66세 $\dfrac{8}{7}$ 正 傷 遊 官 門 魂
辰 / 震卯 / 寅 艮　　　丑	申 / 兌酉 / 戌 坎　子	亥　　　乾

제7장

태을구성太乙九星

1. 개요概要

　太乙九星은 하늘의 아홉가지 별로써 太乙(태을), 攝提(섭제), 軒轅(헌원), 招搖(초요), 天符(천부), 靑龍(청룡), 咸池(함지), 太陰(태음), 天乙(천을)을 말하며 홍국기문의 3대 구성요소 중 天時的要素(천시적요소)라 논할 수 있다.

　홍국기문에서의 활용은 구궁 낙궁처와 연관지어 旺衰 여부 및 六神과 연결하여 길흉을 논하는데, 통변시의 우선순위는 八門, 八卦 다음으로 비중을 두고 있다. 이것은 門·卦 다음의 보조적 역할에 주안점을 두고 통변해야 한다는 의미이다. 또한 洪局과 烟局과의 배속관계에서는 太乙九星이 日辰의 낙궁처에서 부터 太乙을 附法(부법)하여 활용하는 것이므로, 日辰을 위주로 활용하는 洪局奇門에 배속해야 한다는 의견에 힘이 실리고 있는 것이다.

2. 태을구성太乙九星 구궁정위도九宮定位圖

太乙九星 定位圖

巽	巳		離 午		未		坤
	❹		❾		❷		
辰							申
	木 招 凶		火 天 吉		土 攝 凶		
	星 搖 神		星 乙 神		星 提 神		

震卯	❸ 木 軒 凶 星 轅 神	❺ ⑩ 土 天 凶 星 符 神	❼ 金 咸 凶 星 池 神	兌酉
寅	❽ 土 太 吉 星 陰 神	❶ 水 太 吉 星 乙 神	❻ 金 青 吉 星 龍 神	戌
艮	丑	坎子	亥	乾

3. 태을구성太乙九星 포국법布局法

⊙ 陽遁局은 艮宮에서 甲子日부터 1일씩 留하며 구궁정위도에 따라 순행하여 세어 나가되, 日辰宮이 떨어지는 곳에 太乙을 붙이고, 다음 攝提→軒轅→招搖→天符 →青龍→咸池→太陰→天乙 순으로 구궁정위도상에 順布시킨다.

⊙ 陰遁局은 坤宮에서 甲子日부터 1일씩 留하며 구궁정위도에 따라 역행하여 세어 나가되, 日辰宮이 떨어지는 곳에 太乙을 붙이고, 다음 攝提→軒轅→招搖→天符 →青龍→咸池→太陰→天乙 순으로 구궁정위도상에 逆布시킨다.

(예1) 男命. 음력. 1964. 4. 17. 巳時

時 日 月 年
乙 丁 己 甲
巳 丑 巳 辰
――――――――――
時 干 : 乙
時符頭 : 壬(甲辰旬中)

◆ 상기사주는 양둔국이므로 구궁정위도상에 順布하는데 艮宮에서 甲子를 起하여 1일씩 留하며 甲子, 乙丑, 丙寅… 순으로 구궁정위도상의 순서대로 순행하여 세어나가면 丁丑日은 震宮에 떨어진다. 따라서 震宮에 太乙을 붙이고, 順布하니 다음 巽宮에 攝提, 다음 中宮에 軒轅, 다음 乾宮에 招搖, 다음 兌宮에

天符, 다음 艮宮에 靑龍, 다음 離宮에 咸池, 다음 坎宮에 太陰, 다음 巽宮에 天乙 순으로 부법하는 것이다. 아래 도표1과 같다.

도표1

巽　　　　　巳	離　　　　　午	未　　　　　坤
❹ 攝 提	❾ 咸 池	❷ 天 乙
❸ 震 卯 太 乙	❺　⑩ 중궁 軒 轅	❼ 天 符 兌 酉
❽ 寅 靑 龍	❶ 太 陰	❻ 招 搖 戌
艮　　　　　丑	坎　　　　　子	亥　　　　　乾

(예2) 男命. 음력. 1991. 11. 12일 辰時生

　　　時 日 月 年
　　　壬 辛 庚 辛
　　　辰 酉 子 未

　　　時　干 : 壬
　　　時符頭 : 庚(甲申旬中)

◆ 상기사주는 陰遁局이므로 逆布하는데 坤宮에서부터 구궁정위도에 의거 甲子, 乙丑, 丙寅… 순으로 逆으로 세어나가면 辛酉日은 艮宮에 떨어진다. 따라서 艮宮에 太乙을 붙이고, 逆布하니 다음 兌宮에 攝提, 다음 乾宮에 軒轅, 다음 中宮에 招搖, 다음 巽宮에 天符, 다음 震宮에 靑龍, 다음 坤宮에 咸池, 다음 坎宮에 太陰, 다음 離宮에 天乙 順으로 부법하는 것이다. 아래 도표2와 같다.

도표2

巽 巳	離午	未 坤
❹ 天符	❾ 天乙	❷ 咸池
辰		申
震卯 ❸ 靑龍	❺ ⑩ 중궁 招搖	❼ 攝提 兌酉
寅 ❽ 太乙	坎子 ❶ 太陰	戌 軒轅 ❻
艮 丑	坎子	亥 乾

4. 태을구성太乙九星 일진日辰 낙궁표落宮表

陽遁局

巽 巳	離午	未 坤
❹ 己巳 戊寅 丁亥 丙申 乙巳 甲寅 癸亥	❾ 乙丑 甲戌 癸未 壬辰 辛丑 庚戌 己未	❷ 丁卯 丙子 乙酉 甲午 癸卯 壬子 辛酉
辰		申
震卯 ❸ 戊辰 丁丑 丙戌 乙未 甲辰 癸丑 壬戌	❺ ⑩ 庚午 己卯 戊子 丁酉 丙午 乙卯	❼ 壬申 辛巳 庚寅 己亥 戊申 丁巳 兌酉
寅 ❽ 甲子 癸酉 壬午 辛卯 庚子 己酉 戊午	❶ 丙寅 乙亥 甲申 癸巳 壬寅 辛亥 庚申	❻ 辛未 庚辰 己丑 戊戌 丁未 丙辰 戌
艮 丑	子	亥 乾

陰遁局

巽　　　巳	離　午	未　　　坤
❹ 辛 庚 己 戊 丁 未 辰 丑 戌 未 丙 辰 　　　　　　辰	❾ 丙 乙 甲 癸 壬 寅 亥 申 巳 寅 辛 庚 亥 申	❷ 甲 癸 壬 辛 庚 子 酉 午 卯 子 己 戊 酉 午 　　　　　　申
❸ 壬 辛 庚 己 戊 申 巳 寅 亥 申 丁 巳 　　　　　　卯	❺ ⑩ 庚 己 戊 丁 丙 午 卯 子 酉 午 乙 卯	❼ 戊 丁 丙 乙 甲 辰 丑 戌 未 辰 癸 壬 丑 戌 　　　　　　酉
❽ 丁 丙 乙 甲 癸 卯 子 酉 午 卯 壬 辛 子 酉 　　　　　　寅	❶ 乙 甲 癸 壬 辛 丑 戌 未 辰 丑 庚 己 戌 未	❻ 己 戊 丁 丙 乙 巳 寅 亥 申 巳 甲 癸 寅 亥 　　　　　　戌
艮　　　丑	子	亥　　　乾

5. 태을구성太乙九星 풀이

1) 太乙(태을)

⊙ 坎1宮의 水神이며 吉星이다.

⊙ 萬事亨通之神(만사형통지신)으로 經營(경영), 貴人謁見(귀인알현), 出行, 婚姻之事 (혼인지사)에 이롭다

⊙ 增築(증축), 改築(개축), 求財(구재)에 이롭다.

⊙ 투기성 사업이나, 내기바둑 등에 이롭다.

2) 攝提(섭제)

⊙ 坤2宮의 土神이며 凶星이다.

⊙ 爭訟之神(쟁송지신)이며 시비다툼과 소란과 혼란을 야기한다.

⊙ 死門과 同宮이면 大凶하다.

◎ 動하면 몸을 다치고, 중상모략을 당하고 패배를 보게 된다.

◎ 求財 건은 불성이고, 혼인 건도 불성이다.

◎ 매사 중도 未遂(미수)에 그친다.

◎ 몸을 숨기거나 장사지내는 隱匿(은익)이나 隱葬(은장)에는 吉하다.

3) 軒轅(헌원)

◎ 震3宮의 木神이며 凶星이다.

◎ 盜賊之神(도적지신)으로 動하면 실물, 손재, 관재구설, 騷亂之事(소란지사)이고, 爭鬪陰害之事(쟁투음해지사)가 발생한다.

◎ 가택불안, 憂患(우환), 질병 등이 발생한다. 破財, 損財, 傷身(상신) 등 凶禍(흉화)가 발생한다.

◎ 遠行(원행)에는 不利하다.

4) 招搖(초요)

◎ 巽4宮의 木神으로 凶星이다.

◎ 血光之神(혈광지신)으로 차량사고, 질병, 전쟁을 야기한다.

◎ 中宮에 入하는 것을 제일 꺼린다.

◎ 사고, 음해, 爭鬪(쟁투)가 발생한다. 百事不成이고, 盜賊(도적)으로 인한 損財數(손재수)가 있다.

◎ 여행이나, 出行에 불리하고, 官災口舌도 따른다.

◎ 居한 宮과 相生되고 八門과 相生되면, 凶變吉이 되어 매사 순조롭게 풀리고, 투기방면에서 이롭다. 相剋되면 官災口舌, 陰害(음해), 盜賊(도적)을 만나기 쉽다.

5) 天符(천부)

◎ 中宮 5土宮의 土神에 속하며 凶星이다. 五鬼星과 동일하게 판단한다.

◎ 破財, 損財, 관재구설, 질병 등이 발생한다.

◎ 여행은 지체 두절되고, 賣買不利, 서신두절 등이 발생한다.

◎ 問喪時(문상시)에 재액이나, 음식의 탈이 생길 수 있다. 百事不成이다.

◎ 天符가 坎宮에 입하면 出軍, 出行 모두 불리하다.

◎ 賣買(매매), 移徙(이사), 문서 등과 연관된 일은 불리하다.

◎ 狩獵(수렵)에는 유리하다.

◎ 天符는 본시 흉신이나, 적과 싸우는 일, 出軍, 군량미 수송 등에는 길하다.

◎ 凶方으로 부득이 감행해야 한다면 부적이나, 기도 후 行하면 길하다.

6) 靑龍(청룡)

◎ 乾6宮의 金神이며 吉星이다.

◎ 財帛之神(재백지신)으로 昇進(승진), 榮轉(영전), 經營(경영)에 이롭다.

◎ 賣買, 求財, 謀事(모사), 婚事(혼사), 貴人接見(귀인접견) 등에 이롭다.

◎ 전쟁은 대승. 大志, 大謀(대모)의 완수, 일의 成事, 病者는 회복 등 凡事(범사)에 大吉하다.

7) 咸池(함지)

◎ 兌7宮의 金神이며 凶星이다.

◎ 官災口舌, 질병발생, 問喪(문상)에 불리하다.

◎ 謀事不成(모사불성), 百事皆凶(백사개흉)이다.

◎ 北方의 遠近地에 우물이나 연못을 파는 것에는 길하다.

◎ 出兵에는 매사 불길하다.

8) 太陰(태음)

◎ 艮8宮의 土神이며 吉星이다.

◎ 暗埋之神(암매지신)으로 宴會(연회), 경사, 혼사 등 女人之事에 길하다.

◎ 凶禍가 소산된다. 원거리 여행시 길하다.

◎ 求財에 길하고, 貴人 접견시 득이 있다.

◎ 출병은 회군함이 좋고 복병을 주의해야한다.

9) 天乙(천을)

⊙ 離9宮의 火神이며 吉星이다.

⊙ 百事順成. 求財, 經營(경영)에 이롭다.

⊙ 立身昇進(입신승진), 婚事(혼사), 貴人接見(귀인접견)에 길하다.

⊙ 圖謀之事(도모지사)는 성취된다.

⊙ 出兵하면 승리한다.

6. 팔문/태을구성八門/太乙九星 동궁同宮 길흉吉凶 요약표要約表

	生門
太乙	출입에 길하다. 請託(청탁), 謁見(알현), 求財, 九官 등에 吉하다. 萬事如意(만사여의)하다.
攝提	遠行不利. 서로 相剋이고 災厄을 만남. 隱葬(은장), 隱匿(은익) 시 不利
軒轅	매사 성취한다. 흉신이 물러가고, 뜻대로 이득을 얻음.
招搖	매사 불성. 行人 不可. 구설수가 생김. 凶夢(흉몽)과 놀라운 일이 발생.
天符	이 방향으로 피함은 좋지 않다. 遠行은 불리하다. 길흉이 반반.
靑龍	貴人의 謁見(알현)과 請託(청탁)에 길하다. 상업, 경영에는 수배의 이득이 생김. 출입에 이롭다.
咸池	相生의 뜻이 없고 求財에 불리하다. 桃花殺(도화살)로 간주하여 판단한다.
太陰	百禍不侵(백화불침)이다. 교제에 길하다. 혼인은 성사된다. 회군시 복병 만난다. 타인을 조심해야 한다. 圖謀之事(도모지사), 請託(청탁), 賂物(뇌물) 등에 길하다.
天乙	출입에 이롭다. 軍事에 이롭다. 萬事如意하다.

	傷門
太乙	출입과 求財 시 흉하다. 債務(채무)는 능히 받는다. 기타 사안은 성취 불가.
攝提	출입과 求財 시 흉함. 자기스스로 災厄(재액) 예방 필요. 相剋되면 재앙을 만난다. 兵事에는 불리하고 난관에 봉착한다.
軒轅	用事는 沮滯(저체)된다. 相生되면 災禍는 늦게 온다. 매사 불성이다.
招搖	陰人(부녀자)은 구설수가 있다. 출입은 沮滯(저체)된다. 매사 불성이다.
天符	狩獵(수렵), 債務관계는 길하다. 시비관계 없도록 해야 災殃이 불침한다.
靑龍	求財, 채무관계는 必成한다. 捕盜(포도) 등에 길하다. 기타 圖謀之事(도모지사) 不利.
咸池	시비 발생. 謀事(모사), 求財에 불리하다. 이 방위의 遠·近行은 모두 불리하다. 惡殺로써 흉살을 대동한다.
太陰	百禍(백화)가 불침한다. 債務(채무)관계는 성취된다. 災殃(재앙)을 예방해야 하고. 出行 시 놀랄 일이 있다.
天乙	用事와 圖謀之事(도모지사)에 吉하다. 萬事에 吉하고, 출행시 安連(안연)하다.

	杜門
太乙	百事가 大吉하다. 避難(피난), 隱匿(은익), 出行 등에 길하다.
攝提	主는 不利하다. 出行에 불리하다. 兵事는 출행을 기피한다.
軒轅	每事가 牽塞(견색)된다. 相生이면 흉이 반감된다. 遠行에 불리하다.

招搖	口舌數가 있다. 출입시 風雨가 있다. 圖謀之事(도모지사)는 不利하다.
天符	隱匿(은익), 避難(피난)에 吉하다.
靑龍	用事, 謀事(모사)는 不吉하다. 隱匿(은익), 避難(피난)에 길하다.
咸池	每事沮滯(매사저체). 相剋되면 災厄 발생. 求財는 不成.
太陰	百事大吉. 隱匿(은익)에 길하다. 交易이나 교제는 노력이 필요.
天乙	百事大吉. 혼인, 중매, 求財, 경영에 吉하다. 손님이 많이 머무른다.

	景門
太乙	왕래에 沮害(저해)됨이 없다. 小人에겐 半吉이다. 行兵百事에 不利하다.
攝提	만사여의치 못하다. 隱匿(은익)에 이롭다,
軒轅	百事가 不成하고, 출입 시 災禍(재화) 예방이 필요하다. 損財, 사고수 등이 있음.
招搖	出入에 이롭다. 女難(여난)이 있고, 官災口舌 등을 조심해야 한다. 損財, 事故數 등이 있다.
天符	暗昧(암매), 女人之事에 길하다. 相生되면 큰 탈은 없다. 遠行은 불리.
靑龍	遠行은 가능하고, 求財, 利得을 취함에 吉하다. 狩獵(수렵) 등은 이득이 적은편이다.
咸池	用事, 圖謀之事(도모지사)에 不利하다. 遠行은 不可하고 用事 시 난관에 봉착한다.
太陰	出入에 이롭다. 만약 直符와 同宮이면 吉하다. 謀事(모사), 求財, 婚事(혼사) 등은 길하다.
天乙	相生이면 百事가 성취된다. 婚事에 길하다. 모임, 圖謀之事(도모지사) 등은 성취되고, 萬事如意하다.

	死門
太乙	請託(청탁), 謁見(알현) 등은 불리하다. 交涉(교섭) 건 등은 貴人의 도움이 있다. 狩獵(수렵), 漁撈(어로), 捕盜(포도) 등은 이롭다.
攝提	遠行은 沮滯(저체)된다. 耕作(경작)은 不利하다. 나이든 부인에게는 哭喪(곡상)의 염려가 있다. 언동을 조심해야 한다. 凡事가 不成이다.
軒轅	用事不利. 萬事沮滯(만사저체). 相剋되면 災殃(재앙)을 초래한다. 재앙이 목전이다.
招搖	用事는 아름답지 못하다. 狩獵(수렵)은 불리하다. 재앙이 있다.
天符	圖謀之事(도모지사)는 不成이다. 狩獵(수렵)은 半吉이다. 五鬼殺(오귀살)의 염려가 있다.
靑龍	狩獵(수렵)에 길하다. 請託(청탁), 謁見(알현)에 길함이 있다. 求財, 經營 등에 길하다.
咸池	諸事 不吉하고 不成이다. 出行 시 不利하다.
太陰	交遊(교유), 交易(교역)에는 많은 노력 필요. 百事不成이다. 행동시 신중을 요한다.
天乙	狩獵(수렵) 등에 길하고, 기타의 일은 불리하다.

	驚門
太乙	遺失物(유실물)은 驚門方에서 찾아라. 도망자는 스스로 찾아온다. 출입 건은 성취되기 어렵다. 도망자, 재물 등은 가까운 都心에 있다.
攝提	매사 행동에 불리하다.
軒轅	用事, 圖謀之事(도모지사) 불리하다. 心身이 불리하다.
招搖	도망인 및 재물은 都心에 있다.
天符	此方의 도피는 불리하다.
靑龍	求財, 經營, 謁見(알현) 등은 有利하다.
咸池	매사 불리. 求財, 求得 건은 빈손으로 돌아옴.
太陰	경거망동을 삼가하라. 出入事는 不利하다.

天乙	圖謀之事(도모지사)는 뜻대로 안된다. 만사불성이다.

	開門
太乙	請託(청탁), 謁見(알현) 등은 성취된다. 圖謀之事(도모지사)는 성취된다.
攝提	길변흉이 된다. 相生이면 길함.
軒轅	遠行의 圖謀之事(도모지사)는 불리하다. 相生되면 길함이 있다. 서신, 소식, 계약 건 등은 성취되지 않는다.
招搖	開門方의 출입은 吉하다. 遠行의 圖謀之事(도모지사)는 심사숙고해야 한다.
天符	宮에 여인의 圖謀之事(도모지사)가 있다. 相生되면 유리하다. 求財는 유리하다.
靑龍	求財에 길함. 酒食(주식)이 풍성하다. 재물 풍족. 萬事大吉이다.
咸池	相剋되면 불리. 求財는 허사다.
太陰	萬事亨通(만사형통)하다.
天乙	用事, 圖謀之事(도모지사)는 뜻대로 풀림. 하늘의 은덕이 따른다.

	休門
太乙	출입에 길함. 혼인, 謁見(알현), 請託(청탁) 등은 길함. 百事가 성취된다.
攝提	遠行은 불리. 耕作(경작)에 손실 발생. 八門神將과 太乙九星이 相剋되면 재앙 발생.
軒轅	百事에 불리하다. 遠行 件은 沮滯(저체)된다.
招搖	百事 성취. 相生되면 吉하다. 일을 꾸밈에 심사숙고를 요함
天符	宮에 여자의 陰謀(음모)가 있다. 相剋되면 불길하다. 소식과 客人은 지체된다. 遺失物(유실물)은 찾기 어렵다. 매사 도중에 재앙의 우려 있다.

靑龍	每事 亨通이다. 求財, 經營 등은 이득을 數培(수배)로 달성. 兵事는 大吉하다.
咸池	相生되면 災厄(재액)이 없다. 婚事(혼사)는 吉함이 있다. 기타의 일은 不成
太陰	休門方의 圖謀之事(도모지사)는 吉하다. 혼인 건 길함. 貴人謁見(귀인알현) 등은 半吉이다.
天乙	出入, 求財, 經營 등은 형통하다. 貴人謁見(귀인알현)은 半吉半凶. 酒食(주식), 茶菓(다과), 宴會(연회)에 길함.

	中宮
太乙	만사형통하다. 女人之事는 길함이 없다.
攝提	萬事 不成이다. 말과 행동에 조심을 요한다.
軒轅	안녕치 못하다.
招搖	女人之事는 口舌이 있다. 꿈은 흉몽이다.
天符	안녕치 못하다. 糧食(양식)을 모아놓으면 유리하다.
靑龍	相生되면 재물이 旺하다. 貴人謁見(귀인알현), 請託(청탁)에 吉하다.
咸池	用事는 不利. 每事 不成이다.
太陰	爭論(쟁론), 다툼이 있다.
天乙	萬事如意하다. 謁見(알현), 請託(청탁) 등 吉하다. 婚事 건 吉하다.

제8장
십이포태운성十二胞胎運星

1. 개요概要

　十二胞胎運星法은 본래 중국에서는 기문둔갑(奇門遁甲)에서 그 학설이 시작되어 풍수지리(風水地理)에서 많이 활용되고 있는 학문이다. 사주명리에서는 오행의 왕쇠를 논함이 중요하니 십이포태운성법의 중요성을 아무리 강조해도 부족함이 많다. 따라서 명리를 다루는 역술인들은 이 십이포태운성법의 이치를 정확하게 파악하고 자유자재로 활용하는 것이야말로 진일보한 역술학의 통변의 이치를 터득하게 되는 첩경인 것이다.

　풍수(風水)에서의 십이포태운성법은 龍·穴·砂·水를 살피어 墓(묘)의 眞穴(진혈)을 찾기 위해 쓰이는 방법이고, 사주명리학에서는 日干을 각 地支의 오행과 비교하여 그 왕쇠(旺衰)를 논함에 매우 중요하게 참고하며, 이로써 용신(用神)을 잡거나, 격국(格局)을 논할 때 반드시 거론되어야 하는 이론이다. 이는 사람의 인생이 삶과 죽음의 연속된 과정에서 수많은 윤회과정을 거치며, 잉태된 후 성장기를 거쳐 죽어 묘지에 묻힐 때까지의 인생과정을, 왕(旺)함과 쇠(衰)함 등으로 분류하여 地支에 부법(附法)하며, 그리고 干支 상호간 五行의 생화극제(生化剋制)를 참고하여, 인생의 길흉화복을 점단해 보기위해 많이 활용되는 이론이다.

　日干을 기준하여 부법하는데 이는, 日干이 각 地支에 얼마나 탄탄히 뿌리박고 있는가? 없는가? 를 판단하여, 日干의 旺衰를 논하고, 나아가 사주가 중화(中和)되기 위해 꼭 필요한 오행 즉, 用神을 도출하기 위해 매우 중요하게 참작되며 거론되는 이론이다.

　洪局奇門에서의 각 宮은 현대적 국가의 개념을 인용하면 지방자치단체에 준하여 생각하면 된다. 즉, 어느 정도는 독립체산제적인 역할을 하는 것으로 판단하는 것이므로, 用事하고자하는 宮이 십이포태운성을 적용시 旺相함을 요하며 아울러 吉門, 吉卦를 대동하면 길하다 판단하는 것이다.

2. 포국법布局法

〈제1법〉

陽遁과 陰遁을 구분하되, 日辰宮 지반수를 자평명리의 天干으로 바꾸어서

絶地에 胞를 붙여 나가되 陽遁順布, 陰遁逆布 한다. 絶에 해당하는 지반수에 附法하는 것이 아니고, <u>絶된 十二地支定位宮</u>에 붙여 나간다.

〈제2법〉

사주명리 자평법과 같이 일진궁 지반수가 陽(1·3·5·7·9)이면 십이지지구궁정 위도상에 順行布局하고, 일진궁 지반수가 陰(2·4·6·8·10)이 逆行布局한다.

상기 1법과 2법 모두 활용빈도가 높으나 이 책에서는 <u>제1법</u>을 위주로 서술했다.

3. 십이포태운성十二胞胎運星 해설解說

1) 胞(포=絶)

- ◆ 죽어 墓에 묻힌 후 다시 精氣를 모아 잉태를 준비하는 시기이다.
- ◆ "絶處에 逢生"이라 죽음과 동시에 다시 생명탄생의 활동이 시작되는 것이다.
- ◆ 歲·月·日辰宮이 胞(絶)에 있으면 부모형제, 육친과 연이 薄(박)하고, 타향에서 생활하게 되고, 부부의 연도 薄(박)하고, 매사 沮滯(저체)된다.
- ◆ 胞가 得氣하면 도리어 吉하나 破剋됨이 있으면 妻子宮이 나쁘고 家業이 빈한하고 동분서주하나 실속이 없다. 또한 욕심이 과다하여 탐욕만 일삼고, 禍(화)를 스스로 초래한다.
- ◆ 相剋이 없고 相生되며 四柱에 墓·庫(묘·고)가 있으면 곡식을 쌓고 재물을 모으는 命이다. 그러나 탐욕이 지나쳐 守錢奴(수전노)라 부른다.

2) 胎(태)

◆ 母胎에서 胎兒(태아)가 형성되는 시기.

◆ 日辰이 胎에 있으면 육친 및 부부연이 박복하다.

◆ 진취의 가능성을 보여주고 모든 것이 서서히 움직이는 상태이다.

3) 養(양)

◆ 半吉半凶이다.

◆ 母胎(모태)에서 成長, 發育하는 시기이다.

◆ 吉門卦와 同宮이면 福祿이 있으나, 凶門卦와 同宮이면 薄福(박복)하다.

◆ 局에 劫財宮이 旺하고 養과 同宮이면 養子(양자)의 命일수도 있다.

4) 長生(장생)

◆ 세상에 나오는 출생을 의미하고 吉神이다.

◆ 日辰이 長生地면 名利와 福祿이 여의하다.

◆ 局에 長生이 중하면 吉格이며 大成한다.

5) 沐浴(목욕)

◆ 沐浴은 凶神이고 多成多敗한다.

◆ 남자는 고독하고 여자는 생이별을 면치 못한다.

◆ 때를 벗겨내는 沐浴을 의미하며, 또한 출생 후 아이를 씻겨주고, 돌보아주는 시기를 의미하므로 항상 불안하다.

◆ 日辰이 沐浴地에 있으면 재물의 손실이 많고, 女色을 밝히고, 부부불화 한다.

◆ 吉門, 吉卦와 同宮하고 吉格이면 發福하고, 桃花(도화)가 있으면 현대에선 연예인으로 성공한다.

◆ 局에 桃花殺과 沐浴殺이 重疊(중첩)되면 淫亂(음란)하고 酒色(주색)으로 敗家亡身(패가망신)한다.

6) 冠帶(관대)

- 갓과 띠를 뜻하며 청소년기를 나타내고, 長成하여 직업을 얻고, 출세하는 시기이다.
- 日辰이 冠帶에 있으면 초년엔 고생하고 중년 이후 발복한다.
- 吉格이면 출세한다.

7) 建祿(건록)

- 관직이나 사회에 나가 출세함이다.
- 길격이면 성공하고 부귀해진다.

8) 帝旺(제왕)

- 인생의 절정기로 최고의 왕성한 상태를 말한다.
- 日辰이 帝旺地에 있으면 성공하여 명성을 떨치고, 祖業을 발전시킨다.
- 성품은 무게가 있고, 근엄하다.
- 女命은 사회적으론 성공하나, 가정적으로는 실패수가 있다.

9) 衰(쇠)

- 쇠퇴의 시기라 성품은 온순하나, 사회활동이 약하다. 그러나 학문에 정진하면 약간의 福은 있다.
- 매사 용두사미인 경우가 많으니 부단히 노력하는 의지가 있어야 한다.

10) 病(병)

- 노쇠하여 病든 것을 의미하며 발전의 象이 없다.

11) 死(사)

- 소멸되어 죽는 시기로, 발전이 없다.
- 육친과의 연이 박하고, 타향에서 외롭고 고생하며 어릴 때 病弱하다.

12) 墓(묘)

- 葬(장)이라고도 하며, 죽어 장사지내는 시기다.
- 초년은 고생이고, 중년 이후 발전한다.
- 재물에 집착이 강해, 재물은 모으나, 수전노라는 소리를 듣는다.
- 평생 勞苦가 많고, 女命은 남편복이 적다.
- 육친과 부부의 연이 적고, 年支宮이 墓宮과 同宮이면 막내라도 조상, 부모의 墓를 돌보는 자손인 경우가 많다.
- 正印宮이 墓와 同宮이나 吉門, 吉卦를 得하면 相生의 命으로 富貴하는 命이니 점진적으로 발전한다.
- 日辰宮이나 年支宮이 墓·庫(묘·고)에 들면, 命에 곡식을 쌓아두고 재물이 넉넉한데 창고를 열지 않는 격이라 수전노라 하는 것이다.

4. 십이포태운성 十二胞胎運星 조견표 早見表

陽遁·陰遁局 구별하여 日辰宮 지반수를 자평명리식의 天干으로 바꾸어 십이 지 지구궁정위도상에 順·逆 附法한다.

〈제1법〉기준

陽/陰	1 水 陽遁	1 水 陰遁	2 火 陽遁	2 火 陰遁	3 木 陽遁	3 木 陰遁	4 金 陽遁	4 金 陰遁	5 土 陽遁	5 土 陰遁	6 水 陽遁	6 水 陰遁	7 火 陽遁	7 火 陰遁	8 木 陽遁	8 木 陰遁	9 金 陽遁	9 金 陰遁	10 土 陽遁	10 土 陰遁
胞	午	午	亥	亥	申	申	卯	卯	亥	亥	巳	巳	子	子	酉	酉	寅	寅	子	子
胎	未	巳	子	戌	酉	未	辰	寅	子	戌	午	辰	丑	亥	戌	申	卯	丑	丑	亥
養	申	辰	丑	酉	戌	午	巳	丑	丑	酉	未	卯	寅	戌	亥	未	辰	子	寅	戌
長生	酉	卯	寅	申	亥	巳	午	子	寅	申	申	寅	卯	酉	子	午	巳	亥	卯	酉
沐浴	戌	寅	卯	未	子	辰	未	亥	卯	未	酉	丑	辰	申	丑	巳	午	戌	辰	申
冠帶	亥	丑	辰	午	丑	卯	申	戌	辰	午	戌	子	巳	未	寅	辰	未	酉	巳	未
建祿	子	子	巳	巳	寅	寅	酉	酉	巳	巳	亥	亥	午	午	卯	卯	申	申	午	午
帝旺	丑	亥	午	辰	卯	丑	戌	申	午	辰	子	戌	未	巳	辰	寅	酉	未	未	巳
衰	寅	戌	未	卯	辰	子	亥	未	未	卯	丑	酉	申	辰	巳	丑	戌	午	申	辰
病	卯	酉	申	寅	巳	亥	子	午	申	寅	寅	申	酉	卯	午	子	亥	巳	酉	卯

死	辰	申	酉	丑	午	戌	丑	巳	酉	丑	卯	未	戌	寅	未	亥	子	辰	戌	寅
墓	巳	未	戌	子	未	酉	寅	辰	戌	子	辰	午	亥	丑	申	戌	丑	卯	亥	丑

5. 십이포태운성十二胞胎運星 포국布局 예例

예) 男命. 음력. 1964년 4월 17일 巳時生

```
時 日 月 年
 2  4  6  1
 乙 丁 己 甲      13÷9        4                4
            =  ----  →  ---  →  中宮數   ---
 巳 丑 巳 辰      19÷9        1                1
 6  2  6  5
```

십이포태운성은 日辰宮 지반수를 기준하여 양·음둔국에 의거 십이지지구궁 정위도상의 絕(절)地에 부법하여 順·逆하는 것이다. 상기의 예는 日辰이 丑이고 丑은 艮宮에 속하며 艮宮의 지반수는 9이고 陽에 해당하며 오행은 申金이다. 申金은 天干의 庚金에 해당하며, 庚金의 胞(絕)는 寅木이니 지반수 3이 있는 곳의 십이지지 정위도상에 胞(絕)를 부법하고 양둔국이니 시계방향으로 순행포국하는 것이다. 위의 조견표에 의거하여 십이포태운성을 부법하면 아래 표와 같은 것이다. 유의할 점은 四 隅方(우방)인 艮·巽·坤·乾은 각각 地支가 二位 있으니 십이포태운성도 二位씩 부법해야 하는 것이다.

巽	巳 長生	離 午 沐浴	未 冠帶	坤
辰 養	❹ $\dfrac{10}{5}$	❾ $\dfrac{5}{10}$	❷ $\dfrac{2}{3}$	申 建祿
震 卯 胎	❸ $\dfrac{1}{4}$	❺ ⑩ $\dfrac{4\ (9)}{1\ (6)}$	❼ $\dfrac{7}{8}$	兌 酉 帝旺

寅 胞	❽ $\frac{6}{9}$ 世	❶ $\frac{3}{2}$	❻ $\frac{8}{7}$	戌 衰
艮	丑 墓	坎 子 死	亥 病	乾

제9장

십이신살十二神殺

1. 개요槪要

  홍국기문에서의 십이신살은 자평명리의 십이신살과 동일하므로 劫殺(겁살), 災殺(재살), 天殺(천살), 地殺(지살), 年殺(년살=도화살), 月殺(월살), 亡身殺(망신살), 將星殺(장성살), 攀鞍殺(반안살), 驛馬殺(역마살), 六害殺(육해살), 華蓋殺(화개살) 등의 십이신살을 말한다. 이 십이신살의 사용과 부법하는 방식에는 이견이 분분한데, 奇門局에서는 劫殺, 亡身殺, 驛馬殺, 年殺, 華蓋殺 등 5가지 神殺을 위주히여 활용하는 것이 통설이다. 그러나 필자의 의견은 홍국기문의 기문사주국은 사주를 기문둔갑을 적용하여 사람의 운명을 예단하는 학문이므로 자평명리의 십이신살법을 철저히 따라야하는 것이 定理이며, 또한 그렇게 하여 간명시 필자의 경험상 유용하며 적중률이 매우 높았음을 알 수 있었다. 특히 奇門占事局(기문점사국)에서는 십이신살이 매우 유용하게 할용됨을 체득할 수 있었다. 홍국기문의 십이신살 부법에 두가지 방법을 모두 기술하는 바이다.

2. 포국법布局法

〈제1법〉

  5개 神殺만을 활용하는 방법으로, 사주의 年支 혹은 日支의 삼합국을 기준하여 劫殺, 亡身殺, 驛馬殺은 宮의 지반수에 부법하고, 年殺과 華蓋殺은 십이지지구궁 정위도상에 부법하는 방법이다.

<제2법>

자평명리법을 적용한 것으로 사주의 年支, 혹은 日支의 삼합국을 기준하여 십이
신살 모두를 각 宮의 해당 지반수에 부법하는 방법이다.

◆ 年殺과 華蓋殺은 십이지지정위도상에 併記(병기)하여 참조한다. 이 책에서는
제2법을 위주로 서술하였다.

3. 십이신살十二神殺 해설解說

1) 劫殺(겁살)

◎ 겁살은 빼앗는다는 의미로, 宮에서 官鬼, 財鬼, 偏印, 傷官, 劫財 등의 凶神과
同宮하면 자신이 정신적, 신체적, 물질적으로 피해를 보는 것이고, 正印, 正財,
正官, 食神 등의 吉神과 동주하면 남으로 부터 도움을 받는다.
行年宮이나 太歲宮의 지반수가 劫殺이 있는 宮의 지반수와 刑沖이 되면 큰 災禍
(재화)가 따르는 경우가 많다.

◎ 겁살이 天乙貴人(천을귀인)이나 祿星(녹성)과 동궁하면 謀事(모사)에 능하고, 두뇌
회전이 빠르며, 재주와 지혜가 뛰어나다.

◎ 奇門四柱平生局의 印星과 劫財宮에 劫殺이 있으면 대체로 조실부모, 부부이별,
불의의 재난, 損財數(손재수), 형제자매 중 일찍 죽는 사람이 있다. 특히 官星宮에
있으면 주변 사람들로 부터 음해, 모함을 당하거나, 예기치 않은 명예훼손을 당
하는 경우가 많다.

◎ 行年宮이나 太歲宮이 劫殺에 해당되며 凶門, 凶卦를 대동하면, 주로 경쟁관계의
일이 생기고, 시비다툼 및 官災口舌, 사고, 失物, 도난, 부부이별, 손재수, 투자
실패 등이 따른다.

◎ 太歲宮의 劫殺이 行年宮과 합이 되면 불안정한 상황에서도 나에게 도움이 되는
일이 생긴다. 우연히 橫材(횡재)하거나, 榮轉(영전)하거나, 명예가 높아지는 경우
가 생긴다.

◎ 太歲宮의 劫殺이 月支宮과 支合이 되면 凶變吉(흉변길)이 되니, 외형은 시끄럽고
혼란스럽지만, 내적으로는 재물이 들어오고 명예나 영전 등의 기쁜일이 있다.

⊙ 日辰宮에 劫殺이 있고 吉神(正官·正印·正財·食神)이 있고, 吉門, 吉卦가 同宮하면 智謀(지모)와 才略(재략)으로 큰 富를 이룰 수 있고, 妻의 내조로 得財(득재)할 수 있다.

⊙ 時支宮에 劫殺이 있고, 世宮이 旺相하며, 吉神(正官·正印·正財·食神)이 있고, 吉門, 吉卦가 同宮하면 자녀가 복록이 있고, 투기성 있는 사업이나 장사 등으로 많은 재물을 얻는다.

⊙ 世宮이 쇠약한데 日支宮의 劫殺이 年支宮과 刑沖되면 빈곤하고, 心身(심신)이 불안정하고, 일정한 직업과 직장을 얻어 안정되게 종사하지 못한다.

⊙ 日辰宮의 劫殺이 年支宮이나 太歲宮과 刑沖되면 일신상의 변동수가 생긴다.

⊙ 1年身數局에서 太歲가 劫殺에 해당하고 凶門, 凶卦가 대동한 경우, 그 해에 자식을 잉태하면 그 자식이 온전치 못하고, 정상적으로 사회생활을 하지 못하는 경우가 많다.

⊙ 平生局에서 劫殺이 印星宮과 同宮하고 吉格일 경우에는 의사·약사·법조인·기자 등의 직업을 갖는 경우가 많고, 凶格일 경우에는 偏業(편업)된 직업인 정비직, 재단사, 이발사, 운전직, 청소업 등의 직업을 많이 갖게 된다.

⊙ 平生局에서 劫殺이 官星을 帶同(대동)하고 吉格일 경우에는 官運(관운) 및 昇進運(승진운)이 좋고, 貴格(귀격)이면 높은 벼슬에 까지 오를 수 있다.

⊙ 劫殺이 長生地에 있고 天乙貴人(천을귀인)이나 太乙九星의 太乙이나 靑龍을 帶同(대동)하면 家業을 일으키게 되고, 正官을 대동하면 벼슬이 높고, 正財를 대동하면 富者(부자)가 되고, 食傷을 대동하면 예체능이나 기술방면으로 명예가 높고, 官鬼를 대동하면 平民(평민)이다.

⊙ 1年身數局에서 太歲宮의 劫殺과 年支宮의 지반수와 合하여 化된 오행이 日辰宮의 지반수를 剋하면 일신상의 변동과 집안이 시끄럽고, 桃花殺(도화살)이 日辰宮의 지반수와 合하여 日辰宮의 지반수를 剋하더라도 역시 그러하며, 부부외의 남녀간의 문제로 官災口舌數(관재구설수)가 생기기도 한다.

⊙ 平生局에서 劫殺과 孤神殺(고신살), 寡宿殺(과숙살)이 있는 宮이 凶門, 凶卦와 同宮하면 고독하고, 속세를 등지거나 유랑생활을 하는 경우가 많으며, 설혹 貴(귀)하게 되고 官祿(관록)을 얻었더라도 후세의 좋은 평을 얻지 못한다.

⊙ 1年身數局에서 太歲宮의 劫殺이 行年宮과 合이 되어 化된 오행의 宮에 吉門, 吉

卦가 동궁하면 吉한 일이 많고, 凶門, 凶卦가 동궁하면 매사 沮滯(저체)되고 凶事가 多發(다발)한다.

◉ 太歲宮의 劫殺이 四辰動處와 三刑殺(삼형살)을 형성하면 관재구설과, 사고, 질병 등이 발생하는 경우가 많은데, 특히 凶門, 凶卦를 대동한 경우, 吉格인 경우에는 그 흉함이 다소 줄어드나 凶格인 경우에는 심하다.

◉ 太歲宮이 劫殺에 해당하는데 行年宮의 生助(생조)를 받을 경우,
年支宮과 刑沖되면 조상과 연관된 재산상의 시비, 분쟁 등이 발생하고,
月支宮과 刑沖되면 부모의 재산상의 분쟁이 발생하고,
日辰宮과 刑沖되면 부부간의 시비, 분쟁, 이혼수 등이 발생하고,
時支宮과 刑沖되면 자식으로 인한 시비, 분쟁이 발생하고 망신당하는 경우도 생긴다.

◉ 劫殺宮이 吉門, 吉卦를 대동하면 상대편이 나를 도와주는 것이니, 타인의 財를 이용하여 발달하고, 총명, 민첩, 빠른 두뇌회전 등으로 크게 발달한다.

◉ 劫殺宮이 凶門, 凶卦를 대동하면 각종 憂患(우환)과 災厄(재액), 관재구설, 사고, 질병 등이 따른다.

◉ 三合된 劫殺이 行年이나 太歲와 刑破(형파)되어 깨질 때에는 그 禍(화)가 온 식구에 미친다.

◉ 劫殺과 魁罡殺(괴강살) 소재궁과의 刑沖은 횡액, 급사, 돌연사, 교통사고 등을 야기한다.

◉ 사주국의 日支 기준시 劫殺宮의 六神에 따라 다음과 같은 사안 등이 豫知(예지)된다.
　◆財星이고 吉門, 吉卦와 동궁이면 처덕과 재복이 있다.
　◆正印이고 길문, 길괘와 동궁이면 문장, 학문, 학계에 이름을 날린다.
　◆偏印이고 길문, 길괘와 동궁이면 기술, 편업, 역술업 등으로 이름이 있고, 年支宮, 月支宮에 있으면 외부의 도움을 받는다.
　◆食神이고 길문, 길괘와 동궁이면 외교활동 및 話術(화술), 문장 및 예술로 서得財(득재)하고, 장인, 장모의 덕이 크다.
　◆傷官이고 길문, 길괘와 동궁이면, 예체능, 연예인, 기술연구직, 사회활동가 등으로 이름을 날린다.
　◆正官이고 길문, 길괘와 동궁이면 명예와 관록이 있고 그 복록이 크다.

◆官鬼이고 길문, 길괘와 동궁이면 무관직, 운동직, 투기사업, 흥행사업 등에 이름을 날리는 경우가 많다.

◎ 劫殺이 旺한데 다시 行年이나 太歲의 生을 받아 太旺해지면 복록이 적고, 처자식과의 緣(연)이 없고, 흉신이 乘(승)하면 邪心(사심)이 있다.

◎ 月支宮의 劫殺이 凶門, 凶卦를 대동하면 조상덕이 없고, 부모형제로 인해 고생하고, 日辰宮의 劫殺이 상하 상극되고 흉격을 이루면 처자식과의 緣(연)이 적다.

◎ 時支宮의 劫殺이 凶門, 凶卦와 同宮이면 말년에 災禍(재화)가 많고, 자식과 의연이 없고 不孝(불효)한다.

◎ 劫殺宮이 旺한데 다시 四辰動處의 생을 받고, 凶門, 凶卦와 동궁이면 교통사고, 예기치 않은 損財數(손재수) 등을 당한다.

◎ 食神宮이 劫殺을 대동하고 凶門, 凶卦와 同宮이면 남자는 言行으로 인해 災厄(재액)이 있고, 또한 妻家(처가)로 인해 禍(화)를 입는 경우가 많다.

◎ 官鬼宮의 劫殺이 凶門, 凶卦와 同宮이면 자식으로 인해 가업을 破(파)하고, 官災(관재), 損財數(손재수)가 따르고, 沐浴殺(목욕살)을 대동한 官鬼가 흉문, 흉괘와 동궁이면 酒色(주색) 등으로 가정이 깨진다.

◎ 太歲宮이 劫殺을 剋(극)하면 흉변길이 되어 부유하고 번창한다.

◎ 劫殺宮이 길격이고 長生(장생)地에 있으며 다시 財星宮 官星宮이 吉門, 吉卦가 동궁이면 대부귀(大富貴)한다.

◎ 官鬼와 同宮한 劫殺이 他 宮의 制剋(제극)이 없는 경우, 格이 吉格이면 의사, 기자, 법조계, 무관직 등의 직업이고, 凶格이면 도살업, 무속인, 도적 등의 직업에 종사한다.

◎ 劫殺이 凶神(官鬼·財鬼·傷官·偏印·劫財)을 대동하고 다시 凶門, 凶卦와 同宮인데 動處인 他 宮과 刑沖이 되면 大凶하고, 合의 경우는 小凶하다.

◎ 劫殺이 吉神(正官·正印·正財·食神)을 대동하고 다시 吉門, 吉卦가 동궁이면 재주가 있고, 복록이 있으며, 建祿宮에 있으면 酒色(주색)을 즐기고, 劫殺宮이 太旺하면 病苦(병고)가 있는 경우도 많다.

◎ 劫殺과 官鬼가 同宮이며 財鬼宮의 生을 받으면 예기치 않은 災禍(재화)를 당하고, 劫殺과 기타 凶殺(흉살)이 同宮하며 旺한데 다시 凶門, 凶卦를 동궁이면 短命(단명)하거나 貧賤(빈천)하다.

◉ 劫殺이 建祿宮과 同宮하거나 혹은 建祿宮과 地殺이 同宮하면 술을 좋아하고 술 주정꾼인 경우가 있다.

◉ 劫殺宮이 凶門, 凶卦를 대동하고 日辰宮, 時支宮과 合이 되면 酒色(주색)을 탐하고 수치를 모르는 경우가 많다.

◉ 劫殺과 연관된 질병으로는 신경쇠약, 정신착란 등에 잘 걸린다.

2) 災殺(재살)

◉ 일명 囚獄殺(수옥살)이라고도 한다.

◉ 災殺은 본시 불의의 災厄(재액)이나 刑厄(형액)을 당하는 흉살인데, 흉문, 흉괘를 대동하면 그 흉함이 매우 크다.

◉ 行年과 太歲가 공히 災殺宮에 落宮(낙궁)하면 흉함이 있다.

◉ 行年이나 太歲 落宮處(낙궁처)의 災殺이 年支宮이나 月支宮을 刑沖하면 밖에서 손재수가 생기고, 日辰宮이나 時支宮을 刑沖하면 집안에서 손재수가 생기고, 부부간의 갈등도 생기는데 그 여파는 일가친척에 까지 미치게 된다.

◉ 官鬼가 災殺과 동궁이며 흉문, 흉괘를 대동하면 직장이나 자식으로 인해 損財數(손재수)와 亡身數(망신수)가 따르게 되고, 女命은 남편 또는 외간 남자와의 사이에 官災口舌數(관재구설수)가 따른다.

◉ 偏印과 災殺이 동궁이며 흉문, 흉괘를 대동한 경우에는 계약, 문서, 주식, 유가증권 등으로 인해 災禍(재화)가 발생한다.

◉ 太歲宮에서 災殺 소재궁의 지반수를 생조하면 흉함이 크다.

◉ 行年이나 太歲가 災殺 소재궁에 落宮하고 旺하며, 다시 動處의 生함이 있으면 예기치 않은 질병이나 사고, 관재구설, 시기, 陰害(음해) 건이 발생할 수 있다. 특히 財鬼나 官鬼宮에서의 生함이 있는 경우는 흉함이 막중하다.

◉ 1年身數局에서 宮의 災殺이 흉문, 흉괘가 동궁하며 旺한데, 다시 財鬼나 官鬼宮과 刑沖되면 官訟(관송)을 당할 수 있다.

◉ 年支宮 災殺(日支기준)이 旺하며 흉문, 흉괘를 대동하면 조상이 미미했거나, 몰락했거나, 絶孫(절손)됐거나, 빈천했다고 판단한다.

◉ 月支宮 災殺이 旺하며 흉문, 흉괘를 대동하면 형제자매간에 연이 적고, 不和(불화)하고, 官災(관재)가 발생하고, 사고수, 失物數(실물수), 橫厄(횡액) 등을 당할 수

있다.

◎ 日辰宮 災殺이 旺하며 흉문, 흉괘를 대동하면 처와의 緣(연)이 박하고, 일신상의 변동이 많고, 관재구설, 횡액, 잔병 및 자손과의 연이 박하다. 만약 본인의 年支 기준하여 타인의 기문사주국에서 日辰宮의 五行이 災殺에 해당하면 그 사람에게 陰害(음해) 및 災禍(재화)를 당하는 경우가 많다.

◎ 時支宮의 災殺은 자식덕이 없고, 비명횡사하거나, 풍파가 많고, 十二運星의 胎 (태)宮과 동궁이면 출세는 하지만 재물복은 없는 경우가 많다.

3) 天殺(천살)

◎ 天殺은 기문사주국에서 선천적인 事案(사안)과 연관이 많은 殺이다. 따라서 기문학 에서는 발생하는 여러 사안들이 대체로 조상들의 묘소와 연관이 깊다 판단한다.

◎ 사주의 年支 기준시 각 宮의 지반수 5·10 土인 辰未戌丑 土宮에 작용한다.

◎ 日辰宮에 天殺이 동궁하고 他 宮의 지반수와 비교시 刑, 沖, 破, 害, 怨嗔殺(원진 살)이 되거나, 行年宮, 太歲宮과 刑沖되면 여러 가지 災禍(재화)가 따르고 시끄럽 고, 예기치 않은 凶禍(흉화)들이 발생한다.

◎ 月支宮이나 劫財宮이 天殺에 해당되며, 흉문, 흉괘와 동궁인 경우에는 그 형제 자매들은 육친간의 덕이 없다. 또한 타인과의 동업관계도 좋지 않다.

◎ 行年宮이나 太歲宮이 天殺 소재궁에 낙궁하며 다시 흉문, 흉괘를 대동한 경우에 는, 예기치 않은 질병, 사고, 官災(관재) 件 등이 발생한다.

◎ 天殺 소재궁이 旺하며 凶神(官鬼·財鬼·傷官·偏印)을 대동하고 動處인 경우에는 조 상의 陰德(음덕)과 庇護(비호)가 적은 운명이므로 투기업종이나 모험을 해야 하는 업종에는 맞지 않는다.

◎ 宮에 天殺이 있고 다시 行年이나 太歲가 天殺宮에 落宮하며 흉문, 흉괘를 대동 하면 관재구설수가 생기거나 喪事(상사)를 당하거나, 불의의 사고가 있다. 그리고 남녀 공히 고독하고, 몸이 건강치 못하다.

◎ 年支宮에 天殺이 있으며 흉격이면 父先亡(부선망)하거나, 고독하고, 정신적으로 의지할 곳이 없고, 타향이나 객지에서 생활하고, 조상 중에 비명횡사한 조상이 있는 경우가 많은데, 天殺에 해당하는 六神이 吉神(正財·正官·正印·食神)이며 길 격을 이루면 오히려 복록이 있는 경우도 있다.

◎ 月支宮에 天殺이 있으며 흉격이면 심장병이나 간질병이 있는 경우가 있고, 부모형제덕이 없다. 평생에 예기치 않은 흉한 일들이 자주 발생한다.

◎ 日辰宮에 天殺이 있으며 흉격이면, 부모형제자매와의 덕은 없으나 부부금슬은 좋은 편이다. 그러나 다시 天殺이 흉문, 흉괘를 대동한 경우라면 이별수, 부부간의 예기치 않은 사고사 등이 있을 수 있다.

十二胞胎運星의 冠帶(관대)와 동궁하면 자손에게 榮華(영화)가 있고, 天德貴人(천덕귀인)이 동궁하면 福祿(복록)이 많고, 고향을 떠나 생활하며 말년에 풀려 나간다.

◎ 時支宮에 天殺이 있으면 落傷數(낙상수)가 있고, 時支宮에 길문, 길괘가 동궁하며 다시 길격을 이루면 獨學(독학)으로 자수성가한다. 그러나 자손들은 잔병이 많은 경우가 많다. 그리고 자손은 비록 효도하나 橫厄數(횡액수)가 있고, 재산은 없는 것은 아니다.

◎ 기문사주국 통변상의 질병으로는 선천적질병과 연관된다.

4) 地殺(지살)

◎ 기문사주국에서 地殺은 움직이는 殺이니 길흉이 공히 작용하고, 軍馬나 운송차량, 이동, 遠行, 해외유학, 무역거래 등과 연관된다.

길문, 길괘와 동궁하면 매사 안정과 길함이 있고, 흉문, 흉괘와 동궁하면 타향살이를 하거나 예기치 않은 凶事가 발생한다.

◎ 平生局에서 年支宮의 地殺이 沖되면 祖業(조업)의 변동이 따르고 墳墓(분묘), 移葬(이장) 등의 문제가 발생한다.

◎ 月支宮의 地殺이 沖되면 부모형제자매간의 변동수가 발생한다.

◎ 日辰宮의 地殺이 沖되면 부부간이나 가택의 변동이 발생하고,

◎ 時支宮의 地殺이 沖되면 자녀나, 아랫사람 등의 문제에 변동수가 생긴다.

◎ 地殺은 본시 이동수가 있는 殺인데 沖破를 당하면 걷잡을 수 없는 변동이 따른다.

◎ 기문사주국에 地殺이 있고 또한 怨嗔殺(원진살)이 있으며, 흉문, 흉괘를 대동하면 우물안 개구리식으로 無爲徒食(무위도식)과 방탕을 일삼는다.

◎ 平生局에서 時支宮이나 食傷宮에 地殺이 있는 경우에는 부모와의 연이 대체로 적다.

◎ 기문사주국에 天殺과 地殺의 소재궁이 旺하며 또한 動處이면, 局에 印星이 중중

한 것으로 간주하니 어머니, 혹은 할머니가 둘인 경우가 많다.

◎ 기문사주국의 地殺이 財星과 동궁하고 動하면, 국제결혼 하거나, 이동 중 혹은 여행중에 사람을 잘 사귀고 또한 결혼도 하며, 외국유학운이 있거나, 무역업 등에 종사하게 된다.

◎ 時支宮에 地殺이 있으면 末年에 安寧(안녕)하며 복록이 많다.

◎ 1年身數局에서 太歲가 地殺과 동궁이며 다시 印星宮이 되고 길문, 길괘를 대동하면, 계약 및 문서 등의 건으로 윗사람의 협조를 많이 받는다.

◎ 1年身數局에서 太歲가 地殺과 동궁이며 다시 官星宮이 되고 길문, 길괘에 대동하면 직업이나 직책의 변동, 승진, 영전, 창업 등에 복록이 나타난다.

◎ 기문사주국에서 行年이나 太歲가 地殺과 동궁이며 타 宮과 三刑殺(삼형살)이 되거나 驛馬殺(역마살) 소재궁과 沖되면, 교통사고 등의 橫厄(횡액)이 발생할 수 있다. 또한 桃花殺(도화살), 亡身殺(망신살), 沐浴殺(목욕살) 등의 소재궁과 三刑殺이 되거나 沖이 되면 色情(색정)으로 인한 女難(여난)이 발생할 수 있다.

◎ 평생국에서 地殺이 年支宮이나 月支宮에 있으면 일찍 고향을 떠나 타향생활을 하는 경우가 많다.

◎ 地殺이 日辰宮이나 時支宮에 있으면 분주하고 이동수가 많으며, 해외출입 역시 많다. 해외유학의 경우도 발생한다.

◎ 기문사주국에서 地殺과 연관된 질병으로는 위장병, 급살병 등이 있다.

5) 年殺(년살)

◎ 일명 桃花殺(도화살), 敗殺(패살), 咸池殺(함지살)이라고도 한다.

◎ 주색풍류, 歌舞(가무), 色情(색정)의 흉살이다.

◎ 吉格이면 연예계로 이름을 날린다.

◎ 局中 奇儀 中에서 乙庚이나, 乙辛, 또는 上下合에 桃花, 그리고 四辰에 있거나 해당 宮과 같은 오행이라면 眞桃花(진도화)라 하여, 凶이 더욱 심하다.

◎ 男命에 財星, 女命에 官星에 도화살이 同宮이면 주색을 밝힌다.

桃花殺

四柱日支	寅午戌	亥卯未	申子辰	巳酉丑
桃花殺	8(卯)	1(子)	4(酉)	7(午)
眞桃花殺	四辰中 震宮 8(卯)	四辰中 坎宮 1(子)	四辰中 兌宮 4(酉)	四辰中 離宮 7(午)

⊙ 年殺이 子息宮(자식궁)에 있으면 그 아이는 커서 酒色(주색)으로 방탕한 인생을 보내는 경우가 많다.

◆ 남녀 공히 時柱에 年殺이 있을 경우.

◆ 男命은 官星에, 女命은 食傷에 年殺이 있을 경우 등이다.

⊙ 月支宮에 年殺이나 亡身殺(망신살)이 있으면 後妻(후처)의 몸에서 태어나는 경우가 많다.

⊙ 평생국에서 年殺이 四辰動處와 刑沖을 만나면 花柳界(화류계)에 몸담거나 생식기병에 잘 걸린다.

⊙ 年殺은 地盤數 1水(子), 7火(午), 8木(卯), 4金(酉), 네 地支에 해당된다.

◆ 1水(子)에 있으면 요염함과 음란함이 있고, 陰事(음사)件으로 인해 부부간의 갈등소지가 있다.

◆ 8木(卯)에 있으면 요염함과 미색을 갖추고, 대인관계가 원활하여, 요식업이나, 유흥주점 계통의 직업에서 성공하여 富를 쌓는 경우가 있다.

◆ 7火(午)에 있으면 활동적이고 話術(화술)이 능란하다. 흉신이면 떠돌이 장사꾼에 불과하다.

◆ 4金(酉)에 있으면 경제적 수완은 있으나 정직청렴하다.

⊙ 평생국에서 年殺이 空亡(공망)되고 天乙貴人(천을귀인)이 있으면 神病(신병)을 앓는 경우가 많고, 무속인 및 점술가가 많다. 남자의 경우는 공예, 조각가 등의 직업에 많이 종사하기도 한다.

⊙ 年殺이 印星에 있고 空亡(공망)되며 흉격이면 무당, 박수 등의 무속에 종사하는 경우가 많다.

⊙ 日支宮의 年殺이 上下 相剋하고 흉문, 흉괘를 대동하면 부부연이 박하고, 배우자의 바람기로 가정이 깨지는 경우가 많다. 또한 上下 혹은 他宮에서 刑沖하면 妻로 인해 망신을 당하는 경우가 있다.

◎ 기문사주국에서 動處에 年殺과 將星殺(장성살)이 있는데, 장성살이 길문, 길괘와 동궁이면 年殺의 凶兆(흉조)는 반감된다.

◎ 太歲가 年殺宮에 落宮이고 日辰宮과 沖되면 부부간 떨어져 살거나, 한쪽이 희생되거나, 死別(사별) 혹은 이혼수가 발생한다.

◎ 年殺이 旺相하고 길문, 길괘와 동궁이면 풍류를 좋아하고, 고상하고, 재주와 기술이 있고 연예인 기질이 다분히 있다.

休·囚·死(휴·수·사)되고 흉문, 흉괘와 동궁이면 교활하고 거짓이 많고, 방탕하며, 家計(가계)를 蕩盡(탕진)하고, 은혜를 모르고 유부녀와 私通(사통)한다.

◎ 기문사주국에서 年殺이 旺相하며 四辰動處와 怨嗔(원진)되면, 그 妻가 惡妻(악처)인 경우가 많고, 길문, 길괘를 대동하면 기름, 소금, 술 등으로 蓄財(축재)하며, 사채나 고리대금업 등의 부정한 수단으로 가계(家計)를 일으킨다.

◎ 기문사주국에서 天德貴人(천덕귀인)에 年殺이 동궁하면 風流佳人(풍류가인)이고, 驛馬殺(역마살)과 동궁하면 표류방탕하고, 正官宮에 年殺이 동궁하면 妻로 인해 치부(致富)하는 경우가 있다.

◎ 年殺은 四辰動處와의 刑·合을 기피하나 空亡은 오히려 吉하다.

◎ 官鬼와 年殺이 동궁하면 薄福(박복)하고 예기치 않은 흉사가 빈발하지만, 正官과 年殺이 동궁하면 대체로 吉하다.

◎ 年殺은 日辰宮이나 時支宮의 경우는 영향력이 크고, 年支宮이나 月支宮에 있으면 다소 가볍다.

◎ 기문사주국에서 羊刃殺(양인살)이나 五鬼殺(오귀살)의 소재궁이 年殺을 대동하면 色情(색정)으로 인해 身厄(신액)이 생기는 경우가 많다.

◎ 기문사주국에서 사진동처 혹은 행년이나 태세궁을 포함하여 1水(子), 7火(午), 8木(卯), 4金(酉)가 전부 있게 되면, 이것도 年殺로 보는데 이를 四桃花(사도화) 혹은 遍夜桃花(편야도화)라 하고, 남자는 성질이 급하고 교묘한 재능과 예술, 문학적인 소질이 있어 성공하기도 하지만 女難(여난)을 면키 어렵다. 만약 길격을 이루면 불세출의 영웅적 기질이 있는 경우가 많다. 흉격인 경우에는 災禍(재화)가 다발한다.

子(1)·午(7)·卯(8)·酉(4) 中 2개 이상이 動處이면 年殺의 작용이 더 강화됐다고 판단한다.

⊙ 正官宮이 年殺을 대동하거나, 기문사주국에서 年殺이 있는 宮이 日辰宮과 합되면 이를 자평명리의 "祿方桃花(녹방도화)"라 간주하며, 여자는 애교가 있고, 絶世佳人(절세가인)이며, 특히 지반수가 水에 해당되면 음란하다.

⊙ 日辰宮의 年殺이 太乙九星의 咸池殺(함지살)과 동궁하면 음탕한 면이 많다.

⊙ 年殺이 흉문, 흉괘를 대동한 경우 동궁한 六神에 따라 여러 흉화가 발생할 수 있다.

 ◆ 劫財와 동궁한 경우면 형제간, 직장동료간, 동업자간 애정으로 인한 訟事(송사)나 口舌(구설)이 생길 수 있다.

 ◆ 食神과 동궁한 경우면 나이차가 많은 여자나 애가 딸린 여자 혹은 아랫사람의 소개로 인한 애정문제가 생길 수 있다.

 ◆ 傷官과 동궁한 경우면 재혼문제나 애정과 연관된 官災口舌이 생길 수 있다.

 ◆ 財星과 동궁한 경우면 作妾致富(작첩치부)하는 경우가 생길 수 있다.

 ◆ 官鬼와 동궁한 경우면 관재구설과 사고, 질병이 생길 수 있다.

 ◆ 正官과 동궁한 경우면 직업, 직책, 명예 등과 연관된 관재구설이 생기는 경우가 많다.

 ◆ 印星과 동궁한 경우이면 妻妾(처첩)의 모친을 봉양하거나 나이 많은 이성과 교제한다.

⊙ 年殺과 羊刃殺(양인살)이 時支宮에 동궁하면 다재다능하며, 만약 日辰宮이 쇠약하면 고질병이 있는 경우가 많다.

⊙ 年殺이 있는 地支가 타 動處와 支合하여 日辰宮을 극(剋)하는 官星으로 바뀌거나 日辰宮의 勢(세)를 설기(洩氣)함이 심하면 이질, 중풍, 생식기질병 등으로 고생하고, 흉문, 흉괘를 대동하면 음란하다.

⊙ 기문사주국의 年殺宮이 年支宮이나 日支宮과 刑沖되면 갖가지 醜聞(추문)이 발생하는 경우가 많고 妻와의 연이 薄(박)하다.

⊙ 기문사주국상 年殺 소재궁이 動處이고 흉문, 흉괘를 대동한 경우는 흉함이 더 심하다.

⊙ 기문사주국과 연관된 질병으로는 酒色之病(주색지병)과 심장마비 등이 있다.

6) 月殺(월살)

◎ 기문사주국에서 月殺은 지반수 5·10의 辰未戌丑 등 土氣(토기)에만 있으며, 障碍 (장애)를 대동하고 침체, 좌절, 답보상태, 중단 등을 의미하는 흉살이다.

◎ 1年身數局에서 용사하고자 하는 日辰이 月殺日이고 흉문, 흉괘를 대동하는 날이 면 婚姻式(혼인식), 播種(파종), 增改築(증개축), 合房(합방) 등을 하지 않는다.

◎ 기문사주국에서의 月殺은 답답하고 고독하고, 이별수, 질병 등을 대동하는 殺로 써, 動處에 해당하며 다시 타 動處에 역시 華蓋殺(화개살)이 있어 刑沖되면 하체 불구 등의 신체상 장애가 있을 수 있다.

◎ 평생국의 月殺은 대체로 흉하지만 行年이나 太歲에서 들어오는 月殺은 흉문, 흉 괘가 臨하지 않는 한 흉함이 비교적 덜하다 판단한다.

◎ 기문사주국의 凶神(官鬼·財鬼·傷官·偏印)소재궁을 行年이나 太歲 낙궁처의 月殺 이 刑沖하면 도리어 吉하게 되고 의외의 소득이 생기는 경우가 있다.

◎ 太歲宮이 月殺에 해당하며 흉문, 흉괘를 대동하면 계약, 서류, 보증 등의 문제 등으로 인해 손재수가 있거나 凶事가 있게 된다.

◎ 기문사주국에 月殺이 動하고 흉문, 흉괘를 대동하면, 고독박명하고 부모형제자 매간에 연이 박하며, 신경쇠약에 걸리거나, 神氣(신기)가 있거나, 보살, 승려 등 이 되기 쉽다.

◎ 기문사주국에 月殺이 旺相地이며 다시 흉문, 흉괘를 대동하고, 다시 天·地盤奇 儀가 흉격이면 僧徒(승도)나 巫俗人(무속인)이 될 소지가 크다.

◎ 日支宮과 時支宮에 月殺이 있으며 흉격이면 자식이 不具(불구)거나 자식이 없는 경우도 있다.

◎ 月殺이 年支宮에 있으면 조상 중에 스님이 있거나, 풍수지관 일에 관여했거나, 무속인이 있거나, 토속신앙에 극진히 공을 드렸던 조상이 있다.

◎ 月殺이 月支宮에 있으면 매사 沮滯(저체)되고, 관재구설, 부부이별, 형제자매간 불화, 損財數 등이 발생할 수 있고, 사찰에 몸담는 경우도 생긴다.

◎ 月殺이 日辰宮에 있으면 神氣(신기), 부부풍파, 癎疾(간질), 色情(색정)으로 인한 破財(파재), 조실부모 등의 문제가 발생하기도 하고, 乞人(걸인)행세의 조상이 있 는 경우도 간혹 있다.

◎ 月殺이 時支宮에 있으면 고독박명하여 입산수도하거나, 관재구설, 부모형제와의 이별 수 등이 있고, 자식과의 연이 박한 경우도 있다.

◎ 기문사주국과 연관된 질병으로는 간장질환, 咳嗽病(해수병) 등이 있다.

7) 亡身殺(망신살)

◎ 奇門局의 亡身殺은 四柱의 年支와 日支를 중심으로 찾는다.

◎ 年支 기준하여 亡身이면 歲亡, 日支 기준하여 亡身이면 日亡이라 한다.

◎ 기문사주국에서 亡身殺이 日支나 年支宮에 임하며 흉격이면 관재구설, 부부이별, 사고, 질병, 정신질환 등의 문제가 발생 할 수 있다.

◎ 기문사주국에서 亡身殺은 글자 그대로 자신을 잃어버리는 殺이다.

   ◆ 술에 취해 정신을 잃는 것.

   ◆ 시비다툼이나 訟事, 관재구설 등으로 감옥에 가는 것.

   ◆ 사고나 질병으로 병원신세를 지는 것.

   ◆ 종교 등에 심취하여 동 떨어진 장소에 칩거하는 것.

   ◆ 神氣(신기)가 들려 鬼神(귀신)의 지배를 받는 것 등은 모두 망신살과 연관된다.

◎ 1年身數局에서 用事하고자 하는 日辰의 길흉 중 여행, 도박, 투기 등의 일과 연관된 경우, 亡身殺 방향을 등지고 앉으면 길한 일이 많다.

◎ 1年身數局에서 亡身殺 소재궁을 太歲에서 沖剋하면 관재구설이 따르거나 건강상 이상이 나타날 수 있다.

◎ 6水(亥)에 亡身殺이 있으면 주로 음주로 인한 시비구설이 생기고,

  3木(寅)에 亡身殺이 있으면 치고 싸우는 다툼이 생기고,

  2火(巳)에 亡身殺이 있으면 중상모략, 시기질투가 생기고,

  9金(申)에 亡身殺이 있으면 시비, 교통사고, 총칼싸움 등이 발생할 수 있다.

◎ 亡身殺이 흉문, 흉괘와 동궁하면 거짓말과 시비를 잘 걸고, 주색풍류로 인해 관재구설에 자주 오르내린다.

◎ 1年身數局에서 亡身殺이 動하고, 또한 흉문, 흉괘를 대동하며 다시 行年이나 太歲가 怨嗔殺(원진살) 소재궁에 落宮하면 동성연애나 근친결혼을 하는 경우가 많다.

◎ 日辰宮이나 時支宮의 亡身殺이 旺相하며 動하고 흉문, 흉괘를 대동하면 父母를 극하는 경우가 많다.

◎ 亡身殺이 있는 地盤 五行이 日辰宮의 地盤 五行과 합되면 밖으로는 다투나, 안으로는 和解(화해)의 象(상)이다.

◎ 기문사주국이 吉格이면 行年이나, 太歲가 망신살에 떨어져도 큰 탈은 없다.

◎ 亡身殺이 吉神인 사주는 호언장담을 잘하고, 언변이 능하고, 교묘한 술수 및 재략에 능하며, 투쟁을 좋아하며 준엄한 면이 있고, 凶神이면 관재구설, 시비, 다툼, 중상모략에 능하고 경박하고, 망상을 즐기며, 바람기 등을 초래한다.

◎ 亡身殺과 官鬼가 동궁하면 心身이 불안정하다.

◎ 亡身殺이 十二運星의 建祿(건록)과 동궁하면 문장, 언변 등에 능한 경향이 있다.

◎ 亡身殺이 食神과 동궁하면 언어가 달변이며, 문장이 능하며, 농담과 화술이 좋고, 남과의 시비구설을 초래하는 경향이 있다.

◎ 亡身殺이 長生과 동궁하면 소년에 발달하는 경향이 있다.

◎ 亡身殺이 空亡되면 허례허식이 많다.

◎ 亡身殺이 官鬼와 동궁하면 부모형제를 剋하고 관재구설이 많은 경향이 있다.

◎ 亡身殺이 冠帶(관대)와 동궁하면 길신에 해당하면 길하고 흉신에 해당하면 흉하다.

◎ 亡身殺이 驛馬殺(역마살)과 같이 동궁하며 吉格이면 외교에 능하고, 凶格이면 재액, 관재구설, 손재수 등이 발생하는 경향이 있다.

◎ 亡身殺이 財星과 동궁이고, 길문, 길괘를 대동하고 다시 吉格이면 처로 인해 致富(치부)하고, 흉문, 흉괘를 대동하고 다시 흉격이면 妻로 인하여 禍(화)가 발생한다.

◎ 太歲宮이 亡身殺 소재궁을 극하면 凶變吉(흉변길)이 되어 他人으로 인해 성공하고 蓄財(축재)한다.

◎ 亡身殺 낙궁처가 길문, 길괘를 대동하고 다시 길격을 형성하면 기밀한 성격이며 결단력이 있으나, 반대의 경우라면 망명이나, 감금, 사형을 당하는 경우도 있다.

◎ 亡身殺과 劫殺이 月支宮, 時支宮에 있으면 短命數(단명수)가 있고, 또다시 三刑殺(삼형살)을 띠면 가정불화를 초래하고 승려가 되거나, 亡身殺과 劫殺이 日支宮, 時支宮에 있으면 妻子를 극한다.

◎ 亡身殺과 劫殺이 絞神殺(교신살)을 동반하면 교활하고 사기성이 있으며, 凶格에 해당되면 자살하는 경우도 생긴다.

◎ 평생국에서 印星宮이 旺하고 年支宮에 亡身殺이 臨하면 嫡孫(적손)이 아닌 경우가 많고 흉사가 많으나, 길문, 길괘와 동궁하면 흉액은 소멸되고, 長生과 동궁하

면 貴人인 경우가 많다. 흉문, 흉괘와 동궁하며 흉격이면 祖業을 破하고, 객사하기 쉽다.

◉ 月支宮에 亡身殺이 있으며 흉격이면 부모형제가 온전치 못하고, 집안에 변동수가 많으며, 불안하다. 길격이면 貴人인 경우도 있다. 三刑殺(삼형살)이 있으면 刑厄數(형액수)가 있다.

◉ 日支宮에 亡身殺이 있으면 부부이별, 손재수 등이 있고, 落傷數(낙상수)나, 정신질환 등이 염려된다.

◉ 時支宮에 亡身殺이 있으면 처자식과의 연이 적고, 말년에 한탄하고, 고독박명하다. 吉格이면 성공은 하지만 女難(여난)을 면치 못한다.

◉ 기문사주국에서 亡身殺과 연관된 질병으로는 피부병과 酒毒(주독), 痔疾(치질)등이 있다.

8) 將星殺(장성살)

◉ 기문사주국에서 將星殺은 길문, 길괘를 대동한 경우 남의 리더가 되고, 명성을 얻으며 주도적인 역할을 하는 길성이다.

◉ 女命의 평생국에 將星殺이 흉문, 흉괘를 대동하면 남편을 刑剋(형극)하고, 이론적이며, 남과 잘 타협하지 못하여 禍(화)를 자초한다.

◉ 女命의 평생국에 將星殺과 攀鞍殺(반안살)이 旺相하고 動處에 해당하면 고집이 세어 부부간 화합의 情이 적다.

◉ 평생국에서 將星殺이 있고 月支宮의 生助가 있으며 길격이면 복록이 많다.

◉ 將星殺과 印星이 동궁하면 외곬수인 성격이 많고, 학문에만 전념하는 경향이 있다.

◉ 將星殺이 있는 宮이 흉문, 흉괘를 대동한 부모에게서 역시 將星殺이 흉문, 흉괘를 대동한 子女가 태어나면, 그 자녀로 인해 부모가 이혼하거나 별거하기 쉽다.

◉ 평생국에서 女命의 경우 正官宮, 男命의 경우 正財宮에 각각 將星殺과 驛馬殺(역마살)이 어느 쪽이든 있으며 흉격이면 매사 저체되고 잘 풀리지 않는 경향이 있다.

◉ 평생국에서 將星殺이 劫財와 동궁하면 형제자매간에는 화목하나 부부간은 떨어져 지내게 된다.

◉ 將星殺이 食傷과 동궁하면 食祿(식록)이 많고 주변의 신임을 얻는다.

◎ 將星殺이 財星과 동궁하면 부유하고 妻福(처복)이 있다.

◎ 將星殺이 官星과 동궁하고 길격이면 무관직 혹은 문관직에서 높은 벼슬에 오른다.

◎ 將星殺이 印星과 동궁하며 길격이면 학문과 명예가 높다.

◎ 將星殺은 月支宮에 있는 것이 제일 좋고, 다음이 日辰宮이고 다음이 時支宮이다.

◎ 女命에서 年支宮이 將星殺에 해당하면 일찍 직업전선에 뛰어드는 경우가 많고, 그 시점은 行年이나 太歲가 將星殺에 낙궁하는 때이다. 吉格이면 여성으로 큰 재물을 모은다.

◎ 太歲가 將星殺 소재궁에 落宮이고 흉격이면, 매사 沮滯(저체)되고 災禍(재화)가 많이 따른다.

◎ 年支宮에 將星殺이 있고 길격이면 조상에게 榮華(영화)가 있었을 것이라 판단한다.

◎ 月支宮에 將星殺이 있고 길격이면, 부모는 현달했으나 형제자매덕은 없고, 본인 에게는 吉한 일이 많다.

◎ 日辰宮에 將星殺이 있고 길격이면 명예나 관록은 있으나 부부간 연은 적다.

◎ 時支宮에 將星殺이 있고 길격이면 자식에게 영화가 있을 것이고, 본인에게는 말 년에 복록이 있다.

◎ 기문사주국과 연관된 질병으로는 폐병이나 뇌질환 등이다.

9) 攀鞍殺(반안살)

◎ 攀鞍殺은 길흉이 공존하는 殺로 길한 의미로는 말안장에 높이 앉아 남들 위에 군림한다는 의미도 있고, 흉한 의미로는 나태하고, 매사 의욕이 없이 만사태평하 게 무위도식하며 지내게 된다는 의미의 殺이기도 한다.

◎ 攀鞍殺의 宮이 旺相하고 길문, 길괘를 득하고 길격이면, 항상 입이 무겁고 속이 깊어, 흉금을 털어놓고 대화를 나눌 수 있는 상대이다. 또한 사귐에 부담이 가지 않고, 어떤 일에 意氣投合(의기투합)하면 적극적이며 협조와 이해심이 많은 사람 이다.

◎ 사업의 동반자, 자금을 대주는 사람을 구하는 것은 역시 攀鞍殺이 旺相하고 길 문, 길괘를 득한 사람이 좋다. 특히 상대편 日辰宮의 攀鞍殺이 본인의 日辰宮의 攀鞍殺과 支合이 되는 경우 더욱 그러하다.

◎ 고시합격이나, 승진 등의 문제는, 攀鞍殺이 있는 宮이 길문, 길괘를 득하고 길격

이면, 行年이나 太歲가 攀鞍殺 落宮의 시기에 성취될 확률이 높다.

◎ 1年身數局에서 太歲 낙궁처의 攀鞍殺이 흉문, 흉괘를 득하고 흉격이면 매사 沮滯(저체)되고, 有始無終(유시무종)이고, 病苦(병고)에 시달릴 수 있다.

◎ 攀鞍殺 소재궁이 旺相하며 길격이면 대체로 위인이 총명하고, 글재주가 있으며, 욕심이 적은 반면, 현실과 동떨어지고, 적응력이 약하여 남과의 경쟁에서 뒤처지는 경우가 많다.

◎ 攀鞍殺 소재궁이 길문, 길괘를 득하고, 또한 天乙貴人(천을귀인)이 있으며 길격이면, 국가고시에 합격하는 등의 家門(가문)을 빛낼 수 있다.

◎ 攀鞍殺이 年支宮에 있으면 조상에게 榮華(영화)가 있었다. 그러나 흉격인 경우에는 官厄(관액)이나 橫厄(횡액)이 있을 수 있다.

◎ 攀鞍殺이 月支宮에 있으면 부모형제자매간 화목하고, 안락하며, 인품이 중후하다.

◎ 攀鞍殺이 日辰宮에 있으면 부부간 화목하고 유순하다. 다시 천을귀인이 동궁하며 貴格이면 소년에 국가고시에 합격할 수 있다.

◎ 攀鞍殺이 時支宮에 있으면 자식과의 연이 좋고, 말년에 잘 풀린다. 다만 40세 이후에는 기문사주국의 길흉에 따라 禍와 福이 닥칠 수 있다.

기문평생국에서 천을귀인이 있으며 길격이면 자손에게 榮華(영화)가 있고, 華蓋殺(화개살)이 있으며 길격이면 기술자로 대성한다.

◎ 기문사주국과 연관된 질병으로는 咳嗽病(해수병)이 있을 수 있다.

10) 驛馬殺(역마살)

◎ 奇門局의 驛馬殺은 四柱의 年支와 日支를 중심으로 찾는다.

◎ 年支 기준하여 驛馬면 歲馬(세마), 日支 기준하여 驛馬면 日馬(일마)라 한다.

◎ 四柱年支가 申子辰년생 三合의 경우, 驛馬殺은 맨 앞의 地支 申을 冲하는 오행으로 寅(3木)이다. 고로 지반수 3木(寅) 있는 곳에 歲馬(세마)라 부법한다.

◎ 四柱日支가 巳酉丑 三合의 경우 맨 앞의 地支 巳를 冲하는 地支는 亥水6이다. 고로 지반수 6이 있는 곳에 日馬를 붙인다.

◎ 平生局에 驛馬가 日辰宮, 世宮, 中宮, 日干 등지에 加臨(가임)되어 있으면 주로 고향을 떠나 타향생활을 많이 하고, 분주하고 활동적인 사람이다. 길격이면 더욱 좋고 흉격이면 더욱 흉하다.

◎ 驛馬가 遊魂(유혼)과 驚門(경문)과 同宮이면 이런 경향은 더욱 심하다.

◎ 四辰動處에 驛馬나, 遊魂(유혼)이 하나도 없으며 吉格이면 君子이고, 凶格이면 小人輩(소인배)이며, 실천이 없고 게으른 사람이다.

四柱 年支·日支	申子辰(水)	寅午戌(火)	巳酉丑(金)	亥卯未(木)
地盤數	3(寅)	9(申)	6(亥)	2(巳)

　◆ 艮宮의 3寅 驛馬, 坤宮의 9申 驛馬, 乾宮의 6亥 驛馬, 巽宮의 2巳 驛馬는 眞驛馬로 작용력이 더욱 크다.

◎ 驛馬殺은 변동의 殺인데 길흉 공히 작용한다.

◎ 行年이나 太歲의 驛馬殺이 月支宮을 沖하면 가정환경, 몸담고 있는 터전의 변동수가 발생한다. 月支宮의 六神에 따른 변동은 다음과 같다.

　◆ 月支宮이 官星이면 직업의 변동수가 생기고,

　◆ 月支宮이 印星이면 문서, 계약, 이사 등의 변동이 발생하고,

　◆ 月支宮이 財星이면 妻宮 또는 금전의 변동이 생기고,

　◆ 月支宮이 食傷이면 자녀문제, 손아랫사람과 연관된 문제, 본인의 활동범위 내에서의 변동 등이 발생한다.

◎ 1年身數局에서 行年이나 太歲 낙궁의 驛馬殺이 다시 月에서 亡身殺을 만나면 官災 件이 생길 수 있고, 家宅과 人身이 불안하다.

◎ 驛馬殺이 財星에 있으면 사업관계로 여행을 자주하고, 무역, 투기성 사업, 그리고 항시 여자문제가 따른다.

◎ 驛馬殺은 길흉이 공히 작용하므로 길문, 길괘를 대동하고 吉格이면 비약적 발전을 하고, 흉문, 흉괘를 대동하고 凶格이면 官災口舌, 損財數, 사고 등이 발생하고, 학생들은 학업장애 등이 발생한다.

◎ 평생국에서 食傷宮에 驛馬殺이 있는데 길문, 길괘를 득하고 吉格에 해당하면 그 자손이 家門을 흥성케 한다.

◎ 驛馬殺이 흉격으로 구성되고 타 動處와 刑, 沖, 破, 害, 怨嗔(원진)되면 吉兆(길조)는 사라지고 떠돌이 행상인, 잡상인, 용역관계, 영업사원 등의 직업에 종사하는 경우가 많고, 일신상의 변동이 많다.

◎ 奇門四柱局에서 驛馬殺이 孤神殺(고신살), 寡宿殺(과숙살), 喪門殺(상문살), 弔客殺(조객살), 鬼門關殺(귀문관살), 病符殺(병부살) 등과 동궁하면 고향을 등지고 僧道(승도)나, 입산수도, 역술가나 무속인, 행상인 등의 직업을 갖는다.

◎ 自刑殺(자형살=午午, 辰辰, 酉酉, 亥亥)에 驛馬殺이 동궁하면 다리부분의 사고, 折足(절족) 등을 조심해야 한다.

◎ 行年이나 太歲宮이 驛馬殺 소재궁과 슴되면 이동, 변동수가 생기고, 길격이면 무역거래 등 외국의 왕래가 많고 비약적으로 발전하며, 흉격이면 여러 災厄(재액)이 따른다.

◎ 女命에 驛馬殺과 桃花殺이 동궁하며 흉문, 흉괘가 臨하면 漂流之命(표류지명)이고, 다시 흉격이면 화류계나 유흥업계통에 종사하는 경우가 많다.

◎ 평생국에서 年支宮에 驛馬殺이 있으면 조상대에서 고향을 등졌고, 길문, 길괘가 臨하고 길격이면 조상대에서 家業을 일으켰다.

◎ 평생국에서 月支宮에 驛馬殺이 있으면 성품이 온후정직하고, 매사 의욕적이나, 만약 官職(관직)과 財物을 일으키지 못하면 허송세월한다.

◎ 평생국에서 日支宮에 驛馬殺이 있으면 부부연은 박하나 재물은 모을 수 있다. 흉격이면 심신이 불안정하고 고독박명이며, 漂流之命(표류지명)에 풍류를 즐긴다. 만약 중궁에 正印이 은복되고 偏印이 出한 경우에 劫財宮과 공히 旺相하면 두 어머니를 모시는 경우가 있다.

◎ 평생국에서 時支宮에 驛馬殺이 있으며 흉격이면 분주하고 풍파가 많다. 길문, 길괘와 동궁하면 크게 발전하고, 자식 대에 영화를 얻을 수 있으나, 흉문, 흉괘와 동궁하면 말년이 고독박명이다.

◎ 기문사주국과 연관된 질병으로는 비뇨기질환이 대체로 많다.

11) 六害殺(육해살)

◎ 평생국에서 年支宮에 六害殺이 있으면 조상이 미미했고 풍파가 많았던 조상이며, 태어나면서 부터 건강이 좋지 않은 경우가 있다.

◎ 평생국에서 月支宮에 六害殺이 있으면 부모로 인해 근심걱정이 생기고, 부부간 연도 薄(박)하다. 중년 이후 풍파가 많다. 신앙생활에 깊이 빠질 수 있다.

◎ 평생국에서 日辰宮에 六害殺이 있으면 부부간 갈등소지가 많고, 장년 이후 풍파

가 발생하며, 종교인이나 역술인 등의 직업에 종사하는 경우가 많으며, 본인 대에서 가업이 破散(파산)할 수 있다.

◉ 평생국에서 時支宮에 六害殺이 있으면 자식으로 인해 근심걱정이 많으며 말년이 고독박명이다. 종교에 의지하고, 一心이면 늦게는 안도할 수 있다.

◉ 六害殺 소재궁이 旺相하고, 흉문, 흉괘를 대동하며 흉격이면, 부모형제간 緣(연)이 薄(박)하고, 神氣(신기)가 많고, 병명을 모르는 병을 앓고, 변덕스럽고, 손재수, 이별수, 관재구설, 사고 등으로 인해 고통을 겪는 경우가 많다.

◉ 女命에 六害殺이 있으며 흉격이면 難産(난산)이기 쉽고 생명이 위험할 수도 있다.

◉ 六害殺이 있고 奇門局이 흉격이면, 만성질병에 시달리거나, 귀신병에 걸리기 쉽다. 승려가 되면 다소 災厄을 면할 수 있다.

◉ 六害殺이 동궁한 六神과의 관련은 다음과 같다.

　◆官星과 동궁하면 직업이나 직책의 변동과 만성질병, 관재구설 등이 생길 수 있고,

　◆印星과 동주하면 모친이 질병에 시달리고, 문서로 인해 災禍(재화)가 발생하며,

　◆食傷에 있으면 자손이 禍(화)를 당하고,

　◆財星에 있으면 부친이나 妻가 병에 시달리게 되는 경우가 많다.

　◆劫財에 있으면 형제자매문제, 친인척, 동료나 동업자와 연관된 사안으로 인해 흉화를 당할 수 있다.

◉ 기문사주국과 연관된 질병으로는 위장병, 빈혈증, 폐질환을 앓는 경우가 많다.

12) 華蓋殺(화개살)

◉ 華蓋殺은 四柱의 年支 기준하여 각 宮의 지반수에 附法하나, 日支 기준하여 附法하기도 한다. 年支 기준하면 歲華(세화)라 하고, 日支 기준이면 日華(일화)라 한다.

◉ 日辰宮이 華蓋와 同宮에 있으면 총명하나 空亡地이면 승려나, 신부, 목사의 命이다.

◉ 日辰宮의 天·地盤이 刑沖되어 있고, 華蓋殺이 있으면 문화, 사회사업으로 바쁘다.

◉ 日辰宮에 華蓋殺이 동궁하고, 四辰이나 中宮에서 印星이 動하거나, 日辰天盤에 印星이 臨하면, 학문을 좋아하고 대학자이다. 혹은 불교, 철학, 역술로 공명을 떨친다.

華蓋殺

年支·日支	寅午戌	亥卯未	申子辰	巳酉丑
華蓋殺	戌(乾方)	未(坤方)	辰(巽方)	丑(艮方)

◎ 四柱年支가 寅·午·戌인 경우 戌(5土)에 華蓋가 떨어지는데, 5土가 乾宮에 있으면 眞華蓋殺이라 한다.

◎ 華蓋殺이 있으면 지혜 있고, 총명하며 신앙심이 있는 반면에, 고독박명한 경우도 많다.

◎ 丑(10)·戌(5)의 華蓋殺은 남에게 드러내는 직업을 싫어하고, 辰(5)·未(10)의 華蓋殺은 표면에는 협조하면서도 뒤로는 딴 생각인 경우가 많다.

◎ 時支宮에 華蓋殺이 있으며 흉격이면 지혜는 있지만, 잔꾀를 잘 부리고 큰일을 성사하지 못한다.

◎ 華蓋殺이 空亡地이면 승도나 종교가의 길이다. 기타 흉살이 많으며 흉격이면 일생이 곤고하고, 예기치 않은 사고나 질병이 따른다.

◎ 華蓋殺이 있으면 대체로 고독하고, 부모와의 연이 적은 편이고, 종교에 심취하고, 허영, 낭비 등이 심하고, 凶格이면 신경성 질병, 정신질환 등의 질병에 잘 걸리며, 예술 등에 심취하 된다.

◎ 평생국에서 華蓋殺이 상하 刑沖되면 문화사업으로 동분서주하고, 華蓋殺이 時支宮이나 胎月(태월=入胎月)에 동궁하면 養子(양자)나 庶子(서자)의 命이다.

◎ 年支宮에 華蓋殺이 있으면 총명하고 지혜 있으나, 고독하고, 일찍 타향살이 하게 되고, 일생이 困苦(곤고)하며, 조상의 음덕이 없다.

◎ 月支宮에 華蓋殺이 있으면 부모형제와의 연이 薄(박)하다. 차남이라도 장남행세를 해야 하고, 자수성가하는 팔자이다. 그러나 일생에 困苦(곤고)함을 떠나지 못한다.

◎ 日辰宮에 華蓋殺이 있으면 부부간의 연이 薄(박)하고, 다시 四辰動處에 沐浴殺(목욕살)이 동궁하면 喪妻(상처)하기도 한다. 특히 月支宮에 있을 경우에 그러한 경향이 높다. 또한 조상은 佛家(불가)와 연이 깊은 조상이 있거나, 무속 혹은 역술업과 연이 깊은 경우가 있고, 吉格이면 지혜가 출중하고 팔방미인이다.

◎ 時支宮에 華蓋殺이 있으면 장년 이후 성공하는 경우가 많고, 문학, 예술 등에

재주가 있으며, 吉格이면 부귀를 누리고, 또한 動處나 地盤 上에 羊刃殺(양인살)이 있으면 출세한다.

◎ 기문사주국과 연관된 질병으로는 습진, 신경통 등을 앓을 수 있다.

4. 십이신살十二神殺 조견표早見表

年.日支 12神殺	9 1 5 申 子 辰	6 8 10 亥 卯 未	3 7 5 寅 午 戌	2 4 10 巳 酉 丑
劫殺 겁살	2 巳	9 申	6 亥	3 寅
災殺 재살	7 午	4 酉	1 子	8 卯
天殺 천살	10 未	5 戌	10 丑	5 辰
地殺 지살	9 申	6 亥	3 寅	2 巳
年殺 년살	4 酉	1 子	8 卯	7 午
月殺 월살	5 戌	10 丑	5 辰	10 未
亡身殺 망신살	6 亥	3 寅	2 巳	9 申
將星殺 장성살	1 子	8 卯	7 午	4 酉
攀鞍殺 반안살	10 丑	5 辰	10 未	5 戌
驛馬殺 역마살	3 寅	2 巳	9 申	6 亥
六害殺 육해살	8 卯	7 午	4 酉	1 子
華蓋殺 화개살	5 辰	10 未	5 戌	10 丑

5. 십이신살十二神殺 포국布局 예例

예) 男命. 음력. 1964년 4월 17일 巳時生

```
時 日 月 年
2 4 6 1
乙 丁 己 甲        13÷9         4              4
          =    ----   →   ---    →  中宮數   ---
巳 丑 巳 辰        19÷9         1              1
6 2 6 5
```

◆ 中宮의 천반수와 지반수가 4와 1인 것이다. 十二神殺은 年支가 辰土로 申·子·辰年生은 상기 조견표와 같이 巳(2)에 劫殺이 떨어지고, 午(7)에 災殺, 未(10)에 天殺, 申(9)에 地殺, 酉(4)에 年殺, 戌(5)에 月殺, 은복수인 亥(6)에 亡身殺, 子(1)에 將星殺, 丑(10)에 攀鞍殺, 寅(3)에 驛馬殺, 卯(8)에 六害殺, 辰(5)에 華蓋殺이 떨어지니 각 宮의 지반수에 부기하여 아래 표와 같다.

巽　　　　巳	離　午	未　　　　坤
❹	❾	❷
辰　月 華 殺 蓋 $\frac{10}{5}$	天 攀 殺 鞍 $\frac{5}{10}$	驛 馬 $\frac{2}{3}$　申
❸	❺　　⑩	❼
震　年 卯　殺 $\frac{1}{4}$	將 亡 星 身 $\frac{4}{1}$ $\frac{(9)}{(6)}$	六 害 $\frac{7}{8}$　兌 酉
❽	❶	❻
寅　地 殺 $\frac{6}{9}$世	劫 殺 $\frac{3}{2}$	災 殺 $\frac{8}{7}$　戌
艮　　　　丑	坎　子	亥　　　　乾

제10장
십이천장十二天將

1. 개요概要

十二天將은 본시 점술학의 한 분야인 六壬學에서 중요하게 거론되고 활용되는 과목이다. 奇門學과 관련해서는 평생의 운명을 점단해보는 기문평생사주국, 문점시에 미래의 사안을 예측해보는 占事를 위주로 논하는 奇門占事局과 每 流年에 해당하는 1年의 身數를 살펴보는 1年身數局이, 神殺과 연계하여 통변하는데 있어 밀접한 관계가 있는 바, 이 十二天將을 기문둔갑과 접목하여 占事위주의 術에서 다양하고 깊이 있게 활용해보고자 도입한 것이다.

奇門平生四柱局과 奇門占事局, 1年身數局에서는 局의 格과 洪局數 및 六神 등의 각종 구성요소와 더불어, 여러 神殺들의 작용과 소재궁 관련하여 그 활용면과 영향력에서 비중이 크므로, 十二天將의 여러 중요 요소들을 奇門學에 첨부하여 겸용한다면, 통변하는데 있어서 보다 세밀하고 다양하며 변화무쌍하고 오묘한 변통력을 자유자재로 구사할 수 있으리라 사료된다.

아래에 기술한 사항들은 六壬學에서 발췌하여 요약한 것인바, 奇門四柱局과 더불어 占事局과 身數局 통변시에 접목하여 응용하고 활용하면, 보다 깊이 있고 다양한 奇門占事局의 묘리를 경험할 수 있으리라 판단된다.

2. 포국법布局法

洪局奇門에서 **四柱 日干**을 중심하여, 陽遁局은 晝天乙貴人, 陰遁局은 夜天乙貴人을 적용하고, 기타의 天將은 아래의 포국순서대로 陽遁順·陰遁逆하여 각 地支에 적용하되, 각 宮의 해당 지반수의 地支五行에 부법한다.

晝·夜 天乙貴人 早見表(주·야 천을귀인 조견표)

貴人 \ 日干	甲	乙	丙	丁	戊	己	庚	辛	壬	癸
晝 天乙貴人	未	申	酉	亥	丑	子	丑	寅	卯	巳
地盤數(후천수)	10	9	4	6	10	1	10	3	8	2
夜 天乙貴人	丑	子	亥	酉	未	申	未	午	巳	卯
地盤數(후천수)	10	1	6	4	10	9	10	7	2	8

十二天將 포국순서 및 배속

포국순서	1	2	3	4	5	6	7	8	9	10	11	12
十二天將 陽遁 順 陰遁 逆	貴人	螣蛇	朱雀	六合	勾陳	靑龍	天空	白虎	太常	玄武	太陰	天后
干支配屬	己丑	丁巳	丙午	乙卯	戊辰	甲寅	戊戌	庚申	己未	癸亥	辛酉	壬子

地盤數에 의한 地支 附法

地支	子	丑	寅	卯	辰	巳	午	未	申	酉	戌	亥
地盤數 (後天數)	1	10	3	8	5	2	7	10	9	4	5	6

◆ 예1) 양둔국에 사주일간이 甲木이면 주천을귀인이 未土에 떨어진다. 십이천장을 順布하면 아래와 같다.

未	申	酉	戌	亥	子	丑	寅	卯	辰	巳	午
10	9	4	5	6	1	10	3	8	5	2	7
貴人	螣蛇	朱雀	六合	勾陳	靑龍	天空	白虎	太常	玄武	太陰	天后

◆ 예2) 음둔국에 사주일간이 甲木이면 야천을귀인이 丑土에 떨어진다. 십이천장을 逆布하면 아래와 같다.

丑	子	亥	戌	酉	申	未	午	巳	辰	卯	寅
10	1	6	5	4	9	10	7	2	5	8	3
貴人	螣蛇	朱雀	六合	勾陳	靑龍	天空	白虎	太常	玄武	太陰	天后

(예제) 男命. 음력. 1964년 4월 17일 巳時生의 십이천장 포국은 아래와 같다.

```
時  日  月  年
 2   4   6   1
 乙  丁  己  甲        13÷9         4                    4
                   =  ----  →  ---  →  中宮數   ---
 巳  丑  巳  辰        19÷9         1                    1
 6   2   6   5
```

◆ 상기와 같이 中宮의 천반수는 4가 되고, 중궁의 지반수는 1이 된다. 각 궁의 천·지반수를 布局하면 아래 도표1과 같다.

도표1

巽	巳	離 午	未	坤
辰	❹ $\dfrac{10}{5}$	❾ $\dfrac{5}{10}$	❷ $\dfrac{2}{3}$	申
震卯	❸ $\dfrac{1}{4}$	❺ ⑩ $\dfrac{4\ (9)}{1\ (6)}$	❼ $\dfrac{7}{8}$	兌酉
寅	❽ $\dfrac{6}{9}$ 世	❶ $\dfrac{3}{2}$	❻ $\dfrac{8}{7}$	戌
艮	丑	坎子	亥	乾

◆ 상기사주에서 巳時生이라면 낮이므로 晝天乙貴人을 적용시킨다.
◆ 상기 奇門四柱局 占斷은, 日辰이 丁丑이므로 丁日干은 晝天乙貴人이 亥水에 있다. 그리고 양둔국이니 順行하여 十二天將을 포국하는데 아래의 표기와 같다.

<陽遁局인 경우>

亥 → 子 → 丑 → 寅 → 卯 → 辰 → 巳 → 午 → 未 → 申 → 酉 → 戌
貴人　螣蛇　朱雀　六合　勾陳　青龍　天空　白虎　太常　玄武　太陰　天后

<陰遁局인 경우>

亥 → 戌 → 酉 → 申 → 未 → 午 → 巳 → 辰 → 卯 → 寅 → 丑 → 子
貴人　螣蛇　朱雀　六合　勾陳　青龍　天空　白虎　太常　玄武　太陰　天后

◆ 상기는 陽遁局인 경우이므로 다음과 같이 표기한다.

亥水 貴人은 지반수　6에 부법하고,

子水 螣蛇는 지반수　1에 부법하고,

丑土 朱雀은 지반수 10에 부법하고,

寅木 六合은 지반수　3에 부법하고,

卯木 勾陳은 지반수　8에 부법하고,

辰土 青龍은 지반수　5에 부법하고,

巳火 天空은 지반수　2에 부법하고,

午火 白虎는 지반수　7에 부법하고,

未土 太常은 지반수 10에 부법하고,

申金 玄武는 지반수　9에 부법하고,

酉金 太陰은 지반수　4에 부법하고,

戌土 天后는 지반수　5에 각각 부법하는 것이다.

이를 표기하면 아래 도표2와 같다.

도표2

巽　　　巳	離 午	未　　　坤
❹	❾	❷
辰　青 天 龍 后	朱 太 雀 常	六 合　　　申
10 5	5 10	2 3

震卯	❸ 太陰 $\frac{1}{4}$	❺ ⑩ 螣蛇 貴人 $\frac{4}{1}$ (9) (6)	❼ 勾陳 $\frac{7}{8}$	兌酉
寅	❽ 玄武 $\frac{6}{9}$ 世	❶ 天空 $\frac{3}{2}$	❻ 白虎 $\frac{8}{7}$	戌
艮	丑	坎 子	亥	乾

3. 십이천장十二天將 풀이

1) 天乙貴人(천을귀인)

⊙ 十二天將의 主로서 吉祥을 내리고, 福祿을 주며, 災厄을 소멸시키는 역할을 하고, 旺相하고 길문, 길괘와 동궁이면 吉하고, 休囚되고 흉문, 흉괘와 동궁하면 흉하다. 다시 천·지반이 相生, 比和하면 吉하고, 相剋하면 凶하다.

⊙ 貴人이 動處이고 다시 四柱 日干이나 日辰宮과 相生되면 비록 타 動處에서 螣蛇나 勾陳과 같은 흉장이 있고 旺하더라도 크게 흉하지 않다.

⊙ 貴人이 흉문, 흉괘에 낙궁하고 사주 日干이나 日支宮을 剋하면, 비록 타 動處에서 靑龍과 六合과 같은 吉將이 있더라도 크게 吉하지 못하다.

⊙ 貴人은 旺相하면 吉하고 休囚되면 凶하다.

⊙ 貴人이 空亡地이면 매사 발전이 없다. 만약 行年이나 太歲에서 沖하면 脫空亡되니 다시 貴人의 역할을 하게 된다.

⊙ 太歲가 貴人宮에 낙궁하면 動處가 아니더라도 역시 救助를 받으며, 매사에 貴人이 도와주나 病占에는 救助를 못한다.

⊙ 簾幕貴人(염막귀인 - 양둔에 夜貴. 음둔에 晝貴)이 行年이나 太歲에 해당하고, 地盤 奇儀 中 日干宮에 臨하여 사주日干이나 日辰宮과 相生되면 어떤 考試에도 합격한다.

⊙ 謀事(모사)에 兩貴人이 動處이거나, 一貴人은 地盤奇儀 日干宮에 또 一貴人은 世宮에 臨하면 貴人이 둘이 있어 분에 넘치는 힘을 얻는다.

⊙ 天乙貴人이 同宮한 지반수 五行에 따른 主事는 아래와 같다.

地支	主事
1水(子)	解紛(해분)이라 하고 紛擾(분우)한 일이 모두 疎散(소산)된다.
10土(丑)	升堂(승당)이라고 하고, 投書나 發展이 있고 貴人을 謁見(알현)할 수 있다. (단, 甲戊庚日은 半凶)
3木(寅)	憑几(빙궤)라고 하고 私的인 請謁(청알)에 마땅하다.
8木(卯)	登車(등차)라 하고, 모두 煩躁不寧(번조불령)하고 關隔(관격)되어 不通하고, 家宅의 遷移之象(천이지상)이 있고 식구 중에 질병의 근심이 있다.
5土(辰)	入獄(입옥)이라고 하여 번뇌가 끊이질 않고, 貴人을 방문하면 貴人이 투옥됐거나, 상면하더라도 이득이 없다.
2火(巳)	受賞(수상)이라고 하여 薦拔(천발), 遷擢(천약)의 기쁨이 있다.
7火(午)	受賞(수상)이라고 하여 薦拔(천발), 薦託(천탁)의 기쁨이 있다.
10土(未)	列席(열석)이라 하고 宴會之事(연회지사)가 있다.
9金(申)	移途(이도)라고 하고 貴人을 도중에서 만난다.
4金(酉)	入室(입실)이라 하고 모두 煩噪不寧(번조불령)하고 關隔(관격)되어 不通하고, 家宅의 遷移之象(천이지상)이 있고 식구 중에 질병의 근심이 있다.
5土(戌)	入獄(입옥)이라고 하여 번뇌가 끊이질 않고, 貴人을 방문하면 貴人이 투옥됐거나, 상면하더라도 이득이 없다.
6水(亥)	還宮(환궁) 또는 貴登天門(귀등천문)이라 하여 諸殺이 制伏당하는 이로움이 있다.

2) 螣蛇(등사)

⊙ 螣蛇는 丁巳火에 속하는 凶將이다.

火光, 驚疑(경의), 憂恐(우황), 怪異(괴이) 등을 主事로 하나, 소재궁의 상하가 相生하거나, 比和하면 吉하고, 그렇지 않으면 凶한데 空亡이 되면 吉凶이 반감하고 四辰動處와 刑殺이 될 때에는 災厄이 일어난다.

⊙ 一年身數局에서 螣蛇 소재궁이 旺相하고 다시 年支宮이나 日支宮과 相生이 될 때에는 胎産(태산)이나 혼인의 기쁨이 있는데 그것은 淫事(음사)나 血光을 맡은 神將이기 때문이다.

◎ 怪異占(괴이점)에 螣蛇가 動處이고 旺相하면 반드시 生物이고, 死囚되면 死物이거나 有聲無形(유성무형)하게 된다.

◎ 夢占(몽점)이나 怪異占에는 螣蛇나 螣蛇의 陰神이 臨한 六神을 위주로 보고, 世宮과 動處는 다음으로 본다.

  ◆ 螣蛇의 陰神이란? 螣蛇가 낙궁한 소재궁에 해당하는 십이지지정위궁을 말한다. 예로 螣蛇의 소재궁이 震宮 地盤4金(酉金)이라면, 酉金은 兌宮이 地支定位宮이므로 兌宮의 지반수의 해당오행이 陰神인 것이다.

◎ 螣蛇 所在 지반수가 火神이고, 다시 離9火宮에 낙궁하고, 또 占時가 巳午時면 占事局에서는 火災나 官災口舌 件이다.

◎ 螣蛇 所在宮의 六神이 사주 日干의 財가 되고, 또 神將이 旺相하고 相生이 될 때에는 求財에 大吉한데, 반대일 때에는 놀라는 일이 있다.

◎ 財物占에 螣蛇가 日支宮에 臨하면 반드시 그 물건이 下賤한 것이다.

◎ 螣蛇가 同宮한 지반수 五行에 따른 主事는 아래와 같다.

地支	主事
1水(子)	掩目(엄목)이라고 절대로 사람을 상하지 못한다.
10土(丑)	盤龜(반귀)라고 하고 災禍는 消滅(소멸)되고 福이 다다른다.
3木(寅)	生角(생각)이라고 하고 왕하고 得時한즉 咬龍(교룡)이 되니 매사 진취해도 이롭고, 衰하여 失時한즉 蜥蜴(석척)이 되어 퇴장함이 이롭다.
8木(卯)	當門(당문)이라고 하고 不測之災(불측지재)가 있다.
5土(辰)	象龍(상룡)이라 하여 다 같이 재난이 全消(전소)한다.
2火(巳)	小兒의 夜啼(야제)가 있고 胎産占(태산점)에서 世宮의 지반수를 극하면 難産(난산)한다.
7火(午)	乘務(승무)라고 하여 怪夢(괴몽)이 있고, 訟事占(송사점)에는 大忌(대기)한다.
10土(未)	入林(입림)이라고 하여 주로 停柩未葬之象(정구미장지상)이며 家鬼(가귀)의 作祟(작수)가 있다.
9金(申)	銜劍(함검)이라고 하여 不測之災(불측지재)가 있다.
4金(酉)	老齒(노치)라고 하여 주로 陰人(음인=부녀자)의 災疾(재질)이 있고 口舌과 怪異(괴이)가 있다.
5토(戌)	入塚(입총)이라 하고 災難(재난)이 全消한다.
6수(亥)	墮水(타수)라고 하여 逢凶回吉(봉흉회길)된다.

3) 朱雀(주작)

⊙ 朱雀은 丙午火에 속하는 凶將이다. 旺相하면 吉하고, 文章, 印, 信등을 主事로 하고, 休囚되면 凶하여 火災, 訟事, 재물손실, 六畜災傷(육축재상) 등의 일이 있다. 만약 소재궁의 상하가 旺相하고 또 刑殺이 되면 害는 더욱 심하고, 그렇지 않으면 災害는 크게 일어나지 않는다.

⊙ 公事占(공사점)에 朱雀이 흉문, 흉괘와 흉살을 대동하고 日干宮을 剋하거나 世宮과 刑沖되면 반드시 上司에게 질책당하고, 休囚되어 衰하면 괜찮다.

⊙ 考試占(고시점)엔 반드시 朱雀을 보아야 한다. 朱雀 所在宮이 行年, 太歲, 月建에 해당되어 問占時의 歲·月·日과 相合하고 또 祿·馬나 日德이 生旺之宮에 臨하면 반드시 급제한다.

⊙ 朱雀이 火神과 火鄕에 있으면 火災가 있다. 伏吟格이라면 神殺이 伏而不動하므로 免할 수 있다.

⊙ 朱雀이 同宮한 지반수 五行에 따른 主事는 아래와 같다.

地支	主事
1水(子)	損羽(손우)라고 하여 考試는 낙제하고 詞訟은 무방하다.
10土(丑)	掩目(엄목)이라 하고 동정에 다 吉하며, 口舌의 염려는 없는데 고시에는 불리하다.
3木(寅)	安巢(안소)라고 하여 문서는 지체되나 口舌占에는 平息된다.
8木(卯)	安巢(안소)라고 하여 문서는 지체되나 구설점에는 평식된다.
5土(辰)	投網(투망)이라고 하고 문서의 유실이 있다.
2火(巳)	晝翔(주상)이라고 하여 口舌, 訟事에는 흉하나 문서, 音信에는 길하다.
7火(午)	銜符(함부)라고 하고 怪異, 官災, 詞訟(사송) 등이 있으나, 考試(고시)에는 길하다.
10土(未)	臨墳(임분)이라고 하고 투사 헌책에 불의하고 실재가 있다.
9金(申)	勸嘴(권취)라고 하여 怪異, 官災, 詞訟 등이 있으나, 考試(고시)에는 길하다.
4金(酉)	夜噪(야조)라고 하고 官災, 疾病 등이 있다.
5토(戌)	投網(투망)이라고 하고 문서의 유실이 있다.
6수(亥)	入水라고 하여 投書, 獻策(헌책)에 이롭지 못하고 失財가 있다.

❖ 占事局이나 身數局에서 正月酉, 二月巳, 三月丑, 四月子, 五月申, 六月辰, 七月卯, 八月亥, 九月未, 十月午, 十一月寅, 十二月戌 등에 朱雀 낙궁이면 朱雀

含物(주작함물)이라고 하여 혼인, 재물관련 事案이 있다.

- ◆ 占事局이나 身數局에서 正月巳, 二月辰, 三月午, 四月未, 五月卯, 六月寅, 七
月申, 八月酉, 九月丑, 十月子, 十一月戌, 十二月亥등에 朱雀 낙궁이면 朱雀
開口(주작개구)라 하여 爭鬪(쟁투), 口舌이 있다.

4) 六合(육합)

- ⊙ 乙卯木에 속하는 吉將이다. 소재궁이 旺相하면 相合之神이 되어, 혼인, 信息(신
식), 교역, 계약합의 등이 있고, 休囚되면 虛事之神이 되어 淫事(음사), 暗昧(암매)
등이 있다.
- ⊙ 六合이 길문, 길괘를 대동되고 旺相하여 動하거나 行年이나 太歲宮에 臨하면 婚
姻(혼인), 胎産(태산)등의 기쁨이 있으나, 만약 死囚가 되고 日干宮이나 日辰宮을
刑剋할 때는 財物上의 口舌, 陰人(음인=부녀자)의 專愚(전우)가 있다.
- ⊙ 占事局에서 六合이 酉戌에 임하면 奴僕(노복)이나 종업원이 도망가고, 만약 盜賊
占(도적점)이라면 潛藏(잠장)하여 잡기 힘들다.
- ⊙ 六合과 天后가 動處이고 흉살과 흉문, 흉괘를 대동하면 奸邪不正(간사부정)하고
일체 萬事에 愼重(신중)을 요한다.
- ⊙ 六合이 申酉에 臨하여 흉문, 흉괘를 대동하면 內戰이라고 하여 주로 淫事(음사),
婦人事 등이고 형제간의 口舌도 있다.
- ⊙ 六合이 辰戌丑未에 임하여 흉문, 흉괘를 대동하면 外戰이고 事案이 밖에서 일어
나고 暗求(암구), 私禱(사도)에 마땅하다.
- ⊙ 六合이 子午卯酉에 임하여 흉문, 흉괘를 대동하면 不合이라고 하여 陰陽이 相雜
(상잡)하고 陰事不明하여 凶하다.
- ⊙ 六合이 同宮한 지반수 五行에 따른 主事는 아래와 같다.

地支	主事
1水(子)	反目이라 칭하고 夫婦간 不和한다.
10土(丑)	嚴糚(엄장)이라 하고 主事는 장래 성취된다.
3木(寅)	乘軒(승헌)이라고 하며 혼인은 미만하다.
8木(卯)	入室이라 하고 主事는 이미 성취된 것이다.

5土(辰)	違例(위례)라 하며 冒瀆(모독)을 당하거나 得罪할 수 있다.
2火(巳)	不諧(불해)라고 하여 主事는 凶하다.
7火(午)	升堂(승당)이라 하고 主事는 이미 성취된 것이다.
10土(未)	納采(납채)라 하고 主事는 장래 성취된다.
9金(申)	結髮(결발)이라고 하며 혼인은 未滿(미나)하다.
4金(酉)	私竄(사찬)이라고 하여 남녀 淫奔(음분)한다.
5토(戌)	亡着(망착)이라 하며 冒瀆(모독)을 당하거나 得罪할 수 있다.
6수(亥)	待命(대명)이라고 하여 主事는 모두 吉하다.

5) 勾陳(구진)

◎ 戊辰土에 속하는 凶將이다. 爭訟(쟁송), 이중마음, 전투, 詞訟(사송), 拘留(구류)를 주관한다.

◎ 公事占에서는 在官者는 勾陳으로 印綬를 대동하니 旺하면 吉하고 衰하면 凶하다.

◎ 訟事占(송사점)은 勾陳을 위주하는데, 日辰宮을 剋하면 원한이 풀리질 않고, 日辰宮이 勾陳을 剋하면 결국은 풀린다.

◎ 勾陳의 定位地支인 辰土(5土)에 螣蛇, 朱雀이 臨하고 凶殺을 帶하여 日干宮이나 日辰宮을 剋하면 더욱 凶하다. 만약 勾陳이 日辰宮을 剋하나 勾陳의 定位地支인 辰土(5土)에 天乙貴人이 臨하여 日干宮이나 日辰宮을 生하면 凶變吉한데 반드시 行年宮에서 落空亡이 되지 않아야 한다.

◎ 捕盜占(포도점)엔 勾陳이 日干宮을 극하면 포획하고, 勾陳이 길문, 길괘를 대동하고 玄武를 剋하여도 포획한다.
勾陳 所在宮의 地盤 五行이 玄武 所在宮의 地盤 五行을 剋하면 도적이 自敗하거나 自首한다.
이와 반대면 잡지 못하고 오히려 禍를 당할 수 있으니 조심해야 한다.

◎ 宅墓占(택묘점)에 勾陳 所在宮이 旺相하여 宅墓(日干즉 墓. 日支즉 宅)에 臨하면 平安한데, 만약 休囚가 되고 또 宅墓(택묘)가 刑剋이 되면 불안하다. 勾陳이 辰戌丑未에 臨하면 墓神을 得한 것이니 더욱 흉하다.

◎ 占事局에서 勾陳이 凶門, 凶卦와 상하 刑殺을 대동하면 禍患(화환)은 즉시 닥친다.

◎ 勾陳이 同宮한 지반수 五行에 따른 主事는 아래와 같다.

地支	主事
1水(子)	沈戰(침전)이라 하고 暗으로 凌辱(능욕), 陷害(함해)를 당한다.
10土(丑)	受鉞(수월)이라 하고 暗으로 凌辱(능욕), 陷害(함해)를 당한다.
3木(寅)	遭囚(조수)라고 하며 上書, 獻策(헌책) 등에 마땅하다.
8木(卯)	臨門(임문), 혹은 入獄(입옥)이라 하여 家室不和 한다.
5土(辰)	升堂(승당)이라 하여 獄吏(옥리)와 求通한다.
2火(巳)	捧印(봉인)이라 하여 在官者는 昇遷(승천)하나 常人은 반대로 흉하다.
7火(午)	反目이라 하여 타인 때문에 堅壘(견루)를 당한다.
10土(未)	入驛(입역)이라 하고 주로 詞訟(사송)이 繫留(계류)된다.
9金(申)	趨戶(추호)라 하고 舊緣反復(구연반복)된다.
4金(酉)	金錢上의 爭事(쟁사)가 있다.
5토(戌)	下獄이라 하여 주로 詞訟(사송)이 繫留(계류)된다.
6수(亥)	壞常(괴상)이라 하여 舊緣反復(구련반복)한다.

6) 靑龍(청룡)

⊙ 甲寅木에 속하는 제일의 吉將이다. 소재궁이 旺相하고 吉格이면 부귀영존하고 休囚되면 재물이 外耗(외모)되며 財帛(재백), 菜穀(채곡), 喜慶之事(희경지사)를 主事로 한다.

⊙ 訟事占에 靑龍이 旺相한데 만약 흉문, 흉괘와 상하 刑殺을 帶하고 動하며, 또 日干宮이나 日辰宮을 剋하면 반대로 凶하다.

⊙ 婚姻占(혼인점)에는 靑龍으로 신랑을 보고 天后로 신부를 본다.

⊙ 婚姻占(혼인점)에 新婦인 天后가 신랑인 靑龍을 剋하면 신부가 반드시 남편을 극한다.

⊙ 求財占에도 靑龍을 위주하는데, 旺相氣가 있고 旺相鄕에 臨하여 日辰宮과 相生하거나 日辰宮과 三合, 六合이 되면 길하다.
단, 반드시 動하거나 日辰宮에 臨해야지 그렇지 않으면 龍去한 것이라 하여 힘을 받지 못한다.

⊙ 婚姻, 胎産占(태산점)도 위와 같이 보는데, 靑龍 所在宮의 地盤 五行이 年支宮을 生하면 재산이 늘어나나 年支宮을 剋하면 재산이 준다. 1年身數局에서는 太歲宮으로 논한다.

⊙ 捕盜占(포도점)에는 靑龍이 動함을 제일 꺼린다. 왜냐하면 龍은 머리는 보여도 꼬리는 보이지 않기 때문에 포획하기가 難하다 판단한다.

⊙ 行人占에 靑龍이 動處이면 역시 他方으로 돌아간다.

⊙ 病占에 靑龍이 動處이고 凶門, 凶卦를 대동하면 그 전에 반드시 酒食(주식)으로 인한 病이거나, 房事(방사)로 인해서 얻은 病이다.

⊙ 官職占(관직점)에 文官은 靑龍으로 보고 武官은 太常으로 본다. 日干宮이나 日辰宮과 生合하면 吉하고 반대면 凶하다.

⊙ 官職占(관직점)에 靑龍이 太歲宮에 臨하면 반드시 遷轉(천전)하게 된다.

⊙ 靑龍과 凶殺이 日辰宮에 같이 臨하면 喜慶(희경) 中에 殺鬪(살투)가 있다.

⊙ 靑龍이 孟月(寅·申·巳·亥)인 지반 3木(寅)에 臨하거나, 仲月(子·午·卯·酉)인 지반 4金(酉)에 臨하거나, 季月(辰·未·戌·丑)인 戌에 임하거나 하면 靑龍開眼(청룡개안)이라 하여 疏災降福(소재강복)한다.

⊙ 占事局에 靑龍이 春月에 丑에 臨하고, 夏月에 寅에 臨하고, 秋月에 辰에 臨하고, 冬月에 巳에 壬하면 靑龍安臥(청룡안와)라 하여 災禍(재화)가 따라 일어난다.

⊙ 靑龍이 同宮한 지반수 五行에 따른 主事는 아래와 같다.

地支	主事
1水(子)	入海라 하고 비상한 경사가 있다.
10土(丑)	蟠泥(반니)라 하여 謀事(모사)가 未遂(미수)한다.
3木(寅)	乘龍(승룡)이라 하고 經營에 이롭다.
8木(卯)	驅雷(구뢰)라고 하여 經營에 이롭다.
5土(辰)	掩目(엄목)이라 하여 不測之憂(불측지우)가 있다.
2火(巳)	飛天이라 하여 喜慶이 중첩한다.
7火(午)	燒身(분신)이라 하여 不測之禍(불측지화)가 있다.
10土(未)	無鱗(무린)이라 하여 傷身之害(상신지해)가 있다.
9金(申)	折角(절각)이라 하여 爭訟(쟁송) 件이 있다.
4金(酉)	伏龍(복룡)이라 하여 退守함이 좋고, 進就함은 불리하다.
5토(戌)	登魁(등괴)라고 하여 주로 소인과의 재물로 인한 다툼이 있다.
6수(亥)	游江(유강)이라 하여 비상한 경사가 있다.

7) 天空(천공)

◎ 戊戌土에 속하는 凶將이다.

◎ 天地의 모든 雜氣를 얻어 인간의 邪神을 만들어 動하여도 移濟(이제)의 마음이 없고, 靜하여도 夭毒(요독)한 마음만 있다.

◎ 天乙貴人의 對方에 居하여 유명무실한 象으로 空亡과 같은 역할로 虛僞(허위), 詐巧(사교) 등이 主事다.

◎ 訟事占(송사점)에는 動處이거나 혹 太歲宮에 天空이 臨하면 반드시 解訟(해송)되나, 求財占에는 大忌한다.

◎ 婚姻占(혼인점)에 天空이 動處이거나 日辰宮에 臨하면 其 家에 반드시 孤寡之人(고과지인)이 있거나 祖業을 破한 집안이다.

◎ 奴婢占(노비점)에는 天空을 위주하는데, 만약 天空이 吉神, 吉門, 吉卦가 同宮하면 吉하고, 그렇지 않으면 도망가기 쉽다. 혹 天空 所在의 地盤 五行이 5土(辰·戌)인 魁罡(괴강)이 될 때는 그 奴婢(노비)는 선량치 못하다.

◎ 考試占(고시점)에는 天空이 動하면 오히려 吉한 경우가 많다. 天空이 秦書之神(진서지신)이기 때문이다.

◎ 占事局에서 請託(청탁)이나 謀事(모사) 件에 天空이 動하거나 太歲宮이나 日辰宮에 臨하면 虛事(허사)이다.

◎ 天空이 辰戌丑未에 臨하면 天空廢(천공폐)라고 하여 小事는 可成하나 大事는 不成한다.

◎ 만약 貴人이 動處이고 所在宮이 吉門, 吉卦를 대동하며 旺相하고 日辰宮과 相生이 되면 手下人이나 奴婢(노비)가 同心한다.

다시 貴人 所在宮 地盤 五行이 世宮 기준하여 六神이 財가 되고, 다시 길문, 길괘를 만나면 求財事가 小人이나 僧徒(승도)에 의해 얻은 물건이다.

◎ 天空 所在宮에 地盤奇儀가 四干(年干·月干·月干·時干) 중 하나가 있고, 다시 壬·癸에 해당하면 天空下淚(천공하루)라 하여 死亡之事가 있다.

◎ 天空이 同宮한 지반수 五行에 따른 主事는 아래와 같다.

地支	主事
1水(子)	伏室(복실)이라 하여 百事에 근심이 있다.
10土(丑)	待則(대칙)이라 하여 在官者는 遷躍되나, 평민은 조롱당한다.
3木(寅)	被制(피제)라 하여 公私 간에 口舌이 있다.
8木(卯)	乘侮(승모)라 하고 暴客(폭객), 欺凌(기릉)의 뜻이 있다.
5土(辰)	肆惡(사악)이라 하여 暴客(폭객) 欺凌(기릉)의 뜻이 있다.
2火(巳)	受辱(수욕)이라 하여 복통, 이질의 뜻이 있으나 謨望(모망)엔 吉하다.
7火(午)	識字(식자)라 하고 正僞(정위)함이 難測(난측)하다.
10土(未)	詐欺(사기)로 得財한다.
9金(申)	鼓舌(고설)이라 하여 正僞(정위)함이 難測(난측)하다.
4金(酉)	교설(교설), 奸人詭計(간인궤계)가 있다.
5토(戌)	居家라 하여 百事가 다 허사이다.
6수(亥)	誣詞(무사)라 하여 奸人詭計(간인궤계)가 있다.

8) 白虎(백호)

⊙ 庚申金에 속하는 凶將이다. 旺相地에 臨하면 威猛(위맹)이 있으나 休囚地에 臨하면 낭패다.

刀劍, 血光, 疾病, 道路事, 死亡등을 主事하나 상하 刑殺을 帶(대)하면 災禍(재화)가 入至한다.

⊙ 白虎는 權威之將(권위지장)이라 大功, 大事에는 白虎를 제일 좋아한다. 動處이거나 行年이나 太歲宮에 臨하면 其 功은 성립하고 其 事는 성취된다.

⊙ 官職占(관직점)에는 역시 白虎가 動處이고 길문, 길괘를 대동함을 좋아하는데, 상하 刑殺을 대동하면 더욱 좋고, 오히려 刑殺이 없으면 不發이다.

⊙ 疾病占(질병점)에는 白虎를 제일 꺼린다. 소재궁 地盤 五行이 상하 刑殺을 대동하며 日干宮이나 日辰宮을 剋하거나 혹 地盤5土(辰·戌)에 白虎가 臨하여 日辰宮을 剋하거나 行年이나 太歲를 剋하거나, 혹 白虎가 凶門, 凶卦를 대동하고 旺하며 日辰宮, 年支宮을 剋할 때는 必死한다.

⊙ 白虎가 空亡地이 臨하거나 혹 天·月二德을 겸하면 禍凶爲吉되는데 흉살이 太重하면 역시 구할 수가 없다.

⊙ 訟事占(송사점)엔 白虎나 螣蛇가 日干宮이나 日辰宮을 剋함을 제일 꺼린다. 왜냐

하면 血光之神이기 때문이다.

⊙ 墓宅占(묘택점)에는 白虎가 어느 方에 臨했는가를 보아 其 方向에 암석이나 神廟 (신묘)가 있음을 알 수 있다.

⊙ 行人占도 白虎로 보는데 動處이고 旺相하면 바로 오고, 動處이고 休囚되면 오는 중이고, 動하나 死되면 失約하고 오지 않는다.

⊙ 白虎가 喪門, 弔客을 대동하고 太歲宮이나 日辰宮에 臨하면 家中에 喪服(상복) 입을 일이 있거나, 外服이 入宅한다.

⊙ 天時占에 白虎가 동하면 大風이 있다.

⊙ 白虎가 同宮한 지반수 五行에 따른 主事는 아래와 같다.

地支	主事
1水(子)	溺水(익수)라 하여 陰書가 阻隔(조격)된다.
10土(丑)	在野라 하여 牛羊이 손상된다.
3木(寅)	登山이라 하여 在官者는 대길하고 平人은 대흉하다.
8木(卯)	臨門이라 하여 人口가 손상된다.
5土(辰)	截人(절인)이라 하여 官災, 刑戮(형륙)등 흉화가 있다.
2火(巳)	焚身(분신)이라 하여 殃禍(앙화)가 消散된다.
7火(午)	焚身(분신)이라 하여 殃禍(앙화)가 消散된다.
10土(未)	在野라 하여 牛羊이 손상된다.
9金(申)	驛馬殺, 劫殺, 羊刃殺을 띠면 군사상의 건이거나, 외출시 傷害의 건이 있다.
4金(酉)	臨門이라 하여 人口가 손상된다.
5토(戌)	落井이라 하여 禍가 변해 福이 된다.
6수(亥)	溺水(익수)라 하여 陰書가 阻隔(조격)된다.

9) 太常(태상)

⊙ 己未土에 속하는 吉將이다. 四時의 喜神으로 宴會(연회), 酒色(주색), 衣冠(의관), 文章(문장)을 主事한다.

⊙ 官占에는 太常을 제일 기뻐한다. 太常이 吉門, 吉卦에 臨하고 旺相하며 다시 天馬, 驛馬를 대동하면 求事는 必成한다.

⊙ 占事局에서 動處에 地盤 5土(戌)와 太常을 보면 兩重印綬하게 된다. 왜냐하면 5

土(戌=河魁)는 印이요 太常은 綬로 논하기 때문이다. 또한 印綬星이 動한다 하여 반드시 희경이 있다 판단하는 것이고, 만약에 旺相하고 相生이 될 때에는 관리는 昇遷(승천)하고, 평민은 혼인지사가 있다.

⊙ 太常의 소재궁이 休囚되고, 太常은 未土에 속하는데 다시 宮과 相剋되면 재산상 불안하거나 재물이 만족치 못하다.

⊙ 만약 太常이 春辰·夏酉·秋卯·冬巳에 臨하면 太常被剝(태상피박)이라 하여 만사 불성한다.

⊙ 太常이 同宮한 지반수 五行에 따른 主事는 아래와 같다.

地支	主事
1水(子)	荷項(하항)이라 하여 酒食으로 인해 벌을 받는다.
10土(丑)	受爵(수작)이라 하여 진급, 승진한다.
3木(寅)	側目(측목)이라 하여 아첨하며 이간한다.
8木(卯)	遺冠(유관)이라 하여 재물상의 손실이 있다.
5土(辰)	佩印(패인)이라 하여 在官者는 유리하고 평인은 불리하다.
2火(巳)	鑄印(주인)이라 하고 喜慶이 있다.
7火(午)	乘軒(승헌)이라 하여 문서, 소식에 길하다.
10土(未)	捧觴(봉상)이라 하여 희경이 있다
9金(申)	受爵(수작)이라 하여 진급 승진한다.
4金(酉)	立卷(입권)이라 하여 매사 후에 쟁탈이 있다.
5토(戌)	逆命(역명)이라 하여 尊卑(존비)가 不和한다.
6수(亥)	微召(미소)라 하여 尊長에겐 좋고 卑小에겐 좋지 않다.

10) 玄武(현무)

⊙ 癸亥水에 속하는 盜賊之神(도적지신)의 흉장이다. 北方의 陰地邪氣(음지사기)로 盜賊(도적), 陰書(음해), 逃亡(도망), 流失(유실) 등을 주사한다.

⊙ 盜賊占(도적점)은 玄武로 위주하는데 玄武의 陰神을 盜神(도신)이라 한다. 盜神과 상호 比和가 되면 其 方位에 盜賊이 隱匿(은익)해있다고 판단하고, 상호 相剋하면 다시 盜神의 陰神을 보아 其 方이 隱匿之處(은익지처)라는 것을 알 수 있고, 盜神이 生하는 神의 地支宮에 贓物(장물)이 있다.

◆ 玄武의 陰神이란? 玄武가 落宮한 소재궁에 해당하는 십이지지정위궁을 말한다. 예로, 현무의 소재궁이 震宮 地盤4金(酉金)이라면, 酉金은 兌宮이 지지정위궁이므로 兌宮 지반수의 해당오행이 陰神인 것이다.

◎ 玄武가 旺相하고 길문, 길괘를 대동하거나 盜神에 吉將이 臨하면 포획하기 어렵다. 만약 問占時의 日辰宮이나 太歲宮이 旺하면서 玄武 소재궁을 剋하면 포획할 수 있다.

◎ 玄武가 日辰宮에 臨하면 반드시 도적의 失脫(실탈)을 조심해야 하고, 또 訟吏(송리)의 暗産(암산)이 있다.

◎ 玄武가 日德을 대동하고 日辰宮이나 太歲宮에 臨하면 도망한 사람이 돌아오거나 유실한 물건을 찾게 된다.

◎ 身數局이나 占事局에서 玄武가 寅卯에 임하여 動處이고 乾宮에 亥子가 있고 흉살을 대동하여 역시 動處이면 반드시 失物하고, 교도소라면 죄수의 脫獄(탈옥)이 있다.

◎ 玄武가 지반 5,10土(辰戌丑未)에 臨하고 흉살과 흉문, 흉괘를 대동하면 橫截(횡절)이라고 하여 盜賊의 侵陵(침릉)이 있다.

◎ 玄武가 同宮한 지반수 五行에 따른 主事는 아래와 같다.

地支	主事
1水(子)	散髮(산발)이라 하며 재물상 손실이 있다.
10土(丑)	升堂(승당)이라 하며 재물을 사기 당한다.
3木(寅)	入林이라 하여 安倨樂業(안거낙업)할 수 있다.
8木(卯)	戒護(계호)라 하며 諸事에 불리하다.
5土(辰)	失路라 하여 투옥되는 刑을 당한다.
2火(巳)	反顧(반고)라 하여 百事가 다 허사이다.
7火(午)	截路(절로)라 하고 도적에게 악의가 있으니 반드시 조심해야 한다.
10土(未)	入城이라 하여 변화가 不測이다.
9金(申)	折足(절족)이라하고 도적은 세력을 상실하여 반드시 포획한다.
4金(酉)	拔劍(발검)이라 하여 도적에게 악의가 있으니 반드시 조심해야한다.
5토(戌)	遭囚(조수)라하여 도적은 반드시 잡는다.
6수(亥)	生氣가 있을시 大建築事業(대건축사업)이다.

11) 太陰(태음)

◎ 辛酉金에 속하는 길장이다. 旺相하고 길문, 길괘를 대동하면 정직무사하고 休囚되며 흉문, 흉괘를 대동하면 陰亂無恥(음란무치)하며 淫事(음사), 廢匿(폐익), 奸詐(간사), 暗昧(암매)등을 主事한다.

◎ 盜賊占(도적점)에 太陰이 動處이거나 日辰宮에 臨하면 잡기 힘들다. 왜냐하면 태음은 天地의 邪門(사문)이기 때문이다.

◎ 墓宅占(묘택점)에 太陰이 動處이면 其 所臨之方에 佛舍(불사), 奇特(기특), 敬美(경미)한 물건이 있다.

◎ 婚姻占(혼인점)에 太陰이 日辰宮에 臨하고 酉亥未에 있으면 其 女는 반드시 不貞하다.

◎ 太陰이 長生地에 臨하여 日干宮을 剋하면 음란하다.

◎ 刑事占(형사점)에 太陰이 動하고 日干宮이나 日辰宮과 相生될 때에는 自首한다.

◎ 占事局에서 太陰이 酉金에 臨하여 흉살과 흉문, 흉괘를 대동하고 動處이면 暗中에 陷害(함해)할 뜻이 있다.

◎ 太陰이 同宮한 지반수 五行에 따른 主事는 아래와 같다.

地支	主事
1水(子)	垂簾(수렴)이라 하여 처첩이 相謀(상모)한다.
10土(丑)	守局이라 하여 존비가 相蒙(상몽)한다.
3木(寅)	跌足(질족), 재물, 문서가 暗動한다.
8木(卯)	微行(미행) 寄居(기거)에 佳適(가적)하다.
5土(辰)	遭逆(조역)이라 하여 拘束, 爭訟이 있다.
2火(巳)	休枕(휴침)이라 하며 도적, 구설 등이 있다.
7火(午)	脫巾(탈건)이라 하며 재물 문서가 暗動한다.
10土(未)	觀書(관서)라 하고 가택은 안녕하다.
9金(申)	執政(집정)이라 하며 기거에 佳適(가적)하다.
4金(酉)	閉戸(폐호)라 하며 가택은 안녕하다.
5토(戌)	被察(피찰)이라 하며 괴이한 근심이 있고 소인의 凌侵(능침)이 있다.
6수(亥)	裸形(나형)이라 하여 도적, 구설을 조심해야 한다.

12) 天后(천후)

◉ 壬子水에 해당하는 길장이다. 길문, 길괘를 득하면 고귀존영하고 흉문, 흉괘를 득한 즉 奸詐淫亂(간사음란)하며 淫事(음사), 暗昧(암매), 閉匿(폐익) 등을 主事한다.

◉ 刑事訴訟占(형사소송점)에서 天后가 太歲宮에 낙궁하거나 地盤奇儀 中 日干에 臨하면 사면령이 발동되는데, 吉門, 吉卦를 대동하고 旺相하면 더욱 좋아 사형수는 특사를 받고, 死者라도 부활한다.

◉ 天后 所在의 地盤五行이 宮의 剋을 받으면 小人의 凌辱事(능욕사)가 있다.

◉ 婚姻占(혼인점)엔 天后를 위주로 하는데, 太歲宮이나 日辰宮을 生하거나, 天后와 地盤奇儀 中 日干이 相生되거나 三合 혹 六合이 되면 성사된다.

◉ 婚姻占(혼인점)에서 天后가 臨한 오행이 地盤奇儀 중 日干을 剋하면 여자측은 뜻이 있으나 남자측이 不願(불원)이고, 반대로 日干이 天后가 臨한 오행을 극하면 남자측은 뜻이 있으나 여자측이 不願(불원)한다. 그러나 길문, 길괘가 동궁하면 지연되다 결국 성사된다.

◉ 婚事(혼사)관련 占事局에서 天后가 역마살을 대동하고, 太歲宮이나 日辰宮에서 解神(해신)을 보면 이혼수가 높다.

月建	1월	2월	3월	4월	5월	6월	7월	8월	9월	10월	11월	12월
解神	申	申	酉	酉	戌	戌	亥	亥	午	午	未	未

◉ 天后의 陰神(천후 낙궁처 지반오행의 해당 십이지지 정위궁)에 玄武가 臨하면 애매불명한 일이다.
 ◆ 天后의 陰神이란, 만약 天后가 震宮의 地盤4金(酉金)에 臨했다면, 酉金은 十二地支定位宮上 兌宮에 속하므로 兌宮 地盤數의 해당 오행이 陰神이 되는 것이다.

◉ 身數局이나 占事局에서 天后의 陰神에 白虎가 臨하면 妻妾이 위태하다.

◉ 胎産占(태산점)에서 天后가 5土(辰土) 天罡(천강)을 대동하고 行年宮이나 太歲宮에 臨하면 낙태된다.

◉ 婚姻占(혼인점)에서 天后가 陽日에 地盤9金(申)에 臨하고 陰日에 地盤4金 (酉)에 臨하면 그 妻가 음란하다.

◉ 天后가 同宮한 지반수 五行에 따른 主事는 아래와 같다.

地支	主事
1水(子)	守閨(수규)라 하고 動靜이 感宜(감의)하다.
10土(丑)	偸窺(투규)라 하고 悚懼(송구)나 驚惶(경황)한 일이 있다.
3木(寅)	理髮(이발)이라 하며 유유한가하다
8木(卯)	臨門(임문)이라 하며 姦淫無道(간음무도)하다.
5土(辰)	毁粧(훼장)이라 하며 悲哭(비곡)이 있다.
2火(巳)	裸體(나체)라 하며 悲哭(비곡)이 있다.
7火(午)	伏枕(복침)이라 하며 신음, 탄식이 있다.
10土(未)	沐浴(목욕)이라 하며 悚懼(송구)나 驚惶(경황)한 일이 있다.
9金(申)	修容(수용)이라 하며 유유한가하다.
4金(酉)	倚戶(의호)라 하며 姦淫無道(간음무도)하다.
5토(戌)	裳幃(상위)라 하며 신음, 탄식이 있다.
6수(亥)	治事(치사)라 하여 動靜이 感宜(감의)하다.

제11장

홍국기문洪局奇門 포국布局 실례實例

(예1) 男命. 음력. 1964년 4월 17일 巳時生(양둔국)

(1) 中宮의 洪局數를 정한다.

사주팔자를 적고, 천간과 지지에 奇門數를 적용하여 9로 제한 나머지 수를 入中宮하여 천반수와 지반수로 정한다.

```
時 日 月 年
 2  4  6  1
乙 丁 己 甲      13÷9        4                  4
                =    ----  →  ---  →  中宮數  ---
巳 丑 巳 辰      19÷9        1                  1
 6  2  6  5
```

(2) 洪局 天盤·地盤 布局法

中宮의 數理는 낙서구궁에서 5·10에 해당하는데, 10은 은복되었고 각궁의 지반수 포국은 數를 1씩 더하여 순행포국한다. 즉, 중궁 10에서 다음 坎1宮, 다음 坤2宮, 다음 震3宮… 등의 구궁정위도 순위로 포국하되, 중궁의 지반수에서 시작하여 각 궁에 數를 1씩 더하여 순행포국하는 것이다.

천반수는 중궁 10에서 역행하여 지반수에 數를 1씩 더하여 다음 離9宮, 다음 艮8宮, 다음 兌7宮… 등의 순으로 구궁정위도상에 역행포국한다.

(3) 六神 布局法

六神은 자평명리에서 日干 기준하여 부법하므로 世가 艮宮에 있으니 艮宮의 지반수인 9(申)를 日干으로 변환하여 각 宮에 六神을 부법한다. <u>지반수 9金인 申金은 天干으로는 庚金이 되므로 이것이 日干이 되는 것이다.</u>

坎宮의 2火(巳)는 世宮의 지반수 9(庚)을 극하는 오행으로 官星에 해당되는데 본시 陰이나 자평명리에서는 陰陽을 바꾸어 적용하므로 陽으로 바뀌어 偏官이 되는데 기문둔갑에서는 "官鬼"로 칭한다.

乾宮의 7火(午) 역시 世宮의 지반수 9金(庚)을 剋하는 오행으로 官星에 해당되는데 본시 陽이나 陰으로 바꾸어 六神을 부법하므로 正官이 되는 것이다.

中宮의 1水(子)은 世宮의 지반수 9金(庚金)이 생하는 오행으로 食傷에 해당되는데 본시 陽이나 자평명리에서는 陰으로 바꾸어 六神을 부법하므로 傷官이 되고, 6(亥)은 隱伏(은복)되었는데, 역시 世宮의 지반수 9 庚金이 생하는 오행으로 본시 陰이나 陽으로 바꾸어 六神을 부법하므로 食神이 되고 隱伏(은복)된 것이다.

坤宮의 3(寅)은 世宮의 지반수 9金(庚)이 剋하는 오행으로 財星에 해당되는데 음양이 같으니 偏財가 되나 기문둔갑에서는 "財鬼"라 칭한다.

기타 宮의 布局은 자평명리의 법을 따르면 된다.

(4) 大運 布局法

상기 제3장 대운 포국법에서 양둔국과 음둔국을 구별하는 제1법을 적용한다. 양둔국생이므로 지반수는 구궁정위도상의 順行計去하고 천반수는 逆行計去한다.

대운의 지반 포국은 世宮의 지반수가 9이므로 1~9세까지 留하고, 다음 9번 離宮으로 가는데 지반수가 10이므로 중궁의 隱伏數(은복수)인 6을 적용하여 10~15세까지 留하는 것이다. 기타 宮의 표기도 이에 따른다.

대운의 천반 포국은 世宮의 천반수가 6이므로 지반수 합계45에 6을 합산하는 것이므로 46~51세까지 留하는 것이다. 기타 宮의 표기도 이에 따르는데, 巽宮의 천반수는 10이므로 中宮의 隱伏數(은복수) 9를 적용함을 유념해야 한다.

(5) 日家八門神將 布局法

양둔국 일가팔문신장포국법을 적용하는데, 艮宮에서부터 甲子를 起하여 3일씩 留하며 세어나가면 日辰 丁丑은 坎宮에 떨어진다. 따라서 이곳에 生門을 부법하고 이어 乾宮에 傷門, 震宮에 杜門, 坤宮에 景門… 등의 양둔 포국 순서대로 附法한다.

(6) 八卦生氣 布局法

중궁의 지반수에 따른 洛書九宮 數理의 해당 卦를 적용하는 것이므로, 지반수가 1이므로 1數는 坎1宮에 해당되며 坎卦가 本卦가 되는 것이다.

本卦 坎卦	-- 上爻
	— 中爻
	-- 下爻

一上變 生氣 – 本卦의 上爻가 陰에서 陽으로 바뀌니 ☴ 巽卦에 生氣 표기

二中變 天宜 – 巽卦의 中爻가 陽에서 陰으로 바뀌니 ☶ 艮卦에 天宜 표기

三下變 絶體 – 艮卦의 下爻가 陰에서 陽으로 바뀌니 ☲ 離卦에 絶體 표기

四中變 遊魂 – 離卦의 中爻가 陰에서 陽으로 바뀌니 ☰ 乾卦에 遊魂 표기

五上變 禍害 – 乾卦의 上爻가 陽에서 陰으로 바뀌니 ☱ 兌卦에 禍害 표기

六中變 福德 – 兌卦의 中爻가 陽에서 陰으로 바뀌니 ☳ 震卦에 福德 표기

七下變 絶命 – 震卦의 下爻가 陽에서 陰으로 바뀌니 ☷ 坤卦에 絶命 표기

八中變 歸魂 – 坤卦의 中爻가 陰에西 陽으로 바뀌니 ☵ 坎卦에 歸魂 표기

(7) 太乙九星 布局法

陽遁局이므로 艮宮에서 甲子를 起하여 1일씩 留하며 구궁정위도상으로 순행하여 세어나가면 日辰 丁丑은 震宮에 떨어진다. 따라서 이곳에 太乙을 부기하고 양둔국이므로 구궁정위도상으로 順布하면, 巽宮에 攝提, 中宮에 軒轅, 乾宮에 招搖, 兌宮에 天符, 艮宮에 靑龍, 離宮에 咸池, 坎宮에 太陰, 坤宮에 天乙 순으로 부법하는 것이다.

(8) 十二胞胎運星 布局法

世宮의 지반수를 天干으로 바꾸어 십이지지구궁정위도상에 부법하니, 世宮 지반수 9金(申)은 천간으로 바꾸면 庚金이다. 庚金 기준하면 寅에 '胞'가 떨어지고 양둔국이니 십이지지정위도상으로 順布하면, 卯에 '胎', 辰에 '養', 巳에 '長生', 午에

'沐浴', 未에 '冠帶', 申에 '建祿', 酉에 '帝旺', 戌에 '衰', 亥에 '病', 子에 '死', 丑에 '墓'를 부법하는 것이다.

(9) 十二神殺 布局法

사주의 年支 기준하여 각 궁의 지반수를 오행으로 변환시켜 해당되는 지반수 오행에 부법하는 것이다. 상기의 경우는 年支가 辰土이므로 申子辰 三合水局으로 申年生, 子年生, 辰年生은 공히 巳火에 劫殺이 떨어지니, 地盤數 2火(巳)에 劫殺을 부법하는 것이고 기타의 十二神殺 부법도 같은 이치이다. 아래와 같다.

劫殺 － 巳(2)
災殺 － 午(7)
天殺 － 未(10)
地殺 － 申(9)
年殺 － 酉(4)
月殺 － 戌(5)
亡身殺 － 亥(6)
將星殺 － 子(1)
攀鞍殺 － 丑(10)
驛馬殺 － 寅(3)
六害殺 － 卯(8)
華蓋殺 － 辰(5)

(10) 十二天將 布局法

상기 사주에서 日辰이 丁丑이고 낮인 巳時에 生하였으니 晝天乙貴人(주천을 귀인)을 적용한다. 丁日干은 晝貴人이 亥水에 있다. 그리고 양둔국이니 順行하여 十二天將을 포국하는데 각 궁의 해당 지반수에 부법한다. 아래의 표기와 같다.

亥	子	丑	寅	卯	辰	巳	午	未	申	酉	戌
6	1	10	3	8	5	2	7	10	9	4	5
貴人	螣蛇	朱雀	六合	勾陳	靑龍	天空	白虎	太常	玄武	太陰	天后

亥水 貴人은 地盤數 6에 부법하고,

子水 螣蛇는 지반수 1에 부법하고,

丑土 朱雀은 지반수 10에 부법하고,

寅木 六合은 지반수 3에 부법하고,

卯木 勾陳은 지반수 8에 부법하고,

辰土 靑龍은 지반수 5에 부법하고,

巳火 天空은 지반수 2에 부법하고,

午火 白虎는 지반수 7에 부법하고,

未土 太常은 지반수 10에 부법하고,

申金 玄武는 지반수 9에 부법하고,

酉金 太陰은 지반수 4에 부법하고,

戌土 天后는 지반수 5에 각각 부법하는 것이다.

(11) 四辰 附法

사주원국의 四地支(年支·月支·日支·時支=四辰動處)에 해당하는 오행을, 십이지지정위도상의 각 궁의 해당오행에 부법한다.

年支가 辰이므로 십이지지정위도상의 巽宮 辰에 年支라 부법한다.

月支가 巳이므로 십이지지정위도상의 巽宮 巳에 月支라 부법한다.

日支(世)가 丑이므로 십이지지정위도상의 艮宮 丑에 日支(世)라 부법한다.

時支가 巳이므로 십이지지정위도상의 巽宮 巳에 時支라 부법한다.

아래 표와 같다.

巽	巳 長生		離 午 沐浴		未 冠帶		坤
	❹		❾		❷		
	月歲靑天	25~29세	天攀朱太	10~15세	歲六	48~20세	
	殺華龍后	71~79세	殺鞍雀常	86~90세	馬合	81~82세	
辰 養	$\dfrac{10}{5}$ 年月時支支支		$\dfrac{5}{10}$		$\dfrac{2}{3}$		申 建祿
	偏開生攝		正休絶咸		財景絶天		
	印門氣提		印門體池		鬼門命乙		

	❸		❺ ⑩		❼		
震卯胎	歲 太 桃 陰 $\dfrac{1}{4}$ 劫 杜 福 太 財 門 德 乙	21~24세 80~80세	將 亡 貴 螣 星 身 人 蛇 $\dfrac{4\,(9)}{1\,(6)}$ 傷 軒 官 轅	30~30세 67~70세	六 勾 害 陳 $\dfrac{7}{8}$ 正 驚 禍 天 財 門 害 符	38~45세 52~58세	兌 酉 帝 旺
寅胞	地 玄 殺 武 $\dfrac{6}{9}$ 世 死 天 青 門 宜 龍	1~9세 46~51세	劫 天 殺 空 $\dfrac{3}{2}$ 官 生 歸 太 鬼 門 魂 陰	16~17세 83~85세	災 白 殺 虎 $\dfrac{8}{7}$ 正 傷 遊 招 官 門 魂 搖	31~37세 59~66세	戌 衰
艮	丑　墓		坎子死		亥　病		乾

(예2) 男命. 음력. 1960. 9월. 28일, 酉時生(음둔국)

(1) 中宮의 洪局數를 정한다.

```
時 日 月 年
8  5  4  7
辛 戊 丁 庚      干合 24÷9              6            天盤數 6
            =  ──────  → 나머지 ─── → 入中宮數 ──────
酉 申 亥 子      支合 32÷9              5            地盤數 5
10  9  12  1
```

(2) 洪局 天盤·地盤 布局法

각 宮의 지반수 포국은 中宮의 지반 5에 순차적으로 1씩 더해서 구궁정위 도상으로 順行布局한다.

각 궁의 천반수 포국은 中宮의 천반수 6에 순차적으로 1씩 더해서 구궁정위 도상으로 逆行布局한다.

(3) 六神 布局法

世宮이 坤宮에 있고 지반수 7火는 午火이다. 午火는 본시 陽이나 六神附法은 자평명리를 기준하니 陰陽이 바뀌어 陰이 된 것이다. 따라서 日干은 丁火가 되는 것이고, 각 宮의 지반수를 해당 오행으로 바꾸어 아래 표와 같이 六神을 부법하는 것이다.

음양을 바뀌어 적용하는 것은, 1水(子)와 6水(亥), 2火(巳)와 7火(午)이다.

(4) 大運 布局法

상기 제3장 大運 부법에서 양둔국과 음둔국을 구별하는 제1법을 적용한다. 음둔국생이므로 지반수는 구궁정위도상의 逆行計去하고 천반수는 順行計去한다.

(5) 日家八門神將 布局法

음둔국 일가팔문신장포국법을 적용한다. 이에 의거하여 艮宮에서 甲子를 起하여 3일씩 留하며 육십갑자를 세어나가면, 日干支 戊申은 巽宮에 낙궁하니 이곳에 生門을 붙이고, 음둔국 일가팔문신장 포국법에 따라 각 宮에 八門神將을 부법한다.

(6) 八卦生氣 布局法

중궁의 지반수에 따른 洛書九宮 數理의 해당 卦를 적용하는 것이다. 지반수가 5다. 5數는 중궁에 해당하여 중궁은 卦를 부법하지 못하므로, 巽4宮의 巽卦를 本卦로 적용하여 각 卦宮에 八卦生氣를 부법한다.

(7) 太乙九星 布局法

음둔국이므로 坤宮에서 甲子를 紀하여 1일씩 留하며 육십갑자를 逆行으로 세어나가면 日辰 戊申이 震宮에 떨어진다. 이곳에 太乙을 붙이고 나머지는 순차적으로 구궁정위도상에 逆行하여 부법한다.

(8) 十二胞胎運星 布局法

世宮의 지반수를 天干으로 바꾸어 십이지지구궁정위도상에 부법하니 世宮지반수 7火(午)는 天干으로 바꾸면 丁火이다. 따라서 子水에 胞가 떨어지고 음둔국이니 역행하여 亥水에 胎, 戌土에 養… 등으로 십이지지구궁정위도상에 부법한다.

(9) 十二神殺 布局法

사주의 年支 기준하여 각 宮의 지반수를 오행으로 변환시켜 해당되는 지반수 오행에 부법하는 것이다. 상기는 年支가 子水라, 巳(2火)에 劫殺, 午(7火)에 災殺, 未(10土)에 天殺, 申(9金)에 地殺… 등으로 부법한다.

(10) 十二天將 布局法

상기 사주에서 日辰이 戊申이고 밤인 酉時에 生하였으니 夜天乙貴人을 적용한다. 戊日干은 夜貴人이 未土에 있다. 그리고 음둔국이니 逆行하여 十二天將을 포국하는데 각 궁의 해당 지반수에 부법한다. 아래의 표기와 같다.

未	午	巳	辰	卯	寅	丑	子	亥	戌	酉	申
10	7	2	5	8	3	10	1	6	5	4	9
貴人	螣蛇	朱雀	六合	勾陳	青龍	天空	白虎	太常	玄武	太陰	天后

未土 貴人은 地盤數 10에 부법하고,
午火 螣蛇는 지반수　7에 부법하고,
巳火 朱雀은 지반수　2에 부법하고,
辰土 六合은 지반수　5에 부법하고,
卯木 勾陳은 지반수　8에 부법하고,
寅木 青龍은 지반수　3에 부법하고,
丑土 天空은 지반수 10에 부법하고,
子水 白虎는 지반수　1에 부법하고,
亥水 太常은 지반수　6에 부법하고,
戌土 玄武는 지반수　5에 부법하고,
酉金 太陰은 지반수　4에 부법하고,
申金 天后는 지반수　9에 각각 부법하는 것이다.

(11) 四辰 附法

사주원국의 四地支(年支·月支·日支·時支=四辰動處)에 해당하는 오행을, 십이지지 정위도상의 각 궁의 해당오행에 부법한다. 아래 표와 같다.

巽	巳 帝旺	離 午 建祿	未 冠帶	坤
辰 衰	❹ 地 天　　29~37세 殺 后　　53~54세 2/9 正 生 歸 天 財 門 魂 乙	❾ 歲 太　　14~17세 桃 陰　　79~85세 7/4 財 休 福 招 鬼 門 德 搖	❷ 災 臘　　1~7세 殺 蛇　　46~49세 4/7 世 景 天 攝 門 宜 提	申 沐浴
震 卯 病	❸ 六 勾　　38~45세 害 陳　　50~52세 3/8 偏 死 絕 太 印 門 體 乙	❺ ⑩ 歲 月 玄 貴 六　24~28세 蓋 殺 武 人 合　55~60세 6 (1) 5 (10 傷　　　太 官　　　陰	❼ 劫 朱　　21~22세 殺 雀　　62~70세 9/2 時支 劫 傷 遊 青 財 門 魂 龍	兌 酉 長生
寅 死	❽ 驛 靑　　18~20세 馬 龍　　71~78세 8/3 正 杜 絕 天 印 門 命 符	❶ 歲 太　　8~13세 亡 常　　86~90세 5/6 年支 正 開 生 軒 官 門 氣 轅	❻ 將 白　　23~23세 星 虎　　61~61세 10/1 月支 官 驚 禍 咸 鬼 門 害 池	戌 冠養
艮	丑 墓	坎 子 胞	亥 胎	乾

제12장
기문奇門 신살론神殺論

1. 삼살성三殺星

◆ 天罡殺(천강살), 熒惑星(형혹성), 太白殺(태백살)을 三殺이라 한다.

◆ 홍국기문에서 三殺은 가장 흉하고 기피하는 殺이다.

◆ 平生四柱局, 一年身數局, 年局, 月局, 日局, 時局 등에 三殺星이 動하면 해당 기한동안 흉사가 발생한다. 단 吉格이면 大勢(대세)를 잡아 生殺權을 지니기도 한다.

◆ 日辰宮이 三殺로 되어있으면 더욱 흉하다.

1) 天罡星(천강성)

5土(辰·戌)의 星으로 上下 雙五를 말하는데, 局의 天盤과 地盤이 똑같이 5土로 될시 兩土 相沖의 象이므로 殺星이라 하고, 疾病, 事故, 損財, 盜賊(도적)의 凶殺이다.

2) 熒惑星(형혹성)

◆ 7火(午)의 星으로 上下 雙七을 말하는데, 局의 天盤과 地盤이 똑같이 7火이면 兩火 自刑의 象이 되어 凶殺이 된다.

◆ 불과 같이 격렬하고 급박한 殺로, 雙七火가 官鬼가 되어 中宮, 歲宮, 月宮, 時宮 등에서 動할 때 가장 흉하다.

◆ 雙七火는 官鬼가 아니라도 흉하다.

◆ 雙七火 熒惑星은 천재지변의 災殃(재앙), 盜賊(도적), 兵亂(병란)의 殺이다.

◆ 日辰宮이 雙七火로 되어있으면 吉格이 아닌 이상 凶命으로 본다.

3) 太白星(태백성)

◆ 9金(申)의 星으로 상하 雙九를 말하는데, 局의 天·地盤이 똑 같이 9金으로 되어 陽金 殺氣의 最凶殺이다.

◆ 戰爭(전쟁), 災殃(재앙), 殺生의 凶殺이다.

◆ 雙九가 官鬼가 되어, 中宮, 歲宮, 月宮, 時宮 등에서 動하면 가장 흉한데, 해당 六親에 의한 不祥事(불상사)를 초래한다.

◆ 평생사주국에 雙九金이 動하면, 반신불수, 劍難(검난), 불치병을 앓게 된다. 그러나 吉格이면 殺權(살권)이나 兵權(병권)을 장악할 수 있으나, 흉사 당할 수도 있다.

◆ 局中에 太白이 動하고, 辰戌의 天罡(천강)도 動하여 雙九金 太白을 생조하면, 흉살이 더욱 가중되고, 辰戌 중 하나가 動해도 마찬가지다.

4) 七·九殺(칠구살)

◆ 7火(午), 9金(申)이 局中 四辰에 上下 相戰이면 凶命인데, 吉格이면 권세를 잡는다.

◆ 7火(午) 9金(申)이 同宮에 있어도 흉한데, 평생사주국이라면 일생이 파란만장하다.

5) 丙庚殺(병경살)

◆ 丙은 熒惑星과 같고, 庚은 太白星과 같아 凶殺이다. 丙火는 災難(재난)이고, 庚金은 鬪爭(투쟁), 殺傷(살상)이다.

◆ 丙庚이 同宮하고 있는 六神은 모두 凶하다.

◆ 天盤의 丙庚은 대흉이고, 地盤의 丙庚은 소흉이다.

◆ 平生局이나 身數局에 丙庚이 動하면 所在宮의 六親에 불리하다.

◆ 丙庚이 年干에 있으면 부모, 君王에 불리하고,
月干에 있으면 형제자매, 친구, 동료 등이 불리하고,
日干에 있으면 자신과 가택이 불리하고,
時干에 있으면 손아래사람과 자식이 흉하다.

◆ 身數局에 中宮動이면 一年間 凶事가 분분하고, 平生局엔 길격이면 무방하나, 흉격이면 대흉하다.

◆ 年. 月. 日. 時宮에 丙庚이 同宮하면 大凶하다.

2. 신살神殺 상해詳解

(1) 合

◎ 三合. 六合

◎ 平生局에서 日辰宮의 천·지반이 六合, 三合되어 있으면 대인관계가 원만한데, 合하여 吉神으로 化하면 좋고, 凶神으로 化하면 불리하다.

◎ 身數局에서 日辰의 천·지반이 合되면, 사회활동이 많아지고, 자신과 가정의 변동, 이성문제가 발생한다. 月局과 日局의 경우에는 인척문제, 출행 문제, 이성교제 등이 있다.

◎ 日辰 천·지반 合된 五行이 全局에 어떤 영향을 미치는가도 생각해야 한다.

早見表

三合	寅(3) 午(7) 戌(5)	三合 火局	3.7合 7. 5合
	亥(6) 卯(8) 未(10)	三合 木局	6.8合 8.10合
	申(9) 子(1) 辰(5)	三合 水局	9.1合 1. 5合
	巳(2) 酉(4) 丑(10)	三合 金局	2.4合 4.10合
六合	子(1) 丑(10)	合土	
	寅(3) 亥(6)	合木	
	卯(8) 戌(5)	合火	
	辰(5) 酉(4)	合金	
	巳(2) 申(9)	合水	
	午(7) 未(10)	不變	

(2) 刑殺

◎ 三刑殺(삼형살)·子卯刑殺(자묘형살)·自刑殺(자형살)이 있다.

◆ 三刑殺(삼형살)

3(寅)-2(巳)-9(申) : 持勢之刑(지세지형)

10(丑)-5(戌)-10(未) : 無恩之刑(무은지형)

◆ 子卯殺(자묘살)

1(子)-8(卯) : 無禮之刑(무례지형)

◆ 自刑殺(자형살)

5(辰)-5(辰)

7(午)-7(午)

4(酉)-4(酉)

6(亥)-6(亥)

⊙ 지세지형은 자신의 세력이나 권세를 이용하여 타인과 마찰과 갈등을 일으킴을 의미한다.

⊙ 무은지형은 자신의 은인이나 상관에게 받은 은혜와 복을 반대로 원수로 갚는 것을 의미한다.

⊙ 무례지형은 건방지고 예의 없는 행동과 교만한 성격으로 인해, 타인과의 사이에 爭訟(쟁송)과 불이익이 발생함을 의미한다.

⊙ 自刑殺은 스스로 짓는 刑殺로 무능력과 나태로 인해 매사 沮滯(저체)와 損傷됨이 발생함을 의미한다.

⊙ 刑殺은 대체로 刑厄, 橫厄(횡액), 시비다툼, 官災口舌 등의 흉살이다.

⊙ 平生局이나, 身數局에서 日辰宮, 中宮 등의 천·지반이 刑殺되면 흉사가 발생한다. 吉格이면 生殺權을 잡기도 한다.

⊙ 身數局에서 四辰動處(年支宮·月支宮·日支宮·時支宮)와 中宮에서 三刑殺을 이루게 되면, 큰 사고나 질병, 관재구설, 破財 등의 橫厄(횡액)이 따른다.

⊙ 日辰宮과 他宮의 六神에 해당하는 것도 마찬가지이다.

(3) 沖殺

⊙ 沖殺

1(子)-7(午)   8(卯)-4(酉)

3(寅)-9(申)   2(巳)-6(亥)

5(辰)-5(戌)　　10(丑)-10(未)

◎ 이별, 충동, 파괴, 변동의 殺이다.

◎ 平生局에서 日辰宮의 천·지반이 相沖되면 육친과의 인연이 薄하고, 대체로 고독박명이다.

◎ 어느 六神宮이건 풀이는 같다.

◎ 身數局에서 日辰宮, 中宮의 上下가 沖되면 이사, 변동, 이별, 이직 등의 數가 있다. 吉格이면 감쇠한다.

◎ 中宮과 年支宮의 지반수가 相沖해도 매사 저체되고 길하지 못하다.

◎ 日辰宮 지반수가 官鬼宮을 沖하면 사고, 질병, 官災가 발생하고, 正官宮을 沖하면 실직, 직업변동이 있고, 財星宮을 沖하면 妻와 가정의 문제가 발생하고, 凶格이면 破家한다. 길격과 흉격을 살펴야 한다.

◎ 沖殺은 同宮內의 천·지반수, 그리고 日辰宮과 각 六神宮의 지반수를 보고 찾는다. 예로, 日辰宮의 지반수가 3寅木이고, 官鬼宮이 9申金이라면 日辰이 官鬼와 相沖한다고 한다.

◎ 日辰宮과 太歲宮의 지반수가 相沖하면 그해에는 매사 저체되고 반복되고 성사됨이 적다.

(4) 破殺(파살)

◎ 破殺

1(子)-4(酉)　　7(午)-8(卯)　　9(申)-2(巳)

3(寅)-6(亥)　　5(辰)-10(丑)　　5(戌)-10(未)

◎ 대체로 損財(손재), 不睦(불목), 契約破棄(계약파기), 離別(이별) 등의 흉살이다.

◎ 평생국에서 日辰宮의 천·지반수가 破되면 매사 沮滯(저체)되고 성사됨이 적고, 시비구설이 자주 발생한다.

◎ 평생국에서 日辰宮과 月支宮의 지반수가 破되면 처와의 연이 적고 고부간의 갈등이 많다.

◎ 평생국에서 日辰宮과 年支宮의 지반수가 破되면 祖業을 잇지 못하고 부모와의 연이 적다.

◎ 평생국에서 日辰宮과 時支宮의 지반수가 破되면 자식과의 연이 적고 만년이 불

행하고 고독하다.

◉ 평생국에서 日辰宮과 中宮의 지반수가 破되면 助力者의 도움을 받기 힘들다.

◉ 신수국에서 日辰宮과 太歲宮의 지반수가 破되면 그해에 만사 불통되고 매사 성사됨이 적다.

◉ 신수국의 경우도 평생국에 갈음하여 판단한다.

(5) 害殺(해살)

◉ 害殺

    1(子)−10(未)   10(丑)−7(午)   4(酉)−5(戌)

    3(寅)− 2(巳)   9(申)−6(亥)   8(卯)−5(辰)

◉ 평생국에서 日辰宮의 천반수, 지반수가 상호 害殺이 되면 예기치 않은 사고, 질병과 이상한 困厄(곤액)이 많이 발생한다. 또한 四辰動處가 害殺이 되면 친인척간에 災厄이 많고 고독박명한 경우가 많다.

◉ 평생국에서 日辰宮과 時支宮이 害되면 처자에게 困苦(곤고)함이 있고, 만년에 잔질이 따르게 된다.

◉ 신수국에서 日辰宮의 천·지반이 상호 害殺이 되면 시비다툼이나 음해구설건이 자주 발생한다.

◉ 신수국에서 日辰宮과 太歲宮이 害殺이 되면 자질구레한 사고와 질병 등이 다발한다.

◉ 신수국에서 日辰宮과 중궁의 지반수가 害殺이 되면 그해에 매사 저체됨이 많다.

◉ 신수국에서 日辰宮과 印星宮의 害殺은 계약의 파기나 문서와 연관된 흉액이 발생한다. 기타 宮의 六神도 같은 맥락으로 통변한다.

(6) 怨嗔殺(원진살)

◉ 미워하고 원망한다는 殺 중 大凶殺로, 平生局의 日辰宮이 그러하면 질투, 시기, 疑妻症(의처증), 疑夫症(의부증), 不和, 부부이별 등이 발생한다. 人德이 없고, 고립무원이며, 박복하다.

◉ 日辰宮의 천·지반을 보고 판단하나, 다른 宮도 마찬가지로 판단한다.

1(子) - 10(未) - 怨嗔

10(丑) - 7(午) - 怨嗔

3(寅) - 6(酉) - 怨嗔

2(巳) - 5(戌) - 怨嗔

5(辰) - 6(亥) - 怨嗔

8(卯) - 9(申) - 怨嗔

(7) 天乙貴人(천을귀인)

◎ 天上의 太乙星에 위치한 최고의 吉神이다. 흉액이 침범치 못하고, 하늘의 도움으로 복록이 많다.

◎ 局 中 凶殺과 天乙貴人이 同宮하면 凶殺이 반감된다.

◎ 貴人이 臨한 육친궁도 길하다. 陽遁과 陰遁으로 구별한다.

天乙貴人 早見表

日干	甲	乙	丙	丁	戊	己	庚	辛	壬	癸
陽遁貴人 양둔귀인	未10	申9	酉4	亥6	丑10	子1	丑10	寅3	卯8	巳2
陰遁貴人 음둔귀인	丑10	子1	亥6	酉4	未10	申9	未10	午7	巳2	卯8

◎ 四柱 日干이 甲이고 陰遁局으로 지반수가 10(丑)이라면 지반수 10에 日貴라 부법한다.

(8) 祿星(녹성)

◎ 正祿 혹은 十干祿이라고도 한다.

◎ 官祿과 衣食이 풍족하다. 正祿(정록)과 暗祿(암록)으로 구분한다. 暗祿은 正祿과 六合되는 地支이다.

◎ 歲宮, 日辰宮, 中宮 등에 同宮하면 貴人의 도움을 받고 복록이 많다.

◎ 祿星이 있고 印星宮이 旺相하고 吉格이면 발명의 재간이 있다.

祿星 早見表(녹성 조견표)

四柱 日干	甲	乙	丙	丁	戊	己	庚	辛	壬	癸
正祿 정록	寅 3	卯 8	巳 2	午 7	巳 2	午 7	申 9	酉 4	亥 6	子 1
暗祿 암록	亥 6	戌 5	申 9	未 10	申 9	未 10	巳 2	辰 5	寅 3	丑 10

◎ 四柱日干이 甲이면 지반수 3寅木에 正祿이 붙고, 지반수 6亥水에 暗祿이 붙는다. 정록과 암록은 상호 六合의 관계이다.

(9) 喪門殺(상문살)·弔客殺(조객살)

喪門殺(상문살)　弔客殺(조객살)

四柱 年支	子	丑	寅	卯	辰	巳	午	未	申	酉	戌	亥
喪門殺 상문살	寅 3	卯 8	辰 5	巳 2	午 7	未 10	申 9	酉 4	戌 5	亥 6	子 1	丑 10
弔客殺 조객살	戌 5	亥 6	子 1	丑 10	寅 3	卯 8	辰 5	巳 2	午 7	未 10	申 9	酉 4

◎ 기문사주국의 喪門殺과 弔客殺은 사주의 年支 기준하여 각 宮의 지반수에 부법한다. 命(年支) 前 三辰이 喪門이고, 命(年支) 後 三辰이 弔客이다.

◎ 喪服(상복)입고 哭泣(곡읍)하는 殺인 바, 日辰宮이나 中宮, 太歲宮, 行年宮에 임하면 사고, 질병 등 흉사가 다발하고, 흉격이면 命을 재촉하는 경우도 많다.

◎ 신수국에서 中宮이나 太歲宮에 임하면 예기치 않은 橫厄(횡액)이 발생할 수 있는데, 다시 官鬼宮이 動하고 旺하면 흉액이 더욱 크다. 또한 상가집 출입을 자제하고, 상가집 음식을 되도록 먹지 않는 것이 좋다.

◎ 평생국에서 日辰宮이 쇠약하고 官鬼宮이 旺한데 다시 喪門殺이나 弔客殺을 대동하면 神氣가 들어오거나 무속인의 길을 가는 경우가 많다.

◎ 평생국에서 喪門, 弔客이 十二神殺의 天殺이나 地殺을 대동하면 부모와의 연이 薄(박)한 경우가 많다.

(10) 幻神殺(환신살)·絞神殺(교신살)

幻神殺(환신살)·絞神殺(교신살)

四柱年支	子	丑	寅	卯	辰	巳	午	未	申	酉	戌	亥
幻神殺 환신살	卯	辰	巳	午	未	申	酉	戌	亥	子	丑	寅
絞神殺 교신살	酉	戌	亥	子	丑	寅	卯	辰	巳	午	未	申

⊙ 幻神殺과 絞神殺은 기문사주국에서 年支 기준하여 각 宮의 지반수에 부법한다. 命(年支) 前 四辰이 幻神이고, 命(年支) 後 四辰이 絞神이다.

⊙ 평생국에서 日辰宮에 臨(임)하면 災厄, 손재, 명예훼손, 刑厄 등의 흉사가 발생하는 경우가 많다.

⊙ 신수국에서 太歲宮에 臨(임)하면 그 해에 不測之禍(불측지화)가 발생하는 경우가 많다.

⊙ 신수국에서 官鬼宮에 臨하고 旺한데 食傷 등의 救神이 쇠약하면, 制殺하지 못하니 큰 사고, 질병, 관재구설 등이 발생할 수 있다.

(11) 鬼門關殺(귀문관살)

⊙ 四辰에 同宮이면 정신병, 정서불안, 신경쇠약, 神氣, 역술인, 목사, 신부, 승려가 되기 쉽다.

⊙ 女命 官星에 同宮이면 남편에게, 男命 財星에 同宮이면 부인에게, 日辰宮에 同宮이면 본인이 그럴 확률이 높다.

⊙ 四柱年支를 기준하여 각 宮의 지반수에 부법한다.

鬼門關殺

四柱年支	子	丑	寅	卯	辰	巳	午	未	申	酉	戌	亥
鬼門關殺 귀문관살	4 酉	7 午	10 未	9 申	6 亥	5 戌	10 丑	3 寅	8 卯	1 子	2 巳	5 辰
眞鬼門關殺 진귀문관살	兌(4)	離(7)	坤(10)	坤(9)	乾(6)	乾(5)	艮(10)	艮(3)	震(8)	坎(1)	巽(2)	巽(5)

(12) 病符殺(병부살)

◎ 病符殺은 예기치 않은 잔병과 질병이 많은 殺인데, 사주의 年支 기준하여 각 宮의 지반수에 부법한다.

◎ 평생국에서 日辰宮이 衰하며 扶助(부조)의 氣가 없는데, 病符殺(병부살)이 臨(임)하면 잔병치레가 많고 건강치 못한 경우가 많다.

◎ 신수국에서 太歲宮에 病符殺(병부살)이 臨(임)하면 당년도에 예기치 않은 질병이 발생하는 경우가 많다.

◎ 신수국에서 偏印宮에 病符殺(병부살)이 臨(임)하고 動하면 사고, 질병 등으로 인한 수술 건이 발생하는 경우가 많다.

病符殺(병부살)

四柱年支	子	丑	寅	卯	辰	巳	午	未	申	酉	戌	亥
病符殺 병부살	6 亥	1 子	10 丑	3 寅	8 卯	5 辰	2 巳	7 午	10 未	9 申	4 酉	5 戌
眞病符殺 진병부살	乾 (6)	坎 (1)	艮 (10)	艮 (3)	震 (8)	巽 (5)	巽 (2)	離 (7)	坤 (10)	坤 (9)	兌 (4)	乾 (5)

(13) 咸池殺(함지살)·紅艶殺(홍염살)

◎ 色情(색정), 放蕩(방탕), 酒色(주색)의 흉살이다.

◎ 四柱日干을 중심한다.

咸池殺(함지살)·紅艶殺(홍염살)

四柱日干	甲	乙	丙	丁	戊	己	庚	辛	壬	癸
咸池殺 함지살	子 1	巳 2	卯 8	申 9	卯 8	申 9	午 7	亥 6	酉 4	卯 8
紅艶殺 홍염살	午 7	午 7	寅 3	未 10	辰 5	辰 5	戌 5	酉 4	子 1	申 9

(14) 劫殺(겁살)·三殺(삼살)

◎ 劫殺(겁살), 官劫殺(관겁살 =망신살), 二重劫殺(이중겁살)이 있다.

◎ 二重劫殺은 劫殺에 해당하는 오행이 본래의 十二地支定位宮上에 있는 경우이다.

◎ 매사 沮滯(저체)되고, 官災口舌과 身厄(신액)이 있다.

◎ 사주의 年支와 日支를 중심한다. 年支면 歲劫, 日支면 日劫이라 한다.

◎ 四柱年支가 寅이면 각 宮의 지반수 중 6水(亥)에 歲劫을 붙이고, 四柱日支가 亥이면 9金(申)에 日劫을 붙인다.

劫殺·官劫殺·二重劫殺·三殺方

年支.日支	寅午戌	亥卯未	申子辰	巳酉丑
劫殺(겁살)	6(亥)	9(申)	2(巳)	3(寅)
官劫殺(亡身殺) 관겁살(망신살)	2(巳)	3(寅)	6(亥)	9(申)
二重劫殺(受剋) 이중겁살(수극)	乾宮 6(亥)	坤宮에 9(申)	巽宮에 2(巳)	艮宮에 3(寅)
三殺方 삼살방	亥子丑(北)	申酉戌(西)	巳午未(南)	寅卯辰(東)

◎ 三殺方은 십이신살의 劫殺, 災殺, 天殺을 일컫는다.

◎ 劫殺은 年支나 日支의 三合局의 絶地를 말한다.

◎ 劫殺은 소흉하고, 官劫은 官災, 身厄이 따르고, 二重劫殺은 대흉하다.

(15) 羊刃殺(양인살)

◎ 事故(사고), 橫厄(횡액), 劍亂(검란), 損財(손재), 官災(관재) 등의 흉살이다.

◎ 吉格이면 권세를 누리나, 凶格이면 大凶이다.

◎ 四柱日干을 중심하여 지반수에 정하는데, 日辰宮과 中宮의 천반에도 정한다. 陽日干만 취용한다.

羊刃殺(양인살)

四柱 日干	甲	乙	丙	丁	戊	己	庚	辛	壬	癸
羊刃殺 양인살	8(卯)		7(午)		7(午)		4(酉)		1(子)	

◎ 羊刃殺(양인살)이 各 宮에 居旺된 경우

- ◆ 坎宮에 1.6水 羊刃 – 破財, 주색잡기, 명예훼손, 溺死(익사)
- ◆ 離宮에 2.7火 羊刃 – 활동적이나 문서난, 관재구설, 시비.
- ◆ 震宮에 3.8木 羊刃 – 질병, 橫厄(횡액), 교통사고
- ◆ 兌宮에 4.9金 羊刃 – 劍亂(검란), 교통사고, 折傷(절상), 身厄(신액), 음독자살
- ◆ 巽·坤·乾·艮·中宮에 5.10土 羊刃(양인)이면 盜賊之禍(도적지화), 강도, 불치병, 투신자살, 破財, 이별수가 있다.

(16) 天輔吉時(천보길시)

◎ 天神의 도움으로 凶厄과 官災를 免한다.

- ◆ 甲己日生 逢 己巳時
- ◆ 乙庚日生 逢 甲申時
- ◆ 丙辛日生 逢 甲午時
- ◆ 丁壬日生 逢 甲辰時
- ◆ 戊癸日生 逢 甲寅時

(17) 天赦吉日(천사길일)

◎ 절기와 日辰으로 보고, 災厄이 소멸되고, 出行, 用事에 大吉하다.

	(天赦日)	(天貴日)
寅卯辰月(春) –	戊寅日	甲乙日
巳午未月(夏) –	甲午日	丙丁日
申酉戌月(秋) –	戊申日	庚辛日
亥子丑月(冬) –	甲子日	壬癸日

(18) 截路空亡(절로공망)

◎ 중도에서 꺾이므로 前進不可하다.

日干	甲·己日	乙·庚日	丙·辛日	丁·壬日	戊·癸日
時支	申·酉時	午·未時	辰·巳時	寅·卯時	子·丑時

(19) 五不遇時(오불우시)

⊙ 時干이 日干을 剋할 때 일체의 出行, 用事를 꺼린다.

日干	甲·乙日	丙·丁日	戊·己日	庚·辛日	壬·癸日
時干	庚·辛時	壬·癸時	甲·乙時	丙·丁時	戊·己時

⊙ 평생국에서 時干이 日干을 剋하면 육친과 떨어져 살아야 좋다.

(20) 天乙貴人時(천을귀인시)

⊙ 同宮이면 凶變爲吉(흉변위길)이 된다.
⊙ 甲.戊.庚　日에　丑·未時
　　乙·己　日에　子·申時
　　丙·丁　日에　亥·酉時
　　壬·癸　日에　卯·巳時
　　　辛　日에　午·寅時

(21) 黃黑道吉凶時(황흑도길흉시)

黃黑道 吉凶時(황흑도 길흉시)

	青龍黃 청룡황	明堂黃 명당황	天刑黑 천형흑	朱雀黑 주작흑	金櫃黃 금궤황	天德黃 천덕황	白虎黑 백호흑	玉堂黃 옥당황	天牢黑 천뇌흑	元武黑 원무흑	司命黃 사명황	勾陳黑 구진흑
寅申日	子時	丑	寅	卯	辰	巳	午	未	申	酉	戌	亥
卯酉日	寅時	卯	辰	巳	午	未	申	酉	戌	亥	子	丑
辰戌日	辰時	巳	午	未	申	酉	戌	亥	子	丑	寅	卯
巳亥日	午時	未	申	酉	戌	亥	子	축	寅	卯	辰	巳
子午日	申時	酉	戌	亥	子	丑	寅	卯	辰	巳	午	未
丑未日	戌時	亥	子	丑	寅	卯	辰	巳	午	未	申	酉
備考	喜 吉利	喜 貴人	忌 修造	忌 修造	喜 天慶	喜 地財	忌 修造	喜 天成	忌 修造	忌修産 室	喜 富祿	忌 葬埋
吉凶	吉	吉			吉	吉		吉			吉	

◎ 黃黑道吉凶時는 日辰을 기준하여 時間(時支)에 부법한다. 청룡, 명당, 금궤, 천 덕, 옥당, 사명은 吉하고 그 외는 凶하다. 黑道 역시 흉하다.

◎ 寅申日 亥時라면 勾陳 黑에 해당하니 凶한 것이다.

(22) 空亡(공망)

空亡 早見表(공망 조견표)

旬	旬 中									空亡
甲子	乙丑	丙寅	丁卯	戊辰	己巳	庚午	辛未	壬申	癸酉	戌·亥
甲戌	乙亥	丙子	丁丑	戊寅	己卯	庚辰	辛巳	壬午	癸未	申·酉
甲申	乙酉	丙戌	丁亥	戊子	己丑	庚寅	辛卯	壬辰	癸巳	午·未
甲午	乙未	丙申	丁酉	戊戌	己亥	庚子	辛丑	壬寅	癸卯	辰·巳
甲辰	乙巳	丙午	丁未	戊申	己酉	庚戌	辛亥	壬子	癸丑	寅·卯
甲寅	乙卯	丙辰	丁巳	戊午	己未	庚申	辛酉	壬戌	癸亥	子·丑

甲子旬中 - 戌·亥

甲戌旬中 - 申·酉

甲申旬中 - 午·未

甲午旬中 - 辰·巳

甲辰旬中 - 寅·卯

甲寅旬中 - 子·丑

◎ 空亡은 매사 虛事를 의미하고, 성취가 없음을 뜻한다.

◎ 空亡은 吉變凶이요, 凶變吉이다.

◎ 空亡이라도 지반수가 巨旺, 乘旺, 受生되면 공망의 작용을 못한다.

◎ 六神의 空亡地 낙궁에 따른 발생사안은 아래와 같다.

空亡處	事案
日辰宮	정서불안, 육친과의 덕이 없고, 공상을 잘하며, 破財, 가정풍파가 있다.
年支宮	祖業을 잇지 못하고, 고향을 떠나 타향에서 생활하게 된다. 윗사람과의 연이 적다. 長子라도 조상의 遺産物(유산물)을 지키기 힘들다.

月支宮	육친과의 연이 적다. 동료, 동창, 동업자간 불화와 시비구설이 많고 陰害(음해)가 자주 발생한다.
時支宮	정서불안, 말년이 박복하고 자식이나 손아래사람과의 연이 적다.
劫財宮	육친의 덕이 없고, 破財, 放蕩(방탕), 刑厄(형액)을 당할 수 있다.
正印宮	부모덕이 없고, 객지생활이 많고, 문서와의 연이 없다. 詐欺(사기), 명예훼손 등이 다발한다.
偏印宮	예기치 않은 사고, 질병, 陰害(음해), 수술 건 등이 다발한다. 문서와 연관되어 흉액이 발생한다.
正財宮	부부간 불화, 이별, 사별, 손재수 등이 발생한다.
財鬼宮	부부간 불화, 사업 실패, 破財, 失物, 失財 등이 발생한다.
正官宮	직장, 직업과의 연이 적다. 명예훼손, 남의 陰害(음해) 등이 다발한다.
官鬼宮	직장, 직업과의 연이 적다. 시비다툼, 官災口舌(관재구설), 예기치 않은 사고, 질병 등이 다발한다.
食神宮	자식과의 연이 적고 수하인의 도움을 받기 힘들다. 직업과 직장의 변동이 많다. 損財數(손재수)가 발생한다. 不勞所得(불로소득)을 취하려는 경향이 있다.
傷官宮	직업과 연관하여 남의 陰害(음해)를 자주 받는다. 자신의 재능이나 기술을 십분 활용하지 못한다.

(23) 總空亡(총공망)

⊙ 全局이 空亡됨을 말하고, 一體虛事(일체허사), 運數不通(운수불통) 한다.

⊙ 艮宮空亡에 중궁지반이   10(土),   3(木)

　震宮空亡에 중궁지반이   8(木)

　巽宮空亡에 중궁지반이   5(土),   2(火)

　離宮空亡에 중궁지반이   7(火)

　坤宮空亡에 중궁지반이   10(土),   9(金)

　兌宮空亡에 중궁지반이   4(金)

　乾宮空亡에 중궁지반이   5(土),   6(水)

　坎宮空亡에 중궁지반이   1(水)

제13장

왕쇠旺衰

1. 오행五行의 왕·상·휴·수·사旺·相·休·囚·死

	春(木)	夏(火)	秋(金)	冬(水)
旺	木	火	金	水
相	水	木	土	金
休	火	土	水	木
囚	土	金	木	火
死	金	水	火	土

2. 왕쇠론旺衰論

(1) 居生(거생)

◉ 局中 지반수가 해당 宮의 生助를 받을 때

- ◆ 木(3.8)이 坎宮에 있을 때
- ◆ 火(2.7)가 巽宮·震宮에 있을 때
- ◆ 土(5.10)가 離宮에 있을 때
- ◆ 金(4.9)이 艮宮·坤宮·中宮에 있을 때
- ◆ 水(1.6)가 乾宮·兌宮에 있을 때

(2) 居衰(거쇠)

◉ 局中 지반수가 해당 宮을 生助할 때 즉 泄氣(설기) 당할 때

◆ 木(3.8)이 離宮에 있을 때

◆ 火(2.7)가 坤宮·艮宮·中宮에 있을 때

◆ 土(5.10)가 乾·兌宮에 있을 때

◆ 金(4.9)이 坎宮에 있을 때

◆ 水(1.6)가 巽·震宮에 있을 때

(3) 居剋(거극)

◎ 局中 지반수를 해당 宮이 剋할 때

◆ 木(3.8)이 乾宮·兌宮에 있을 때

◆ 火(2.7)가 坎宮에 있을 때

◆ 土(5.10)가 巽·震宮에 있을 때

◆ 金(4.9)이 離宮에 있을 때

◆ 水(1.6)가 坤·艮·中宮에 있을 때

(4) 受生(수생)

◎ 同宮內에서 天盤이 地盤을 生할 때

◆ 天盤이 1.6水이고 지반이 3.8木일 때

◆ 天盤이 2.7火이고 지반이 5.10土일 때

◆ 天盤이 3.8木이고 지반이 2.7火일 때

◆ 天盤이 4.9金이고 지반이 1.6水일 때

◆ 天盤이 5.10土이고 지반이 4.9金일 때

(5) 受剋(수극)

◎ 同宮內에서 天盤이 地盤을 剋할 때

◆ 天盤이 4.9金이고 지반이 3.8木일 때

◆ 天盤이 1.6水이고 지반이 2.7火일 때

◆ 天盤이 3.8木이고 지반이 5.10土일 때

◆ 天盤이 2.7火이고 지반이 4.9金일 때

◆ 天盤이 5.10土이고 지반이 1.6水일 때

(6) 乘旺(승왕)

◎ 사주상의 比肩과 劫財의 의미이다.
  ◆ 사주 月支가 寅, 卯 木月이고, 지반이 3.8木일 때
  ◆ 사주 月支가 巳, 午 火月이고, 지반이 2.7火일 때
  ◆ 사주 月支가 辰, 戌, 丑, 未 土月이고 지반이 5.10土일 때
  ◆ 사주 月支가 申酉金月이고 지반이 4.9金일 때
  ◆ 사주 月支가 亥, 子水月이고 지반이 1.6水일 때

(7) 乘生(승생)

◎ 사주상의 印星의 의미이다.
◎ 사주 月支가 各 宮의 지반수를 生해주는 것
  ◆ 月支가 亥, 子 水月이고 지반이 3.8木일 때
  ◆ 月支가 寅, 卯 木月이고 지반이 2.7火일 때
  ◆ 月支가 巳, 午 火月이고 지반이 5.10土일 때
  ◆ 月支가 辰, 戌, 丑, 未 土月이고 지반이 4.9金일 때
  ◆ 月支가 申, 酉 金月이고 지반이 1.6水일 때

(8) 乘剋(승극)

◎ 四柱 月支가 지반수를 剋할 때
  ◆ 月支가 申, 酉 金月이고 지반이 3.8木일 때
  ◆ 月支가 亥, 子 水月이고 지반이 2.7火일 때
  ◆ 月支가 寅, 卯 木月이고 지반이 5.10土일 때
  ◆ 月支가 巳, 午 火月이고 지반이 4.9金일 때
  ◆ 月支가 辰, 戌, 丑, 未 土月이고 지반이 1.6水일 때

(9) 乘衰(승쇠)

◎ 各 宮의 지반수가 四柱 月支를 生할 때 즉 泄氣(설기)당할 때
  ◆ 月支가 巳, 午 火月이고 지반이 3.8木일 때

- ◆月支가 辰戌丑未 土月이고 지반이 2.7火일 때
- ◆月支가 亥, 子 水月이고 지반이 4.9金일 때
- ◆月支가 寅, 卯 木月이고 지반이 1.6水일 때

(10) 乘囚(승수)

⊙ 四柱 月支가 각 宮의 지반수를 剋하여 갇히는 것이다.
- ◆月支가 申, 酉 月이고 지반이 3.8木일 때
- ◆月支가 亥, 子 月이고 지반이 2.7火일 때
- ◆月支가 寅, 卯月이고 지반이 5.10土일 때
- ◆月支가 巳, 午火月이고 지반이 4.9金일 때
- ◆月支가 辰, 戌, 丑, 未月이고 지반이 1.6水일 때

(11) 居死(거사)

⊙ 各 宮의 지반수가 十二運星의 死地에 있을 때(居衰의 의미다)
- ◆3.8木이 離宮에 있을 때
- ◆2.7火가 兌宮에 있을 때
- ◆5.10土가 震宮에 있을 때
- ◆4.9金이 坎宮에 있을 때
- ◆1.6水가 震宮에 있을 때

十二胞胎運星表

日辰數	3.8木	2.7火	5.10土	4.9金	1.6水	비고
胞(絶)	申(坤)	亥	亥	寅	巳	
胎	酉(兌)	子	子	卯	午	
養	戌(乾)	丑	丑	辰	未	
生(長生)	亥(乾)	寅	寅	巳	申	
浴(沐浴)	子(坎)	卯	卯	午	酉	
帶(冠帶)	丑(艮)	辰	辰	未	戌	
建祿	寅(艮)	巳	巳	申	亥	建旺

旺(帝旺)	卯(震)	午	午	酉	子	建旺
衰	辰(巽)	未	未	戌	丑	
病	巳(巽)	申	申	亥	寅	
死	午(離)	酉	酉	子	卯	居死
墓(葬)	未(坤)	戌	戌	丑	辰	居庫

(12) 建·旺(건·왕)

◉ 각 宮의 지반수가 十二運星의 建祿와 帝旺(比肩,劫財)地에 있음을 말한다.

  ◆ 3.8木이 艮宮, 震宮에 있을 때

  ◆ 2.7火가 巽宮, 離宮에 있을 때

  ◆ 5.10土가 坤宮, 艮宮, 中宮에 있을 때

  ◆ 4.9金이 坤宮, 兌宮에 있을 때

  ◆ 1.6水가 坎宮, 乾宮에 있을 때

(13) 居庫(거고)

◉ 지반수가 十二運星의 葬地(墓地)에 있을 때 장사지낸다는 의미이므로 막혀 있는 상태를 말한다.

  ◆ 3.8木이 坤宮, 未宮에 있을 때

  ◆ 2.7火가 乾宮, 戌宮에 있을 때

  ◆ 5.10土가 巽宮, 辰宮에 있을 때

  ◆ 4.9金이 艮宮, 丑宮에 있을 때

  ◆ 1.6水가 巽宮, 辰宮에 있을 때

(14) 兼旺(겸왕)

◉ 同宮내에 天盤과 地盤이 서로 같은 오행으로 되어 있을 때

  ◆ 천반이 3.8木이고, 지반도 3.8木일 때

  ◆ 천반이 2.7火이고, 지반도 2.7火일 때

  ◆ 천반이 5.10土이고 지반도 5.10土일 때

  ◆ 천반이 4.9金이고 지반도 4.9金일 때

◆ 천반이 1.6水이고 지반도 1.6水일 때

　太旺의 경우 – 乘旺. 居旺. 兼旺

　弱旺의 경우 – 受生. 居生. 乘生. 官旺

　太衰의 경우 – 居剋. 乘剋. 受剋. 乘囚

　弱衰의 경우 – 居死. 乘衰. 居衰. 居庫

◎ 旺衰는 각 宮의 생화극제를 분석하여 종합적으로 판단하여야 한다.

제14장
홍국수洪局數 십팔국十八局 총론總論

1. 천·지반天·地盤 육국론六局論

洪局數의 천반과 지반이 作局된 것에 따라 일어나는 길흉에 의거 여섯 종류로
나눈다.

◉ 天乙貴人局(천을귀인국)
◉ 洛書出現局(낙서출현국)
◉ 和局(화국)
◉ 戰局(전국)
◉ 相沖局(상충국)
◉ 怨嗔局(원진국)

상기 여섯가지 종류는 기문둔갑의 洪局數의 길흉과 관련된 것으로 그 작용력은
烟局보다 크고, 八門神將, 八卦生氣, 天蓬九星 보다 局에 미치는 영향력이 크다.
따라서 홍국수의 천·지반수의 배합에 따른 길흉에 대해 명확히 이해하는 것이야말
로 자유자재한 홍국기문 통변의 지름길인 것이다.

(1) 天乙貴人局(천을귀인국)
◉ 천반수와 지반수가 合하여 끝자리 수가 10이 되는 것이 천을귀인국이다.
◉ 和局(화국)을 겸하기도 한다.

巽　巳	離　午	未　坤
❹ $\frac{2}{8}$	❾ $\frac{7}{3}$	❷ $\frac{4}{6}$
辰		申
❸ $\frac{3}{7}$	❺ $\frac{6}{4}$	❼ $\frac{9}{1}$
震卯		兌酉
❽ $\frac{8}{2}$	❶ $\frac{5}{5}$	❻ $\frac{10}{10}$
寅		戌
艮　丑	坎　子	亥　乾

巽　巳	離　午	未　坤
❹ $\frac{3}{7}$	❾ $\frac{8}{2}$	❷ $\frac{5}{5}$
辰		申
❸ $\frac{4}{6}$	❺ $\frac{7}{3}$	❼ $\frac{10}{10}$
震卯		兌酉
❽ $\frac{9}{1}$	❶ $\frac{6}{4}$	❻ $\frac{1}{9}$
寅		戌
艮　丑	坎　子	亥　乾

◉ 일반적 특성

  ◆ 中正을 지키고, 온화하고, 보수적이나, 친화력이 좋은 편이다.

  ◆ 관용적이고 너그럽지만 흑백이 불분명한 경우도 있다.

  ◆ 冬節生이면 다소 게으르다.

  ◆ 사회지도층에 종사하는 편이다.

  ◆ 文官이나, 교육자, 기업가, 큰 사업체 종사자가 많다.

  ◆ 대체로 경제적인 여유가 있다.

  ◆ 큰 질병에 잘 걸리지 않는다.

  ◆ 대체로 건강하고 장수하는 편이다.

(2) 洛書現出局(낙서출현국)

◉ 천반수와 지반수가 합하여 5나 15가 되는 경우이다.

◉ 和局(화국)을 겸하기도 한다.

巽 巳	離 午	未 坤
❹ 5/10	❾ 10/5	❷ 7/8
❸ 6/9	❺ 9/6	❼ 2/3
❽ 1/4	❶ 8/7	❻ 3/2

(辰 申 / 震 卯 兌 酉 / 寅 戌 / 艮 丑 坎 子 亥 乾)

巽 巳	離 午	未 坤
❹ 3/2	❾ 8/7	❷ 5/10
❸ 4/1	❺ 7/8	❼ 10/5
❽ 9/6	❶ 6/9	❻ 1/4

(辰 申 / 震 卯 兌 酉 / 寅 戌 / 艮 丑 坎 子 亥 乾)

◉ 일반적 특성

　◆ 外柔內剛(외유내강)인 면이 있다.

　◆ 지혜롭고 타인과 의견 충돌이 적은 편이다.

　◆ 대체로 융화를 잘하는 편이다.

　◆ 재물운이 대체로 좋은 편이다.

　◆ 대인관계가 빈번한 직업에 종사하는 경우가 많다.

　◆ 변호사, 회계사, 의사, 부동산 중개인 등 전문직 종사자가 많다.

　◆ 무역이나 유통 등 사업가적인 면도 있고, 고위직공무원도 있다.

　◆ 대체로 장수하는 편이나, 일생에 한두 번 큰 병을 앓고 또한 이겨내기도 한다.

(3) 和局(화국)

◉ 천반수와 지반수의 五行이 서로 相生되어 和平한 것을 칭하며 和局이라 한다.

◉ 천·지반수를 합하여 끝자리 수가 4나 9가 되면 和局이라 한다.

巽	巳	離 午	未	坤
辰	❹ 8/6	❾ 3/1	❷ 10/4	申
震 卯	❸ 9/5	❺ 2/2	❼ 5/9	兌 酉
寅	❽ 4/10	❶ 1/3	❻ 6/8	戌
艮	丑	坎 子	亥	乾

巽	巳	離 午	未	坤
辰	❹ 1/8	❾ 6/3	❷ 3/6	申
震 卯	❸ 2/7	❺ 5/4	❼ 8/1	兌 酉
寅	❽ 7/2	❶ 4/5	❻ 9/10	戌
艮	丑	坎 子	亥	乾

◎ 일반적 특성

 ◆ 성격이 좀 느긋한 편이고, 대인관계가 넓고 친화력이 좋다.

 ◆ 매사 다소 수동적이며 진취적인 면과 개척정신이 좀 부족하다.

 ◆ 정서가 풍부하여 예술방면이나 취미생활을 즐기는 편이다.

 ◆ 안정적이고 위험부담이 적은 직업을 택한다.

 ◆ 고정적인 봉급제 직업을 선호하는 경향이 많다.

 ◆ 잔병이 적고, 건강한 편이다. 간혹 질병에 걸려도 곧 회복된다.

 ◆ 大腸, 치질, 변비 등의 장계통의 질환을 앓는 경우가 많고, 피부병에 걸리는 경우가 간혹 있다.

(4) 戰局(전국)

◎ 천반수와 지반수의 五行이 서로 相剋되어 局의 화목이 깨지고, 상호 反目하게 된 것을 戰局이라 한다.

◎ 천반수와 지반수를 합하여 끝자리 數가 1이나 3이나 6이면 戰局이 된다.

표 1

巽　巳	離　午	未　坤
❹ $\frac{7}{6}$	❾ $\frac{2}{1}$	❷ $\frac{9}{4}$
❸ $\frac{8}{5}$	❺ $\frac{1}{2}$	❼ $\frac{4}{9}$
❽ $\frac{3}{10}$	❶ $\frac{10}{3}$	❻ $\frac{5}{8}$

辰 (좌) 申 (우) · 震卯 兌酉 · 寅 戌 · 艮　丑 / 坎　子 / 亥　乾

표 2

巽　巳	離　午	未　坤
❹ $\frac{9}{2}$	❾ $\frac{4}{7}$	❷ $\frac{1}{10}$
❸ $\frac{10}{1}$	❺ $\frac{3}{8}$	❼ $\frac{6}{5}$
❽ $\frac{5}{6}$	❶ $\frac{2}{9}$	❻ $\frac{7}{4}$

辰 申 · 震卯 兌酉 · 寅 戌 · 艮　丑 / 坎　子 / 亥　乾

표 3

巽　巳	離　午	未　坤
❹ $\frac{8}{8}$	❾ $\frac{3}{3}$	❷ $\frac{10}{6}$
❸ $\frac{9}{7}$	❺ $\frac{2}{4}$	❼ $\frac{5}{1}$
❽ $\frac{4}{2}$	❶ $\frac{1}{5}$	❻ $\frac{6}{10}$

辰 申 · 震卯 兌酉 · 寅 戌 · 艮　丑 / 坎　子 / 亥　乾

⊙ 일반적 특성

◆ 성격이 급하고, 절제심이 부족하며, 과격한 성향이 있다.

◆ 두뇌회전은 빠르나, 일에 잘 싫증을 내고, 지구력이 부족하고, 때때로 영웅심이 있다.

◆ 군인이나 경찰, 소방직 등의 무관직이나 법조계의 직업에 많다.

◆ 투기성 사업이나, 유흥업, 위험부담이 많은 직업에 종사하는 경우가 많다.

◆ 건설업, 흥행사업, 도살업, 금융대부업 등의 종사자가 많다.

◆ 일생에 한두 차례 크게 아프거나, 수술을 받아 보거나, 상해를 입게 된다.

(5) 相沖局(상충국)

◎ 천·지반수 상하가 서로 相沖되면 이를 相沖局이라 한다. 앞의 戰局에 비해 더 극렬하게 작용한다.

◎ 천·지반수를 합하여 끝자리 數가 2나 8이면 상충국이다.

◎ 戰局을 겸하기도 한다.

巽	巳	離 午	未	坤
辰	❹ 4/8	❾ 9/3	❷ 6/6	申
震卯	❸ 5/7	❺ 8/4	❼ 1/1	兌酉
寅	❽ 10/2	❶ 7/5	❻ 2/10	戌
艮	丑	坎 子	亥	乾

巽	巳	離 午	未	坤
辰	❹ 2/6	❾ 7/1	❷ 4/4	申
震卯	❸ 3/5	❺ 6/2	❼ 9/9	兌酉
寅	❽ 8/10	❶ 5/3	❻ 10/8	戌
艮	丑	坎 子	亥	乾

◎ 일반적 특성

- ◆ 부모형제간 불화하고, 처자식과도 화목치 못하다.
- ◆ 조급하고 충동적이며 시비구설이 많이 따른다. 변덕도 심한 편이다.
- ◆ 직업의 변동이 많다.
- ◆ 단순노동직, 금융대부업, 정비직, 청소업 등의 종사자가 많다.
- ◆ 조상이나 부모의 가업을 이어 받지 못하고 파가한다.
- ◆ 일생에 여러번 상해나 수술을 받게 된다.
- ◆ 잔병이 많지는 않으나 한번 병을 앓으면 수술을 받아야 한다.

(6) 怨嗔局(원진국)

◎ 천·지반수를 습하여 끝자리수가 7이면 원진국이라 한다.

◎ 戰局을 겸하기도 한다.

巽	巳	離 午	未	坤
辰	❹ $\frac{7}{10}$	❾ $\frac{2}{5}$	❷ $\frac{9}{8}$	申
震 卯	❸ $\frac{8}{9}$	❺ $\frac{1}{6}$	❼ $\frac{4}{3}$	兌 酉
寅	❽ $\frac{3}{4}$	❶ $\frac{10}{7}$	❻ $\frac{5}{2}$	戌
艮	丑	坎 子	亥	乾

巽	巳	離 午	未	坤
辰	❹ $\frac{10}{7}$	❾ $\frac{5}{2}$	❷ $\frac{2}{5}$	申
震 卯	❸ $\frac{1}{6}$	❺ $\frac{4}{3}$	❼ $\frac{7}{10}$	兌 酉
寅	❽ $\frac{6}{1}$	❶ $\frac{3}{4}$	❻ $\frac{8}{9}$	戌
艮	丑	坎 子	亥	乾

⊙ 일반적 특성

- 밖으로는 온화하나 내심은 칼을 감추고 있다.
- 매너가 좋은 사람이나 비상시 태도가 돌변한다.
- 맺고 끊는 것이 불분명하다.
- 안정적이 직업을 택한다.
- 경찰, 세무직, 회계사, 건축설계사 등에 속한다.
- 잔병이 많은 편이고, 長患을 앓는 사람도 있다. 간혹 건강한 사람도 있다.

六局 早見表

六局	끝자리 수
天乙貴人局(천을귀인국)	10
洛書出現局(낙서출현국)	5
和局(화국)	4. 9
戰局(전국)	1. 3. 6
相沖局(상충국)	2. 8
怨嗔局(원진국)	7

2. 겸왕兼旺 오국론五局論

　기문둔갑에서의 兼旺(겸왕)의 의미는 천·지반수가 같아서 오행이 동일한 것으로, 이런 경우는 宮이 왕하게 되므로 兼旺(겸왕)이란 표현을 쓰는 것이다.

⊙ 雙印局(쌍인국)
⊙ 雙雁局(쌍안국)
⊙ 雙荊局(쌍형국)
⊙ 雙官局(쌍관국)
⊙ 雙蘭局(쌍란국)

(1) 雙印局(쌍인국)

⊙ 육친상 父母數는 印星이라 하여 문서, 계약, 도장, 소식, 학문, 수명 등을 主事한다. 따라서 천·지반수 상하가 부모수에 해당하는 경우 쌍인국이라 한다.

　1) 길한 경우
　◆ 건강하고 장수하며, 학식이 풍부하다.
　◆ 부모의 덕으로 일평생이 안락하다.
　◆ 대체로 부동산이 많은 편이고 부모의 은덕이 많다.
　2) 흉한 경우
　◆ 노력을 해도 성과가 적다.
　◆ 자녀가 없거나 文書亂(문서난)을 겪거나, 예기치 않은 사고, 질병이 자주 발생하거나 단명하는 경우가 있다.

(2) 雙雁局(쌍안국)

⊙ 雙比局(쌍비국)이라 칭하기도 한다.
⊙ 육친상 兄弟數를 比劫 혹은 雁宮(안궁)이라 칭한다. 따라서 천·지반수가 자평명리의 比肩과 劫財에 해당하는 것을 말한다. 길한 경우 보다는 흉한 경우가 더 많이 발생한다.

1) 길한 경우

◆ 주변에 친구가 많고, 인기가 있으며, 가족적으로는 형제자매의 도움이 크다.
  사업상 동업자간 유대관계가 좋다.

2) 흉한 경우

◆ 금전이 모아지지 않는다.

◆ 男命의 경우 처복이 적고, 喪妻(상처)하거나 이혼수가 높다.

◆ 예기치 않은 陰害(음해)나 시비구설에 휘말리기도 한다.

(3) 雙荊局(쌍형국)

◎ 육친관계에서 妻財數(처재수)를 자평명리에서는 正·偏財로 칭하는데 기문학에서
  는 荊(형)이라 칭한다. 천·지반수가 財星에 해당하는 경우이다.

1) 길한 경우

◆ 경제적으로 부유하고, 큰 사업을 운영하는 경우가 많다.

◆ 사업가의 경우가 많다.

2) 흉한 경우

◆ 부모덕이 부족하다. 어려서 고아가 되거나 부모의 이혼으로 유소년기가 불행
  한 경우가 많다.

◆ 악처를 만나 마음고생이 많거나, 경제난으로 고생이 크다.

◆ 女難(여난)이 발생하기도 한다.

(4) 雙官局(쌍관국)

◎ 官이나 鬼가 兼旺된 형태를 말한다. 자평명리의 六神으론 천·지반수가 正官이
  나 偏官으로 구성된 형태를 말하는 것이다.

1) 吉한 경우

◆ 공직자로 높이 출세하는 경우가 있다.

◆ 무관으로 크게 권세를 차지하는 경우가 있다.

◆ 판, 검사, 국회의원, 장군 등이 비교적 많다.

2) 凶한 경우

◆ 단명이나, 발달장애, 長患(장환)에 시달리는 경우가 있다.

◆ 범죄자, 도박꾼, 폭력배 등의 경우가 많다.

◆ 여성은 유흥업소 종사자, 娼妓(창기) 등의 직업에 종사하는 경우가 많다.

◆ 예기치 않은 사고, 질병, 시비구설이 자주 발생한다.

(5) 雙蘭局(쌍란국)

◉ 육친상 子孫數를 자평명리에서는 食神, 傷官이라 한다. 즉 子孫數인 식신, 상관이 천·지반을 차지한 경우를 말한다. 일명 雙孫局이라 부르기도 한다.

1) 길한 경우

◆ 건강하고, 활기차고, 경제적인 운세가 강하며, 사업가로 성공하는 경향이 많다.

◆ 간혹 실패하더라도 곧 재기한다.

2) 흉한 경우

◆ 여명은 남편복이 적고, 남명은 처복이 적으며, 관운이 적고, 좋은 직장과는 연이 적다.

3. 제화制化 칠국론七局論

四辰宮과 中宮, 또는 兼旺된 五行이 상호 相生하거나 相剋하면서 일어나는 경우로, 이로 인해 길흉의 변화가 생기는데 그것을 七局으로 분류한 것이다.

◉ 水火長生局(수화장생국)

◉ 官印相生局(관인상생국)

◉ 良將鎭壓局(양장진압국)

◉ 仙僧雙出局(선승쌍출국)

◉ 財生官鬼局(재생관귀국)

◉ 四墓局(사묘국)

◉ 總空局(총공국)

(1) 水火長生局(수화장생국)

⊙ 中宮의 지반수가 4나 9이면 艮宮에는 2,7火가 자리잡고, 반대편 坤宮에는 1,6水가 자리 잡는다.

⊙ 艮宮은 十二地支定位宮이 丑과 寅으로 2,7火 중 7火인 丙火에서 보면 亥에 십이포태운성의 胞가 떨어진다. 陽日干으로 順布하면 子에 胎, 丑에 養, 寅에 長生이 떨어진다는 것이다.

또한 坤宮은 십이지지정위궁이 未와 申으로 1,6水 중 1水인 壬水에서 보면 巳에 십이포태운성의 胞가 떨어진다. 따라서 午에 胎, 未에 養, 申에 長生이 떨어진다는 것이다.

그러므로 養局이나, 長生局이라 공히 칭해야겠지만, 十二胞胎運星은 奇門局에서는 陽日干을 적용함이 통설이니 長生局이 되는 것이다.

水는 陰의 대표이고, 火는 陽의 대표인데 이것이 長生하여 吉兆(길조)가 되는 것이다.

巽	巳	離 午	未	坤
辰	❹ 2 —— 8	❾ 7 —— 3	❷ 4 —— 6	申
震 卯	❸ 3 —— 7	❺ 6 —— 4	❼ 9 —— 1	兌 酉
寅	❽ 8 —— 2	❶ 5 —— 5	❻ 10 —— 10	戌
艮	丑	坎 子	亥	乾

(2) 官印相生局(관인상생국)

⊙ 일명 鬼印相生局이라 부르기도 하고, 자평명리의 官印相生格, 殺印相生格과 그 구성원리가 같다.

◉ 年支宮이 官이나 鬼가 될 때, 中宮이나 月支宮, 또는 兼旺된 宮이 父母數(印星)가 되면 관인상생국이 되는 것이다.

◉ 官印相生局이 되면 공직자로서 높이 출세하고 큰 명예와 富를 누리게 된다.

(3) 良將鎭壓局(양장진압국)

◉ 子孫數(食傷)가 있어 官鬼를 제압하는 것을 일러 良將鎭壓局이라 하는데, 자평명리학의 食傷制殺格으로 보면 된다.

◉ 中宮에 官鬼가 있을 때 年支宮, 月支宮 또는 천·지반이 兼旺된 五行이 子孫數가 되면 中宮의 官鬼를 제압하게 되므로 이를 일컫는 것이다.

이 경우는 富貴가 작지 않고, 강한 운세와 불굴의 의지가 있다.

巽	巳	離午	未	坤
辰	❹ 1/8 世	❾ 6/3	❷ 3/6	申
震卯	❸ 2/7 食神	❺ 5(10)/4(9) 官鬼	❼ 8/1	兌酉
寅	❽ 7/2 傷官	❶ 4/5	❻ 9/10	戌
艮	丑	坎子	亥	乾

世宮이 受生, 居旺하고, 食傷宮이 兼旺하니 능히 中宮 官鬼의 난동을 제압할 수 있다.

巽	巳	離午	未	坤
辰	❹ 4/3 世	❾ 9/8	❷ 6/1 月支	申
震卯	❸ 5/2 食神	❺ 8(3)/9(4) 官鬼	❼ 1/6	兌酉
寅	❽ 10/7 傷官	❶ 7/10	❻ 2/5	戌
艮	丑	坎子	亥	乾

世宮이 居旺하여 약하지 않고, 坤宮 月支宮이 兼旺하여 中宮의 9金의 勢를 洩氣하고, 食傷宮의 火가 中宮 9金 官鬼를 剋制하니 官鬼의 난동을 제압할 수 있다.

(4) 仙僧雙出局(선승쌍출국)

◉ 官印相生局과 良將鎭壓局이 섞여 있는 것으로 보면 된다.

⊙ 이런 경우는 길함 보다는 흉함이 더 많은 것이다. 이러한 명조를 타고난 사람은 성공의 문턱에서 실패하게 되고, 인생의 패배자가 되기 쉽다.

(5) 財生官鬼局(재생관귀국)

⊙ 官이나 鬼를 財星이 生助하여 官鬼의 凶兆를 더욱 부추기게 되는 격이다. 이런 命造를 타고난 사람은 단명하거나, 장애자가 되거나, 가난하거나 등의 흉한 命을 살게 되는 것이다.

⊙ 그러나 世宮이 居旺, 兼旺, 乘旺의 경우는 오히려 貴格으로 높은 관록을 타고 난다.

(6) 四墓局(사묘국)

⊙ 中宮의 지반수가 1.6이면 四 隅方(우방)인 艮, 坤, 巽, 乾宮은 십이포태의 墓나 絶이 된다. 따라서 四絶局이나 四墓局이라 칭하는데 통상 四墓局이라 칭한다.

◆ 1. 6水는 四巽宮에 入墓

　2. 7火는 六乾宮에 入墓

　3. 8木은 二坤宮에 入墓

　4. 9金은 八艮宮에 入墓

◆ 5土는 水와 같이 보고, 10土는 火와 같이 본다.

巽　　巳	離 午	未　　坤
❹ —— 5	❾ —— 10	❷ —— 3
辰		申
❸ —— 4	❺ —— 1	❼ —— 8
震 卯		兌 酉

巽　　巳	離 午	未　　坤
❹ —— 10	❾ —— 5	❷ —— 8
辰		申
❸ —— 9	❺ —— 6	❼ —— 3
震 卯		兌 酉

❽	❶	❻	
寅 9	2	7	戌
艮　丑	坎　子	亥　乾	

❽	❶	❻	
寅 4	7	2	戌
艮　丑	坎　子	亥　乾	

⊙ 四墓局의 사람은 어리석거나, 병약하기 쉽고, 官災口舌(관재구설)에 시달리기 쉽고, 성공하는데 장애가 많이 따른다.

(7) 總空局(총공국)

⊙ 八卦生氣의 歸魂의 자리가 空亡이면 總空局이 된다. 이런 경우 생각이 공허하거나, 신비주의에 빠지기 쉽고, 망상에 사로잡히기 쉽다.

⊙ 역술인, 승려, 무당에 많으며 일생이 실패로 끝나는 경우가 많다.

제3편

연극기문 烟局奇門

烟局奇門은 奇門遁甲의 本家인 중국에서 본시 兵法에 활용하기 위해 창안된 학문으로 시작하여, 점차 인간사 전반에 걸쳐 길흉을 점단하는 방법의 학술로서 응용, 발전되고 계승되어온 학문이다. 사람의 운명을 점단하는 방법인 我東邦(아 동방)에서 독창적으로 발달해온 『東國奇門(동국기문)』과는 구별하여 『烟局奇門(연 국기문)』이라 칭하는 것이다. 『烟局奇門(연국기문)』은 古代 이래로 天時, 兵法, 方 位의 吉凶, 國運, 占事의 길흉 등 다방면에 걸쳐 폭넓게 활용되어지고 있는 것 이다.

이에 烟局奇門을 활용함에는 다섯가지 중요 구성요소가 있는데 이를 奇門遁甲 盤의 5大要素라 하여, 매우 중요하게 살펴보고 탐구하여야만 하는 분야인 것이다.

1. 天時的 要素(천시적 요소) - 天蓬九星(천봉구성)
2. 地理的 要素(지리적 요소) - 八卦生氣(팔괘생기)
3. 人和的 要素(인화적 요소) - 時家八門(시가팔문)
4. 神助的 要素(신조적 요소) - 直符八將(직부팔장)
5. 組合的 要素(조합적 요소) - 天盤.地盤(천반·지반)

상기 5대 요소들을 종합적으로 판단하여, 기문둔갑의 운용에 능수능란하게 활용 할 수 있다면 가히 避凶趨吉(피흉추길)할 수 있는 방법 및 제반 인간사에 있어 통달 의 경지에 다다를 수 있는 것이다.

제1장
천반·지반天盤·地盤 육의삼기六儀三奇

⊙ 六儀와 三奇는 기문둔갑에서 매우 중요한 기초골격이다.

⊙ 地盤六儀는 戊·己·庚·辛·壬·癸의 6가지 天干이고, 三奇는 丁·丙·乙 3개의 天干이다.

⊙ 地盤六儀는 六十甲子를 대표하는 우두머리로 六儀안에 六十甲子가 포함되어 있다.

旬中 早見表(순중 조견표)

旬	旬 中									符頭
甲子	乙丑	丙寅	丁卯	戊辰	己巳	庚午	辛未	壬申	癸酉	戊
甲戌	乙亥	丙子	丁丑	戊寅	己卯	庚辰	辛巳	壬午	癸未	己
甲申	乙酉	丙戌	丁亥	戊子	己丑	庚寅	辛卯	壬辰	癸巳	庚
甲午	乙未	丙申	丁酉	戊戌	己亥	庚子	辛丑	壬寅	癸卯	辛
甲辰	乙巳	丙午	丁未	戊申	己酉	庚戌	辛亥	壬子	癸丑	壬
甲寅	乙卯	丙辰	丁巳	戊午	己未	庚申	辛酉	壬戌	癸亥	癸

甲子旬中 - 戊 符頭

甲戌旬中 - 己 符頭

甲申旬中 - 庚 符頭

甲午旬中 - 辛 符頭

甲辰旬中 - 壬 符頭

甲寅旬中 - 癸 符頭

⊙ 地盤奇儀(奇儀 : 六儀三奇) 布局法은 용사하고자 하는 年. 月. 日. 時의 해당절기의 三元局에서 甲子戊를 일으켜, 陽遁順布, 陰遁逆布로 六儀를 붙여나가되, 六儀가

다 끝나면 陽·陰遁을 막론하고, 丁·丙·乙 三奇를 붙여 順布시킨다.

◎ 즉 地盤六儀三奇는 各節의 해당局에서 甲子戊를 일으키되 예를들면 1局이면 坎에, 2局이면 坤에, 3局이면 震에 戊를 부법하고 나머지 奇儀는 陽遁은 順布하고 陰遁은 逆布한다.

◎ 天盤六儀三奇는 時間符頭法에 따라 附法하는데, 해당 時間의 干支가 어느 旬中에 있는지를 따져 時符頭를 정한 후, 지반육의삼기 중 時干이 있는 곳의 上에 時符頭를 移居해와서 附法하되 陰·陽遁을 막론하고 順布한다.

만약 中宮에 時干이 들어 있으면 坤宮으로 이동시켜 坤宮에 時干을 놓고 天盤奇儀를 포국하는 것이다.

符頭와 時干이 같으면 天·地盤의 奇儀가 같아지게 되므로 이를 伏吟局(복음국)이라 한다. 복음국이 되면 천지가 動하지 않는 것이므로 만사가 발전과 향상의 조짐이 없는 것이니 흉한 것이다.

六甲時와 戊辰時, 己卯時, 庚寅時, 辛丑時, 壬子時, 癸亥時는 符頭와 時干이 같으므로 복음국이 되는 것이다.

◎ 坎宮은 1局에서 甲子戊를 일으키고

　坤宮은 2局에서　　　〃

　震宮은 3局에서　　　〃

　巽宮은 4局에서　　　〃

　中宮은 5局에서　　　〃

　乾宮은 6局에서　　　〃

　兌宮은 7局에서　　　〃

　艮宮은 8局에서　　　〃

　離宮은 9局에서 甲子戊를 일으킨다.

陽遁.陰遁 布局 早見表

陽遁1局

巽 巳	離午	未 坤
辰 ❹ 辛	❾ 乙	❷ 己 申
震卯 ❸ 庚	❺ 壬	❼ 丁 兌酉
寅 ❽ 丙	❶ 戊	❻ 癸 戌
艮 丑	坎子	亥 乾

陰遁1局

巽 巳	離午	未 坤
辰 ❹ 丁	❾ 己	❷ 乙 申
震卯 ❸ 丙	❺ 癸	❼ 辛 兌酉
寅 ❽ 庚	❶ 戊	❻ 壬 戌
艮 丑	坎子	亥 乾

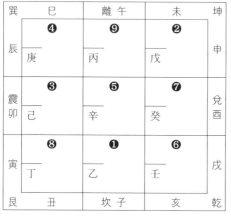

陽遁2局

巽 巳	離午	未 坤
辰 ❹ 庚	❾ 丙	❷ 戊 申
震卯 ❸ 己	❺ 辛	❼ 癸 兌酉
寅 ❽ 丁	❶ 乙	❻ 壬 戌
艮 丑	坎子	亥 乾

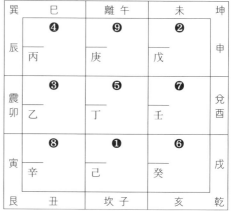

陰遁2局

巽 巳	離午	未 坤
辰 ❹ 丙	❾ 庚	❷ 戊 申
震卯 ❸ 乙	❺ 丁	❼ 壬 兌酉
寅 ❽ 辛	❶ 己	❻ 癸 戌
艮 丑	坎子	亥 乾

陽遁3局

巽 巳	離午	未 坤
辰 ❹ 己	❾ 丁	❷ 乙 申
震卯 ❸ 戊	❺ 庚	❼ 壬 兌酉
寅 ❽ 癸	❶ 丙	❻ 辛 戌
艮 丑	坎子	亥 乾

陰遁3局

巽 巳	離午	未 坤
辰 ❹ 乙	❾ 辛	❷ 己 申
震卯 ❸ 戊	❺ 丙	❼ 癸 兌酉
寅 ❽ 壬	❶ 庚	❻ 丁 戌
艮 丑	坎子	亥 乾

陽遁4局

巽 巳	離 午	未 坤
辰 ❹ 戊	❾ 癸	❷ 丙 申
震 卯 ❸ 乙	❺ 己	❼ 辛 兌 酉
寅 ❽ 壬	❶ 丁	❻ 庚 戌
艮 丑	坎 子	亥 乾

陰遁4局

巽 巳	離 午	未 坤
辰 ❹ 戊	❾ 壬	❷ 庚 申
震 卯 ❸ 己	❺ 乙	❼ 丁 兌 酉
寅 ❽ 癸	❶ 辛	❻ 丙 戌
艮 丑	坎 子	亥 乾

陽遁5局

巽 巳	離 午	未 坤
辰 ❹ 乙	❾ 壬	❷ 丁 申
震 卯 ❸ 丙	❺ 戊	❼ 庚 兌 酉
寅 ❽ 辛	❶ 癸	❻ 己 戌
艮 丑	坎 子	亥 乾

陰遁5局

巽 巳	離 午	未 坤
辰 ❹ 己	❾ 癸	❷ 辛 申
震 卯 ❸ 庚	❺ 戊	❼ 丙 兌 酉
寅 ❽ 丁	❶ 壬	❻ 乙 戌
艮 丑	坎 子	亥 乾

陽遁6局

巽 巳	離 午	未 坤
辰 ❹ 丙	❾ 辛	❷ 癸 申
震 卯 ❸ 丁	❺ 乙	❼ 己 兌 酉
寅 ❽ 庚	❶ 壬	❻ 戊 戌
艮 丑	坎 子	亥 乾

陰遁6局

巽 巳	離 午	未 坤
辰 ❹ 庚	❾ 丁	❷ 壬 申
震 卯 ❸ 辛	❺ 己	❼ 乙 兌 酉
寅 ❽ 丙	❶ 癸	❻ 戊 戌
艮 丑	坎 子	亥 乾

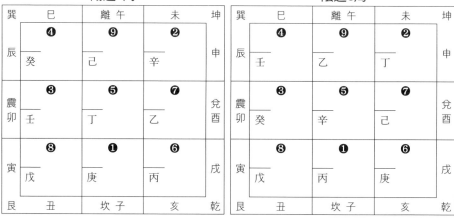

陽遁7局

巽 巳	離午	未 坤
辰 ❹ 丁	❾ 庚	❷ 壬 申
震卯 ❸ 癸	❺ 丙	❼ 戊 兌酉
寅 ❽ 己	❶ 辛	❻ 乙 戌
艮 丑	坎子	亥 乾

陰遁7局

巽 巳	離午	未 坤
辰 ❹ 辛	❾ 丙	❷ 癸 申
震卯 ❸ 壬	❺ 庚	❼ 戊 兌酉
寅 ❽ 乙	❶ 丁	❻ 己 戌
艮 丑	坎子	亥 乾

陽遁8局

巽 巳	離午	未 坤
辰 ❹ 癸	❾ 己	❷ 辛 申
震卯 ❸ 壬	❺ 丁	❼ 乙 兌酉
寅 ❽ 戊	❶ 庚	❻ 丙 戌
艮 丑	坎子	亥 乾

陰遁8局

巽 巳	離午	未 坤
辰 ❹ 壬	❾ 乙	❷ 丁 申
震卯 ❸ 癸	❺ 辛	❼ 己 兌酉
寅 ❽ 戊	❶ 丙	❻ 庚 戌
艮 丑	坎子	亥 乾

陽遁9局

巽 巳	離午	未 坤
辰 ❹ 壬	❾ 戊	❷ 庚 申
震卯 ❸ 辛	❺ 癸	❼ 丙 兌酉
寅 ❽ 乙	❶ 己	❻ 丁 戌
艮 丑	坎子	亥 乾

陰遁9局

巽 巳	離午	未 坤
辰 ❹ 癸	❾ 戊	❷ 丙 申
震卯 ❸ 丁	❺ 壬	❼ 庚 兌酉
寅 ❽ 己	❶ 乙	❻ 辛 戌
艮 丑	坎子	亥 乾

◆ 상기 표에서 陽遁 및 陰遁 1局은 1局이므로 공히 坎1宮에서 甲子戊를 일으키되, 陽遁1局은 坎宮에서 坤宮으로 九宮定位圖에 따라 順布하고, 陰遁1局은 坎宮에서 離宮으로 구궁정위도에 따라 逆布한다.

◆ 상기 표에서 陽遁 및 陰遁 2局은 공히 坤宮에서 甲子戊를 일으키되, 陽遁2局은 坤宮에서 震宮으로 구궁정위도에 따라 順布하고, 陰遁2局은 坤宮에서 坎宮으로 구궁정위도에 따라 逆布한다.

◉ 기타의 陽遁이나 陰遁局도 상기의 표와 같이 陽順·陰逆하여 포국한다.

〈奇儀附法 例 1〉

◉ 陰遁9局 戊子時

    時 日 月 年

    戊 0 0 0

    子 0 0 0

    −−−−−−−−−

    時 干 : 戊

    時符頭 : 庚(甲申旬中)

◉ 地盤六儀三奇 附法은 陰遁9局이니 離9宮에 甲子戊를 附法하고 나머지 奇儀는 구궁정위도상 逆行 附法한다. 아래 표와 같다.

陰遁9局

巽	巳	離 午		未	坤
辰	❹ 癸	❾ 戊		❷ 丙	申
震 卯	❸ 丁	❺ 壬		❼ 庚	兌 酉
寅	❽ 己	❶ 乙		❻ 辛	戌
艮	丑	坎 子		亥	乾

⊙ 天盤六儀三奇 附法은 地盤奇儀 중 時干 戊가 있는 上에 符頭인 庚을 移去해 온다. 나머지 奇儀도 순차적으로 移去해 온다. 아래 표와 같다.

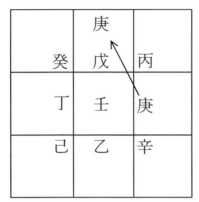
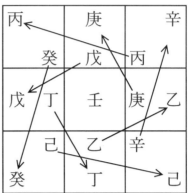

⊙ 天盤·地盤六儀三奇 포국의 완성은 아래와 같다.

巽	巳	離 午		未	坤
辰	❹ 丙／癸	❾ 庚／戊	❷ 辛／丙		申
震 卯	❸ 戊／丁	❺ ／壬	❼ 乙／庚		兌 酉
寅	❽ 癸／己	❶ 丁／乙	❻ 己／辛		戌
艮	丑	坎 子		亥	乾

〈奇儀附法 例 2〉

⊙ 음력 1964. 4. 17일 巳時

　時 日 月 年
　乙 丁 己 甲
　巳 丑 巳 辰

　陽遁局 小滿節 下元 8局에 해당된다.

時　干 : 乙

時符頭 : 壬(乙巳時는 甲辰旬中이므로 時符頭는 壬이 되는 것이다.)

◉ 地盤六儀三奇는 陽遁局 小滿節 下元 8局이므로 艮8宮에서 甲子戊를 일으켜 순행시키므로, 艮宮에 戊, 離宮에 己, 坎宮에 庚, 坤宮에 辛, 震宮에 壬, 巽宮에 癸, 中宮에 丁, 乾宮에 丙, 兌宮에 乙 순서로 附法하는 것이다.

아래 도표1과 같다.

◉ 天盤六儀三奇는 地盤六儀三奇 중에서 사주의 時干이 있는 곳에 時符頭인 壬을 이거해오고 순차적으로 順行附法하는 것이다. 상기사주는 사주의 時干이 乙이고 乙은 兌宮에 있다. 고로 兌宮의 乙 위에 震宮의 壬을 이거해 오는 것이다. 다음 乾宮 丙 위에는 巽宮의 癸를 이거해 오고, 다음 坎宮의 庚 위에는 離宮의 己를 이거해오고, 다음 艮宮의 戊 위에는 坤宮의 辛을 이거해오고, 다음 震宮의 壬 위에는 兌宮의 乙을 이거해오고, 다음 巽宮의 癸 위에는 乾宮의 丙을 이거해오고, 다음 離宮의 己 위에는 坎宮의 庚을 이거해오고, 다음 坤宮의 辛 위에는 艮宮의 戊를 이거해 오는 것이다. 도표2와 같다.

陽遁8局 도표1

巽　　巳	離　午	未　　坤	
❹	❾	❷	
辰　　　癸	己	辛	申
❸	❺	❼	兌
震卯　　壬	丁	乙	酉
❽	❶	❻	
寅　　戊	庚	丙	戌
艮　　丑	坎　子	亥　　乾	

陽遁8局 도표2

巽　　巳	離　午	未　　坤	
❹	❾	❷	
辰 丙 / 癸	庚 / 己	戊 / 辛	申
❸	❺	❼	兌
震卯 乙 / 壬 (時符頭)	丁	壬 / 乙 (時干)	酉
❽	❶	❻	
寅 辛 / 戊	己 / 庚	癸 / 丙	戌
艮　　丑	坎　子	亥　　乾	

〈奇儀附法 例 3〉

◉ 時符頭와 時干이 동일하고 時符頭가 中宮에 있는 경우

⊙ 음력. 1990년 12월. 22일 丑時

　　時 日 月 年

　　辛 丁 庚 辛

　　丑 未 寅 未

　　陽遁局 立春節 下元 2局

　　時　干 : 辛(時符頭와 같으므로 伏吟局)

　　時符頭 : 辛(甲午旬中)

⊙ 地盤六儀三奇는 陽遁局 立春節 下元2局이므로 坤2宮에서 甲子戊를 시작하여 순행시킨다. 도표1과 같다.

⊙ 天盤六儀三奇는 地盤六儀三奇 中 時干이 있는 곳에 時符頭를 이거해와 순행 부기하는데, 상기는 時干 辛이 中宮에 있으므로 坤宮으로 출하는 것이다. 또한 時符頭 역시 辛으로 上下가 同干이므로 伏吟局이 되는 것이다. 도표2와 같다.

陽遁2局 도표1

巽	巳	離 午	未	坤
	❹	❾	❷	
辰	庚 / 庚	丙 / **丙**	戊 / 戊 (辛)	申
	❸	❺	❼	
震 卯	己 / 己	**辛**	癸 / 癸	兌 酉
	❽	❶	❻	
寅	丁 / 丁	乙 / 乙	壬 / 壬	戌
艮	丑	坎 子	亥	乾

〈奇儀附法 例 4〉

⊙ 時干이 中宮에 있는 경우

⊙ 陽遁7局으로 甲午日 丙寅時인 경우

時　干：丙
時符頭 ：戊(甲子旬中)

◉ 陽遁7局이므로 지반육위삼기는 아래 도표1과 같이 부법된다.
◉ 천반육의삼기는 時干 丙위에 時符頭 戊를 이거해 와야 하는데, 時干 丙이 中宮에 있으므로 坤宮으로 出示키고, 坤宮으로 온 丙 위에 兌宮의 戊를 이거해 오고, 다음 兌宮에 乾宮의 乙을 이거해 오고, 다음 乾宮에 坎宮의 辛을 이거해 오고, 다음 坎宮에 艮宮의 己를 이거해 오고… 이와 같이 순차적으로 부법한다.

陽遁7局 도표1

巽　　巳	離　午	未　　坤
❹	❾	❷
辰　　丁	庚	壬　　申
❸	❺	❼
震卯　癸	丙	戊　　兌酉
❽	❶	❻
寅　　己	辛	乙　　戌
艮　　丑	坎　子	亥　　乾

陽遁7局 도표2

巽　　巳	離　午	未　　坤
❹	❾	❷
辰　庚／丁	壬／庚	戊(丙)／壬　申
❸	❺	❼
震卯　丁／癸	丙	乙／戊　兌酉
❽	❶	❻
寅　癸／己	己／辛	辛／乙　戌
艮　　丑	坎　子	亥　　乾

〈奇儀附法 例 5〉
◉ 時符頭가 中宮에 있는 경우
◉ 陰遁5局 甲子日 乙丑時인 경우

時　干：乙
時符頭 ：戊(甲子旬中)

◉ 지반육의삼기는 陰遁5局이므로 中宮에서 甲子戊를 시작하여 逆布한다.
아래 도표1과 같다.

⊙ 천반육의삼기는 時符頭가 戊로 中宮에 있으니 坤宮으로 出시킨다. 地盤奇儀 乙上에 時符頭 戊를 移去(이거)해 오는 것이므로, 乾宮의 乙上에 中宮에서 坤宮으로 出된 戊를 이거해 오는 것이다. 순차적으로 이거해오므로 다음 坎宮에 兌宮의 丙을 이거해 오고, 다음 艮宮에 乾宮의 乙을 이거해 오고, 다음 震宮에 坎宮의 壬을 이거해 오고… 이와 같이 순차적으로 이거해와 포국한다. 아래 도표2와 같다.

陰遁5局 도표1

巽　巳	離午	未　坤
❹ 己	❾ 癸	❷ 辛
❸ 震卯 庚	❺ 戊	❼ 兌酉 丙
❽ 寅 丁	❶ 坎子 壬	❻ 亥 乙

辰 … 申 / 艮　丑 … 乾戌

陰遁5局 도표2

巽　巳	離午	未　坤
❹ 丁 己	❾ 庚 癸	❷ 己 辛 (戊)
❸ 震卯 壬 庚	❺ 戊	❼ 兌酉 癸 丙
❽ 寅 乙 丁	❶ 坎子 丙 壬	❻ 亥 戊 乙

辰 … 申 / 艮　丑 … 乾戌

제2장
초신·접기론 超神·接氣論

超神接氣(초신접기)란 超神(초신)과 接氣(접기)를 말하는 것으로, 超神은 해당 節氣가 들어오기 전에 三元符頭(삼원부두)가 먼저 들어오는 것을 말하며, 10일을 넘지 못한다. 또 接氣는 三元符頭(삼원부두)가 들어오기 전에 해당 節氣가 먼저 들어와 있는 것을 말하며, 5일을 넘지 못한다.

三元符頭(삼원부두)는 上元으로 시작되는 日辰(일진)으로 甲子, 甲午, 己卯, 己酉 日辰을 말하는 것이다.

해당 節氣(절기)와 三元符頭(삼원부두)가 일치하고 있으면 正授奇(정수기)라 하여 上元(상원)의 元局(원국:定局)이 된다. 이와 같이 절기와 삼원부두가 동일하면 문제가 없으나, 음력은 큰달, 작은달, 윤달이 있는 고로 절기와 삼원부두 사이에 차이가 나므로, 超神·接氣法(초신·접기법)에 의한 閏局(윤국)을 두는 것이다. 閏局은 "芒種~夏至" "大雪~冬至" 두 절기에만 둘 수 있고, 이외의 절기에는 超神 10일, 接氣 5일을 초과하더라도 윤국을 두지 못한다.

超神·接氣(초신·접기) 외에 折局·補局(절국·보국)이 있다.

三元表(삼원표)

(上元) 甲己. 子午卯酉					(中元)甲己. 寅申巳亥					(下元)甲己. 辰戌丑未				
甲子	乙丑	丙寅	丁卯	戊辰	己巳	庚午	辛未	壬申	癸酉	甲戌	乙亥	丙子	丁丑	戊寅
甲午	乙未	丙申	丁酉	戊戌	己亥	庚子	辛丑	壬寅	癸卯	甲辰	乙巳	丙午	丁未	戊申
己卯	庚辰	辛巳	壬午	癸未	甲申	乙酉	丙戌	丁亥	戊子	己丑	庚寅	辛卯	壬辰	癸巳
己酉	庚戌	辛亥	壬子	癸丑	甲寅	乙卯	丙辰	丁巳	戊午	己未	庚申	辛酉	壬戌	癸亥

節氣三元 九宮配屬(절기삼원 구궁배속)

芒種 六 三 九	大暑 七 一 四	白露 九 三 六
小滿 五 二 八	小暑 八 二 五	處暑 一 四 七
立夏 四 一 七	夏至 九 三 六	立秋 二 五 八
穀雨 五 二 八		霜降 五 八 二
清明 四 一 七		寒露 六 九 三
春分 三 九 六		秋分 七 一 四
驚蟄 一 七 四	大寒 三 九 六	大雪 四 七 一
雨水 九 六 三	小寒 二 八 五	小雪 五 八 二
立春 八 五 二	冬至 一 七 四	立冬 六 九 三

節氣 三元表(절기 삼원표)

節氣	春						夏						秋						冬					
	立春	雨水	驚蟄	春分	清明	穀雨	立夏	小滿	芒種	夏至	小暑	大暑	立秋	處暑	白露	秋分	寒露	霜降	立冬	小雪	大雪	冬至	小寒	大寒
上元	八	九	一	三	四	五	四	五	六	九	八	七	二	一	九	七	六	五	六	五	四	一	二	三
中元	五	六	七	九	一	二	一	二	三	三	二	一	五	四	三	一	九	八	九	八	七	七	八	九
下元	二	三	四	六	七	八	七	八	九	六	五	四	八	七	六	四	三	二	三	二	一	四	五	六

1. 초신·접기超神·接氣의 필요성

1년은 24節氣로 구성되었고, 각 節과 氣사이는 15일씩 배속되는데, 이중 각각의 節과 氣사이의 15일은 上元 5일, 中元 5일, 下元 5일씩으로 배속된다. 그러나 만세력에 표시된 節氣는 14일 부터 16일까지로 불규칙하다.

각 節과 氣사이는 15일이며 1년은 24절기로 구성되었으니 24×15=360일이다. 그러나 지구는 태양의 궤도를 한번 도는데(공전주기) 365.2564일이 걸린다. 따라서 節氣上의 1년과는 5.2564일이 차이가 나게 된다. 그래서 2년을 돌게 되면 약 10.5일 정도가 차이가 나며, 이를 일치시키기 위해 閏局(윤국)을 두게 되는 것이다. 또한 節氣入日과 上元의 첫날의 日辰(甲子·甲午·己卯·己酉)이 일치하지 않는 경우가 생기므로, 매 절기가 正授奇(정수기), 超神(초신), 接氣(접기) 중 어느 것에 해당하는 가를 알아야 하는 것이다.

2. 정수기正授奇

節氣入日과 上元局의 첫 日辰인 甲子, 甲午, 己卯, 己酉日이 같은 날에 드는 것을 正授奇(정수기)라 한다.

도표1. 1968년 6월 己未月 小

음력	1	2	3	4	5	6	7	8	9	10	11	12	13	14	15	16	17	18	19	20	21	22	23	24	25	26	27	28	29	30
일진	정묘	무진	기사	경오	신미	임신	계유	갑술	을해	병자	정축	무인	기묘	경진	신사	임오	계미	갑신	을유	병술	정해	무자	기축	경인	신묘	임진	계사	갑오	을미	
절기												소서																대		
												10시 42분																正授奇		

상기도표1의 6월 28일은 大暑節氣入日과 上元의 日辰 甲午日이 일치되고 있다. 따라서 이를 正授奇(정수기)라 한다.

3. 초신·접기超神·接氣

超神(초신)

超(초)는 過越(과월)을 말하고 神은 日辰을 뜻한다. 超神이란 해당 節氣가 들어오기 전에 이미 三元符頭 中 上元의 日辰(甲子·甲午·己卯·己酉)이 앞서 들어옴을 말하는 것이다. 10일을 넘지 못한다.

接氣(접기)

接(접)이란 承接(승접)을 말하고 氣란 24節氣를 요약하여 부르는 것이다. 接氣란 三元符頭 中 上元의 日辰(甲子·甲午·己卯·己酉)이 들어오기 전에 節氣가 앞서 들어옴을 말하는 것이다. 5일을 넘지 못한다.

음력	1	2	3	4	5	6	7	8	9	10	11	12	13	14	15	16	17	18	19	20	21	22	23	24	25	26	27	28	29	30
일진	병신	정유	무술	기해	경자	신축	임인	계묘	갑진	을사	병오	정미	무신	기유	경술	신해	임자	계축	갑인	을묘	병진	정사	무오	기미	경신	신유	임술	계해	갑자	을축
절기														입추																처서
														20시 27분																

상기도표2는 14일이 立秋節氣入日과 上元符頭 日辰 己酉가 같은 날에 닿았다. 즉 正授奇(정수기)가 된 것이다. 따라서 14일,15일,16일,17일,18일 癸丑日까지가 立秋上元이고, 19일, 20일, 21일, 22일, 23일 戊午日 까지는 立秋中元이고, 24일, 25일, 26일, 27일, 28일 癸亥日 까지는 立秋下元이다. 그런데 다음 절기인 處暑는 30일 乙丑日에 들어왔다. 즉 29일 上元符頭 甲子는 1일 먼저 들어왔고, 절기인 處暑가 1일 늦게 入한 것이다. 그런데 앞 절기인 立秋節氣는 上, 中, 下元이 모두 15일로 끝났다. 이런 경우 超神을 적용하는 것이다. 즉 節氣와 上元符頭가 일치하지 않지만, 29일에 상원부두 甲子日이 處暑節氣보다 비록 1일 먼저 당도했지만 超神을 적용하여 29일 부터 處暑節氣의 上元符頭의 시작으로 보는 것이다.

4. 윤국閏局

招神이 10일을 지나면 윤국을 두게 되는데, 반드시 芒種~夏至(망종~하지) 사이 또는 大雪~冬至(대설~동지) 사이에만 윤국을 두게 된다. 이를 置閏(치윤)이라 한다. 다른 절기에서는 10일을 초과하는 경우가 발생해도 閏局을 두지 못한다. 이렇게 超神·接氣를 적용하는 데에는 일정한 순서가 있다. 즉, 正授奇가 지나면 超神이 되고, 超神이 10일을 경과하면 閏局을 두고, 閏局 후에는 接氣가 되고, 接氣가 끝나면 다시 正授奇가 되는 것이다.

음력	29	30	1	2	3	4	5	6	7	8	9	10	11	12	13	14	15	16	17	18	19	20	21	22	23	24	25	26	27	28
일진	기묘	경진	신사	임오	계미	갑신	을유	병술	정해	무자	기축	경인	신묘	임진	계사	갑오	을미	병신	정유	무술	기해	경자	신축	임인	계묘	갑진	을사	병오	정미	무신
절기										망종巳시																하지巳시				
삼원	망종 상원					망종 중원					망종 하원					(윤)망종 상원					(윤)망종 중원					~巳시/(윤)망종 하원 巳시~/하지 하원				

상기도표3에서 芒種上元은 4월 29일(己卯日)에 들었다. 4월 30일(庚辰日), 5월 1일(辛巳日), 5월 2일(壬午日), 5월 3일(癸未日), 이상 5일이 芒種 上元 6局이다.

5월 4일(甲申日)~5월 8일(戊子日)까지 5일은 芒種 中元 3局이다.

5월 9일(己丑日)~5월 13일(癸巳日)까지 5일은 芒種 下元 9局이다.

이렇게 하여 上·中·下元이 모두 지났으니 夏至로 넘어가야 하나, 14일 甲午日부터 24일 甲辰日 申時까지는 10일을 초과한다. 따라서 超神에 해당되지 못하니 夏至上元을 적용하지 못한다. 이런 경우 閏局을 두어 5월 14일(甲午日) 부터 24일(甲辰日) 未時까지를 다시 閏局 芒種節로 보는 것이다.

이렇게 置閏局(치윤국)을 두는 이치는 正授奇 이후 날짜와 시간이 흘러 점차 오차가 벌어져 超神이 되고, 더욱더 간격이 벌어지면 몇 년에 한번씩 閏局을 두어 시정하여 나가기 때문이다. 상기 도표3의 경우처럼 超神이 10일을 넘을 경우 閏局을 두어 앞 節氣의 上·中·下元을 한 번 더 두는 것이다.

이제까지 閏局에 대해 설명하였다.

5. 절국·보국折局·補局

도표4. 1924년 11월 丙子月 小

음력	11	12	13	14	15	16	17	18	19	20	21	22	23	24	25	26	27	28	29	12/1	2	3	4	5	6	7	8	9	10	11
일진	경신	신유	임술	계해	갑자	을축	병인	정묘	무진	기사	경오	신미	임신	계유	갑술	을해	병자	정축	무인	기묘	경진	신사	임오	계미	갑신	을유	병술	정해	무자	기축
절기	대설유시															동지오시														
절국	대설 하원				(윤)대설 상원					(윤)대설 중원					오시전 (윤)대설 하원	오시 이후 동지 하원				동지 상원					동지 중원					

도표5. 1924년 12월 丁丑月 小

음력	12/12	13	14	15	16	17	18	19	20	21	22	23	24	25	26	27	28	29	1/1	2	3	4	5	6	7	8	9	10	11	12
일진	경인	신묘	임진	계사	갑오	을미	병신	정유	무술	기해	경자	신축	임인	계묘	갑진	을사	병오	정미	무신	기유	경술	신해	임자	계축	갑인	을묘	병진	정사	무오	기미
절기	소한인시														대한해시															
절국	인시전 동지하원	인시후 소한 하원			소한 상원					소한 중원					해시전 소한하원	해시후 대한 하원				대한 상원					대한 중원					

이번 장에서는 折局(절국)과 補局(보국)에 대해 공부하기로 한다. 超神·接氣(초신·접기)나 折局·補局(절국·보국)은 일정한 순서가 있다.

즉, 正授奇(정수기) 이후에는 超神(초신)이 있게 되고, 超神(초신)이 10일을 넘으면 閏局(윤국)을 두고, 閏局(윤국) 후에는 接氣(접기)가 생기는데, 接氣(접기)가 되었을 때 折局(절국)과 補局(보국)의 방법으로 局數(국수)를 정하는 것이다. 하기 도표4와 5를 참고한다.

상기 도표4에서

11월 15일(甲子日)~11월 19일(戊辰日)까지는 閏局 大雪 上元4局이다.

11월 20일(己巳日)~11월 24일(癸酉日)까지는 閏局 大雪 中元7局이다.

11월 25일(甲戌日), 11월 26일 (乙亥日) 巳時 까지는 閏局 大雪 下元1局이다.

11월 26일(乙亥日) 午時부터~11월 29일(戊寅日)까지는 冬至下元이 되는 것이다.

왜 5일을 채우지 못하는가?

12월 1일(己卯日)은 三元符頭 중 上元이 시작되는 날이기 때문이다.

즉, 接氣의 기간은 上元符頭 전까지만 보기 때문이다.

상기 도표4와 같이 閏局 大雪 下元의 끝부분과 冬至 下元의 앞부분이 이어져 하나의 下元局처럼 되는 것을 接氣라 하고, 상기 도표4의 경우처럼 閏局 大雪 下元과 冬至 下元으로 나눠보는 것을 折局(절국)이라 한다.

12월 1일(己卯日)~12월 5일(癸未日)까지 冬至 上元 1局이다.

12월 6일(甲申日)~12월 10일(戊子日)까지 冬至 中元 7局이다.

12월 11일(己丑日)~12월 12일 丑時 까지 冬至 下元 4局이다.

이미 처음에 冬至 下元이 들어왔는데 끝에 또 下元이 들어 온 것은 어떤 이유인가? 下元이 먼저 들어 왔으나 날짜와 시간이 미달이므로 끝으로 다시 補局(보국)하여 局數를 채운 것이다.

大雪 다음 절기인 冬至가 26일 午時에 들어왔기 때문에, 大雪의 閏局에서 마지막 下元을 하루하고 巳時까지만 두었다.

이후 26일(乙亥日) 午時 부터~29일(戊寅日)까지 5일을 채워 冬至 下元 4局인 것이다. 결국 閏局의 下元은 엄밀하게는 冬至 節氣局이 아니므로 冬至 節氣의 마지막에 다시 下元을 두어 補局(보국)하는 것이다.

이렇게 閏局을 둔 후에는 正授奇 혹은 超神이 될 때까지 계속하여 折局(절국)과 補局(보국)을 두어야 하는 것이다.

超神·接氣에서 閏局을 둘 때, 15일을 채워서 두는 경우가 대다수의 이론인데, 15일을 못 채웠다 하더라도 芒種 閏局은 夏至가 될 때까지만 두고 折局·補局을 하고, 大雪 閏局은 冬至까지만 두고 折局·補局을 하는 것이 타당한 이론이라 생각한다.

이는 閏局을 둔다는 것 자체가 節氣와 三元符頭를 일치하고자 하는 노력이며, 양둔국과 음둔국의 구분이 夏至와 冬至부터 새로 시작한다는 의미와도 상통하기 때문이다. 요약하면 아래와 같다.

정수기 → 초신발생 →초신일수 10일 초과 →윤국을 둠(망종~하지. 대설~동지) → **절국과 보국을 반복함 → 정수기**

상기와 같이 초신·접기를 요약하였으니 많은 수련을 통해 숙달시키고 烟局法에서 많이 활용해보길 바란다.

제3장
시가팔문신장時家八門神將

1. 개요槪要

八門 명칭의 기원은 洛書九宮의 八卦의 象을 계절적으로 잘 살펴보아서, 甲木의 成長 및 생극관계를 十二地支와 결부시켜 그 명칭을 취한 것이다. 이런 연유로 乾卦方은 亥水의 所落之方인데 亥水는 甲木의 長生地이니 "開門"이라 칭한 것이며, 生長의 開始란 의미가 있는 것이다. 이어 坎卦方은 子水가 있는데 능히 甲木을 生하므로, 象을 살펴보면 부모님이 나를 안락하게 보살펴줌에 비유되는데 이로써 甲木은 편안히 휴식을 취할 수 있어 "休門"이라 칭한 것이다. 甲木이 艮宮에 이르러서는 艮宮에는 寅木이 있는데, 初春에 木氣가 처음으로 生하는 시점이라, 甲木 成長의 開始점이니 "生門"이라 칭하는 것이다.

震卦方에 이르러서는 春節의 木氣가 가장 왕성한 시점이고, 氣가 强하여 밖에 나가 사람과 다툼을 그치지 못하고 전쟁을 치루는 형국이라, 자연 損傷되게 되니 "傷門"이라 칭하는 것이다. 巽卦方에 이르러서는 甲木이 傷門을 지나며 전쟁을 치른 후라 그 氣가 손상되어, 生息함에 있어 修養(수양)이 필요하고 또한 休養(휴양)함이 필요하여 문을 닫거니 "杜門"이라 칭하는 것이다. 다시 離卦宮에 이르러서는 甲木이 火를 生하는 시점이라, 陽氣가 밖으로 발산되어 甲木의 꽃과 잎이 무성하게 되니 아름다운 것이라 "景門"이라 칭하는 것이다. 坤卦方에 이르러서는 甲木의 陽氣가 이미 밖으로 다 발산되어 極盡(극진)한 시점인데, 宮의 强金인 申金이 甲木을 伐하니 "死門"이라 칭하는 것이다. 다시 兌卦方에 이르러서는 宮의 酉金이 다시 甲木을 剋하며 이제는 修造(수조)하려 하니 불안하고 驚惶(경황)스런 일이라 "驚門"이라 칭하는 것이다. 時家八門神將은 烟局奇門의 5대 要素 중에서 人和的要素에 해당된다. 글자에서 나타내듯 人和的要素라 함은 사람과 연관된 일 즉, 人間事를

나타내며 人間事 길흉을 논하여 "避凶趨吉(피흉추길)"의 방법을 찾고자 하는 소망과
함께, 人事가 萬事라는 의식에서 보면, 결국 인간사의 占斷에 있어 불가분의 관계
에 있는 時家八門神將이야말로 烟局奇門에서 차지하는 비중이 매우 크다는 것을
알 수 있는 것이다.

2. 포국법布局法

⊙ 時家八門神將은 地盤奇儀를 기준하는데, 時符頭가 있는 宮의 定位門(直使)을 알
  고 時符頭가 있는 宮에서 旬首를 시작하여, 時干支에 해당하는 宮까지 陽遁順
  布, 陰遁逆布하여 세어나가는데, 時干支가 떨어지는 곳에 時符頭宮에 해당하는
  定位門(直使)을 移去해 와서 음·양둔을 막론하고 生門→傷門→杜門→景門→死門
  →驚門→開門→休門 순으로 順布한다.

⊙ 時家八門神將은 洪局보다는 烟局에서 많이 활용한다. 時家八門神將의 구궁 정
  위도는 아래 표와 같다.

時家八門神將 九宮定位圖

巽　　巳	離午	未　　坤
❹ 杜 門	**❾** 景 門	**❷** 死 門
辰		申
❸ 傷 門	**❺**	**❼** 驚 門
震 卯		兌 酉
❽ 生 門	**❶** 休 門	**❻** 開 門
寅		戌
艮　　丑	坎　子	亥　　乾

예) 음력. 1991년 11월 12일 辰時

　　時 日 月 年

　　壬 辛 庚 辛

　　辰 酉 子 未

　　陰遁局 大雪 下元 1局

　　時　干：壬

　　時符頭：庚 (甲申旬中)

　1) 地盤六儀三奇는 陰遁局 大雪 下元 1局이므로 坎1宮에서 甲子戊를 일으켜 逆行하여 布局한다. 天盤六儀三奇는 地盤奇儀 중 時干 壬이 있는 곳의 上에 時符頭인 庚金을 移去해오고 나머지는 十二地之定位宮上으로(活盤法 적용) 순차적으로 移去해와 布局한다. 아래 표와 같다.

巽　　　巳	離午	未　　　坤
❹	❾	❷
辰　乙／丁	辛／己	壬／乙　申
❸	❺ ⑩	❼
震卯　己／丙	／癸	戊／辛　兌酉
❽	❶	❻
寅　丁／庚	丙／戊	庚／壬　戌
艮　　　丑	坎　子	亥　　　乾

　2) 地盤奇儀 중 時符頭인 庚이 있는 艮宮에서 甲申旬中이므로 甲申을 시작하여 陰遁이므로 逆布하여 兌宮에 乙酉, 乾宮에 丙戌, 中宮에 丁亥 등으로 逆布하면, 時干支 壬辰은 離宮에 떨어진다. 이곳 離宮에다 時符頭 庚이 있는 곳의 定位門(直使)을 移去해와 음·양둔을 막론하고 順布한다.

巽　　巳	離　午	未　　坤
❹ 乙／丁 (戊子)	❾ 辛／己 (壬辰)	❷ 壬／乙 (庚寅)
❸ 己／丙 (己丑)	❺ ⑩ 癸 (丁亥)	❼ 戊／辛 (乙酉)
❽ 丁／庚 (甲申)	❶ 丙／戊 (辛卯)	❻ 庚／壬 (丙戌)

（左：辰・震卯・寅・艮・丑　右：申・兌酉・戌・乾　下：坎子・亥）

3) 위의 時家八門神將定位圖에서 艮宮의 時符頭 庚이 있는 곳의 定位門인 生門을 時干支가 떨어지는 곳인 離宮에 移去해 오고, 傷門을 다음 坤宮에, 杜門을 다음 兌宮에, 景門을 다음 乾宮… 등의 十二地支定位圖上(활반법)으로 順布한다. 아래 표와 같다.

巽　　巳	離　午	未　　坤
❹ 乙／丁 休門	❾ 辛／己 生門	❷ 壬／乙 傷門
❸ 己／丙 開門	❺ ⑩ 癸	❼ 戊／辛 杜門
❽ 丁／庚 驚門	❶ 丙／戊 死門	❻ 庚／壬 景門

（左：辰・震卯・寅・艮・丑　右：申・兌酉・戌・乾　下：坎子・亥）

3. 시가팔문신장론時家八門神將論

1) 時家八門神將九宮定位圖 및 五行配屬

時家八門神將 九宮定位圖

巽	巳	離 午	未	坤
辰	❹ 木− 杜 門	❾ 火− 景 門	❷ 土− 死 門	申
震 卯	❸ 木+ 傷 門	❺ 土(中)	❼ 金− 驚 門	兌 酉
寅	❽ 土+ 生 門	❶ 水+ 休 門	❻ 金+ 開 門	戌
艮	丑	坎 子	亥	乾

⊙ 時家八門神將의 五行과 所在宮이 서로 相生되면 吉하다. 상호 相剋되면 힘이 半減된다 판단한다.

⊙ 宮의 지반수가 旺相하고, 八門과 八卦가 凶하면 먼저 吉하고 나중에 凶하다.

⊙ 宮의 지반수가 衰弱하고, 八門과 八卦가 吉하면 先凶後吉이다.

⊙ 地盤宮數가 居旺, 兼旺, 受旺, 乘旺하면 八門, 八卦가 흉해도 크게 흉하지 않다.

2) 時家八門神將 풀이

(1) 生門

⊙ 屬性(속성)
 • 生氣之門(생기지문)
 • 만물은 다시 소생하고 陽氣가 漸昇(점승)함을 의미.

⊙ 類神(유신)
 • 創業, 求財
 • 생산 및 경영 관련·양식장·財源·재무관리원·이윤·房屋·다리·활동인.

⊙ 落宮處(낙궁처)

- 艮宮 : 伏吟局
- 震宮 : 制
- 巽宮 : 入墓
- 離宮 : 大吉
- 坤宮 : 返吟局
- 兌宮·乾宮 : 平吉
- 坎宮 : 不利

◎ 事案(사안)

- 出行, 征伐(정벌), 婚事(혼사), 築造(축조) 등에 이롭다.
- 埋葬(매장), 喪事(상사) 등에는 불리하다.
- 入墓時는 번잡한 일이 발생하고, 혹 産母의 출산 시 흉함이 있다.

◎ 解義(해의)

- 봄의 생동감, 시작을 의미한다.
- 八卦의 凶卦가 있더라도 八門이 길하면 禍變吉이 된다.
- 兄弟宮에 있고, 地盤이 旺相하면 화합과 복록이 있다.
- 父母宮에 있고, 地盤이 旺相하면 그 부모가 부귀하고 명예가 있다.
- 官星宮에 있고, 地盤이 旺相하면 본인이 관직과 명예가 높다.
- 官鬼宮에 있고, 地盤이 旺相하면 건강하고, 질병에 잘 걸리지 않고, 걸려도 금 방 치유된다.
- 子孫宮에 있고, 지반이 旺相하면 자식이 孝를 하고 자식간 우애가 있다.
- 財星宮에 있으면 妻의 내조가 있고, 재물복이 있다.

(2) 傷門

◎ 屬性(속성)

- 殺氣之門(살기지문)
- 傷害, 折傷(절상), 損財, 계약파기 등을 의미.

◎ 類神(유신)

- 차량·기기의 손상·傷害·捕盜人(포도인)·경쟁상대·채무독촉인·기차·사법기 관·선박 등.

• 경쟁·질병·화재·刀傷害(도상해)

◎ 落宮處(낙궁처)

   • 艮宮 : 門迫

   • 震宮 : 伏吟局

   • 巽宮 : 比和

   • 離宮 : 洩氣(설기)

   • 坤宮 : 入墓

   • 兌宮 : 返吟局

   • 乾宮 : 制

   • 坎宮 : 大凶

◎ 事案(사안)

   • 채무독촉, 捕盜(포도), 賭博(도박), 狩獵(수렵), 漁業, 逃走(도주), 隱匿(은익) 등에
     이로움이 있다.

   • 官詞訟(관사송)에는 불리하다.

   • 經商, 赴任(부임), 出行, 築造(축조), 婚事(혼사), 遷移(천이) 등에 불리하다.

   • 玄武가 乘하면 법을 집행하는 사람이 금전을 貪(탐)하는 것이다.

   • 傷門이 六合 낙궁처를 尅하면 捕獲(포획)과 연관된 것이다.

   • 九天이 乘하면 출격과 포획에 이롭다.

◎ 解義(해의)

   • 질병, 사고, 盜賊(도적), 災難(재난)의 門이다.

   • 兄弟宮에 있으면 형제간 우애가 없으나, 日辰宮이 왕상하면 禍變吉이 된다.

   • 父母宮에 있고, 凶格이면 그 부모가 福이 없다.

   • 子孫宮에 있고, 凶格이면 그 자식이 불효하고, 이별수가 있다.

   • 正官宮에 있고, 吉格이면 관직과 명예가 높더라도 길지 못하고, 凶格이면 천한
     직업을 얻고 안정된 직업을 얻기 어렵다.

   • 官鬼宮에 있고, 凶格이면 火病과 사고, 질병의 위험이 높다. 日辰宮이 旺相하
     면 다소 덜하다.

   • 財星宮에 있고, 凶格이면 부부간 불화하고, 집안에 불란이 많으나, 지반궁이
     旺相하면 不和 중 富貴는 있다.

(3) 杜門

⊙ 屬性(속성)

- 閉氣之門(폐기지문)
- 부모와 不和하고, 매사 沮滯(저체)되고 閉塞(폐색)된다.

⊙ 類神(유신)

- 隱匿(은익)·斷絕(절단)·閉塞(폐색)·謀事不成(모사불성)·첩보원·軍警(군경)·武官· 중풍·血栓(혈전)·기술.
- 災害를 피하고 隱匿(은익)에 이롭다. 홍수 예방을 위한 제방을 축조함에 이롭다.

⊙ 落宮處(낙궁처)

- 巽宮 : 伏吟局
- 離宮 : 洩氣
- 坤宮 : 入墓
- 兌宮 : 制
- 乾宮 : 返吟局
- 坎宮 : 受生
- 艮宮 : 門迫
- 震宮 : 比和

⊙ 事案(사안)

- 半吉半凶의 門이며, 은둔과 단절, 폐색불통의 문이다.
- 親交에 불리하다.
- 기술관련 기밀 등과 연관된다.
- 隱藏(은장)과 捕盜(포도), 防水築堤(방수축제) 등은 이로우나 기타는 불리하다.

⊙ 解義(해의)

- 八卦의 遊魂과 同宮이면 다시 활동을 시작하고.
- 生氣와 同宮이면 生氣가 破剋되어 凶하다.
- 歸魂과 同宮하면 막힘의 의미가 加重되므로, 매사 沮滯(저체)된다.
- 兄弟宮에 있으면 형제간 불화하고, 실행력이 부족하다.
- 父母宮에 있으면 부모가 활동적이지 못하다.

- 子孫宮에 있으면 자식을 낳거나 기르기가 어렵다.
- 正官宮에 있으면 명예와 성공이 어려우나, 길격이면 禍變吉이다.
- 財星宮에 있으면 게으르고 재물을 얻기 힘드나, 地盤宮과 日辰宮이 旺相하면 길격이다.
- 官鬼宮에 있으면 재난은 적으나, 관직운이 없고, 日辰宮이 쇠약하고 官鬼宮이 왕상하면 크게 흉하다.

(4) 景門

⊙ 屬性(속성)

- 進奏之門(진주지문)
- 문장, 오락, 화합, 열정, 잔치 등을 관장하는 문이다. 杜門의 반대다.

⊙ 類神(유신)

- 선전·광고·음식·연회석·酒店·文章·전신업·소식·火氣·血光·도서·美麗(미려)함.
- 白虎가 乘하면 故障(고장)을 의미한다.
- 螣蛇가 乘하면 소식은 거짓이다.
- 旺하면 眞소식이다.
- 驛馬가 乘하면 소식전파의 의미가 있다.
- 문장발표, 求名, 考試升學(고시승학), 圖謀之事(도모지사), 火攻戰, 賢士推薦(현사추천) 등에 이롭다.

⊙ 落宮處(낙궁처)

- 離宮 : 伏吟局
- 坤宮 : 生宮
- 兌宮 : 門迫
- 乾宮 : 入墓
- 坎宮 : 制
- 艮宮 : 生宮
- 震宮. 巽宮 : 生旺

⊙ 事案(사안)

- 서신, 소식, 火光, 酒食, 宴會, 선전광고 등을 맡으며 平吉이다.
- 대규모 무역 등의 사업 및 자금 관련해서는 길함이 있다.
- 선전활동, 문예연출, 火攻戰, 賢士推薦(현사추천) 등에 이롭다.
- 시비구설, 血光, 화재 등의 예방이 필요하다.

⊙ 解義(해의)

- 福德과 同宮하면 재물과 주식이 풍부하고, 인기가 있다.
- 生氣와 同宮이면 길함이 감소된다.
- 坎宮에 居하면 흉으로 변한다.
- 父母宮에 있으면 부모가 형식적이고, 실속이 없다.
- 子孫宮에 있으면 자손이 인기가 있고, 활동적이다. 성격은 급하다.
- 兄弟宮에 있으면 의리는 있으나, 시기와 질투가 심하다.
- 財星宮에 있으면 처가 똑똑하고 활동적이나, 성격이 급하다. 그리고 富屋貧人 (부옥빈인)이다. 그러나 길격이면 복록이 많다.
- 正官宮에 있으면 초년에 출세하고, 복록은 길지 못하나, 吉格이면 복록이 많다.
- 官鬼宮에 있으면 심장병, 화병, 소장질환으로 고생하거나 중풍에 걸리기 쉽다.

(5) 死門

⊙ 屬性(속성)

- 死氣之門(사기지문)이며 刑戮(형륙)을 맡는다.
- 실패, 좌절, 傷死, 죽음, 사고, 보수적 기질 등을 나타낸다.

⊙ 類神(유신)

- 흉화·墳墓(분묘)·死者·被告人(피고인)·불유쾌한 일·정신적 압박·行刑之人· 屠殺者(도살자)·倉庫·함몰된 곳.
- 형륙관련·전쟁관련·喪弔(상조)관련·처벌관련

⊙ 落宮處(낙궁처)

- 坤宮 : 伏吟局
- 兌宮. 乾宮 : 相生
- 坎宮 : 門迫이며 大凶

- 艮宮 : 返吟

- 震宮 : 制

- 巽宮 : 入墓

- 離宮 : 生旺하여 大凶

◎ 事案(사안)

- 사망·行刑·저체

- 매장, 刑戮(형륙), 전쟁사, 포획 등에는 이롭다.

- 喜事에는 불리하다.

- 死門이 艮宮 낙궁시는 生氣를 나타낸다.

- 불유쾌, 煩惱(번뇌), 매사 沮滯(저체) 등과 연관된다.

◎ 解義(해의)

- 絕命과 同宮이면 大凶이다. 坎宮에 있으면 흉하다.

- 財星宮에 있으면 부부간 해로하기 힘들다. 재물을 모으기도 힘들다.

- 子孫宮에 있으면 자손과의 연이 박하고, 孝를 받기 어렵다.

- 官鬼宮에 있으면 舊病(구병)이면 사망이고, 新病이면 長患이다.

- 正官宮에 있으면 관직 등의 일은 복록이 적으나 길격이면 禍變吉이다.

- 兄弟宮에 있으면 형제간 인연이 적고, 뿔뿔이 흩어지거나 官災가 있다.

- 父母宮에 있으면 그 부모가 곤란한 점이 많으나, 地盤宮이 旺相하면 그렇지 않다.

(6) 驚門

◎ 屬性(속성)

- 退氣之門(퇴기지문)

- 시비구설, 驚惶(경황), 震怒(진노), 寒氣(한기), 肅殺(숙살), 초목이 시듦 등을 나타낸다.

◎ 類神(유신)

- 律師(율사)·공황·시비구설·官詞訟(관사송)·외교관·교사.

- 처벌받음. 미혹하여 무리를 어지럽힘.

◎ 落宮處(낙궁처)

- 兌宮 : 伏吟局
- 乾宮 : 比和
- 坎宮 : 洩氣
- 艮宮 : 入墓
- 震宮 : 返吟局
- 巽宮 : 門迫
- 離宮 : 制
- 坤宮 : 受生

⊙ 事案(사안)

- 驚惶憂傷(경황우상)·시비구설·官詞訟(관사송).
- 怪異(괴이), 경거망동, 놀람, 공포, 허황됨, 성급함, 미혹 등을 나타낸다.
- 官詞訟 건의 타결, 변론, 捕盜(포도), 연설문 낭송, 賭博(도박), 遊戱(유희), 伏兵 등엔 이롭다.
- 宮에서 驚門을 剋하면 우려와 근심이 발생한다.
- 驚門이 宮을 剋하면 흉함이 있다.

⊙ 解義(해의)

- 遊魂과 同宮이면 의미가 가중이고,
- 絶體와 同宮이면 대흉하다.
- 離宮에 있으면 흉하다.
- 官鬼宮에 있으면 갑작스런 질병이고, 정신병에 걸리기 쉽다.
- 正官宮에 있으면 직업의 변동이 많고, 매사 일에 용두사미이다.
- 財星宮에 있으면 거짓말을 잘하고, 구설수가 있고, 허풍이 심하고, 부부간 불화한다. 吉格이면 致富(치부)한다.
- 父母宮에 있으면 육친간 불화하고, 가택이 불안하고, 주변의 원성을 자주 듣는다.
- 兄弟宮에 있으면 잔꾀에 능하고, 사기성이 있다.
- 子孫宮에 있으면 자식이 재주는 있으나, 모사꾼이고 신뢰가 없다.

(7) 開門

◎ 屬性(속성)

* 旺氣之門(왕기지문)이며 開場顯揚之事(개장현양지사) 등을 맡는다.
* 결실을 거두고 새 출발하는 발전, 精進(정진), 開拓(개척)의 吉門이다.

◎ 類神(유신)

* 부친·상급자·영도자·법관·공무원·발달.
* 상점·공사·도시·출판사·설비·나는 기기·헛간.
* 창업, 求職, 求財, 개점, 赴任(부임) 등에 이롭다.
* 玄武가 乘하면 법관은 판단이 불분명하고 성격이 흐리멍텅하다.
* 開店이나 公事 관련해서 開門이 空亡地면 대흉하다.

◎ 落宮處(낙궁처)

* 乾宮 : 伏吟局
* 坎宮 : 平吉
* 艮宮 ; 入墓
* 震宮 : 門迫
* 巽宮 : 返吟局
* 離宮 : 制
* 坤宮 : 大吉
* 兌宮 : 旺

◎ 事案(사안)

* 經商 및 生産에 유리하다.
* 遠行, 征伐에 유리하다.
* 開店出版, 建築修造(건축수조), 遷移(천이), 考試升學(고시승학), 求醫治病(구의치병) 등에 유리하다.

◎ 解義(해의)

* 天醫와 同宮이면 酒食에 좋고, 歸魂과 同宮이면 和吉이다.
* 官鬼宮에 있으면 君子는 유리하고, 小人은 小凶하다.
* 正官宮에 있으면 시험합격, 승진, 영전, 창업 등의 길조가 있다.

- 財星宮에 있으면 재물이 풍부하나, 낭비가 있을 수 있고, 부부간 화합한다.
- 子孫宮에 있으면 자식이 학덕과 재주가 있고, 총명하다.
- 兄弟宮에 있으면 형제간 불화하나, 성공은 한다.
- 父母宮에 있으면 윗사람의 도움을 받고 길하다.

(8) 休門

◉ 屬性(속성)
- 和氣之門(화기지문)이며 休養生息之事(휴양생식지사) 등을 맡는다.
- 一陽이 뜨는 시점이고 만물이 開場됨을 준비하는 기간이다.

◉ 類神(유신)
- 공무원·휴식·휴양·과학기관·사무공작관련.
- 휴양지·양로원·퇴직간부.
- 혼사, 求財, 오락, 제사, 神과 佛을 위함, 修理築造(수리축조) 등에 이롭다.

◉ 落宮處(낙궁처)
- 坎宮 : 伏吟局
- 艮宮 : 制
- 震宮 : 平吉
- 巽宮 : 入墓
- 離宮 : 門迫
- 坤宮 : 制
- 兌宮 : 大吉
- 乾宮 : 大吉

◉ 事案(사안)
- 현상유지, 계획하고 준비를 위한 휴식에는 길하다.
- 휴가, 퇴직 후 휴식, 휴한활동.
- 貴人과 지도자를 만남, 상급자의 부임, 이주, 建造, 經商 등에는 길하다.
- 賞罰(상벌)과 범죄관련은 불리하다.
- 휴문이 伏吟이 되면 破財, 傷害 등이 따른다.

⊙ 解義(해의)

- 현상유지, 계획하고 준비를 위한 휴식에는 길하다.
- 歸魂과 同宮이면 化吉이다. 坤宮, 離宮에 있으면 불리하다.
- 財星宮에 있으면 재물풍족, 가택안녕이다.
- 官鬼宮에 있으면 평생 잔병이 없다.
- 正官宮에 있고, 吉格이면 명예와 관직이 높다.
- 子孫宮에 있으면 자손이 적으나, 地盤宮이 旺相하면 吉하다.
- 兄弟宮에 있으면 형제간에 우애가 좋다.
- 父母宮에 있으면 부모와 자식 사이가 좋고, 집안이 화목하다.

3) 時家八門/卦宮의 길흉관계

時家八門과 所在宮의 길흉관계는 宮이 "主"가 되고 時家八門이 "客"이 된다. 통상적으로 門과 宮의 생극관계와 더불어 門과 九星, 八神, 奇儀 등과 연계된 격국구성 등이 問占人의 사안에 대한 길흉의 판단방법인 것이다.

時家八門/卦宮의 길흉관계

生門	
艮宮	- 重山艮 卦 - 門과 宮이 比和이다. - 전답의 경작, 담장과 도로의 축조, 우물을 메움. 貨物을 구매하거나 양식을 축적하는 등의 사안은 이로우나 기타는 불리하다. - 天任星이 艮宮에 낙궁이면 伏吟이 되니, 作戰에서는 현재를 고수함이 이롭다. - 기타의 九星이 艮宮에 落宮하여 길격을 이루면 작전은 승리하고 이로움이 있다. - 흉격을 이루면 兵士의 정예화에 힘써야 하고, 이는 格局의 길흉에 연유되는 바이며, 妄動(망동)함에는 이롭지 못하다.
震宮	- 山雷頤 卦 - 宮이 門을 剋하니 制이다. - 작전은 "主"에게 이롭고, 三奇가 있어 길격을 띠면 일당백의 길함이 있으며, 귀인 알현은 성사된다. - 흉격이 되면 출전은 현재를 고수함이 좋고 대체로 흉하다.
巽宮	- 山風蠱 卦 - 宮이 門을 剋하니 制다.

	• 作戰은 "主"에게 이롭고, 三奇와 吉格을 이루면 凡事가 유리하며, 작전에서는 대승을 거둘 수 있다. • 흉격이면 선길후흉이고 최종에는 실패로 끝난다. • 용병과 작전에는 방어함이 이롭고, 출전함은 위험하다.
離宮	• 山火賁 卦 • 宮이 門을 生하니 작전에는 "客"이 이롭다. 마땅히 仁을 베풀고 義를 보답해야 하며, 상대방의 유혹을 멀리함이 유리하다. • 길격과 三奇를 得하면 적은 싸우지않고 스스로 물러나고, 敵이 양보하여 삿됨을 고쳐 바른 길로 돌아오고, 凡事 원하는 바대로 이루어진다. • 흉격을 이루면 하고자 하는 바가 자신에게 불리하고, 일의 정황은 有始無終이 된다.
坤宮	• 山地剝 卦 • 門과 宮이 比和된다. • 天任星이 坤宮에 낙궁하면 返吟局이 되며, 士兵에게 군량을 하사 등의 사안이 응해오거나, 흙을 파헤치거나, 담을 뛰어넘거나, 가옥의 분리 등과 연관된다. • 기타의 九星이 三奇의 吉格을 이루면 主客에 다 이롭고, 작전은 큰 공을 세운다. • 흉격을 이루면 하고자 하는 계획에 불리하며, 작전은 현재를 고수함이 이롭다.
兌宮	• 山澤損 卦 • 門이 宮을 生하니 작전은 "主"에 이롭다. 도적을 토벌함에는 도적이 와서 화해를 청하게 되고, 凡事에 이득이 있다. • 三奇를 得하고 吉格이 되면 만사형통하며, 생각하는 일이 다 성사되고, 작전은 대승을 거두게 된다. • 흉격이면 범사 반길반흉이고, 작전은 固守함이 좋다.
乾宮	• 山天大畜 卦 • 門이 宮을 生하니 작전은 "主"에게 이롭다. 작전은 神의 도움이 있게 된다. • 하고자 하는 바는 모두 이롭다. • 길격과 三奇를 득하게 되면 길하고 이로움이 더해진다. • 흉격이 되면 吉事는 半減되고, 兵事문제는 집결하여 움직이지 말아야 한다.
坎宮	• 山水蒙 卦 • 門이 宮을 剋하니 迫이다. • 이 占時는 먼저는 虛하고 나중은 實하니, 응당 먼저는 인덕과 의로 베풀고 나중은 계략을 취하여 승리한다. • 길격과 三奇를 得하면 작전은 필히 대승하고, 범사가 이롭다. • 흉격이면 吉事는 半減되고 나중은 흉하다.
傷門	
艮宮	• 雷山小過 卦 • 門이 宮을 剋하니 迫이다.

	• 작전은 "客"에게 이롭고, 吉格이면 작전은 능히 승리하고, 凡事에 길하다. • 흉격이면 凡事에 대흉하고, 사안이 급하니 응당 방어와 수비에 치중해야 한다.
震宮	• 重雷震 卦 • 門과 宮이 比和된다. • 天沖星이 震宮에 낙궁하면 伏吟局이 된다. 빚을 독촉하여 받아냄과, 도박과 오락, 貨物을 구하거나 거둠, 양식을 쌓아 놓음, 도적 포획, 邪와 惡의 징벌 등에 이롭다. • 기타 九星이 落宮하여 吉格이 되면 "主"와 "客"에 이롭고, 凶格이 되면 靜하고 지킴이 이롭고, 기획한 바를 구함은 불가하다.
巽宮	• 雷風恒 卦 • 門과 宮이 比和된다. • "主"와 "客"에 모두 이롭다. • 길격이 되면 작전은 대승이고, 凡事가 소원대로 이루어진다. • 흉격이 되면 먼저는 길하고 나중은 흉하며, 하고자하는 바는 완료하지 못하고 여지를 남기게 된다.
離宮	• 雷火豊 卦 • 門이 宮을 生한다. 작전은 "主"에게 이로우니 병사를 움직이지 말고, 적들은 모여 투항해 오고, 개선하여 돌아오게 된다. • 길격을 이루면 더하여 유리함을 얻을 수 있다. • 흉격을 이루면 먼저는 길하고 나중은 흉하며, 방어와 매복을 해야 하고, 범사가 빠르면 유리하나 늦어지면 경황됨과 우려함이 있게 된다.
坤宮	• 雷地預 卦 • 門이 宮을 剋하는 것이며, 傷門이 坤宮 낙궁이면 入墓가 되며 작전은 "主"에게 이롭고 "客"에게 불리하다. • 길격이 되면 "主"의 弱兵이 强兵으로 변하여 백전백승하게 된다. • 흉격이 되면 적이 入墓를 용하여 거짓 像을 짓는 것이니, 이 시점은 작전은 불가하므로 아닌즉 불리하다.
兌宮	• 雷澤歸妹 卦 • 宮이 門을 剋하니 制다 • 天沖星이 兌宮에 落宮하면 返吟局이 된다. 사병에게 군량과 상을 내림에 이롭고, 伐木하고 소화(銷貨)함에 이롭다. • 길격이면 작전은 "主"에 이롭다. • 흉격이면 凡事를 실행함에 불리하다.
乾宮	• 雷天大壯 卦 • 宮이 門을 剋하니 制가 되며, 작전은 "주"에 이롭다. • 길격이면 작전에 승리하고, 凡事가 소원대로 이루어진다. • 흉격이면 범사 성사됨이 없고, 작전은 사병의 의견을 받아들임이 좋고 천천히 움직이면 승리를 취할 수 있다.

坎宮	• 雷水解 卦 • 宮이 門을 生하니 작전은 "客"에 이롭다. • 吉格을 이루면 먼저 공격하면 일방적 승리를 거두고, "主"의 행동은 소원대로 이루어진다. • 흉격을 이루면 천천히 움직임이 길한데, 단 出戰은 불가하다.

杜門		

艮宮	• 風山漸 卦 • 門이 宮을 尅한다. 작전은 "客"에게 이롭다. • 吉格을 이루면 작전은 승리하고, 凡事가 먼저는 어려우나 나중은 쉽게 풀린다. 현재 상태를 굳건히 유지함이 이롭다. • 흉격이 되면 작전은 줄곧 실패할 것이고, 망동함은 불가하다.
震宮	• 風雷益 卦 • 門과 宮이 比和된다. "主"와 "客"에 모두 이롭고, 작전은 승리한다. • 三奇를 得하고 길격이 되면 이에 다시 길함과 이득이 있고, 凡事가 모두 유리하다. • 흉격이 되면 적의 詐欺(사기)를 방지해야 하고, 암암리에 적의 매복을 경계해야 하며, 凡事가 성공이 空虛하다.
巽宮	• 重風巽 卦 • 門과 宮이 比和된다. 天輔星이 巽宮에 낙궁하면 伏吟局이 된다. 양식을 쌓아두고 屯田함이 이롭고, 貨物을 거두고 수렴함이 길하며, 보물은 숨겨두고, 재난은 도피해야 하고, 과실나무는 식목하는데 이롭다. • 기타의 星이 吉格을 형성하면, 작전은 "主"와 "客"에 이롭고, 암암리에 兵士를 조련하거나 將帥(장수)를 파견함과, 謀事(모사)를 도모함에 이롭다. • 기타의 星이 흉격을 형성하면 凡事가 다 흉하고 일을 작업함에 불리하다.
離宮	• 風火家人 卦 • 門이 宮을 生하니 작전은 "主"에 이롭다. • 吉格을 이루면 敵人은 소문만 듣고도 간담이 서늘해지고, "主"가 움직이면 적의 투항을 받을 수 있고, 凡事가 소원대로 이루어진다. • 흉격이면 작전함에 불리하고, 적의 복병이 있을 수 있으니 방비함이 이롭다. 이는 먼저는 성공하고 나중은 실패하는 격이며, 매사 일을 시작하지 않음이 이롭다.
坤宮	• 風地觀 卦 • 門이 宮을 尅하니 작전은 "客"에게 이롭다. • 길격을 이루면 凡事가 반길반흉이고, 작전은 먼저 공격하는 자가 승리한다. • 흉격을 이루면 먼저는 승리하고 나중은 패하며, 마땅히 좋은 시기를 살펴보아야 한다.
兌宮	• 風澤中孚 卦 • 宮이 門을 尅하니 制다. 작전은 "主"에 이롭다. • 길격을 이루면 작전은 대승하고, 謀事(모사)는 이롭다.

	• 흉격을 이루면 百事가 실패하고, 정병이라도 패배하게 된다.
乾宮	• 風天小畜 卦 • 宮이 門을 剋한다. • 天輔星이 乾宮에 낙궁하면 返吟局이 된다. 兵士를 거두어 영채에 둠이 좋고, 무리를 흩어지게 하여 도피하고 은둔함이 이롭다. 상을 내림에 제멋대로인 면도 있다. • 기타의 星이 吉格을 이루면 작전은 "主"에 이롭고, 적은 듣기만 해도 담이 서늘해 지어, 물러날 시점에 승기를 잡아 적을 섬멸할 수 있고, 또한 개선하여 돌아올 수 있다. • 흉격을 이루면 매사 시작하지 않음이 이롭다.
坎宮	• 風水渙 卦 • 宮이 門을 生하니 작전은 "客"에게 이롭다. • 길격을 이루면 작전은 승리하고 凡事에 길하다. • 흉격을 이루면 작전은 固守함이 좋고, 圖謀(도모)함은 모두 허사이고 실익이 없으 며 효과를 얻기도 힘들다.
景門	
艮宮	• 火山旅 卦 • 門이 宮을 生하니 작전은 "主"에 이롭다. 어떤 작전이든 이로움이 있고, 凡事에도 길하다. • 길격이면 이 외에도 유리함이 더해진다. • 흉격이면 길함이 반감된다.
震宮	• 火雷噬嗑 卦 • 작전은 "客"에게 이롭다. • 길격이면 병졸을 인솔하여 先攻하면 일방적으로 승리하고, 기타의 일에는 약간의 이득이 있다. • 흉격이 되면 작전은 固守함이 좋고 진격함은 불리하며, 범사에 불리함이 많다.
巽宮	• 火風鼎 卦 • 宮이 門을 生하니 작전은 "客"에게 이롭다. • 길격이 되면 작전은 먼저 공격하는 자가 승리하고, 凡事에 응당 仁을 베풀고 義에 보답함이 있어야 하며, 느리게 행동함에 형통함이 있다. • 흉격이 되면 작전은 固守함이 좋고, 百事에 행하지 않음이 좋다.
離宮	• 重火離 卦 • 門과 宮이 比和되고 있다. • 天英星이 離宮에 낙궁하면 伏吟局이 된다. 고치고 정정하여 합약을 이끌어 냄과 모략을 계획하거나, 계책을 상신하거나, 포위되었을 때 使者를 보냄과, 병졸에게 상을 내릴 때, 배움의 도리를 위해 스승을 뵈올 때, 연단을 만들 때, 부뚜막의 수리 등에 길하다.

	• 기타의 九星이 艮宮에 임하여 길격이 되면, "主"와 "客" 모두에게 이롭고, 합작하여 승리를 얻고자 할 때와, 凡事에 모두 유리하다. • 흉격이 되면, 적의 진격을 기다리는 작전은 이롭고, 스스로 진격하고자 함은 불리하다.
坤宮	• 火地晉 卦 • 門이 宮을 生하니 작전은 "主"에 이롭다. • 길격이 되면 邪를 바로잡고 正으로 돌아서게 함과, 미혹함을 벗어나게 사람을 양성함에 이롭고, 적들은 투항하게 되고, 凡事에 이로움이 있다. • 흉격이 되면 먼저는 길하나 나중은 흉하고, 작전은 고수함이 좋고, 경거망동함은 불가하다.
兌宮	• 火澤睽 卦 • 門이 宮을 剋하니 작전은 "客"에게 이롭다. • 길격이 되면 작전은 일방적으로 대승하고, 기타의 빨리 진척코져 하는 일은 半吉이고, 더디게 진척코져 하는 일은 길함이 있다. • 흉격이 되면, 始終 승리를 희망하는 것에는 흠결이 있으며, 작전은 固守함이 좋다.
乾宮	• 火天大有 卦 • 門이 宮을 剋하니 작전은 "客"에게 이롭다. • 길격이 되면 가히 凱旋(개선)하여 돌아온다. • 흉격이 되면 작전은 병사를 잃게 되며 凡事에 불리하다.
坎宮	• 火水未濟 卦 • 宮이 門을 剋하니 작전은 "主"에 이롭다. • 天英星이 坎宮에 낙궁하면 返吟局이 되며, 사람을 흩어지게 하거나, 상을 내리거나, 방과 부엌을 나눔에 이롭다. • 길격이 되면, 출전을 나중에 하면 승리를 얻게 되며, 凡事에 길하다. • 흉격이 되면, 百事 성사됨이 없고, 固守함이 좋고, 늦게 움직이면 승리하게 된다.
	死門
艮宮	• 地山謙 卦 • 門과 宮이 比和된다. • 天芮星이 艮宮에 낙궁이면 伏吟局이 된다. 병졸에게 군량을 상으로 내림에 이롭고, 우물을 파고 하천에 쌓인 흙을 파냄에 이롭다. • 기타의 九星이 艮宮에 낙궁하여 길격을 이루면 "主"와 "客"에 다 이롭고, 작전은 화해하고, 凡事 성취한다. • 흉격이면 凡事가 불리하고, 성공하기 어렵고, 작전은 固守함이 이롭다.
震宮	• 地雷復 卦 • 宮이 門을 剋하니 制이다. 작전은 "主"에 이롭다. • 길격을 이루면 병졸을 훈련하여 강병을 만들고, 나중에 공격하면 승리를 거두고, 凡事 半吉이다.

	• 흉격을 이루면 凡事 이득됨이 없고, 작전은 後動者가 승리한다.
巽宮	• 地風升 卦 • 宮이 門을 剋하니 制이다. 작전은 "主"에 이롭다. • 길격이면 "主"가 일방적으로 대승하고, 圖謨之事는 小吉이다. • 흉격이면 凡事가 흉하다.
離宮	• 地火明夷 卦 • 宮이 門을 生한다. 작전은 "客"에 이롭다. • 길격을 이루면 먼저 공격하는 자가 승리하고, 凡事 길함이 늦다. • 흉격을 이루면 적을 기다리며 고수함이 좋고, 좋은 機器를 손실하나 죄를 지음이 불가한데, 그렇지 않으면 百事가 성취되지 못한다.
坤宮	• 重地坤 卦 • 門과 宮이 比和된다. • 天芮星이 坤宮 낙궁이면 伏吟局이 된다. 耕作(경작), 건축, 道路改修(도로개수), 황무지 개간, 식량 저장 등에 이롭다. • 기타의 九星이 坤宮 낙궁이고 길격을 이루면 "主"와 客에 다 이롭고, "主""客" 쌍방이 화합하게 되고, 凡事가 크게 길하고 이득이 있다. • 흉격을 이루면 圖謀之事(도모지사)는 不可하고, 움직이지 말아야 한다.
兌宮	• 地澤臨 卦 • 門이 宮을 生하니 작전은 "主"에 이롭다. • 길격을 이루면 출병후 나중에 공격하는 자가 승리한다. 凡事 획득함에 작은 이득 이 있다. • 흉격이 되면 상대방의 음모를 방지해야 하고, 가볍게 움직이지 말아야 하며, 凡事 가 처음은 길하나 나중은 우환이 있다.
乾宮	• 地天泰 卦 • 門이 宮을 生하니 작전은 "主"에 이롭다. • 길격이면 兵馬가 强健(강건)하고, 작전은 승리를 거두고, 謀事(모사)는 계책을 모아 성공을 거둘 수 있다. • 흉격이면 작전은 固守함이 좋으며 나중에 움직임이 유리하다.
坎宮	• 地水師 卦 • 門이 宮을 剋하니 작전은 "客"에 이롭다. • 길격이면 먼저 공격하여 승리를 거둘 수 있다. • 흉격이면 凡事가 흉하고, 圖謀之事(도모지사)는 성공하지 못한다.
驚門	
艮宮	• 澤山咸 卦 • 宮이 門을 生하니 작전은 "客"에 이롭다. • 길격이면 계책을 씀이 이롭고, 凡事에 먼저 仁義를 베풀어야만 연후에 일정기간 크게 길함과 이득이 있다.

	• 흉격이면 병사를 훈련시켜 강하게 만듦이 중요하고, 妄動(망동)하지 말아야 한다. 망동 즉 불리하다.
震宮	• 澤雷隨 卦 • 門이 宮을 尅하니 작전은 "客"에 이롭다. • 天柱星이 震宮에 낙궁하면 返吟局이 되며, 사람의 무리를 흩어지게 하고, 상을 내리거나, 벌목을 시작함에 이롭다. • 길격이면 旗鼓(기고)를 크고 웅장하게 하고, 무예와 위엄을 고양시키고, 백전백승하게 되며, 凡事가 먼저는 어려우나 나중은 길하다. • 흉격이면 작전은 일정기간 크게 패하게 되고, 凡事에 길함이 있다.
巽宮	• 澤風大過 卦 • 門이 宮을 尅하니 작전은 "客"에 이롭다. • 길격이면 대승을 거두게 되고, 凡事가 먼저는 어려우나 나중은 길하다. • 흉격이면 凡事가 대흉하고, 작전은 일정기간 大敗하게 된다.
離宮	• 澤火革 卦 • 宮이 門을 尅하니 작전은 "主"에 이롭다. • 길격이면 "主"가 일방적인 대승을 거두고, 凡事가 먼저는 어려우나 나중은 이롭다. • 흉격이면 萬事가 불리하다.
坤宮	• 澤地萃 卦 • 宮이 門을 生하니 작전은 "客"에 이롭다. • 길격이면 전장의 기틀을 파악하여 그 방향에서 승리를 거둘 수 있고, 凡事 나중에 움직이면 길하고 이로움이 있다. • 흉격이면 작전은 固守함이 좋고, 凡事가 다 흉하다.
兌宮	• 重澤兌 卦 • 門과 宮이 比和된다. "主"와 "客"에 다 이롭다. • 天柱星이 兌宮에 낙궁하면 伏吟局이 된다. 도적을 포획함에 이롭고, 貨物 등의 경영에 이롭다. • 그 외의 九星이 兌宮에 낙궁하여 길격을 이루면 작전은 계책이 있거나 혹은 우수한 계책이 있는 자가 승리하고, 凡事에 크게 길함과 이로움이 있다. • 흉격이면 작전은 고수함이 좋고, 凡事 망동함은 흉하다.
乾宮	• 澤天夬 卦 • 門과 宮이 比和된다. 작전은 "主"와 "客"에 다 이롭다. • 길격이면 대승을 거두고 凡事가 창성하고, 오랫동안 융성하게 된다. • 흉격이면 百事가 불성하고, 작전은 방어하고 수비함이 좋다.
坎宮	• 澤水困 卦 • 門이 宮을 生하니 작전은 "主"에 이롭다. • 길격이면 백전백승하고 圖謀之事(도모지사)는 형통하게 된다. • 흉격이면 작전은 병사를 회군시켜 영채에 머물게 함이 좋고, 간첩의 방비에 힘쓰고, 百事가 불성하고, 응당 기다림 등의 인내심이 있어야 한다.

	開門
艮宮	• 天山遯 卦 • 宮이 門을 生하니 主事는 소비와 소모됨이 있다. 하고자 하는 바를 실행하면 결과는 불리하다. "客"으로서는 천천히 움직임이 유리하다. • 三奇를 得하고 길격이 되면 萬事가 다 길하고, 출병은 대승을 거두게 된다. • 흉격이 되면 固守함이 이롭다.
震宮	• 天雷无妄 卦 • 門이 宮을 剋하니 門迫이다. 출병은 "客"이 일방적으로 유리하다. • 三奇를 득하고 길격이면 萬事가 크게 길하다. • 흉격이면 固守함이 좋다.
巽宮	• 天風姤 卦 • 門이 宮을 剋하니 門迫이다. 출병은 "客"이 일방적으로 유리하다. • 天心星이 巽宮에 낙궁하면 적의 진지를 격파하는 등의 적을 억압하고 훼손시킴에 유리하며, 백전백승하게 되고, 다시 三奇를 득하고 길격이 되면 위에 다시 유리함을 더하게 된다. • 흉격이 되면 返吟이라 하니, 사병에게 상을 내림이 좋고, 軍營을 옮김이 좋은데, 기타의 경우는 불리하다.
離宮	• 天火同人 卦 • 宮이 門을 剋하니 制이다. 出兵은 "主"에 이롭다. 이름을 얻고 관사송에는 길하고 이로움이 있다. • 길격이면 다시 유리함을 더하게 된다. • 흉격이면 먼저 움직이는 자가 강하더라도 나중에 움직이는 자가 길하고 이로움이 있다.
坤宮	• 天地否 卦 • 宮이 門을 生하니 출병은 "客"에게 일방적으로 유리하다. "主"는 사정상 소모됨이 있으니 불리하다. • 길격이 되면 병졸들을 통솔하고 단결시켜 승리를 거둘 수 있다. 기타의 사안도 길하고 이로움이 있다. • 흉격이 되면 사안은 늦게 움직이는 자가 길하고 이로움이 있다.
兌宮	• 天澤履 卦 • 門과 宮이 比和된다. • 출병은 "主"와 "客"이 모두 이롭다. • 三奇를 득하고 길격이면 작전은 필히 기간 중 대승을 거둔다. • 흉격이면 작전은 계책을 세워야 승리하는데, 이외의 경우라면 먼저 움직이는 자가 유리하다. • 나머지 사안은 모두 흉하며 다시 刑傷을 당하게 된다.
乾宮	• 重天乾 卦

	• 門과 宮이 比和된다. • 天心星이 乾宮에 낙궁하면 伏吟局이 된다. 賢士를 구하는 방도를 세움이 유리하며, 貨物과 양식 등을 구하거나, 보물을 수집하거나, 병졸을 훈련시키는 등은 이로운데, 매복과 수비 등의 사안은 불리하다. • 이외의 星이 乾宮에 낙궁하여 三奇를 得하고 길격을 이루면, 萬事가 대길하다. • 흉격이 되면 萬事가 다 흉하다.
坎宮	• 天水訟 卦 • 門이 宮을 生하니 귀함과 상부상조함이 있다. • 금은보화를 거두거나, 우마 등의 財 관련이나, 이름을 얻음에 이롭다. 여기에 三奇를 得하고 길격이면 다시 길하고 이로움을 더하게 된다. • 흉격이면 사안의 처음 시작에는 길함이 있으나 나중에는 손실과 소모가 도래하며, 길한 일이 반감된다.

休門

艮宮	• 水山蹇 卦 • 宮이 門을 剋하니 制이다. • 출병은 "主"에게 일방적으로 유리하고, 이름을 구함과 관청일에는 이롭다. • 三奇를 득하고 길격이 되면 작전은 승리하고, 事案은 먼저는 어렵고 나중은 쉽다. • 흉격이 되면 작전은 固守함이 좋고, 凡事가 모두 불리하다.
震宮	• 水雷屯 卦 • 門이 宮을 生하니 출병은 "主"에게 일방적으로 유리하다. 관청일이나 이름을 얻음에는 유리하다. • 길격이면 작전은 승리하고, 事案은 먼저는 어렵고 나중은 쉽다. • 흉격이면 작전은 고수함이 좋고, 기타의 事案도 모두 불리하다.
巽宮	• 水風井 卦 • 門이 宮을 生하니 출병은 "主"에 이롭다. • 길격이면 작전은 대승을 거두고, 萬事가 오랫동안 길하다. • 흉격이면 사안은 반길반흉이며 작전은 固守함이 좋다.
離宮	• 水火旣濟 卦 • 門이 宮을 剋하니 迫이다. • 天蓬星이 離宮에 낙궁하면 작전은 "客"에 이롭고, "客"이 일방적으로 대승을 거두고, 동시에 사병에게 포상을 하게 되고, 도랑 등을 파내어 물을 끌어옴과 우물을 파서 물을 얻음 등에 이롭다. • 三奇를 득하고 길격이면 事案은 반길반흉이다. • 흉격이면 凡事가 진행함이 불리하다.
坤宮	• 水地比 卦 • 宮이 門을 剋하니 출병은 "主"에게 일방적으로 유리하다. • 三奇를 득하고 길격이면 작전은 승리하고 다시 이로움이 더해진다.

	• 흉격이면 凡事가 모두 흉하다.
兌宮	• 水澤節 卦 • 宮이 門을 生하니 작전은 "客"에게 일방적으로 유리하다. • 三奇를 得하고 길격이면 凡事가 이롭다. 작전은 전장에서 머무르고 웅크리고 있으면 승리를 가져올 수 있다. • 흉격이면 凡事가 다 흉하다.
乾宮	• 水天需 卦 • 宮이 門을 生하니 작전은 "客"에 이롭다. 범사에 먼저 仁義를 베풀면 나중은 길함이 있다. • 三奇를 득하고 길격이 되면 작전은 승리하고, 凡事가 유리하다. • 흉격이면 작전은 固守함이 좋고, 기타의 事案은 크게 유리함이 없다.
坎宮	• 重水坎 卦 • 門과 宮이 比和된다. • 天蓬星이 坎宮에 낙궁하면 伏吟局이 되며, 연못을 파내어 改修하거나 양어, 술을 빚거나, 양식을 구하거나, 물고기와 소금을 사거나 등의 事案에 이로운데, 이는 서두르지 않음이 이롭다. 　작전은 固守함이 이롭고, 기타의 事案은 모두 불리하다. • 三奇를 得하고 길격이면 萬事 서두르지 않는 자가 유리하다. • 흉격이면 萬事가 다 흉하다.

4) 天盤·地盤 時家八門 剋應訣(천반·지반 시가팔문 극응결)

時家八門 낙궁처를 天盤으로 보고, 본래의 時家八門 定位宮을 地盤으로 하여 그 배합관계를 살펴 길흉관계를 논하는 것이다. 動應(동응)은 외적인 요소의 應함이고, 靜應(정응)은 내적인 요소의 應함이다.

生門(天盤)		
地盤 (靜應)	生門	遠行과 求財에 이롭다, 凡事에 길하다.
	傷門	交友함에 변동수가 있고, 도로사는 불길하고, 대문을 나서는 것도 주의해야 한다.
	杜門	陰謀(음모)가 있고, 부인의 손재수 등 불리함이 있다.
	景門	부인과 아이의 관련사는 안녕치 못하나, 문서관련사는 나중에 길하다.
	死門	田宅과 官詞訟(관사송)과 연관되고 災禍(재화)를 면할 수 없다.
	驚門	年長者나 재산과 관련하여 詞訟(사송)이 있고, 병환 등의 불길한 일이 있다.

	開門	貴人을 만나게 되고 求財는 크게 길하다.	
	休門	부인과 연관하여 재물을 求함에 이득이 있다.	
地盤 (動應)	生門	8리나 18리에 붉은 옷을 입은 貴人을 만나게 된다.	
	傷門	3리나 30리에 곤봉을 든 公人을 만나거나, 흙을 다듬어 과수나무를 심는 것을 보게 된다.	
	杜門	4리 혹은 40리에 채색물건을 잡은 사람이 노래하며 지나거나, 장탄식하는 사람을 만나게 된다.	
	景門	9리 혹은 19리에 貴人의 車馬와 여러 사람이 그 뒤를 따르는 것을 보게 된다.	
	死門	2리 혹은 12리에 孝服(효복)입은 사람이 哭泣(곡읍)함을 만나게 된다.	
	驚門	7리 혹은 17리에 가축을 좇는 사람을 보게 되거나, 訟事 건에 대해 설명하는 사람을 보게 된다.	
	開門	6리 혹은 16리에 貴人의 車馬를 만나게 되거나, 뱀과 돼지가 시끄러운 소리 내는 것을 만나게 된다.	
	休門	1리 혹은 11리에 향기나는 옷을 입은 사람을 만나게 되거나, 동전꾸러미를 짊어진 사람을 만나게 된다.	

傷門(天盤)			
地盤 (靜應)	生門	친인척과 교우관련 일은 불리하고, 道路事도 불길하다.	
	傷門	변동이 많고 遠行은 折傷(절상) 등의 흉사가 있고, 凡事가 불길하다.	
	杜門	변동과 失脫(실탈)이 있고, 官詞訟(관사송) 건은 형구에 묶여 감옥에 갇히게 된다.	
	景門	문서, 도장, 소식 등에 口舌이 있고, 동요함과 작은 소리로 두런거림 등의 불순함이 있다.	
	死門	官訟이나 문서 소식 등은 다 흉하고, 出行은 大凶하고, 病占은 대개 흉하다.	
	驚門	친한 사람에게 우환과 두려움이 있고, 중매 건은 나에게 불리하다.	
	開門	貴人이 開張하니 달아남과 失脫(실탈) 등의 일은 불리하다.	
	休門	남자에게 변동이 있고, 맡긴 사람의 陰謀(음모)가 있고, 재물, 명예와 연관된 건은 불리하다.	
地盤 (動應)	生門	8리 혹은 18리를 가서 벌목하는 사람을 만나거나 흙을 쌓는 사람을 만나게 된다.	
	傷門	3리 혹은 13리를 가서 2대의 마차가 변방의 도로에서 경쟁하며 가는 것을	

		보게 된다.
	杜門	4리 혹은 14리를 가서 公官人을 만나거나, 木工이 벌목하는 것을 만나거나, 부인이 애를 포대에 싸서 가는 것을 만나게 된다.
	景門	9리 혹은 19리를 가서 색깔있는 옷을 입고 말을 타고 가는 사람을 보게 된다.
	死門	2리 혹은 12리를 가서 葬埋(장매)를 만나거나 孝服(효복)입은 사람의 哭泣(곡읍)소리를 듣게 된다.
	驚門	7리 혹은 17리를 가서 사람들이 치고받는 것을 보거나, 부인이 아이와 동행하는 것을 보게 된다.
	開門	6리 혹은 16리에 사람이 담장을 부수거나, 安門의 현판을 떼어내거나, 두 마리 돼지가 서로 시끄러운 소리내는 것을 듣게 된다.
	休門	1리 혹은 11리에 노부인이 어린소년과 동행하는 것을 만나게 된다.

<table>
<tbody>
<tr><td colspan="3" align="center">杜門(天盤)</td></tr>
<tr><td rowspan="9">地盤
(靜應)</td><td>生門</td><td>남자와 어린아이의 재물 손실이 있고, 田宅이나 求財는 불성한다.</td></tr>
<tr><td>傷門</td><td>형제들이 전답을 놓고 다투거나, 재물과 家宅이 손상된다.</td></tr>
<tr><td>杜門</td><td>부모의 질병으로 인해 家産을 처분해야 하는 문제가 발생한다.</td></tr>
<tr><td>景門</td><td>문서, 계약 소식 등은 沮滯(저체)되고 남자와 어린아이의 질병이 있다.</td></tr>
<tr><td>死門</td><td>田宅이 줄고, 문서가 소실되거나, 官詞訟(관사송)이나 재물의 손실 등의 흉함이 있다.</td></tr>
<tr><td>驚門</td><td>집안에 내우외환이 있고, 官詞訟(관사송) 등의 사안이 발생한다.</td></tr>
<tr><td>開門</td><td>貴人이나 尊長者(존장자)를 만날 수 있고, 圖謀之事(도모지사)는 먼저는 자신의 재물에 손실이 있고 나중은 길하다.</td></tr>
<tr><td>休門</td><td>求財에 이득이 있다.</td></tr>
<tr><td rowspan="5">地盤
(動應)</td><td>生門</td><td>8리 혹은 18리에 동전꾸러미를 메고 가는 사람을 만나거나, 손에 음식물을 잡고 가며 흥얼거리는 사람을 만나게 된다.</td></tr>
<tr><td>傷門</td><td>3리 혹은 13리에 木工이 나무 곤봉을 잡고 있는 것을 만나게 된다.</td></tr>
<tr><td>杜門</td><td>부인이 손주를 데리고 있는 것을 만나게 되거나, 4리 안에 녹색옷을 입은 사람을 만나게 된다.</td></tr>
<tr><td>景門</td><td>9리 혹은 19리에 색깔있는 옷을 입은 임산부를 만나게 되거나, 公官人이 적색마를 탄 것을 만나게 된다.</td></tr>
<tr><td>死門</td><td>2리 혹은 12리에 喪服(상복)입은 사람이 哭泣(곡읍)하는 것을 만나게 된다.</td></tr>
</tbody>
</table>

	驚門	7리 혹 17리에 징소리를 내며 노래부르는 사람을 만나거나, 官人이 訟事 건에 대해 말하는 것을 만나게 된다.
	開門	6리 혹은 16리에 노래부르는 사람을 만나거나, 개와 돼지가 짖는 것을 만나게 된다.
	休門	1리 혹은 11리에 창극소리를 듣거나, 향기나는 옷을 입은 사람이 간난아기 를 포대에 감싼 것을 만나게 된다.

景門(天盤)		
地盤 (靜應)	生門	부녀자가 아이를 낳아 크게 기뻐하고, 求財에 크게 이롭고, 行人에게도 다 이롭다.
	傷門	인친, 권속, 식구들에게 시비구설이 발생하고, 訟事 件은 요란스럽다.
	杜門	문서의 失脫(실탈)이 있고 재물이 흩어진 후에 다소 길함이 있다.
	景門	문서를 보낸 것은 움직임이 없고, 앞날을 미리 내다보는 것에는 헤아림이 있고, 식구들에겐 憂患(우환)의 끝남이 있다.
	死門	官訟事(관송사)로 인해 전택과 관련하여 다툼과 수근거림이 많다.
	驚門	남자와 식구들에게 질병사로 인해 흉하다.
	開門	官人은 영전의 길함이 있고, 문서와 도장, 소식 등도 길하다.
	休門	문서는 遺失(유실)되고 爭訟(쟁송)은 끝이 없다.
地盤 (動應)	生門	8리 혹은 18리에 어린아이가 소를 좇는 것을 만나거나, 어떤 사람이 자루 에 든 동전을 등에 지고 당도하게 됨을 만나게 된다.
	傷門	3리 혹은 13리에 여인이 가마에 앉아 있거나, 혹은 노새나 말을 탄 것을 만나게 된다.
	杜門	4리 혹은 14리에 늙고 젊은 부녀를 만나거나, 뚫어진 검은 옷을 입은 아들 을 거느리고 가는 것을 만나게 된다.
	景門	9리 혹은 19리에 사람이 문서꾸러미를 지닌 것을 만나게 되거나, 火光이 있거나 驚惶(경황)스런 일을 만나게 된다.
	死門	2리 혹은 12리에 상복입고 哭泣(곡읍)하는 사람을 만나거나, 색깔있는 옷을 입고 말 탄 사람을 만나게 된다.
	驚門	7리 혹은 17리에 사람들이 爭訟 件으로 치고 박고하는 것을 만나게 되니 피함이 이롭다.
	開門	6리 혹은 16리에 여러 사람이 가는 것을 만나거나, 관인이 말탄 것을 만나 게 된다.
	休門	1리 혹은 11리에 哭泣(곡읍)하는 여자를 만나거나, 장사하는 사람과 동행

		하는 것을 보게 된다.

死門(天盤)		
地盤 (靜應)	生門	謀事(모사)나 求財 관련 건은 다 길하고, 病者라면 위험을 벗어나 회복하게 된다.
	傷門	官訟事(관송사)나 囚獄者(수옥자)는 災禍(재화)가 있고, 소식이나 圖章(도장) 件은 불길하고 흉화가 다발한다.
	杜門	官事가 動하고 刑杖(형장) 관련 건은 흉하다.
	景門	문서, 계약, 소식 등과 관련된 범죄는 官家와 시비 건이 있으나 먼저는 어려우나 나중은 길하다.
	死門	百事가 불길하고 官訟事(관송사)는 임박하고, 病患者는 죽게 되고, 囚獄(수옥)과 刑杖(형장)을 받는 자는 죽음에 이르게 된다.
	驚門	官訟事(관송사)나 囚獄者(수옥자)는 災禍(재화)가 있고, 소식이나 도장 건은 불길하고 흉화가 다발한다.
	開門	上官과 貴人을 謁見(알현)할 수 있고, 문서, 소식, 계약 건 등은 이로움이 있다.
	休門	圖謀之事(도모지사)나 求財 件은 다 불길하고, 僧徒(승도)에게 방도를 물은 즉 길함이 있다.
地盤 (動應)	生門	8리 혹은 18리에 孝子가 生物을 잡고 서럽게 우는 것을 만나게 된다.
	傷門	3리 혹은 13리에 棺槨(관곽)을 써서 기뻐하는 사람을 만나게 된다.
	杜門	4리 혹은 14리에 埋葬(매장)을 만나거나, 형형색색의 편지를 든 자를 만나게 된다.
	景門	9리 혹은 19리에 여러 명의 哭泣(곡읍)하는 孝子를 만나게 된다. 전진함은 불가하고 물러남이 이롭다.
	死門	2리 혹은 12리에 불길한 일로 哭泣(곡읍)하는 부인을 만나게 된다.
	驚門	7리 혹은 17리에 喪을 당하여 哭泣(곡읍)함을 만나거나, 가축류의 사체를 만나게 된다.
	開門	6리 혹은 16리에 開·封墳(개·봉분)하고 哭泣(곡읍)함을 만나거나, 가축이 싸워 상처입고 다침을 보게 된다.
	休門	2리 혹은 12리에 푸른 옷을 입은 부인의 哭泣(곡읍)함을 만나게 된다.

驚門(天盤)		
地盤	生門	부녀자에게 憂患(우환)과 놀람이 있거나, 求財 件으로 우환과 놀람이 있

(靜應)		는 것은 모두 길하다.
	傷門	經商관련 同謀(동모)하여 사람을 해하는 것 등은 누설되어 訟事를 야기하니 흉하다.
	杜門	재물의 失脫(실탈), 破財(파재), 驚惶(경황) 관련 등은 흉하지 않다.
	景門	官詞訟(관사송)은 끊이지 않고 가족에게 질병으로 인한 흉함이 있다.
	死門	가택에 괴이한 일이 발생하나 흉하지 않다.
	驚門	질병의 우려와 驚惶(경황) 등이 있다.
	開門	憂患(우환)과 의심스러움이 있고, 관청일은 경황스럽고, 윗사람을 봄에 기쁘니 흉하지 않다.
	休門	求財事 혹은 口舌을 동반한 求財事 등은 늦어지나 흉하지 않다.
地盤 (動應)	生門	8리 혹은 18리에 여자가 童子(동자)를 데리고 소를 좇는 것을 만나게 되거나, 어린아이가 물건을 잡고 깔깔대며 웃는 것을 만나게 된다.
	傷門	3리 혹은 13리에 남녀가 어린 아해를 때리며 시끄럽게 떠드는 것을 만나게 된다. 되돌아옴이 좋고 만약 강행한다면 차가 손상되고 말은 죽게 된다.
	杜門	4리 혹은 14리에 僧徒(승도)가 동행함을 만나게 되거나, 남녀가 서로 장사하는 것을 만나게 된다.
	景門	9리 혹은 19리에 색깔있는 옷을 입은 여자가 官詞訟(관사송)에 대해 설명하는 것을 만나게 된다.
	死門	2리 혹은 12리에 여인의 哭泣(곡읍)을 듣거나, 喪(상)당한 자를 만나게 된다.
	驚門	7리 혹은 17리에 두 명의 여자가 시끄럽게 떠들거나, 제 삼자가 官詞訟(관사송) 해결 방법에 대해 말하는 것을 만나게 된다.
	開門	6리 혹은 16리에 官吏(관리)가 爭訟件(쟁송건)과 관련하여 사람을 부림을 만나게 된다.
	休門	1리 혹은 11리에 푸른 옷을 입은 여인이 官詞訟(관사송)에 대해 말하는 것을 만나게 된다.

開門(天盤)		
地盤 (靜應)	生門	貴人의 알현이나 圖謀事(도모사)나 희망 건은 쉽게 성사된다.
	傷門	변동하거나 改修(개수)하거나 이사 등은 모두 흉하다.
	杜門	失脫(실탈) 건이 있고 문서, 계약, 인장 건은 소흉하다.
	景門	貴人의 謁見(알현)이나 문서사 등은 흉하다.

	死門	官詞訟(관사송)에는 경황됨이 있고 먼저는 우환이 있으나 나중은 길하다.
	驚門	官詞訟(관사송)에는 경황됨이 있고 먼저는 憂患(우환)이 있으나 나중은 길하다.
	開門	貴人을 謁見(알현)하고 보물과 재물에 기쁨이 있다.
	休門	貴人 謁見(알현)이나 財務(재무)를 봄에는 이롭고, 점포를 개장하거나 무역 등은 크게 이롭다.
地盤 (動應)	生門	8리 혹은 18리에 여자가 짐승과 같이 가거나, 혹은 남자가 財帛(재백)이나 家産 등의 일로 언쟁하는 것을 만나게 된다.
	傷門	3리 혹은 13리에 부인이 車馬를 타고 사람들이 불을 들고 장난치며 따르는 것을 보게 된다.
	杜門	4리 혹은 14리에 남자가 급히 소리치거나, 혹은 僧徒(승도)를 보면 응한 것이다.
	景門	9리 혹은 19리에 貴人이 말을 타거나 혹은 문서꾸러미를 든 것을 만나게 된다.
	死門	2리 혹은 12리에 노인이 哭(곡)하고 울거나, 혹은 흙을 파헤치거나 葬埋(장매)를 보면 응한 것이다.
	驚門	7리 혹은 17리에 남매가 동행함을 만나게 된다.
	開門	60리에 貴人을 만나거나 다투는 사람들을 만나게 되면 응한 것이다.
	休門	1리 혹은 11리에 짐승이 서로 다투는 것을 보게 되거나, 향기나는 옷을 입은 부인이나 혹은 文士가 功名에 대해 말하는 것을 만나게 된다.

休門(天盤)		
地盤 (靜應)	生門	여인이 재물을 얻고, 貴人謁見(귀인알현)이나 圖謀事(도모사), 희망사 등은 비록 지연되나 길하다.
	傷門	上官에게 喜慶(희경)이 있고 求財 등은 얻지 못하고, 친인척간 家産을 분배함은 불길하다.
	杜門	재산을 破하고 물건을 잃어버림 등이 심하다.
	景門	희망사 관련 문서나 소식 등은 도착하지 않고, 반대로 구설을 초래하니 소흉하다.
	死門	문서, 소식, 官詞訟(관사송) 등이나 僧徒(승도)의 遠行 등은 불길하고, 사망관련 占事 등은 흉하다.
	驚門	損財數가 있고 이득과 더불어 질병과 경황 등을 초래하며, 재물을 破하고 불리하다.

	開門	점포를 開場하거나 貴人謁見(귀인알현), 求財 등의 희경사는 크게 길하다.
	休門	求財나 人口가 늘거나 貴人의 謁見(알현) 등은 길하다. 아침에 上官을 만나거나 修造(수조)등은 이롭다.
地盤 (動應)	生門	8리 혹은 18리에 부인을 만나거나, 아래가 황색이나 흑색의 옷, 혹은 향기나는 옷을 입은 관리를 만나게 된다.
	傷門	3리 혹은 13리에 木工人이 나무곤봉을 잡은 것을 보거나 향기나는 옷을 입은 관리를 보면 응함이다.
	杜門	4리 혹은 14리에 청색옷의 부인이 아이를 데리고 노래부르며 동행함을 보게 된다.
	景門	9리 혹은 19리에 향기나는 옷을 입은 公官人이 말이나 노새를 탄 것을 보게 된다.
	死門	2리 혹은 12리에 孝服(효복)입은 사람의 哭泣(곡읍)을 듣거나, 녹색옷을 입은 사람들이 서로 함께 있는 것을 보게 된다.
	驚門	7리 혹은17리에 향기나는 옷을 입은 사람이 다리를 툭툭치거나, 부인이 어린아이를 데리고 가는 것을 보게 된다.
	開門	6리 혹은 16리에 사람이 宣飯(선반)을 치며 탄식하는 것을 보거나, 가축들이 서로 대적하여 다투는 것을 보게 된다.
	休門	1리 혹은 11리에 청색 옷을 입은 부부의 뛰어나게 놀라운 노래소리를 들으면 응한 것이다.

제4장
직부팔장直符八將

1. 개요概要

　　直符八將(직부팔장)은 일명 直符八神(직부팔신)이라고도 칭하는데, 烟局奇門(연국기문)의 5대 구성요소 중 神助的要素(신조적요소)에 해당한다. 神助라는 의미가 나타내듯 허공에 있으면서 보이지도 않고 그 능량을 가늠할 수도 없지만, 사람의 능력으로는 도저히 미치지 못하는 영향력과 통제력을 지니고 있다고 판단하는 것이다. 따라서 이는 기문둔갑에서 활용하는 여러 神殺 등의 범주에 포함시킬 수 있지만 그 작용력이 광범위하고 심대하므로 별도의 章으로 분류한 것이다.

　　통변시에는 用事하고자 하는 烟局奇門의 구성체계를 분석하면, 이미 사안의 길흉관계가 분명하게 드러나므로, 直符八將의 활용은 절대적인 영향력이 아닌 神殺과 연계하여 보조적인 영향력을 발휘하는 것이라 논하면 무리가 없는 것이다. 그러나 보조적인 영향력이라 하더라도 同宮하고 있는 神殺과 기타 구성요소에 따라 길흉간의 변화가 倍加된다 판단하므로 통변시 看過(간과)해서는 안되는 주요 항목이다.

2. 직부팔장直符八將 구궁정위도九宮定位圖

陽遁局 直符八將 定位圖

巽	巳	離 午	未	坤
辰	❹ 太陰	❾ 六合	❷ 勾陳	申

陰遁局 直符八將 定位圖

巽	巳	離 午	未	坤
辰	❹ 六合	❾ 太陰	❷ 螣蛇	申

震卯	❸ 螣蛇	❺	❼ 朱雀	兌酉
寅	❽ 直符	❶ 九天	❻ 九地	戌乾
艮 丑	坎 子	亥 乾		

震卯	❸ 白虎	❺	❼ 直符	兌酉
寅	❽ 玄武	❶ 九地	❻ 九天	戌乾
艮 丑	坎 子	亥 乾		

3. 포국법布局法

直符八將布局法은 天盤奇儀 중에서 時符頭旬將이 있는 곳에 直符를 附法하되 아래의 순서대로 陽遁은 順布, 陰遁은 逆布한다.

(順序)

陽遁局 : 1.直符(직부) → 2.螣蛇(등사) → 3.太陰(태음) → 4.六合(육합) → 5.勾陳(구진) → 6.朱雀(주작) → 7.九地(구지) → 8.九天(구천)

陰遁局 : 1.直符(직부) → 2.螣蛇(등사) → 3.太陰(태음) → 4.六合(육합) → 5.白虎(백호) → 6.玄武(현무) → 7.九地(구지) → 8.九天(구천)

宮·將 配合 吉凶表

九宮 ＼ 八將	直符 직부	螣蛇 등사	太陰 태음	六合 육합	勾陳 구진	朱雀 주작	九地 구지	九天 구천
坎 一 白	○	×	△	△	×	×	△	△
坤 二 黑	○	×	△	△	×	×	△	△
震 三 碧	○	×	△	△	×	×	△	△
巽 四 綠	○	×	△	△	○	○	×	×
中 五 黃	×	○	×	×	○	○	×	×
乾 六 白	○	×	△	△	×	×	△	△
兌 七 赤	○	×	△	△	×	×	△	△

艮 八 白	○	×	△	△	×	×	△	△
離 九 紫	○	×	△	△	×	×	△	△

(예) 음력. 1991년 11월 12일 辰時

```
時 日 月 年
壬 辛 庚 辛
辰 酉 子 未
──────────
陰遁 大雪 下元1局
時  干：壬
時符頭：庚 (甲申旬中)
```

1) 大雪 下元 1局이니 坎1宮에서 甲子戊를 일으키되 陰遁이므로 逆布되어 지반육
   의삼기를 포국한다.

2) 천반육의삼기는 壬辰時가 甲申旬中에 있으므로 甲申旬中의 時符頭인 庚을 地盤
   奇儀 中 時干 壬위에 移去해 오고 나머지도 순차적으로 移去해와 천반육의삼기
   를 포국한다.

3) 直符八將은 天盤奇儀 中 時符頭가 있는 곳에 直符를 附法하고, 나머지는 陽順陰
   逆하여 십이지지구궁정위도상으로 附法한다. 따라서 天盤奇儀 中 時符頭 庚이
   乾宮에 있으므로 이곳에 直符를 附法하고, 나머지는 음둔국이니 역행하여 兌宮
   에 螣蛇, 坤宮에 太陰… 순으로 附法한다. 아래 표와 같다.

巽　　　　巳	離　　午	未　　　坤
❹	❾	❷
辰　乙 / 丁　　白虎	辛 / 己　　六合	壬 / 乙　　太陰　　申
❸	❺	❼
震卯　己 / 丙　　玄武	癸	戊 / 辛　　螣蛇　　兌酉

寅	❽ 丁 / 庚 九地	❶ 丙 / 戊 九天	❻ 庚 / 壬 直符	戊
艮	丑	坎 子	亥	乾

4. 직부팔장론直符八將論

1) 直符(직부)

- ◆ 領袖之神(영수지신)
- ◆ 사람으로는 영도자, 통수권자, 귀인, 존장자의 위치이다.
- ◆ 六甲에 속한 모든 神의 으뜸이고, 흉액을 소멸시키는 吉神이다.
- ◆ 재물점에서는 고액의 물품이며 또한 진품이고 정품이다.
- ◆ 兵事占에서는 작전의 최고지휘계통이고, 용맹하고 능력있는 장수를 의미한다.
- ◆ 직무관련 점에서는 直符가 四正宮(1·3·7·9궁)에 臨하면 正職이고, 四維宮(8·4·2·6궁)에 臨하면 副職이다. 단 6宮은 예외로 정직으로 논한다. 乾卦는 首位를 의미하기 때문이다.
- ◆ 太白 庚金을 가장 꺼린다.
- ◆ 철물, 재백, 금은, 보물 등을 관장한다.
- ◆ 日干, 日辰에 있으면 성품이 온화하고 중후하다.
- ◆ 吉宮에 있으면 만사형통한다.
- ◆ 庚干에 임하면 반대로 흉하다.
- ◆ 國運占에서는 국가의 최고수반, 집권당과 연관된다.

2) 螣蛇(등사)

- ◆ 虛耗之神(허모지신)
- ◆ 독선적이고 변동이 많은 凶神이다.
- ◆ 공포, 怪異(괴이), 妖邪(요사), 흉몽 등을 관장한다.

- 問占時에 螣蛇를 보면 기 問占人은 신비주의나, 종교신앙, 동양오술 등과 연관이 있는 것이다.
- 占事와 관련해서는 虛假之象(허가지상)이다.
- 病占에서는 경황스럽고 놀랄만한 말을 듣고, 악몽을 많이 꾸게 되며, 질병에 전염될 염려도 있다.
- 景門에 臨하면 燈燭火(등촉화)로 보고, 驚門에 臨하면 災害(재해)로 본다.
- 日干, 日辰에 臨하면 거짓되고 신의 없고 만사불성이고, 財宮에 있으면 반대로 좋다.
- 六親宮에 있으면 흉하다.
- 國運占에서는 火災, 天災 등과 연관된다.

3) 太陰

- 陰佑之神(음우지신)
- 隱藏(은장), 暗昧(암매), 欺瞞(기만), 陰私(음사)나 夫婦之事를 관장하고 吉神이다.
- 太陰은 暗中的 貴人이며, 直符는 明顯的(명현적) 貴人이다.
- 日干, 日辰에 臨하면 吉하나, 財星, 妻宮에 있으면 淫亂(음란), 私通(사통)의 염려가 있고 그 妻도 마찬가지이다. 또한 지모와 지략이 뛰어나고 多成多敗하며 여자가 많이 따른다.
- 相生되면 길하고, 相剋되면 흉하며 陰人의 害를 예방해야하고, 相合되면 부녀자로 인해 이득이 있다.
- 國運占에서는 여성정치인, 여성관련 의제 등과 연관된다.

4) 六合

- 護衛之神(호위지신)
- 和平, 交易, 혼인, 酒食(주식), 宴會(연회)등을 관장하고 길신이다.
- 六合이 臨한 방위로 담판이나 교역, 혼인 건 등에 이롭고, 臨한 宮으로는 和合之事 등에 이롭다.
- 景門이 同宮이면 酒食(주식)이나 僧徒(승도)의 예술관련 事案이 응해온다.

- 日干, 日辰에 臨하면 겉으론 온화하나, 안으론 편협되고 인색하다.
- 女命은 음란하다.
- 六親宮에 臨하면 吉하고 여자운이 좋다.
- 國運占에서는 외교문제와 연관된다.

5) 勾陳

- 勾連之神(구련지신)
- 저체, 완고, 拘留(구류), 爭訟(쟁송), 시비다툼을 관장하는 흉신이다.
- 질병, 喪事(상사), 仆倒(부도), 跌傷(질상) 등을 예방해야 한다.
- 日干, 日辰에 臨하면 시비구설 등의 흉함이 도래한다.
- 官鬼宮에 臨하면 拘留(구류), 爭訟(쟁송) 관련이나 질병, 사고를 유발한다.
- 國運占에서는 질병, 房地의 産과 연관된다.

6) 白虎

- 剛猛之神(강맹지신)
- 殺傷, 투쟁, 喪亡(상망), 詞訟(사송), 口舌, 전쟁, 횡폭, 血光之事(혈광지사)의 凶 神이다.
- 死門, 驚門과 동궁이면 凡事가 모두 흉하다.
- 日干, 日辰에 臨하면 흉하다.
- 財星宮에 있으면 오히려 吉하고
- 六親宮에 있으면 질병, 殺傷의 禍가 있다.
- 國運占에서는 治安, 國防 등과 연관된다.

7) 朱雀

- 奸讒之神(간참지신)
- 강연을 좋아하고, 문명의 기기, 문서, 소식, 인장, 口舌 등을 관장한다.
- 得地하면 문서, 명예 등과 연관되어 길함이 있다.
- 失地하면 시비구설, 陰害(음해) 등의 흉함이 있다.

◆ 國運占에서는 신문, 전파 등의 媒體(매체)와 연관된다.

8) 玄武

◆ 盜賊之神(도적지신)

◆ 盜賊, 음모, 도망, 風流, 桃花淫蕩(도화음탕), 邪惡(사악), 鬼昧(귀매) 등을 관장하
   는 凶神이다.

◆ 이 방위를 用함에 길문, 길격을 득하면 禍變吉이 된다.

◆ 問物占에서는 부패변질물이거나 혹은 사방으로 거짓, 졸렬, 위선과 연관된 物
   이다.

◆ 日干, 日辰에 臨하면 도적지심이 있고 奸詐(간사)하다.

◆ 官鬼宮에 있으면 多病하다.

◆ 財星宮에 있으면 오히려 吉하다.

◆ 六親宮에 있으면 흉하다.

◆ 國運占에서는 도적, 治安관련, 攪亂(교란) 등과 연관된다.

9) 九地

◆ 堅牢之神(견뢰지신)

◆ 謹愼(근신), 침묵, 여인, 매장, 虛空 등을 관장하는 半吉半凶이다.

◆ 屯兵固守(둔병고수)함에 이롭고, 播種養殖(파종양식)이나, 지역산물의 개발, 經
   商 등에 이롭다.

◆ 九地 방위를 用함에 凶門, 凶卦가 臨하면 憂愁(우수)로 인한 질병이 발생하고
   牢獄(뇌옥), 暗昧(암매), 哭泣(곡읍), 사망 등의 흉사가 있다.

◆ 九地 소재궁으로는 전답관련 사안과, 平穩(평온), 安逸(안일) 등과 연관된다.

◆ 制剋과 入墓(입묘)를 꺼리고, 春夏는 吉하고, 秋冬은 凶하다.

◆ 日干, 日辰에 臨하면 중후하고 온화하고 謀事(모사)와 재능이 뛰어나나 지나치
   면 공상이 많다.

◆ 白虎猖狂格(백호창광격)이면 九地를 破하게 된다.

◆ 財星宮엔 좋고, 官鬼宮엔 喪災(상재)가 발생한다.

◆ 國運占에서는 산림, 토지, 감옥 등과 연관된다.

10) 九天

◆ 威捍之神(위한지신)

◆ 文書, 印信, 火災, 順理, 剛健(강건), 權威(권위)등을 관장하는 吉神이다.

◆ 吉門과 三奇를 得하면 萬福(만복)이 必來하고, 不得이면 凶墓(흉묘)로 인한 두려움이 있다.

◆ 九天 방위를 用함에는 兵士를 위세롭게 포진함과, 行軍征伐(행군정벌)과, 主가 먼저 動하여 출격함과, 크게 펼쳐서 큰 계획을 도모함에 이롭다. 또한 군대의 士氣를 振作(진작)시킴이 이롭다.

◆ 吉宮엔 길하고 凶宮엔 흉하니 길흉의 변화가 심하다.

◆ 入墓(입묘)됨을 가장 꺼린다.

◆ 日干, 日辰에 있으면 강직함 때문에 禍를 초래할 경우가 많다.

◆ 官星宮에 있으면 좋고 기타 宮은 좋지 않다.

◆ 國運占에서는 국가의 지도계층과 연관된다.

5. 직부팔장直符八將 상의象意

1. 直符(직부)		2. 螣蛇(등사)		3. 太陰(태음)	
天文	淸	天文	太陽	天文	달
地理	초원. 사막	地理	묘지. 황야	地理	낭떠러지. 동굴
人物	仙佛. 귀인	人物	하녀. 고용인. 딸	人物	문인. 은사. 은둔자
性情	기품. 우아. 평온. 태연	性情	허위. 교활. 간사	性情	정직. 자애
身體	위. 코. 눈물. 손톱	身體	마음. 눈. 피. 맥	身體	폐. 입. 침. 피부
物品	금. 은	物品	노끈. 밧줄. 계약. 돈	物品	조각. 깃털. 필적

屋舍	사당. 사찰. 부잣집	屋舍	기생집. 다방. 카페	屋舍	서재. 정자
飮食	채소. 과일	飮食	가루. 분식. 말린 것	飮食	술. 젖. 유제품
功名	수도. 관리	功名	개간. 번식	功名	서예. 예술

4. 六合(육합)		5. 勾陳(구진)		6. 朱雀(주작)	
天文	雨	天文	雷(우뢰)	天文	風
地理	병영. 도랑. 하수도	地理	삼림. 수렵지	地理	시장. 해양
人物	목공. 연예인	人物	사냥꾼. 군인	人物	배우. 술취한 사람
性情	선량. 온순	性情	맹렬. 위세	性情	총명. 초조. 조급. 서두름
身體	간. 눈썹. 눈물. 기	身體	쓸개. 광대뼈. 고름. 근육	身體	신장. 귀. 오줌. 뼈
物品	떡. 과자류 악기. 배. 차 수레. 의복	物品	刀劍. 도끼. 활. 화살. 쇠망치. 철추	物品	모자. 석탄. 기름. 소금
屋舍	극장. 여관	屋舍	감옥. 군영	屋舍	선박. 점포
飮食	말. 물고기	飮食	동물. 가축. 짐승	飮食	계란. 꿩 메추리 알 간장에 절인 것
功名	장인. 목수	功名	군대. 경찰	功名	상인. 기업가

7. 白虎(백호)		8. 玄武(현무)		9. 九地(구지)	
天文	閃光(섬광). 번개	天文	雪. 氷	天文	雲
地理	泰山	地理	습지. 호수	地理	논밭. 경작지. 평원
人物	무인. 의사. 자문위원	人物	간사인. 도적인 賭博人(도박인)	人物	임산부. 농민
性情	살상. 쟁투. 질병 재해. 血光	性情	陰害. 淫亂 奸詐	性情	인색. 우아
身體	골격. 사지. 관절	身體	방광. 신장. 혈액	身體	지라. 빰. 오줌 살

物品	兵器. 상복. 흉기 자동차	物品	贓物(장물). 위조지폐	物品	포목. 직물. 상자. 탁자. 의자
屋舍	군막사. 초옥 야영지	屋舍	감옥. 사창가	屋舍	여승의 암자. 은행
飮食	보리	飮食	콩. 돼지	飮食	고구마. 오이
功名	군인. 경찰	功名	무역. 기업가	功名	농업. 목축. 축산업

10. 九天(구천)	
天文	안개
地理	도읍. 길거리
人物	의원. 점술인. 노인
性情	강건. 공평
身體	창자. 이마. 땀. 털
物品	차량. 영부적. 藥石
屋舍	절. 학교
飮食	영양이 높은 식물. 조개
功名	수도. 종교

제5장

천봉구성天蓬九星

1. 개요概要

天蓬九星은 烟局奇門의 5대 구성요소의 하나이며 天時的要素(천시적요소)로 분류하는데, 九星이라 함은 하늘의 10天干星 中 甲木이 遁藏(둔장)되어 나타나지 않음에 연유하여 稱(칭)한 것이고, "星"이라 것은 하늘이 어두워진 후에야 볼 수 있고 또한 그 작용하는 바가 성취될 수 있는 것이며, 기문둔갑에서 九星이 像을 이룸에는 甲木이 遁藏(둔장)된 연후에 그 재능이 드러나게 되며, 또한 그리하여 작용하게 됨으로써 이에 의거하여 像을 이루게 된 것이다. 부연하면 甲木이 遁藏(둔장)된 연후에야 九星의 재능이 드러나며 그렇게 하여 作動하기 시작하므로 九星 稱名(칭명)의 근거가 된 것이며, 甲木이란 식물의 生長過程(생장과정)의 情況(정황)을 통해 九星의 함축된 뜻이 이루어지게 된 것이다.

像을 이룸에는, 冬至 後는 一陽이 生하는 시점이니 陽氣가 이미 胎動(태동)하기 시작했고, "蓬(봉)"은 "逢(봉)"에서 취한 것인데, 이는 甲木이 陽氣가 開始(개시)되고 動作하는 시점을 만난 것이라 坎1宮에 "天蓬(천봉)"이라 칭한 것이다.

立春節氣에는 甲木의 기세가 더욱 盛하여 任意대로 陽氣를 운용하게 되니 艮8宮에 "天任(천임)"이라 칭한 것이다.

春分節氣에는 陽氣가 더욱 旺하고 伸張(신장)되므로, 陽氣가 强해져 이제는 動作의 의도를 띠므로, 震3宮에 "天衝(천충)"이라 칭한 것이다. "衝(충)"은 "動(동)"의 의미이다.

立夏節氣에는 樹木(수목)이 더욱 盛(성)하고 그 잎이 무성해지므로, 樹木의 數가 많아지고 長大해져, 樹木 間 상부상조의 輔助的(보조적) 意思(의사)가 있으므로 巽4宮에 "天輔(천보)"라 칭한 것이다. "輔(보)"는 "輔助(보조)"의 의미인 것이다.

夏至節氣에는 甲木이 최강한 시점이라 英華(영화)로움이 다하고 이슬이 출현하는 시점이라 離9宮에 "天英(천영)"이라 칭한 것이다.

가을로 들어서는 立秋節氣에는 甲木의 陽氣가 收納(수납)이 시작되는 때라, 陽氣가 안으로 감추어지니 坤2宮에 "天芮(천예)"라 칭한 것이다. "芮(예)"는 "內(내)"의 의미이다.

秋分節氣에는 잎이 마르고 누렇게 되며, 나무기둥(柱) 하나만 남게 되니 兌7宮에 "天柱(천주)"라 칭한 것이다.

立冬節氣에는 甲木이 외부로는 枯虛(고허)하고 내적으론 깊이 陽氣가 감추어지니, 歸根復命(귀근복명)하는 시점이고, 다시 봄이 와서 生長할 뜻을 마음속(心)에 지니니 乾6宮에 "天心(천심)"이라 칭한 것이다.

中宮은 土라, 나무가 뿌리를 土에 내리고 있으니, 木이 土에 의지하여 생존하는 情況(정황)이다. 이에 날짐승들이 나뭇가지에서 쉬고 있는 형국이니 中5宮을 "天禽(천금)"이라 칭한 것이다.

九星은 北極(북극)의 중심인 紫微宮(자미궁)의 담인 紫薇垣(자미원) 내에 있는 北斗七星과 左輔星(좌보성), 右弼星(우필성)을 포함한 아홉 개의 별이라 하여 九星이라 칭한 것이다.

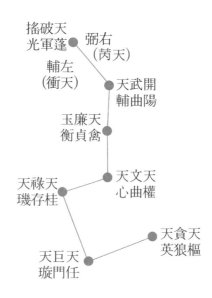

2. 포국법布局法

⊙ 天蓬九星布局法은 時間符頭法에 따라 陰·陽遁을 막론하고 順布한다.

⊙ 地盤奇儀 중에서 時符頭가 있는 宮의 定位星을 地盤奇儀 중 時干 있는 곳에 옮겨 붙이고, 陰·陽遁을 막론하고 天蓬→天任→天沖→天輔→天英→天芮→天柱→天心 순으로 中宮을 제외한 十二地支定位圖상에 順布한다.(中宮의 天禽은 항상 坤宮으로 나간다.)

⊙ 天蓬九星은 洪局數理(홍국수리) 즉 사람의 운명판단에도 이용하지만 방위의 길흉 및 풍수의 理氣論과 연관된 烟局에서도 많이 활용한다.

九星 要約表(구성 요약표)

九星	天蓬 천봉	天芮 천예	天沖 천충	天輔 천보	天禽 천금	天心 천심	天柱 천주	天任 천임	天英 천영
五行	水	土	木	木	土	金	金	土	火
吉凶	大凶	大凶	平吉	大吉	大吉	大吉	大凶	大吉	小凶
奇儀	戊(甲)	己	庚	辛	壬	癸	丁	丙	乙

九星 定位圖

巽	巳	離 午	未	坤
辰	❹ 木 天 **輔**	❾ 火 天 **英**	❷ 土 天 **芮**	申
震 卯	❸ 木 天 **沖**	❺ 土 天 **禽**	❼ 金 天 **柱**	兌 酉
寅	❽ 土 天 **任**	❶ 水 天 **蓬**	❻ 金 天 **心**	戌
艮	丑	坎 子	亥	乾

3. 구성포국九星布局 예例

음력. 1991년 11월 12일 辰時

　　　時 日 月 年

　　　壬 辛 庚 辛

　　　辰 酉 子 未

　　　————————

　　　陰遁 大雪 下元1局

　　　時　干：壬

　　　時符頭：庚 (甲申旬中)

1) 下元1局이므로 坎1宮에서 甲子戊를 시작하여 陰遁이므로 逆布하여 地盤六儀三
　奇를 포국한다.

2) 天盤六儀三奇는 時가 壬辰時이고 壬辰時는 甲申旬中에 있으므로 甲申庚이라
　時符頭는 庚이 된다. 고로 時干 壬위에 庚을 붙이고 나머지는 순차적으로 移去
　해와 陰·陽遁을 막론하고 順布한다.

3) 九星附法은 아래 도표1 九星定位圖에서, 地盤奇儀 중 時符頭가 있는 곳의 定位
　星을 알아놓고, 이 定位星을 地盤奇儀 중 時干이 있는 곳의 上에 이거해 오고
　나머지도 순차적으로 이거해온다.

4) 상기는 時符頭 庚이 艮宮에 있고, 艮宮의 九星定位는 天任이므로 이 天任星을
　時干 壬이 있는 乾宮의 上으로 移居해오고, 나머지는 十二地支定位圖상에 陰
　·陽遁을 막론하고 順布하므로, 다음엔 坎宮으로 가는데, 震宮의 天沖星을 坎宮
　으로 移居해 오고, 다음 艮宮에는 巽宮에 있는 天輔星을 이거해 오고, 다음 震宮
　에는 離宮의 天英星을 이거해 오고, 다음 巽宮에는 坤宮의 天芮星을 이거해 오
　고, 다음 離宮에는 兌宮의 天柱星을 이거해 오고, 다음 坤宮에는 乾宮의 天心星
　을 이거해 오고, 다음 兌宮에는 坎宮의 天蓬星을 이거해 온다. 아래 도표2와
　같다.

九星 定位圖 도표1

巽	巳	離 午	未	坤
辰	❹ 木 天輔	❾ 火 天英	❷ 土 天芮	申
震 卯	❸ 木 天沖	❺ 土 天禽	❼ 金 天柱	兌 酉
寅	❽ 土 天任	❶ 水 天蓬	❻ 金 天心	戌
艮	丑	坎 子	亥	乾

天蓬九星 布局圖 도표2

巽	巳	離 午	未	坤
辰	❹ 乙/丁 天芮	❾ 辛/己 天柱	❷ 壬/乙 天心	申
震 卯	❸ 己/丙 天英	❺ ⑩ 癸	❼ 戊/辛 天蓬	兌 酉
寅	❽ 丁/庚 天輔	❶ 丙/戊 天沖	❻ 庚/壬 天任	戌
艮	丑	坎 子	亥	乾

4. 구성九星의 왕상휴수사旺·相·休·囚·死

配屬		旺	相	休	囚	死
五行	九星					
水	天蓬	亥子	申酉	寅卯	巳午	辰戌 丑未
土	天任 天芮 天禽	辰戌 丑未	巳午	申酉	亥子	寅卯
木	天輔 天沖	寅卯	亥子	巳午	辰戌 丑未	申酉
火	天英	巳午	寅卯	辰戌 丑未	申酉	亥子
金	天柱 天心	申酉	辰戌 丑未	亥子	寅卯	巳午

5. 구성九星풀이

(1) 天蓬(천봉)

◉ 屬性(속성)

- 盜賊之星(도적지성)이다. 盜難(도난), 失物(실물), 官災口舌(관재구설), 酒色(주색), 陰害(음해), 不測之禍(불측지화) 등을 관장하는 흉성이다.
- 일명 破軍星(파군성)이라고도 한다.
- 財星宮에 落宮하면 물건 값을 비싸게 책정하여 폭리를 취하려는 일면도 있고, 기타의 宮에는 破財의 의미가 강하다.

◉ 類神(유신)

- 변경지역의 일을 맡고 있는 고위관리. 大盜. 흉악인.
- 破財

◉ 事案(사안)

- 天蓬星이 落宮時는 도적을 방비하고, 변경지역의 안무, 성곽의 修造(수조) 및 건물의 修理(수리)와 增築(증축), 토목공사, 堤防(제방)의 공고화, 屯兵固守(둔병고수) 등과 연관된다.
- 大事를 도모함엔 유리하나, 출행과 무역 등의 일에는 도적을 만나거나 파재의 염려가 있다.
- 春秋月에 吉門, 吉卦와 동궁이면 가택, 담, 성벽 등을 수리, 증축하는 데는 吉하나 그 외에는 凶하다.

(2) 天芮(천예)

◉ 屬性(속성)

- 病故之星(병고지성)이다. 흉성으로, 시시비비를 관장하고, 정부기관 등의 단위가 큰 조직, 水陸(수륙)혼잡지역 등과 연관된다.
- 일명 右弼星(우필성)이라고도 한다.
- 질병예측에 천예성이 용신으로 활용된다.

◉ 類神(유신)

- 학생. 수녀. 病人. 故障(고장). 질병. 사고.

- 佛龕(불감 : 불당이나 사당 안의 신주를 모셔두는 곳). 종교장소. 故障(고장).

◎ 事案(사안)
- 交友. 拜師(배사). 종교, 修道(수도) 등과 연관 지어서는 小吉하다.
- 用兵, 婚事(혼사), 爭訟(쟁송), 遷移(천이), 건축물의 修造(수조) 등은 불리하다.
- 殺傷, 損財, 口舌, 詐欺(사기) 등의 흉성이다.
- 天芮星이 六親과 同宮이면 모두 凶하다.
- 返吟局에는 新病은 쾌유하지만 久病(구병)은 사망한다.

(3) 천충天冲

◎ 屬性(속성)
- 進取之星(진취지성)이다. 왕성함과 패기가 있고 武職, 兵事, 祖業 등과 관련된 平吉星이다.
- 자비심과 조화로움이 있고 사람을 돕는 미덕이 있다.
- 일명 左輔星(좌보성)이라고도 한다.
- 일을 경영함에 쾌속이고 일을 처리함에는 숙달됨이다. 일을 진행함에 좌충우돌됨이 많고, 성격은 조급하다.
- 농사업과 연관이 많고, 天禽, 天心, 天輔 다음의 길성이다.

◎ 類神(유신)
- 武士, 체육고단자.
- 征伐, 쟁투, 경쟁, 쾌청.
- 春秋月에 施恩(시은), 交友, 解怨(해원), 報仇(보구), 정벌전투 등에는 소길하고, 秋冬에는 불리하다.
- 財務의 유동성, 變更(변경), 競爭(경쟁).

◎ 事案(사안)
- 將帥(장수)를 선발하여 출사시킴에 이롭고, 전쟁토벌, 적진함몰, 贈與(증여), 慈善(자선) 등에 이롭다.
- 왕성하고, 패기 있고, 진취적인 별로 武士, 조상의 일을 관장하고 運은 평길하다.
- 건물의 축조나, 개축에는 3년 내 흉사발생이다.
- 春夏에 전투에 길하고, 무관직 진출은 大吉이다.

- 六親宮에 同宮이면 상기와 같은 의미를 지닌다.

◎ 事案(사안)

- 학문과 經商(경상), 文敎産業(문교산업),

(4) 天輔(천보)

◎ 屬性(속성)

- 大吉之星(대길지성)이다. 문화, 교육사업 등과 연관된다.
- 일명 武曲星(무곡성)이라고도 한다.

◎ 類神(유신)

- 敎師(교사). 지도자. 宰相(재상). 副職(부직). 떠돌아다니며 밝고 화려하며 귀한 물건.
- 輔佐(보좌).
- 혼사, 經商(경상), 교육관련, 修道(수도) 등에는 小吉하다.

◎ 事案(사안)

- 학문과 經商, 文敎산업, 교육, 修造(수조), 혼사, 親交, 스승알현, 출행 등에 유리하다.
- 升學考官(승학고관) 및 문화교육사업에 특히 유리하다.
- 民草와 오곡류를 관장하고, 재능, 처세, 온화, 원만을 관장하는 大吉星이다.
- 圖謀之事(도모지사)나, 商賣, 이사, 貴人 謁見(귀인 알현), 築造(축조), 경영 등에는 길하다.
- 春夏에 혼인, 이사에 길하고 秋冬엔 불리하다.
- 六親宮에 동궁이면 吉하다.

(5) 天禽(천금)

◎ 屬性(속성)

- 亨通之星(형통지성)이다. 巫俗人(무속인), 法師(법사), 匠人(장인) 등을 관장하며, 외유내강, 교화지도, 지배력, 변화무쌍 등의 吉星이다.
- 일명 廉貞星(염정성)이라고도 한다.

◎ 類神(유신)

- 方正. 修道之人. 統帥者(통수자).
- 婚事. 經商.
- 상급자를 알현함에 이롭고, 관직 진출의 결실이 있고, 관작과 상금이 더해지고, 제사를 지내고 求福에 이로우며, 修造와 求財에 이롭다.

◎ 事案(사안)

- 秋冬에 제사, 매매, 埋葬(매장)에 吉하고, 春夏엔 小凶하다.
- 日辰宮이 坤宮이면 坤宮은 中宮의 天禽이 坤宮出이므로 百計의 재능있는 사람이다.
- 百事皆吉이다.

(6) 天心(천심)

◎ 屬性(속성)

- 領導者(영도자), 군사의 지휘, 理財, 질병치료, 圖謀之事(도모지사)에 길하다.
- 일명 文曲星(문곡성)이라고도 한다.
- 名醫(명의), 道力, 醫藥(의약), 부적 등을 관장하는 길성이다.

◎ 類神(유신)

- 계략가, 회계, 의약, 점복 등과 연관된다.
- 군자를 만남에 이롭고 소인을 만남에는 불리하다.
- 둥근 물건, 헛간과 방의 확충.
- 經商, 婚事, 圖謀之事(도모지사), 의료관련, 貴人謁見(귀인알현), 광고선전에 이롭다.

◎ 事案(사안)

- 정의를 지키고, 정직하고, 고도의 정신력을 지녀 吉星이고, 육친궁에 同宮이어도 좋다.
- 군대를 관리하고 통솔함과 理財, 투자금융, 治病관련 이롭다.
- 秋冬에 부적, 의약제조, 懲惡(징악)에 길하다.
- 春夏에 흉한데, 날씨가 맑다면 賣買에 길하다.

(7) 天柱(천주)

⊙ 屬性(속성)

- 살인과 好戰, 형벌 등의 사법관장, 驚惶(경황), 怪異(괴이), 파괴, 훼손 등의 흉성이다.
- 일명 祿存星(녹존성)이라고도 한다.

⊙ 類神(유신)

- 번역가, 領袖(영수)
- 凶禍, 破財, 言語, 破軍, 說敎, 損失, 動搖(동요) 등과 연관된다.

⊙ 事案(사안)

- 隱匿(은익), 軍事訓練(군사훈련), 伏藏(복장), 營壘(영루)의 築造(축조) 등에는 길함이 있다.
- 결단력이 적고, 다성다패하고, 損財, 질병이 있다.
- 다만 勤愼(근신)하고, 坐靜(좌정)에는 길하다. 기타의 사안은 흉하다.
- 屯兵하고 지킴에는 이로우나 출병함은 불리하며, 강행군시 군마의 파손 및 패퇴, 무역거래 관련하여서는 不利하며, 의외의 災禍 등이 발생하며 玄武가 乘하면 密告(밀고)가 있다.

(8) 天任(천임)

⊙ 屬性(속성)

- 만물을 滋養(자양)하고, 중책을 맡으며, 大任을 맡아 처리함에 능하다.
- 일명 巨門星(거문성)이라고도 한다.

⊙ 類神(유신)

- 道力人. 실력가.

⊙ 事案(사안)

- 女人之事, 婚姻之事를 관장한다.
- 婚事, 經商, 귀인알현, 安民, 多子孫 등에 이롭다.
- 圖謀之事(도모지사), 실천, 시장개척, 인재발굴, 중책을 맡음, 용인술, 所任의 성취성공, 敎化나 도읍 및 국가를 세움 등에 이롭다.
- 百事皆吉하고 四時에도 이롭다.

(9) 天英(천영)

⊙ 屬性(속성)

- 불을 다스리고, 災難(재난)을 상징하는 흉성이다.
- 일명 貪狼星(탐랑성)이라고도 한다.
- 다욕다정에 용두사미로 長久하지 못하고 一成一敗를 상징한다.
- 성격이 급하며 폭력적이다. 해가 중천에 떠서 주위를 비추는 상이다.
- 血光을 유발하며 火災와 연관이 있다.

⊙ 類神(유신)

- 조급성. 仁義. 충성인.
- 벽돌과 도기 등 굽는 물건.

⊙ 事案(사안)

- 飮酒宴會(음주연회), 貴人謁見(귀인알현), 經營計劃(경영계획), 獻策(헌책) 등에 이롭다.
- 求財, 考官, 증개축, 혼사, 遷移(천이) 등에 불리하다.

6. 구성상의 九星象意

	1. 天蓬星		2. 天芮星		3. 天冲星
天文	장마. 궂은비	天文	안개. 이슬	天文	우뢰. 번개
地理	江. 河. 海洋	地理	평원. 전원. 경작지	地理	삼림. 과수원
人物	창녀. 선원	人物	농부. 임산부	人物	지배인. 사장. 증인
性情	꽁하고 내성적. 명랑하지 않음.	性情	고집. 인내	性情	언변. 영리. 교묘
身體	귀. 신장. 방귀	身體	빰. 임맥. 근육	身體	광대뼈. 가슴. 신장

物品	삿갓. 우산. 고기잡는 도구. 페인트	物品	포목. 바둑판. 빈그릇. 빈상자	物品	도끼. 철퇴. 추. 큰북. 종. 피리. 방울
屋舍	선박. 식상. 응접실. 요정. 기생집	屋舍	시골집. 농가. 낮고 작은집. 논밭. 가옥	屋舍	높은 대. 빌딩 고층 아파트
飲食	술. 젖. 우유. 요쿠르트. 버터	飲食	벼. 보리. 사탕. 오곡	飲食	과일. 튀김
功名	소금업무 담당 관리	功名	농업 담당 관리	功名	임업관리인 산림청 직원
4. 天輔星		**5. 天禽星**		**6. 天心星**	
天文	무지개	天文	태풍. 광풍	天文	맑은 하늘
地理	묘지. 화단	地理	황야. 절벽. 산지	地理	대도시. 도성
人物	중. 목공	人物	흉인. 도둑 살인 강도. 청부인	人物	고관대작. 부자 고위 공직자
性情	장엄. 온순. 온화. 유순	性情	야만. 난폭	性情	과감. 용맹
身體	눈썹. 간장. 쓸개	身體	뇌. 혈액	身體	이마. 골격 督脈(독맥).
物品	바늘. 실. 붓. 먹. 서신	物品	칼. 창. 수갑. 탄포	物品	보물. 차량. 모자
屋舍	사원. 공장	屋舍	파손된 건축물. 높은탑	屋舍	궁성. 관아 군영. 경찰서
飲食	채소. 분식. 밀가루	飲食	부패한 식물 腐敗肉(부패육)	飲食	乾肉(건육). 뼈
功名	호적 관리인	功名	法執行官	功名	무관. 군경
7. 天柱星		**8. 天任星**		**9. 天英星**	
天文	얼음. 서리	天文	모래바람 바람에 날리는 모래	天文	작열하는 햇볕
地理	못. 늪. 호수	地理	산맥. 높은 산	地理	번화가
人物	어부. 무당. 도사	人物	도사. 선인	人物	상인. 수재. 학생

性情	교활. 응험	性情	소극적. 나약함. 퇴각	性情	충량. 정직. 열심
身體	입. 폐. 대장	身體	코. 비장. 위	身體	눈. 심장. 소장. 혀
物品	냄비. 도끼. 밥공기. 통. 잔	物品	탁자. 의자. 솜이불 담요. 병풍	物品	등촉. 그림 도서. 거울
屋舍	사당. 강당. 학원. 사원	屋舍	여관. 창고 저장하는 곳	屋舍	관아. 경찰서. 상점
飮食	신불께 공양하는 것. 조류	飮食	채식. 지방 비린내 없는 것	飮食	김. 내장. 날고기
功名	사원의 주지 사당 관리인	功名	교도관. 감옥지기	功名	군사. 발명가. 설계사 도서관 관리원

7. 천봉구성天蓬九星 치시値時 응결應訣

時	天蓬星
子時	軍營(군영)을 세우거나, 赴任(부임)과 연관된 일, 訟事(송사) 등에 불길하다. 닭이 울고 개가 짖으며 풀속에서 새떼가 서로 울고 싸우거나, 혹은 언청이를 만나게 되거나, 북쪽에서 큰 새가 서로 싸우는 것이 있으면 應한 것이다.
丑時	번갯불의 섬광이 보이고, 우레 소리가 들리고, 나무가 넘어지며 사람을 다치게 하거나, 비바람이 불어 정신을 차릴 수가 없다. 또한 닭이 오리알을 낳고, 개가 지붕에 올라간 것이 보이면 응한 것이다. 이러한 應이 있는 뒤에는 어린아이에게 위태로움이 발생하고, 3년 뒤에 머리가 흰 노인이 어떤 물건을 팔러 온다. 家運이 한때 왕성했다가 쇠퇴해지는 징조이다.
寅時	用事時에 靑衣童子(청의동자)가 의복과 나뭇가지를 들고 오며, 北方에서 어떤 중이 방갓 을 쓰고 지나가며, 또한 채색치마를 입은 여인이 지나간다. 싸움터에서 말이 사람을 물어 크게 상하게 하는 일이 발생하나, 3년 뒤에는 재물이 흥성해 진다.
卯時	누런 구름이 일어나며, 부녀자가 솥이나 냄비 등속과 火爐(화로) 등을 들고 오는 것이 보이며, 7~8人이 모여 무언가를 상의하는 것이 보이면 應함이 있는 것이다. 이런 應이 있는 보름쯤 뒤에 어떤 사람이 재물이나 예물을 보내주고, 60세쯤 된 여인이 보물을 보내주며, 100일 후에는 집안에 기쁜 경사가 있게 된다.

辰時	동쪽에서 나무가 쓰러지며 사람을 상하게 하고, 북소리가 들리며, 붉은 치마를 입은 여인이 오고, 까마귀와 까치가 나무에 깃들인다. 도둑이 들어 재물을 훔쳐가고, 60일이 지나 중풍환자가 도착하게 된다. 그리고 귀한 자식을 낳게 되고 재물이 풍성해진다.
巳時	노인이나 여자가 酒宴(주연)을 베푼다. 또는 돼지가 지나가고 뱀이 기어가는 것을 보게 된다. 100일에 火爐 등속을 얻고, 황금도 얻게 되는데, 무관직에 있는 사람은 계급이 오르게 된다.
午時	靑衣婦人(청의부인)이 이르고, 어떤 사람이 칼을 들고 남쪽 산에 오르며, 어린아이가 동북방에서 달려와 '와'하고 탄성을 지른다. 또한 60일이 지나 개가 사람의 말 흉내를 내고, 미친 사람이 지나가면 應한 것이다. 이런 應이 있은 후 집주인이 사망하게 되고, 3년 뒤에는 오래된 굴에서 재물을 얻게 된다.
未時	어린아이가 소를 끌고 지나가고, 기러기 등 새떼가 북쪽에서부터 날아오며, 붉은 옷을 입은 여인이 지나간다. 60일 내에 도둑을 맞아 재산이 크게 줄고, 분을 참지 못하다가 이로 인해 官訟까지 유발하게 된다.
申時	어떤 사람이 빗속에 우산을 쓰고 서쪽에서 오고, 어린아이가 물장난을 치며 지나가고, 북소리와 고함소리, 웃는 소리 등이 뒤섞여 와자지껄하다. 10일 후에는 학이 나무에 깃드리고, 뱀이 사람을 물어 상하게 하며, 아내의 淫事(음사)가 발각되어 자살하게 되고 官訟이 있게 된다.
酉時	붉은 말이 서쪽으로 지나가고, 工匠人 또는 짐꾼이나 수레꾼이 지나가면 응한 것이다. 100일이 지나 귀한 자식을 낳고, 중이 經商에 연관되며 중개하는데 金姓人과 관계있는 것이다. 3년 내로 닭이 쌍알을 깨고, 고양이가 흰 토끼를 젖 먹인다. 모두 吉兆(길조)로서 과거에 응시하면 반드시 급제하게 된다.
戌時	노인이 지팡이를 짚고 들어오고, 서북방에서 이슬비가 내리고, 세 갈레로 수염난 사람이 당대미를 메고, 이틀동안 하얀 개가 눈에 뜨이면 應이 있는 것이다. 10일 내에 軍事와 관련한 器物(기물)을 줍게 되어 횡재하게 된다.
亥時	어린 동자들이 떼지어 놀고 어떤 여인이 상복을 입은 것을 보면 응한 것이다. 도둑잡는데 공이 있어 많은 상금을 받고, 3년 내에 道士 또는 術士의 도움으로 돈을 벌어 致富(치부)한다.

時	天芮星
子時	새와 짐승이 놀래고, 坤方(서남방)에서 불빛이 일어나며 두 사람이 지나가는 것을 보면 혼인의 경사가 있을 것이고, 돼지나 개가 사람을 물면 여인이 목매달아 죽는다. 단, 申酉戌亥子丑月이면 재물이 생기는데 水姓이라야 길하다.

丑時	서북방에서 징소리가 들리는 응이 있게 된다. 이런 후엔 집을 짓거나 매장한 뒤 거북이가 숲에서 나오게 된다. 60일 내에 도둑이나 사기꾼에게 재물을 손실당하고, 시비구설과 訟事에 휘말리게 된다.
寅時	몸이 몹시 마른 임산부가 비옷을 입고 문 앞에 다다를 것이요, 이때 어디선가 음악소리가 들릴 것이다. 三奇와 八門이 旺相하면 60일 내에 물소가 스스로 들어와 횡재하고, 관직이 오르거나 녹봉이 오르게 된다.
卯時	붉은 옷을 입은 부인이 재물을 보내오고, 貴人이 말을 타고 이르며, 개 두 마리가 서로 싸우거나, 물소가 큰 소리를 내는 등의 일이 있으면 응함이 있는 것이다. 葬事(장사)지낸 뒤 60일 내에 집 동쪽이 무너지고, 2년 뒤에 부녀가 낙태로 인해 사망하게 된다.
辰時	동쪽에서 나무가 쓰러지며 사람을 상하게 하고, 북소리가 들리며, 붉은 치마를 입은 여인이 오고, 까마귀와 까치가 나무에 깃들인다. 도둑이 들어 재물을 훔쳐가고, 60일이 지나 중풍환자가 도착하게 된다. 그리고 귀한 자식을 낳게 되고 재물이 풍성해진다.
巳時	임산부가 이르고, 누런 옷을 입은 무당이나 기생이 풍악을 울리며, 기러기 떼가 북쪽에서 날아온다. 60일 내에 과부를 만나고, 고양이가 닭을 물고, 소가 초옥에 들어오는 일이 발생한다.
午時	흰옷을 입은 언청이가 소를 끌고 지나가고, 임산부도 지나간다. 60일에 고양이 새끼가 사람을 문다. 집을 팔아 횡재수가 있고, 논밭 등 家産이 늘어나며, 기타의 일에도 이득이 있다.
未時	사냥꾼 혹은 흰옷 입은 道人이 茶瓶(다병)을 든 것을 보게 된다. 7일에 까마귀가 집 주위를 맴돌며 울고, 얼굴빛이 붉고 수염이 긴 사람이 남과 다투는데, 1년쯤 지나 瘟疫(온역)이 이르고, 火災를 당하여 집을 태우고 사람이 불에 상하게 된다.
申時	키가 큰 중이 동쪽에서 우산을 받쳐 들고 오고, 소가 사람을 상하게 하고 개가 사람을 문다. 100일되면 水姓人이 물건을 보내오고, 1년 뒤에 물소가 집으로 들어온다. 그리고 鵬鳥(붕조)가 괴이한 일을 일으켜 온 집안에 怪疾(괴질)이 돌게 된다.
酉時	서쪽에서 누런색의 말과, 수레, 가마, 일산 등이 오는 것을 보게 된다. 과부와 수염이 많이 난 사람과 다투는 것을 보게 되고 개짖는 소리도 들린다. 水姓人이 농산물을 가져다 주고, 1년쯤 뒤엔 소가 스스로 들어오나 집안에 우환이 발생할 징조다.
戌時	황소가 걸어오고, 임산부가 동쪽에서 우산을 받쳐 들고 오고, 사나운 개가 집밖에서 사람을 물어 상하게 한다. 1년 뒤에 土姓人이 토지와 재물을 보내주고, 여러 종류의 새떼가 날아간다. 또는 우마차가 들어오고 똥구덩이 속에서 여인의 금비녀를 찾게 된다.

亥時	새가 놀라 달아나는데 秋冬이면 길조다. 대체로 이런 應함은 남이 와서 가택을 자기 것이라 주장하는 격이니 흉하다. 坤方에서 불이 일어나고, 2명이 돌아오며, 고양이가 불을 내어 사람을 상하고, 임산부는 병을 앓으며, 여인이 自縊(자액=스스로 목을 맴) 한다.

時	天沖星
子時	비바람이 일고 새가 울고 종소리가 들린다. 이후에 집을 짓거나 葬埋(장매)하면 60일 내에 怪物(괴물)이 집으로 들어온다. 전답의 産物은 늘어나지만 신부가 아이를 낳은뒤 사망한다. 그리고 위험을 무릅쓰는 일에서 돈을 번다.
丑時	구름, 안개가 침침하게 끼고, 어린아이 떼가 문전에 이르고, 부인이 나뭇가지를 들고 오는 모습이 보인다. 또는 검정고양이가 새끼를 낳고, 묵은 거울을 줍게 되면 응한 것이다. 1년 내에 중으로 인해 재물을 얻고 貴子를 얻게 된다.
寅時	가마를 탄 童子(동자)가 金銀 器物을 갖고 온다. 또한 20일 뒤에 음악소리가 요란하게 나고, 소장수가 구경하고 있다. 이런 應함이 있은 후 60일 내에 암탉이 울면 사망의 흉조가 있다. 그러나 陰日生은 일단 발복했다가 다시 망하게 된다.
卯時	붉은 옷을 입은 부인이 재물을 보내오고 貴人이 말을 타고 이르며, 개 두 마리가 서로 싸우거나, 물소가 큰 소리를 내는 등의 일이 있으면 應함이 있는 것이다. 장사지낸 뒤 60일 내에 집 동쪽이 무너지고, 2년 뒤에 부녀자가 낙태로 인해 사망하게 된다.
辰時	잉어가 나무 위로 튀어 오르고, 호랑이가 산에서 내려오며, 중들이 떼지어 온다. 金銀 보물을 얻어 집안의 재물이 늘어나고 百事가 다 성사된다. 단 70일쯤에 가족 중에 하나가 크게 다치고, 一男一女가 눈이 맞아 달아난다.
巳時	소와 양이 길을 감에 다투고 있고, 두 명의 여자가 울고 욕설하고 있고, 서방에서 북소리가 들리면 應함이 있는 것이다. 60일 후에 뱀과 닭이 난잡한 소리를 내고, 소가 집으로 들어오고, 여인이 文契(문계)를 보내온다. 100일 내에 貴子를 낳고 크게 발복한다.
午時	동쪽의 人家에서 화재가 발생하고, 흰옷 입은 사람이 소리치고 부르짖으며, 산새가 시끄럽게 울면 應함이 있는 것이다. 60일 내에 골동품을 주워 재산이 늘고 家産이 풍성해진다.
未時	西北方에서 북소리가 들리고, 어린이가 상복을 입었으며, 말이 줄지어 온다. 혹은 서북방에서 비명소리나 크게 싸우는 소리가 들린다. 60일 내에 흉악한 자가 몽둥이를 들고 달려들 것이니 조심해야 한다. 과부나 흰양이 집으로 들어오면 六畜(육축)은 번성하게 된다.

申時	南方에서 흰옷을 입은 사람이 말을 타고 오고, 순라꾼들이 서로 칼을 들고 싸우면 應함이 있는 것이다. 4개월 뒤에 여자의 중매가 있으며, 전답이 늘고, 과부가 도둑에게 납치되어 골치아픈 일이 발생한다.
酉時	먼 곳의 사람들이 문서를 가져오고 동쪽에서 여우나 승냥이가 울며, 부인이 火爐 등을 들고 오는 모습을 발견한다. 1년 내에 貴子를 낳고 집안이 크게 발복한다.
戌時	3~5인이 횃불을 들고 잃어버린 물건을 찾고, 무당, 박수와 네 갈레 수염의 남자가 지나가고, 닭이 나무 위에서 운다. 먼 곳에서 기다리던 소식이 오고, 어린아이가 소에 받혀 흉액을 당한다.
亥時	푸른 옷을 입은 사람이 다리를 절며 오고, 동북방 人家에서 화재가 발생한다. 100일 안에 고양이가 흰 쥐를 잡고, 金姓人이 토지문서를 주는데, 이로부터 처복과 재물이 크게 일어난다.

時	天輔星
子時	밤에 어떤 짐승이 울고, 서쪽에서 붉은 옷 혹은 흰옷을 입은 사람이 울부짖는 소리가 들린다. 修造(수조)하거나 葬埋(장매)하면 6~10일에 金姓人의 재물을 얻는다. 만일 원숭이가 우는 소리나, 시루 긁는 소리가 나면 이 역시 吉兆이니 관직이 오르거나 봉급이 오르며, 또는 귀한 자식을 얻게 된다. 다시 여기에 三奇를 얻고 吉門, 吉卦를 만나면 12년 동안 크게 발복한다.
丑時	동쪽에서 개가 짖어대며 어떤 사람이 칼을 들고 와서 싸움을 건다. 집을 修造(수조)하거나 장사지낸 뒤 經商관련 큰 이득을 얻고 凡事에 大吉하다. 흰토끼가 집에 들어오거나 들 닭이 들어오면 어떤 중이 선물하는 것이 있고, 水姓人이 東南方에서 와서 문서건을 행사한다. 1년 내에 得男하고 관직을 얻거나 승진하게 된다.
寅時	관리가 어떤 물건을 휴대하고 이른다. 60일 내에 고양이가 닭을 물고, 이어서 도둑이 재물을 보내어 은혜를 갚고, 붉은 얼굴의 사람이 중개한다. 이런 일이 있은 후 12년에 재물이 크게 일어나고 귀한 자식을 낳는다.
卯時	우산을 쓴 여인을 만나거나 무당이 나팔 종류를 부는 소리가 들린다. 用事한 후 60일에 生氣가 있다. 혹은 怪奇(괴기)가 가정에 들어오고 여인이 간통한다. 그러나 전답이 늘고 재물과 보물과 토지문건이 수중에 들어온다.
辰時	염소와 개가 싸우는 것이 있고 기름장수가 지나간다. 또는 과일장수, 곡물장수가 이르며, 白衣童子(백의동자)가 울며 어떤 집으로 들어가고, 임산부가 와서 産月을 묻는다. 用事한 뒤에 재물이 일어나고, 전답이 늘며, 1년내에 귀한 자식을 낳는다.
巳時	사람들이 서로 치고받는 싸움이 있고, 여인이 베를 안고 온다. 또는 바람이 갑자기 일어나고 어린이가 비명을 지른다. 60일 내에 동쪽에서 재물을 얻고, 貴人이 재물을 가져다 주어 재산이 속발한다.

午時	방갓을 쓴 중과 紅衣(홍의)를 입은 여인이 찾아온다. 60일 내에 貴人이 특별한 재물을 주고 西方에서 金銀을 보내주는 사람이 있으며 과부가 값나가는 비싼 물건을 갖고 온다.
未時	개떼가 몹시 짖고 紅衣(홍의)를 입은 걸인을 보게 되며, 중들이 서로 말다툼을 벌이고 西北에서 어떤 사람이 재산 때문에 다투고 있다. 100일 내에 문서를 얻고 金姓人이 보물을 보내온다.
申時	다리에 종기가 난 사람이 술을 들고 와서 의사에게 치료를 청하고, 선비나 중, 도사가 색깔있는 옷을 입은 것을 보게 되며 서쪽에서 북소리가 울린다. 여자가 돈을 크게 벌고 반년 뒤엔 뱀이 우물에서 기어나오고 어떤 사람이 소와 양을 보내온다.
酉時	먼 곳의 사람들이 문서를 가져오고 동쪽에서 여우나 승냥이가 울며, 부인이 火爐(화로) 등을 들고 오는 모습을 발견한다. 1년 내에 貴子를 낳고 집안이 크게 발복한다.
戌時	3~5인이 횃불을 들고 잃어버린 물건을 찾고, 무녀, 박수무당과 네 갈래 수염의 남자가 지나가고, 닭이 나무 위에서 운다. 이런 應이 있은 후 먼 곳에서 기다리던 소식이 오고 어린아이가 소에 받혀 흉액을 당한다.
亥時	푸른 옷을 입은 사람이 다리를 절며 오고, 동북방 人家에서 火災가 발생한다. 100일 안에 고양이가 흰 쥐를 잡고, 金姓人이 토지문서를 주는데, 이로부터 처복과 재물이 크게 일어난다.

時	天禽星
子時	임신부가 이르고 紫衣(자의)를 입은 貴人이 내방한다. 집을 修造(수조)하거나 葬埋(장매)지낸 뒤 60일에 닭이나 개가 꽃잎을 물고 있는 것을 보게 되거나 선비가 어떤 물건을 선물한다. 武人은 관직을 얻고 농부는 財穀(재곡)이 생기며 20년 뒤엔 人丁이 크게 흥왕한다.
丑時	상복을 입은 부인이 주석그릇을 들고 오는 것을 보게 되고 어린이가 피리를 불며 손뼉치고 웃는 모습을 보며 또는 북소리가 들린다. 葬埋(장매)한 뒤 도박 등으로 돈을 얻고 1년 뒤에 돈보따리를 주워 致富한다.
寅時	흰 개가 짖고, 누런 닭이 울어대며 피립을 쓴 사람이 이른다. 용사한 뒤 60일에 土姓人이나 金姓人이 계약문서를 내준다.
卯時	동풍이 일어나고 새떼가 사방에서 지저귀며 임산부가 지나가고 반나절 지나 큰 고양이가 다가온다. 정원에 묻혀있던 보물을 캐내고 百事가 다 길하게 된다.
辰時	동쪽에서 점쟁이와 무당이 서로 싸우고 까마귀 까치가 울어댄다. 반드시 길한 일이 생긴다. 修造(수조)하거나 葬埋(장매)한 뒤 7~9일에 道士나 중이 와서

	어떤 일을 논의한다.
巳時	오리가 울고, 무녀, 점쟁이, 박수무당이 서로 욕하며 싸우고, 귀한 신분의 사람이 말타고 황망히 지나간다. 70일에 중년부인이 잡귀를 쫓는데 이런 일이 있은 후엔 귀한 자식을 낳고 가업이 흥성하며 3년간 家産이 크게 흥성한다.
午時	白衣의 여인을 보게 될 것이고 개가 꽃가지를 물고 서로 빼앗으려 싸우는 것을 보고 들 닭을 발견하게 되고 東方에서 風雨가 차츰 몰려온다. 집을 築造(축조)하거나 葬埋(장매)하면 60일 내에 東北方의 재물이 이르고 1년 내에 닭이 알을 낳고 전답이 크게 는다.
未時	道人이 오고 절름발이가 과일을 지고 오며, 청색과 황의를 입은 사람이 술병을 들고 온다. 장사지낸 뒤 60일에 水姓人이 닭 등의 가축등과 철로 만든 그릇 등을 보내온다.
申時	새가 날며 울고, 박수 , 무당이 부적을 들고 온다. 100일 내에 여인이 비녀, 반지, 목걸이 등을 주워오며 산부가 귀한 자식을 낳고 전답은 풍년이 들고 사업은 크게 성공한다.
酉時	서쪽에서 불이 일어나고 사람들이 서로 싸우는 소리가 시끄러우며 새들이 놀라 달아난다. 築造(축조)한 뒤 1년 내에 貴子를 낳고 굴속에서 재물을 캐내며 까치가 기쁜 소식을 전한다.
戌時	동북방에서 종소리, 징소리가 크게 들리며 靑衣 소녀가 바구니를 들고 지나간다. 10일 내에 흰 거북이가 나타나는데 전답이 늘고 사람이 관직을 천거해주고 福이 집안에 이른다.
亥時	서풍이 일어나고 西北方에서 여인의 울음소리가 들린다. 또는 나무가 쓰러지면서 집을 부수고 개 짖는 소리가 요란하게 들린다. 60일 내에 工業人의 재물을 얻고 金姓人이 중의 재물을 소개한다. 그리고 까치가 울며 좋은 소식이 다다른다.

時	天心星
子時	사람들이 싸우는 것이 보이고 서북방에서 북소리 등 요란한 소리가 들린다. 100일 안에 赤衣人(적의인)이 와서 골동품이나 神仙圖(신선도)를 소개하고, 흰 닭이 생겨나면 12년 뒤에 농사와 家産이 크게 흥성한다. 그러나 公事는 지연되고 도박 등은 손대지 말아야 한다.
丑時	남쪽에서 불꽃이 일어남을 보고 절름발이를 만난다. 5일 내에 고양이 2마리를 보게 된다. 40일 내에 먼 곳에서 어떤 물건이 들어오고 金姓人이 돈이나 물건을 내놓는다. 그리고 長壽하며 관록과 연관지어 기쁨이 있게 된다.
寅時	백로가 날아오고 사방에서 징소리가 울리며 黃衣(황의)를 입은 부녀자와 바구니를 든 소녀가 눈에 띈다. 또한 불꽃이 일어난 것을 보게 된다. 60~100일 내에 금맥을 발견하게 되고 3년 내에 貴子를 낳으며 재물이 크게 흥성해진다.

卯時	절름발이 부인이 어떤 여자와 싸우는 것을 보게 되고, 동쪽 다리위에서 개 짖는 소리와 북소리가 들린다. 7개월 뒤 재물이 흥성해지고 3년 뒤에 소가 들어와 家産이 늘고 軍人에게 귀한 물건을 얻게 된다.
辰時	구름이 서북방에서 일어나고 靑衣人이 물고기를 가져오며 어떤 여인이 중과 같이 가는 것을 보게 된다. 60일 내에 구름이 뭉게뭉게 일어나는 것을 보게되면 貴子를 낳거나 가족 중에 장원급제를 하는 사람이 나오게 된다.
巳時	푸른 도포를 입은 여인이 갓난아기를 안고 지나가며 거북이가 나무에 오르고 紫衣官人이 말을 타고 간다. 15일 뒤에 사방에서 재물이 이르른다. 절름발이가 중개하는데 金姓人의 재물을 매입한다.
午時	갑자기 비가 몰아쳐 오고, 뱀이 지나가며, 붉은 치마를 입은 여인이 武士에게 술대접을 하는 것을 보게 된다. 60일에 솥이 울고, 절름발이가 산 짐승을 보내오는데 5년 안에 전답이 크게 늘어난다.
未時	구름과 안개가 몰아오고 黃衣(황의) 입은 남자와 채색 옷 입은 여인이 술과 안주를 가지고 어떤 어른을 대접하기 위해 가는 것이 보인다. 60일에 솥이 스스로 울고, 절름발이가 말을 타거나 혹은 수레를 타고 와서 금과 동으로 만든 칼과 器物(기물) 등을 주고 간다.
申時	도사나 중의 내방이 있고 사방에서 징소리가 울리며 새떼가 시끄럽게 울어댄다. 그리고 붉은 치마를 입은 여인이 술을 보내오는데 과부가 안방을 차지하고 주장한다. 굴속에서 보물을 얻고, 노인은 지팡이를 짚으며, 말은 재갈을 물리고, 군인은 집에 있고, 병자는 낫게 된다.
酉時	중이 오는 것을 보고 서남쪽에서 불이 일어나는 것을 보며 북방에서는 징소리가 들린다. 또한 나귀가 울고 官貴人의 내방이 있고 뱀이 집으로 들어오고 재물과 보물이 이른다. 그리고 먼 곳에서 소식이 다다르고 7일에 金姓人의 여자를 아내로 맞이한다.
戌時	남쪽에서 고함소리가 들리며, 도둑이 놀라 달아나며, 어린아이가 소를 타고 온다. 100일 뒤에 귀자를 낳게 된다. 또는 흰개가 와서 짖고 누런 닭이 울면 2년 뒤에 과거에 급제한다.
亥時	닭이 밤중에 울고, 개가 미친 듯이 짖어대며, 귀인인 듯한 가죽모자를 쓴 노인이 손에 쇠그릇을 들고 있다. 7일에 모르는 貴人이 하룻밤을 자고 가며 귀한 재물을 주고 간 후 家産이 크게 일어난다

時	天柱星
子時	큰 바람이 홀연히 일어나고 동쪽에서 火光이 일어나며, 언청이가 지나가는 것이 있다. 用事 後 60일 내로 뱀이 사람을 물고 칼로 사람을 죽이거나 크게 상하게 하는 사건을 보게 된다. 재산을 破하고 어린아이가 죽게 된다.

丑時	대장장이가 도끼를 들고 북쪽에서 오는데 목재를 취급하여 돈을 번다. 또는 금화를 보는 것이 應이다. 집을 築造(축조)하거나 葬埋(장매)한 뒤 60일에 재물이 생기고 금으로 만든 器物을 얻게 된다. 3년 뒤에 어떤 사람이 뱀을 갖고 장난치는 것을 보는데 이는 吉兆라 할 수 있다.
寅時	갑자기 시끄럽게 떠드는 소리가 들리고 일산을 쓴 중이 지나간다. 혹은 우레가 울리고 종소리 북소리가 들리는데 모두 應이다. 60일 내에 도둑맞는 일이 생기고 訟事는 지연되며 이로 인해 재산상의 손실이 발생하고, 여인이 가슴병을 앓거나 애를 낳다 죽는 일이 발생한다.
卯時	역질에 걸린 여인이 칼질하는 것이 보이고, 중이 日傘(일산)을 들고 지나가는데 여인이 그를 꾸짖는다. 도둑이나 사기꾼을 조심해야 한다. 60일에 화재가 발생하고 암탉이 낮에 울며 개가 지붕위에 올라간다. 1년 내에 疫疾(역질)로 죽는 이가 있다.
辰時	어떤 사람이 나무를 베어오며, 북을 든 남자가 부인과 동행하는 것을 보게 되며, 노인은 호미를 들고 있다. 60일에 고양이가 흰새끼를 낳고 달걀에서 쌍병아리가 나온다. 북쪽의 사람이 과부의 재물을 가져오고, 얼굴이 붉은 사람이 어떤 물건에 대해 설명한다.
巳時	검정소가 지나가고 종소리가 들리며 돼지가 산속으로 달아난다. 20일에 금속물을 얻고 60일에 딸자식이 강변으로 이동하고, 1년쯤에 고양이가 흰쥐를 잡아온다. 이런 후에 재물이 크게 일어난다.
午時	기러기가 서쪽에서 울며 날아오고, 또한 말 탄 사람이 역시 서쪽에서 오며 이때 하늘에는 구름이 짙게 끼게 된다. 5일 뒤에 임산부가 사망하고 60일 내에 물속에서 신기한 골동품을 찾아내는데 진귀한 것이다.
未時	깡마른 여인이 중과 동행하며 친분있는 사람을 찾아다니며 안부를 묻고, 동북방에서 人馬가 日傘(일산)과 旗(기)를 들고 온다. 100일에 괴이한 일이 발생하는데 新婦에 관한 일이 아니면 여우, 이리, 괴물에 관한 것이다.
申時	새매가 새를 잡아 날아가다가 땅에 떨어뜨리고 靑衣 여인이 바구니를 들고 이른다. 用事 후 100일이면 화재로 집이 망하고 방탕으로 인해 패가망신한다.
酉時	흰색 매가 비둘기를 채어가는 것을 보게 되는데 이는 사기를 당할 징조이다. 靑衣人이 철로된 그릇을 얻고 화재를 만나 집이 소실된다. 여인은 고독하게 될 것이다. 70일에 金姓人이 재물을 보내주고 부부가 和樂(화락)하며 먼 곳으로 여행할 일이 발생한다.
戌時	여인이 베를 안고 있는 모습을 보게 되며, 북쪽에서는 큰 나무가 쓰러지며 사람을 상하게 하고, 서쪽에서는 북소리가 들린다. 葬埋(장매)지낸 뒤 60일에 뱀이 집에 들어와 사람을 무는데 이는 흉조이며 역질에 걸려 해마다 사람이 많이 상한다.

| 亥時 | 서쪽에서 경쇠소리가 들리고 산 밑에서 어떤 사람이 횃불을 밝혀들고 고함친다. 築造(축조)하거나 葬埋(장매)한 뒤 불을 끄다가 재물을 얻고 이것을 바탕으로 致富(치부)하게 된다. 100일에 닭이 상서롭지 못한 짓을 한다면 사람이 죽게 된다. |

時	天任星
子時	동풍이 불며 비를 몰아오고 닭이 우는 소리가 들린다. 또한 동남방에서 어떤 사람이 칼을 들고 오는 것을 보게 된다. 집을 築造(축조)하거나 葬埋(장매)한 후 신부가 집을 떠난다. 만일 수염이 두갈래로 난 木姓人이 오면 가산이 늘어나나 남녀가 사통하게 된다.
丑時	청상부인이 다리를 절며 술병을 들고 오는 것을 보게 된다. 이런 應이 있은 후 반년 뒤에 모르는 사람의 재물을 얻게 된다. 1년 쯤 뒤엔 앵무새가 집으로 날아드는 일이 있고, 입을 잘 놀려 재물을 얻게 된다. 3년 뒤에 개와 고양이가 싸우는 것을 보게 되니 과거에 응시하라는 사람의 권고가 있게 되니 따르는 것도 可하리라.
寅時	여자들이 火物 등을 들고 가는 행렬을 보게 되고 童子가 가마를 두드리며 말이 서북방에서 달려온다. 築造(축조)나 葬埋(장매)후 60일내 시루가 울고 부녀자가 落傷으로 사망한다. 100일 뒤에는 재물이 갑자기 늘어 전답을 사들이는데 언청이가 婚事로 다투다가 패한다.
卯時	까치가 울고 지팡이를 든 노인이 다다른다. 7일에 어떤 사람이 골동품을 가져오고, 60일에 여인의 재물을 얻게 되는데 이것이 발복의 시초다. 벼슬이 오르고 녹봉도 오르며 100일에 吉事가 생긴다.
辰時	노인이 오고 형제들이 모였다가 헤어지고 새가 지저귀고 개가 짖으며 黃衣人이 지나간다. 또는 어떤 남자가 골동품을 얻어 점포에서 흥정하고 동자가 손뼉치는 모습을 보게 된다. 60일에 가축관계로 訟事가 발생하게 된다.
巳時	개 두 마리가 서로 싸우고 나뭇꾼이 나뭇짐을 지고 이르며 관리가 日傘(일산)을 들고 어린이는 손뼉친다. 60일에 관청의 재물을 얻고 남쪽사람이 잉어를 선물한다. 오래지 않아 일신상에 영달함의 기쁨이 당도하고 자식도 출세하게 된다.
午時	여승이 지나가고 서북쪽에서 꾀꼬리가 날아오며 貴人의 행렬을 보게 된다. 40일에 貴人의 보물을 얻고 貴子를 낳는다. 또는 童子가 말을 빌려가면 어떤 사람이 호랑이 가죽을 보내온다.
未時	백학이 날아오고 날짐승들이 서북방으로부터 당도하고, 풍우가 일어나며 북소리가 들린다. 用事 후 7일이면 어린이에게 시끄러운 일이 발생하고 60일에 집안에 白氣物이 생기는데 이런 후엔 六畜(육축)이 잘되고 사업이 잘되어 치부하게 된다.
申時	풍악소리 들려오고 세 갈래로 수염이 난 사람이 북을 치며 당도한다. 구멍난 黃衣를 입은 중이나 道士가 온다. 7일에 군인이 누런 개를 끌고 오며 여인이 끓는 물을 수레에 뿌린다.

酉時	개가 대문에 오르고 소년이 손뼉치며 웃는다. 또는 누런빛 여우를 보게 되고 어린 딸이 장난치며 즐거워한다. 60일이면 貴子를 낳게 된다. 흰 닭이 보이고 부인이 술잔을 따르며 먼 길에서 碑石(비석)을 보게된다.
戌時	집안에서 어린이들이 싸움질하고 訟事가 때때로 일어나며 가족끼리 싸우고 개가 짖고 젊은 사람의 상을 당한다. 빛이 누런 새가 날아가고 중이 오는데 貴人의 재물이 있다. 100일 안으로 紫衣(자의)를 입은 高官이 찾아오면 이로부터 재물이 흥성해진다.
亥時	어떤 어린이가 잘못해서 빌면서 종아리를 맞는데도 깔깔거리고 웃는다. 서쪽에서 바람소리 북소리가 진동하고 어떤 사람이 鐵器(철기)를 공중에 던져 많은 사람이 다친다. 우환과 福이 번갈아가며 닥쳐온다.

時	天英星
子時	바람소리가 들리고 3~5인이 火物을 가지고 온다. 또는 도끼로 나무를 패거나 톱으로 나무 자르는 것을 보게 되고 언청이가 지나가는 보게 되면 모두 응이다. 用事 後 3년 후에 목을 찔려 자살하는 식솔이 있거나 기타의 사람이 상해를 입거나 어린이가 불로 인해 크게 다치게 된다.
丑時	동북방에서 무녀가 와서 방울을 울리며 굿을 한다. 用事 後 1달이 지나 화재로 집을 태우고, 1년쯤에는 농사가 크게 풍년이 들지만 괴이한 일이 많이 발생한다. 서둘러 이사하지 않으면 가족 중 하나가 죽게된다.
寅時	동쪽에서 車馬가 이르고 고기잡는 그물을 들고가는 사람을 보게 되며 혹은 사냥군이 지나가는 것을 보게된다. 用事한 뒤 60일에 남모르는 기쁜 일이 있고 과부가 토지문서를 건네주며, 100일 뒤에 벼락이 집안에 떨어지는 일이 발생하면 이로부터 집안이 망하게 된다.
卯時	말이 동쪽에서 달려오며, 관리가 도둑을 잡아끌고 오며 어부가 지나가고, 여자도 지나가는 것을 보게 된다. 재물이 생기고 과부의 재산을 얻게된다. 그러나 벼락이 지붕에 떨어진다.
辰時	서북방에서 비가 몰려오고, 닭이 나무위에 올라가며, 紅衣(홍의) 여인이 바구니를 든 것을 보게 된다. 用事한 뒤 7일에 怪氣(괴기)가 발생하고 60일 내에 가축이나 기타의 짐승들을 얻게 된다.
巳時	紅衣(홍의)의 여인이 이르는데 대개 혼인 건이나 구설수가 생기게 된다. 60일에 사냥꾼이 잡은 물건을 얻게되고 火姓人이 문서와 편지를 보내온다. 이는 예상치 않게 관직을 얻어 이름을 떨칠 징조이다.
午時	남쪽에서 혼인잔치가 있고, 사냥꾼이 활과 화살을 메고 있는 모습을 보게 된다. 용사후 60일에 일을 하다가 나무에 몸을 다치게 된다. 또 火光이 크게 일어나는 것을 보게 되면, 자살하거나 혹은 물에 빠지는 흉액을 당하는 가족이 있을 염려가 있으니 조심하라.

	公子가 말을 타고가는 것을 보게되면 반드시 여자와 연관된 사건이 발생하게 된다.
未時	임산부가 지나가며 서북방에서 북소리가 들리며 두 사람이 서로 치하하는 모습을 보게 된다. 築造(축조)하거나 葬埋(장매) 60일 후 家主가 물에 빠지고, 1년 뒤에는 역질에 걸리는데 재물은 크게 흥성해진다.
申時	집을 築造(축조)하고 葬埋(장매)할 때에 임산부가 크게 울고, 서쪽에서 징소리가 들리며 중이 방갓을 쓰고 숨을 가쁘게 쉬며 지나간다. 다투는 일이 발생하고 60일 내에 돈을 보내주는 사람이 있다.
酉時	서쪽에서 집 문제로 다투고, 오리와 개 짖는 소리가 요란하다. 사납게 생긴 사람이 지나가고, 白衣를 입은 임산부를 만나는데 용사 후 100일에 재물을 얻게 된다.
戌時	어떤 여인이 서쪽에서 백포와 화물을 가지고 온다. 도둑이 獄死함을 듣고 赤馬를 판 것이 말썽이 되어 예기치 않게 訟事가 발생하고 재앙이 다다른다. 10일 내에 급살병이 발생하고, 들 닭이 집으로 들어오면 家産이 줄어들기 시작한다.
亥時	어떤 여인이 횃불을 들고 오다가 큰 거리로 나간다. 100일 내에 病者가 이르러 우물속으로 뛰어들려고 한다. 또는 북쪽에서 나무가 쓰러지며 집과 사람을 다치게 된다. 이런 후면 집을 떠나 객지로 나가야 재앙을 면하게 된다.

8. 성·문星·門 요결要訣

天蓬九星과 時家八門神將의 同宮 內 길흉관계를 요약한 것이다.

	天蓬星
生門	水山蹇(수산건) 大吉 제멋대로 욕심을 부리고 함부로 행동해도 다함이 없다.
傷門	水風井(뇌풍정) 凶 큰 어려움이 임박했으니 家宅이 불안하다.
杜門	水雷屯(수뢰준) 凶 10년동안 굴뚝, 창문이 寒하고 온기가 없으니 하나라도 얻을 게 없다.

景門	水火旣濟(수화기제) 大凶 만사가 구비되었으나 동풍이 불지 않는다.
死門	水地比(수지비) 凶 음식 빼앗김을 경계하고 의복 벗겨갈 것을 경계하라.
驚門	水澤節(수택절) 흉 곡절 많은 事端이 別生하니 어느 곳에서 옳음을 취하겠는가.
開門	水天需(수천수) 吉 삼년동안 울지 않으나 한번 울면 萬人을 놀래킨다.
休門	重水坎(중수감) 凶 칼로 사람을 해쳐 흉액을 지었으니 쇠사슬에 묶여 감옥에 들어간다.

	天芮星
生門	地山謙(지산겸) 凶 할 마음은 있으나 힘이 따르지 않으니 원하는 바를 손에 넣지 못한다.
傷門	地雷復(지뢰복) 凶 일곱구멍의 연으로 인해 九世동안 원수진다.
杜門	地風升(지풍승) 凶 편히앉아 음식 먹고 돈을 물 쓰듯이 한다.
景門	地火明夷(지화명이) 吉 재능과 성정은 탁월하고 매우 큰 지혜는 오히려 어리석음과 같다.
死門	重地坤(중지곤) 大凶 해가 서산에 걸리었으니 오늘 저녁을 보증하지 못한다.
驚門	地澤臨(지택림) 凶 바람 불어 풀이 흔들리니 하루 저녁에도 자주 놀란다.

開門	地天泰(지천태) 大吉 금을 모으고 옥을 쌓으니 평안함과 富함과 尊榮함이 있다.
休門	地水師(지수사) 大吉 하나가 열을 당해내니 남쪽을 정벌하고 북쪽을 친다.

	天沖星
生門	雷山小過(뇌산소과) 大吉 가난한 늙은이가 말을 잃으니 福이 없음을 알 수 있다.
傷門	重雷震(중뢰진) 大凶 두루 몸체의 비늘이 상하니 고통이 골수에 이른다.
杜門	雷風恒(뇌풍항) 凶 낡은 규칙을 끝까지 고수하니, 고치고 변화됨을 알지 못한다.
景門	雷火風(뇌화풍) 吉 수레에 싣고 말로 계량하니 수량이 너무 많아 다 셀 수가 없다.
死門	雷地豫(뇌지예) 凶 칼과 검이 난무하니 창을 베고 아침을 맞이한다.
驚門	雷澤歸妹(뇌택귀매) 大凶 여인이 잘못된 남자를 만났으니 이별이 곧 닥쳐온다.
開門	雷天大壯(뇌천대장) 大吉 힘써 행하며 나태하지 않으니 하루가 千日과 같이 重하다.
休門	雷水解(뇌수해) 大吉 험난한 길을 가면서도 평탄한 길을 가는 것처럼 하니, 위태로움이 편안함으로 바뀐다.

	天輔星	
生門	風山漸(풍산점) 大吉 묵묵한 가운데 서로 마음이 통하니 변치 않는 산과 바다와 같이 맹세가 굳건하다.	
傷門	風雷益(풍뢰익) 凶 선천적으로 부족하니 후천적으로도 보충할 수 없다.	
杜門	重風巽(중풍손) 大凶 七顚八起이나 자기 스스로 모순에 빠진 격이다.	
景門	風火家人(풍화가인) 吉 아버지가 자애롭고 아들이 孝를 하니, 부모를 생전에는 잘 봉양하고 돌아가신 후에는 장사를 후히 지낸다.	
死門	風地觀(풍지관) 凶 천지에 꽃과 술이 가득하니, 아끼고 좋아하는 사물에만 정신이 팔려 본래의 원대한 뜻과 의지를 상실한다.	
驚門	風澤中孚(풍택중부) 凶 천라지망하니 날개를 달아도 날지 못한다.	
開門	風天小畜(풍천소축) 凶 집안에 몇 푼의 돈도 없으니 부부가 소가죽을 입고 서로 바라보며 운다.	
休門	風水渙(풍수환) 大吉 안개와 구름이 흩어지니 光明함을 능히 볼 수 있다.	

	天禽星	
生門	重山艮(중산간) 凶 앞뒤로 산과 바다가 있으니 진퇴양난이다.	
傷門	重雷震(중뢰진) 大凶 두루 몸 전체에 비늘이 상하니 고통이 骨髓(골수)에 이른다.	

杜門	重風巽(중풍손) 大凶 七顚八起(칠전팔기)하나 스스로 모순에 빠진 격이다.
景門	重火離(중화이) 大凶 봄바람이 한번 지나가나(남녀가 한번 교접함), 처음도 어려웠으나 나중은 헤어지게 된다.
死門	重地坤(중지곤) 大凶 해가 서산에 걸리었으니 오늘 저녁을 보증하지 못한다.
驚門	重澤兌(중택태) 大凶 投機하여 교묘함을 얻으니 오직 대책을 세우고 꾀함에 이득이 있다.
開門	重天乾(중천건) 凶 四海에 표류하는 격이니 어디에 人家가 있을 것인가?
休門	重水坎(중수감) 凶 목에 형틀과 자물쇠가 달렸으니 쇠사슬에 묶여 감옥에 들어간다.

	天心星
生門	天山遯(천산둔) 大吉 六根이 청정하니 산속에서 은일하게 지낸다.
傷門	天雷无妄(천뢰무망) 凶 외부로부터 예기치 않은 禍厄이 집안에 들어오니, 온 집안이 뒤숭숭하고 속을 썩을 수 있다.
杜門	天風姤(천풍구) 大凶 산에 막히고 물이 끊어졌으니 천신만고다.
景門	天火同人(천화동인) 吉 서로 늦은 만남이 원망스러워, 악수하며 언사가 기쁨에 차있다.

死門	天地否(천지비) 凶 생사가 천명에 달려 있으니 하늘을 돌려놓을 술법이 부족하다.
驚門	天澤履(천택리) 凶 천변만화하니, 이렇게도 저렇게도 자기 뜻대로 안된다.
開門	重天乾(중천건) 凶 사해에 표류하는 격이니 어느 곳에 人家가 있을 것인가?
休門	天水訟(천수송) 大吉 관청일이 거울과 같이 밝으니 관리의 청정함이 물과 같다.

	天柱星
生門	澤山咸(택산함) 大吉 나와 그대가 서로 사랑함이 있으니 난새와 봉황이 화답하여 운다.
傷門	澤雷隨(택뢰수) 大凶 상황에 따라 시시비비가 서로 뒤바뀌니, 한 손으로 하늘을 가리는 격이다.
杜門	澤風大過 (택풍대과) 凶 사치를 구함에 싫어함과 염치가 없으니, 원성이 도처에 자자하다.
景門	澤火革(택화혁) 吉 남보다 먼저 일을 착수하고 지어 놓으니 오랫동안 다스려지고 평안하다
死門	澤地萃(택지췌) 吉 이리를 끌어 방으로 데려오니 호시탐탐이다.
驚門	重澤兌(중택태) 大凶 기회를 틈타 사리사욕을 채우며, 오직 아무것도 생각하지 않고 이득을 취함에만 골똘하다.
開門	澤天夬(택천쾌) 大吉 용맹과 꾀가 있으니 전진의 결단만 남았다.

休門	澤水困(택수곤) 大吉 외로운 구름과 들판의 학에 비유되니, 물가에서 잠자고 돌로 양치질하는 것처럼 산속에 은거하고 싶다.

	天任星
生門	重山艮(중산간) 凶 앞뒤로 산과 바다에 막혀 있으니 진퇴양난이다.
傷門	山雷頤(산뢰이) 凶 굶주려 음식 가릴 겨를이 없으니, 짐새의 독주를 마시고 갈증을 해소한다.
杜門	山風蠱(산풍고) 凶 피로가 쌓여 질병이 드니, 病은 이미 고치기 어려울 정도로 몸속 깊이 침투했다.
景門	山火賁(산화비) 길 옷이 따듯하고 배가 부르며, 옥으로 지은 화려한 궁전이로다.
死門	山地剝(산지박) 大凶 두려워하지 않고 분발하여 일을 처리하니, 자리에 앉아서 훔친 贓物(장물)을 분배한다.
驚門	山澤損(산택손) 凶 소득이 전무하니 사람과 재물이 다 허사다.
開門	山天大畜(산천대축) 大吉 창고가 풍성하고 넉넉하니 유비무환이다.
休門	山水蒙(산수몽) 大吉 재목될 사람에게 교육을 시키니 靑出於藍(청출어람)이다.

	天英星
生門	火山旅(화산려) 大吉 山水를 유람하고 즐기며 천하를 편력한다.

傷門	火雷噬嗑(화뢰서합) 凶 용과 호랑이가 다투니 둘 다 패하고 다친다.
杜門	火風鼎(화풍정) 凶 관리가 직권을 남용하여 세도를 부리니 위엄을 짓기도 하고 복을 짓기도 한다.
景門	重火離(중화이) 大凶 봄바람이 불어오고, 시작이 어려우니 나중은 포기하게 된다.
死門	火地晉(화지진) 凶 해마다 전쟁이니 백성은 피로하고 재물이 손실된다.
驚門	火澤睽(화택규) 凶 눈을 크게 뜨고 입을 굳게 다물었으나, 마음은 이미 어지러워지고 있다.
開門	火天大有(화천대유) 大吉 금과 푸른 옥이 휘황찬란하니 앞에서는 환호하고 뒤에서는 포용한다.
休門	火水未濟(화수미제) 凶 조금 전진하고 많이 후퇴하니 한 가지도 이룰 수 없다.

제6장
삼원자백三元紫白

1. 개요概要

奇門遁甲盤을 활용하여 길흉방을 보는 방법에는 첫 번째는 天蓬九星과 時家八門神將을 이용한 "星·門作卦法(성·문작괘법)"과 두 번째는 "三元紫白法(삼원자백법)"이다. 성·문작괘법은 제10편 방위길흉 판단법에서 자세히 공부하기로 하고 이번 章에서는 삼원자백법을 공부하기로 한다. 삼원자백법은 본시 風水地理와 연관하여 길·흉방을 논할 때 많이 활용해왔는데, 이것을 기문둔갑과 접목하여 각종 사안에 대한 길·흉방을 논할 때 폭넓게 활용하고 있는 것이다. 그리고 用事하고자 하는 事案 및 期間에 따라 紫白年局, 紫白月局, 紫白日局, 紫白時局으로 作局하여 활용한다.

2. 길·흉방吉·凶方

〈吉方〉
• 紫白方(자백방)
• 本命星을 生하는 方
〈凶方〉
• 本命殺方(본명살방)
자신의 本命星에 해당하는 방위를 말한다. 이 방위를 택하면 흉함이 1년이나 11년에 발생하는데, 사고, 질병, 損財, 이혼, 家破 등의 흉사가 발생한다.
• 本命的殺方(본명적살방)
本命星의 방위와 정반대되는 방위를 말한다. 이 방위를 택하면 계획의 차질과, 명예실추, 예기치 않은 사고, 시비구설, 질병, 자신의 잘못으로 인한 타인에게 피해를 주는 일 등이 발생한다.

• 五黃殺方(오황살방)

三元紫白 中 五黃土星이 있는 방위이다. 이 방위를 택하면 잠재적 질병이 투출되고, 遠行, 婚事(혼사), 築造(축조), 經營, 家內事 등의 일에 흉사가 발생한다.

• 暗劍殺方(암검살방=五黃的殺方)

五黃殺方과 정반대되는 방위로 예기치 않은 질병과 사고, 失物, 失財 등이 발생하며, 築造(축조), 遠行, 婚事(혼사)시 불리하며, 官災, 시비다툼 등 흉사가 발생한다.

• 歲破方(세파방)

用事하고자하는 太歲의 年支와 相沖되는 방위를 말한다. 4년마다 해당되며 여러 흉사가 다발한다.

• 月破方(월파방)

用事하고자하는 當月의 地支와 相沖되는 방위를 말한다. 여러 흉사가 발생한다.

• 殺氣方(살기방)

자신의 生年太歲를 剋하는 방위이다. 타인에게 陰害(음해)를 당하거나, 타인으로 인한, 혹은 타인과 연루되어 곤욕을 당하는 일이 발생한다.

• 死氣方(사기방)

자신의 生年太歲가 剋하는 방위이다. 자신이 귀책사유가 되어 타인에게 피해를 주거나, 자신의 원인제공으로 인하여 타인이나 가족에게 손상을 입히는 일이 발생한다.

3. 본명성本命星

• 上元甲子 : 1864~1923년(60년)
• 中元甲子 : 1924~1983년(60년)
• 下元甲子 : 1984~2043년(60년)

1) 生年干支와 生年度의 해당 三元을 찾아 교차되는 곳이 本命星이다.

　　예) 1964년도 甲辰生의 本命星은 다음과 같다.

　　1964년도 甲辰生은 中元甲子生에 속한다. 따라서 아래 조견표의 生年인 甲辰과 中元

을 연결하면 숫자 9가 나온다. 이 9가 本命星이 된다. 즉 1964년도에 출생한 사람의 本命星은 <u>九紫火星(구자화성)</u>이 되는 것이다.

三元紫白 年局 早見表(삼원자백 년국 조견표)

							上元	中元	下元
甲子	癸酉	壬午	辛卯	庚子	己酉	戊午	一	四	七
乙丑	甲戌	癸未	壬辰	辛丑	庚戌	己未	九	三	六
丙寅	乙亥	甲申	癸巳	壬寅	辛亥	庚申	八	二	五
丁卯	丙子	乙酉	甲午	癸卯	壬子	辛酉	七	一	四
戊辰	丁丑	丙戌	乙未	甲辰	癸丑	壬戌	六	九	三
己巳	戊寅	丁亥	丙申	乙巳	甲寅	癸亥	五	八	二
庚午	己卯	戊子	丁酉	丙午	乙卯		四	七	一
辛未	庚辰	己丑	戊戌	丁未	丙辰		三	六	九
壬申	辛巳	庚寅	己亥	戊申	丁巳		二	五	八

2) 상기 조견표를 활용하지 않는다면, 1964년생(甲辰生)은 三元甲子 중 中元甲子에 해당한다. 따라서 中元甲子는 4綠에서 甲子를 일으켜 九宮定位圖상으로 逆布하므로, 巽宮이 甲子, 震宮이 乙丑, 坤宮이 丙寅… 순으로 逆布하면 甲辰은 離9宮에 떨어지고 離9宮은 九紫火星이 된다. 이것이 本命星이다. 아래 표와 같다.

巽 巳	離 午	未 坤
❹	❾	❷
辰 綠 甲子	紫 甲辰	黑 甲申 申
❸	❺	❼
震 卯 碧 甲戌	黃	赤 兌 酉
❽	❶	❻
寅 白	白 甲午	白 戌
艮 丑	坎 子	亥 乾

4. 삼원자백三元紫白 **구궁정위도**九宮定位圖

三元紫白 九宮定位圖

巽	巳		離 午		未		坤
	❹		❾		❷		
辰	木		火		土		申
	綠		紫		黑		
	❸		❺		❼		
震 卯	木		土		金		兌 酉
	碧		黃		赤		
	❽		❶		❻		
寅	土		水		金		戌
	白		白		白		
艮	丑		坎 子		亥		乾

5. 삼원자백三元紫白 **년국**年局

◉ 60년을 一元으로 하여 上, 中, 下元으로 구분한다.

上元甲子 : 1864~1923년(60년)
中元甲子 : 1924~1983년(60년)
下元甲子 : 1984~2043년(60년)
60년씩 계속 連環(연환)한다.

◉ 紫白年局에서는 陽遁不用이고, 陰遁事用이라 逆布하는데, 上·中·下元에 따라 局을 일으키는 방법이 다르다.

上元 : 一白에서 甲子를 起하여 逆布
中元 : 四綠에서 甲子를 起하여 逆布

下元 : 七赤에서 甲子를 起하여 逆布

⊙ 해당 局에서 甲子를 시작하여 사용하고자 하는 太歲의 年干支가 닿는 宮의 紫白 九星을 다시 中宮에 넣고 陽遁, 陰遁을 막론하고 順布한다.

⊙ 2017년도 丁酉年의 三元紫白年局을 포국해본다. 2017년도 丁酉年은 하원갑자에 속한다. 하원갑자는 7赤에서 甲子를 起하여 逆布한다 했으므로 구궁정위도상의 兌宮 7赤에서 甲子를 起하여 年干支 丁酉가 닿는 곳까지 逆布하면 坎宮의 1白에 해당된다. 이 1白을 中宮에 넣고 구궁정위도상으로 順布하면 年局이 포국되는 것이다. 아래표 年局2와 같다.

年局1				
巽	巳	離 午	未	坤
辰	❹ 綠 甲午	❾ 紫	❷ 黑	申
震 卯	❸ 碧	❺ 黃 甲申	❼ 赤 甲子	兌 酉
寅	❽ 白	❶ 白 丁酉	❻ 白 甲戌	戌
艮	丑	坎 子	亥	乾

年局2				
巽	巳	離 午	未	坤
辰	❹ 本命星.凶 紫	❾ 凶 黃	❷ 赤	申
震 卯	❸ 白	❺ 白	❼ 碧	兌 酉
寅	❽ 綠	❶ 凶 白	❻ 凶 黑	戌
艮	丑	坎 子	亥	乾

⊙ 1964년 甲辰生이 2017년도 丁酉年의 年局盤을 활용하여 年內의 길·흉방을 찾 는다면, 甲辰生은 本命星이 9紫火星이니 상기 年局2표와 같이 巽宮에 해당한 다. 따라서 本命星方인 巽宮과, 本命的殺方인 乾方, 5黃殺方인 離方과, 5黃的殺 方인 坎方은 이용하지 못하고 다른 방위는 무난하다 하겠다. 기문둔갑의 "年盤 定局法"을 병용하여 판단하라.

6. 삼원자백三元紫白 월국月局

三元紫白 月局의 上·中·下元은 四沖(子·午·卯·酉)年과, 四孟(寅·申·巳·亥)年과, 四庫(辰·戌·丑·未)年에 따라 다르다.

1) 子午卯酉年은 月局上元으로 八白에서 一月을 起하여 해당月까지 逆布한다.
2) 寅申巳亥年은 月局中元으로 二黑에서 一月을 起하여 해당月까지 逆布한다.
3) 辰戌丑未年은 月局下元으로 五黃에서 一月을 起하여 해당月까지 逆布한다.

상기와 같이 附去하여 사용하고자하는 月이 닿는 궁을 다시 中宮에 넣고 順布하여 附法한다.

	1月	2月	3月	4月	5月	6月	7月	8月	9月	10月	11月	12月
	寅	卯	辰	巳	午	未	申	酉	戌	亥	子	丑
子午卯酉 (上元)	8	7	6	5	4	3	2	1	9	8	7	6
寅申巳亥 (中元)	2	1	9	8	7	6	5	4	3	2	1	9
辰戌丑未 (下元)	5	4	3	2	1	9	8	7	6	5	4	3

예) 2017년 丁酉年 음력 10월의 月局을 布局한다면, 10월은 亥月이고 子午卯酉年은 8白에서 一月을 起하여 逆布한다 했으니, 8白艮宮에서 一月, 二月… 순으로 구궁정위도에 의거 逆布하면 10월은 8白에 닿는다. 이를 다시 중궁에 넣고 구궁정위도에 따라 順布하여 月局을 완성한다. 아래 도표와 같다.

	月局1			
巽	巳	離 午	未	坤
辰	❹ 5월	❾ 9월	❷ 7월	申
震卯	❸ 6월	❺ 4월	❼ 2월	兌酉
寅	❽ 1월.10월	❶ 8월	❻ 3월	戌
艮	丑	坎 子	亥	乾

	月局2			
巽	巳	離 午	未	坤
辰	❹ 凶 7赤	❾ 3碧	❷ 凶 5黄	申
震卯	❸ 6白	❺ 8白	❼ 1白	兌酉
寅	❽ 凶 2黑	❶ 4綠	❻ 本命星.凶 9紫	戌
艮	丑	坎 子	亥	乾

⊙ 1964년 甲辰生(本命星 9紫火星)이 2017년 10월 月內의 길·흉방을 찾는다면 상기 月局2 도표와 같다. 本命星方인 乾方과, 本命的殺方인 巽方, 5黃殺方인 坤方과, 5黃的殺方인 艮方은 凶하고 기타의 방위는 무난하다 하겠다.

7. 삼원자백三元紫白 일국日局

⊙ 三元紫白 日局은 陽遁과, 陰遁으로 구분하여 布局한다.

陽遁 : 冬至~夏至

陰遁 : 夏至~冬至

⊙ 紫白日局은 각각의 節候(절후)에 따라 上·中·下元으로 구분한다.

〈陽遁〉

陽遁上元 : 冬至, 小寒, 大寒, 立春

　　　　　一白에서 甲子를 起하여 順布

陽遁中元 : 雨水, 驚蟄, 春分, 淸明

　　　　　七赤에서 甲子를 起하여 順布

陽遁下元 : 穀雨, 立夏, 小滿, 芒種

　　　　　四綠에서 甲子를 起하여 順布

◆ 구궁정위도상으로 順布하여 日辰宮 닿는 곳까지 진행하여 떨어지는 紫白九星을 中宮에 넣고 다시 구궁정위도상으로 順行布局하여 三元紫白日局을 作局한다.

〈陰遁〉

陰遁上元 : 夏至, 小暑, 大暑, 立秋

　　　　　九紫에서 甲子를 起하여 逆布

陰遁中元 : 處暑, 白露, 秋分, 寒露

　　　　　三碧에서 甲子를 起하여 逆布

陰遁下元 : 霜降, 立冬, 小雪, **大雪**

　　　　　六白에서 甲子를 起하여 逆布

◆ 구궁정위도상으로 逆布하여 日辰宮 닿는 곳까지 진행하여 떨어지는 紫白九星을 中宮에 넣고, 다시 구궁정위도상으로 逆行布局하여 三元紫白日局을 作局한다.

三元紫白日局 早見表(삼원자백일국 조견표)

日辰 三元局							陽遁局			陰遁局		
							上元	中元	下元	上元	中元	下元
甲子	癸酉	壬午	辛卯	庚子	己酉	戊午	1	7	4	9	3	6
乙丑	甲戌	癸未	壬辰	辛丑	庚戌	己未	2	8	5	8	2	5
丙寅	乙亥	甲申	癸巳	壬寅	辛亥	庚申	3	9	6	7	1	4
丁卯	丙子	乙酉	甲午	癸卯	壬子	辛酉	4	1	7	6	9	3
戊辰	丁丑	丙戌	乙未	甲辰	癸丑	壬戌	5	2	8	5	8	2
己巳	戊寅	丁亥	丙申	乙巳	甲寅	癸亥	6	3	9	4	7	1
庚午	己卯	戊子	丁酉	丙午	乙卯		7	4	1	3	6	9
辛未	庚辰	己丑	戊戌	丁未	丙辰		8	5	2	2	5	8
壬申	辛巳	庚寅	己亥	戊申	丁巳		9	6	3	1	4	7

예) 2017년(丁酉年) 10월(辛亥月) 18일(丙寅日)의 日局을 포국한다면 10월 18일은 절기상으로 大雪에 속하므로 陰遁局 下元에 해당한다. 陰遁局 下元은 6白에서 甲子를 起하여 구궁정위도상으로 逆布하라 했으니, 아래 도표와 같이 乾宮에 甲子, 中宮에 乙丑, 巽宮에 丙寅… 순으로 逆布하면 巽宮에 丙寅이 떨어진다. 巽宮은 三元紫白이

4綠에 해당하므로 이를 다시 中宮에 넣고 逆行 附法하면 아래 우측도표와 같다.

日局1			
巽 巳	離 午	未	坤
❹	❾	❷	
辰			申
丙寅			
震 ❸	❺	❼	兌
卯			酉
乙丑			
寅 ❽	❶	❻	戌
		甲子	
艮 丑	坎 子	亥	乾

日局2			
巽 巳	離 午	未	坤
❹	❾	❷	
辰 凶	本命星.凶		申
5黃	9紫	7赤	
震 ❸	❺	❼	兌
卯			酉
6白	4綠	2黑	
寅 ❽	❶	❻	戌
	凶	凶	
1白	8白	3碧	
艮 丑	坎 子	亥	乾

⊙ 1964년 甲辰生(本命星 9紫火星)이 2017년 10월 18일 日內의 길·흉방을 찾는다면 상기 日局2 도표와 같다. 本命星方인 離方과, 本命的殺方인 坎方, 그리고 5黃殺方인 巽方과, 五黃的殺方인 乾方은 흉하고 기타의 방위는 무난하다 하겠다.

8. 삼원자백三元紫白 시국時局

⊙ 三元紫白 時局은 陽遁局과 陰遁局으로 구분하여 포국한다.
　陽遁局 : 冬至 ~ 夏至
　陰遁局 : 夏至 ~ 冬至
⊙ 用事하고자 하는 年. 月. 日. 時를 三元節氣表를 보아 해당 節氣와 上·中·下元의 어디에 해당하는가를 찾는다.

三元紫白時局 布局法		
陽遁局	上元 甲己/子午卯酉日	1白에서 甲子를 起하여 時干支 落宮處까지 順布한다.
	中元 甲己/寅申巳亥日	7赤에서 甲子를 起하여 時干支 落宮處까지 順布한다.
	下元 甲己/辰戌丑未日	4綠에서 甲子를 起하여 時干支 落宮處까지 順布한다.
陰遁局	上元 甲己/子午卯酉日	9紫에서 甲子를 起하여 時干支 落宮處까지 逆布한다.
	中元 甲己/寅申巳亥日	3碧에서 甲子를 起하여 時干支 落宮處까지 逆布한다.
	下元 甲己/辰戌丑未日	6白에서 甲子를 起하여 時干支 落宮處까지 逆布한다.

⊙ 상기와 같이 作局하여 얻은 時干支 낙궁처의 紫白九星을 다시 중궁에 넣고 구궁
  정위도상으로 逆布하면 時局의 紫白九星圖가 완성된다.
⊙ 三元紫白時局의 조견표를 활용하면 보다 쉽게 해당 宮의 紫白九星을 찾을 수 있다.

三元紫白時局 早見表			子時	丑時	寅時	卯時	辰時	巳時	午時	未時	申時	酉時	戌時	亥時
陽遁局	上元	甲己 子午卯酉日	1	2	3	4	5	6	7	8	9	1	2	3
	中元	甲己 寅申巳亥日	7	8	9	1	2	3	4	5	6	7	8	9
	下元	甲己 辰戌丑未日	4	5	6	7	8	9	1	2	3	4	5	6
陰遁局	上元	甲己 子午卯酉日	9	8	7	6	5	4	3	2	1	9	8	7
	中元	甲己 寅申巳亥日	3	2	1	9	8	7	6	5	4	3	2	1
	下元	甲己 辰戌丑未日	6	5	4	3	2	1	9	8	7	6	5	4

⊙ 음력. 2017년 10월 18일 巳時의 時局 實例

2017년은 丁酉年이고 10월 18일은 辛亥月 丙寅日이 되므로, 陰遁局 大雪節 上元 4局에 해당되며 時干地는 癸巳가 된다. 丙寅日은 상기 포국법을 참조하면 陰遁局 上元이므로 9紫에서 甲子를 起하여 逆布하면 7赤金星에 時干支 癸巳가 落宮한다. 다시 7赤을 중궁에 넣고 逆布하면 三元紫白時局이 완성된다. 아래 표와 같다.

時局1

巽 巳	離 午	未 坤
❹ 辰 綠	❾ 甲子 紫	❷ 申 黑
❸ 震卯 碧	❺ 黃	❼ 甲申 癸巳 赤 兌酉
❽ 寅 甲戌 白	❶ 白	❻ 白 戌
艮 丑	坎 子	亥 乾

時局2

巽 巳	離 午	未 坤
❹ 辰 白	❾ 碧	❷ 申 白
❸ 震卯 本命星.凶 紫	❺ 赤	❼ 凶 黃 兌酉
❽ 寅 綠	❶ 黑	❻ 白 戌
艮 丑	坎 子	亥 乾

⊙ 상기 조견표를 활용하면 보다 쉽게 찾을 수 있다.

⊙ 1964년 4월 17일 巳時生이 2017년 10월 18일 巳時의 時干 內에 三元紫白時局盤을 활용하여 길흉방을 찾는다면, 本命星이 9紫火星이므로 상기 時局 2표와 같이 本命星方인 震方과 本命的殺方인 兌方과, 그리고 중복되지만 5黃殺方인 兌方과 5黃的殺方인 震方은 凶하고 기타의 方位는 무난하다 판단한다.

9. 삼원자백三元紫白 년·월·일·시국年·月·日·時局 길흉吉凶 실례實例

⊙ 남자. 음력 1964년(甲辰年) 4월 17일 巳時生이 2017년 10월 18일 巳時의 길방과 흉방을 찾는다면 다음과 같다.

1964년. 10. 18일. 巳時는 陽遁局 小滿節 下元 8局에 해당된다. 따라서 상기 本

命星 조견표를 보면 9紫火星에 해당된다. 이 사람이 2017년 10월 18일 巳時에 用事함에 있어 길흉방을 찾으려면, 三元紫白의 年局·月局·日局·時局을 작성하여 비교 분석한 후 필요한 방위를 선택하는 것이다. 아래 도표와 같다.

年局

巽	巳	離午	未	坤
辰	❹ 本命星.凶 紫	❾ 凶 黃	❷ 赤	申
震卯	❸ 凶 白	❺ 白	❼ 凶 碧	兌酉
寅	❽ 綠	❶ 凶 白	❻ 凶 黑	戌
艮	丑	坎子	亥	乾

月局

巽	巳	離午	未	坤
辰	❹ 凶 7赤	❾ 3碧	❷ 凶 5黃	申
震卯	❸ 6白	❺ 8白	❼ 1白	兌酉
寅	❽ 凶 2黑	❶ 4綠	❻ 本命星.凶 9紫	戌
艮	丑	坎子	亥	乾

日局

巽	巳	離午	未	坤
辰	❹ 凶 5黃	❾ 本命星.凶 9紫	❷ 7赤	申
震卯	❸ 6白	❺ 4綠	❼ 2黑	兌酉
寅	❽ 1白	❶ 凶 8白	❻ 凶 3碧	戌
艮	丑	坎子	亥	乾

時局

巽	巳	離午	未	坤
辰	❹ 白	❾ 碧	❷ 白	申
震卯	❸ 本命星.凶 紫	❺ 赤	❼ 凶 黃	兌酉
寅	❽ 綠	❶ 黑	❻ 白	戌
艮	丑	坎子	亥	乾

10. 삼원자백三元紫白 상의象意

	1白의 象意		2黑의 象意
天文	雨. 霜(서리). 雲. 무지개	天文	흐린 날
地理	海(바다). 江湖. 습지	地理	들. 논두렁길. 평지
人物	仲男. 術士. 秀才. 뱃사람	人物	老母. 임신부. 황후. 시골사람
性情	냉정. 냉혹. 방탕	性情	인색. 유순. 나약
身體	신장. 방광. 혈기. 음부	身體	任脈. 가슴늑골. 복부. 肌膚(기부)
動物	물고기. 돼지. 야생마	動物	봉황. 소. 암말
物品	병. 찻잔. 도료. 기름	物品	곡물. 붉은 기와. 모가 난 물건
居舍	수각. 주점. 수상 건축물	居舍	낮은 집. 창고. 시골집
飮食	차. 술. 짠맛의 식물	飮食	단맛의 식물. 土産
사업	어업. 해운업. 鹽務官	사업	농업 담당관. 경작. 목축

	3碧의 象意		4綠의 象意
天文	雷(우뢰)	天文	風(바람)
地理	번화가. 도로. 삼림	地理	화원. 항구. 초원
人物	長男. 太子. 사묘 관리인. 증인	人物	長女. 의원. 과부. 소개인
性情	조급함. 허위. 쉽게 노하는 사람	性情	온화. 守德. 不定
身體	包絡. 三焦氣穴. 咽喉. 팔꿈치	身體	肝腸. 膽部. 수염. 겨드랑
動物	꾀꼬리. 개구리. 준마	動物	닭. 뱀. 쾌마
物品	창. 대포. 악기. 직형의 물건	物品	침. 실. 시계의 추. 향기 짙은 물건
居舍	사당. 도사의 수도처. 승려의 수행처	居舍	진료소. 은행. 축사
飮食	과일. 채소. 신맛	飮食	밀가루. 국수. 짠맛의 물건
사업	森林 담당관. 목공. 茶葉 상인	사업	세관. 소개업. 의원

	5黃의 象意		6白의 象意
天文	霞(노을). 黃砂(황사). 雲(구름). 자연재해	天文	淸(맑음)
地理	묘지. 불탄 흔적. 싸움터	地理	고성. 고적지. 고지
人物	마왕. 도적. 시신. 유랑인	人物	老父. 황제. 어른. 귀인
性情	음험. 잔인. 흉악	性情	강건. 무용. 결단력
身體	인당. 인중. 春柱. 腦部	身體	督脈. 골격. 천정. 頸部

動物	독수리. 코끼리. 늙은 말
物品	도검류. 독약. 폐기된 물건
居舍	황천. 염라전. 귀신 소굴
飮食	된장이나 간장에 절이거나 담은 물건. 썩어서 흐믈흐믈한 맛
사업	사법관. 자객. 도살자

動物	용. 사자. 힘센 말
物品	금옥. 거울. 仙丹
居舍	전망대. 고층아파트. 정거장
飮食	진귀한 식품. 매운 맛
사업	軍官. 교통. 사업

7赤의 象意	
天文	달
地理	못. 명승. 낮은 곳
人物	少女. 舞姬. 巫女. 배우
性情	수다스러움. 향락. 좌절
身體	폐장. 대장. 항문. 입부분
動物	까마귀. 양. 어린 말
物品	종. 방울. 통. 움푹한 물건
居舍	응접실. 기도하는 단. 유령의 거주지
飮食	우유류. 매운 맛
사업	번역가. 유흥업. 오락업

8白의 象意	
天文	안개
地理	제방. 언덕. 산지
人物	少男. 죄수. 뚱뚱한 사람. 한가한 사람
性情	반역. 근검. 阻滯
身體	비장. 위. 등어리. 코 부위
動物	학. 개. 준마
物品	탁자. 의자. 솜이불. 무거운 물품
居舍	커다란 문. 돌담. 여관
飮食	떡. 단맛의 식물
사업	순라꾼. 개간하는 사람. 구식은행

9紫의 象意	
天文	태양
地理	번화가. 군영. 육지
人物	仲女. 壯元. 仙佛. 文人
性情	총명. 열심. 정의감
身體	심장. 소장. 눈동자. 귀부분
動物	꿩. 표범. 화려한 말
物品	서적. 등촉. 광택나는 물건
居舍	官衙. 재판소. 학교
飮食	肉干. 쓴맛의 식물
사업	戶籍 관리인. 修道하는 사람. 교직자

제7장
사리삼원四利三元

1. 포국법布局法

　日辰宮이 있는 곳에 太歲를 부기하여 陰陽遁을 막론하고 十二地支定位宮에 順行 附法한다. 四利三元法은 奇門遁甲盤(기문둔갑반)의 주요 構成要素(구성요소)로 분류되지는 않지만 洪局과 烟局奇門 공히 身數局과 占事局에서 用事時에 참고하기도 한다.

2. 포국순서布局順序

　太歲(태세)→太陽(태양)→喪門(상문)→太陰(태음)→官符(관부)→死符(사부)→歲破(세파)→龍德(용덕)→陰符(음부)→福德(복덕)→弔客(조객)→病符(병부)

3. 길흉吉凶풀이

	四利 三元	五行 吉凶	吉.凶
1	太歲	土/凶	官災口舌. 日辰宮 地盤과 太歲가 相生이면 흉변길이 된다.
2	太陽	火/吉	재물 여의. 혼인 길. 득남. 凶星과 同宮이라도 역시 길하다.
3	喪門	木/凶	이별. 官災口舌. 사망. 災難. 日辰宮 地盤과 相生되면 半吉하다.

4	太陰	水/吉	경사. 혼인 길. 재복. 출행 길. 凶星과 同宮이면 흥이 반감된다.
5	官符	火/凶	官災口舌. 모략중상. 傷身. 傷妻
6	死符	水/凶	落傷. 급병. 객사. 日辰宮 地盤과 相生이면 半吉하다.
7	歲破	土/凶	亡身歸鄕. 破財破業. 日辰宮 地盤과 相生이면 半吉하다.
8	龍德	木/吉	昇進揚名. 재물운 길. 만사여의. 日辰宮 地盤이 凶하면 半吉이다.
9	陰符	金/凶	주색난. 화류계 방탕. 도적실물. 日辰宮 地盤과 相生이면 半吉이다.
10	福德	金/吉	재백왕성. 田宅興旺. 日辰宮 地盤이 大凶하면 半吉이다.
11	弔客	火/凶	질병, 喪服 주의. 급병발생 주의 日辰宮 地盤과 相生이면 半吉이다.
12	病符	土/凶	사고. 질병. 하반신 불구. 相沖한 즉 死亡이다.

예) 奇門四柱局에서 남명. 음력 1964년. 4월 17일 巳時生이라면 十二地支定位圖는
아래 도표1과 같다.

도표1

巽	巳	離 午	未	坤
辰	❹	❾	❷	申
震 卯	❸	❺	❼	兌 酉
寅	❽	❶	❻	戌
艮	丑	坎 子	亥	乾

상기 奇門四柱局에서 日辰은 丁丑인데, 丑日은 艮宮에 속하고 陰·陽遁을 막론하고 順行附法하라 했으니, 艮宮 丑土에 太歲를 附法하고, 다음 寅木에 太陽, 다음 卯木에 喪門, 다음 辰土에 太陰, 다음 巳火에 官符, 다음 午火에 死符, 다음 未土에 歲破, 다음 申金에 龍德, 다음 酉金에 陰符, 다음 戌土에 福德, 다음 亥水에 弔客, 다음 子水에 病符를 附法하는 것이다.

아래 도표2와 같다.

도표2

巽	巳 官符	離 午 死符	未 歲破	坤
辰 太陰	④	⑨	②	申 靑龍
震 卯 喪門	③	⑤	⑦	兌 酉 陰符
寅 太陽	⑧	❶	⑥	戌 福德
艮	丑 太歲	坎 子 病符	亥 弔客	乾

제4편

기의백격奇儀百格

제1장
기의奇儀 상의象意

	甲首
天文	太陽
地理	높은 곳. 나무숲
人物	상류지배층. 귀족. 국왕. 관리
性情	위엄. 정직. 유쾌. 독단. 완고. 낭비
身體	담낭. 쓸개. 눈. 힘줄
物品	금. 보석. 옥. 왕관. 푸른색의 물건
居死	궁전. 탑
飮食	신맛의 식물. 아름다운 식물
功名	예술. 사업
本質	강건하고 적극성이 있다.
性格	사람됨이 솔직하고 자신감이 강하다. 남과 어울리기를 썩 좋아하지는 않는다.
色彩	청색
味覺	신맛
聲音	맑지 않다.
體形	장방형
活動	심사숙고 후 정식행동을 한다.
其他	때를 얻으면 동량이 되고, 그렇지 못하면 폐목이다. 명운이 극을 받으면 쓸모없는 인간이다. 환경이 좋으면 성공하고, 아니면 떠돌이 신세가 된다.

	乙奇
天文	太陰

地理	초원. 화원
人物	여행자. 황후. 선원
性情	민감. 상상. 인내. 의뢰. 언약. 이기심
身體	肝. 눈. 손톱
物品	은. 수은. 실물. 일용품. 녹색의 물건
居舍	식당. 집회소
飮食	떫은맛의 식물. 평범한 식물
功名	비술. 항해업
本質	윤택하다.
性格	습성이 비뚤어지고 가식적인 행동이 많으나 세류에 편승하기도 한다.
色彩	청록색
味覺	시고 달다.
聲音	멋진 목소리다.
體形	부드럽고 무기력하다.
活動	평범이다.
其他	때를 얻으면 번화하고, 때를 잃으면 폐목이다.

	丙奇
天文	木星
地理	육지. 밭
人物	장군. 교조. 수상
性情	정의. 자비. 관대. 극단. 허영. 천견
身體	小腸. 입술. 맥
物品	아연. 주석. 상품. 약석. 붉은색의 물건
居舍	재판소. 고층아파트
飮食	쓴맛의 식물과 과일
功名	학술. 정치
本質	청렴결백
性格	극렬성과 의지가 굳고, 자기가 옳다고 믿으면 절대로 사양하지 않는다.
色彩	자홍색
味覺	쓰고 맵다.
聲音	중후한 목소리

體形	강건하고 힘이 있다.
活動	매우 활발하다.
其他	때를 얻으면 영화롭고 얻지 못하면 폐목이다. 친구로 사귀면 힘을 얻고, 원수가 되면 무서운 적이 된다.

	丁奇
天文	計星
地理	불타버린 자취. 번화가
人物	조종사. 운전사. 사관. 역술가
性情	우호. 진보, 고립. 성급. 난폭. 반역
身體	心. 입술. 氣
物品	납. 백금. 가위. 차량. 색깔 있는 물건
居舍	도서관. 축사
飮食	향기있는 식물. 구운식품
功名	점성술. 역술업
本質	아첨하고 간사
性格	매우 유순하지만 심중을 파악하기 힘들다.
色彩	담홍색
味覺	상쾌한 맛
聲音	또렷하고 크고 쩌렁쩌렁하다.
體形	보기 좋다.
活動	간단하고 민첩.
其他	때를 얻으면 좋고 얻지 못하면 범사 근심걱정이다. 겉으론 유순하나 안으론 독기가 있다.

	戊儀
天文	水星
地理	평원. 제방
人物	大使. 시인. 교사
性情	기지. 웅변. 순은. 교활. 조바심. 위조
身體	胃. 혀, 肉
物品	서적. 붓. 먹. 문구. 노란색 물건

居舍	학교. 상점
飮食	단맛의 식물. 신선한 식물
功名	의술. 상업
本質	극렬하고, 풍취가 없다.
性格	상당히 집요하며 남의 힘에 잘 굴복하지 않는다.
色彩	황색
味覺	달고 떫다.
聲音	매우 위엄 있는 음색이다.
體形	안정되고 견실함이 태산과 같다.
活動	함부로 대충 대충이다.
其他	때를 얻으면 호기 있고 과감하고, 때를 잃으면 무능하고 나약하다. 남에게 우둔한 감각을 준다.

	己儀
天文	金星
地理	밭. 평원
人物	舞女. 妓女. 한가한 사람
性情	온화. 충실. 융통. 느긋함. 개으름. 색에 빠짐
身體	지라. 혀. 지방
物品	의복. 반지. 오렌지색 물건
居舍	규방. 극장
飮食	단맛의 식물, 곡물
功名	미술. 극
本質	박식하고 중후
性格	솔직하고 관대하고 작은 일에 구애받지 않는다.
色彩	황색
味覺	달고 떫다
聲音	듣기에 매력 있다.
體形	고상하고 조용
活動	안정되고 고상하다.
其他	때를 얻으면 모범적이고 失期하면 자기만을 돌본다.

	庚儀
天文	㷱星
地理	광산.
人物	巫女. 간첩. 취객
性情	민감. 다정. 이상. 소홀. 기만. 불안
身體	大場. 코. 피부
物品	강철. 신기. 칼날. 흰색의 물건
居舍	황천. 꿈의세계
飮食	매운맛의 식물. 단맛의 물건
功名	수렵. 목축업
本質	매우 굳다
性格	조급하나 효과는 있다. 화합은 있으나 자기제어가 적다.
色彩	흰색
味覺	매운맛
聲音	새된 외침소리가 있다.
體形	경직하다.
活動	거칠고 조바심이 있다.
其他	때를 얻으면 영도자가 되고, 失期하면 권력을 남용한다

	辛儀
天文	土星
地理	황폐된 토지. 무덤
人物	농부. 목공. 선인
性情	실제. 지구력. 중용. 우울. 가혹함. 냉담
身體	肺. 코. 털
物品	도끼. 쇠망치. 화살. 투명한 물건
居舍	寺院. 사당. 분묘
飮食	매운맛의 식물. 간장에 담근 식물
功名	道術. 武道
本質	매우 예민
性格	강하면서 부드럽다.

色彩	흰색
味覺	쓰고 매운맛
聲音	시끌시끌한 음반의 목소리.
體形	겉보기에 우아하고 온화하며 안정적이다.
活動	내구력이 있다.
其他	때를 얻으면 대단히 우세가 있고, 실기하면 기세가 꺾인다.

	壬儀
天文	火星
地理	戰場
人物	병사. 도적. 요리사
性情	적극. 용감. 열렬. 조잡. 성급. 상스러움
身體	방광. 귀. 뼈
物品	철포. 등촉. 지뢰. 검은색 물건
居舍	군영. 감옥
飮食	매우짠 식물. 볶은 식물
功名	군대. 도살업
本質	매우 윤택하다.
性格	정당하지 못함
色彩	흑색
味覺	소금맛
聲音	무겁고 메아리치는 목소리다.
體形	남에게 원활하고 활력있는 느낌을 준다.
活動	융통성이 풍부
其他	때를 얻으면 남에게 물질적으로 베풀어주고, 失期하면 그늘이 져서 으스스하게 변한다.

	癸儀
天文	羅星
地理	황천. 어두컴컴한 곳
人物	간첩. 살인자. 수급
性情	始終. 계발. 활동. 강제. 외면복종 내면 배신

身體	腎. 귀. 터럭
物品	冥紙(저승의 生死符). 시신의 널판. 자주색 물건
居舍	동굴. 음습한 곳
飮食	염색의 식물. 된장에 절인 야채
功名	경찰. 순라대
本質	중후하고 침착
性格	남에게는 음울한 느낌을 주나, 정작 본인은 사악함을 미워하고 쓸데없이 참견하지 않는다. 사악함을 간파하는 데는 좋지 않다.
色彩	흑색
味覺	짠맛
聲音	맑게 울려 퍼진다.
體形	늠름하고 크다.
活動	드러내 놓지는 않으나 正大함이 있다.
其他	때를 얻으면 변화무쌍하고, 失期하면 賤人이다

제2장

삼기/궁三奇/宮의 길흉吉凶관계

宮	乙奇(日奇)
艮宮	• 玉兎步靑(옥토보청) • 百事가 吉하다.
震宮	• 白兎遊宮(백토유궁). 乙奇昇殿(을기승전) • 福祿之位(복록지위)이고, 行兵, 修造(수조), 貴人謁見(귀인알현) 등 凡事에 길하다.
巽宮	• 玉兎乘風(옥토승풍) • 百事에 吉하다.
離宮	• 白兎當陽(백토당양). 乙奇得使(을기득사) • 離宮은 乙奇가 長生을 得하므로, 공적으로 드러내놓고 일을 추진함에 이롭다.
坤宮	• 玉兎暗目(옥토암목). 乙奇入墓(을기입묘) • 百事가 暗昧(암매)하고 흉하다. 높은 자리를 맡는 것, 원행, 매매 등은 물론이고 百事에 모두 재앙을 만나게 된다.
兌宮	• 乙奇受制(을기수제) • 凡事가 불리하고 흉하다.
乾宮	• 玉兎入林(옥토입림). 乙奇得使(을기득사). 乙奇受制(을기수제) • 길흉이 반반이다. • 宮의 門, 星, 格局 등의 組合을 살펴서 길흉을 판단해야 하는데, 吉하다면 관직에 오르거나, 원행, 修造(수조) 등의 일에 이롭다.
坎宮	• 玉兎飮泉(옥토음천) • 宮이 乙奇를 生하니 부모와 같다. 貴人의 도움이 있고, 凡事를 행함에 길하다.

玉兎乘風 巽4宮	白兎當陽 乙奇得使 離9宮	玉兎暗目 乙奇入墓 坤2宮

白兎遊宮 乙奇昇殿 震3宮	乙奇 入 中8宮	乙奇受制 兌7宮
玉兎步青 艮8宮	玉兎飲泉 坎1宮	玉兎入林 乙奇受制 乙奇得使 乾6宮

宮	丙奇(月奇)
艮宮	• 鳳入丹山(봉입단산) • 艮宮은 鬼道(귀도)이니 丙火가 타올라 凶禍(흉화)가 필히 닥쳐온다.
震宮	• 月入雷門(월입뇌문) • 火旺하여 吉하다. 修造(수조), 上樑(상량), 造營(조영) 등에 길하다.
巽宮	• 火行風起(화행풍기) • 祿鄕에 드는 것이니 길하다. 龍神의 조력이 있고, 發生의 道가 있고, 凡事가 다 吉하다.
離宮	• 帝旺之鄕(제왕지향) • 火旺之地니 길하다. 높은 지위에 오르고, 百事가 다 길하다.
坤宮	• 子居母腹(자거모복). 丙奇得使(병기득사) • 위엄과 덕이 감추어지고, 凡事에 이익이 있고, 主事는 늦어진다.
兌宮	• 鳳凰折翅(봉황절시) • 대체로 흉하나 화합의 象이 있다. 暗昧之事(암매지사)는 行함도 可하나 主事는 지연됨이 있다.
乾宮	• 光明不全(광명부전). 丙奇入墓(병기입묘) • 흉하니 用치 못한다.
坎宮	• 火入水鄕(화입수향). 丙奇得使(병기득사). 丙奇受制(병기수제) • 길흉이 반반이고, 宮의 門, 星, 格局 등의 組合을 살펴서 길흉을 판단해야 하는데, 用치 않음이 이롭고, 損傷을 당하기 쉽다.

火行風起 孫4宮	帝旺之鄕 離9宮	子居母腹 丙奇得使 坤2宮

月入雷門 震3宮	**丙奇 入** 中8宮	鳳凰折翅 兌7宮
鳳入丹山 艮8宮	火入水鄉 丙奇受制 丙奇得使 坎1宮	光明不全 丙奇入墓 乾6宮

宮	丁奇(星奇)
艮宮	• 玉女遊鬼門(옥여유귀문). 丁奇入墓(정기입묘). 丁奇得使(정기득사) • 凡事 皆凶이다. 用하지 않음이 좋다.
震宮	• 丁奇最明(정기최명) • 出行에 大吉하고, 修造(수조), 營造(영조) 등에 길하다.
巽宮	• 玉女遊神(옥녀유신). 丁奇得使(정기득사) • 바람으로 인해 火가 세력을 얻음이니 사안은 速成하고 길하다.
離宮	• 乘旺太炎(승왕태염) • 만물을 녹이고 태우니, 事案은 예상치 않게 빨리 닥쳐오고, 실패하며, 陰私(음사) 및 暗昧之事(암매지사) 등은 불리하다.
坤宮	• 玉女遊地戶(옥녀유지호) • 대체로 길하다.
兌宮	• 火死金旺(화사금왕). 丁奇昇殿(정기승전) • 길흉이 반반이고, 宮의 門, 星, 格局 등의 組合을 살펴서 길흉을 판단해야 하는데, 대개의 事案은 用함이 可한데, 求財는 불리하다.
乾宮	• 火照天門(화조천문) • 妙함이 非常하고, 福祿을 얻을 수 있고 길하다.
坎宮	• 朱雀投江(주작투강). 丁奇受制(정기수제) • 丁火의 威德(위덕)이 감추어지니, 드러내 놓고 행하는 일은 靜하고 신중함이 좋다.

玉女遊神 丁奇得使 巽4宮	乘旺太炎 離9宮	玉女遊地戶 坤2宮

丁奇最明 震3宮	**丁奇 入** 中8宮	火死金旺 丁奇昇殿 兌7宮
玉女遊鬼門 丁奇入墓 丁奇得使 艮8宮	朱雀投江 丁奇受制 坎1宮	火照天門 乾6宮

제3장
기의백격奇儀百格의 길흉吉凶

地盤	甲(天盤)
甲	雙木成林(쌍목성림) 이 방위를 사용시 위엄·영전·부귀영화·凡事皆吉(범사개길) 하다.
乙	靑龍含靈(청룡함령) 藤蘿絆木(등라반목) 사람으로 연유하여 일이 성사된다. 즉, 門吉이면 事吉이고, 門凶이면 事凶이다. 상사나 윗사람의 발탁으로 매사 기초가 더욱 공고해진다. 외진 곳에 가도 의지할 곳이 있게 된다.
丙	靑龍返首(청룡반수) 圖謀之事(도모지사)나 일을 시작함에 크게 이롭다. 만약 "迫"이나 "擊刑(격형)"格 이 되면 길변흉이 된다. 上司나 윗사람의 도움으로 알현 및 청탁 등에 성공한다. 부유해지고 명예를 얻는다.
丁	木火通明(목화통명) 乾柴烈火(건시열화) 상사나 윗사람의 도움으로 百事 成就된다. 貴人謁見(귀인알현) 및 請託(청탁) 등에 吉하고, 凡事에 大吉하다. 단, 入墓되거나 宮迫인 경우엔 흉하다.
戊	靑龍受困(청룡수곤) 禿山孤木(독산고목) 매사 고립무원이다. 孤掌難鳴(고장난명)으로 매사불성이다. 道路가 閉塞(폐색)되었으니 固守하고 이동하지 않음이 이롭다.
己	貴人入獄(귀인입옥) 根制鬆土(근제송토) 공사간 경영과 圖謀之事(도모지사)는 모두 불리하다. 제지하는 사람이 있으니 매사 실행에 실제 확인이 필요하고, 또한 편안히 하면 진전됨이 있다.
庚	直符飛宮(직부비궁) 飛宮砍伐(비궁감벌) 길사는 불길하고, 흉사는 더욱 흉해진다. 求財는 이득이 없고, 질병 건은 흉하다. 動하면 문득 허물을 야기하니, 火爐(화로)와 부엌에서 벗어나 멀리 떨어짐이 좋다.

	매사 근본부터 흔들려 거꾸러진다. 每事不成이다.
辛	靑龍折足(청룡절족) 木棍碎片(목곤파편) 吉門을 得하면 助力이 있고 謀事(모사)를 꾸밈에 이롭다. 凶門을 得하면 災禍, 失財, 足痛 등을 초래하는 折傷之象이다. 百害無益이다. 靜吉動凶이다.
壬	靑龍入水(청룡입수) 隻帆漂洋(척범표양) 陰·陽事 관련 모두 불길하고 이로움이 없고, 受困之象이다. 적막하고 불안하며, 갈 곳은 있으나 돌아올 곳이 없다. 유랑생활로 一身이 困苦(곤고)하다.
癸	靑龍華蓋(청룡화개) 樹根露水(수근노수) 길문을 득하면 길하고 복록이 다다르며, 흉문을 득하면 凡事가 모두 불리함이 많다. 서로 돕고 협력할 경우엔 이로움이 있어 苦盡甘來(고진감래)의 象이다.

地盤	乙(天盤)
甲	利陰害陽(이음해양) 부녀자들의 사사로운 비밀스런 일에는 이롭고, 공개적으로 밖에 드러내는 일은 불리하다. 門迫의 경우는 흉하여 재물을 破하고 사람을 상하게 한다.
乙	日奇伏吟(일기복음) 奇中伏奇(기중복기) 伏吟雜草(복음잡초) 적극적인 前進은 불가하고, 安分하고 守舊(수구)함이 상책이다. 양식을 쌓고 보물을 숨기고, 화초와 과실나무를 재배함은 이롭다. 貴人謁見과 請託, 求功名은 이롭지 못하다.
丙	奇蔽明堂(기폐명당) 奇儀順遂(기의순수) 길성을 득하면 영전하거나 직위가 오르나, 흉성을 득하면 부부간 反目하거나 이별수가 있다.
丁	奇助玉女(기조옥녀) 奇儀相佐(기의상좌) 文書 및 考試(고시) 등과 연관된 사안은 매우 길하다. 百事皆吉이다.
戊	陰害陽門(음해양문) 鮮花名瓶(선화명병) 奇入天門(기입천문) 부녀자에게 이롭고 남자에게 불리하다. 관광, 여행, 혼인 등에 길하다. 八門이 吉하면 이로움이 있고, 凶門을 만나면 損財數(손재수)와 일신상의 傷害가 있다. 靜吉動凶(정길동흉)이다.
己	日奇入墓(일기입묘) 日入地戶(일입지호) 흙을 덮은 것처럼 暗昧하다. 凶門이면 凶事가 發生하나 三吉門을 得하면 地遁格(지둔격)이라 하며 用事할 수

	있다.
庚	日奇被刑(일기피형) 奇合太白(기합태백) 재산다툼, 爭訟(쟁송), 시비가 따른다. 夫婦間 不睦(불목)하고, 사사로운 情으로 부부사이가 손상된다.
辛	靑龍逃走(청룡도주) 사람이 망하고 재물을 破한다. 六畜(육축)이 손상되고 小人은 해를 당한다. 奴僕(노복)의 속임으로 손실 건이 발생하고, 婚事(혼사)는 여자는 도망가고 남자 만 남는다. 고용인이나 하수인으로 인한 손재수, 물품손실 건이 발생한다. 가축의 분실이나 病死 등이 있다.
壬	奇門入獄(기문입옥) 荷葉蓮花(하엽연화) 日奇入地(일기입지) 尊卑(존비)간에 悖亂(패란)이 있고, 官訟是非(관송시비)가 있다. 사람에게 陰害(음해)와 口舌이 따른다.
癸	奇逢蘿網(기봉라망) 綠野朝露(녹야조로) 華蓋逢星(화개봉성) 먼저는 패하나 나중은 성공한다. 은둔 및 종교, 수도생활에 좋다. 災禍(재화)를 비켜가고 亂을 피함에 길하다. 기타의 일에는 대체로 흉하다.

地盤	丙(天盤)
甲	飛鳥跌穴(비조질혈) 貴人謁見(귀인알현) 및 請託(청탁)은 실현된다. 圖謀之事(도모지사)는 凡事가 다 吉하다. 名利를 다 얻을 수 있다. 질병점은 불길함이 있고 사망의 우려도 있다.
乙	艶陽麗花(염양여화) 日月竝明(일월병명) 日月竝行(일월병행) 公私皆吉(공사개길). 두루 이득을 얻는다.
丙	伏吟洪光(복음홍광) 月奇亨師(월기패사) 有勇無謀(유용무모)이다. 무리수를 두어 손실을 초래한다. 文書의 逼迫(핍박) 및 遺失數(유실수)가 있다.
丁	三奇順遂(삼기순수) 月奇朱雀(월기주작) 윗사람에게 헌책함이 이롭다. 賢士(현사)를 求하거나 貴人謁見(귀인알현)에 大吉하다. 生門을 得하면 "天遁(천둔)"이라 한다.
戊	奇逢重生(기봉중생) 月奇得使(월기득사) 매사 이득이 있고, 圖謀之事(도모지사)도 성공한다.

	凡事皆吉(범사개길)이다.
己	奇入明堂(기입명당) 大地普照(대지보조) 太字入刑(태패입형) 囚人은 刑杖을 받고, 문서는 이행되지 않는다. 凡事에 욕심을 내면 失意하고 沮滯(저체)된다.
庚	熒惑入白(형혹입백) 熒入太白(형입태백) 門戶의 破와 損財가 있다. 財貨가 耗散(모산)하고 도적으로 인한 損耗(손모)와 失脫(실탈)이 있다. 매사 守舊(수구)함이 좋고, 圖謀(도모)나 움직임은 좋지 않다.
辛	日月相會(일월상회) 天地가 화합되고 육성함이다. 福이 하늘로부터 스스로 오고 謀望(모망)은 달성된다. 病者는 回生하고, 의원을 구해 치료함에 이롭다.
壬	江暉相映(강휘상영) 火入天羅(화입천라) 諸事에 길함이 있으나 실속이 적다. 小事는 길하나 大事는 흉하다. 宜綢繆未雨(의주무미우=장마가 오기 전에 둥지를 손질하듯 미리미리 준비해 나감에 이롭다). 客에게 불리하고, 시비 발생이 많다.
癸	奇逢華蓋(기봉화개) 黑雲遮日(흑운차일) 華蓋字師(화개패사) 검은 구름이 눈을 가리니, 소인의 陰害(음해)를 예방해야 하고, 전진함에 험난함이 있다. 의외의 손재수가 발생한다.

地盤	丁(天盤)
甲	靑龍轉光(청룡전광) 官職者는 昇遷(승천)하고, 일반인도 吉하다. 凡事皆吉(범사개길)이다.
乙	玉女奇生(옥녀기생) 燒田種作(소전종작) 官職者는 승진. 일반인은 혼인과 財帛(재백)에 길하다. 休門과 太陰이 同宮이면 "人遁(인둔)"이라 한다.
丙	奇神合明(기신합명) 姮娥奔月(항아분월) 星隨月轉(성수월전) 百事에 길함과 경사가 있다. 官職이 昇遷(승천)되거나 得財의 운이 있다. 도리에 어긋난 재물은 탐내지 말아야 한다. 平人은 즐거움 속에 고통이 따르니 조심하라.
丁	奇神相敵(기신상적) 兩火成炎(양화성염) 奇入太陰(기입태음)

	문서 건은 빨리 당도하고, 所望도 달성된다. 상호 다툼의 소지도 있으니, 남 몰래 꾸미는 짓을 미리알고 먼저 움직여 얻음이 이롭다.
戊	玉女神龍(옥녀신룡) 有火有爐(유화유로) 青龍轉光(청룡전광) 萬事大吉이다. 관직인은 승진과 영전 등이 있고, 平常人도 평안과 壽福安寧(수복안녕)함이 있다.
己	星墮勾陣(성타구진) 火入勾陳(화입구진) 星墮玄武(성타현무) 여자로 인한 남녀간의 문제로 남의 보복을 야기하고, 시시각각으로 남의 陰害(음 해)를 받는다.
庚	玉女刑殺(옥녀형살) 火煉眞金(화련진금) 朱雀入沒(주작입몰) 문서 건은 오랫동안 沮滯(저체) 된다. 行人은 반드시 돌아온다. 凡事에 억지로 꾀할 경우에는 반복됨이 있다.
辛	玉女伏虎(옥녀복호) 燒燬珠玉(소훼주옥) 朱雀入獄(주작입옥) 圖謀(도모)함은 불리하고, 官職人은 좌천, 감봉, 실직하게 된다. 죄인은 收監(수감)된다. 平人은 매사 일이 저체된다.
壬	乘龍遊海(승룡유해) 星奇得使(성기득사) 五神互合(오신호합) 모든 일이 순탄하고 순리를 따른다. 貴人은 皇恩(황은)의 부름이 있고, 訴訟(소송)에는 유리하다. 訟事(송사)는 공평하다.
癸	朱雀投江(주작투강) 모든 일이 불리하다. 文書의 착오가 있게 되고, 官訟事(관송사)는 패소하게 된다. 물에 빠짐과, 시비구설, 眼疾患(안질환) 등을 예방해야 한다.

地盤	戊(天盤)
甲	巨石壓木(거석압목) 人和를 얻기 힘들다. 처음과 끝이 일관돼야 하고, 실질적 노력이 필요하다. 伏吟之象(복음지상)으로 凡事가 閉塞(폐색)되었고, 靜하고 固守함이 좋다.
乙	青龍入雲(청룡입운) 青龍含靈(청룡함령) 凡事亨通이다. 길문과 동궁이면 대길이고, 흉문이라도 흉사는 적다.
丙	青龍得明(청룡득명) 日出東山(일출동산) 青龍返首(청룡반수) 처음은 어렵지만 점차 순리적으로 풀린다. 門迫이면 入墓(입묘), 刑事 건 등은 흉하다.

丁	火燒赤壁(화소적벽)　青龍耀明(청룡요명)　青龍光耀(청룡광요) 적은 것이 많은 것을 이기니, 競技(경기) 등 승부사에 좋고, 貴人謁見(귀인알현)과 求名에 다 좋다. 迫의 경우라면 葬埋(장매)관련 시비가 多發한다.
戊	伏吟峻山(복음준산) 일마다 진퇴양난이다. 靜함이 길하다.
己	青龍相合(청룡상합)　物以類聚(물이유취)　貴人入獄(귀인입옥) 公私가 모두 불리하고, 有始無終이다. 안일함을 추구하여 일하지 않으므로 재산이 탕진된다.
庚	助紂爲虐(조주위학)　直符飛宮(직부비궁)　青龍恃勢(청룡시세) 재주는 있으나 때를 만나지 못하고, 고난이 닥쳐와도 굳은 절개로 외롭게 行한다. 좋은 시절도 없고, 쌓은 공덕도 한 삼태기로 이지러진다. 좋은 일은 나빠지고, 흉한 일은 더욱 흉해진다.
辛	青龍相侵(청룡상침)　返吟洩氣(반음설기)　青龍折足(청룡절족) 凡事不成이고 損財數가 있다. 吉門과 同宮이면 謀事(모사)는 성사된다. 凶門과 同宮이면 災禍, 失財, 無功德을 초래한다.
壬	青龍破獄(청룡파옥)　山明水秀(산명수수)　龍入天牢(용입천뇌) 凡事가 소모되고 흩어짐이 있다. 靜하거나 動하거나 모두 불리하다.
癸	岩石浸蝕(암석침식)　青龍華蓋(청룡화개) 길문과 동궁이면 福이 되나, 흉문이면 흉사가 발생한다.

地盤	己(天盤)
甲	伏吟青龍(복음청룡)　永不發芽(영불발아) 길문이면 謨望(모망)은 성사되나, 흉문이면 헛된 노력만 있다.
乙	日入地戸(일입지호)　柔情密意(유정밀의)　墓神不明(묘신불명) 萬事가 어둡고 혼미하며 곤란한 경우가 많다. 異性間(이성간)의 일로 좋은 일이 생긴다. 隱匿(은익)과 도망에 길하다.
丙	地戸埋光(지호매광)　火孛地戸(화패지호) 남자는 傷害를 받고, 여자는 음란함의 오명이 있다. 만사 저체되고, 엎드려 일어나지 못하고, 매사 서두르지 않음이 길하다. 질병과 몸을 다침과 부녀자는 정절이 꺾임을 방지해야 한다. 官災口舌(관재구설), 陰害(음해)가 생긴다.
丁	明堂貪生(명당탐생)　朱雀入墓(주작입묘)

	문서 건은 訟事가 발생하고 매사 부진이나 先曲後直이다. 말하는 것으로 인해 災禍(재화)가 닥침을 예방해야 한다.
戊	明堂從祿(명당종록)　犬遇青龍(견우청룡) 소망성취. 윗사람이 도움으로 발탁된다. 길문을 만나면 만사여의 하고 흉문이면 매사 沮滯(저체)다.
己	明堂重逢(명당중봉)　伏吟軟弱(복음연약)　地戶逢鬼(지호봉귀) 만사불성이다. 진퇴가 명쾌하지 못하고 病者는 필사한다.
庚	明堂伏殺(명당복살)　顚倒刑格(전도형격)　顚倒刑利(전도형리) 刑格返吟(형격반음) 권세가 長久하지 못하고, 은밀하고 사적인 일은 파헤쳐진다. 訟事 件이나 남녀의 일은 재난을 가져온다. 訟事(송사)는 先動者가 흉하다.
辛	遊魂入墓(유혼입묘)　天庭得勢(천정득세)　濕泥汚玉(습니오옥) 鬼神들의 作祟(작수)로 인한 괴이함이 있고, 작은 것이 원인이 되어 큰 것을 잃는다. 순간의 쾌락을 탐하다 평생의 오욕을 남긴다. 凡事에 신중해야 한다.
壬	明堂被刑(명당피형)　返吟濁水(반음탁수)　地羅高張(지라고장) 남녀간 情分이 발생하고, 이로 인해 殺傷이 유발된다. 百事가 不成하고, 친인척간 不和한다.
癸	明堂華蓋(명당화개)　地刑玄武(지형현무) 謀望事(모망사)는 반복되고 성취하기 어렵고, 좋은 일은 끊기고 흉사가 발생한다. 病者라면 병세가 즉각 악화돼서 사망한다. 官詞訟은 災禍를 가져온다.

地盤	庚(天盤)
甲	太乙伏宮(태을복궁)　伏宮摧殘(복궁최잔) 은혜를 원수로 갚고, 매사 불안하다. 관직자는 조사를 받고 解職(해직)된다. 사업가는 본전을 까먹고 損財한다.
乙	太白貪合(태백탐합)　太白逢星(태백봉성) 吉變凶이 되고, 凶事가 재차 발생한다. 進凶退吉 이고, 動凶靜吉 이다.
丙	太白入熒(태백입형) 재산을 잃거나 남의 사기와 염탐이 있다. 심신의 勞苦가 있다. 도둑으로 인한 失財數가 있다.

	客은 이롭고 主는 불리하다.
丁	太白受制(태백수제) 亭亭之格(형형지격) 길문이면 길하고 흉문이면 흉하다. 奸邪人과 가까이면 官訟을 자초하나 吉門을 만나면 赦免이다.
戊	天乙伏宮(천을복궁) 有爐無火(유로무화) 太白伏宮(태백복궁) 少年, 少女는 불량하게 되고, 成人이면 독불장군이 된다. 공정함은 바랄 수 없고, 官訟은 불길하다. 凡事皆凶이다.
己	太白大刑(태백대형) 官符刑格(관부형격) 謀事는 불리하다. 固守함이 길하다. 주색에 빠져 재산을 탕진한다. 犯法하게 되어 收監(수감)되고 재판은 重刑이다.
庚	太白重刑(태백중형) 伏吟戰格(복음전격) 太白同宮(태백동궁) 大凶格으로 교통사고, 官訟으로 인한 刑獄(형옥) 등이 유발된다. 犯法을 하게 되거나 의외의 손재수가 있다. 가정에서는 형제자매간에 불화가 심하고 橫禍(횡화)가 닥쳐온다.
辛	太白重鋒(태백중봉) 鐵鎚碎玉(철추쇄옥) 白虎干格(백호간격) 교통사고, 沮滯(저체), 장애, 배반, 감정불화 등이 있다. 遠行에는 대흉하다.
壬	太白退位(태백퇴위) 耗敗小格(모패소격) 耗散小格(모산소격) 遠行에 불리하고, 소식은 沮滯(저체)된다. 일이 매우 복잡해지고 난해하다. 男女間의 일은 슬픈 일이 생긴다.
癸	太白沖刑(태백충형) 返吟大格(반음대격) 行人은 당도하고, 官訟(관송)은 그치게 된다. 사업은 실패수가 있다. 動하면 官災數(관재수)가 생기고, 出産은 母子俱傷(모자구상)의 대흉이다.

地盤	辛(天盤)
甲	龍爭虎鬪(용쟁호투) 月下松影(월하송영) 官詞訟(관사송)은 敗하고, 妄動(망동)함은 재앙을 초래한다. 安分하고 현재를 고수함이 좋다. 재주는 있으나 때를 얻지 못함과 같다.
乙	白虎猖狂(백호창광) 가정에 중요한 인물이 갑자기 죽으니 破家亡身(파가망신)이다. 불의의 사고가 발생한다. 遠行에 불리하고, 尊長에 우환이 있다.

	운반수단의 이용은 傷害를 초래한다.
丙	天庭得明(천정득명) 干合字師(간합패사) 큰이득을 얻는다. 반면에 남의 陰害(음해)를 입을 수 있으니 처신에 조심하라. 雨天時의 점이면 비가 오지 않고 , 맑을 때는 가물게 된다. 占事 건이면 재물과 관련하여 訟事(송사)로 이어진다.
丁	白虎受傷(백호수상) 獄神得奇(옥신득기) 有始無終이고, 재물은 損耗(손모)가 있다. 이득을 봄과 명성을 얻음에는 이롭다. 官訟(관송)은 赦免(사면)된다. 凡事皆吉(범사개길)이다.
戊	龍虎爭强(용호쟁강) 返吟被傷(반음피상) 困龍被傷(곤룡피상) 사람간 불화하고, 귀인은 만나기 어렵다. 訟事(송사)는 필패하고 動하면 흉하다. 訟事(송사)로 破財하니 몸을 굽히고 분수를 지켜야 한다.
己	虎坐明堂(호좌명당) 入獄自刑(입옥자형) 訟事(송사)에는 패한다. 부하의 배반으로 흉사가 닥친다. 凡事皆凶(범사개흉)이다.
庚	虎逢太白(호봉태백) 白虎出刀(백호출도) 奴僕(노복)은 주인을 배신한다. 투쟁, 爭訟(쟁송), 刀傷의 일이 발생한다. 主客이 相戰하니 후퇴는 이롭고 전진은 불리하다.
辛	天庭自刑(천정자형) 伏吟相剋(복음상극) 伏吟天庭(복음천정) 謀事(모사)는 성취되지 않고, 매사 沮滯(저체)되고 不通한다. 공적인 일은 두고 사적인 일을 탐하니, 남의 비난을 받는다.
壬	寒塘月影(한당월영) 凶蛇入獄(흉사입옥) 外華內虛(외화내허)다. 訟事(송사)는 반복된다. 두 남자가 한 여자를 놓고 다투는 형국이니 先動에 불리하다.
癸	虎投羅網(호투나망) 天牢華蓋(천뢰화개) 남의 계략에 빠져 손실을 본다. 해와 달이 밝음을 잃으니 진퇴양난이다. 考試占(고시점)은 불리하다.

地盤	壬(天盤)
甲	小蛇化龍(소사화룡) 남자는 발달하고 여자는 아들을 낳는다. 求名에 길하고 범사가 이롭다.
乙	日入地戶(일입지호) 逐水桃花(축수도화)

	이 방위를 사용하면 여성은 음탕하고 남성은 경박하다. 胎産占(태산점)은 잉태의 길함이 있다.
丙	天牢伏奇(천뇌복기)　日落西海(일락서해)　水蛇入火(수사입화) 처음엔 길하나 종국엔 흉하다. 관재구설과 刑獄(형옥)이 그치지 않는다.
丁	太陰被獄(태음피옥)　干合成奇(간합성기)　干合蛇刑(간합사형) 매사 沮滯(저체)되고, 占事는 문서 건이다. 貴人과의 연이 없고 男吉女凶이다.
戊	靑龍入獄(청룡입옥) 물결이 거센데 배를 운행함이요, 內憂外患(내우외환)이 있다. 시비구설이 있고, 酒色으로 인한 災禍가 있다.
己	天地刑沖(천지형충)　返吟泥漿(반음니장)　凶蛇入獄(흉사입옥) 큰 災禍(재화)가 발생한다. 訴訟(소송)은 패하게 된다. 考試(고시)는 불리하고, 訴訟(소송)은 진리가 굴곡된다. 시의적절하게 대응하라.
庚	天牢倚勢(천뇌의세)　太白擒蛇(태백금사) 刑獄(형옥)은 공평하고, 邪된 것을 도려내어 바로 잡는다. 마음이 조급하면 실패가 따른다.
辛	白虎犯獄(백호범옥)　淘洗珠玉(도세주옥)　螣蛇相纏(등사상전) 길문, 길괘를 득해도 평안하지 못하다. 謨望(모망) 건은 사람에게 속임과 기만을 당한다.
壬	天牢自刑(천뇌자형)　伏吟地網(복음지망)　蛇入地網(사입지망) 內外가 모두 불안하다. 內外의 일이 모두 저체되고 꼬인다. 길문, 길괘를 득해도 흉액을 면키 어렵다.
癸	陰陽重地(음양중지)　幼女姦淫 가정내에 추문이 발생한다. 凡事 圖謀(도모)함은 불리하다. 길문, 길괘면 禍變爲吉(화변위길)이다.

地盤	癸(天盤)
甲	靑龍入地(청룡입지)　楊柳甘露(양류감로) 求財와 婚事는 길함이 있다. 凶變爲吉(화변위길)이고, 謨望(모망)은 성취되고, 화합이 있다. 곤경에 처해도 貴人의 도움을 받는다.
乙	日沉九地(일침구지)　梨花春雨(이화춘우)　華蓋蓬星(화개봉성)

	凡事에 이익됨이 있다. 사람을 얻어 도움을 받고, 귀인은 昇遷(승천)하고, 平人은 安分함이 있다.
丙	明堂犯悖(명당범패) 華蓋孛師(화개패사) 事案은 저체되고, 驚惶(경황)과 근심이 따르고, 謀事(모사)는 불성이다. 固守함이 길하다.
丁	螣蛇妖嬌(등사요교) 百事가 이롭지 못하고, 길함을 구하나 흉함이 다다른다. 문서 건에 착오가 생긴다. 소송건이나 화재가 발생한다.
戊	天乙會合(천을회합) 타인의 도움을 받는다. 사사로운 謀望(모망)은 이득이 있으나, 圖謀之事(도모지사)는 늦어진다. 혼인에 좋고, 喜慶之事(희경지사)가 발생한다. 흉문이면 관재구설이 있을 수 있다.
己	華蓋地戶(화개지호) 친한 사람과 연락이 단절된다. 남녀간의 문제에 흉사가 계속 발생한다. 재앙과 난을 피함이 좋다.
庚	天網犯沖(천망범충) 太白入網(태백입망) 謀望(모망)은 성취되지 않는다. 노인은 완고하고, 젊은 남녀는 불량분자가 된다. 폭력, 쟁투 등 凡事皆凶(범사개흉)이다.
辛	陽衰陰盛(양쇠음성) 華蓋受恩(화개수은) 病者는 사망이고, 소송은 참패한다.
壬	沖天奔地(충천분지) 復見螣蛇(복견등사) 凡事에 불리하다. 事案은 미로를 헤매는 것과 같고, 결혼은 重婚이고 자식을 얻지 못한다. 用事에 조급하면 실패한다.
癸	伏吟天羅(복음천라) 天網四張(천망사장) 凡事가 흉하다. 動하지 않고 守舊(수구)함이 좋다. 여행시 同行人들과 떨어지게 되거나 병이 난다. 소송건도 흉하다.

제4장
기의백격奇儀百格 길흉吉凶 조견표早見表

天地	甲	乙	丙	丁	戊	己	庚	辛	壬	癸
甲	凡事皆吉 범사개길 正直威嚴 정직위엄 榮華富貴 영화부귀 雙木成林 쌍목성림	錦上添花 금상천화 每事皆吉 매사개길 慶上加喜 경상가희	凡事皆吉 범사개길 不勞而得 불로이득 謀事順成 모사순성	官人昇遷 관인승천 凡事皆吉 범사개길	凡事不進 범사부진 不平不滿 불평불만 官訟不利 관송불리	永不發芽 영불발아 前途障碍 전도장애 不明隱遁 불명운둔	官吏失職 관리실직 商賣損財 상매손재	時運不利 시운불리 動凶靜吉 동흉정길	逢賊破財 봉적파재 內外危機 내외위기 速決爲可 속결위가	枯木逢春 고목봉춘 困中得助 곤중득조 楊柳甘露 장류감로
乙	藤蘿絆木 등라반목 貴人促發 귀인촉발 大器晩成 대기만성	不義進取 불의진취 家而安分 가이안분 誼謁貴人 의알귀인	凡事皆吉 범사개길 內外同吉 내외동길 日月竝行 일월병행	官人昇遷 관인승천 萬事皆吉 만사개길	凡事皆吉 범사개길 門凶事凶 문흉사흉	不明隱遁 불명운둔 海誓山盟 해서산맹	退吉進凶 퇴길진흉 動凶靜吉 동흉정길 遠行不利 원행불리	人亡家敗 인망가패 車船折傷 차선절상	男人輕薄 남인경박 女人淫蕩 여인음탕	李花春雨 이화춘우 男女懷私 남녀회사 群雄割據 군웅할거
丙	靑龍返首 청룡반수 富貴功名 부귀공명 動作大利 동작대리 禍凶爲吉 화흉위길	昇進不可 승진불가 吉星遷官 길성천관 夫婦離別 부부이별	破謀遺失 파모유실 有勇無謀 유용무모	官人昇遷 관인승천	初難後吉 초난후길 凡事皆吉 범사개길	官災口舌 관재구설 陰人陰害 음인음해	盜賊必來 도적필래 主人不利 주인불리 客而有利 객인유리	官災口舌 관재구설 熒惑出現 형혹출현 禍凶災難 화흉재난	回光返照 회광반조 日落西海 일락서산	常人平安 상인평안 官人昇遷 관인승천 謁見慶事 알현경사

丁	謁見成功 알현성공 / 每事皆吉 매사개길 / 萬事順成 만사순성	凡事皆吉 범사개길 / 印信喜慶 인신희경 / 三奇相佐 삼기상좌	印信有得 인신유득 / 萬事平吉 만사평길	文書卽至 문서즉지 / 一喜一悲 일희일비	以小勝多 이소승다 / 謁見成就 알현성취	凡事不進 범사부진 / 先凶後吉 선흉후길 / 文書詞訟 문서사송	官訟自招 관송자초 / 門吉有事 문길유사	凡事皆吉 범사개길 / 經營利得 경영이득 / 囚人赦免 수인사면	女吉男凶 여길남흉 / 貴人奔忙 귀인분망	文書官災 문서관재 / 災禍頻繁 재화빈번 / 自殺刑獄 자살형옥
戊	每事未遂 매사미수 / 孤立無援 고립무원 / 謀事不成 모사불성	女婚大吉 여혼대길 / 凶門男破 흉문남파 / 女易男害 여이남해	每事順成 매사순성 / 謀事成功 모사성공	靑龍得光 청룡득광 / 平安祈福 평안기복	進退兩難 진퇴양난 / 凡事沮滯 범사저체	謀望遂意 모망수의 / 謁見不吉 알현불길	有爐無火 유로무화 / 難成大忌 난성대기	官訟破財 관송파재 / 輕擧妄動 경거망동	凡事皆吉 범사개길 / 男女光榮 남녀광영	吉人贊助 길인찬조 / 婚事皆吉 혼사개길 / 求財皆吉 구재개길
己	相扶相助 상부상조 / 謀事順成 모사순성 / 經營利得 경영이득	凶門招災 흉문초재 / 一騎當千 일기당천 / 以柔制强 이유제강	文書行不 문서행불 / 囚人刑杖 수인형장	奸詐陰害 간사음해	貴人入獄 귀인입옥 / 興盡悲來 흥진비래	病者必死 병자필사 / 百事不成 백사불성	官符之刑 관부지형 / 刑卽重刑 형즉중형	凡事皆凶 범사개흉 / 官訟不利 관송불리 / 奴僕背反 노복배반	詞訟不利 관송불리 / 凶禍來至 흉화래지	男女不安 남녀불안 / 印信沮滯 인신저체
庚	損財破財 손재파재 / 謀事不成 모사불성	爭訟是非 쟁송시비 / 謀事不成 모사불성 / 夫婦離別 부부이별	門戶破財 문호파재 / 財物疏散 재물소산	行人返歸 행인반귀 / 文書爲吉 문서위길	吉事太吉 길사태길 / 凶事皆凶 흉사개흉	詞訟謀害 사송모해 / 凡事皆凶 범사개흉	官災橫厄 관재횡액	主客相戰 주객상전 / 進不退易 진불퇴이	謀事未遂 모사미수 / 吉門成事 길문성사	凡事不成 범사불성 / 暴力爭鬪 폭력쟁투 / 謀事未遂 모사미수
辛	動凶靜吉 동흉정길 / 勤慎自重 근신자중 / 謀事不成 모사불성	靑龍逃走 청룡도주 / 損財破財 손재파재 / 奴僕逃走 노복도주	病者回生 병자회생 / 每事順成 매사순성 / 謀事成功 모사성공	官人失職 관인실직 / 常人平吉 상인평길 / 罪囚釋放 죄인석방	十戰九敗 십전구패 / 返吟洩氣 반음설기 / 失足一瞬 실족일순	凡事愼重 범사신중 / 悔恨千年 회한천년	不可遠行 불가원행 / 萬事不成 만사불성	伏吟相剋 복음상극 / 詐取訟事 사취송사	官訟公平 관송공평 / 洗濯珠玉 세탁주옥	陰盛陽衰 음성양쇠 / 病訟皆凶 병송개흉 / 罪人逃走 죄인도주
壬	孤立無援	官訟是非	客而不利	官訟爲吉	凡事皆凶	奸詐殺傷	遠行不利	外實內虛	天羅地網	急進凶事

	고립무원 流浪天下 유랑천하 一去不歸 일거불귀	관송시비 尊卑相爭 존비상쟁	객이불리 是非頻繁 시비빈번	관송위길 請託成就 청탁성취	범사개흉	간사살상	원행불리 謀事未遂 모사미수	외실내허 官訟頻煩 관송빈번	천라지망 每事沮滯 매사저체	급진흉사 後妻無子 후처무자 婚事重婚 혼사중혼
癸	相扶相助 상부상조 漸進向上 점진향상 枯木開花 고목개화	隱匿皆吉 은익개길 隱身修道 은신수도 動凶靜吉 동흉정길	災禍頻繁 재화빈번 陰人陰害 음인음해	印信不得 인신부득 文書誤謬 문서오류 官人必敗 관인필패	門吉皆吉 문길개길 門凶皆凶 문흉개흉	獄中災殃 옥중재앙 疾病危機 질병위기 好事多魔 호사다마	動卽官災 동즉관재	日月失明 일월실명 進退兩難 진퇴양난	幼女姦淫 유녀간음 門吉星吉 문길성길 禍變爲吉 화변위길	官訟不利 관송불리 病者而凶 병자이흉 破財損財 파재손재

제5편

통변총론 通辯總論

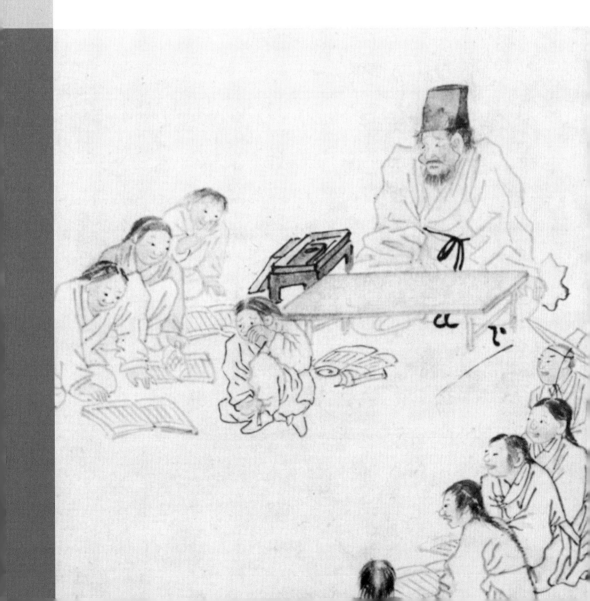

제1장
중궁론中宮論

1. 중궁中宮의 역할

◎ 中央에 위치하여 각 八方을 지휘, 통솔하는 총사령관과 같고, 四辰과 함께 奇門에서는 매우 중요하다.

◎ 四辰宮 – 年支宮·月支宮·日支宮·時支宮

◎ 洪局奇門에서는 日辰宮과 함께 중궁의 역할이 지대하므로 생화극제를 잘 살펴야 한다.

◎ 奇門에서 動處라는 것은 日辰宮에 영향을 미치는 四辰宮(年支·月支·日支·時支)과 日支宮 天盤, 中宮, 行年宮, 太歲宮을 말하고, 他宮은 반드시 중궁을 거쳐 근접해 있는 宮에 영향을 미치는 것이다.

◎ 日辰宮과 對沖되는 宮의 역할도 크다.

◎ 四辰이 動하고 있어 對沖方에 영향을 주려해도 中宮에서 剋하면 영향을 줄 수 없다.

첫 번째 반 (좌상)

巽 巳	離 午	未 坤
❹ ―― 1 正印 (辰)	❾ ―― 6	❷ ―― 9 (申)
❸ ―― 10 (震卯)	❺ ―― 7 (2) 傷官	❼ ―― 4 (兌酉)
❽ ―― 5 (寅)	❶ ―― 8	❻ ―― 3 世 (戌)
艮 丑	坎 子	亥 乾

巽宮 正印宮이 中宮에 막혀 乾宮 世宮을 生하지 못함

두 번째 반 (우상)

巽 巳	離 午	未 坤
❹ ―― 10 (辰)	❾ ―― 5	❷ ―― 8 (申)
❸ ―― 9 (震卯)	❺ ―― 6 (1)	❼ ―― 3 (兌酉)
❽ ―― 4 (寅)	❶ ―― 7	❻ ―― 2 世 (戌)
艮 丑	坎 子	亥 乾

巽宮이 中宮을 剋하고 中宮이 世宮을 剋하니 통로가 다 막힌 상태다.

세 번째 반 (좌하)

巽 巳	離 午	未 坤
❹ ―― 10 (辰)	❾ ―― 5	❷ ―― 8 (申)
❸ ―― 9 (震卯)	❺ ―― 6 (1)	❼ ―― 3 (兌酉)
❽ ―― 4 (寅)	❶ ―― 7 世	❻ ―― 2 (戌)
艮 丑	坎 子	亥 乾

世宮7火는 午火인데, 자평명리로는 음양이 바뀌니 丁火다. 따라서 艮宮의 4金은 財鬼이며, 中宮6水官鬼를 生하고, 6水가 坤宮8木을 生하고, 8木이 世宮7火를 生하니, 生生되어 官鬼宮이 흉변길이 된 것이다.

네 번째 반 (우하)

巽 巳	離 午	未 坤
❹ ―― 1 (辰)	❾ ―― 6	❷ ―― 9 (申)
❸ ―― 10 (震卯)	❺ ―― 7 (2)	❼ ―― 4 世 (兌酉)
❽ ―― 5 (寅)	❶ ―― 8	❻ ―― 3 (戌)
艮 丑	坎 子	亥 乾

中宮7火가 世宮4金을 剋하려 하나, 世宮이 居旺하니 破剋 당하지 않는다.

巽	巳	離 午	未	坤
辰	❹ ── 1	❾ ── 6 世	❷ ── 9	申
震 卯	❸ ── 10	❺ ── 7 (2)	❼ ── 4	兌 酉
寅	❽ ── 5	❶ ── 8	❻ ── 3	戌
艮	丑	坎 子	亥	乾

世宮6水가 離火宮에 居하니 居囚되어 약한데, 다시 坎宮 8木의 生을 받은 中宮7火의 剋을 받아 太弱해졌다.

2. 궁체론宮體論

◎ 中宮의 천반수가 宮이고, 中宮의 지반수가 體이다.

◎ 宮은 외부적인 문제요 體는 내부적인 문제다.

◎ 宮은 집밖이요 體는 집안이다.

◎ 宮은 먼저 움직이고, 體는 나중에 움직인다.

◎ 평생국이나, 일년신수국에서 宮·體가 생조해주는 六神宮은 길하다.

◎ 宮이 旺相하면 외부적인 일에 좋고, 體가 旺相하면 내부적인 일에 좋다.

◎ 宮體가 官鬼宮을 生助하면 관재구설, 질병, 사고 등이 따르나, 日辰宮이 왕상하면 凶變吉이 된다.

◎ 歲宮이 中宮을 生하고 中宮이 日辰宮을 生하면 吉하다.
　그러나 歲宮이 中宮을 生하는데 中宮이 日辰宮을 剋하면 大凶이다.

3. 육친六親

◎ 奇門平生局이나 一年身數局, 占事局에서 중궁에서 動하는 것을 보아 육친과의 연관관계를 알 수 있다.

◎ 正財가 中宮에 動하면 求財事, 결혼사, 연애사 등이나 格의 길흉을 보아야 한다.

◎ 財鬼가 中宮에 動한 경우, 일진궁이 旺하면 사업상의 財로 논하나, 일진궁이 衰하면, 손재수, 破財, 女難(여난), 사고, 질병, 관재구설 등이 발생한다.

◎ 食神이 中宮에 動하면 자식문제, 求財事, 직장관련, 下手人관련 사안과 연관되어 이득이 있으나, 官職事, 문서관련 사안에는 불리하다. 역시 格의 길흉을 보아야 한다.

◎ 傷官이 中宮에 動하면 자식문제, 직장과 직업의 변동, 시비구설, 陰害(음해), 下手人관련 등의 사안과 연관되어 불리함이 있으나, 일진궁이 旺하면 求財에 이득이 있다.

◎ 兄弟가 中宮에 動하면 동업 대인관계는 길하나, 결혼 건, 求財 건, 연애사 등에는 흉하다.

◎ 官鬼가 中宮에 動하면 대개 흉하다.

4. 중궁中宮 오행五行 육친론六親論

◎ 中宮이 1.6水면 여행, 遠行, 酒色, 盜賊, 음식 등의 문제이다. 대체로 흉사가 발생한다.

◎ 中宮이 2.7火면 관재구설, 시비, 문서, 소송 등의 문제가 있다.

◎ 中宮이 4.9金이면 군사, 군인, 경찰, 철물, 금전 등의 문제이다.

◎ 中宮이 5.10土면 토지. 전답, 곡식, 약초, 사람, 질병 등의 문제이다.

◎ 中宮이 3.8木이면 예체능관련, 森林, 道路事, 신경질환, 시비구설, 사고, 질병 등의 문제이다.

5. 년국年局 사간四干 육친론六親論

◉ 中宮에 年干이 同宮이면 부모, 국가, 관청 등의 일이다.

◉ 中宮에 月干이 同宮이면 형제, 친우, 동료, 동업 등의 문제이다.

◉ 中宮에 日干이 同宮이면 자신, 집안, 처 등의 문제이다.

◉ 中宮에 時干이 同宮이면 아들, 손아래사람, 부하직원, 조카 등의 문제이다.

제2장
육친 상론六親詳論

1. 육친六親을 정하는 방법

⊙ 洪局의 六親은 日辰宮 지반수를 기준하여 他 지반수에 附法한다.

⊙ 사주상 日干중심으로 六親을 정하는 것과 일맥상통한다.

六親 早見表(육친 조견표)

日辰數 / 地盤數	1水	2火	3木	4金	5土	6水	7火	8木	9金	10土
1水	本人	官星	父母	子孫	財鬼	兄弟	官鬼	父母	子孫	財星
2火	財星	本人	子孫	官鬼	父母	財鬼	兄弟	子孫	官星	父母
3木	子孫	父母	本人	財星	官鬼	子孫	父母	兄弟	財鬼	官星
4金	父母	財鬼	官星	本人	子孫	父母	財星	官鬼	兄弟	子孫
5土	官星	子孫	財鬼	父母	本人	官星	子孫	財星	父母	兄弟
6水	兄弟	官鬼	父母	子孫	財星	本人	官星	父母	子孫	財鬼
7火	財鬼	兄弟	子孫	官星	父母	財鬼	本人	子孫	官鬼	父母
8木	子孫	父母	兄弟	財鬼	官星	子孫	父母	本人	財星	官鬼
9金	父母	財星	官鬼	兄弟	子孫	父母	財鬼	官星	本人	子孫
10土	官鬼	子孫	財星	父母	兄弟	官鬼	子孫	財鬼	父母	本人

六親 풀이

日辰宮(世)	본인. 가정. 처첩. 친구. 격국. 남편. 성격
兄弟宮	형제자매. 친구. 직장동료. 損財. 남편의 첩. 동업
子孫宮	자식. 조카. 재물. 실직. 장모. 의원. 官災. 하수인
官星.官鬼宮	관직. 직장. 직책. 명예. 사고. 질병. 도적. 도난. 기질

財星.財鬼宮	재물. 처첩. 관직. 損財. 酒色. 시부모
父母宮	부모 육친. 문서. 학업. 계약. 인기. 지혜. 명예

◎ 年局에서는 年, 月 ,日, 時干을 중심하여 본다.

◎ 直符는 본인, 直使는 처첩으로 보기도 한다.

2. 육친론六親論

(1) 兄弟論

◎ 자평명리학의 비겁론과 일맥상통하다.

◎ 日辰數가 3.8木이고 他宮의 지반수가 3.8木이면 형제다.

◎ 月干은 형제, 月支는 자매로 본다.

◎ 陽數는 형제, 陰數는 자매다.

◎ 兄弟數, 月干, 月支로 형제, 동료의 운을 본다.

◎ 兄弟數가 乘旺, 居旺, 兼旺하고 길문과 동궁이면 복록이 있다.

◎ 兄弟가 墓絕(묘절)地에 있고, 乘剋, 乘死, 乘休면 형제가 없다.

◎ 中宮 地盤이 兄弟數를 沖剋해도 형제가 없다.

◎ 兄弟數가 空亡되도 형제의 복이 없다.

◎ 兄弟數나 日辰宮이 십이포태운성의 養에 있으면 養子의 命이다.

◎ 兄弟數가 4.9金이나, 부모수가 4.9金이면 이복형제가 있다.

◎ 月干에 六癸, 六庚이 가하면 형제나 본인의 刑厄이 있다.

(2) 父母論

◎ 生我者가 부모라 日辰數가 3.8木이면 1.6水가 부모이다.

◎ 歲干은 父요, 歲支는 母로 본다.

◎ 父母數가 乘旺, 居旺, 受生되면 부모가 장수하고, 길문, 길괘와 동궁이면 부귀겸 전이고, 본인도 良家의 자손이다.

◎ 丙庚이 歲支, 歲干에 있으면 부모에게 우환이 있다.

◎ 父母宮에 絶命이 있으면 흉한데, 生門이 동궁이면 禍變吉이다. 八門을 위주로 보기 때문이다.

◎ 歲干, 歲支가 乘旺, 居旺, 受生되고, 길문, 길괘와 同宮이면 대길하다.

◎ 父母數(印星)가 雙七火, 雙九金, 雙五土로 되어 있으면 부모가 횡액을 당하거나, 흉사하기 쉽다.

◎ 陽時者의 時宮數가 陽數면 父先亡, 陰數면 母先亡이다. 陰時者도 동일하다.

◎ 부모의 사망 시기는 父母數(正印은 母, 偏印은 父)를 중궁에 넣어 九宮을 돌리되, 陽遁者는 逆行하여 地盤奇儀 庚에 닿는 數로 정하고, 陰遁者는 逆行하여 天盤奇儀 庚에 닿는 數로 정하는데, 1.6水면 子亥年이요, 4.9金이면 酉·申年이다.

◎ 歲宮에서 子孫(食神·傷官)이 旺動하고, 中宮에 부모가 쇠약하면 부모덕이 없고, 不和한다.

(3) 財星論

◎ 我剋者가 財星으로 日辰數가 3.8木이면 5.10土가 財星이다.

◎ 陽과 陽은 財鬼라 하고, 陽과 陰은 正財라 한다.

◎ 財鬼는 損財, 축첩의 의미가 더욱 강하고, 正財는 본처, 재물을 뜻하나, 둘의 구분은 뚜렷하지 않다.

〈富者의 命〉

◆ 日辰이 乘旺, 居旺, 受生하고, 四辰의 財星이 動하여 旺相한 者.

◆ 日辰이 旺相하고, 財星이 中宮에서 動한 者.

◆ 日辰이 왕상하고, 歲와 月이 왕동한 財星을 생조할 때.

◆ 中宮에 雙子孫이 동하여 財星을 생조하고 日辰이 旺相한 者.

◆ 日辰이나 財星이 5.10土로 되어 戊·己가 加臨한 者.

〈貧者의 命〉

◆ 日辰이 乘剋, 受剋, 居剋되어 있고, 財星이 旺動한 者.

◆ 日辰의 上下가 相沖이고, 財星이 쇠약한 者.

- 四辰에서 雙金, 雙火가 相沖된 者.
- 日辰이나 中宮에 도화살이 있고, 財星에 禍害가 同宮한 者는 주색으로 패가망신한다.
- 財星宮에 死門, 傷門, 絶命, 禍害 등과 동궁이면 損財數, 破財數가 있다.
- 歲宮의 財星이 中宮의 官鬼를 생하면 破財하게 된다.
- 中宮의 財가 歲宮의 官鬼를 生하면 酒色으로 패가망신한다.
- 財星이 空亡되면 재물을 모으기 어렵다.
- 四辰과, 中宮과, 財星의 생화극제를 잘 살펴야 한다.
- 財星宮에 丙庚加壬에 財星衰弱이면 災禍가 따른다.
- 財星이 洩氣(설기)되어 있으면 재물의 허비가 많다.
- 財星數가 1.6水이고 흉문, 흉괘와 동궁이면 酒色(주색)으로 인한 손재가 있다.
- 歲宮이 財星을 剋하는 者.
- 歲宮이 中宮의 財星을 剋하는 者.
- 歲宮이 月의 財星을 剋하는 者.
- 月宮이 歲宮의 財를 剋하는 者.
- 歲·月宮이 함께 財星을 剋하는 者 등은 모두 재물운이 薄(박)하다.

〈妻妾〉
- 상기 재물을 논할 때와 같고, 四辰과, 中宮과 財星宮의 생화극제를 잘 살펴야 한다.
- 日辰에 生門, 生氣가 同宮이면 현모양처를 얻는다.
- 財星數가 1.6水면 화류계여자나 호색녀를 얻게 된다.
- 財星宮이 上下 相沖이면 妻가 병이 있거나, 喪妻(상처)하게 된다.
- 財星이 受剋되고, 空亡되면 喪妻(상처)하거나 이별수가 있다.
- 財星宮에 乙庚合이고, 咸池·桃花와 동궁이면 外房에서 得子하거나, 災禍를 당한다.

(4) 子孫論

◉ 我生者가 자손이다.

◉ 時干이나, 子孫宮(食神·傷官)에 生門, 生氣가 동궁이면 자식복이 있다. 그리고 길 격이면 자식이 顯達(현달)한다.

◉ 子孫數가 4.9(金)으로 되어 있으면 이복자식을 두기 쉽다.

◉ 子孫數가 1.6水고 胎地에 있고, 壬癸가 同宮이면 外房得子(외방득자)한다.

◉ 子孫數가 1.6水고 壬癸가 加하면 시력장애 자식을 갖게 된다.

◉ 子孫이 旺相地에 居하면 일찍 得子하고, 休地에 居하면 중년에 得子하고, 囚地 에 居하면 말년에 得子한다.

◉ 中宮 지반수가 歲宮의 자손을 극하면 자식이 미약하고 이별수가 있다.

◉ 子孫宮에 死門, 絶命과 동궁이면 無子 또는 자식이 夭壽(요수)한다.

◉ 子孫宮에 休門이 동궁이면 자식을 얻기 어렵다.

◉ 女命에 日辰天盤에 子孫이 臨하고, 중궁에 子孫動이면 자식, 남편과 이별수가 있다. 또한 子孫이 중궁에서 旺動해도 결혼에 실패수가 있다.

(5) 官星論

◉ 剋我者가 官星이라 日辰數가 3.8木이면 4.9金이 官星이다.
陽과 陰이면 正官, 陽대 陽이면 官鬼라 한다.

◉ 化殺格者와 吉格者는 모두 官運이 대길하다.

◉ 歲宮 官星이 中宮을 생하고, 中宮이 日辰을 생하는 者.
中宮 官星이 歲宮을 생하고, 歲宮이 日辰을 생하는 者.
歲宮 官星이 月宮을 생하고, 月宮이 日辰을 생하는 者.

◉ 官星, 歲支宮, 日辰이 모두 왕상하면 관직에 대길하다.

◉ 財星이 中宮動하여 生官星이면 관운대길이다.
雙財가 中宮動하여 生官星하고 日辰이 旺相하면 관운대길이다.

◉ 官星이 旺相하고, 官星에 貴人, 祿星, 驛馬가 있는 者, 局 중에 雙官이 동한 者, 官星이 建祿, 帝旺地에 있는 者는 관운이 있다.

◉ 官星이 旺相地에 있으면 官祿이 있고, 승진이 빠르다.

⊙ 官星이 胎, 養에 있으면 승진이 어렵다.

⊙ 官星이 衰, 囚, 死地에 있으면 晩年(만년)에 관직을 얻는다.

⊙ 年支宮이 開門과 天醫가 동궁이면 관운대통이다.

⊙ 日干, 歲支, 歲干에 直符星과 길문이 동궁이면 관직대길이다.

⊙ 年支宮에 生門, 生氣, 福德 등 길문괘와 동궁이면 관직대길이다.

⊙ 中宮官星이 動하여 世宮에 杜門, 休門, 歸魂과 同宮이면 관직에 나가나, 불길하다.

⊙ 日辰宮이 旺相하고 官星宮이 居旺生, 乘旺生, 兼旺, 受生되어 있고, 길문괘와
   동궁이면 고관대작이다.

⊙ 四辰宮에 死門, 絕命 등의 凶門卦가 重重하고, 중궁에 雙鬼나 單鬼가 動하면 오
   히려 권세를 잡는다.

⊙ 四辰宮이 受生, 乘旺, 兼旺, 居旺되면 고관대작이다.

⊙ 官星, 官鬼가 中宮動이면 활동적이나 흉격이면 실속과 명예가 없다.

⊙ 日辰이 無氣하고 쇠약하면 官星이 旺相해도 발복하지 못한다.

⊙ 官鬼中宮動에 正官이 隱伏(은복)이면 官災口舌, 疾厄(질액)이 있다.

⊙ 官鬼가 日支를 沖하면 官災數와 질병이 발생한다.

⊙ 世宮이나 中宮이 官星을 生하고, 官星이 旺相하고, 四辰에 杜門, 禍害가 同宮이
   면 將帥(장수)의 命이다.

⊙ 四辰이 4.9 辛庚金이면 將帥(장수)의 命이다.

⊙ 官鬼와 日辰이 모두 왕상하면 將帥(장수)의 命이다.

⊙ 官星이 中宮動이고 길격이면 大權을 잡는다.

⊙ 官星이 兼旺하면 世宮이 剋해도 무방하다.

⊙ 直符星이 世宮에 있거나, 直符星이 世宮과 相比된 자는 貴人이다.

⊙ 月干과 月支에 吉門卦가 同宮이면 관운대길이다.

⊙ 官運은 먼저 歲支宮을 살피고, 다음에 官星을 본다.

3. 육친六親과 팔문八門

生門	
日辰宮	일신상의 편안함을 얻고, 가정이 안락하며, 사회적으로도 기반이 탄탄함을얻을 수 있다.
兄弟宮	형제간에 우애가 있고 화목하며, 사회에서 만난 동업관계의 사람이나 학교 동창, 직장동료 등과도 친분이 두텁다.
父母宮	부모의 은덕이 많고, 집안이 안정되고, 家門이 영달함을 알 수 있다. 문서나 계약 등의 사안에 길함이 있다.
正官宮	官運이 있고, 공직자는 영달하고, 명예를 얻을 수 있으며, 직장운이 좋다.
官鬼宮	시비다툼이나 官災口舌 등의 사안은 疏散(소산)되고, 病者의 경우는 쾌유된다. 예기치 않은 사고, 질병 등도 경미하게 발생하거나 무력해진다.
正財宮	처의 내조가 있고, 재물복이 있으며 부부가 화순하고, 현모양처다.
財鬼宮	재물의 축적과 금전의 유통 등 사업상의 운이 따르고 번창하게 된다.
子孫宮	자손이 효도하고 번창하며 손아랫사람과의 친목과 협조가 있어 길운이 따른다.

傷門	
日辰宮	남의 陰害와 시기질투가 있고, 動하면 사고 질병 등이 따른다.
兄弟宮	형제자매간에 우애와 돈독함이 없고, 손해를 초래하게 된다.
父母宮	부모의 음덕이 적고, 부모 대에 쇠락해지거나, 부모와 자식간에 소원해지는 경우가 많다.
正官宮	직업, 직장, 직책과 연관된 실패수가 따르고, 명예실추 등의 일신상의 災禍가 따른다.
官鬼宮	官災口舌과 예기치 않은 사고 질병 등이 발생한다.
正財宮	부부간 불화가 발생하고 예기치 않은 손재수가 따른다.
財鬼宮	금전의 입출은 많으나 이득은 적고 매사가 분주하기만 하고 끝맺음이 적다.
子孫宮	자손의 不孝가 있거나 사고, 질병이 따르거나, 자손을 두지 못하는 경우도 있다. 사회적으로는 손아래사람과 연관되어 災厄이 발생한다.

杜門	
日辰宮	매사 沮滯(저체)되고, 圖謀之事(도모지사)는 차질이 불가피하다. 先凶後吉이니 때를 기다려 행동함이 좋다.

兄弟宮	서로가 동상이몽이고 계획만 있고 실천은 없다.
父母宮	부모와의 관계가 소원해지고, 문서 계약관련 사안은 폐색되는 경우가 많다. 밖의 일에 적극적으로 대처하지 못하고 가정사 등 내적인 일에 매달리게 된다.
正官宮	訟事(송사) 등은 沮滯(저체)되고, 직장인과 官職人은 승진 등의 사안이 결연된다.
官鬼宮	큰일을 도모하기 힘들고 자질구레한 질병이 따르고, 추진하고자하는 사안에 매사 시비구설 등이 자주 발생한다.
正財宮	家産의 손실이 발생하고 예기치 않은 일로 인해 損財數가 따른다. 처의 내조를 기대하기 어렵다. 선흉후길이니 만년은 다소 풀려나간다.
財鬼宮	사업상의 일이 저체되고 유동자산의 등의 운용이 지연된다.
子孫宮	자손을 두기 어렵거나 설혹 자식을 두어도 기르기가 어렵다. 부하직원과 연관된 사안에 대해서 협조를 구하기 힘들다.

景門	
日辰宮	호언장담을 잘하고 매사 용두사미인 경우가 많고 유흥을 즐기고 실속이 적다.
兄弟宮	형제간에 화목함은 있으니 상호 실속이 적은 편이며, 내적으로는 서로 同床異夢(동상이몽)이다.
父母宮	겉치레에 신경을 많이 쓰고, 낭비가 많으며, 계획된 바에 비해 나타난 결과는 만족스럽지 못하다. 문서, 계약, 계획 등의 사안에 허황됨이 많다.
正官宮	소년등과 등의 관직과 직장운은 좋으나 大成하기는 어렵고, 화려함을 추구하다 실속이 적은 경우가 많다.
官鬼宮	관재구설이나 시비다툼 등의 사안은 다소 진정되나, 心火病이 발생하기 쉽고, 쓸데없는 일에 損費가 발생한다.
正財宮	妻의 총명함과 내조는 있으나 사치와 낭비도 있다.
財鬼宮	금전의 입출은 많으나 정작 내손에 쥐어지는 돈은 많지 않은 편이다. 처가 외적인 사안에 치중하여 가정사를 소홀히 하는 경우도 있다.
子孫宮	연예인 등의 대중과 연관된 직업이나 사안에 대해서는 길한 면이 많으나, 기타의 사안은 성취는 쉽게 하나 守成하기가 힘들다.

死門	
日辰宮	매사 막히고 실패수가 높고 百事가 흉함이 많다.
兄弟宮	형제간에 소원해지고 다툼이 발생하고 災禍가 따른다.
父母宮	부모에게 우환이 많이 발생하고, 문서, 계약 등의 일에 실패수가 많고, 상속 건 등은 부모가 사망 후 받게 된다.

正官宮	功名을 얻기 어렵고, 귀한 직업은 연이 길지 못하고, 閑職(한직) 등에 종사하면 귀함은 적으나 장기근속 할 수 있다.
官鬼宮	시비다툼이나 관재구설 등은 해결난망이다. 病者는 쾌유하기 어렵고, 명예 실추 등의 사안이 발생한다.
正財宮	家産이 줄고 妻에게 흉액이 따른다. 본처와는 이별수나 사별수가 있고 후처와는 연이 장구하다.
財鬼宮	가정이나 사업상의 損財가 많이 발생한다.
子孫宮	자식들의 不孝가 심하다. 손아랫사람들의 협조를 얻기 힘들다.

驚門	
日辰宮	일신이 불안하고 허황된 일이 많이 발생하고 놀라는 일이 발생한다.
兄弟宮	형제간이나 동업자간에 奮奪(분탈)의 조짐이 발생하는 경우가 많고, 詐欺(사기)에 연루되는 경우가 많이 발생한다.
父母宮	부모형제자매간에 不和가 많고 부모의 은덕을 기대하기 어렵다.
正官宮	사업상의 변동이 많고 관직 등 직장에서의 이동이 많다.
官鬼宮	갑작스런 사고나 질병으로 생명이 위험한 경우도 있다.
正財宮	妻로 인한 흉화가 다발한다.
財鬼宮	재물의 출입이 빈번하여 蓄財(축재)하지 못하고 다성다패의 운이다.
子孫宮	재능을 믿고 행동과 뜻을 경솔히 하거나 信義를 잃는 경우가 많다.

開門	
日辰宮	운세가 열려나가고 귀인의 도움으로 일의 성취가 빠르고, 시작은 작으나 나중은 큰 것을 이루게 된다.
兄弟宮	형제간 겉은 화목하나 안은 불신이 있고, 論功함에 상호간 다툼이 있다.
父母宮	부모의 은덕이 있고 조업을 이어받아 家門의 영달을 기할 수 있다.
正官宮	공명을 이루고 직위가 오른다.
官鬼宮	흉사는 疏散(소산)되고 자질구레하게 신경 쓸 일이 발생한다. 대인에겐 길함이 있고 소인에겐 사소한 질병이 다른다.
正財宮	현처를 얻어 가문이 영달한다. 적은 財로 큰 財를 이룰 수 있다.
財鬼宮	금전의 입출은 잦은 편이나 약간의 이득만을 기할 수 있다.
子孫宮	자손들이 총명하고 영달하며 귀인의 도움으로 家門을 일으킬 수 있다.

休門	
日辰宮	심신의 수양과 반성을 통해 수신하고, 만년에 영달함이 찾아온다.
兄弟宮	형제간에 상부상조함과 화목함이 있다.
父母宮	부모가 자애롭고 덕망이 있으며 자식은 효도하니 가정이 안락하다.
正官宮	귀인의 도움으로 직위가 오르고 일신상이 안락하다.
官鬼宮	흉사는 다소 진정되나, 사소한 질병은 발생하게 된다.
正財宮	부부간에 화목하고 가정이 평안하다.
財鬼宮	재물과 家産이 늘고 사업은 흥왕해진다.
子孫宮	자손들이 효순하고 영달하며, 또한 손아랫사람들의 도움으로 길함이 있다. 평소의 반성과 수양으로 인해 재앙은 비켜가게 된다.

4. 육친六親/팔문八門 길흉吉凶 조견표早見表

		生門	傷門	杜門	景門	死門	驚門	開門	休門
日辰宮	土	凡事皆吉 범서개길	主管刑事 주관형사	官訟而凶 관송이흉	得財而富 득재이부	平隱之情 평은지정	平隱之情 평은지정	平隱之情 평은지정	疾病災厄 질병재액
	金	凡事皆吉 범사개길	主而病苦 주이병고	疾病災厄 질병재액	疾病災厄 질병재액	平隱之情 평은지정	平隱之情 평은지정	凡事皆吉 범사개길	脫耗而凶 탈모이흉
	水	多厄難事 다액난사	凡事皆吉 범사개길	發福之情 발복지정	災殃而凶 재앙이흉	凡事皆凶 범사개흉	平隱之情 평은지정	凡事皆吉 범사개길	凡事皆吉 범사개길
	木	多厄難事 다액난사	凡事皆吉 범사개길	平隱無邪 평은무사	平隱爲吉 평은위길	凡事皆凶 범사개흉	官口傷害 관구상해	訟病破財 송병파재	凡事皆吉 범사개길
	火	凡事皆吉 범사개실	凡事皆吉 범사개길	發貴之情 발귀지정	平隱爲吉 평은위길	平隱之情 평은지정	官口傷害 관구상해	訟病破財 송병파재	凡事皆吉 범사개길
比肩 劫財		和順敬愛 화순경애 情誼深切 정의심절 誼親而好 의친이호	不義不和 불의불화 背信無情 배신무정 日生不好 일생불호	同床異夢 동상이몽 先言不行 선언불행 不愛不往 불애불왕	無情少義 무정소의 虛言許交 허언허교 猜忌反目 시기반목	南北分居 남북분거 荊棘傷害 형극상해 無情不愛 무정불애	詐欺陰官 사기음관 神通賤謀 신통천모 便乘嫉妬 편승질투	相助爭論 상조쟁론 以親非親 이친비친 意不相連 의불상련	眞心敬愛 진심경애 無分彼我 무분피아 相扶相助 상부상조
正印 偏印		財祿旺相 재록왕상 安富尊榮 안부존영 榮達貴人 영달귀인	殘忍無情 잔인무정 奢侈敗事 사치패사 寡愛浮萍 과애부평	大事不見 대사불견 一生沮滯 일생저체 守家守園 수가수원	外食急急 외식급급 虛謀無實 허모무실 狂風疾雨 광풍질우	病不難床病 불난상 每事梗塞 매사경색 死亡相斷 사망상단	多慾多願 다욕다원 父子不和 부자불화 六親不睦 불친불목	長人促發 장인촉발 易少吉大 이소길대 而事順成 이사순성	父慈子孝 부자자효 和氣靄靄 화기애애 而事順成 이사순성

正官	官職昇遷 관직승천 富貴榮達 부귀영달 功名安手 공명안수	四振威權 사진위권 虎臣封爵 호신봉작	前導閉塞 전도폐색 難得職位 난득직위 無成功業 무성공업	少年登科 소년등과 大成不得 불성부득 一成一敗 일성일패	功名難望 공명난망 賤業延命 천업연명 南敏終身 남민종신	多變職業 다변직업 凶險凶禍 흉험흉화 散職失職 산직실직	功名顯達 공명현달 凡事皆吉 범사개길	平生無病 평생무병 職位安穩 직위안온
官鬼	無災無病 무재무병 健康長壽 건강장수	骨折痛風 골절통풍 手足拘束 수족구속 心火之病 심화지병	小病小災 소병소재 風症豫防 풍증예방 大事難得 대사난득	深化風症 심화풍증 風禍風症 풍화풍증	有病難治 유병난치 事而終止 사이종지 終致損生 종치손생	急性疾病 급성질병 驚惶爲命 경황위명	大人得權 대인득권 小人得少 소인득소 無病長壽 무병장수	平生無病 평생무병
正財	和順貞節 화순정절 內助家興 내조가흥	不亂造成 불란조성 家內不和 가내불화	心性閑暇 심성한가 家宅不和 가택불화	總名賢良 총명현량	正妻死別 정처사별 難得和愛 난득화애	官災口舌 관재구설 夫婦不和 부부불화	夫婦化合 부부화합 內助佳緣 내조가연	化合無風 화합무풍
財鬼	家運隆昌 가운융창	每事奔走 매사분주 多身事苦 다사신고	先困後富 선곤후부 末年財福 말년재복	外實內虛 외실내허 財帛無得 재백무득	財帛無得 재백무득	一取一散 일패일산	財帛成就 재백성취	日就月將 일취월장 富貴功名 부귀공명
食神 傷官	厚德志高 후덕지고	不孝不義 불효불의 六親不睦 육친불목 無情無愛 무정무애	有害無德 유해무덕 得志有難 득지유난	早速出世 조속출세 大位難得 대위난득 難育難養 난육난양	悖道而叛 패도이반 不如無子 불여무자 不孝莫及 불효막급	背恩忘德 배은망덕	聰明俊秀 총명준수 登科貴賢 등과귀현	孝道和合 효도화합 家庭安穩 가정안온

제3장
일간론日干論

日干은 烟局의 지반육의삼기에서 四柱의 日干과 같은 오행이 있는 곳에 附法한다. 日主라고도 하며 자평명리에서와 같이 자신의 主된 기운을 의미하며 奇門局에서는 주체적인 활동을 하게 된다.

1. 일간궁日干宮과 육신六神

⊙ 正印 : 문서, 계약, 시험, 이사, 소식 등과 연관된 사안이 발생하며, 부모, 조부모, 장인, 장모와 연관된 일이 발생하기도 한다.

⊙ 偏印 : 대체로 흉액을 동반한 문서, 계약, 시험, 이사, 소식 등과 연관된 사안이 발생한다. 백부나 백모, 서모와 연관된 사안이 발생하기도 한다.

⊙ 正官 : 직업, 직장, 직책과 연관된 사안 등이 발생한다.

⊙ 官鬼 : 시비다툼, 사고, 질병, 관재구설 등의 사안이 발생하고, 女命의 경우는 남편이나 애인과 연관된 일이 발생한다.

⊙ 正財 : 본처나 봉급과 같은 고정수입에 관한 문제가 발생한다.

⊙ 財鬼 : 첩이나 애인, 재혼한 경우의 처의 문제나 투기성사업의 재물과 연관된 사안이 발생한다.

⊙ 食神 : 자녀(아들), 조카, 손주, 하수인, 후배 등과 연관된 문제나 취업과 연관된 사안이 발생하기도 한다.

⊙ 傷官 : 자녀(딸), 조카, 손주, 하수인 등과 연관된 문제가 발생하거나, 직장, 직업의 변동과 연관된 문제, 그리고 女命의 경우는 남편과 연관된 문제가 발생하기도 한다.

2. 일간궁日干宮과 사주四柱 천간天干

⊙ 연국기문의 四天干 부법은 地盤奇儀 중에서 사주원국의 天干에 해당하는 궁에 부법한다.

⊙ 年干과 日干이 同宮이면 부친, 조부, 백부, 숙부, 장인과 연관된 문제나 손윗사람과 연관된 사안이 발생한다.

⊙ 月干과 日干이 同宮이면 남자형제나, 동업자와의 관계, 동창생, 직장동료 등과 연관된 사안이 발생한다.

⊙ 時干과 日干이 同宮이면 하수인, 자식, 조카, 손주, 제자 등과 연관된 사안이 발생한다.

3. 일간궁日干宮과 사주四柱 지지地支

⊙ 年支와 日干이 同宮이면 부모, 조부모, 장인, 장모와 연관된 사안이나, 손윗사람과 연관된 사안이 발생한다.

⊙ 月支와 日干이 同宮이면 부모형제자매, 동업자와의 관계, 친구와 연관된 사안이 발생한다.

⊙ 世宮과 日干이 同宮이면 본인이나 배우자와 연관된 사안이나 자신의 가택관련 및 가장 친한 친구와 연관된 사안이 발생한다.

⊙ 時支와 日干이 同宮이면 하수인, 자녀, 손주, 조카, 제자, 부하직원 등과 연관된 사안이 발생한다.

4. 일간日干 낙궁처落宮處

⊙ 7·9나 火金이 있어 相戰하면 사고, 질병, 시비다툼이나 관재구설이 발생하기도 한다. 內卦(陽遁局: 坎宮·艮宮·震宮·巽宮 陰遁局: 離宮·坤宮·兌宮·乾宮)에 있으면 가족에게 흉사가 발생하기도 한다.

⊙ 5·5 天罡殺에 낙궁이면 문서와 연관된 흉액이나 관재구설, 예기치 않은 사고나 질병 등이 발생하기도 한다. 吉格이면 재물의 이득이 발생한다.

⊙ 7·7 熒惑殺에 낙궁이면 화재로 인한 손재수나, 사고, 질병, 계약파기, 이별수, 시비구설, 예기치 않은 困厄이 당도한다.

⊙ 9·9 太白殺에 낙궁이면 사고, 질병 등으로 인한 수술 건이 발생한다.

⊙ 上下가 丙·丙이면 화재나 시비구설, 곤혹스런 일에 휘말리게 된다.

⊙ 上下가 庚·庚이면 사고나 수술 건이 발생하기도 한다.

⊙ 上下가 戊·戊면 문서문제로 인한 凶禍나, 질병에 시달리게 되나 길격이면 재물의 이득이 발생한다.

⊙ 上下가 丙·庚이나 庚·丙이면 매사 沮滯(저체)되고 곤란한 문제에 봉착하거나 곤혹스런 일에 휘말리게 된다.

⊙ 八卦生氣의 歸魂에 낙궁이면 직업이나 직장의 변동이나 조상묘와 연관된 사안이 발생하기도 한다.

⊙ 玄武나 天蓬星에 낙궁이면 失脫이나 도적으로 인한 재물의 침탈 건이 발생하거나 남에게 사기를 당할 수 있다.

⊙ 驛馬나 天馬, 軒轅에 낙궁이며 길격이면 무역사업이 이득이 생기고 이사에 길하며, 흉격이면 교통사고 등을 조심해야 한다.

月建	1월 寅月	2월 卯月	3월 辰月	4월 巳月	5월 午月	6월 未月	7월 申月	8월 酉月	9월 戌月	10월 亥月	11월 子月	12월 丑月
天馬	午	申	戌	子	寅	辰	午	申	戌	子	寅	辰

⊙ 咸池나 桃花에 낙궁이면 女難(여난)이 발생하거나 시비구설이 발생한다.

⊙ 太乙이나 靑龍에 낙궁이면 昇進(승진), 當選(당선), 榮轉(영전) 등의 길사가 있거나, 재물 건 등의 이득이 발생한다.

⊙ 攝提에 낙궁이면 시비다툼이나 관재구설 건 등이 발생하기 쉽다.

제4장
월령론月令論

1. 월령月令이란

四柱의 月支를 말한다.
月支와 日辰宮의 지반수를 대조하여 日辰宮의 旺衰를 논하는데, 月令이 日辰宮을 생조하면 즉 得令되면 운수가 좋고, 복록이 많다.

2. 풀이

◉ 日辰이 月令과 비교시 乘旺이나, 乘生되면 복록이 많다.
　◆乘旺은 日辰宮 지반수가 3.8木이고, 月支가 甲寅月일 때.
　◆乘生은 月支가 日辰宮 地盤을 생조할 때.
◉ 日辰宮의 해당 六神에 적용해서 판단한다.
◉ 乘衰는 日辰宮 지반수가 반대로 月支를 생조함을 말하는데 이럴 경우 큰 발전이 적다.
◉ 乘囚는 四柱月支가 日辰宮 지반수를 剋하여 月支가 갇히는 것을 말한다. 예로 일진궁 지반수가 3.8木이고 月支가 申酉戌月이라 日辰地盤을 剋하는 경우를 말하는데, 이럴 경우 실패와 좌절이 많다.
◉ 乘剋은 四柱月支가 日辰宮 지반수를 剋하여 日辰宮이 손상됨을 말하는데, 매사 불통하게 되고, 흉격인 경우 凶命이 된다.
◉ 日辰宮 地盤이 月支를 剋하면 타인을 이용하여 성공하려 하고 지배욕이 강한 사람이다.

제5장
행년론行年論

行年이란 問占人의 당해년도의 나이가 닿는 宮을 말하는 것으로, 해당궁의 六神과 그 宮에 부법된 요소들이 그 한해의 주요 사안이 되는 것이다.

1. 행년궁行年宮 찾는 법

⊙ 남자는 離9宮에서 1세를 시작하여 十二地之定位圖上으로 당년의 자신의 나이 數만큼 순행하여 세어 나가는데, 첫 바퀴는 坤宮을 건너 띄고, 두 번째부터는 건너 띄는 것 없이 나이수가 떨어지는 낙궁처가 行年宮이 되는 것이다.

⊙ 여자는 坎1宮에서 1세를 시작하여 十二地之定位圖上으로 당년의 자신의 나이 數만큼 逆行하여 세어 나가는데, 첫 바퀴는 艮宮을 건너 띄고, 두번째부터는 건너 띄는 것 없이 나이수가 떨어지는 낙궁처가 行年宮이 되는 것이다.

⊙ 남녀 공히 10세가 兌宮에 떨어지게 되므로 男順女逆하여 나이 數만큼 세어 나가서 낙궁처가 行年宮이 되는 것이다.

⊙ 예로 남자 1964년생이 2017년도의 身數局을 살펴본다면 나이는 54세이다. 따라서 行年宮은 震宮에 해당하며 아래 표와 같은 것이다.

巽	巳	離 午		未	坤
	❹	❾	40	❷	
辰	—	—		—	申

❸ 30 54 震 卯　　— 行年 —	❺ ⑩ —————	❼ 10 50 —　　兌 酉
❽ 53 寅　　　—	❶ 20 52 —————	❻ 51 —　　戌
艮　　　　丑	坎　子	亥　　乾

2. 행년궁行年宮과 육신六神

行年이 낙궁한 六神에 따라 아래의 사안들이 발생한다.

◎ 正印 : 문서, 계약, 시험, 이사, 도장, 소식, 수명 등과 연관된 사안이 발생하며, 부모, 조부모, 장인, 장모와 연관된 일이 발생하기도 한다. 선천적 질병과 연관되기도 한다.

　女命의 경우 시어머니와 연관된 사안이 발생하기도 한다.

◎ 偏印 : 사고나 질병 등 대체로 부정적요소를 동반한 문서, 계약, 시험, 이사 등과 연관된 일이 발생하며, 백부나 숙부, 서모와 연관된 일이 발생하기도 한다. 또한 후천적 질병과 연관되기도 한다.

◎ 正官 : 문관직과 연관된 사안, 직업, 직장, 직책과 연관된 사안, 승진, 합격, 당선 등과 연관된 사안이 발생한다.

◎ 官鬼 : 무관직과 연관된 사안, 주로 부정적인 직업, 직장, 직책과 연관된 사안, 시비다툼, 사고, 질병, 관재구설, 실패수, 역술업과 연관된 사안 등이 발생한다.

◎ 正財 : 妻 및 고정수입의 재물과 연관된 사안이 발생한다.

◎ 財鬼 : 첩이나 애인 등과 연관된 女難(여난)이 발생하거나, 사업상의 실패수, 손재수, 투기사업 등과 연관된 사안이 발생한다.

　男命의 경우 부친과 연관된 사안이 발생하기도 한다.

◎ 食神 : 자식이나 부하직원 혹은 하수인 등과 연관된 사안, 취직문제, 예체능과 연관된 사안이 발생한다.

◉ 傷官 : 자식문제, 부정적 요소의 직업, 직장, 직책의 변동, 예체능과 연관된 사안, 명예훼손, 시기, 질투, 구설 등이 발생한다. 여명의 경우 남편과의 불화가 발생하기도 한다.
◉ 劫財 : 형제자매와 연관된 문제, 동업이나 동창, 동료 등과 연관된 사안 등이 발생한다.

3. 행년궁行年宮과 천간天干

◉ 年干 : 손윗사람과 연관된 사안, 부모와 연관된 사안, 직장 상사와 연관된 사안 등이 발생한다.
◉ 月干 : 남자형제 및 친인척 등과 연관된 사안 등이 발생한다.
◉ 日干 : 자신과 배우자, 가택, 동업관계, 친한 친구, 동호회 관련 등과 연관된 사안이 발생한다.
◉ 時干 : 수하인, 부하직원, 자식, 손주 등과 연관된 사안이 발생한다.

4. 행년궁行年宮과 지지地支

◉ 年支 : 조부모, 부모, 장인, 장모, 손윗사람과 연관된 사안이 발생한다.
◉ 月支 : 형제자매, 친인척 등과 연관된 사안이 발생한다.
◉ 日支 : 본인이나 배우자, 동업자, 가장 친한 친구와 연관된 사안이 발생한다.
◉ 時支 : 자녀나 손주, 부하직원, 수하인 등과 연관된 사안이 발생한다.

5. 행년行年 낙궁처落宮處

1) 上下가 7·9로 火金 相戰에 낙궁하면 큰 사고나 질병, 관재구설, 사망과 같은 흉액이 당도한다.

2) 上下가 5·5로 天罡殺(천강살)에 낙궁하면 문서, 계약, 수명, 사고, 질병 등 과 연관된 흉액이 당도한다. 그러나 日辰宮이 旺하고 길격이면 재물운이 들어온다.

3) 上下가 7·7로 熒惑殺(형혹살)에 낙궁이면 火災로 인한 손재수나, 사고, 질병, 계약파기, 이별수, 陰害(음해), 시비구설, 예기치 않은 困厄(곤액)이 당도한다.

4) 上下가 9·9로 太白殺(태백살)에 낙궁이면 사고, 질병, 시비다툼, 수술 건이 발생한다.

5) 八卦生氣의 歸魂宮에 낙궁이면 직업, 직장의 변동이 발생하거나, 조상묘와 연관된 일이 발생한다.

6) 上下가 丙·庚이나 庚·丙으로 丙庚殺에 낙궁이면 매사 沮滯(저체)되고 곤란한 문제에 봉착하거나 곤혹스런 일에 휘말리게 된다.

7) 玄武나 天蓬星에 낙궁이면 失脫(실탈)이나 도적으로 인한 재물의 침탈 건이 발생하거나 남에게 詐欺(사기)를 당할 수 있다.

8) 驛馬나 天馬, 軒轅에 낙궁이면, 길격이면 무역사업이 이득이 생기고 이사에 길하며, 흉격이면 교통사고 등을 조심해야 한다.

9) 咸池(함지)나 桃花(도화)에 낙궁이면 女難(여난)이 발생하거나 남의 陰害(음해)가 있거나 시비구설이 발생한다.

10) 太乙이나 靑龍에 낙궁이면 승진, 당선, 영전 등의 길사가 있거나, 재물건 등의 이득이 발생한다.

11) 攝提에 낙궁이면 시비다툼이나 관재구설 건 등이 발생하기 쉽다.

제6장
심성론心性論

1. 사진四辰 심성론心性論

⊙ 日辰數가 1.6水면 지혜가 있으나, 학문과 酒色을 좋아한다.
  四辰에 1.6水가 있거나 日辰과 時宮에만 있어도 才士고, 두뇌가 총명하다.

⊙ 日辰數가 華蓋(화개)地에 있으면 종교가, 철학가, 術士(술사)이다.

⊙ 中宮子孫이 歲宮 官鬼를 剋하거나, 歲宮 子孫이 中宮 官鬼를 剋하는 者는 治鬼
  者이다.

⊙ 日辰數가 2.7火면 성질은 급하나, 총명하고 예의바르다.
  太旺하면 관재구설이 따르고, 火日辰이 坎宮과 乾宮에 居하면 단명이다.
  四辰에 2.7火가 重重하면 幻士, 術士이다. 日辰과 時宮에 있으면 잔꾀가 많다.

⊙ 日辰數가 4.9金이면 신의와 의리가 있으며, 太旺하면 刑厄을 당하거나, 질병,
  사고 건이 있다.

⊙ 日辰數가 5.10土면 신용과 인덕이 있다. 四辰에 雙土면 災難이 있다.

⊙ 日辰數가 3.8木이면 단정하고 성격이 곧으나, 秋月에 출생한 者는 발전이 어
  렵다.

2. 구궁九宮 심성론心性論

九宮과 心性

⊙ 日辰이 있는 九宮所在의 十二地支의 五行으로 판단한다.

⊙ 日辰이 艮宮 소재면 山을 좋아하고, 종교, 철학에 심취하고 은둔하기를 좋아한다.

歸魂, 生門, 杜門과 同宮이면 道士, 修道人이 되기 쉽고, 日辰數가 3.10 木,土면 이러한 경향이 더욱 강하다.

◉ 日辰이 坤宮이면 온순하고 여성적이면서도 쾌활하다. 부동산업에 종사하는 사람이 많다.

◉ 日辰이 巽宮이면 入出이 빈번하고, 직선적이면서도 부드럽다.
日辰數가 5.2土, 火면 이런 경향이 더욱 성하고, 목재관련사업, 운수업에 종사하는 사람이 많다.

◉ 日辰이 乾宮이면 활동적이면서도, 독선적이고, 의리와 인정이 있다.
운동을 좋아하고 리더쉽이 있고, 차량과 연관된 제조업에 종사하는 경우가 많다.

◉ 日辰이 坎宮에 있으면 주색을 좋아하나, 두뇌회전이 빠르다.
수산물업, 화류계, 주류업 등에 종사하는 경우가 많다.
日辰數가 1.6水면 그런 경향이 더욱 강하다.

◉ 日辰이 離宮에 있으면, 사교적이고, 인기가 있고, 언변에 능하나, 주색으로 인해 관재구설에 연루되기 쉽다. 日辰數가 7火면 더욱 강하고, 예술가, 연예인, 화류계에 종사하는 경우가 많다.

◉ 日辰이 兌宮에 있으면 성격이 담백, 솔직한데, 직선적이므로 손실이 많고, 겉으론 냉정하나, 속으론 다정다감하고, 色情으로 가정이 파탄나기 쉽다.
日辰數가 4金이면 더욱 강하고, 연예인, 군인, 경찰, 화류계, 철물업, 제조업종사자가 많다.

◉ 日辰이 震宮이면 감정적이고, 돌발적이다 활동적이지만, 고집과 아집이 강해 비판을 받기도 한다. 전기, 전자, 엔지니어링계통의 종사자가 많다.

3. 오행五行 심성론心性論

　五行에 의한 판단
◉ 자평명리학의 日干을 기준한 선천적 성격판단과 일맥상통하다.
◉ 奇門四柱局의 日辰宮 지반수로 판단한다.
◉ 日辰數가 1水(子)면 재주와 지혜와 꾀가 있다. 활동력이 있고, 성격은 급한 반면,

두뇌회전이 빠르고, 사리판단에 밝다. 坎, 乾, 兌宮에 있으면 이러한 성향이 더욱 강하다.

歲, 月, 日, 時 중 3개 이상 있으면 智謀(지모)와 才藝(재예)가 출중한 반면, 酒色(주색)에 빠지기 쉽다.

◎ 日辰數가 6水(亥)면 침착한 반면, 돌발적인 행동을 하기 쉽고, 평소엔 과묵하고 침착하지만 말을 꺼내면 달변인 경우가 있고, 외향과 내향의 이중적 성격과 자기만 믿고 잘못된 일처리를 하는 경우가 많다.

또한 즉흥적이며, 종교와 철학에 관심이 많고, 주색에 빠질 수 있으나, 머리가 좋다.

길격이면 복록이 많으나 흉격이면 인생의 굴곡이 많다.

◎ 日辰數가 7火(午)면 예의 있고, 즉흥적이고, 임기응변이 빠르다.

성급하고 활동적이다. 그로 인해 관재구설에 휘말리기 쉽다.

의지력과 인내력이 다소 부족하다. 사주와 마찬가지로 中和됨을 요한다.

◎ 日辰數가 2火(巳)면 겉으론 온화다정이나 내심은 거칠고 독선적이다.

독단적이고, 속마음을 잘 터놓지 않고, 이중성격인 경우가 많다.

◎ 日辰數가 3木(寅)이면 외모가 준수하고 인자하고 단정하다. 시기와 질투도 있고, 吉格이면 강한 정신력과 인덕을 겸비한다.

◎ 日辰數가 8木(卯)이면 내성적이다. 침착하고 인내력은 있으나 고집과 아집이 대단하다. 異性에게 쉽게 끌리는 경향이 있다.

◎ 日辰數가 9金(申)이면 의리 용기, 패기가 있고, 다소 성급하다.

흉격이면 官災, 刑厄, 口舌이 있다.

空亡되면 吉格者는 더욱 좋고, 凶格者는 亡身이다.

◎ 日辰數가 4金(酉)이면 겉으론 냉정하고 쌀쌀하나 안으론 유순하다.

행동파인 반면 인내력이 부족하여 매사 용두사미인 경우가 많다.

◎ 日辰數가 5土(辰·戌)면 신앙심 있고, 신용과 의리, 덕이 있다. 마음이 후덕하다.

◎ 日辰數가 10土(丑·未)면 성격이 온화, 유순하며, 신용과 의리가 있다.

길격이면 복록이 많고, 흉격이면 게으르고 이중성격이고, 매사 용두사미이다.

4. 7화火 심성론心性論

(1) 7火(午)星

⊙ 四柱局의 지반수 7火(午火)로 판단한다.

⊙ 7火(午火)는 인체의 心臟(심장)에 해당하고, 활동력을 나타내는 태양을 상징하므로 午火로 추단하는 것이다.

⊙ 7火(午火) 지반수가 旺相하고, 中宮이나 四辰에서 動하면 마음이 넓고, 의지가 강하며, 활달하다.

반대로 쇠약하고, 충극을 받으면 옹졸하고, 내성적이고, 의지가 약하다.

⊙ 局中의 2巳火도 참조한다.

(2) 7火(午)심성 풀이

⊙ 七午火가 居旺, 兼旺, 乘旺, 受生되어 있으면 마음이 넓고, 뜻이 크고, 활달하다.

⊙ 旺相하고 吉門卦와 同宮이면 후덕한 마음과, 성격이 고상하고, 뜻이 높다. 그러나 凶門, 凶卦와 同宮이면 그렇지 못하다.

⊙ 乘剋, 受剋, 空亡되면 용기가 없고, 소심하고, 활달치 못하다.

凶門卦와 同宮이면 시기, 질투가 많고, 이기적이며, 동업이 불가하다.

지반수가 왕상해도 흉괘를 벗어나지 못한다.

⊙ 生門, 生氣, 開門, 福德과 同宮이면 복록이 많고 인격자이다.

⊙ 驚門, 絶命과 同宮이고 쇠약하면 겁이 많고 소심하다.

⊙ 景門, 天宜와 同宮이면 오락을 좋아하고, 경마, 도박 등 사행성직업을 택하는 경우가 많다.

⊙ 驚門, 遊魂, 驛馬와 同宮이면 주관이 없고, 변덕이 심하고, 분주하다.

⊙ 死門, 杜門, 歸魂과 同宮이면 게으르고 활동이 없다.

⊙ 天盤이 1.6水(子·亥 水)면 才藝(재예)와 智略(지략)이 있고, 酒色(주색)을 좋아한다.

⊙ 天盤이 5.10土(辰戌·丑未)면 남 퍼주기를 잘하고, 實利가 없으나, 신용과 지혜가 있고, 이해심이 깊다.

⊙ 天盤에 2.7火(巳·午火)면 예의 있고, 학문을 숭상하고, 쾌활하고 뜻이 크다.

⊙ 天盤에 4.9金(酉·申金)이면 편협되고, 잔인하고, 독단적이다. 吉格이면 심성은

착하다.

◉ 中宮에 7火(午火)가 受生, 兼旺되어 吉格이면 호걸남아이다.

◉ 2.7火(巳·午火)가 兼旺, 受生되고, 巽宮, 離宮에 있으면 포부가 크다.

◉ 2.7火(巳·午火)가 震宮, 艮宮에 있으면 배짱이 있다.

◉ 2.7火(巳·午火)가 수극되었어도, 居旺, 受生宮에 있으면 활발하고 마음이 넓다.

제7장
인품론人品論

⦿ 四辰宮에 丁·丙·乙 三奇가 臨하면 奇士의 命이다.

⦿ 四辰宮에 2.7火가 3개 이상이면 幻術者(환술자)의 命이다.

⦿ 四辰宮에 1.6水가 重重하거나, 日辰宮에 1.6水가 있는 경우도 辨說家(변설가)나 才士의 命이다.

⦿ 四辰宮에 杜門, 休門, 死門, 絶命, 絶體 등이 重重한 者는 隱士(은사)의 命이다.

⦿ 日辰이 3.8木이나, 5.10土로 艮宮에 居하면 山人이다.

⦿ 日辰宮이 華蓋(화개)와 同宮이면 術士(술사)나 僧徒(승도), 巫俗人(무속인)의 命이다.

⦿ 中宮 食傷이 動하여 年支宮 官鬼를 剋하거나, 年支宮 食傷이 中宮 官鬼를 剋하면 治鬼者(치귀자)가 되거나, 術士(술사)로서 이름을 날린다.

⦿ 四辰宮과 中宮의 천·지반수가 陰陽으로 배합되어 있고, 五行을 다 갖추고 있으면 賢人(현인)이다.

⦿ 四辰宮과 中宮의 천·지반수가 각각 1.3.5.7.9나, 2.4.6.8.10으로 형성되면 오행을 두루 갖추고, 천지사방을 차지하고 있으니 聖人(성인)이나, 天子의 命이다.

⦿ 四辰宮이 1.6水와, 2.7火로 형성되어 있으면 才士의 命이다.

⦿ 四辰宮이 四隅方(사우방=乾·坤·艮·巽)을 차지하여 貴·祿이 있으며 상호 相生하거나, 四隅方이 아니더라도 四辰宮이 聯珠相生(연주상생)을 이루며 貴·祿이 있으며 자연 日辰宮이 旺相해지는데 이러한 命은 極貴(극귀)의 命이다.

⦿ 四辰宮에 貴人과 祿星이 重重하고, 月干의 貴人은 年支宮에, 日干의 貴人은 月支宮에, 時干의 貴人은 日辰宮에, 年干의 貴人은 時支宮에 있는 命은 君王의 命이다.

⦿ 月干의 貴人은 年支宮에, 年干의 祿星은 月支宮에, 時干의 貴人은 日支宮에, 日

干의 祿星은 時支宮에 臨하면 貴祿이 相交하여 大吉하니 王子나 諸侯(제후)의 命
이라 한다.

◎ 官星이 旺動하고, 年支宮에 開門, 福德이 同宮하고 吉格이면 一品의 사주이다.

◎ 雙官星이나, 雙印星이 局中 動이면 達人인데, 年支宮이나, 印星宮에 開門, 福德
이 同宮이면 貴命이다.

◎ 日辰宮에 年貴(歲貴)가 있고, 中宮의 財星이 旺하며 日辰宮을 生하거나, 日辰宮
天盤에 財星이 있고 日干의 貴人이 年支宮(歲貴)에 있으면 堂上官의 命이다.

◎ 四辰宮 전체 혹은 세 곳이 順生하고 貴人과 祿星을 得하면 貴命이다.

◎ 官星宮에 年干의 貴人과 祿星이 臨해도 堂上官의 命이다.

◎ 年支宮이 日辰宮을 生하고, 日辰과 日干이 吉門, 吉卦를 得하면 福祿이 있는 命
이다.

◎ 官鬼가 中宮에서 動하고 日辰宮이 旺相하면 法官, 術士, 名醫의 命이다.

◎ 年支宮이 中宮의 官鬼를 생하고, 日辰宮이 兼旺, 居旺, 乘旺하면 將帥의 命이다.

◎ 이외 사주명리학의 富貴한 命造와 일맥상통하다.

제8장
수명장단론壽命長短論

1. 장수자長壽者의 명命

⊙ 日辰이 乘旺, 居旺, 兼旺한 경우

⊙ 日辰에 吉門, 吉卦가 있는 경우

⊙ 雙印이 四辰 및 중궁에 動하고, 日辰이 旺相한 경우.

⊙ 年支宮(歲宮) 및 中宮이 日辰을 生한 경우.

⊙ 四辰宮에 絶命이 同宮하고, 중궁에 雙鬼가 動한 경우.

⊙ 日辰宮이 왕상하며 중궁과 상생되고, 각 宮의 천·지반수가 상하 상생되는 경우.

2. 단명자短命者의 명命

⊙ 日辰宮이 乘剋, 居剋, 受剋되고, 死門, 絶命과 同宮한 경우.

⊙ 四辰宮에 絶命이 同宮하고, 중궁에 雙鬼가 動한 경우.

⊙ 四辰에 雙官鬼가 動하여 居旺, 乘旺한 경우.

⊙ 雙官鬼가 中宮動하여 居旺, 乘旺한 경우.

⊙ 財星宮이 剋旺하고, 日辰宮이 쇠약하고, 中宮官鬼가 動한 경우.

⊙ 中宮에 雙7火, 雙9金이 動한 경우.

⊙ 中宮에 雙官鬼가 動하여 乘旺生하면 日辰宮에 生氣가 있더라도 夭壽(요수)한다.

⊙ 日干, 日辰이 무력하고 死門, 絶命이 同宮한 경우.

⊙ 日干宮이 無氣하거나 심히 受剋되고 死門이 同宮한 경우.

⊙ 旺相한 官鬼가 四辰宮의 生을 받는 경우.

⊙ 生門, 生氣宮이 空亡된 경우.

⊙ 中宮이 年支宮 絶命을 生하는데, 年支宮이 日辰宮을 剋하거나, 絶命宮이 年支宮
   을 生하는데 年支宮이 日辰宮을 剋하는 경우.

⊙ 年支宮(歲宮) 9金(申)이 中宮 官鬼를 生하거나, 中宮이 年支宮의 9金(申) 官鬼를
   生하는 경우.

⊙ 年支宮, 月支宮이 4.9金으로 日辰宮을 剋하면 日辰이 旺生해도 夭壽(요수)한다.

⊙ 年支宮과 月支宮이 공히 中宮의 7火(午) 官鬼를 生하는데, 中宮의 7火(午)官鬼가
   日辰宮 9金(申)을 剋하는 경우.

⊙ 局中에 官鬼가 旺動해도 四辰宮에 生門, 生氣, 福德, 天宜가 同宮하면 化殺되어
   오히려 권세를 잡는다.

⊙ 日辰宮이 無氣하고 雙官鬼宮에 絶命이 同宮한 경우.

⊙ 흉격 중에 雙9金, 雙7火가 가장 흉하니 年支宮, 中宮에서 動하면 흉사한다.

제9장
흉액론 凶厄論

◎ 日辰天盤에 官鬼가 臨해 있거나, 日干에 官鬼가 있으면 관재구설, 질병을 앓는다.

◎ 官鬼가 旺相하여 動하고, 日辰宮에 死門, 絶命, 歸魂, 杜門 등의 凶門卦와 同宮하고 日辰이 무력하면 官刑이나, 사고, 疾厄으로 고생한다.

◎ 年支宮(歲宮), 月支宮이 中宮 官鬼를 생하거나, 中宮이 年支宮, 月支宮의 官鬼를 생하는 경우, 年支宮이 月支宮의 官鬼를 생하는 경우, 官鬼가 年支宮, 月支宮에 同宮한 경우 등은 모두 凶命이다.

◎ 中宮官鬼가 凶門卦를 生하면 관재구설, 사고, 刑厄, 疾厄이 있다.

◎ 日辰, 日干이 受剋, 居死되어 있고, 八門이 宮을 剋해도 刑厄(형액)이 있거나, 사고, 疾厄(질액)을 앓는다.

◎ 月干이나, 日干에 9金(申), 丙, 庚, 直符가 있으며 흉격이면, 관재구설이나 刑厄(형액), 사고, 질병을 당하는 경우가 많다.

◎ 年支宮(歲宮), 日辰宮, 中宮, 官星宮 등에 咸池殺(함지살), 官劫殺(亡身殺), 劫殺이 있으며 흉격이면 사고, 질병, 刑厄(형액)을 당하는 경우가 많다.

제10장
화살격론 化殺格論

⊙ 化殺格이란 局中의 凶殺이 制殺되어, 災難(재난)을 면하거나 吉格으로 바뀌는 것이다.

⊙ 雙印星이 中宮이나, 年支宮(歲宮)에서 動하고 있으면 각 宮이 凶格이라도, 雙印星이 日辰을 강하게 생해주므로 길격이 된다. 다만 雙印星이 雙9金(申), 雙7火(午), 雙5.10(辰·戌)로 되지 말아야 한다.

⊙ 四辰에 吉門과 吉卦가 있으면 局 中 흉격이 있더라도 크게 흉하지 않다.
中宮이 年支宮(歲宮)을 생조하고, 年支宮이 日辰宮을 극하고 있더라도, 日辰宮이 旺相하면 길하다.

⊙ 年支宮(歲宮)이 中宮의 官鬼를 生助하면 凶格이지만 日辰宮이 旺相하면 吉格이 된다.

⊙ 官鬼가 中宮 動이면 凶格이지만 年支宮이 旺相하면 길해진다.

⊙ 局中에 凶殺, 凶門卦가 動하더라도, 年支宮이나, 日辰에 凶門卦가 없으면 길해진다.

⊙ 年支宮(歲宮)에 丙庚이 있으면 흉격이지만 日辰宮이 왕상하면 化吉이다.

⊙ 官鬼가 雙9金(申)으로 되어 旺動하면 凶格이나, 또한 食傷이 旺動하고 있으면 制殺되어 길격이 된다. 자평명리의 食神制殺格(식신제살격)과 일맥상통하다.

⊙ 日辰宮이 空亡되어도 旺相하면 空亡으로 논하지 않는다.

⊙ 日辰宮이 上下가 刑, 沖, 破, 害, 怨嗔殺(원진살)이 되면 흉격인데, 空亡이 되면 흉격이 감소한다.

제11장
응용應用

1. 선거당락選擧當落 여부與否

⊙ 雙印格이면 국회의원 선거나 각종 선거에 당선된다.

⊙ 雙官格이어도 당선된다.

⊙ 中宮과 年支宮 혹은 月支宮이 공히 官印相生局이면 선거에서 승리한다.

⊙ 官星宮에 三奇인 丁,丙,乙이 붙으면 당선될 확률이 높아진다.

⊙ 太歲宮의 천반수가 지반수를 生해도 당선하는 경우가 많다.

⊙ 財星宮의 지반수가 兼旺하여 印星宮의 지반수를 剋하면 낙선한다.

⊙ 官星宮의 천·지반수가 上下 相沖하거나 火金相戰하면 틀림없이 낙선한다.

⊙ 年支, 月支가 中宮과 火金相戰해도 낙선한다.

⊙ 中宮이 食傷이면 官星을 剋하니 당선되기 어렵다.

⊙ 食傷宮이 兼旺하면 역시 官星을 剋하니 낙선한다.

(예1) 男命. 음력. 1952. 윤5. 14. 卯時生
2014년도의 지방자치단체장 선거의 당선여부를 점단하려면, 윤달생이니 2014년도 당년태세를 적용한 당해년도 1년신수국을 적용할 수 없으므로, 평생국의 대운에서 도출해야 한다. 아래와 같다.

(1) 기문평생국 도식

```
時 日 月 年
10 9  3  9
癸 壬 丙 壬        31 ÷ 9                    4
             =  ------ →  中宮數   ---
```

卯 子 午 辰　　　17 ÷ 9　　　　　　　8
　4 1 7 5

陰遁局 小暑 下元 8局

時　干：癸

時符頭：辛(甲午旬中)

巽	巳 病	離 午 衰	未 帝旺	坤
辰 死	❹ 歲　　　40~41세 劫　　　52~60세 己　年 日 10 年 壬　干 2 支 官 開 絕 天　　杜 九 天 鬼 門 命 符　　門 天 柱	❾ 災　　　10~16세 殺　　　86~90세 庚　　　5 月 乙　　　7 支 正 驚 禍 天　　景 九 天 官 門 害 乙　　門 地 心	❷ 天 攀　　43~45세 殺 鞍　　49~50세 丙　　　2 丁　　　10 正 傷 生 咸　　死 玄 天 印 門 氣 池　　門 武 蓬	申 建祿
震 卯 墓	❸ 將 空 羊　42~42세 星 亡 刃　51~51세 辛　時 1 時 癸　干 1 支 傷 杜 遊 靑　　傷 直 天 官 門 魂 龍　　門 符 芮	❺⑩ 六 驛　　32~39세 害 馬　　61~64세 　　總 4 (9) 辛　空 8 (3) 正　　招 財　　搖	❼ 月 華　　23~27세 殺 蓋　　73~79세 戊　　　7 己　　　5 偏 休 絕 攝　　驚 白 天 印 門 體 提　　門 虎 任	兌 酉 冠帶
寅 胞	❽ 亡 空　　17~22세 身 亡　　80~85세 乙　　　6 戊　　　6 食 生 歸 太　　生 賸 天 神 門 魂 乙　　門 蛇 英	❶ 地　　　1~9세 殺　　　46~48세 壬 月　　3 丙 干　　9 世 死 天 太　　休 太 天 門 宜 陰　　門 陰 輔	❻ 年　　　28~31세 殺　　　65~72세 癸　　　8 庚　　　4 劫 景 福 軒　　開 六 天 財 門 德 轅　　門 合 沖	戌 沐浴
艮	丑 胎	坎 子 養	亥 長生	乾

◆四天干 부법은 地盤奇儀 중 사주원국의 天干(年干·月干·日干·時干)에 해당하는 奇儀가 있는 宮에 부법한다. 상기 도표와 같다.

(2) 2014년 甲午年 1年身數局

2014년도는 64세에 해당되며, 中宮의 61~64세의 대운시기에 해당한다. 따라서 64세의 1년 신수국을 도출하기 위해서는 낙서구궁수리에 따른 각 卦宮에 流年運을 배속시켜야 하는데, 坎1宮이 61세, 坤2宮이 62세, 震3宮이 63세, 巽4宮이 64세이다. 巽4宮에 해당하는 천·지반수와 홍국기문과 연국기문에 해당하는 구성요소들을 移去해오고 각 宮에 月令을 附法하면 2014년 甲午歲運에 해당하는 1年身數局이 도출되는 것이다. 아래 표와 같다.

巽 　 巳 長生 4월	離午養 5월	未胎 6월 　 坤
❹ 亡身 辛 6 年 癸 6 支 偏生天攝 杜直天 印門宜提 門符心	**❾** 將星 乙 1 月 戊 1 支 正休遊青 景九天 印門魂龍 門天蓬	**❷** 年殺 己 8 丙 4 正景歸招 死九天 官門魂搖 門地任
辰沐浴 3월		申胞 7월
❸ 月華 殺蓋 庚 7 時 丁 5 支 財死禍軒 傷騰天 鬼門害輊 門蛇柱	**❺⑩** 劫災 殺殺 10 (5) 壬 2 (7) 食 太 神 乙	**❼** 地殺 丁 3 庚 9 官傷福太 驚玄天 鬼門德陰 門武沖
震卯冠帶 2월		兌酉墓 8월
❽ 月攀 殺鞍 丙 2 己 10 正杜生咸 生太天 財門氣池 門陰芮	**❶** 驛馬 戊 9 世 乙 3 開絕天 休六天 門命符 門合英	**❻** 六害 癸 4 辛 8 劫驚絕天 開白天 財門體乙 門虎輔
寅建祿 1월		戌死 9월
艮 　 丑 帝旺 12월	坎子衰 11월	亥病 10월 　 乾

◆ 六神 附法은 자평명리식으로 世宮의 지반수를 천간으로 바꾸어 각 궁의 지반
수에 附法한다.

◆ 日家八門神將 附法은, 巽4宮의 開門을 中宮으로 入시킨 후 다시 坎宮出시키
  어 음둔국의 附法 순서대로 布局한다.

◆ 八卦生氣 附法은, 중궁의 2數에 해당하는 洛書九宮 數理의 2번, 坤2土宮의 卦
  宮을 本 卦로 하여 각 宮에 附法한다.

◆ 太乙九星 附法은 巽4宮에 해당하는 天符를 중궁으로 入시킨 후 다시 坎宮出시
  키고, 기타는 양·음둔국에 따라 순·역시키는데, 상기는 음둔국이므로 역행포
  국한다.

◆ 十二胞胎運星 附法은 世宮의 지반수 3木은 甲木이므로 申에 胞가 떨어지고,
  음둔국이니 순차적으로 십이지지정위도상으로 역행 附法한다.

◆ 十二神殺 附法은 사주원국의 年支가 辰土이므로 三合되는 申年生, 子年生, 공
  히 巳火에 劫殺이 떨어진다. 巳火는 지반수 2火이니 中宮 2火에 劫殺을 附法
  한다. 다음은 午火에 災殺이 떨어지는데 午火는 지반수 7火이니 중궁의 은복
  수 7火에 災殺을 附法한다. 다음은 未土에 天殺이 떨어지는데 未土는 지반수
  10土에 해당하니 艮宮의 10土에 天殺을 附法한다. 나머지도 같은 이치이다.

◆ 天盤·地盤六儀三奇 附法은 巽4宮의 地盤奇儀만 중궁으로 끌어오고, 天盤奇
  儀는 地盤奇儀의 時干上에 時符頭旬將을 移去해온 후 나머지도 순차적으로
  이거해와 부법한다.

◆ 時家八門神將 布局은, 地盤六儀三奇 중에서 時符頭가 있는 곳의 定位門(直使)
  을 알아놓고, 이곳에서 부터 陽順·陰逆하여 旬首부터 시작하여 세어나가되,
  時干支가 떨어지는 곳에 定位門을 이거해오고 나머지는 陽遁·陰遁 막론하고
  순행 포국한다.
  상기의 경우는 지반기의 중 時符頭 辛이 있는 곳이 乾6宮이며 定位門은 開門
  이다. 이곳에서부터 음둔국이니 역행하여 순수부터 세어나가면 時干支 癸卯
  가 같은 宮인 乾6宮에 떨어진다. 따라서 이곳에 開門을 移去해오고, 기타는
  양둔·음둔 막론하고 십이지지정위도상으로 순행포국하니, 坎1宮에 休門, 艮8
  宮에 生門, 震3宮에 傷門… 등으로 포국하는 것이다.

◆ 直符八將은 天盤六儀三奇에서 時符頭가 있는 곳에 直符를 附法하고, 기타는
  구궁정위도상에 活盤法으로 양순·음역하여 순차적으로 부법한다.
  상기는 음둔국이므로 巽4宮에 直符를 附法하고 逆行하여 震3宮에 螣蛇→ 艮8

宮에 太陰→坎1宮에 六合→乾6宮에 白虎→兌7宮에 玄武→坤2宮에 九地→離9
宮에 九天 순으로 포국한다.

◆ 天蓬九星은 地盤奇儀 중에서 時符頭가 있는 곳의 定位星을 地盤奇儀 중 時干
이 있는 곳으로 移去해 오고, 나머지는 양둔·음둔 막론하고 십이지지 정위도
상으로 順行 附法한다.

상기의 경우는 地盤奇儀 중 時符頭가 乾6宮에 있는데 이곳의 定位星은 天心星
이다. 이 天心星을 地盤奇儀 중 時干이 있는 곳인 巽4宮으로 이거해오고, 기타
는 구궁정위도상에 活盤法으로 順行 附法하니, 離9宮에 天蓬星, 坤2宮에 天任
星, 兌7宮에 天沖星, 乾6宮에 天輔星, 坎1宮에 天英星, 艮8宮에 天芮星, 震3宮
에 天柱星 등으로 順行 附法한다.

(3) 통변

◎ 世宮의 지반수 3木은 居生되고, 巽·離宮의 印星이 생조하니 비록 천반으로 부터
受剋되나 旺한 것이다. 다시 開門, 絶命이 臨하여 길문, 흉괘이나 선문후괘니
먼저는 팔문을 적용하여 길하다 판단하는 것이다.

◎ 중궁의 2火 食神이 動하여, 兌宮의 居旺되어 旺한 官鬼를 제압하니 官鬼의 난동
은 막은 것이다.

◎ 巽·離宮의 印星은 動하였고 공히 兼旺하며, 길문, 길괘가 乘했으니 길하다. 아
울러 離宮의 1水 正印은 太歲宮에 해당하고, 巽宮의 6水 偏印은 行年宮에 해당
하니 流年運이 모두 길한 것이다.

◎ 正印宮은 月支宮이고, 偏印宮은 年支宮으로, 암암리에 坤宮의 正官宮과 官印相
生을 이루니 당선확률이 높은 것이다.

◎ 坤宮의 4金 正官은 居生되니 旺하며 길문인 景門을 대동하고 있다. 印星宮이 旺
하여 正官을 이끌어오고, 다시 世宮이 旺하고 길하니 지방자치단체장 선거에서
당선된 것이다.

(예2) 男命. 음력. 1955. 1. 19. 巳時生의 2016년 丙申年 身數局

```
時 日 月 年
4  5  7  3
丁 戊 庚 丙      19÷9                    1
           =  ─────  →  中宮數      ───
巳 寅 寅 申      21÷9                    3
6  3  3  9
```

──────────

陽遁局 雨水 下元 3局

時　干：丁

時符頭 : 癸(甲寅旬中)

巽　　巳墓	離午胞	未胎　坤
❹ 歲 華 辰　丙 / 7 時 死　己 / 7 支 財開絕太　開九天 鬼門體乙　門天蓬	❾ 歲日 劫亡 癸 時 2 丁 干 2 正休生青　休直天 財門氣龍　門符任	❷ 空 亡 戊　9 年太　申 乙　5 支歲　養 正景禍太　生螣天 官門害陰　門蛇沖
❸ 日歲 劫亡 震　辛 日 8 行 卯　戊 干 6 年 病 劫杜歸天　驚九天 財門魂乙　門地心	❺⑩ 歲 馬 　月 1 庚 干 3 傷　　攝 官　　提　❶	❼ 空 亡 己　4 壬　10　兌 　　　　　酉 官驚絕招　傷太天　長 鬼門命搖　門陰輔　生
❽ 寅　壬　3　月 衰　癸　1 世 支 死遊天　死朱天 門魂符　門雀柱	❶ 乙 年 10 丙 干 4 偏生福咸　景勾天 印門德池　門陳芮	❻ 日日 馬華 丁　5 辛　9　戌 　　　　沐 正傷天軒　杜六天　浴 印門宜轅　門合英
艮　　丑帝旺	坎子建祿	亥冠帶　　乾

◆ 世宮 지반수 1水가 居剋되고 천반3木에 洩氣(설기)되니 太弱하다. 다행인 것은 震宮 劫財宮에 行年이 落宮하여 6水가 動하여 世宮의 지반수 1水를 부조하고, 乾宮 正印宮의 지반수 9金이 居生되고 受生되어 太旺하여 世宮을 부조할 의사가 있으니 世宮은 太弱함은 면한 것이다.

◆ 坤宮의 正官은 空亡地이나 太歲가 落宮하여 動하니 脫 空亡되었고, 다시 正官宮은 居旺하여 旺하며 길문인 景門을 대동하고, 乾宮의 旺한 正印宮과 官印相生을 이루니 국회의원 3선에 당선된 것이다.

◆ 중궁의 3木 傷官이 正官宮의 5土를 剋하니 傷官見官되어 압승을 거두지는 못하였고, 世宮의 日家와 時家의 八門神將이 공히 死門을 대동하니 선거를 치루는 과정에서 여러 가지 힘든 상황이 많았던 것이다.

(예3) 男命. 음력. 1965. 1. 11. 戌時生의 2006년 丙戌年 身數局

```
時 日 月 年
 9  5  7  3
 壬  戊  庚  丙        24÷9                    6
                 = ----- → 中宮數 ---
 戊  辰  寅  戌        30÷9                    3
11  5   3  11
```

陽遁局 立春 上元 8局

時　干：壬

時符頭 : 癸(甲寅旬中)

巽	巳 冠帶 4月	離 午 建祿 5月	未 帝旺 6月	坤
	❹	❾	❷	
辰 沐浴 3月	日 將 華 星 己 ── 2 癸 7 世	歲 日 亡 劫 辛 ── 7 己 2	月 殺 乙 ── 4 辛 5	申 衰 7月
	傷 絶 攝　景 螣 天 門 體 提　門 蛇 英	劫 杜 生 咸　死 太 天 財 門 氣 池　門 陰 芮	傷 開 禍 天　驚 六 天 官 門 害 乙　門 合 柱	

震卯長生 2월	❸ 歲日 劫亡 癸時　3 壬干　6 正官 驚門 歸魂 太乙　杜門 直符 天輔	❺ ⑩ 日地 馬殺 丁　6 　　3 正印　軒轅	❼ 天攀 殺鞍 丙　9 乙　10 食神 生門 絕命 天符　開門 勾陳 天心	兌病 8월
寅養 1월	❽ 囚獄 壬日　8月 戊干　1支 官鬼 休門 遊魂 青龍　傷門 九天 天沖	❶ 六害 戊月　5 庚干　4 財鬼 景門 福德 太陰　生門 九地 天任	❻ 空歲歲 亡馬華 庚年　10年時 丙干　9支支 正財 死門 天宜 招搖　休門 朱雀 天蓬	戌死 9월
艮	丑胎 12월	坎子胞 11월	亥墓 10월	乾

♦ 世宮이 兼旺하고 다시 居生되니 太旺하다. 능히 財와 官을 감당할 수 있다. 길문, 길괘가 臨하진 않았지만 세궁의 지반수가 태왕하니 길하다 판단한다.

♦ 太歲가 丙戌이니 乾宮 落宮이라 脫 空亡시키니 正財宮이 動한 것이다. 正財宮은 受生되고 居生되어 太旺하다. 일로 쇠약한 官星宮을 생조하게 되니 官星이 약변강이 된 것이다.

♦ 중궁의 正印은 선거와 관련해서는 문서를 움켜쥐고 권세를 타인에게 행사하려는 의도가 있는 것이다. 震宮의 正官이 비록 衰하나 旺한 正財宮의 生을 받고 動하여 중궁의 印星을 生하니 官印相生이 된 것이다.

♦ 世宮이 旺하고, 財星이 動하여 官星을 生하고, 다시 官星이 중궁의 印星을 생하니 吉한 것이다. 40대 초반의 신예로 야당의 시의원 후보자로 나와 당당히 당선되어 이후 3선을 역임한 것이다.

2. 시험합격

⊙ 1년신수국을 살펴보거나, 問占時 혹은 시험보는 당일의 年, 月, 日, 時로 作局하여 판단한다.

⊙ 全的으로 官星을 보고 판단하는데 印星도 참작한다.

⊙ 官星과 印星이 旺相하며 길문, 길괘를 득하면 합격한다.

⊙ 官星이 乘剋, 受剋, 居剋되면 불합격이다.

⊙ 行年이나 太歲가 世宮에 臨하고 길문, 길괘를 得한 경우는 합격한다.

⊙ 太歲宮이 中宮을 生하고, 中宮이 日辰宮을 生하면 길하여 합격하는 경우가 많다.

⊙ 中宮이 太歲宮 官星을 生하거나, 太歲宮이 中宮 官星을 生해도 吉하다.

⊙ 太歲宮이 開門, 福德, 天宜, 生氣를 逢하면 합격이다.

⊙ 시험보는 太歲와 月이 日을 생하고, 또는 太歲가 月을 生하고, 月이 日을 生해도 합격한다.

⊙ 官星이 空亡되면 불합격이나, 受生되면 出 空亡되는 시점에 합격한다.

⊙ 直符宮과 天乙宮이 日干宮을 生하고, 六丁宮이 旺相함을 얻으면 필히 합격한다. 이 중 한가지 조건이라도 결함이 있으면 합격하기 어렵다.

(예) 男命. 음력. 1991. 1. 17일. 巳時生의 2017년도 시험운

```
10 8  9  4
癸 辛 壬 丁        31÷9                    4
            =  -----  →  中宮數   ---
巳 未 寅 酉        27÷9                    9
 6  8  3 10
```

陽遁局 立春 中元 5局

時　干：癸

時符頭：庚 (甲申旬中)

巽	巳 墓		離 午 胞		未 胎		坤
	❹		**❾**		**❷**		
	歲 劫		災 殺		六 害		
辰 死	辛 乙	$\frac{10\ 時}{3\ 支}$	丙 月 壬 干	$\frac{5}{8}$	乙 年 丁 干	$\frac{2}{1}$ 世	申 養
	傷 生 福 太 官 門 德 陰	杜 六 天 門 合 任	食 傷 歸 招 神 門 魂 搖	景 勾 天 門 陳 沖	驚 遊 青 門 魂 龍	死 朱 天 門 雀 輔	

❸ 震卯病	❺ ⑩	❼ 兌酉長生
地殺 癸 / 丙　1 / 2 正財 死門 生氣 咸池　傷門 太陰 天蓬	歲將 亡星 戊　4(9) / 9(4) 正印　天乙	驛馬 壬 / 庚　7 / 6　年支 太歲 劫財 休門 天宜 攝提　驚門 九地 天英
❽ 寅衰	❶	❻ 戌沐浴
歲桃 己 日干 / 辛　6 / 7　月支 財鬼 開門 禍害 軒轅　生門 螣蛇 天心	月殺 華蓋 庚 時干 / 癸　3 / 10 官鬼 杜門 絕體 天符　休門 直符 天柱	天殺 攀鞍 丁 / 己　8 / 5　行年 正官 景門 絕命 太乙　開門 九天 天芮
艮　丑帝旺	坎子建祿	亥冠帶　乾

- 世宮 지반수 1水는 상하 상극하고 居剋되니 본시 약하나, 劫財宮인 兌宮의 지반수 6水가 年支와 太歲에 해당되어 動하고, 다시 居生되니 旺하다. 따라서 世宮 지반수 1水에 힘을 실어주고, 다시 중궁의 正印이 兼旺하고 居生되어 旺한데 世宮을 생하니 世宮은 약변강이 된 것이다.

- 乾宮 正官宮은 受剋되고 居衰하여 약하나, 27세 行年이 동궁하고, 艮宮 지반수 7火가 動하여 生하니 正官宮도 태약하지 않으며, 아울러 景門과 太乙이 동궁하니 길하다.

- 중궁 正印은 兼旺하고 居生되니 太旺하다. 아울러 乾宮의 正官과 官印相生을 이루고 있다.

- 日干은 艮宮의 辛金이다. 坎宮의 癸水 直符와 상생되고, 중궁의 戊土 天乙과 역시 상생되고, 世宮과 年干宮인 坤宮의 丁奇가 천반 乙木의 생을 받아 "三奇相佐(삼기상좌)"의 길격이 되니 시험운이 길한 것이다.

- 상기 명조자의 2017년도 1年身數局은, 상기와 같이 시험운을 논할 때 살펴보는 世宮과 正官과 正印이 모두 吉하게 작동하니 미국의 '로스쿨'입학시험에 합격한 것이다. 世宮이 있는 申月에 시험을 치르고, 正官宮인 戌月에 합격자 발표가 난 것이다.

3. 재물운財物運이 좋은 해

⊙ 중궁의 食傷이 旺動하여 財星宮을 生하거나, 중궁의 財星이 行年이나 太歲 낙궁처 食傷의 生을 받는 경우.

⊙ 日辰宮이 旺하고 다시 財星宮이 旺動한 경우.

⊙ 財가 兼旺하면 재물운이 좋다.

⊙ 5.10土가 兼旺해도 재물운이 좋다.

⊙ 財星이 年支, 月支宮에 있을 때 開門이나 福德과 같이 있으면 재물운이 좋다.

⊙ 印星宮이 兼旺하고 길격일 때, 부동산업이나, 문서, 서류, 계약 등과 연관된 일이라면 일이 잘 풀려 재물운이 좋다.

⊙ 중궁의 食傷이 旺한데 日辰宮도 旺하며 길문, 길괘가 동궁한 경우에도 재물운이 좋다.

⊙ 재물운의 大小는 평생국을 참조하여 논한다.

예) 男命. 음력. 1950년 7. 11. 子時生의 2013년 癸巳年 身數局

```
時 日 月 年
 5  3  7 10
戊 丙 庚 癸        25÷9                              7
                =  ────  →  나머지   中宮數    ───
子 辰 申 巳        21÷9                              3
 1  5  9  6
──────────
```

陰遁局 立秋 中元 5局

時　干：戊

時符頭：庚(甲申旬中)

巽	巳 帝旺	離 午 建祿	未 冠帶	坤
	❹	❾	❷	
辰 衰	日 天 歲 / 華 馬 桃	地 殺	天 攀 / 殺 鞍	申 沐浴
	壬 / 己　3/7 世　年/支	丁 年 / 癸 干　8/2	庚 / 辛　5 月 / 5 支	

震卯病	驚絕太　景太天 門體乙　門陰蓬 **❸** 歲 馬 乙 月　　4 庚 干　　6 正傷歸攝　杜六天 官門魂濟　門合心	劫死生天　死騰天 財門氣符　門蛇任 **❺ ⑩** 歲 劫 　時　　7 戊 干　　3 正　　天 印　　乙	傷生禍軒　驚直天 官門害轅　門符沖 **❼** 歲 華 己 日　　10 丙 干　　10 食開絕咸　開九天 神門命池　門天輔	兌酉長生
寅死	空六 亡害 **❽** 丙　　9 丁　　1 官休遊青　傷白天 鬼門魂龍　門虎柱	空 亡 **❶** 戊　　6 時 壬　　4 支 財景福招　生玄天 鬼門德搖　門武芮	歲 亡 **❻** 癸　　1 乙　　9 正杜天太　休九天 財門宜陰　門地英	戌養
艮	丑墓	坎子胞	亥胎	乾

- 중궁에 正印이 天乙을 대동하니 문서 건이 動한 것이다. 직장 혹은 가택과 연관하여 이동수가 들어오는 것이다.
- 世宮은 受生되고 居生되니 태왕하다. 비록 驚門, 絕體의 흉문, 흉괘가 臨했으나 무탈하게 넘길 수 있는 것이다.
- 坤2宮의 傷官은 兼旺하고 居旺하니 역시 太旺하다. 六神에서 傷官은 官을 破하는데 상·하수가 5·5로 천강살을 대동하니 직업, 직장, 직책의 이동수나 혹은 시비구설, 陰害(음해) 건 등이 들어오는 것인데, 禍害와 軒轅이 臨했으니 陰害(음해) 및 시비구설로 인해 직장을 옮겨야 하는 것이다.
- 乾6宮의 正財는 居旺하니 旺하고, 다시 旺한 坤2宮 傷官의 생을 받고 日辰宮이 태왕하니 재물운이 좋은 해인 것이다.
- 상기명조인은 의사인데, 傷官宮이 軒轅을 대동하니 직장에서 남들의 음해가 있었던 것이라 병원을 옮기는 문제로 고심하던 차에, 신설병원의 병원장 자리를 제의해온 지인이 있어 이를 수락하고, 봉급의 인상과 더불어 특별수당 등의 파격적인 제안을 받고 옮겨 근무하고 있는 것이다.

4. 손재수損財數가 있는 해

⊙ 太歲 낙궁처가 日辰宮을 剋한 경우 損財數가 있거나 질병, 사고가 발생한다. 日辰宮이 弱하면 손실이 더 크다.

⊙ 日辰宮이 弱한데 凶門, 凶卦가 臨하고 다시 財鬼宮이 太旺한 경우.

⊙ 日辰宮이 弱한데 중궁의 財鬼가 官鬼를 생하는 경우.

⊙ 伏吟局인데 중궁에 財星이 있는 경우.

⊙ 印星宮이 太旺한데 財星宮이 약한 경우.

⊙ 중궁이 官鬼이고 太歲 낙궁이 財星宮인데 태을구성의 咸池나 亡身殺을 대동한 경우.

⊙ 日辰宮과 財星宮의 上下 數가 공히 相剋이나 相沖되는 경우.

⊙ 伏吟局이면 사업이 잘 안 풀리고 손재수가 있다.

⊙ 火金相戰이 되도 뜻밖의 재난에 말려들어 손해 보게 되고, 訟事가 생긴다.

⊙ 四墓局(사묘국), 總空局(총공국), 仙僧雙出局(선승쌍출국), 相沖剋(상충국) 등의 凶局에 해당하면 손해 본다.

⊙ 兄弟가 兼旺해도 손해보기 쉽다.

⊙ 財가 空亡되거나 受剋되어도 손해를 보게 된다.

예) 男命. 음력. 1959년 7. 1. 寅時生의 2017년 丁酉年 身數局

時 日 月 年
7 8 5 4
庚 辛 戊 丁　　　24÷9　　　　　　　6
　　　　　　 = ----- 中宮數 ---
寅 巳 申 酉　　　28÷9　　　　　　　1
3 6 9 10

陰遁局 處暑 上元 1局
時　干 : 庚
時符頭 : 庚(甲申旬中)

巽　　　巳 建祿	離 午 冠帶	未 沐浴　　　坤
❹ 天殺 辰帝旺　丁年／丁干　2/5　世 傷生天　開九天 門氣乙　門地輔	❾ 歲華 己／己　7/10 劫生絕招　休玄天 財門體搖　門武英	❷ 空歲／亡劫 乙／乙　4/3　月支　申長生 官死絕攝　生白天 鬼門命提　門虎芮
❸ 將星 震卯衰　丙／丙　3/4 傷驚福太　驚九天 官門德乙　門天沖	❺⑩ 六害 癸　6/1 正　太 財　陰	❼ 空囚／亡獄 辛日／辛干　9年/8支　兌西養 正杜禍青　傷六天 官門害龍　門合柱
❽ 日歲日／亡亡華 寅病　庚時／庚干　8時/9支 食景天天　死直天 神門宜符　門符任 艮　　丑死	❶ 地殺 戊月／戊干　5/2 偏休歸軒　景螣天 印門魂轅　門蛇蓬 坎 子 墓	❻ 歲桃 壬／壬　10/7　戌胎 正開遊咸　杜太天 印門魂池　門陰心 亥胞　　　乾

◆ 伏吟局인데 中宮에 財星이 動하였다. 伏吟局은 萬事 不動의 象인데 中宮의 財가 動하고 坤宮의 官鬼도 動處이니 中宮 財의 의도는 官鬼를 생하려는 것이다.

◆ 2017년은 59세로 行年이 乾宮 正印宮에 낙궁이다. 中宮의 財가 坤宮 官鬼를 생하니 損財數가 생기는 것인데, 官鬼가 다시 行年 낙궁의 正印을 생하니 문서 문제로 인한 官災口舌이 들어오는 것이다.

지인의 소개로 타인의 주택을 지어주었는데, 공사대금이 계속 지연되어 결국 訟事로 이어졌고, 재판과정에서 공사계약 서류의 부실로 인해 일부 패소하였으며, 결국 합의과정에서 상당한 금액의 손실을 堪耐(감내)해야 했다.

5. 승진昇進되는 해

⊙ 5.10土가 각각 兼旺하거나, 5土와 10土가 각각 상하로 兼旺한 경우이다.

⊙ 文書(印星)가 兼旺되어도 승진한다.

⊙ 正官宮이 兼旺되어도 승진하기 쉽다.

⊙ 中宮과 年支宮, 月支宮이 相互 世宮과 官印相生되어도 승진한다.

⊙ 世宮의 天盤이 印星에 해당할 때도 승진 가능성이 높다.

⊙ 年支宮에 丁·丙·乙 三奇나 開門, 休門, 生門 등 三吉門이 臨해도 승진수가 높다.

⊙ 상기의 경우는 공직자나, 봉급생활자에 해당된다

6. 퇴직退職하는 해

⊙ 子孫數(食·傷)가 兼旺하거나 中宮, 年支宮에 있으면 자연 官星宮을 극하니 퇴직하기 쉽다.

⊙ 年支, 月支, 世宮에 歸魂, 杜門, 休門이 있으면 퇴직하게 된다.

⊙ 年支, 月支, 世宮에 歸魂만 있고, 開門이 所要宮에 있지 않으면 퇴직하거나 지방으로 좌천된다.

⊙ 行年이나 太歲 낙궁처의 官鬼가 旺動하여 태약한 일진궁을 충극하는 경우 좌천되거나 퇴직하게 된다.

⊙ 일진궁이 약하고 흉문, 흉괘가 임했는데, 太歲나 行年 낙궁의 年支宮과 相沖되는 해에도 좌천되거나 퇴직하는 경우가 많다.

⊙ 正官宮이 쇠약하고 空亡地인데 다시 亡身이나 咸池, 軒轅을 대동하며 흉문, 흉괘가 乘한 경우에도 퇴직하는 경우가 많다.

⊙ 行年이나 日干에 歸魂, 杜門, 休門이 있어도 퇴직한다.

  ◆ 상기 사항 중 1~2개가 중복되면 확률이 높은 것이다.

  ◆ 歸魂, 杜門, 休門이 있다 해도 여러 사항을 종합적으로 검토하여 길흉을 판단해야 한다.

7. 결혼 건

◎ 평생국에서 行年이나 太歲가 年支宮이나 日干宮에 낙궁하는 해에 결혼하는 경우가 많다.

◎ 身數局에서 行年이나 太歲가 財星宮에 臨하고 吉門, 吉卦가 同宮하면 결혼수가 있다.

◎ 身數局에서 印星(父母,文書)이 兼旺하면 결혼한다.

◎ 行年이 世宮에 臨하면 결혼할 확률이 높다.

◎ 景門이 動한 곳이나, 景門宮에 日干이나 行年이 臨해도 결혼수가 있다.

◎ 四辰宮이나 배우자궁(男命은 財星宮. 女命은 官星宮)에 천·지반이 乙과 庚이 있을 경우에도 결혼수가 있다.

◎ 지반수에서 男命은 妻財數(財星), 女命은 官鬼數(官星)에 日干이나 行年이 臨하면 결혼수가 있다.

◎ 身數局에서 5.10土가 兼旺한 경우에도 결혼수가 있다.

◎ 世宮의 天盤이 남자는 財星, 여자는 官星이 되어도 결혼수가 있다.

◎ 상기 내용 중 2~3개가 중복되면 결혼수가 旺하다고 판단한다.

(예1) 男命. 음력. 1991년 9월 1일 子時生의 2017년 丁酉年 身數局

```
時 日 月 年
 3  7  7  4
丙 庚 庚 丙        21÷9              3
            =  -----  中宮數  ---
子 辰 戌 酉        27÷9              9
 1  5 11 10
----------
陰遁局 霜降 上元 5局
時  干 : 丙
時符頭 : 己(甲戌旬中)
```

巽	巳 長生 4월	離 午 養 5월	未 胎 6월	坤
辰 沐 浴 3월	❹ 歲 日 劫 華 壬　　9 己　　3　世 傷福太　　生六天 門德乙　　門合蓬	❾ 將 星 丁　　8 癸　　4 正生歸天　傷太天 官門魂符　門陰任	❷ 空 六 亡 害 庚　　1 辛　　1 正死遊軒　杜驗天 印門魂轅　門蛇沖	申 胞 7월
震 卯 冠 帶 2월	❸ 地 殺 乙 月日　10 庚 干干　2 食驚生攝　休白天 神門氣提　門虎心	❺ ⑩ 歲 亡 　　3 戊　　9 官　　天 鬼　　乙	❼ 空 歲 日 亡 馬 亡 己 時　6　年 丙 干　6　支 偏杜天咸　景直天 印門宜池　門符輔	兌 酉 墓 8월
寅 建 祿 1월	❽ 歲 桃 丙 年　5 丁 干　7 傷景禍青　開玄天 官門害龍　門武柱	❶ 歲 華 辛　　2　時 壬　　10　支 正休絕招　驚九天 財門體搖　門地芮	❻ 天 攀 殺 鞍 癸　　7　月 乙　　5　支 財開絕太　死九天 鬼門命陰　門天英	戌 死 9월
艮	丑 帝旺 12월	坎 子 衰 11월	亥 病 10월	乾

- 乾·坎宮의 財星宮이 動하였고, 行年 27세가 乾宮 財星宮에 落宮이니 처·첩이 동하는 것이라 이 해에 결혼한 것이다.

- 艮宮 傷官은 子孫宮인데 景門과 靑龍이 臨했으니 잉태의 기쁨이 있는 것이다. 다만 처를 맞이하는 財星運은 乾卦月이라 늦고, 자손운은 艮卦月이라 이르다. 이런 경우는 혼인식을 올리기 전에 잉태하는 경우가 많다. 따라서 결혼식을 서둘러 한 것이다.

(예2) 기문평생국 도식

```
時 日 月 年
8  5  6  8
辛 戊 己 辛      27÷9              9
         =    ----   中宮數   ---
酉 午 亥 酉      39÷9              3
10 7 12 10
```

陰遁局 大雪 中元 7局

時　干 : 辛

時符頭 : 癸(甲寅旬中)

巽	巳　建祿	離午　帝旺	未　衰	坤
辰冠帶	❹ 歲　　　　24~30세 桃　　　　71~75세 癸 年時　5 辛 干干　7 劫死絕太　死直天 財門命陰　門符芮	❾ 日 地　　1~2세 亡 殺　　46~49세 戊　10 丙　2　世 景生軒　驚九天 門氣轅　門天柱	❷ 天　　　　37~41세 殺　　　　58~64세 己　7 癸　5 食休禍太　開九天 神門害乙　門地心	**申病**
震卯沐浴	❸ 歲日　　31~36세 馬劫　　65~70세 丙　6 壬　6 正生歸天　景螣天 官門魂乙　門蛇英	❺⑩ 歲　　21~23세 劫　　76~84세 　9 庚　3 偏　　咸 印　　池	❼ 月歲　　4~11세 殺華　　88~89세 丁 日　2 年時太 戊 干　10 支支歲 傷驚絕天　休玄天 官門命符　門武蓬	**兌酉墓**
寅長生	❽ 空六　　　3~3세 亡害　　　90~90세 辛　1 乙　1 官開遊招　杜太天 鬼門魂搖　門陰輔	❶ 空將　　42~45세 亡星　　50~57세 壬　8 丁　4 正杜福攝　傷六天 財門德提　門合沖	❻ 歲日　　12~20세 亡馬　　85~87세 乙 月　3 月 己 干　9 支 財傷天青　生白天 鬼門宜龍　門虎任	**戌死**
艮	丑　養	坎子　胎	亥　胞	乾

- 兌7宮에 年支와 日干이 낙궁하여 이 宮의 해당 유년운에 결혼수가 높은데, 태세가 2017년 丁酉년으로 兌宮에 낙궁하니 이 해 37세에 결혼한 것이다.
- 妻宮인 坎1宮 正財宮이 居衰되고 상하 상충하고, 중궁 3木과 상극되니 妻宮이 불안하다. 다시 正財宮이 空亡地이고 흉문인 杜門을 대동하니 결혼연이 매우 박한데, 太歲 丁酉가 正財宮의 지반수 4(酉)금과 自刑되니 결혼 3개월 만에 파경을 맞은 것이다.
- 正財宮의 4(酉)金과 중궁 지반 3(寅)木이 상극되는데, 중궁의 偏印은 부모수 중 아버지로 논한다. 예의바르지 못한 며느리의 행태가 시부모의 눈밖에 나서 이혼하게 된 것이다.
- 乾6宮 財鬼宮은 후처 혹은 재혼할 경우의 처로 논하는데, 兼旺하니 재혼은 성사되며 太歲 낙궁 시기인 2018년 戊戌年에 재혼의 혼담이 오고갈 것이다.

8. 초상나기 쉬운 해

◎ 身數局에서 伏吟局이면 초상나기 쉽다.
◎ 2.7火가 4.9金을 만나 火金相戰된 경우에도 사람이 죽기 쉽다.
◎ 行年이나 日干이 어느 宮에 있는가에 따라 조부모, 부모, 형제자매, 자녀, 조카 등의 불상사가 있음을 알 수 있다.
◎ 庚金 太白과 丙火 熒惑이 모두 父母數에 닿아 있으면 丙庚殺이 되니 부모님이나, 장인, 장모, 가까운 윗어른 중에서 돌아가실 확률이 높다.
◎ 財가 兼旺하여 印星宮을 극하는 경우에 그 부모님이나, 장인, 장모가 질병을 앓거나 돌아가실 확률이 높다.
◎ 男命의 財星宮, 女命의 官星宮이 他 宮의 剋을 받아 심히 太弱하거나 흉문, 흉괘를 대동하고 흉격을 이루면 배우자의 命이 위태로울 때가 있다.
◎ 父母數가 月支나 그 앉은자리에서 入墓되면 우환이 발생하거나 심하면 초상을 치르게 된다.
- 상기의 경우는 초상나기가 쉽지만 기타 宮의 길흉도 아울러 겸하여 판단해야 한다.

(예) 男命. 음력. 1952년 2월 25일 酉時生의 2011년도 身數局

```
時 日 月 年
 8 10 8 8
辛 癸 辛 辛    34÷9                    7
             = ----  →  中宮數  ---
酉 未 卯 卯    26÷9                    8
 10 8  4  4
```

―――――――――

陽遁局 春分 上元 3局

時　干：辛

時符頭：癸(甲寅旬中)

巽	巳 冠帶 ❹	離午建祿 ❾	未 帝旺 ❷	坤
辰 沐浴	歲馬 乙 / 己　3/2 正死絕天　死勾天 印門命符　門陳芮	六害 壬 / 丁　8/7 偏驚禍太　驚朱天 印門害乙　門雀柱	空歲 亡華 辛 / 乙　5/10 世 傷生軒　開九天 門氣轅　門地心	申 衰
震卯長生 ❸	歲桃 丁 / 戊　4/1 年月支支 財生遊招　景六天 鬼門魂搖　門合英	❺⑩ 將歲 星亡 庚　7(2)/8(3) 官　青 鬼　龍	空天 亡殺 ❼ 丙 / 壬　10/5 時支 劫景絕太　休九天 財門體陰　門天蓬	兌 酉 病
寅 養 ❽	地殺 己 / 癸　9/6 日干 正杜歸天　杜太天 財門魂乙　門陰輔	❶ 歲日 劫劫 戊 / 丙　6/9 傷開天攝　傷媵天 官門宜提　門蛇沖	囚獄 ❻ 癸 / 辛　年月時/干干干　1/4 食休福咸　生直天 神門德池　門符任	戌 死
艮	丑 胎	坎子胎	亥 墓	乾

◆ 중궁에 官鬼가 動하니 흉사가 예고되는데, 世宮이 旺하니 본인에겐 탈이 없다.

◆ 艮宮 6水 正財가 妻宮이다. 世宮의 兼旺하고 居旺한 10土의 剋을 받아 심히 무력해지고, 다시 杜門, 歸魂이 臨하여 吉하지 못하고, 天·地盤奇儀가 己·癸로 "地刑玄武格(지형현무격)"으로 흉격이다. 地刑玄武格은 病者의 경우 病이 악화돼서 사망에 이른다 했으니 흉하다. 배우자의 유방암이 재발하여 이 해 丑月에 사망한 것이다.

9. 명命이 위태로운 해

◎ 官鬼宮이 太旺하며 動處인데 이를 제압하는 食傷宮이 쇠약한 경우.

◎ 世宮이 太弱하며 墓·絶에 臨하거나, 흉문, 흉괘를 대동했는데 印星宮의 부조가 없는 경우.

◎ 日干宮이 上下 相剋하고 흉격을 띠고 있는 경우.

◎ 太歲宮이 旺하며 흉문, 흉괘를 대동한 世宮을 심히 破剋하는 경우.

◎ 중궁의 官鬼가 旺動하여 太弱한 日辰宮을 심히 剋하는 경우.

◎ 身數局에서 男命은 正財宮이 火金相爭하고, 女命은 正官宮이 火金相爭하면 배우자에게 흉액이 있게 된다.

◎ 子孫數(食·傷)가 兼旺하거나, 中宮의 食傷이 旺하여 官鬼를 剋하면 이혼하거나 남편을 잃게 된다.

◎ 兄弟數(比劫)가 財를 剋하는 경우 처에게 해롭다.

◎ 世宮과 財星宮, 官鬼宮의 생화극제를 논하여 배우자의 길흉을 판단한다.

◎ 原命의 부부궁이 길하면 상기 사항에서 예외가 있을 수 있다.

(예1) 女命. 음력 1979년 2월 29일 申時生

```
時 日 月 年
7  10 4 6
庚 癸 丁 己      27÷9                 9
          =   ----  →  中宮數   ---
申 巳 卯 未      27÷9                 9
9  6  4  8
```

陽遁局 春分 下元 6局
時 干：庚
時符頭：癸(甲寅旬中)

巽	巳 病	離 午 死	未 墓	坤
辰衰	❹ 亡玄日　　1~3세 身武劫　　46~50세 戊　5　世 日 丙　3　　 支 傷福招　開太天 門德搖　門陰心	❾ 空將太　　31~38세 亡星陰　　72~75세 壬　10 辛　8 劫杜歸天　休六天 財門魂乙　門合蓬	❷ 空年白　　43~43세 亡殺虎　　57~63세 庚 日　7　年時 癸 干　1　支支 正開遊攝　生勾天 印門魂提　門陳任	申胞
震卯帝旺	❸ 驛貴　　44~45세 馬人　　51~56세 己 月　6　月 丁 干　2　支 食驚生軒　驚螣天 神門氣轅　門蛇柱	❺⑩ 劫災六勾　　4~12세 殺殺合陳　　82~90세 　　9 (4) 乙　9 (4) 官　　天 鬼　　符	❼ 地天　　18~23세 殺空　　77~78세 丁 年　2 己 干　6 偏生天咸　傷朱天 印門宜池　門雀沖	兌酉胎
寅建祿	❽ 六螣　　24~30세 害蛇　　76~76세 癸 時　1 庚 干　7 傷休禍太　死直天 官門害陰　門符芮	❶ 月華朱太　　39~42세 殺蓋雀常　　64~71세 辛　8 壬　10 正景絕太　景九天 財門體乙　門天英	❻ 天攀天天　　13~17세 殺鞍空后　　79~81세 丙　3 戊　5 財死絕青　杜九天 鬼門命龍　門地輔	戌養
艮	丑 冠帶	坎 子 沐浴	亥 長生	乾

◆ 중궁의 官鬼가 상하 9·9로 太白殺을 대동하고, 또한 태을구성의 天符를 대동하고, 다시 居生되어 太旺하니 흉조는 이미 예상된다. 食傷宮이 上下 相爭하고 旺하지 못하니 官鬼의 난동을 제압할 수 없는 것이다.

◆ 壽命은 일진궁의 旺衰 여부와 印星宮을 위주로 논하는데 그 중 正印宮에 비중을 두고 판단한다. 坤宮 正印宮은 年支와 日支가 臨하였는데, 上下가 水火相爭하여 지반1水가 손상되고 다시 居剋되니 正印이 太弱하게 되어 長壽者의 命

은 아닌 것이다.

　　또한 坤宮의 지반1水 正印은 空亡地이고 다시 墓·絕地에 해당되며 白虎殺과 年殺을 대동하니 天命에 나타나는 흉조를 피할 방법이 없는 것이다.

◆ 중궁의 上下가 9·9 庚金이 兼旺하고 居生되어 太旺하다. 太旺한 庚金이 世宮의 지반 3水 甲木을 심히 극하는데, 坤宮의 正印은 비록 동했으나 上下가 火水相爭하고 居剋되어 심히 무력하니 世宮을 扶助해줄 여력이 없는 것이다.

◆ 格局은 천반이 庚儀이고 지반이 癸儀이며 日干에 해당하니 "返吟局"이면서 凶格인 "日格"에 해당한다. 역시 正印宮이 길하지 못한 것이다.

◆ 상기 사항들을 종합해보면 단명수가 들어오는 것이다. 行年이나 太歲가 墓·絕宮에 落宮하는 경우에도 흉액이 예상되는데, 太歲 2016년 丙申年 38세가 坤宮 落宮이니 이때 췌장암으로 사망한 것이다.

〈2016년 身數局〉

상기 女命. 음력. 1979년 2월 29일 申時生의 2016년 丙申年 身數局

```
時  日  月  年
 7   5   9   3
庚  戊  壬  丙        24÷9                  6
                 =   ────   中宮數   ───
申  午  辰  申        30÷9                  3
 9   7   5   9

──────────
```

陽遁局 淸明 中元 1局

時　干 : 庚

時符頭 : 癸(甲寅旬中)

巽	巳 建祿 ❹	離午帝旺 ❾	未 衰 ❷	坤
辰冠帶	羊刃 災殺 戊 辛　2／7　月支 劫財 生門 絕體 青龍　休 膡 天門 蛇蓬	劫殺 丙 乙　7／2　世 傷門 生氣 攝提　生門 太陰 天任	月殺 華蓋 庚 己　4／5　年支 時支 食神 驚門 禍害 招搖　傷門 六合 天沖	申病
震卯沐浴	❸ 歲亡 癸 庚　3／6　時干 官鬼 死門 歸魂 天符　開門 直符 天心	❺ ⑩ 鬼門 驛馬 六害 壬　6(1)／3(8)　年干 偏印　咸池	❼ 天殺 攀鞍 辛 丁　9／10 傷官 休門 絕命 天乙　杜門 勾陳 天輔	兌酉死
寅長生	❽ 將星 空亡 丁 丙　8／1　年干 正官 開門 遊魂 太乙　驚門 九天 天柱	❶ 歲空 桃亡 己 戊　5／4　日干 正財 杜門 福德 軒轅　死門 九地 天芮	❻ 地殺 乙 癸　10／9 財鬼 景門 天宜 太陰　景門 朱雀 天英	戌墓
艮	丑養	坎子胎	亥胞	乾

◆ 중궁의 正印이 은복되었고 偏印이 출현했으니 사고, 질병과 연관된 수술건이 예상된다.

◆ 乾宮의 9金 財鬼가 受生되고 居旺하여 太旺한데, 震宮의 衰한 6水를 생하니 官鬼宮은 약변강이 되었다. 官鬼宮은 返吟格으로 흉한데 다시 중궁의 咸池殺을 대동한 3木 偏印을 생하여 偏印이 旺해지니 흉액이 당도한 것이다.

◆ 38세 行年이 震宮 6水 官鬼에 낙궁하여 동하고, 世宮 2火와 水火相爭하니 命을 보존하기 힘들었던 것이다.

(예2) 女命. 음력. 1954년 8월 4일 寅時生의 2011년 辛卯年 身數局

```
時 日 月 年
3 6 3 8
丙 己 丙 辛        20÷9              2
            =    ----   中宮數  ---
寅 未 申 卯        24÷9              6
3 8 9 4
```

陰遁局 處暑 下元 7局
時 干 : 丙
時符頭 : 戊(甲子旬中)

巽	巳 沐浴	離 午 長生	未 養	坤
辰 冠 帶	❹ 歲 華 癸 年　8 辛 干　10 財死禍咸　景朕天 鬼門害池　門蛇芮	❾ 天 殺 戊 月時　3 丙 干干　5 正景絕攝　死直天 財門命提　門符柱	❷ 將 星 己　10 世 癸　8　月支 休絕天　驚九天 門體乙　門天心	申 胎
震 卯 建 祿	❸ 歲 劫 丙　9 年 壬　9 支 正生天太　杜太天 官門宜陰　門陰英	❺⑩ 地 殺 　　2 庚　6 正　青 印　龍	❼ 歲 日 亡 亡 丁　5 戊　3 劫驚生招　開九天 財門氣搖　門地蓬	兌 酉 胞
寅 帝 旺	❽ 空 囚 亡 獄 辛　4 時 乙　4 支 官開福軒　傷六天 鬼門德轅　門合輔	❶ 空 六 亡 害 壬　1 丁　7 食杜遊太　生白天 神門魂乙　門虎沖	❻ 歲 馬 乙 日　6 己 干　2 傷傷歸天　休玄天 官門魂符　門武任	戌 墓
艮	丑 衰	坎 子 病	亥 死	乾

* 艮宮 官鬼宮의 空亡은, 時支에 해당하여 動處이니 脫 空亡된 것이다. 官鬼가 兼旺하고 居生되어 太旺한데, 중궁의 지반수 6數를 생한다 하나, 중궁은 상하 상극하고 궁의 剋을 받으니 官鬼宮의 太旺한 氣를 洩(설)시킴이 태부족이다. 또한 世宮도 상하 상극하고 居囚되어 태약한데, 旺動한 官鬼의 剋을 심히 받으니 위태로운 것이다.
* 太歲가 辛卯라 卯宮 年支宮에 낙궁하며, 9·9 太白殺을 대동하여 世宮 지반수 8木을 극함이 심하니 命을 보존하기가 힘든 것이다.

10. 임신되는 해

◎ 身數局에서 子孫數(食·傷)에 生氣나 生門이 臨하면 임신하게 된다.
◎ 子孫宮(食傷宮)이나, 時支宮이나, 時干宮에 生門, 生氣, 靑龍이 臨하면 임신 가능성이 높다.
◎ 坎宮은 신장, 방광, 허리, 생식기 등이니 역시 生門, 生氣, 靑龍이 臨하면 임신 가능성이 높다.
◎ 子孫宮(食傷宮)이 兼旺하여도 아기 갖기 쉽다.
◎ 잉태는 生門, 生氣, 靑龍이 臨한 月이다.
◎ 子孫宮(食傷宮)에 生門, 生氣, 靑龍이 臨해도 太白殺, 丙庚殺 등 흉살이 臨하면 유산되기 쉽다.
◎ 男命의 경우는 妻財數(財星)에 生門, 生氣, 靑龍 등이 臨하면 그 妻가 임신하기 쉽다.
◎ 身數局을 판단함에 앞서 原命을 살펴서 자식의 유무를 먼저 판단해야 한다.

예) 女命. 음력. 1988. 7. 25일. 巳時生의 2017년 丁酉年 身數局

```
時 日 月 年
8  2  6  4
辛 乙 己 丁      20÷9              2
            =  ----  中宮數  ---
巳 巳 酉 酉      32÷9              5
6  6  10 10
```

陰遁局 白露 下元 6局
時　干：辛
時符頭：己(甲戌旬中)

巽	巳病 4월 ❹	離午衰 5월 ❾	未帝旺 6월 ❷	坤
辰 死 3월	官歲日怨 劫亡亡嗔 乙 — 8 庚 — 9 世 時支 傷歸軒　傷九天 門魂轅　門天柱	將 星 戊 — 3 丁 — 4 年干 劫生福咸　杜九天 財門德池　門地心	歲日怨 桃桃嗔 癸 — 10 壬 — 7 正死天天　景玄天 官門宜符　門武蓬	申 建祿 7월
震 卯 墓 2월	空囚 亡獄 壬 時 — 9 辛 干 — 8 ❸ 正驚絕招　生直天 財門體搖　門符芮	天 殺 己 — 2 — 5 ❺ ⑩ 偏　　攝 印　　提	地 殺 丙 日 — 5 年月 乙 干 — 2 支地 ❼ 官杜遊天　死白天 鬼門魂乙　門虎任	兌 酉 冠帶 8월
寅 胞 1월	歲歲空 劫華亡 丁 — 4 丙 — 3 ❽ 財景絕太　休臕天 鬼門命陰　門蛇英	歲 馬 庚 — 1 癸 — 6 ❶ 食休生青　開太天 神門氣龍　門陰輔	鬼六 門害 辛 — 6 戊 — 1 ❻ 傷開禍太　驚六天 官門害乙　門合沖	戌 沐浴 9월
艮	丑胎 12월	坎子養 11월	亥長生 10월	乾

- 坎1宮 食神宮이 兼旺하고 居旺하며, 乾6宮 傷官宮은 兼旺하고 居生되니 子孫宮이 모두 旺한 것이다. 아울러 食傷宮에 休門, 生門, 生氣, 靑龍이 동궁했으니 임신한 것이다.

- 生門이 臨한 5월달에 잉태가 된 것이다.

- 世宮에 亡身殺이 동궁이고, 太歲가 兌宮인데 日干이 臨했고, 다시 官鬼를 대

동하니 제왕절개수술의 염려가 있다.

11. 제왕절개 출산

◎ 食傷宮이 羊刃殺을 대동하면 제왕절개로 출산하기 쉽다.

◎ 食傷宮이 空亡地에 臨하거나 亡身殺을 대동하며 4·9金이 旺해도 제왕절개로 출산하기 쉽다.

◎ 生門, 生氣, 靑龍이 食傷宮이나 時支, 時干, 世宮에 있으면 임신과 출산이 수월하다. 그러나 日干이나 行年에 官鬼가 臨하면 산모의 건강이 나빠지고, 제왕절개로 출산하게 되는 것이다.

◎ 世나 日干이 絶命이나 死門에 臨하는 경우도 제왕절개 수술을 한다.

◎ 官鬼가 兼旺해도 수술 받기 쉽다.

◎ 世나 日干이 居墓, 乘墓 되어도 제왕절개로 애를 낳기 쉽다.

◎ 太歲나 行年이 空亡地에 낙궁하거나 太白殺이나 羊刃殺에 臨해도 제왕절개 수술하기 쉽다.


```
(女命)

時 日 月 年
 5  5 10  1
戊 戊 癸 甲        21÷9                3
             =   ----   中宮數   ---
午 寅 酉 寅        23÷9                5
 7  3 10  3
----------
陰遁局 秋分 下元 4局
時  干 : 戊
時符頭 : 癸
```

巽	巳 長生	離 午 養	未 胎	坤
辰 沐浴	❹ 歲馬 12~20세 66~74세 癸 日干 9 / 戊 干 9 時干 官鬼 杜門 歸魂 軒轅　生門 直符 天任	❾ 六害 42~45세 51~54세 己 4 時 / 壬 4 支 正官 傷門 福德 咸池　傷門 九天 天沖	❷ 將星 羊刃 29~35세 57~57세 戊 1 / 庚 7 傷官 驚門 天宜 天符　杜門 九地 天輔	申 胞
震 卯 冠帶	❸ 歲桃 21~28세 58~65세 辛 10 / 己 8 劫財 開門 絶體 招搖　休門 螣蛇 天蓬	❺ ⑩ 月殺 歲華 7~11세 75~77세 3 / 乙 5 財鬼 攝提	❼ 官歲日 劫亡亡 4~5세 85~90세 壬 6 月 / 丁 2 支 食神 景門 遊魂 天乙　景門 玄武 天英	兌 酉 墓
寅 建祿	❽ 地殺 1~3세 46~50세 丙 年干 5 世 / 癸 年支 3 月干 死門 絶命 太陰　開門 太陰 天心	❶ 歲劫 36~41세 55~56세 丁 2 年 / 辛 6 支 偏印 生門 生氣 青龍　驚門 六合 天柱	❻ 囚獄 6~6세 78~84세 庚 7 / 丙 1 正印 休門 禍害 太乙　死門 白虎 天芮	戌 死
艮	丑 帝旺	坎 子 衰	亥 病	乾

◆ 子孫宮인 食傷宮이 亡身殺과 羊刃殺을 대동하고, 世宮이 死門과 絶命宮에 臨하니 제왕절개로 출산한 것이다.

12. 순산順産의 유무有無

⊙ 子孫宮에 生門, 生氣, 靑龍이 臨하면 잉태나 출산이 수월하다.

⊙ 時干과 時支에 生門, 生氣, 靑龍이 있어도 胎産(태산)이 순조롭다.

⊙ 官鬼가 日干이나 行年宮에 臨하지 않으면 胎産(태산)이 순조롭다.

⊙ 日干이나 世가 月令이나 居宮에서 入墓(입묘)되지 않아도 순산이다.

⊙ 日干이나 行年이 官鬼에 닿으면 胎産(태산)이 순조롭지 못한데, 다른 宮에서 길함
  이 있으면 胎産(태산)의 흉조가 사라진다.

13. 관재官災있는 해

⊙ 日辰宮이 衰하고 食傷宮도 無力한데 財鬼와 官鬼가 旺하고 動한 경우.
⊙ 中宮이 偏印인데 官鬼가 旺動하여 中宮 偏印을 生하는 경우.
⊙ 日干이나 行年이 官鬼宮에 닿으면 官災가 생기거나 訟事가 있게 된다.
⊙ 中宮과 年支宮, 中宮과 月支宮이 火金相戰하면 官災가 발생하는 경우가 많다.
⊙ 世나 日干이 앉은자리에 入墓하면 官災數가 있다.
⊙ 庚·丙이 年支나 月支의 천·지반에 자리하면 상하 丙庚殺이 되니 官災數가 있다.
⊙ 平生局에서 日辰宮이 衰한데 中宮에 官鬼가 臨하거나, 身數局에서 중궁이 官鬼
  이고 다시 行年이나 太歲 낙궁처의 오행이 官鬼를 生하는 경우 官災가 발생할
  확률이 높다.
⊙ 三刑殺이 四辰宮에서 對沖宮이 되면 역시 官災數가 있다.
⊙ 日辰宮에 飛符殺(비부살)이나 羊刃殺(양인살)이 臨하고 太歲에서 刑沖하는 경우에
  도 官災數가 있다.
⊙ 1.8數(子·卯)가 中宮과 年支宮, 月支宮, 行年宮, 日干宮에서 同宮하면 官災數가
  틀림없이 생긴다.
⊙ 世宮의 天盤에 官鬼가 있어도 官災數가 있다.

    예) 男命. 음력. 1958년 10월 14일 酉時生의 2015년 乙未年 身數局

    時 日 月 年
    2 2 4 2
    乙 乙 丁 乙   10÷9   1
              =   ----   中宮數   ---
    酉 巳 亥 未   36÷9   9
    10 6 12 8

陰遁局 小雪 下元 2局
時 干:乙
時符頭:庚(甲申旬中)

巽	巳 長生 4월	離午養 5월	未 胎 6월	坤
辰沐浴 3월	❹ 歳日 劫劫 戊 丙　7/3 世 傷福軒　驚九天 門德轅　門天芮	❾ 將星 壬　2 庚　8 劫生歸咸　開九天 財門魂池　門地柱	❷ 華天 桃馬 癸　9 年 戊　1 支 正死遊天　休玄天 印門魂符　門武心	申胎 7월
震卯冠帶 2월	❸ 空歳 亡馬 庚 年日時 8 乙 干干干 2 食驚生招　死直天 神門氣搖　門符英	❺⑩ 歳劫 丁　1 월 / 9 干 官　攝 鬼　提	❼ 地殺 己　4 時 壬　6 支 偏杜天天　生白天 印門宜乙　門虎蓬	兌酉墓 8월
寅建祿 1월	❽ 空六 亡害 丙　3 辛　7 傷景禍太　景螣天 官門害陰　門蛇輔	❶ 月歳 殺華 乙　10 己　10 正休絕青　杜太天 財門體龍　門陰沖	❻ 天攀 殺鞍 辛　5 월 癸　5 支 財開絕太　傷六天 鬼門命乙　門合任	戌死 9월
艮	丑帝旺 12월	坎子衰 11월	亥病 10월	乾

◆ 中宮의 官鬼가 攝提를 대동하고 宮의 生을 받으니 旺하여 凶事가 예고되는 해이다. 또한 乾宮의 財鬼가 5·5 天罡殺(천강살)을 대동하여 中宮의 官鬼를 생하고, 中宮의 官鬼는, 兌宮의 居生되고 受生된 6水 偏印을 生하니 문서로 인한 흉액이 발동하는 것이다. 偏印이 旺하면 흉사를 동반한 계약 관계로 논하면 틀림없다.

◆ 兌宮의 天·地盤奇儀 己壬은 返吟濁水(반음탁수)와 地羅高張(지라고장)格이다.

흉격인 것이다. 건축공사와 연관하여 서류위조가 발각되어 죄를 짓고 감옥에
간 것이다.

◆ 兌宮은 58세 行年의 낙궁처이다. 行年이 凶格에 낙궁하니 凶禍를 벗어날 수
없으나, 日辰宮이 居旺하고, 震宮의 日干, 時干, 年干이 비록 太白逢星(태백봉
성)의 凶格에 임했으나 空亡地라 大禍(대화)는 면한 것이다. 行年 낙궁의 酉金
月에 구속된 것이다.

14. 이사운移徙運이 있는 해

◎ 身數局에서 印星宮이 動하고 太歲宮 지반이 日辰宮 지반을 沖하면 이사운이 있다.
◎ 身數局에서 중궁이 印星이고 太歲가 日辰宮에 낙궁시에도 이사운이 있다.
◎ 身數局에서 行年과 太歲가 四辰에 해당하고 다시 太歲가 日干宮이나 印星宮에
  낙궁시에도 이사운이 있다.
◎ 身數局에서 太歲가 印星宮에 落宮하고, 日辰宮에 十二神殺의 地殺이 臨한 경우
  에도 이사운이 있다.
◎ 身數局에서 中宮에 太乙九星의 軒轅이 있으면 사무실을 이사한다.
◎ 中宮에 역마살이 있으면 이사하게 되는데, 특히 年支를 기준한 역마 즉 年馬(歲
  馬)일 때 확실하게 이사한다.
◎ 年支宮(歲支宮)에 軒轅이나 역마가 있어도 이사한다.
◎ 天馬가 中宮이나, 年支宮, 月支宮, 日干宮에 들어도 이사한다.
◎ 行年宮에 軒轅, 歲馬 혹은 天馬가 들어도 이사한다.
◎ 兼旺數가 역마살이 되면 쌍역마라 하는데, 필히 이동, 이사한다.
◎ 남편 身數局에는 軒轅이나 역마살이 動했는데, 부인의 身數局에는 軒轅, 역마살
  이 動하지 않았다면 남편은 이사할 뜻이 있고, 부인은 반대하는 것이다. 반대의
  경우는 바꾸어서 생각하면 된다.
◎ 印星宮이 兼旺하면 새집(신축가옥)으로 이사한다.

예) 女命. 음력. 1958년 9월 15일 戌時生의 2018년 戊戌年 身數局

```
時 日 月 年
9 5 9 5
壬 戊 壬 戊     28÷9              1
         =  ----  中宮數  ---
戊 子 戊 戌     34÷9              7
11 1 11 11
```

陰遁局 霜降 中元 8局

時　干：壬

時符頭：癸(甲寅旬中)

巽	巳 沐浴 ④	離 午 長生 ⑨	未 養 ②	坤
辰 冠帶	囚獄 癸 月時　7 壬 干干　1 偏開遊攝　傷直天 印門魂提　門符沖	空 歲 日 亡 劫 亡 壬　　　2 乙　　　6 正驚天青　杜九天 印門宜:龍　門天輔	歲 空 馬 亡 乙　　　9 丁　　　9 正傷福招　景九天 官門德搖　門地英	申 胎
震 卯 建祿	③ 天殺 戊　　8 癸　　10 財杜絕軒　生螣天 鬼門命轅　門蛇任	⑤⑩ 將星 　　　1 辛　　　7 食　太 神　乙	⑦ 六害 丁　　4 己　　4 官休歸太　死玄天 鬼門魂陰　門武芮	兌 酉 胞
寅 帝旺	⑧ 天歲月 馬華殺 丙 年日　3 戊 干干　5 正生絕咸　休太天 財門體池　門陰蓬	❶ 歲桃 庚　　　10 丙　　　8　世 死禍天　開六天 門害符　門合心	⑥ 日歲 馬華 己　　　5 年月時 庚　　　3 支支支 劫景生天　驚白天 財門氣乙　門虎柱	戌 墓
艮	丑 衰	坎 子 病	亥 死	乾

446 [이론편] 실전 奇門遁甲

- ♦ 乾宮에 年支, 月支 時支가 낙궁하고 日支 기준하여 역마살이 動했으니 이 해에 반드시 이사운이 있다.
- ♦ 艮宮에 年干, 日干이 낙궁하고 天馬를 대동하니 1月에 이사한 것이다.

15. 건물의 축조築造, 수리修理 건件

- ◎ 身數局에서 父母數(印星)가 兼旺할 때 발생한다.
- ◎ 5.10土가 兼旺한 해에도 가옥이나, 건물을 신축이나 개축하기 쉽고, 조상의 묘소를 고치거나 이장하게 된다.
- ◎ 世宮의 天盤에 父母數(印星)가 있어도 동일하게 해석한다.
- ◎ 3.8木이 兼旺해도 신축, 개축하는 경우가 많다.
- ◎ 原命의 길흉을 역시 겸해서 판단해야 한다.

16. 도난盜難이 있을 해

- ◎ 天蓬이나 玄武가 도적이니 日干이나 世宮에 임하면 도난이 있게 된다.
- ◎ 行年, 中宮, 年支宮, 月支宮에 天蓬이나 玄武가 임해도 도난이 있게 된다.
- ◎ 1.6水가 官鬼가 되어도 반드시 도둑이 따른다.
- ◎ 兄弟數가 兼旺되면 큰 손해다.
- ◎ 官鬼數가 旺하면 도둑보다 강도 등을 만나 상해를 입는다.

17. 수재水災를 당하는 해

- ◎ 呑陷殺(탄함살)이나 浮沈殺(부침살)이 行年이나 日干, 世宮 등에 있으면 水災를 겪거나 또는 溺死(익사)하게 된다.
- ◎ 落井關殺이 行年, 日干, 世宮에 臨해도 水厄이 있게 된다. 官鬼가 같이 태동하면 水厄이 크다.

◉ 溺死(익사) 건은 原命의 壽命의 장단과 길흉을 같이 보아야 한다.

日支	子	丑	寅	卯	辰	巳	午	未	申	酉	戌	亥
吞陷殺	戌 5	寅 3	丑 10	戌 5	辰 5	卯 8	寅 3	寅 3	戌 5	戌 5	寅 3	寅 3
浮沈殺	戌 5	酉 4	申 9	未 10	午 7	巳 2	辰 5	卯 8	寅 3	丑 10	子 1	亥 6

日干	甲	乙	丙	丁	戊	己	庚	辛	壬	癸		
落井關殺	巳 2	子 1	申 9	戌 5	卯 8	巳 2	子 1	申 9	戌 5	卯 8		

18. 화재火災를 당하는 해

◉ 중궁의 兼旺한 2·7火가 離9宮 太歲 낙궁처의 3·8木의 생조를 받는 경우.

◉ 太歲가 熒惑殺(형혹살)에 臨하거나, 太歲가 離9宮에 낙궁하여 지반수 2·7火가 旺한 경우.

◉ 湯火殺(탕화살) 또는 螣蛇가 中宮, 年支宮, 行年, 日干 등에 있으면 그 해에는 화재가 발생하기 쉽다.

◉ 湯火殺(탕화살)이나 螣蛇가 官鬼宮이나 兄弟宮에 臨해도 화재의 위험성이 높다.

◉ 身數局이 길격이면 火災가 작고, 흉격이면 대형화재다.

◉ 화재나 인명피해로 인한 官災口舌 건은 앞장의 관재편과 관귀궁의 길흉여부와 기타 身數局의 吉格, 凶格 여부를 겸해서 판단해야 한다.

◉ 화재로 자신이나 가족이 사망하는 것은 原命의 길흉을 참고해야 한다.

月支	子	丑	寅	卯	辰	巳	午	未	申	酉	戌	亥
湯火殺	寅 3		巳.申 2.9		午 7		辰.午.丑 5.7.10		丑 10		午.未.戌 7.10.5	

19. 부동산이 매매되는 시기

◎ 중궁의 正印이 旺相하고, 太歲나 行年이 日辰宮이나 日干宮에 낙궁하는 경우.

◎ 太歲宮의 正印이 12天將이나 直符八將의 六合을 대동하고 日辰宮이 길문, 길괘를 득한 경우.

◎ 太乙九星의 太乙이나 天乙이 臨하고 있는 月에서 문서계약이 이루어진다.

◎ 日干을 기준한 天乙貴人이 있는 月에서도 賣買가 이루어진다.

◎ 印星宮이 兼旺되고 吉門, 吉卦가 臨하면 그 宮의 月에서도 계약이 이루어질 확률이 높다.

◎ 八門神將의 景門이나, 天蓬九星 중 天英星이 있는 宮에 吉星이 모여 있으면 문서계약이 이루어진다.

20. 사고 발생 시기

◎ 中宮에 偏印이고 太歲가 官鬼宮에 臨하여 偏印을 生하는 경우.

◎ 中宮에 官鬼이고 財鬼宮이 動하여 官鬼를 生하는데 食傷이나 日辰宮이 무력한 경우.

◎ 行年이나 太歲가 공히 官鬼宮에 臨하고 凶門, 凶卦를 得한 경우.

◎ 雙九나 雙庚이 있는 月에 사고가 나기 쉽다.

◎ 천·지반수 上下가 7·9로 이루어져 上下相戰하거나 上下가 丙庚이 있거나 丙庚殺이 되어도 사고가 일어난다.

◎ 中宮의 천·지반수가 5.5나 7.7 혹은 9.9로 이루어져 偏印, 財鬼, 官鬼가 될시 사고 위험성이 높다.

◎ 絕命이나 死門이 있는 月에도 사고가 일어난다.

◎ 天盤과 地盤이 서로 三刑이 되어도 사고의 가능성이 높다.

◎ 상기의 예에서 2~3개가 중복되면 그 확률이 높아진다.

예) 男命. 음력. 1947년 2월 23일 丑時生의 2017년 丁酉年 身數局.

```
時  日  月  年
6   3  10   4
己  丙  癸  丁      23÷9              5
                =  ----  中宮數  ---
丑  午  卯  酉      23÷9              5
2   7   4  10
```

陽遁局 驚蟄節 下元 4局

時 干 : 己

時符頭 : 庚(甲申旬中)

巽	巳 養	離 午 長生	未 沐浴	坤
辰 胎	❹ 歲 亡 己　　1 戊　　9 劫死歸天　死九天 財門魂乙　門地芮	❾ 將 星 辛 月　6 癸 干　4 世 驚福天　驚九天 門德符　門天柱	❷ 歲 羊 弔 桃 刃 客 庚 日　3 丙 干　7 官傷天咸　開直天 鬼門宜池　門符心	申 冠 帶
震 卯 胞	❸ 囚 空 獄 亡 癸　　2 月 乙　　8 支 財生絕太　景朱天 鬼門體陰　門雀英	❺ ⑩ 天 殺 時　　5 己 干　5 正　　太 印　　乙	❼ 地 殺 丁　　8 年 辛　　2 支 正景遊軒　休膡天 官門魂轅　門蛇蓬	兌 酉 建 祿
寅 墓	❽ 歲 空 劫 亡 戊　　7 時 壬　　3 支 正杜絕招　杜勾天 財門命搖　門陳輔	❶ 歲 馬 乙 年　4 丁 干　6 傷開生青　傷六天 官門氣龍　門合沖	❻ 六 害 壬　　9 庚　　1 食休禍攝　生太天 神門害提　門陰任	戌 帝 旺
艮	丑 養	坎 子 死	亥 衰	乾

- ◆ 坤宮 官鬼宮의 상하 奇儀가 丙庚殺이 되고, 흉살인 桃花殺과 弔客殺을 대동하는데 다시 칼날을 상징하는 羊刃殺을 대동하니 매우 흉하다.
- ◆ 중궁 正印은 상하가 5.5로 天罡殺(천강살)을 대동하니 偏印으로 바뀐 것이고 매우 흉하다. 사고, 질병으로 인한 수술 건이 예상되는 것이다.
- ◆ 6월 未土月에 전원주택을 개축하는 중 전동톱에 의해 왼손 약지가 절단되는 불상사가 발생한 것이다.

21. 자식에게 흉액이 있는 경우

- ◎ 중궁의 지반수가 年支宮의 食傷을 극하면 자식에게 흉화가 닥칠 수 있다.
- ◎ 食傷宮에 死門, 絶命이 臨하면 자식이 短命하는 경우가 많다.
- ◎ 食傷宮이 태약하고 休門과 동궁이면 자식과의 연이 적거나 자식을 잃는 경우가 많다.
- ◎ 중궁의 官鬼가 旺한 財星의 生을 받아 旺動한데 쇠약한 食傷宮과 심히 상극되는 경우.
- ◎ 行年, 太歲가 공히 凶門, 凶卦에 낙궁하여 食傷宮을 剋하는 경우.
- ◎ 時干宮이 凶格이고 凶門, 凶卦를 대동했거나, 時支宮이 상하 상극하고 凶門, 凶卦를 대동한 경우.
- ◎ 食傷宮이 空亡地이거나 羊刃殺과 동궁하고 다시 凶殺을 대동한 경우.
- ◎ 食傷이나 時干, 時支가 墓·絶地에 臨하고 凶殺을 대동한 경우.
- ◎ 食傷宮이 태약한데 四辰宮과 三刑殺을 띠고 凶格을 이룬 경우.
- ◎ 食傷宮이 쇠약한데 旺한 對沖宮에 심히 受剋된 경우.

```
〈男命〉

時  日  月  年
5   4   8   5
戊  丁  辛  戊        22÷9              4
                =   ————   中宮數   ———
申  未  酉  戌        38÷9              2
9   8   10  11
```

陰遁局 秋分 下元4局

時 干 : 戊

時符頭 : 壬(甲辰旬中)

巽　　巳 死	離午病	未　衰　坤
❹	❾	❷
歲　　　　35~40세 劫　　　　49~57세	災　　　　8~8세 殺　　　　83~87세	日　　　　1~4세 華　　　　46~47세
辰墓　壬 年 時　10 　　　戊 干 干　6	庚　　5 壬　　1	丁　　2　時 庚　　4 世 支
傷生天太　傷直天 官門宜乙　門符英	食休遊天　杜九天 神門魂符　門天芮	景歸軒　景九天 門魂轅　門地柱　申帝旺
❸	❺ ⑩	❼
空月歲　　41~45세 亡殺華　　48~48세	歲　　33~34세 亡　　58~61세	歲　　16~24세 馬　　70~76세
震卯胞　戊　1 　　　己　5	乙　4 　　2	丙日　7　月 丁干　9 支　兌酉建祿
正死禍攝　生螣天 印門害提　門蛇輔	正　　天 官　　乙	劫傷福咸　死玄天 財門德池　門武心
❽	❶	❻
空天攀　　9~15세 亡殺鞍　　77~82세	地　　5~7세 殺　　88~90세	歲　　25~32세 桃　　62~69세
寅胎　己　6 　　　癸　10	癸月　3 辛干　3	辛　8　年 丙　8 支　戌冠帶
偏杜生青　休太天 印門氣龍　門陰沖	正開絕招　開六天 財門命搖　門合任	財驚絕太　驚白天 鬼門體陰　門虎蓬
艮　　丑 養	坎子 長生	亥 沐浴　　　乾

◆ 자손궁은 離宮 食神宮과 巽宮 傷官宮이다. 食神宮은 受剋되고 居囚되고, 傷官宮도 역시 受剋되고 居衰되어 자손궁이 태약한 것이다. 그리고 乾宮의 兼旺한 財鬼가 중궁 2火 正官을 生하여 1·6水 食傷과 상호 상극되니 食傷宮이 손상되어 자식의 命이 보존키 어려워진 것이다.

◆ 時干이 墓宮에 낙궁하고, 食傷宮이 災殺과 劫殺의 흉살을 대동하니 長壽者의 命은 아닌 것이다.

◆ 坎宮과 乾宮의 財星宮은 妻宮인데 凶門, 凶卦가 臨했으니 흉하다. 아들을 잃은 충격으로 妻가 우울증에 시달리고 있는 것이다.
◆ 흉액의 발생가능 시기는 太歲가 時干宮에 낙궁하는 49~57세로, 아들이 군대에서 불의의 사고를 당해 사망한 것이다.

22. 질병, 사고로 인한 수술이 많은 경우

◎ 중궁이 偏印이고 世宮이 태약하며 흉문, 흉괘를 대동한 경우.
◎ 중궁 혹은 각 宮의 官鬼가 旺하여 흉살이 중첩된 偏印宮을 생하는데, 食傷宮이 쇠약하여 官鬼를 제압하지 못하는 경우.
◎ 日辰宮 지반수 오행이 申·酉金에 해당하고 흉문, 흉괘를 대동한 경우.
◎ 財鬼와 官鬼가 旺動하고 일진궁을 심히 剋하는 경우.
◎ 日干宮 天盤奇儀가 庚儀이고 흉격을 이루며 흉살을 대동한 경우.
◎ 日干宮이 囚死되고 흉문, 흉격을 대동한 경우.
◎ 天芮星이 宮의 부조를 받아 旺相한데 다시 흉문, 흉격을 대동한 경우.
◎ 天芮星 낙궁처의 天·地盤奇儀가 상하 상극하며 흉격을 이루고 다시 日干宮을 극하는 경우.

〈男命〉

時 日 月 年
1 7 7 4
甲 庚 庚 丁　　19÷9　　　　　　1
　　　　　= 　----　中宮數　---
申 戌 戌 未　　39÷9　　　　　　3
9 11 11 8

陰遁局 霜降 上元5局
時 干 : 甲
時符頭 : 庚(甲申旬中)

巽	巳 病	離 午 衰	未 帝旺	坤
辰 死	❹ 六害　　13~19세 　　　83~89세 己　7 己　7 正官 休門 絕體 咸池　杜門 九天 天輔	❾ 日歲　35~36세 亡馬　58~59세 癸　2 癸　2 官鬼 開門 生氣 攝提　景門 九地 天英	❷ 天殺　26~30세 　　　66~74세 辛　9 年時 辛　5 支支 偏印 杜門 禍害 天乙　死門 玄武 天芮	申 建祿
震 卯 墓	❸ 空日地　20~25세 亡劫殺　75~82세 庚 月日時 8 庚 干干干 6 食神 景門 歸魂 太陰　傷門 直符 天沖	❺ ⑩ 歲　10~12세 亡　90~90세 　1 戊　3 財鬼 青龍	❼ 天歲　38~45세 殺華　51~54세 丙　4 丙　10 正印 生門 絕命 招搖　驚門 白虎 天柱	兌 酉 冠帶
寅 胞	❽ 空歲　37~37세 亡桃　55~57세 丁　3 丁 干 1 傷官 傷門 遊魂 軒轅　生門 螣蛇 天任	❶ 羊囚　31~34세 刃獄　60~65세 壬　10 壬　4 劫財 驚門 福德 太乙　休門 太陰 天蓬	❻ 歲日　1~9세 劫馬　46~50세 乙　5 世 月支 乙　9 死門 天宜 天符　開門 六合 天心	戌 沐浴
艮	丑 胎	坎 子 養	亥 長生	乾

◆ 離9宮 官鬼宮이 兼旺하고 居旺하여 太旺한데, 坤2宮 偏印宮을 생하여 旺動하니 질병, 사고로 인한 수술 건이 다발함이 틀림없다.

◆ 日辰宮 지반수 오행이 申金이고, 상하 奇儀가 伏吟局이며 死門을 대동하니 또한 흉사가 다발할 것임이 불문가지다.

◆ 月干, 日干, 時干 공히 낙궁처의 天盤奇儀가 庚儀이니 수술건이 평생 몸을 떠나지 않을 것이다.

◆ 天芮星은 본시 病星으로 坤2土宮의 土星이다. 坤2宮에 낙궁하여 九星伏吟이되었으니 평생에 걸쳐 질병이 다발하는 것이다. 다만 일진궁이 약하지 않으니단명은 면한 것이다

◆ 상기 명조는 日辰宮이 旺하고 중궁의 財鬼가 靑龍을 대동하여 巽4宮 正官宮을

생하니 財와 연관하여 명예를 얻을 명조이나, 正官宮의 천·지반수가 7·7로 熒惑殺(형혹살)을 대동하니 正官이 손상되었다. 따라서 일류대 경제학과를 나와 경제학 박사학위까지 받았으나 국책은행에 근무하며 높은 직책에 오르지 못한 명조이다.

◆ 坤2宮의 天芮가 死門, 玄武를 대동하니 매우 흉하다. 향후 行年이나, 太歲가 坤宮 낙궁시에는 命을 재촉하지 않을까 염려스럽다.

23. 자식이 없는 경우

◎ 子孫宮(食傷宮)에 死門, 絕命이 동궁이면 자식이 없거나 자식이 단명한다.

◎ 日辰宮이 태약한데, 旺한 官星宮에 심히 受剋되는 경우.

◎ 子孫宮이 태약하고 空亡이나 墓에 臨하고 亡身殺을 대동하는 경우 無子하기 쉽다.

◎ 子孫宮이나 時支宮에 休門이 동궁이면 자식을 얻기 어렵다.

◎ 중궁 지반수가 旺한데 年支宮의 자손을 극하면 자손을 두기 어렵고, 설혹 자손이 있더라도 어려서 이별하는 경우가 있다.

◎ 子孫宮의 지반수가 4金(酉)이고 태약한데, 天盤奇儀가 庚儀이며 伏吟局이 된 경우는 잦은 유산으로 자식을 두기 어렵다.

◎ 子孫宮에 羊刃殺(양인살)이나 落井關殺(낙정관살)이 있고 태을구성의 咸池를 대동하며 日辰宮이 태약한 경우.

◎ 四辰宮에 水氣가 重重한 경우.

◎ 日辰宮과 時支宮에 月殺이나 亡身殺 등이 있으며 흉격이면 자식이 불구(不具)거나 자식이 없는 경우도 있다.

〈男命 예1〉

```
時 日 月 年
 8 9 9 9
辛 壬 壬 壬        35÷9              8
              =   ----  中宮數  ---
亥 午 寅 子        23÷9              5
12 7  3  1
```

陽遁局 雨水 上元 9局

時　干：辛

時符頭：壬(甲辰旬中)

巽　　巳 養	離 午 長生	未 沐浴　坤
❹ 地 日　　26~34세 殺 馬　　69~72세 戊 年月日 4/9 壬 干干干 劫死歸靑　生朕天 財門魂龍　門蛇英	**❾** 歲 鬼　　1~4세 桃 門　　46~54세 庚 9/4 世 戊 驚福攝　傷太天 門德提　門陰芮	**❷** 空 囚　　11~17세 亡 獄　　78~83세 丙 6/7 庚 官 傷天招　杜六天 鬼 門宜搖　門合柱
辰 胎		申 冠 帶
❸ 六　　18~25세 害　　73~77세 壬 時 5/8 辛 干 財生絕天　休直天 鬼門體符　門符輔	**❺⑩** 歲　　35~39세 華　　61~68세 8/5 癸 正　咸 印　池	**❼** 空歲日　41~42세 亡劫亡　58~58세 丁 1/2 丙 正景遊天　景勾天 官門魂乙　門陳心
震 卯 胞		兌 酉 建 祿
❽ 歲　　43~45세 馬　　55~57세 辛 10/3 月 乙 正杜絕太　開九天 財門命乙　門天沖	**❶** 歲 日　5~10세 亡 劫　84~90세 乙 7/6 年 己 支 傷開生軒　驚九天 官門氣轅　門地任	**❻** 羊 將　40~40세 刃 星　59~60세 己 2/1 時 丁 支 食休禍太　死朱天 神門害陰　門雀蓬
寅 墓		戌 帝 旺
艮　　丑 死	坎 子 病	亥 衰　　乾

◆ 중궁 지반수 5土가 居旺하여 旺한데, 坎1宮 年支宮의 6水(亥)를 극하니 자식을 두기 어려운 것이다.

◆ 乾6宮 食神宮은 휴문을 대동하고, 다시 羊刃殺이 臨하고, 坎1宮 傷官宮은 劫殺과 亡身殺을 대동하니 상기에 열거한 바와 같이 역시 자식을 두기 어려운 것이다.

〈남명 예2〉

```
時 日 月 年
5 7 5 2
戊 庚 戊 乙     19÷9              1
         =   ----   中宮數   ---
寅 子 子 卯      9÷9              9
 3 1 1 4
----------
```

陽遁局 冬至 中元 7局
時　干：戊
時符頭：己(甲戌旬中)

巽	巳 冠帶 ❹	離 午 建祿 ❾	未 帝旺 ❷	坤
辰 沐浴	空 歲 日 日　8~10세 亡 亡 華 馬　67~73세 戊　　7 丁　　3 正 開 福 靑　傷 朱 天 官 門 德 龍　門 雀 柱	將　　38~45세 星　　52~53세 乙 日　2 庚 干　8 官 休 歸 攝　杜 九 天 鬼 門 魂 提　門 地 心	歲　　5~5세 桃　　82~90세 辛　　9 壬　　1 財 景 遊 招　景 九 天 鬼 門 魂 搖　門 天 蓬	申 衰
震 卯 長生	❸ 日 歲　6~7세 劫 馬　74~81세 壬　8 年 癸　2 支 正 杜 生 天　生 勾 天 印 門 氣 符　門 陳 芮	❺ ⑩ 歲　11~19세 劫　66~66세 　1 (6) 丙　9 (4) 傷　咸 官　池	❼ 日 地　25~30세 亡 殺　57~60세 己 月 時　4 戊 干 干　6 正 驚 天 天　死 直 天 財 門 宜 乙　門 符 任	兌 酉 病
寅 養	❽ 六　31~37세 害　54~56세 庚　3 時 己　7 支 偏 死 禍 太　休 六 天 印 門 害 乙　門 合 英	❶ 歲　1~4세 華　46~51세 丁　10 月 世 辛　10　支 生 絕 軒　開 太 天 門 體 轅　門 陰 輔	❻ 天　20~24세 殺　61~65세 癸 年　5 乙 干　5 劫 傷 絕 太　驚 螣 天 財 門 命 陰　門 蛇 沖	戌 死
艮	丑 胎	坎 子 胞	亥 墓	乾

◆ 艮8宮 時支宮이 日家八門神將은 死門을 대동하고, 時家八門神將은 休門을 대동하니 자식과의 연이 적다.
◆ 중궁 자식궁에 食神은 은복되었고 傷官이 출현하여 咸池殺과 劫殺을 대동하니 역시 자식과의 연이 적은 것이다.

24. 교통사고 나는 해

⊙ 역마살이나 태을구성의 軒轅이 中宮이나 年支宮에 있고, 官鬼가 日干이나 行年에 同宮이면 교통사고가 난다.

⊙ 역마살이나 軒轅이 中宮이나 年支宮에 있을 때 日干이나 行年에 死門이 있어도 교통사고가 난다.

⊙ 3.8木이 官鬼를 띄어도 교통사고다.

⊙ 日干이나 行年에 官鬼가 臨하면 아프거나 다치는데, 軒轅이나 역마살이 가세하면 교통사고가 난다.

⊙ 死門이 世宮이나 日干에 임해도 사고나기 쉽다.

⊙ 死門, 絶命이 동시에 世宮이나 日干에 임해도 죽을 고비를 넘긴다.

⊙ 중궁과 세궁이 火金相戰일 때 軒轅이나 역마살이 四辰宮에 나타나면 교통사고가 난다.

⊙ 雙九나 雙庚이 日干, 行年에 있을 때 軒轅이나 역마살이 있어도 차사고가 난다.

⊙ 軒轅, 역마살이 중궁에 있어도 官鬼宮에 日干이나 行年이 臨하지 않고, 死門도 없으면 이사나 여행만 하게 된다.

⊙ 原命이 凶하고 신수국에서 위의 여러 항목 중 한두 가지가 들면 사망할 수도 있고, 장애자가 될 수도 있다.

예) 男命. 음력. 1988년 6월 1일 辰時生의 2013년 癸巳年 身數局

時 日 月 年
7 2 6 10
庚 乙 己 癸   25÷9   7
         = ---- 中宮數 ---

辰 亥 未 巳　　　31÷9　　　　　4
　5　12 8 6

陰遁局 小暑 下元 5局
時　干：庚
時符頭：己(甲戌旬中)

巽	巳 帝旺	離午 建祿	未 冠帶	坤
辰衰	❹ 囚 獄 癸 月　3 年時 己 干　8 支支 官景歸青　休九天 鬼門魂龍　門天英	❾ 歲 日 劫 亡 辛 年　8 癸 干　3 正杜福太　生九天 官門德乙　門地芮	❷ 歲 空 怨 馬 亡 嗔 丙　　5 月 辛　　6 支 正開天太　傷玄天 財門宜陰　門武柱	**申沐浴**
震卯病	❸ 歲 桃 己 時　4 庚 干　7 偏休絶咸　開直天 印門體池　門符輔	❺⑩ 官 歲 劫 亡 　　7 (2) 戊　4 (9) 食　　天 神　　符	❼ 日 怨 空 六 桃 嗔 亡 害 乙　　10 丙　　1 財死遊軒　杜白天 鬼門魂轅　門虎心	**兌酉長生**
寅死	❽ 日 地 馬 殺 庚　　9 丁　　2 正驚絶攝　驚螣天 印門命提　門蛇沖	❶ 鬼 歲 門 亡 丁　　6 壬　　5 劫傷生天　死太天 財門氣乙　門陰任	❻ 歲 華 壬 日　1 乙 干　10 世 生禍招　景六天 門害搖　門合蓬	**戌養**
艮	丑 墓	坎子 胞	亥 胎	乾

◆世宮의 지반수 10土는 宮에 洩氣되니 쇠약하다. 반면 巽宮의 官鬼는 천·지반수가 3·8木으로 兼旺하고 居旺되니 太旺하다. 아울러 中宮의 生을 받은 兌宮의 財鬼는 또한 居生되어 旺해져 다시 巽宮의 官鬼를 生하니 官鬼의 난동을 제압할 수 없는 것이다.

◆ 상기에서 설명한 3·8木이 官鬼를 띠어 교통사고가 발생한 경우이다.

◆ 太歲 乙未가 坤宮 낙궁이고, 2013년 26세의 行年 낙궁은 兌宮이다. 行年과 太歲가 공히 財星宮에 낙궁하여 일로 官鬼를 생하니 흉화가 太重할 것이 明若觀火(명약관화)하다.

◆ 世宮에 해당하는 음력9월에 대학원 동료들과 방과 후 술을 마시고 귀가길에 운전하다 횡단보도에서 70대 노인을 치어 사망케 한 것이다.

◆ 巽宮의 官鬼가 太旺한데 囚獄殺을 대동하고, 다시 天·地盤奇儀가 癸·己로 華蓋地戶(화개지호)의 흉격이라 구속된 것이다. 兌宮의 財鬼가 死門을 대동하니, 財鬼는 世宮이 약하면 손실을 동반한 재물로 논하니 합의에 많은 돈이 들었음을 알 수 있는 것이다. 또한 陰遁局이라 離·坤·兌·乾宮이 內卦이고 巽宮은 外卦이다. 世宮이 內卦에 있어 내가 주체가 된 것이고, 官鬼는 外卦에 있으니 내가 잘못하여 남에게 흉액을 끼친 것이다. 다만 世宮이 生門을 대동했으니 합의가 잘 진행되어 4개월 만에 집행유예로 풀려난 것이다.

제6편

기문격국론 奇門格局論

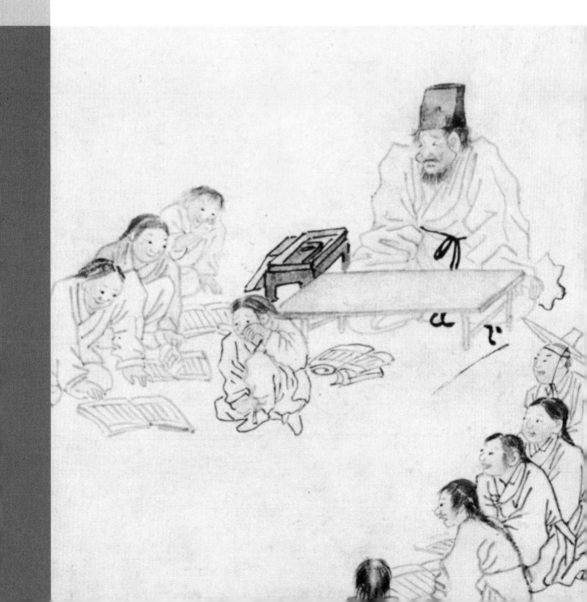

제1장
길격론吉格論

◎ 化殺格은 吉格으로 논한다.

◎ 日辰宮 천·지반이 5.10土로 되어있고, 居旺한 경우.

◎ 日辰이 乘旺, 居旺, 受生하고, 吉門, 吉卦가 同宮하고 吉格을 이룬 경우.

◎ 中宮이 年支宮(歲宮)을 生하고 年支宮이 日辰을 生하는 경우.

◎ 中宮이 日支를 生하는 경우.

◎ 四辰宮에 生門, 生氣, 開門, 福德 등의 吉門, 吉卦가 重重한 경우.

◎ 기타 吉格을 이룬 경우.

1. 삼기지령三奇之靈

◆ 天盤이 三奇(乙·丙·丁)이고 다시 三吉門(開門·休門·生門)이 臨하고, 四喜神 (太陰·六合·九地·九天)이 同宮한 경우.

◆ 萬事亨通(만사형통)하고 百事大吉이다.

2. 삼기득사三奇得使

1) 乙奇得使(을기득사)

◆ 天盤이 乙이고 地盤이 己일 때

◆ 親交(친교), 和睦(화목)의 사안에 길하다.

◆ 정신적인 면과 예술방면에 길하다.

◆ 하나가 열을 당하며 柔로써 强을 이긴다.

(예) 陰遁7局 甲·己日 丙寅時

　　時　干：丙

　　時符頭：戊(甲子旬中)

巽　　　巳	離　午	未　　　坤
❹	❾	❷
辰　癸／辛	戊／丙	己／癸　申
❸	❺	❼
震卯　丙／壬	／庚	丁／戊　兌酉
❽	❶	❻
寅　辛／乙	壬／丁	乙／己　戌
艮　　　丑	坎　子	亥　　　乾

2) 丙奇得使(병기득사)

◆ 天盤이 丙이고 地盤이 戊일 때

◆ 금전 및 求財에 길하다.

◆ 교제에 대한 사안도 길하다.

◆ 용맹하고 꾀도 있으니 매사 성취한다.

(예) 陽遁3局 乙·庚日 庚辰時

　　時　干：庚

　　時符頭：己(甲戌旬中)

巽　　　巳	離　午	未　　　坤
❹	❾	❷
辰　癸／己	戊／丁	己／乙(庚)　申
❸	❺	❼
震卯　丙／戊	／庚	丁／壬　兌酉

| 寅 | 辛 / 癸 ❽ | 壬 / 丙 ❶ | 乙 / 辛 ❻ | 戌 |
| 艮 | 丑 | 坎 子 | 亥 | 乾 |

3) 丁奇得使(정기득사)

- ◆ 天盤이 丁이고 地盤이 壬일 경우
- ◆ 분쟁은 중단해야 한다.
- ◆ 訟事 관계는 공평하게 되고 이롭다.
- ◆ 승진 및 考試(고시)에 길하다.

  (예) 陽遁9局 乙·庚日 乙酉時

  時　干 : 乙

  時符頭 : 庚(甲申旬中)

巽	巳	離 午	未	坤
辰	丁 / 壬 ❹	己 / 戊 ❾	乙 / 庚 ❷	申
震 卯	丙 / 辛 ❸	癸 ❺	辛 / 丙 ❼	兌 酉
寅	庚 / 乙 ❽	戊 / 己 ❶	壬 / 丁 ❻	戌
艮	丑	坎 子	亥	乾

3. 삼기승전三奇昇殿

1) 乙奇昇殿(을기승전)

- ◆ 天盤이 乙이고 震宮에 入할 때.
- ◆ 해가 扶桑(부상)에서 出하니 祿鄕(녹향)에 있다고 한다.
- ◆ 貴人이 廷殿(정전)에 오른 格이라 吉하다.

♦ 만일 地盤에 庚이 있으면 凶사가 완화된다.

(예) 陽遁4局 戊·癸日 甲寅時

　　時　干 : 甲

　　時符頭 : 癸(甲寅旬中)

巽　　　巳	離午	未　　　坤
❹ 辰　戊/戊	❾ 癸/癸	❷ 丙/丙　申
❸ 震卯　乙/乙	❺ ／庚	❼ 辛/辛　兌酉
❽ 寅　壬/壬	❶ 丁/丁	❻ 庚/庚　戌
艮　　　丑	坎子	亥　　　乾

2) 丙奇昇殿(병기승전)

♦ 天盤이 丙이고 離宮에 入할 때.

♦ 貴人이 正殿에 오른 格이라 길하다.

♦ 만일 地盤에 辛이면 凶을 만나도 凶함이 완화된다.

(예) 陽遁2局 戊·癸日 甲寅時

　　時　干 : 甲

　　時符頭 : 癸

巽　　　巳	離午	未　　　坤
❹ 辰　庚/庚	❾ 丙/丙	❷ 戊/戊　申
❸ 震卯　己/己	❺ ／辛	❼ 癸/癸　兌酉
❽ 寅　丁	❶ 乙	❻ 壬　戌

丁	乙	壬	
艮　　丑	坎　子	亥　乾	

3) 丁奇昇殿(정기승전)

◆ 天盤이 丁이고 兌宮에 入할 때.

◆ 丁奇는 西方의 神位라, 貴人이 廷殿(정전)에 오른 格이니 吉하다.

◆ 만일 地盤에 戊가 있으면 凶을 만나도 吉하다.

　　(예) 陽遁1局 甲·己日 戊辰時

　　　　時　干：戊

　　　　時符頭：戊(甲子旬中)

巽　　　巳	離　午	未　　　坤
❹ 辛／辛 （辰）	❾ 乙／乙	❷ 己／己 （申）
❸ 庚／庚 （震卯）	❺ ／壬	❼ 丁／丁 （兌酉）
❽ 丙／丙 （寅）	❶ 戊／戊	❻ 癸／癸 （戌）
艮　　丑	坎　子	亥　乾

4. 청룡반수靑龍返首

⊙ 天盤이 甲이고 地盤이 丙일 때.

⊙ 甲子旬과 甲戌旬이 이에 해당된다.

⊙ 윗사람이 나를 천거하고 점점 발전하고, 百事大吉이다.

　　(예1) 陰遁7局 甲·己日 丙寅時

　　　　時　干：丙

　　　　時符頭：戊(甲子旬中)

巽 巳 ❹ 辰 癸/辛 ｜ 離 午 ❾ 甲(戊)/丙 ｜ 未 ❷ 己/癸 坤 申

震 卯 ❸ 丙/壬 ｜ ❺ —/庚 ｜ ❼ 丁/甲(戊) 兌 酉

艮 寅 ❽ 辛/乙 丑 ｜ 坎 子 ❶ 壬/丁 ｜ ❻ 乙/己 戌 亥 乾

(예2) 陰遁9局 乙·庚日 丙子時

時　干：丙

時符頭：己(甲戌旬中)

巽 巳 ❹ 辰 辛/癸 ｜ 離 午 ❾ 乙/戊 ｜ 未 ❷ 甲(己)/丙 坤 申

震 卯 ❸ 庚/丁 ｜ ❺ 壬 ｜ ❼ 丁/庚 兌 酉

艮 寅 ❽ 丙/甲(己) 丑 ｜ 坎 子 ❶ 戊/乙 ｜ ❻ 癸/辛 戌 亥 乾

5. 비조질혈飛鳥跌穴

◉ 天盤이 丙이고 地盤이 甲일 때

◉ 甲子旬과 甲戌旬이 이에 해당된다.

◉ 하늘이 내린 좋은 기회이다. 수고롭지 않아도 功이 있다.

◉ 謀事(모사)는 大吉이나 身厄(신액)을 조심하라.

    (예) 陰遁1局 甲·己日 辛未時

        時　干：辛

        時符頭：戊(甲子旬中)

巽　　巳 辰	離　午	未　　坤 申
❹ 乙/丁	❾ 辛/己	❷ 壬/乙
震 卯　❸ 己/丙	❺ 癸	❼ 甲(戊)/辛　兌 酉
寅　❽ 丁/庚 艮	❶ 丙/甲(戊)	❻ 庚/壬　戌 乾
艮　　丑	坎 子	亥　　乾

6. 환이懽怡

◉ 天盤이 三奇(乙·丙·丁)이고 地盤이 符首일 경우.

◉ 출행과 오락 등에 길하고, 유유자적하며 세월을 보냄에 이롭고, 百事가 진행이
순탄하고 이롭다.

```
乙奇. 丙奇. 丁奇
－－－
甲
```

7. 상좌相佐

◉ 天盤이 符首이고 地盤이 三奇(乙·丙·丁)이며 直符가 乘한 경우.

◉ 貴人謁見(귀인알현)에 이롭고, 사람을 청하여 바쁜 일을 돕거나, 百事가 大吉하다.

```
甲
－－－      直符
乙奇. 丙奇. 丁奇
```

8. 옥녀수문玉女守門

⊙ 天盤이 丁이며 八門이 直使가 될 때
　甲己時에 丙이 있을 때.
　乙庚時에 辛이 있을 때.
　丙辛時에 乙이 있을 때.
　丁壬時에 己가 있을 때.
　戊癸時에 壬이 있을 때.
⊙ 萬事大吉이고, 흉살이 불침한다.

　(예) 陽遁9局 乙·庚日 辛巳時
　　　時　干 : 辛
　　　時符頭 : 己(甲戌旬中)

巽　　　巳	離　午	未　　　坤
❹ 乙 / 壬 (傷門)	❾ 辛 / 戊 (杜門)	❷ 壬 / 庚 (景門) 申
❸ 己 / 辛 (生門) 震卯	❺ 癸 (　　)	❼ 戊 / 丙 (死門) 兌酉
❽ 丁 / 乙 (休門) 寅	❶ 丙 / 己 (開門)	❻ 庚 / 丁 (驚門) 戌
艮　　丑	坎子	亥　　乾

地盤奇儀 中 時符頭 己가 坎1宮에 있다. 坎1宮의 定位門(直使)은 休門이다. 이곳에서부터 旬首를 세어나가는데 陽遁局이니 순행하면 辛巳時는 艮8宮에 落宮한다. 이곳에 定位門(直使)인 休門을 이거해온다. 천반이 丁이고 直使가 臨하니 옥녀수문격이다.

9. 구둔九遁

1) 天遁(천둔)

⊙ 天盤이 丙이고 地盤이 丁이면서 八門이 生門일 때.

◉ 재물운은 양호하고, 用兵, 隱匿(은익), 獻策(헌책), 攝政(섭정), 祭天行事(제천행사), 隱遁(은둔), 修道(수도), 求道(구도) 등의 百事에 길하다.

2) 人遁(인둔)

◉ 天盤이 丁이고 八門이 休門이면서 直符八將이 太陰이 될 때.
   天盤三奇가 三吉門을 대동하고 六合이 乘한 경우일 때.
   天盤三奇가 生門을 대동하고 太陰이 될 때.
   天盤乙奇가 生門을 대동하고 九地가 될 때.
   天盤이 丁奇이고 地盤이 乙이면서 太陰과 休門이 될 때.
◉ 萬事大吉이다.
◉ 윗사람 알현, 청탁, 사교시에 길하다.
◉ 人事上 분쟁 건의 해결 및 新官의 赴任(부임)시에 이롭다.
◉ 兵事에서 은복 시, 장수를 구할 시, 적병 밀탐 시, 매복 시에 길하다.
◉ 求財, 경영 등에 길하다.

3) 地遁(지둔)

◉ 天盤이 乙이고 地盤이 己이면서 八門이 開門일 때.
◉ 여건 양호, 매사 대길, 葬事, 매복, 가옥 중, 개축. 隱匿(은익), 大門을 내는 것 등에 길하다.

4) 神遁(신둔)

◉ 天盤이 丙이고 八門이 生門이 되며 直符八將이 九天일 때

◉ 권위가 생기고 세력이 배가 된다.

◉ 財物運은 증진되고, 神佛의 祈禱(기도)에 좋고, 邪鬼(사귀)를 쫓고 제단을 만드는 등에 길하다.

丙

生門 + 九天

5) 鬼遁(귀둔)

◉ 天盤이 乙이고 八門이 生門이면서 直符八將이 九地일 때

◉ 고시, 시험에 길하다.

◉ 윗분들의 인정을 받고, 정보수집, 군사문제, 매복, 천도재 등에 길하다.

乙

生門 + 九地

6) 龍遁(용둔)

◉ 天盤이 乙이고 坎宮 落宮이고 八門이 休門일 때

◉ 정신면에 길하고, 기우제, 제천행사 등에 길하다.

◉ 捕盜(포도), 다리 건설, 密航(밀항), 把守(파수), 埋伏(매복), 守靜(수정), 渡河(도하), 泛舟(범주) 등에 길하다.

7) 虎遁(호둔)

◉ 天盤이 乙이고 艮宮落宮이고 生門일 때.

⊙ 정신면, 창의력, 방어, 산채 건립, 기지건설에 길하고, 邪鬼 제압, 우물 만들 때,
배를 움직일 때 등에 길하다.

⊙ 적진 공격, 초혼 및 천도재 등에 길하다.

8) 風遁(풍둔)

⊙ 天盤이 乙이고 巽宮 落宮이고 吉門일 때

⊙ 정신면에 길하고, 광고제작, 교제, 원행, 風伯에게 제사들이고, 火攻공격에 길하다.

9) 雲遁(운둔)

⊙ 天盤이 乙이고 坤宮 落宮에 吉門일 때

⊙ 정신면에 좋고, 제사, 기우제, 택지조성, 오락, 遠行, 婚事, 兵器製造(병기제조)
등에 좋다.

10. 삼사三詐

1) 眞詐(진사)

開·休·生 三吉門이 乙·丙·丁 三奇와 相合하고 다시 地盤 太陰宮에 入하여 吉
星의 相助를 얻음을 말한다.

施恩(시은), 祈禱(기도), 求道(구도), 隱遁(은둔), 征伐(정벌), 圖謀之事(도모지사)에

吉하다.

2) 重詐(중사)

開·休·生 三吉門이 乙·丙·丁 三奇와 相合하고 다시 地盤 九地宮에 입하여 길성의 상조를 얻음을 말한다.

재물구득, 請謁(알현), 청탁, 兵事, 戰伐(전벌) 등에 길하다.

3) 休詐(휴사)

開·休·生 三吉門이 乙·丙·丁 三奇와 相合하고 다시 地盤 六合宮에 임하고 길성의 상조를 얻음을 말한다.

기도, 부적, 병사, 약제, 제사, 避凶(피흉) 등에 길하다.

11. 오가五假

1) 天假

◆ 천반이 乙·丙·丁 三奇 중 하나이고 景門을 대동하고 다시 地盤 九天宮에 臨할 때.

◆ 求財, 기원, 請謁(청알), 천도재, 기도 등에 길하다.

```
乙奇. 丙奇. 丁奇
－－－
景門 ＋ 九天
```

2) 地假

◆ 천반이 丁·己·癸 중 하나이며 杜門을 대동하고 太陰宮에 임할 때.
  간첩파견, 謀事(모사), 秘密偵察(비밀정찰), 情報搜集(정보수집) 등에 길하다.

◆ 천반이 丁·己·癸 중 하나이며 杜門을 대동하고 六合宮에 임할 때.
  도망, 매복, 賄賂(회뢰), 피난, 은복 등의 일에 길하다.

◆ 천반이 丁·己·癸 중 하나이며 두문을 대동하고 九地宮에 임할 때.

피난, 매복, 도주, 간첩을 숨기거나, 보물을 숨기거나, 피흉에 길하다.

```
丁. 己. 癸
－－－
杜門 + 九地
       六合
       太陰
```

3) 人假

- ◆ 천반이 壬儀이고 驚門을 대동하고 地盤이 九天宮에 임할 때.
- ◆ 捕捉(포착), 逃走(도주), 探査(탐사), 潛跡(잠적) 등에 길하다. 그러나 도주의 경우
  도망자가 太白入熒(태백입형)格이면 반드시 잡힌다.

```
壬
－－－
驚門 + 九天
```

4) 神假

- ◆ 천반이 丁·己·癸 중 하나이고 傷門을 대동하고 다시 地盤 九地宮에 임할때.
- ◆ 埋藏(매장), 伏藏(복장), 왕생극락세계 등에 吉하며, 이때의 伏藏(복장)은 사람이
  탐지할 수 없다.

```
丁. 己. 癸
－－－
傷門 + 九地
```

5) 鬼假

- ◆ 천반이 丁·己·癸 중 하나이고 死門을 대동하고 다시 地盤 九地宮에 임할때.
- ◆ 초혼제와 천도재, 살풀이 등에 길하다.

```
丁. 己. 癸
－－－
死門 + 九地
```

12. 일월합명日月合明

◆ 天盤이 乙奇이고 다시 三吉門(開門·休門·生門) 중 하나를 대동하고 地盤이 丙奇 일 때

◆ 百事皆吉(백사개길)이고, 公開顯陽之事(공개현양지사)에 매우 길하다.

```
乙奇
---
丙奇 + 開門
      休門
      生門
```

13. 천지합덕天地合德

◆ 天盤이 戊儀이고 三吉門(開門·休門·生門) 중 하나를 대동하고 지반이 己儀일 때

◆ 百事皆吉(백사개길)하고, 解怨解仇(해원해구), 擾叛安靖(요반안정) 등에 길하다.

```
戊
---
己 + 開門
    休門
    生門
```

14. 봉황정상鳳凰呈祥

◆ 天盤이 丁奇이고 地盤이 乙奇일 때

◆ 百事에 이롭다.

```
丁奇
---
乙奇
```

15. 일려중천日麗中天

◆ 天盤 乙奇가 生門을 대동하고 地盤이 丁奇인 경우.

◆ 百事에 이롭다. 葬埋(장매), 修造(수조), 開門, 물길을 터서 군사를 일으키거나, 깃발을 세우고 말을 출발시키거나, 軍營(군영)을 세움에 길하다.

16. 옥토당양玉兎當陽

◆ 天盤이 乙奇이고 三吉門(開門·休門·生門) 중 하나를 대동하고 離9宮에 臨할 때.

◆ 顯陽事(현양사)에 이롭고, 발달흥성하고, 出兵과 出行에 승산이 있고 이롭다.

17. 옥토승풍玉兎乘風

◆ 天盤이 乙奇이고 三吉門(開門·休門·生門)중 하나를 대동하고 巽4宮에 있을 때.

◆ 百事가 쉽게 성공하고, 일의 성공이 倍加되고, 출병, 출전시 일당백이다.

18. 옥토유산玉兎遊山

◆ 天盤이 乙奇이고 三吉門(開門·休門·生門)중 하나를 대동하고 艮8宮에 있을 때.

◆ 乙奇가 帝旺之鄕(제왕지향)에 드는 格이니, 귀인알현, 상관취임, 출병, 출행에 이롭고 百勝(백승)의 상서로움이 있다.

19. 옥토귀원玉兎歸垣

◆ 天盤이 乙奇이고 三吉門(開門·休門·生門)중 하나를 대동하고 震3宮에 있을 때.
◆ 乙奇가 祿位에 있는 것이니, 乙奇升殿歸垣之位(을기승전귀원지위)라 한다. 百事 화합되고 길하며, 의외의 喜慶之事(희경지사)가 있다.

20. 옥토음천玉兎飮泉

◆ 일명 龍勝碧海(용승벽해)格이라고도 한다.
◆ 천반이 乙奇이고 生門을 대동하고 坎1宮에 있을 때.
◆ 上官就任, 考試, 求賢(구현) 및 貴人謁見(귀인알현), 求財, 圖謀之事(도모지사), 出行, 造葬(조장) 등에 길하다.

21. 봉입단산鳳入丹山

◆ 天盤이 丙奇이고 開門을 대동하고 艮8宮에 있을 때
◆ 上官求財, 遷移(이사), 應試(응시), 出兵, 遠行入山, 圖謀之事(도모지사) 등 에 길하다.

22. 월랑남극月朗南極

◆ 天盤이 丙奇이고 生門을 대동하고 離9宮에 있을 때
◆ 丙奇가 帝旺之鄕에 있으니 子時는 水火相爭하고 午時는 自刑되니 不可用이다.
◆ 貴人謁見(귀인알현), 謨望(모망), 기도 및 천도재, 출병시 적 소탕, 출행, 造葬(조장) 등에 모두 길하다.

23. 월입뇌문月入雷門

◆ 天盤이 丙奇이고 三吉門(開門·休門·生門) 중 하나를 대동하고 震3宮에 있을 때
◆ 丙奇가 생을 받아 旺하니 百事皆吉(백사개길)이다.

24. 화행풍기火行風起

- ◆ 天盤이 丙奇이고 三吉門(開門·休門·生門) 중 하나를 대동하고 巽4宮에 있는 경우
- ◆ 巽木이 生火하니 圖謀之事(도모지사)는 神의 助力이 있고, 謀望(모망)은 必成하고, 출병시는 風雲色의 吉兆(길조)가 있어 賊을 破하게 된다.

25. 자거모복子居母腹

- ◆ 天盤이 丙奇이고 三吉門(開門·休門·生門) 중 하나를 대동하고 坤2宮에 있는 경우.
- ◆ 丙奇와 坤土宮은 상호 相生이다. 백가지 近小之事는 성공하고, 兵戰은 가벼운 공격으로 가까운 것을 취함이 좋고, 小數의 賊(적)을 상대함이 좋으며, 用兵은 遠行은 不可하고, 大賊(대적)을 만나서는 싸우지 않음이 좋다.

26. 옥녀유천문玉女游天門

- ◆ 天盤이 丁奇이고 三吉門(開門·休門·生門) 중 하나를 대동하고 乾6宮에 있는 경우
- ◆ 萬事大吉, 謨望成事(모망성사), 去晦就明(거회취명), 去衰入旺, 日勝一日 등의 길함이 있다.

27. 옥녀유랑玉女留郎

◆ 천반이 丁奇이고 三吉門(開門·休門·生門) 중 하나를 대동하고 巽4宮에 있는 경우

◆ 丁奇가 帝旺地에 臨하니 旺하다. 貴人 및 官人의 謁見(알현)에 길하고 百事皆吉 (백사개길)이다.

28. 옥녀유곤玉女游坤

◆ 천반이 丁奇이고 三吉門(開門·休門·生門) 중 하나를 대동하고 坤2宮에 있는 경우

◆ 圖謀之事(도모지사)나 軍營(군영) 등은 소리내지 말고 暗中行事함이 좋고, 用兵 은 매복시킴이 좋고, 謀事(모사)를 꾸밈은 계책을 잘 쓰는 자가 大勝한다.

29. 길시격吉時格

(1) 天輔時格(천보시격)

◆ 甲己日 己巳時

  乙庚日 甲申時

  丙辛日 甲午時

  丁壬日 甲辰時

  戊癸日 甲寅時

◆ 은혜를 빌고 解寃(해원)함에 이롭다. 흉액이 닥치더라도 神의 도움으로 모면하 고, 죄인은 석방되고, 行事함에 吉福이 증가한다.

(2) 五合時格(오합시격)

◆時干과 日干이 相合되는 경우

　甲己 相合

　乙庚 相合

　丙辛 相合

　丁壬 相合

　戊癸 相合

◆길신과 용신이고, 흉살이 퇴장하므로 天輔時와 같다.

◆隱秘(은비)와 暗昧之事(암매지사) 등은 和合으로 나아감이 좋고, 해석에 있어 결백을 가리거나 투명하게 함은 이롭지 못하다.

30. 교태격交泰格

◎乙奇가 地盤의 丙奇나 丁奇와 만남을 말한다.

◎客은 불리하고 主는 이로우나 상호간 화평함이 길하다. 百事大吉이다.

```
乙奇
－－－
丙奇. 丁奇
```


31. 주함화격雀含花格

◎天盤의 六丙이 地盤 六乙宮에 임할 때.

◎공공의 일에 길하고 소식은 희소식이다.

```
丙奇
－－－
乙奇
```

32. 천우창기격天遇昌氣格

⊙六丁 加 六乙이다.
⊙매사 길하다.

33. 용반성격龍反省格

⊙甲己日 甲子時
  甲己日 己巳時.

34. 삼기이합격三奇利合格

⊙六丁 加 六甲

제2장
흉격론凶格論

- ⊙ 吉格에 反하는 命造이다.
- ⊙ 日辰이 乘死, 乘剋, 居死, 居剋, 受剋되어 있고, 흉문·괘가 同宮한 者는 夭死하거나 賤한 命造이다.
- ⊙ 歲宮이 月宮을 극하고, 月宮이 일진을 극하고, 일진이 時宮을 극하는 경우.
- ⊙ 中宮이 世宮官鬼를 생하는데, 世宮에 死門, 絶命이 있는 경우.
- ⊙ 歲宮의 死門, 絶命이 중궁의 官鬼를 剋하는 경우.
- ⊙ 歲干과 日干이 空亡된 경우.
- ⊙ 中宮이 絶命宮을 生하거나, 官鬼宮을 生하는 경우.
- ⊙ 月宮과 日辰이 世宮을 剋하는 경우.
- ⊙ 日辰宮이 乘死, 居死, 受剋되고, 凶門卦가 동궁한 경우.
- ⊙ 官鬼가 中宮에서 動하면 化殺格이 아닌 이상, 평생 官災口舌, 破財, 疾病에 시달린다.
- ⊙ 財鬼가 中宮動이고, 凶格이면 損財, 破財, 作妾, 酒色 등의 凶命이다.
- ⊙ 子孫(食神·傷官)이 中宮動이고 흉격이면 官災口舌, 刑厄(형액), 失職, 破財 등을 겪고, 女命이면 부부불화 및 남편으로 인해 평생고생이 많다.
- ⊙ 日辰이 胎, 衰, 病, 死地에 있으면 凶命이 되나, 乘旺生, 居旺生, 受生되면 凶變吉한 命造가 된다.
- ⊙ 日辰宮이 刑, 沖, 破, 害, 怨嗔, 空亡되면 萬事不成, 多成多敗이다.

1. 연격年格

1) 天盤 庚에 地盤이 甲年干일 때

　생명의 위험 사안이 발생한다.

2) 天盤 庚에 地盤이 乙年干일 때

　신체의 큰 손상이 발생한다.

3) 天盤 庚에 地盤이 丙年干일 때

　폭력과 권력에 의한 災禍(재화)를 만난다.

4) 天盤 庚에 地盤이 丁年干일 때

　매사 성취에 큰 어려움이 따른다.

5) 天盤 庚에 地盤이 戊年干일 때

　남에게 사기를 당하여 손실을 입는다.

6) 天盤 庚에 地盤이 己年干일 때

　色情으로 인한 실패가 따른다.

7) 天盤 庚에 地盤이 庚年干일 때

타인과 반목, 불화가 발생한다. 극단적이 상황이 도래할 수 있다.

8) 天盤 庚에 地盤이 辛年干일 때

　중요한 물건을 분실한다.

9) 天盤 庚에 地盤이 壬年干일 때

　타인과 일이 얽히고 꼬이게 된다.

10) 天盤 庚에 地盤이 癸年干일 때

본인의 잘못으로 내적에서 외적으로 사안이 악화된다.

　예) 丁卯年 陽遁7局 乙未日 辛巳時

　　時　干：辛

　　時符頭：己(甲戌旬中)

　　時家八門神將 적용

巽	巳	離	午		未	坤
	❹		❾		❷	
辰						申
	庚		壬		戊	

巽	巳	離 午	未	坤
	丁 死門 六合 天英 ❸	庚 驚門 勾陳 天芮 ❺ ⑩	壬 開門 朱雀 天柱 ❼	
震卯	丁／癸 景門 太陰 天輔 ❽	丙 ❶	乙／戊 休門 九地 天心 ❻	兌酉
寅	癸／己 杜門 螣蛇 天沖	己／辛 傷門 直符 天任	辛／乙 生門 九天 天蓬	戊
艮	丑	坎 子	亥	乾

2. 월격月格

◉ 天盤이 庚이고 地盤이 月干이 될 경우.

◉ 작용하는 것은 앞서의 年格에 따른다. 단지 年盤定局에는 月格이 없다.

◉ 旬首가 中宮에 入할 때에는 月格이 있게 된다.

예) 癸未月 陰遁5局 丙申日 乙未時

　　時　干：乙

　　時符頭：辛(甲午旬中)

巽	巳	離 午	未	坤
	丁 己 休門 白虎 天任 ❹	庚 癸 生門 六合 天沖 ❾	己 辛 傷門 太陰 天輔 ❷	
辰				申
震卯	壬 庚 開門 玄武 天蓬 ❸	戊 ❺ ⑩	癸 丙 杜門 螣蛇 天英 ❼	兌酉

	❽	❶	❻	
寅	乙/丁	丙/壬	辛/乙	戊
	驚門 九地 天心	死門 九天 天柱	景門 直符 天芮	
艮	丑	坎 子	亥	乾

3. 일격日格

⊙ 天盤이 庚이고 地盤이 日干이 될 경우.

⊙ 作用하는 것은 앞서의 年格에 따른다. 단지 年盤定局求法과 月盤定局求法에는 日格이 없다.

⊙ 旬首가 中宮에 入할 경우에는 日格이 있게 된다.

⊙ 主·客이 相戰하여 모두 불리하고, 대체적으로 主는 반드시 잡히며 己身에게 불리하다.

예) 陽遁7局 戊子日 庚申時

　時　干 : 庚

　時符頭 : 癸(甲寅旬中)

巽	巳	離 午	未	坤
	❹	❾	❷	
辰	己/丁	癸/庚	丁/壬	申
	生門 九天 天任	傷門 直符 天沖	杜門 螣蛇 天輔	
震卯	❸ 辛/癸	❺ ⑩ 丙	❼ 庚/戊	兌酉
	休門 九地 天蓬		景門 太陰 天英	
寅	❽ 乙/己	❶ 戊/辛	❻ 壬/乙	戌
	開門 朱雀 天心	驚門 勾陳 天柱	死門 六合 天芮	
艮	丑	坎 子	亥	乾

4. 시격時格

◉ 天盤이 庚이고 地盤이 時干일 때

◉ 작용하는 것은 年格에 따른다.

◉ 時盤에만 時格이 있다.

◉ 旬首가 中宮에 입할 때에는 時格이 있게 된다.

예) 陽遁8局 丙申日 癸巳時

　　時　干 : 癸

　　時符頭 : 庚(甲申旬中)

巽　　　　巳	離午	未　　　　坤
❹ 庚 癸 杜 直 天 門 符 蓬	❾ 戊 己 景 螣 天 門 蛇 任	❷ 壬 辛 死 太 天 門 陰 沖
辰		申
❸ 丙 壬 傷 九 天 門 天 心	❺　⑩ 丁 	❼ 癸 乙 驚 六 天 門 合 輔
震 卯		兌 酉
❽ 乙 戊 生 九 天 門 地 柱	❶ 辛 庚 休 朱 天 門 雀 芮	❻ 己 丙 開 勾 天 門 陳 英
寅		戌
艮　　　　丑	坎 子	亥　　　　乾

5. 형격刑格

◉ 天盤이 庚이고 地盤이 己일 때.

◉ 色情으로 인한 실패, 관재구설, 破財, 질병 등의 흉사가 있고, 謀事(모사)는 불성하고, 出兵은 불리하며, 명예는 손상되고, 차량사고 등이 발생한다.

예1) 陰遁8局 丙申日 己丑時

  時　干：己

  時符頭：庚(甲申旬中)

巽　　巳	離　　午	未　　坤
❹	❾	❷
乙／壬	丁／乙	己／丁
傷門 六合 天英	杜門 太陰 天芮	景門 螣蛇 天柱
辰		申
❸	❺ ⑩	❼
壬／癸	／辛	庚／己
生門 白虎 天輔		死門 直符 天心
震卯		兌酉
❽	❶	❻
癸／戊	戊／丙	丙／庚
休門 玄武 天沖	開門 九地 天任	驚門 九天 天蓬
艮　　丑	坎　子	亥　　乾

예2) 陽遁7局 乙巳日 戊寅時

  時　干：戊

  時符頭：己(甲戌旬中)

巽　　巳	離　　午	未　　坤
❹	❾	❷
戊／丁	乙／庚	辛／壬
傷門 朱雀 天柱	杜門 九地 天心	景門 九天 天蓬
辰		申
❸	❺ ⑩	❼
壬／癸	／丙	己／戊
生門 勾陳 天芮		死門 直符 天任
震卯		兌酉

寅 | ❽ 庚/己 休門 六合 天英 | ❶ 丁/辛 開門 太陰 天輔 | ❻ 癸/乙 驚門 螣蛇 天沖 | 戌
艮 丑 | 坎 子 | 亥 乾

寅	❽	❶	❻	戌
	庚 / 己	丁 / 辛	癸 / 乙	
	休門 六合 天英	開門 太陰 天輔	驚門 螣蛇 天沖	
艮 丑		坎 子	亥 乾	

6. 전격戰格

◉ 天·地盤이 모두 庚일 때.

◉ 내부간의 치열한 싸움이고 생이별이 있으며, 전쟁에서 불리하고 양방이 다 사상 자가 다수 발생한다.

◉ 官災數와 橫厄(횡액)이 있고, 貴人은 不顯(불현)하고, 형제는 不睦(불목)하고, 來人 은 오지 않는다. 사람을 모으거나 用兵에는 불리하다.

◉ 守舊(수구)나 隱匿(은닉)에는 길하다.

예1) 陽遁1局 乙丑日 壬午時

時　干 : 壬

時符頭 : 己(甲戌旬中)

巽	巳 ❹	離午 ❾	未 ❷	坤
辰	辛 / 辛 休門 九地 天輔	乙 / 乙 生門 九天 天英	己 / 己 傷門 直符 天芮	申
震卯	❸ 庚 / 庚 開門 朱雀 天沖	❺ ⑩ 壬	❼ 丁 / 丁 杜門 螣蛇 天柱	兌酉
寅	❽ 丙 / 丙 驚門 勾陳 天任	❶ 戊 / 戊 死門 六合 天蓬	❻ 癸 / 癸 景門 太陰 天心	戌
艮	丑	坎 子	亥	乾

예2) 陽遁8局 丙申日 庚寅時

　　時　干 : 庚

　　時符頭 : 庚(甲申旬中)

巽　　　　巳	離　午	未　　　　坤
❹	❾	❷
癸 / 癸	己 / 己	辛 / 辛
死　六　天 門　合　輔	驚　勾　天 門　陳　英	開　朱　天 門　雀　芮
❸ 震卯	❺ ⑩	❼ 兌酉
壬 / 壬	丁	乙 / 乙
景　太　天 門　陰　沖		休　九　天 門　地　柱
❽ 寅	❶	❻ 戌
戊 / 戊	庚 / 庚	丙 / 丙
杜　螣　天 門　蛇　任	傷　直　天 門　符　蓬	生　九　天 門　天　心
艮　　　　丑	坎　子	亥　　　　乾

（辰 : 좌측 上, 申 : 우측 上, 卯 : 좌측 中, 酉 : 우측 中, 寅 : 좌측 下, 乾 : 우측 下）

7. 소격 小格

⊙ 天盤 庚에 地盤이 壬일 때.

⊙ 伏格, 上格, 利蕩格(이탕격)이라고도 한다.

⊙ 분쟁 발생, 損財數, 用兵과 遠行에 불리.

⊙ 남녀간의 소식에 불리.

⊙ 圖謀之事(도모지사)는 不成하고, 사업은 破財와 紛爭(분쟁)이 생기고, 변동이 많다.

예1) 陰遁6局 丁卯日 戊申時

　　時　干 : 戊

　　時符頭 : 壬(甲辰旬中)

巽　　　　巳	離　午	未　　　　坤
❹	❾	❷
辰		申

辰 傷門 白虎 天任 ❸ 丙 / 庚	杜門 六合 天沖 ❺ ⑩ 辛 / 丁	景門 太陰 天輔 ❼ 庚 / 壬
震卯 生門 玄武 天蓬 ❽ 癸 / 辛	❶ 己	兌酉 死門 螣蛇 天英 ❻ 丁 / 乙
艮 丑 寅 休門 九地 天心 戊 / 丙	坎子 開門 九天 天柱 乙 / 癸	亥 乾 戌 驚門 直符 天芮 壬 / 戊

예2) 陽遁5局 乙酉日 丁丑時

　　時　干：丁

　　時符頭：己(甲戌旬中)

巽 巳 ❹ 丁 / 乙 驚門 九地 天芮	離午 ❾ 庚 / 壬 開門 九天 天柱	未 坤 ❷ 己 / 丁 休門 直符 天心
辰 申		
震卯 ❸ 壬 / 丙 死門 朱雀 天英	❺ ⑩ 戊	兌酉 ❼ 癸 / 庚 生門 螣蛇 天蓬
寅 ❽ 乙 / 辛 景門 勾陳 天輔	坎子 ❶ 丙 / 癸 杜門 六合 天沖	亥 乾 戌 ❻ 辛 / 己 傷門 太陰 天任
艮 丑		

8. 대격大格

⊙ 天盤 庚에 地盤이 癸일 때

⊙ 본인의 착오로 실패가 온다.

⊙ 내부에서 외부로 붕괴된다.

⊙ 行人에게 예기치 않은 일이 발생한다.

⊙ 産母는 불리하다.

⊙ 命이 貴하면 大富貴하고, 賤命(천명)이면 풍전등화다.

⊙ 失物 件과 求人 件은 길하지 못하고 도리어 재앙을 부르나 求人 件은 조용히 기다리면 본 자리로 찾아오게 된다.

⊙ 造葬(조장)이나 造作 件도 모두 흉하다.

예) 陰遁6局 乙卯日 辛巳時
　　時　干 : 辛
　　時符頭 : 己(甲戌旬中)

巽　　巳	離　午	未　　坤
❹	❾	❷
辰　乙／庚 傷門 九天 天柱	戊／丁 杜門 九地 天心	癸／壬 (己) 景門 玄武 天蓬　申
❸	❺ ⑩	❼
震卯　己／辛 生門 直符 天芮	己	丙／乙 死門 白虎 天任　兌酉
❽	❶	❻
寅　丁／丙 休門 螣蛇 天英	庚／癸 開門 太陰 天輔	辛／戊 驚門 六合 天沖　戌
艮　　丑	坎　子	亥　　乾

9. 복궁격伏宮格

◉ 天盤 庚에 地盤 甲이거나, 天盤 庚과 直符와 同宮일 때

◉ 생명이 위험하다.

◉ 主와 客이 다 불리하다.

◉ 전투에서 양쪽이 다 손상을 입는다.

◉ 出行 時 불리하고, 경고망동을 삼가해야 한다.

◉ 謁見(알현)은 성사되지 않고, 기다리는 사람은 오지 않는다.

예) 陽遁6局 甲子日 乙丑時

時　干：乙

時符頭：戊(甲子旬中)

巽	巳	離 午	未	坤
	❹	❾	❷	
辰	癸/丙 景門 九地 天芮	己/辛 死門 九天 天柱	戊/癸(乙) 驚門 直符 天心	申
	❸	❺ ⑩	❼	
震 卯	辛/丁 杜門 朱雀 天英	——/乙	壬/己 開門 螣蛇 天蓬	兌 酉
	❽	❶	❻	
寅	丙/庚 傷門 勾陳 天輔	丁/壬 生門 六合 天沖	庚/戊 休門 太陰 天任	戌
艮	丑	坎 子	亥	乾

◆ 時干 乙木이 中宮에 있으므로 坤宮 出하게 된다. 따라서 坤宮의 癸(乙)의 天盤에 時符頭인 戊를 끌어오고 이후 各 宮에 순차적으로 이거해오는 것이다.

10. 비궁격飛宮格

⊙ 天盤 甲에 地盤 庚(直符加庚)일 때.

⊙ 생명이 위험하다. 과거의 성과가 이제는 물거품이다.

⊙ 主·客이 다 불리하다.

⊙ 用兵은 불리하고 현재를 고수해야 한다.

⊙ 사업은 불리하니 變業을 생각해야 하고, 지난날의 공덕은 근본이 뒤집혀서 큰 손실이 따른다.

예) 陰遁6局 丁丑日 庚子時

　　時　干：庚

　　時符頭：辛(甲午旬中)

巽　　　　巳	離　午	未　　　坤
❹	❾	❷
辰 辛／庚　驚門 直符 天沖	庚／丁　開門 九天 天輔	丁／壬　休門 九地 天英　申
❸	❺　⑩	❼
震卯 丙／辛　死門 螣蛇 天任	＿／己	壬／乙　生門 玄武 天芮　兌酉
❽	❶	❻
寅 癸／丙　景門 太陰 天蓬	戊／癸　杜門 六合 天心	乙／戊　傷門 白虎 天柱　戌
艮　　　　丑	坎　子	亥　　　乾

11. 비간격飛干格

⊙ 年盤이 干이 되고 地盤이 庚이 될 때와 日干加庚時일 때이다.

　年盤이 干이 됨은 年干, 月干, 日干, 時干을 말한다.

⊙ 형제간 不睦하고, 육친에게 災厄이 있고, 본인도 災厄과 곤란이 따른다.

 1) 干이 甲時일 때는 생명의 위험이 있고, 지난 성과가 물거품이 된다.

 2) 干이 乙時일 때는 생명이 위험할 정도는 아니다.

 3) 干이 丙時일 때는 사안이 복잡하고 바쁘므로 쉴 틈이 없다.

 4) 干이 丁時일 때는 일을 달성키 위해 많은 노력과 정성이 필요하다.

 5) 干이 戊時일 때는 詐欺로 인한 損財數가 있다.

 6) 干이 己時일 때는 色情으로 인해 실패한다.

 7) 干이 庚時일 때는 군사에 관한 일은 중도에서 난관봉착이고, 死傷과 곤경이 따른다.

 8) 干이 辛時일 때는 중요한 물품을 잃어버린다.

 9) 干이 壬時일 때는 遠行은 불리, 분쟁이 발생, 재물손실, 남녀간의 문제는 좋은 소식이 없다.

10) 干이 癸時일 때는 본인의 착오로 실패, 내부에서 외부로 붕괴, 行人은 官災, 産母는 불리, 도적을 방비해야 한다.

예1) 陽遁5局 甲戌日 庚午時

　　時　干 : 庚

　　時符頭 : 戊(甲子旬中)

巽　　巳	離　　午	未　　坤
❹	❾	❷
辰　丙 　乙 杜 朱 天 門 雀 沖	乙 壬 景 九 天 門 地 輔	壬 丁 (戊) 死 九 天 門 天 英　申
❸	❺　⑩	❼
震 卯　辛 　丙 傷 勾 天 門 陳 任	戊 	戊 庚 驚 直 天 門 符 芮　兌 　　　　酉
❽	❶	❻
寅　癸 　辛 生 六 天	己 癸 休 太 天	庚 己 開 螣 天　戌

門 合 蓬	門 陰 心	門 蛇 柱	
艮　　　丑	坎　子	亥　　　乾	

예2) 陰遁6局 丙子日 壬辰時

　　時　干：壬

　　時符頭：庚(甲申旬中)

巽　　　　巳	離午	未　　　坤
❹ 辰　丙／庚 生門 太陰 天任	❾ 辛／丁 傷門 螣蛇 天沖	❷ 庚／壬　申 杜門 直符 天輔
❸ 震卯　癸／辛 休門 六合 天蓬	❺ ⑩ 己	❼ 丁／乙　兌酉 景門 九天 天英
❽ 寅　戊／丙 開門 白虎 天心	❶ 乙／癸 驚門 玄武 天柱	❻ 壬／戊　戌 死門 九地 天芮
艮　　　丑	坎　子	亥　　　乾

12. 오불우시격五不遇時格

◎ 甲日의 庚時

　乙日의 辛時

　丙日의 壬時

　丁日의 癸時

　戊日의 甲時

◎ 상기 모두 時干이 日干을 剋하는 관계다.

◎ 用事를 꺼린다. 每事不成이다.

◎ 흉액이 따르고 부자간, 부부간 이별 수가 있다.

13. 청룡도주격青龍逃走格

⊙ 天盤이 乙이고 地盤이 辛일 때
⊙ 고립무원이고, 손재수가 발생한다.
⊙ 노비는 주인을 배신하는 격이요,
⊙ 一家가 도주하는 격이다.
⊙ 用兵에 불리하다.
⊙ 靜함이 길하고 動하면 흉하다.
⊙ 主·客이 모두 불리하다.

예) 陰遁2局 丁巳日 丁未時
　　時　干：丁
　　時符頭：壬(甲辰旬中)

巽　　　巳	離　午	未　　　坤
❹	❾	❷
辰 庚/丙 驚門 太陰 天英	戊/庚 開門 螣蛇 天芮	壬/戊 休門 直符 天柱 　申
❸	❺ ⑩	❼
震卯 丙/乙 死門 六合 天輔	丁	癸/壬 生門 九天 天心 　兌酉
❽	❶	❻
寅 乙/辛 景門 白虎 天沖	辛/己 杜門 玄武 天任	己/癸 傷門 九地 天蓬 　戌
艮　　　丑	坎　子	亥　　　乾

14. 백호창광격白虎猖狂格

⊙ 天盤이 辛이고 地盤이 乙일 때

- ◉ 身體傷害(신체상해), 人亡破家(인망파가), 遠行不利(원행불리).
- ◉ 윗사람에게 불리, 여자는 정절이 꺾인다.
- ◉ 자동차나 선박 모두 불리.
- ◉ 客은 凶人이다.
- ◉ 행동, 출입, 用兵 등은 놀랄 일이 생기고, 뜻밖의 사고나 속임수를 조심해야한다.

예) 陰遁2局 甲戌日 壬申時

　　時　干：壬

　　時符頭：戊(甲子旬中)

巽	巳		離 午		未		坤
	❹		❾		❷		
辰	乙／丙		丙／庚		庚／戊		申
	驚門	六合 天沖	開門	太陰 天輔	休門	螣蛇 天英	
	❸		❺ ⑩		❼		
震 卯	辛／乙		／丁		戊／壬		兌 酉
	死門	白虎 天任			生門	直符 天芮	
	❽		❶		❻		
寅	己／辛		癸／己		壬／癸		戌
	景門	玄武 天蓬	杜門	九地 天心	傷門	九天 天柱	
艮	丑		坎 子		亥		乾

15. 형혹입백격熒惑入白格

- ◉ 天盤 丙奇가 地盤 庚儀에 加함을 말한다.
- ◉ 熒入太白(형입태백)이라고도 한다.
- ◉ 天盤이 丙이고 地盤이 庚일 때
- ◉ 매사 奔走多端(분주다단)하다. 고집불통이고, 적은 퇴각하고, 客은 이롭고 주인은 불리하다.

⊙ 도둑을 만나나 도둑이 도망간다.

⊙ 항상 바쁘고, 성격은 괴팍하며, 고집이 세어 남의 말에 귀를 기울이지 않는다.

⊙ 門戶가 피폐된다.

예) 陽遁8局 乙卯日 丁丑時

　　時　干 : 丁

　　時符頭 : 己(甲戌旬中)

巽　　巳	離午	未　　坤
❹ 壬/癸 死門 九地 天沖 （辰）	❾ 癸/己 驚門 九天 天輔	❷ 己/辛 開門 直符 天英 （申）
❸ 戊/壬 景門 朱雀 天任 （震卯）	❺ ⑩ 丁	❼ 辛/乙 休門 螣蛇 天芮 （兑酉）
❽ 庚/戊 杜門 勾陳 天蓬 （寅）	❶ 丙/庚 傷門 六合 天心	❻ 乙/丙 生門 太陰 天柱 （戌）
艮　　丑	坎子	亥　　乾

16. 태백입형격 太白入熒格

⊙ 天盤이 庚이고 地盤이 丙일 때

⊙ 좀도둑을 만난다. 권력의 농간을 당한다.

⊙ 主는 이롭고 客은 불리하다.

⊙ 血鬪殺傷(혈투살상)이다.

⊙ 求財나 用兵에 모두 흉하다.

⊙ 적의 침입이 있으니 방비를 철저히 해야 한다.

예) 陽遁8局 乙巳日 丙戌時

　　時　干 : 丙

　　時符頭 : 庚(甲申旬中)

巽　　　巳	離午	未　　　坤
❹ 己/癸 生 勾 天 門 陳 英	❾ 辛/己 傷 朱 天 門 雀 芮	❷ 乙/辛 杜 九 天 門 地 柱　申
辰 ❸ 震卯 癸/壬 休 六 天 門 合 輔	❺ ⑩ ＿ 丁	❼ 丙/乙 景 九 天 門 天 心　兌酉
❽ 艮 寅 壬/戊 開 太 天 門 陰 沖　丑	❶ 戊/庚 驚 螣 天 門 蛇 任　坎子	❻ 庚/丙 死 直 天 門 符 蓬　戌 亥　乾

17. 주작투강격朱雀投江格

◎ 天盤이 丁이고 地盤이 癸일 때.

◎ 考試(고시), 試驗(시험), 昇進(승진) 등은 불성이다. 訟事, 文書, 口舌 관련하여 불리하다.

◎ 色情으로 인한 흉액이 있다.

◎ 書信은 지체되고 흉하다.

◎ 괴이한 꿈이나 일로써 놀라게 되고, 소인배의 모함을 받게 된다.

◎ 用兵이나 用事는 모두 흉하다.

◎ 간첩이나 배신자의 간사한 짓을 방비하고, 訟事는 반드시 피해야 한다.

예) 陽遁7局 丙寅日 乙未時
　　時　干：乙
　　時符頭：辛(甲午旬中)

巽　　巳	離午	未　　坤
❹	❾	❷
辰　庚/丁　驚門 勾陳 天英	壬/庚　開門 朱雀 天芮	戊/壬　休門 九地 天柱　申
❸	❺　⑩	❼
震卯　丁/癸　死門 六合 天輔	丙	乙/戊　生門 九天 天心　兌酉
❽	❶	❻
寅　癸/己　景門 太陰 天沖	己/辛　杜門 螣蛇 天任	辛/乙　傷門 直符 天蓬　戌
艮　　丑	坎子	亥　　乾

18. 등사요교격膼蛇妖嬌格

⊙ 天盤이 癸이고 地盤이 丁일 때
⊙ 災難(재난)이 극심하다. 憂患(우환)이 이르고, 官災口舌, 損財數, 事故數 등이 있다.
⊙ 생명을 잃을 수도 있다.
⊙ 用兵, 用事에 凶하고, 文書나 印章 등으로 인한 곤란함이 따른다.

　예) 陽遁7局 乙卯日 癸未時
　　　時　干：癸
　　　時符頭：己(甲戌旬中)

巽　巳	離　午	未　坤
❹ 癸/丁 杜門 螣蛇 天沖	❾ 丁/庚 景門 太陰 天輔	❷ 庚/壬 死門 六合 天英
❸ 己/癸 傷門 直符 天任	❺ ⑩ 丙	❼ 壬/戊 驚門 勾陳 天芮
❽ 辛/己 生門 九天 天蓬	❶ 乙/辛 休門 九地 天心	❻ 戊/乙 開門 朱雀 天柱

(辰 震卯 寅 / 艮 丑 坎子 亥 / 申 兌酉 戌 乾)

19. 패격悖格

⊙ 丙奇가 直符에 加하거나, 直符가 丙奇에 加할 때.

⊙ 天盤이 丙이고, 地盤이 年干, 月干, 日干, 時干에 해당할 때 등이다. 丙奇가 어느 간에 있느냐에 따라 年悖, 月悖, 日悖, 時悖로 분류된다.

⊙ 위계질서 문란.

⊙ 用兵과 用事에 불리하다.

⊙ 年盤의 경우 旬首가 中宮에 入할 시 悖格이 된다.

⊙ 年盤定局에는 年悖가 있을 뿐이고, 月盤定局에는 日悖나 時悖가 없고, 日盤定局에는 時悖가 없다. 時盤定局에는 旬首가 中宮에 入할 때 時悖가 된다.

20. 천라격天羅格

⊙ 天盤이 癸이고 地盤이 年干, 月干, 日干, 時干일 때

⊙ 困苦(곤고)하고 곤경에 빠지며, 法網(법망)에 걸려들고, 百事가 스스로 손상된다.

⊙ 매사 불성이다. 단지 旬首가 中宮에 入할 때이다.

21. 지망격地網格

⊙ 天盤이 壬이고 地盤이 年干, 月干, 日干, 時干일 때
⊙ 天羅(천라)와 속성은 비슷하나 작용력이 훨씬 더 크다.
⊙ 出行, 行軍, 擧事(거사) 모두 不成이다. 경거망동은 큰 禍를 초래한다.
⊙ 靜하면 길하고, 動하면 흉하다.

22. 복음격伏吟格

⊙ 天盤과 地盤의 아홉개의 干이 서로 같을 때.
⊙ 天蓬九星의 九宮定位와 八門神將의 九宮定位가 同宮일 때.
⊙ 天地十干이 同宮에 臨하거나, 천·지반의 九干이 동일하거나 등이다.
⊙ 이에는 九星伏吟, 八門伏吟, 直符伏吟이 있다.
⊙ 상호간 작용이 極强(극강)해지기 때문에 길성은 감소된다.
⊙ 매사 성취가 어렵고 主보다 客에 흉하다. 스스로 災禍를 자초한다.
⊙ 動함 보다 靜함이 좋다.
⊙ 천·지반 모두 伏吟된 것이 가장 흉하고, 다음은 九星伏吟이 흉한데, 喪事(상사),
  인마살상, 관재구설, 陰害(음해) 등이 따른다. 그 다음은 十天干伏吟이 흉하고,
  나머지는 소흉이나, 만약, 길문, 길괘가 臨하면 사용해도 장애가 없다.
⊙ 天時의 伏吟은 대개 흉하지 않고 길하다. 用兵에는 불리하나 金錢收金(금전수금)
  이나 빛 독촉에는 吉하다.

八門 伏吟

巽 巳	離 午	未 坤
❹ 杜門 （辰）	❾ 景門	❷ 死門 （申）
❸ 傷門 （震卯）	❺	❼ 驚門 （兌酉）
❽ 生門 （寅）	❶ 休門	❻ 開門 （戌）
艮 丑	坎 子	亥 乾

八門이 모두 定位宮에 있다.

九星 伏吟

巽 巳	離 午	未 坤
❹ 天輔 （辰）	❾ 天英	❷ 天芮 （申）
❸ 天沖 （震卯）	❺ 天禽	❼ 天柱 （兌酉）
❽ 天任 （寅）	❶ 天蓬	❻ 天心 （戌）
艮 丑	坎 子	亥 乾

九星이 모두 定位星에 있다.

六儀 伏吟

巽 巳	離 午	未 坤
❹ 辛 （辰）	❾ 乙	❷ 己 （申）
❸ 庚 （震卯）	❺ 壬	❼ 丁 （兌酉）
❽ 丙 （寅）	❶ 戊	❻ 癸 （戌）
艮 丑	坎 子	亥 乾

六儀가 모두 본래 위치에 있다.

天干 伏吟·直符 伏吟

巽 巳	離 午	未 坤
❹ 辛／辛 （辰）	❾ 乙／乙	❷ 己／己 （申）
❸ 庚／庚 （震卯）	❺ 壬	❼ 丁／丁 （兌酉）
❽ 丙／丙 （寅）	❶ 戊／戊	❻ 癸／癸 （戌）
艮 丑	坎 子	亥 乾

天·地盤이 同宮하고, 直符 伏吟이 된 것이다.

地支 伏吟

巳 (巳)	午 (午)	未 (未)	申 (辛)
辰 (辰)	太沖：卯 亭亭：子		酉 (酉)
卯 (卯) 太沖			戌 (戌)
寅 (寅)	丑 (丑)	子 神后 (子) 亭亭	亥 (亥)

月將 天盤과 時支 地盤이 같은 오행인 것이다. (예)小雪 이후
月將이 寅이고 寅時라면 太沖이 본래 자리인 卯에 있고, 亭亭
(정정)도 본래 자리인 子에 있는 것을 말한다. 亭亭은 天乙貴
人方을 말한다.

예) 陽遁1局 甲辰日 甲子時

    時　干：甲

    時符頭：戊(甲子旬中)

巽	巳	離	午		未	坤
辰	❹ 辛 辛 杜 六 天 門 合 輔	❾ 乙 乙 景 勾 天 門 陳 英		❷ 己 己 死 朱 天 門 雀 芮		申
震 卯	❸ 庚 庚 傷 太 天 門 陰 沖	❺ ⑩ ＿ 壬		❼ 丁 丁 驚 九 天 門 地 柱		兌 酉
寅	❽ 丙 丙 生 螣 天 門 蛇 任	❶ 戊 戊 休 直 天 門 符 蓬		❻ 癸 癸 開 九 天 門 天 心		戌
艮	丑	坎	子		亥	乾

23. 반음격返吟格

◉ 天盤이 戊이고 地盤이 辛일 때

  天盤이 己이고 地盤이 壬일 때

  天盤이 庚이고 地盤이 癸일 때

  天盤이 辛이고 地盤이 戊일 때

  天盤이 壬이고 地盤이 己일 때

  天盤이 癸이고 地盤이 庚일 때

  九宮定位가 서로 상반되는 天蓬九星과 八門神將이 同宮일 때.

◉ 吉함이 소멸되고 凶兆가 강화되며 客에게 이롭다.

  ◆ 直符返吟 : 天盤符頭가 地盤符頭 對沖宮에 임했을 때. 가장 흉하다.

  ◆ 九星返吟 : 九星이 각각 定位宮의 對沖宮에 임했을 때.

  ◆ 八門返吟 : 八門神將이 각각 對沖宮에 임했을 때.

  ◆ 地支返吟 : 天盤의 月將과 地盤의 時支가 서로 沖되는 경우.

◉ 返吟格의 경우에는 주로 사안이 빨리 진행되며, 반복되고, 실물은 찾기 쉽고, 行
  人은 돌아온다.

◉ 主는 불리하고 客에게 이롭다.

◉ 길문, 길격은 百事가 빨리 이루어지나, 흉문, 흉격은 매사 반복, 沮滯(저체)되고,
  災厄이 닥친다.

◉ 대체로 災厄이 따르며 길한 일도 흉하게 바뀌고, 흉한 일은 더욱 흉하게 되니
  用事나 用兵에 불리하다.

八門 返吟

巽 巳	離 午	未 坤
❹ 開門	❾ 休門	❷ 生門
辰		申
震卯 ❸ 驚門	❺	❼ 傷門 兌酉
寅 ❽ 死門	❶ 景門	❻ 杜門 戌
艮 丑	坎 子	亥 乾

각각의 定位門이 위치가 바뀌어 對沖을 이루고 있다.

九星 返吟

巽 巳	離 午	未 坤
❹ 天心	❾ 天蓬	❷ 天任
辰		申
震卯 ❸ 天柱	❺	❼ 天沖 兌酉
寅 ❽ 天芮	❶ 天英	❻ 天輔 戌
艮 丑	坎 子	亥

각각의 定位星이 위치가 바뀌어 對沖을 이루고 있다.

예1) 小滿 後 月將이 申이고 占時가 寅時인 경우

亥 (巳)	子 神亭 (午) 后 亭	丑 (未)	寅 (申)
戌 (辰)			卯 天 太 (酉) 馬 沖
酉 (卯)	月將 : 申 占時 : 寅		辰 (戌)
申 (寅)	未 (丑)	午 神亭 (子) 后 亭	巳 (亥)

예2) 陽遁1局 甲戌日 乙丑時

　　時　干：乙

　　時符頭：戊(甲子旬中)

巽　　　巳	離　午	未　　坤
辰　❹ 癸／辛 驚九天 門天心	❾ 戊／乙 開直天 門符蓬	❷ 丙／己 休螣天 門蛇任 　申

震卯 ❸	❺ ⑩	❼ 兌酉
$\dfrac{丁}{庚}$ 死門 九地 天柱	壬	$\dfrac{庚}{丁}$ 生門 太陰 天冲
寅 ❽	❶	❻ 戌
$\dfrac{己}{丙}$ 景門 朱雀 天芮	$\dfrac{乙}{戊}$ 杜門 勾陳 天英	$\dfrac{辛}{癸}$ 傷門 六合 天輔
艮　　丑	坎子	亥　　乾

◆ 離宮은 天盤六儀三奇 중에서 時符頭 戊가 있는 곳으로 이곳에 直符를 붙이고, 양둔국이니 순행포국한다. 그런데 대칭궁인 坎1宮의 지반에 戊가 있으니 直符 返吟이 되는 것이다. 또한 天蓬九星 중 天蓬星의 定位宮은 坎宮인데 天蓬星이 離宮에 낙궁했으니 對冲宮이 되어 九星返吟을 겸한 것이다.

24. 문박격門迫格 · 궁박격宮迫格

◉ 八門이 九宮을 剋하면 "迫(박)"이라 한다.

　八門을 九宮이 剋하면 "制(제)"라 한다.

　八門이 九宮을 生하면 "和(화)"라 한다.

　九宮이 八門을 生하면 "義(의)"라 한다.

◉ 和는 吉에 속하며, 奇門의 효능을 상승시킨다.

◉ 義는 吉에 속하며, 遁甲의 효능을 상승시킨다.

◉ 迫은 平中하고, 門의 운행이 宮의 영향을 받지 않는다.

◉ 制는 凶에 속하며 吉事도 不成하고, 凶事는 더욱 흉해진다.

◉ 吉門이 迫(宮을 剋)되면 吉變凶이 되고, 凶門이 迫(宮을 剋)되면 凶加凶이 된다.

◉ 門이 宮을 剋하면 門迫, 또는 吉迫이라 하는데, 吉門이라도 門迫이 되면 길하지 않다.

◉ 凶門이 門迫이 되면 災禍가 중첩되어 나타나고, 宮이 門을 制하면 "宮迫"이라 한다. 迫이 되면 각 八門의 길한 징조는 사라지며, 때때로 압박감과 근심걱정이

나타난다.

⊙ 景門이 兌宮에 있을 때.(景門의 定位門 離火宮. 兌宮은 金宮 → 火剋金)

休門이 離宮에 있을 때.

生門이 坎宮에 있을 때

開門이 震宮에 있을 때

吉兆는 소멸되고 압박을 받게 된다.

〈和義迫制 圖表〉

巽 巳 ❹	離 午 ❾	未 坤 ❷
辰 休門 水	杜門 木 傷門 木	申 景門 火
震卯 ❸ 休門 水	❺ 和	兌酉 ❼ 死門 土 生門 土
寅 ❽ 景門 火	坎子 ❶ 驚門 金 開門 金	亥 乾 ❻ 死門 土 生門 土
艮 丑		

巽 巳 ❹	離 午 ❾	未 坤 ❷
辰 景門 火	死門 土 生門 土	驚門 金 開門 金 申
震卯 ❸ 景門 火	❺ 義	兌酉 ❼ 休門 水
寅 ❽ 驚門 金 開門 金	坎子 ❶ 傷門 木 杜門 木	亥 乾 ❻ 休門 水 戌
艮 丑		

巽 巳 ❹	離 午 ❾	未 坤 ❷
辰 驚門 金 開門 金	❾ 休門 水	傷門 木 杜門 木 申
震卯 ❸ 驚門 金 開門 金	❺ 迫	兌酉 ❼ 景門 火
寅 ❽ 傷門 木 杜門 木	坎子 ❶ 死門 土 生門 土	亥 乾 ❻ 景門 火 戌
艮 丑		

巽 巳 ❹	離 午 ❾	未 坤 ❷
辰 死門 土 生門 土	驚門 金 開門 金	休門 水 申
震卯 ❸ 死門 土 生門 土	❺ 制	兌酉 ❼ 傷門 木 杜門 木
寅 ❽ 休門 水	坎子 ❶ 景門 火	亥 乾 ❻ 傷門 木 杜門 木 戌
艮 丑		

예) 陰遁4局 丁卯日 庚子時

　　時　　干 : 庚

　　時符頭 : 辛(甲午旬中)

巽　　　巳	離　　午	未　　　坤
❹ 丁 戊 休　太　天 門　陰　柱	❾ 丙 壬 生　螣　天 門　蛇　心	❷ 辛 庚 傷　直　天 門　符　蓬
❸ 庚 己 開　六　天 門　合　芮	❺ ⑩ 乙 	❼ 癸 丁 杜　九　天 門　天　任
❽ 壬 癸 驚　白　天 門　虎　英	❶ 戊 辛 死　玄　天 門　武　輔	❻ 己 丙 景　九　天 門　地　沖

(행: 辰/震卯/寅, 하단: 艮 丑 坎子 亥 乾, 우측: 申 兌酉 戌)

◆ 開門의 定位門은 乾宮으로 金神이다. 상기는 震宮에 臨하여 金이 震宮의 五行
인 木氣를 극하니 門迫格이다.

25. 육의격형격六儀擊刑格

◉ 天盤의 甲子戊가 震卯宮에 있을 때 子卯의 無禮之刑(무례지형)이 된다.
　天盤의 甲戌己가 坤未宮에 있을 때 戌未의 無恩之刑(무은지형)이 된다.
　天盤의 甲申庚이 艮寅宮에 있을 때 申寅의 持勢之刑(지세지형)이 된다.
　天盤의 甲午辛이 離午宮에 있을 때 午午 自刑이 된다.
　天盤의 甲辰壬이 巽辰宮에 있을 때 辰辰 自刑이 된다.
　天盤의 甲寅癸가 巽巳宮에 있을 때 寅巳의 持勢之刑이 된다.

◉ 六儀의 吉兆는 소실된다. 대신 흉조가 나타난다. 매사불성이다.
　動함 보다 靜함이 좋고 守舊(수구)가 이롭다. 用兵은 불리하며 패망하고 刑戮(형육)을 받는다.

◉ 만약 天網四張(천망사장)을 만나면 포로가 되거나 감옥에 갇힌다.

예1) 陽遁1局 甲子日 庚午時

時　干 : 庚

時符頭 : 戊(甲子旬中)

巽　　巳	離　　午	未　　坤
❹ 丙/辛 死門 螣蛇 天任	❾ 庚/乙 驚門 太陰 天沖	❷ 辛/己 開門 六合 天輔
震卯　❸ 戊/庚 景門 直符 天蓬	❺⑩ 壬	❼ 乙/丁 休門 勾陳 天英　兌酉
寅　❽ 癸/丙 杜門 九天 天心	❶ 丁/戊 傷門 九地 天柱	❻ 己/癸 生門 朱雀 天芮　戌
艮　　丑	坎　子	亥　　乾

(좌측 辰, 우측 申)

◆ 庚午時는 甲子旬 中의 戊符頭이고, 六儀 戊 天盤이 震宮에 臨하므로 子卯刑殺이 되어 六儀擊刑(육의격형)格이다. 用兵과 用事 모두 불리하다. 甲子戊가 直符와 同宮되어도 불리하다.

예2) 陰遁7局 戊申日 辛酉時

時　干 : 辛

時符頭 : 癸(甲寅旬中)

巽　　巳	離　　午	未　　坤
❹ 癸/辛 死門 直符 天	❾ 戊/丙 驚門 九 天	❷ 己/癸 開門 九 天　申
辰		

	❸ 門符芮	❺ ⑩ 門天柱	❼ 門地心	
震卯	丙/壬 景腾 天 門蛇 英	庚	丁/戊 休玄 天 門武 蓬	兌酉
	❽	❶	❻	
寅	辛/乙 杜太 天 門陰 輔	壬/丁 傷六 天 門合 沖	乙/己 生白 天 門虎 任	戌
艮	丑	坎子	亥	乾

◆ 辛酉時는 甲寅旬中의 癸符頭이고, 天盤六儀 癸가 巽宮에 臨하므로 寅巳刑殺의 六儀擊刑(육의격형)格이다.

26. 입묘격入墓格

1) 三奇入墓格(삼기입묘격)

天盤의 乙이 坤宮이나 乾宮에 臨할 때.

天盤의 丙이 乾宮에 臨할 때.

天盤의 丁이 艮宮에 臨할 때.

吉兆(길조)는 消失된다. 每事不成이고, 前途가 어둡다.

用兵, 用事에 불리하다.

2) 時墓格(시묘격)

乙未時에 天盤의 乙이 未坤宮에 진입.

丙戌時에 天盤의 丙이 戌乾宮에 진입.

戊戌時에 天盤의 戊가 戌乾宮에 진입.

辛丑時에 天盤의 辛이 丑艮宮에 진입.

壬辰時에 天盤의 壬이 辰巽宮에 진입.

아홉개 干의 凶이 나타나며, 매사불성이고, 災難이 따르며, 일체 거동은 不可하다.

예) 陰遁4局 丙申日 庚寅時

時　干：庚

時符頭：庚(甲申旬中)

巽　　　　巳	離　　　　午	未　　　　坤
❹	❾	❷
辰　戊／戊	壬／壬	庚／庚(乙)　　申
杜　太　天 門　陰　輔	景　螣　天 門　蛇　英	死　直　天 門　符　芮
❸	❺ ⑩	❼
震　己／己 卯	乙	丁／丁　　兌 　　　　酉
傷　六　天 門　合　沖		驚　九　天 門　天　柱
❽	❶	❻
寅　癸／癸	辛／辛	丙／丙　　戌
生　白　天 門　虎　任	休　玄　天 門　武　蓬	開　九　天 門　地　心
艮　　　　丑	坎　　　　子	亥　　　　乾

❖ 丙의 墓는 戊土로 乾宮인데, 天盤 丙과 地盤 丙이 乾宮에 臨하니 三奇入墓格
이다. 매사 모두 흉하니 用兵과 用事에 불리하다.

27. 기격奇格

⊙ 天盤 六庚이 地盤 三奇인 乙·丙·丁을 만나는 것이다.

1) 天盤 六庚이 地盤 丙丁을 만나면 下剋上이 된다. 先動者는 凶하다. 用兵에 불리
하다. 守備는 이롭고 공격은 불리하다.

2) 天盤 六庚이 地盤 乙奇를 만나면 相剋下가 된다. 先動者는 吉하다. 적은 것으로
큰 것을 칠 수 있고, 먼저 발동하여 사람을 제압하니 공격을 이로우나 守備는
불리하다.

예) 陰遁8局 丁卯日 丙午時

時　干：丙

時符頭：壬(甲辰旬中)

巽　　巳	離　午	未　　坤
④	❾	❷
辰　己／壬　生 玄 天／門 武 柱	庚／乙　傷 白 天／門 虎 心	丙／丁　杜 六 天／門 合 蓬　申
❸	❺ ⑩	❼
震卯　丁／癸　休 九 天／門 地 芮	辛	戊／己　景 太 天／門 陰 任　兌酉
❽	❶	❻
寅　乙／戊　開 九 天／門 天 英	壬／丙　驚 直 天／門 符 輔	癸／庚　死 螣 天／門 蛇 沖　戌
艮　　丑	坎　子	亥　　乾

28. 삼기수제격 三奇受制格

◉ 三奇受刑格(삼기수형격)이라고도 한다. 乙・丙・丁이 宮에 있어 剋을 받거나, 地盤 六儀의 制를 받는 것을 말한다.

◉ 丙・丁奇가 坎宮에 들면 火가 水地에 臨하는 것이고, 乙奇가 乾宮이나 兌宮에 들면 木이 金鄕에 드는 것이니 三奇가 水制되는 것이므로 만사 動하면 불리하다. 乙奇가 乾兌宮에 臨하거나, 地盤 庚辛金의 剋을 받거나, 丙・丁奇가 坎宮에 임하거나, 地盤 壬癸水의 剋을 받으면 三奇가 역량을 발휘하게 어려우니 매사 動하면 불리한 것이다.

巽　　巳	離　午	未　　坤
④	❾	❷
辰　丁奇得使／丙奇得使	丁奇旺相／丙奇升殿	丙奇得使／乙奇入墓　申

乙奇旺相 丁奇旺相	乙奇得使	

	❸ 丙奇旺相 乙奇升殿	❺ ⑩	❼ 丁奇升殿 乙奇受制	
震 卯				兌 酉
寅	❽ 丁奇得使 丁奇入墓	❶ 丙奇得使 乙奇旺相 乙奇入墓 丁奇入墓	❻ 乙奇得使 丙奇入墓 乙奇受制 乙奇入墓	戌
艮	丑	坎　子	亥	乾

三奇 落宮 旺衰表

	坎宮	艮宮	震宮	巽宮	離宮	坤宮	兌宮	乾宮
乙·日奇	0		0	0	0	×	×	×
丙·月奇			0	0	0	0		×
丁·星奇	×			0	0		0	

29. 천망사장격天網四張格

⊙ 天盤 癸가 地盤 癸에 臨하는 것이다. 또는 天盤 癸가 地盤 占時干에 加하면 天網四張이라 한다.

⊙ 百事가 흉하니 用事, 用兵에 불리하다. 癸時는 天網이고 壬時는 地網이다.

⊙ 地網은 흉화가 다소 덜하나 天網은 凶禍가 심하다.

⊙ 出兵, 出行, 遠行에 모두 不利하다.

⊙ 天盤 癸가 坎宮이면 居旺이니 그물이 1척으로 빠져나갈 틈이 없고, 坤宮이면 居剋되니 그물이 2척이고, 震宮에서 만나면 居衰되니 3척이고, 巽宮에서 만나도 역시 居衰되니 그물이 4척이다. 그물이 높으면 그만큼 흉화가 있더라도 모면할 수 있는 것이다.

⊙ 天網을 풀려면 天三門(酉金 從魁, 卯木 太沖, 丑土 小吉)에서 奇門을 加하거나, 奇門

을 찾아 太陰에 加하여 辰巳方으로 나가면 된다.

⊙ 天網四張은 百事가 모두 흉하나 피난, 도피, 은둔, 수도에는 길하다.

예1) 陽遁1局 乙巳日 甲申時
　　　時　干 : 甲
　　　時符頭 : 庚(甲申旬中)

巽　　巳	離　午	未　　坤
❹	❾	❷
辰　辛/辛　杜門 螣蛇 天輔	乙/乙　景門 太陰 天英	己/己　死門 六合 天芮　申
❸	❺ ⑩	❼
震卯　庚/庚　傷門 直符 天沖	壬	丁/丁　驚門 勾陳 天柱　兌酉
❽	❶	❻
寅　丙/丙　生門 九天 天任	戊/戊　休門 九地 天蓬	癸/癸　開門 朱雀 天心　戌
艮　　丑	坎　子	亥　　乾

◆ 乾宮의 天盤 癸가 地盤 癸에 임하므로 天網四張格이다. 百事에 不吉하니, 吉門, 吉卦가 同宮하더라도 用事는 피함이 좋다.

예2) 陰遁4局 乙丑日 己卯時
　　　時　干 : 己
　　　時符頭 : 己(甲戌旬中)

巽　　巳	離　午	未　　坤
❹	❾	❷
辰　戊/戊　開門 九天 天輔	壬/壬　休門 九地 天英	庚/庚　傷門 玄武 天芮　申
震　❸	❺ ⑩	❼　兌

卯	己 己		乙	丁 丁	酉
	驚直天 門符沖			傷白天 門虎柱	
	❽		❶	❻	
寅	癸 癸		辛 辛	丙 丙	戌
	死螣天 門蛇任		景太天 門陰蓬	杜六天 門合心	
艮	丑		坎 子	亥	乾

30. 지라차격 地羅遮格

⊙ 六壬이 時干에 가하거나 六癸가 坤宮에 임하는 것이다. 用事, 用兵에 모두 不利
하다.

예) 陽遁7局 丁丑日 乙巳時

時　干：乙

時符頭：壬(甲辰旬中)

巽	巳 ❹	離 午 ❾	未 ❷	坤
辰	己 丁	癸 庚	丁 壬	申
	驚勾天 門陳任	開朱天 門雀沖	休九天 門地輔	
	❸	❺ ⑩	❼	
震 卯	辛 癸	丙	庚 戊	兌 酉
	死六天 門合蓬		生九天 門天英	
	❽	❶	❻	
寅	乙 己	戊 辛	壬 時 乙 干	戌
	景太天 門陰心	杜螣天 門蛇柱	傷直天 門符芮	
艮	丑	坎 子	亥	乾

◆ 乾宮의 六壬이 時干 乙奇에 臨하므로 地羅遮格이다.

31. 이룡상비격二龍相比格

⊙ 六甲 直符 戊가 乙奇에 臨하거나, 天盤 乙奇가 地盤 六甲 直符 戊를 만나는 것이다.
⊙ 門吉하면 흉함이 적으나, 門凶하면 매사 흉하다. 시비, 다툼, 관재구설, 손재 등이 발생한다.

예) 陽遁3局 甲戌日 乙丑時

時　干：乙
時符頭：戊(甲子旬中)

巽　　　　巳	離　午	未　　　坤
❹	❾	❷
辰　丙／己　傷九天門地蓬	癸／丁　杜九天門天任	戊／乙　景直天門符沖　申
❸	❺ ⑩	❼
震卯　辛／戊　生朱天門雀心	庚	己／壬　死螣天門蛇輔　兌酉
❽	❶	❻
寅　壬／癸　休勾天門陳柱	乙／丙　開六天門合芮	丁／辛　驚太天門陰英　戌
艮　　　丑	坎　子	亥　　　乾

◆ 坤宮의 天盤 直符 戊가 乙奇에 臨하므로 二龍相比格이다.

32. 화피수지격 火被水地格

⊙ 天盤의 丙·丁奇가 坎宮에 臨하는 것을 말한다.

⊙ 主보다 客이 흉하다.

⊙ 百事가 다 흉하니 動하지 말고 靜해야 한다.

예) 陰遁8局 戊寅日 丁巳時

　　時　干：丁

　　時符頭：癸(甲寅旬中)

巽　　巳 ❹	離午 ❾	未　　坤 ❷
辰 丙/壬　生太天 門陰蓬	戊/乙　傷螣天 門蛇任	癸/丁　杜直天 門符沖　申
震卯 ❸	❺⑩	兌酉 ❼
庚/癸　休六天 門合心	辛	壬/己　景九天 門天輔
寅 己/戊 ❽　開白天 門虎柱	丁/丙 ❶　驚玄天 門武芮	乙/庚 ❻　死九天 門地英　戌
艮　　丑	坎子	亥　　乾

◆ 天盤 丁奇가 坎宮에 臨하므로 火被水地格이다.

33. 목입금향격 木入金鄕格

⊙ 乙奇가 乾·兌宮에 臨하는 것을 말한다.

⊙ 動함을 禁하고 圖謀之事(도모지사)는 不成한다.

⊙ 主보다 客이 더욱 흉하다.

例) 陽遁8局 丁未日 庚戌時

　　時　干：庚
　　時符頭：壬(甲辰旬中)

巽　巳 ❹	離午 ❾	未 ❷	坤
辰　辛/癸　生門 六合 天芮	乙/己　傷門 勾陳 天柱	丙/辛　杜門 朱雀 天心	申
❸	**❺⑩**	**❼**	
震卯　己/壬　休門 太陰 天英	丁	庚/乙　景門 九地 天蓬	兌酉
❽	**❶**	**❻**	
寅　癸/戊　開門 螣蛇 天輔	壬/庚　驚門 直符 天沖	戊/丙　死門 九天 天任	戌
艮　丑	坎子	亥	乾

◆乙奇가 兌宮 金鄕에 臨하므로 木入金鄕格이다.

34. 화림금위격火臨金位格

◎ 天盤 丙·丁奇가 乾·兌宮에 臨함을 말한다.
◎ 百事가 凶하고, 圖謀之事(도모지사)는 不成한다.

예) 陰遁1局 甲辰日 己巳時

　　時　干：己
　　時符頭：戊(甲子旬中)

巽　巳 ❹	離午 ❾	未 ❷	坤
辰　壬/丁	戊/己	庚/乙	申

	驚門 膽蛇 天心	開門 直符 天蓬	休門 九天 天任	
震卯	❸ 辛/丙 死門 太陰 天柱	❺ ⑩ 癸	❼ 丙/辛 生門 九地 天沖	兌酉
寅	❽ 乙/庚 景門 六合 天芮	❶ 己/戊 杜門 白虎 天英	❻ 丁/壬 傷門 玄武 天輔	戌
艮　丑		坎子	亥　乾	

35. 금벽목림격 金劈木林格

⊙ 庚辛金이 震·巽宮에 臨함을 말한다.

⊙ 用事, 用兵 모두 불리하다.

⊙ 主보다 客에게 흉함이 적다.

　예) 陽遁1局 丙戌日 己丑時

　　時　干 : 己

　　時符頭 : 庚(甲申旬中)

	巽　巳	離　午	未　坤	
辰	❹ 戊/辛 景門 九地 天蓬	❾ 丙/乙 死門 九天 天任	❷ 庚/己 驚門 直符 天沖	申
震卯	❸ 癸/庚 杜門 朱雀 天心	❺ ⑩ 壬	❼ 辛/丁 開門 膽蛇 天輔	兌酉
寅	❽ 丁	❶ 己	❻ 乙	戌

丙		戊		癸	
傷 勾 天		傷 六 天		休 太 天	
門 陳 柱		門 合 芮		門 陰 英	
艮	丑	坎	子	亥	乾

36. 지라점장격 地羅占葬格

⊙ 天盤 壬이 地盤 壬에 臨하는 것이다.

⊙ 伏吟局의 하나로 뱀이 地羅에 드는 격으로 每事不成한다.

  예) 陽遁8局 丁卯日 辛丑時

    時　干 : 辛

    時符頭 : 辛(甲午旬中)

巽	巳		離 午		未	坤
	❹		❾		❷	
辰	癸/癸		己/己		辛/辛	申
	景 九 天		死 九 天		驚 直 天	
	門 地 輔		門 天 英		門 符 芮	
	❸		❺ ⑩		❼	
震 卯	壬/壬		丁		乙/乙	兌 酉
	杜 朱 天				開 螣 天	
	門 雀 沖				門 蛇 柱	
	❽		❶		❻	
寅	戊/戊		庚/庚		丙/丙	戌
	傷 勾 天		生 六 天		休 太 天	
	門 陳 任		門 合 蓬		門 陰 心	
艮	丑		坎 子		亥	乾

  ◆震宮 天盤 壬이 地盤 壬에 加하니 地羅占葬格이다. 매사 불성이다.

37. 청룡수곤격 靑龍受困格

◉ 六甲 戊가 六戊에 加하는 것을 말한다.

◉ 用兵과 遠行에 不利하다.

예) 陽遁3局 甲辰日 戊辰時

    時　干：戊

    時符頭：戊(甲子旬中)

巽　　巳	離　午	未　　坤
❹	❾	❷
辰 己/己 開膽天 門蛇輔	丁/丁 休太天 門陰英	乙/乙 申 生六天 門合芮
❸	❺⑩	❼
震卯 戊/戊 驚直天 門符沖	庚	壬/壬 兌酉 傷勾天 門陳柱
❽	❶	❻
寅 癸/癸 死九天 門天任	丙/丙 景九天 門地蓬	辛/辛 戌 杜朱天 門雀心
艮　　丑	坎　子	亥　　乾

◆ 震宮의 天盤 直符 戊가 地盤 六戊에 加臨하므로 靑龍受困格이다.

38. 야전격 野戰格

◉ 直使(定位門)가 地盤 六庚에 加한 것을 말한다.

예) 陽遁7局 甲寅日 丙寅時

    時　干：丙

    時符頭：戊(甲子旬中)

巽　　　巳	離　　　午	未　　　坤
❹	❾	❷
辰　　庚/丁　　死九天門地英	壬/庚　　驚九天門天芮	戊/壬　　開直天門符柱　　申
❸	❺ ⑩	❼
震卯　　丁/癸　　景朱天門雀輔	丙	乙/戊　　休螣天門蛇心　　兌酉
❽	❶	❻
寅　　癸/己　　杜勾天門陳沖	己/辛　　傷六天門合任	辛/乙　　生太天門陰蓬
艮　　　丑	坎　　　子	亥　　　乾

◆ 離宮의 驚門은 時家八門의 定位門(直使)인데 地盤 六庚에 臨했으므로 野戰格
이다.

39. 목래극토격木來剋土格

◉ 乙奇가 坤, 艮宮에 臨함을 말한다.

◉ 압박을 받고 災害가 발생하고, 客은 이롭고 主는 흉하다.

예) 陽遁3局 丙申日 己亥時

　　時　干 : 己

　　時符頭 : 辛(甲午旬中)

巽　　　巳	離　　　午	未　　　坤
❹	❾	❷
辰　　辛/己　　死直天門符心	丙/丁　　驚螣天門蛇蓬	癸/乙　　開太天門陰任　　申

```
震卯  壬         ─          戊              兌
     戊  ❸      庚  ❺⑩     壬  ❼          酉
       景 九 天              休 六 天
       門 天 柱              門 合 沖

     乙         丁          己              戌
寅   癸  ❽      丙  ❶      辛  ❻
       杜 九 天    傷 朱 天    生 勾 天
       門 地 芮    門 雀 英    門 陳 輔
艮    丑          坎子          亥         乾
```

◆ 乙奇가 坤宮에 임하므로 木來剋土格이다.

40. 발격勃格

⊙ 天盤 丙奇가 地盤 六庚을 만나거나, 天盤 六庚이 地盤 六癸를 만나는 것을 말한다.

⊙ 用兵과 用事에 凶하다.

⊙ 百事가 不成이다.

⊙ 天盤 庚이 地盤 年. 月. 日. 時干이 되면 歲. 月. 日. 時格과 같은데, 이를 勃格이라 칭하기도 한다.

⊙ 또한 天盤 丙奇가 地盤 年月日時干을 만나면 역시 勃格이라 한다. 이 경우 地盤丁과 同宮이면 火星이 發하는 것이니 화재가 발생한다.

예1) 陰遁4局 戊申日 丙辰時
　　　時　干 : 丙
　　　時符頭 : 癸(甲寅旬中)

```
巽     巳          離午          未          坤

     庚  ❹      丁  ❾      丙  ❷
辰   戊          壬          庚              申
       死 白 天    驚 六 天    開 太 天
       門 虎 芮    門 合 柱    門 陰 心
```

陽遁8局 (예1 도표)

震卯			兌酉
❸ 壬/己 景玄天 門武英	❺ ⑩ 乙	❼ 辛/丁 休螣天 門蛇蓬	
❽ 戊/癸 杜九天 門地輔 寅	❶ 己/辛 傷九天 門天沖 坎子	❻ 癸/丙 生直天 門符任 亥	戌 乾
艮　丑			

◆ 天盤 丙이 地盤 庚을 만나 坤宮에 臨하니 勃格이다.

예2) 陽遁8局 丙午日 癸巳時

　時　干 : 癸

　時符頭 : 庚(甲申旬中)

巽	巳	離午		未	坤
辰	❹ 庚/癸 杜直天 門符蓬	❾ 戊/己 景螣天 門蛇任	❷ 壬/辛 死太天 門陰沖	申
震卯	❸ 丙/壬 傷九天 門天心	❺ ⑩ 丁	❼ 癸/乙 驚六天 門合輔	兌酉
寅	❽ 乙/戊 生九天 門地任	❶ 辛/庚 休朱天 門雀芮	❻ 己/丙 開勾天 門陳英	戌
艮	丑	坎 子	亥	乾

41. 화림금향격 火臨金鄕格

◎ 天盤 丙에 地盤 庚이고 驚門에 臨할 때.

　天盤 丁에 地盤 辛이고 驚門에 臨할 때.

◎ 災禍가 자주 발생하고 관직을 박탈당하기 쉬우며, 卒人은 원한을 사기 쉽다.

42. 패란격 悖亂格

◎ 丙加直符, 直符加丙, 四干(年, 月, 日, 時干)加丙, 丙加四干

◎ 하극상의 쿠데타 반역사건 발생. 國運에는 亂臣賊子(난신적자)가 국정을 전횡한다.

◎ 人命宮에 있으면 하수인에게 배신을 당하거나, 하극상의 위계질서가 문란해진다.

43. 비패격 飛悖格

◎ 天乙貴人이 丙에 加함을 말한다.

◎ 매사불성이다.

44. 부패격 符悖格

◎ 丙이 天乙貴人에 加함을 말한다.

◎ 매사불성이다.

제7편

기문평생사주국 통변
奇門平生四柱局 通辯

奇門四柱局은 사람의 사주팔자를 기문둔갑을 적용하여 간명해 보는 방법으로, 奇門遁甲의 종주국인 중국에는 없는 우리나라에서 독특하게 창안되어 발달해온 학문이다. 이에는 사람의 평생운을 간명하는 "奇門平生四柱局"과 일년간의 운세의 길흉을 살펴보는 "奇門一年身數局"이 있다. 약칭하여 平生局과 身數局으로 부르기도 한다.

奇門四柱局은 洪局奇門의 구성요소들이 주체가 되나 烟局奇門의 구성요소도 참조해야 한다. 굳이 비중을 논한다면 통설을 참조하여 洪局奇門 70%, 烟局奇門 30%의 비중을 주고 간명한다면 큰 오류가 적을 것이다.

제1장
기문평생사주국奇門平生四柱局

1. 구성요소 요약構成要素 要約

洪局奇門(홍국기문)

⊙ 洪局數(홍국수)

⊙ 六神(육신)

⊙ 大運(대운)

⊙ 日家八門神將(일가팔문신장)

⊙ 八卦生氣(팔괘생기)

⊙ 太乙九星(태을구성)

⊙ 十二胞胎運星(십이포태운성)

⊙ 十二神殺(십이신살)

⊙ 其他 諸 神殺(기타 제 신살)

⊙ 十二天將(십이천장)

⊙ 四利三元 (참조)

烟局奇門(연국기문)

⊙ 天·地盤六儀三奇(천·지반육의삼기)

⊙ 時家八門神將(시가팔문신장)

⊙ 直符八將(직부팔장)

⊙ 天蓬九星(천봉구성)

⊙ 三元紫白(삼원자백)

2. 간명看命시 유의점

1) 奇門平生四柱局은 기문둔갑에 사주의 자평명리법을 도입하여 평생의 운세를 간명해 보는 방법이다. 따라서 사주에서 중요하게 활용하는 六神의 역할과 응용이 기문평생국에서도 매우 중요한 요소임을 인지해야 한다.

2) 九宮圖는 각 宮이 독립체산적인 역할을 하지만 그러면서도 각 宮은 상호 유기적인 관계를 이루고 있다 판단해야 하며, 특히 日辰宮과 中宮과 기타 宮과의 연계관계를 통찰하는 것이 奇門四柱局 통변의 첩경인 것이다. 국가의 경우라면 日辰宮은 國家元首가 거처하는 帝座로 보고, 中宮은 나라의 살림을 도맡아 운영하는 중앙부처로 보고, 기타 宮은 諸侯國이라 설정하면 이해가 잘되리라 사료된다. 다른 한편으론 奇門學이 고대의 병법에서 용병과 진지구축에 활용키 위한 학문임을 감안할 경우에는, 日辰宮은 君王의 자리이고, 中宮은 군을 통솔하는 군사령관의 자리이고, 기타 宮은 주변에 배열된 陣地라 생각하면 될 것이다.

   家宅의 경우라면 日辰宮은 家主가 될 것이고, 中宮은 가계살림 운영의 주체이고, 기타 宮은 家宅과 연관된 주변의 여러 요소 및 환경이라 논하면 될 것이다.

3) 중궁의 해당 六神은 用事하고자 하는 사안에서 가장 중요하게 대두되는 요약된 관점인 것이다. 평생국이라면 問占人이 평생을 살아가는 동안 가장 중요하고 밀접하게 대두되는 문제인 것이고, 일년신수국이라면 당해년도에 발생할 사안의 핵심 주안점인 것이다. 예로 평생국에서 中宮이 財鬼에 해당된다면 當主는 평생에 걸쳐 사업, 여자, 損財와 연관된 문제가 핵심적으로 발생하게 되는 것이고, 官鬼에 해당되는 경우라면 世宮이 旺하면 흉변길이 되지만, 世宮이 弱하면 평생에 걸쳐, 시비다툼, 관재구설, 사고, 질병 등의 문제가 주요하게 대두되는 것이다.

4) 日辰宮은 旺함을 요한다. 日辰宮은 君王의 자리이므로 旺해야만 기타 宮을 잘 통제하고 제압할 수 있으니 길한 命造가 되는 것이다.

5) 四辰(年支宮, 月支宮, 日辰宮의 天·地盤, 時支宮)은 動處인 中宮의 天·地盤과 더불어 他 宮에 직접적으로 영향을 미칠 수 있으나, 기타 宮은 중궁을 거쳐야만 他 宮에 영향을 미칠 수 있다.

6) 行年宮과 太歲宮도 動處의 역할을 한다.

7) 奇門四柱局은 각 宮에 附法하는 여러 神殺들과의 연계관계를 잘 파악하고, 이를

잘 활용하는 것이야말로 기문둔갑 통변의 첩경이란 점을 숙지해야 한다.

8) 각 宮의 상호간 生化剋制 관계를 면밀히 파악하고 분석해야한다. 특히 行年과 太歲 낙궁처와 日辰宮과 年支宮과의 生剋관계는 局에 미치는 영향이 크고 향후 발생할 사안에 대한 주요 쟁점사항이 됨을 주지해야 한다.

3. 기문평생사주국奇門平生四柱局 작국법作局法 요약要約

1) 生年, 月. 日. 時로 四柱를 造式하고 天干과 地支에 奇門數를 대입하여 각각의 合을 九로 제한 나머지 數로 中宮의 天盤과 地盤의 숫자를 정한다.
   각 궁의 지반수는 중궁의 지반수에 數를 1씩 더하여 구궁정위도상으로 순행포국하고, 긱 궁의 천반수는 중궁의 지반수에 數를 1씩 더하여 구궁정위도상으로 역행하여 포국하여 각 궁의 洪局數를 완성한다.

2) 日辰이 있는 곳의 十二地支九宮定位圖上에 世를 부기하고 世가 있는 日辰宮의 지반수를 자평명리의 日干처럼 변환하여 각 宮의 지반수의 해당오행에 六神을 附法한다.

3) 日家八門神將은 陰·陽遁을 구분하여 生日의 日辰이 떨어지는 宮에서부터 양둔순, 음둔역하여 포국한다.

4) 八卦生氣는 中宮의 지반수에 해당하는 洛書九宮數理의 卦宮을 기준하여 포국한다.

5) 太乙九星은 양둔국은 艮宮, 음둔국은 坤宮에서 甲子를 起하여 1일씩 留하며 구궁정위도상으로 陽順·陰逆하여 세어나가되, 日辰宮이 떨어지는 곳에 太乙을 붙이고 나머지는 陽遁順布하고 陰遁逆布한다.

6) 十二胞胎運星은 日辰宮 지반수를 天干으로 바꾸어 絶된 地支에서부터 陽遁順布, 陰遁逆布하여 附法해 가는데, 絶된 지반수에 附法하는 것이 아니고, 絶된 십이지지구궁정위도상에 附法하는 것이다.

7) 十二神殺은 사주원국의 年支 및 日支 기준하여 음·양둔 구분없이 각 宮의 해당지반수에 附法하는 것이다.

8) 四利三元은 日辰宮이 있는 곳에 太歲를 부법하여 陰·陽遁을 막론하고 十二地支

定位宮상에 太歲→太陽→喪門→太陰→官符→死符→歲破→龍德→陰符→福德→
弔客→病符 순으로 順行 附法한다.

9) 地盤六儀三奇는 三元節氣表에 의거 음·양둔 및 上·中·下元의 局을 알고, 陽
遁順, 陰遁逆으로 포국한다.

10) 天盤六儀三奇는 時干支의 時符頭를 알아, 地盤時干上에 時符頭를 이거해 오고
나머지도 음·양둔을 막론하고 순차적으로 이거해와 포국한다.

11) 時家八門神將은 地盤의 時符頭가 있는 곳의 時家八門定位門(直使)을 알아놓고,
다시 이곳에서 부터 陽遁順, 陰遁逆하여 旬首부터 세어나가되, 時干支 떨어지
는 宮에 時家八門定位門(直使)을 이거해오고, 나머지도 陰·陽遁을 막론하고 순
차적으로 이거해와 순행포국한다.

12) 直符八將은 天盤奇儀 중에서 時符頭 所在宮에 直符를 附法하고 나머지는 陽遁
順布, 陰遁逆布 한다.

13) 天蓬九星은 地盤六儀三奇를 기준하되, 地盤 時符頭 있는 곳의 天蓬九星(定位
星)을 地盤奇儀 중 時干上으로 移去해오고 나머지는 순차적으로 이거해와 陰
·陽遁을 막론하고 順布한다.

14) 三元紫白은 上元甲子生 1局, 中元甲子生 4局, 下元甲子生 7局에서 甲子를 起
하여 양둔불용이고 음둔사용이니, 구궁정위도상에 逆布하여 생년태세 낙궁처
의 九星을 다시 중궁에 入한 후 나머지는 구궁정위도상으로 순행포국한다.

15) 日辰宮의 天盤과 地盤, 四柱의 日干과 年支, 日支를 기준하여 해당 각 宮 및
해당 지반수에 合과 沖殺 및 각종 神殺을 附法한다.

16) 四干(歲干,月干,日干,時干) 附法은 地盤六儀三奇 중에서 四柱의 天干과 동일한 干
이 있는 宮에 附法한다.

17) 四支(歲支,月支,日支,時支) 附法은 四柱의 地支에 해당하는 十二地支定位宮에 地
支를 附法한다.

18) 陰·陽遁을 구분하여 평생국의 大運數를 附法한다.
陽遁局은 地盤은 世宮에서 시작하여 각 궁의 지반수를 구궁정위도상으로 순행
합계하여 45세에 至하고, 天盤은 지반합계 45세에 世宮부터 천반수를 더하여
각 궁의 천반수를 구궁정위도상으로 역행 합계하여 90세에 至한다.
陰遁局은 地盤은 世宮에서 시작하여 각 궁의 지반수를 구궁정위도상으로 역행

합계하여 45세에 至하고, 天盤은 지반합계 45세에 世宮부터 천반수를 더하여 각 궁의 천반수를 순행 합계하여 90세에 至한다.

19) 1年身數局은 보고자 하는 당년태세에 生月, 生日, 生時를 적용하여 기문 평생 사주국 포국법과 같이 作局하여 판단한다.

◆신수국 중 月局은 보고자 하는 當年, 當月에 生日, 生時를 加하여 기문 평생 사주국 포국법과 같이 作局하여 판단한다.

◆신수국 중 日局은 보고자 하는 當年, 當月, 當日에 生時를 가하여 기문 평생 사주국 포국법과 같이 作局하여 판단한다.

◆신수국 중 時局은 日局의 布局圖 中 용하고자하는 時宮의 천·지반수 및 구성요소들을 다시 入中宮하여 기문평생사주국 포국법과 같이 作局하여 판단한다.

20) 行年宮은 1年身數局 중에서 남녀 공히 兌宮에서 10세를 시작하여, 男順, 女逆하여 자신의 나이수가 닿는 宮이 行年宮으로 천반과 지반의 旺,相,休,囚,死와 神殺을 참작하여 판단한다.

◆본시 行年宮의 歲法은 남자는 離宮에서 1세를 시작하여 순행하되 처음회만 坤宮을 건너 띄고 계산하여 나가고, 여자는 坎宮에서 1세를 시작하여 역행하되 처음회만 艮宮을 건너 띄고 계산하여 나간다.

제2장

기문평생사주국奇門平生四柱局
통변실례通辯實例

[1] 男命. 음력. 1972년 12월 2일 戌時生

1. 기문평생국 도식

```
時 日 月 年
7  9  10 9
庚 壬 癸 壬      35 ÷ 9            8              8
          =  ------ 나머지  ---  中宮數  ---
戊 寅 丑 子      17 ÷ 9            8              8
11  3  2  1
----------
陽遁局 小寒 中元 8局
時  干：庚
時符頭：壬(甲辰旬中)
```

巽	巳 胞		離 午 胎		未 養		坤
	❹		❾		❷		
	歲官死　　27~28세		災歲　　　7~13세		天攀龍陰　　23~25세		
	劫符符　　60~63세		殺破　　　82~90세		殺鞍德符　　69~74세		
辰墓	辛月　4		乙　9		丙　6		申長生
	癸干　2		己　7		辛　10		
	財開絕招　生六天紫		正休禍天　傷勾天黃		正景生攝　杜朱天赤		
	鬼門命搖　門合芮		財門害乙　門陳柱		官門氣提　門雀心		

震卯死	❸ 將 太　　　　26~26세 星 陰　　　　64~68세 己 年 日　5 壬 干 干　1 劫 杜 遊 軒　　休 太 天 白 財 門 魂 轅　　門 陰 英	❺ ⑩ 六 驛　　　　29~36세 害 馬　　　　52~59세 丁　　　　8 (3) 　　　　　8 (3) 傷　　　天　　　　　白 官　　　符	❼ 月 歲 福　　41~45세 殺 蓋 德　　49~49세 庚　　　1 乙　　　5 官 驚 絕 咸　　景 九 天 碧 鬼 門 體 池　　門 地 蓬	兌 酉 沐 浴
寅 病	❽ 歲 太 喪　　1~6세 亡 陽 門　　46~48세 癸　　10 戊　　6　　世 月支 死 歸 太　　開 螣 天 綠 門 魂 陰　　門 蛇 輔	❶ 地 太　　　14~22세 殺 歲　　　75~81세 壬 時　7 年 庚 干　9 支 偏 生 天 太　　驚 直 天 白 印 門 宜 乙　　門 符 沖	❻ 歲 弔 病　　37~40세 桃 客 符　　50~51세 戊　　2 時 丙　　4 支 正 傷 福 青　　死 九 天 黑 印 門 德 龍　　門 天 任	戌 冠 帶
艮	丑衰	坎子帝旺	亥建祿	乾

2. 통변

(1) 概要(개요)

⊙ 각 宮의 천·지반수가 상하 상극하니 天地에 和合의 情이 없는 象이다. 이런 경우는 대체로 身苦(신고)가 많고 예기치 않은 흉액이 평생에 걸쳐 다발하게 된다.

⊙ 動處는 日辰宮 艮宮과 印星宮인 乾宮, 坎宮 그리고 中宮이다. 動處의 통변은 명조자가 평생에 걸쳐 가장 비중있고 또한 중요하게 대두되는 사안과 연계되는 것으로 六神 위주로 판단한다.

男命에서 正印은 어머니요 偏印은 아버지로 논하는데, 印星이 動했으니 부모문제가 평생 대두되는 것이고, 문서 계약과도 연관되니 이들 문제가 길흉간에 중점적으로 대두될 것이라 판단한다.

⊙ 日辰宮이 旺함을 요하는데, 일진궁 지반수 6水는 受剋되고 居剋되니 태약하다. 다시 死門, 歸魂 같이 흉문, 흉괘가 動하고, 십이포태운성이 衰와 病에 해당하여 역시 약하며 十二神殺이 흉살인 亡身殺에 해당하니 명조자는 인생에 있어서 이렇다 하고 내세울 것이 하나도 없는 命인 것이다.

日辰宮이 약하면 財를 제압하지 못하니 자신의 財를 만들지 못하여 빈천하게 살게 되는 것이다.

⊙ 중궁은 命造者 인생의 총괄적인 요약점이다. 주로 직업과 성격, 대인관계, 인생에서 주요하게 겪어야 할 쟁점사항 등을 나타낸다. 傷官이 동했으니 평생의 직업은 기술계통이며, 또한 傷官은 자식이나 수하인과 연관되어 자식이나 수하인과의 문제가 평생을 따라 다니게 되는 것이다.

(2) 부모운

⊙ 기문사주국에서 印星의 경우는 남명에서 正印은 어머니요 偏印을 아버지로 논하여 고찰하면 오류가 적다. 또한 印星宮이 왕한 경우라면 오히려 부모와 연관된 문제가 대두되는 것이니 正印을 친모, 偏印을 서모로 논하여 판단해보기도 한다. 어머니궁인 正印宮의 지반수 4金은 宮과 居旺하고, 사주원국의 月令 丑土가 생하여 乘生되니 太旺하게 되어 흉함이 태동하는 것이고, 다시 흉조를 띤 弔客殺을 대동하고 年殺을 대동하니 친모와의 연이 없는 것이다. 서모의 손에서 양육된 것이다.

⊙ 서모의 손에 양육되는 시점을 논한다면, 己身(기신=자기 자신)이 흉조를 띠고 자리를 이동하는 것이니, 日辰宮의 천·지반수를 다시 중궁에 입하여 포국한 후 官鬼宮이 흉문, 흉괘를 대동하고 낙궁하는 시점인 것이다.
아래표와 같다.

巽	巳	離 午	未	坤
	❹　　　　4세	❾	❷　　　　2세	
辰	$\frac{6}{10}$	$\frac{1}{5}$	$\frac{8}{8}$	申
	偏杜禍 印門害	正景絶 印門命	財休絶 鬼門體	
	❸　　　　3세	❺　　⑩ 　　　5세	❼	
震 卯	$\frac{7}{9}$	$\frac{10}{6}$　$\frac{(5)}{(1)}$	$\frac{3}{3}$	兌 酉
	劫開天 財門宜	傷 官	正傷生 財門氣	

❽	❶　　1세	❻　　6세
寅　$\dfrac{2}{4}$ 世　　生福　門德　　艮　　丑	$\dfrac{9}{7}$　官死遊　鬼門魂　坎子	$\dfrac{4}{2}$ 戌　正驚歸　官門魂　乾　亥

- 流年運의 적용시기는 世가 內卦(坎·艮·震·巽)에 있으니 지반수가 主가 되므로 1~6세를 적용하는 것이다. 宮에 流年을 배속하는 방법은 구궁정위도상에 순행 배속하는데, 1~6세를 入 중궁한 후 다시 坎宮出하여 1세가 되고, 2세는 坤宮, 3세는 震宮, 4세는 巽宮, 5세는 中宮, 6세는 乾宮에 배속시키는 것이다.

- 世宮은 기문평생사주국의 世宮과 같이 변동이 없다.

- 日家八門神將 附法은 항상 지반수와 동행하므로 世宮의 死門을 入 중궁한 후 坎宮出시키고, 나머지는 양둔국 순서에 의거 포국한다.

- 八卦生氣附法은 중궁의 지반수 6水에 해당하는 洛書九宮의 數理에 해당하는 卦宮을 기준하므로 6乾宮의 乾卦(☰)가 기준이다.

⊙ 1세에 官鬼와 死門, 遊魂이 낙궁하니 이때 친모의 곁을 떠나 서모의 집으로 가게 된 것이다.

⊙ 부친의 운은 偏印宮을 위주로 판단하고 財鬼宮도 참작한다. 坎宮의 偏印이 길문, 길괘인 生門, 天宜를 대동하고 다시 태을구성의 太乙이 臨하니 길하다, 지방의 경찰서장을 지냈던 것이다. 다만 천·지반수가 7·9로 상하가 火金相爭하고, 지반수 9金이 宮에 洩氣(설기)되어 居衰하고, 중궁 8木과도 상극되며, 다시 대칭궁인 7火 正財宮이 居旺해져 偏印宮을 剋하니 命이 짧았던 것이다.

(3) 학업운

학업운은 일진궁의 격국 및 구성요소의 길흉 여부와 印星宮 위주로 판단하는데 正印宮에 더 비중을 둔다. 따라서 正印宮과 偏印宮을 공히 살펴보되, 正印宮에 주안점을 두어 판단하며, 正印宮 지반수의 旺衰와 더불어 門(일가팔문신장)·卦(팔괘생기)·星(태을구성)의 길흉을 논해야 한다. 수명의 장단을 논할 때에는 正印宮 지반수의 왕쇠 여부와 연관이 많지만, 학업운의 경우는 正印宮에 낙궁한 門·卦·星의 길흉 여부에 비중을 많이 두고 판단해야 한다.

正印宮의 卦와 星이 福德과 靑龍으로 길한 것 같지만, 弔客殺을 대동하고, 천·지반수가 2火와 4金으로 火金相爭하고, 年殺이 동궁하고, 대칭궁인 巽宮의 財鬼宮이 居生되어 旺해져 正印宮을 극하니 학업운은 적다 판단한다. 중궁의 六神이 傷官이니 기술직과 연관되며, 기계공고를 졸업하고 대학을 진학하지 못한 것이다.

(4) 부부운

부부운은 먼저 결혼연의 有無를 먼저 살펴보는 것이고, 또한 결혼 후 부부가 화목하고 이별수나 사별수가 없는 경우를 부부운이 좋다 판단하는 것이다. 이는 日辰宮과 日干宮 상하의 상생여부와, 財星宮을 위주로 판단하는데, 財星宮 中 財鬼宮보다는 正財宮에 비중을 좀 더 두고 판단해야 한다. 財鬼宮에 開門, 絕命, 招搖가 낙궁했으니 본시 반길반흉의 운인데, 십이포태운성의 墓와 십이신살의 劫殺이 있어 흉하고, 천·지반수 상하가 4金과 2火로 상하 상극하니 부부연은 薄(박)하다 판단하는 것이다.

正財宮은 비록 길문이 있으나, 천·지반수 상하가 9金과 7火로 火金相爭하며 십이신살의 災殺이 동궁이니 역시 부부연은 적다 판단하는 것이다. 기문사 주국에서 부부연이 박한 경우에는 결혼을 할 수 있을 것인가? 없을 것인가?를 판단해보아야 하는데 이는 正財宮의 천·지반수를 入 중궁하여 일진궁과 중궁의 왕쇠와 상생 여부를 살펴보아야 한다. 아래표와 같다.

巽	巳		離 午		未	坤
	❹		**❾**		**❷**	
辰	$\frac{5}{1}$		$\frac{10}{6}$		$\frac{7}{9}$	申
	正 驚 遊 財 門 魂		財 開 天 鬼 門 宜		食 杜 福 神 門 德	
	❸		**❺** ⑩		**❼**	
震 卯	$\frac{6}{10}$		$\frac{9}{7}$ (4) (2)		$\frac{2}{4}$	兌 酉
	劫 傷 絕 財 門 命		正 印		傷 死 歸 官 門 魂	

	❽	❶	❻	
寅	$\dfrac{1}{5}$ 世	$\dfrac{8}{8}$	$\dfrac{3}{3}$	戌
	景 絶 門 體	正 休 禍 官 門 害	官 生 生 鬼 門 氣	
艮	丑	坎 子	亥	乾

◆ 正財宮의 천·지반수를 入 중궁하여 구궁에 포국한 후 正財의 정황을 세밀하게 고찰하는 경우에는, 일진궁의 洪局數와 일가팔문신장과 팔괘생기는 正財의 본질과 주체가 되고, 중궁은 주변의 환경요소라 판단한다.

일진궁과 중궁의 지반수가 상생이 될 경우에는 결혼수가 있지만, 상호상극이 될 경우에는 결혼수가 늦는 경우가 많고, 다시 흉문, 흉괘를 대동할 경우에는 결혼하지 못하는 경우도 많다. 또한 일진궁의 천반수를 남편성으로도 논하니 상하 상생되면 결혼연이 좋다 판단한다.

◆ 動處는 기문평생사주국과 동일하여 艮宮, 坎宮, 乾宮이다. 3·8木이 왕하여 世宮의 지반수 5土를 극하니, 正財의 주체가 손상당하여 설혹 결혼한다 하더라도 이혼수가 들어오는 것이다.

(5) 형제운

劫財宮을 위주로 판단한다. 지반수 1水가 천반수 5土의 剋을 받아 衰하고, 다시 宮에 洩氣되고, 흉문, 흉괘인 杜門과 遊魂이 동궁이니 형제자매간의 화목함과 상부상조함은 적을 것이라 판단한다.

(6) 재물운

正財宮과 財鬼宮을 겸하여 판단하는데, 正財宮에 좀 더 비중을 두고 판단한다. 正財宮의 지반수 7火가 居旺되고, 다시 중궁의 8木이 생하여 본시 재물복은 많은 것 같으나, 世宮이 태약하고, 正財宮의 천·지반수가 상하 상극하니 큰 財를 모으기는 힘들 것이라 판단한다.

(7) 직업운

문관직이나 봉급생활자 등은 正官宮 위주로 판단하고, 기술직이나 군인, 경찰, 소방직 등은 官鬼宮 위주로 판단한다.

正官宮은 居旺하고 乘旺하여 旺하나 世宮이 태약하니 공직자의 명조는 아니고, 正財宮이 태약하지는 않으니 봉급생활자의 명조이다.

(8) 흉액

⊙ 격국의 길흉 여부와 일진궁의 왕쇠 여부, 官鬼宮과 財星宮과 偏印宮을 위주로 살펴보는데 官鬼宮을 비중있게 살펴보아야 한다.

官鬼宮이 居衰되어 약하나 驚門, 絶體, 咸池와 같은 흉성이 동궁하고, 다시 財鬼宮이 動하지는 않았지만, 지반수 2火가 居生되어 암암리에 官鬼宮을 생하니 사고, 질병 등이 예견되는 것이다. 그러나 중궁의 傷官이 8木으로 兼旺하여 官鬼宮의 5土를 극하니 대형 사고나 질병은 발생치 않을 것이나 예기치 않은 작은 사고, 질병 등은 자주 발생하게 될 것이다.

사고 및 질병의 발생 시기는 官鬼宮에 해당하는 대운의 시기 및 行年과 太歲가 官鬼宮에 낙궁하는 시기나 財星宮에 낙궁하는 시기에 주로 발생한다.

⊙ 行年 32세는 2003년 癸未年으로 財星宮에 낙궁한다. 이로써 財星이 동하여 兌宮의 官鬼를 생하고 아울러 太歲가 坤宮인 正官宮에 낙궁하여 지반수 10土가 官鬼宮의 5土에 힘을 실어주니 사고가 발생한 것이다. 포크레인 기사로 일하던 중 과실로 인사사고가 발생하여 작업하던 인부 여러명이 다치게 되고 본인도 상해를 입어 병원신세를 져야 했던 것이다.

⊙ 行年 42세는 2013년 癸巳年으로 官鬼宮에 낙궁한다. 官鬼宮이 태동하게 되고 食傷과 世宮이 약하여 官鬼를 제압하지 못하니 흉화가 다시 도래하는 것이다. 흉화와 연관된 사안을 세밀하게 고찰하는 방법에는 2법이 있다.

◆ 제1법 : 대운을 적용해 보는 방법이다. 官鬼宮의 천·지반수와 대운에 해당하는 41~45세를 入 중궁하여 구궁을 포국한 후, 각 궁에 배속은, 41세를 坎宮 出하고, 구궁정위도에 따라 42세는 坤宮, 43세는 震宮, 44세는 巽宮, 45세는 중궁에 포국시켜 六神과 門·卦의 길흉을 살펴보는 것이다.

◆ 제2법 : 일년신수국을 보는 방법이다. 2013년 당년태세 癸巳에 生月, 生日, 生時를 적용하여 자평명리식의 사주를 도식한 후, 奇門數를 적용하여 구궁도를 포국하여 官鬼宮의 길흉을 세밀하게 살펴보는 방법이다.

⊙ 제2법을 활용하여 行年 낙궁인 42세 2013년 癸巳年의 일년신수국을 살펴본다.

사주원국 : 남명. 음. 1972년 12월 2일 戊時生

　　　　　　庚 壬 癸 壬
　　　　　　戊 寅 丑 子

2013년 신수국 : 2013년 12월 2일 戊時

9 10 1 10
壬 癸 甲 癸　　　30÷9　　　　　　　3
　　　　　　　　＝　－－－　나머지　－－－
戊 酉 子 巳　　　28÷9　　　　　　　1
11 10 1 6

巽	巳	離午	未	坤
辰	❹ 天 攀 殺 鞍 9 5 正 休 生 財 門 氣	❾ 月 歲 殺 華 4 10 財 生 絕 鬼 門 體	❷ 歲 劫 1 3 劫 死 絕 財 門 命	申
震卯	❸ 將 星 10 4 官 景 福 鬼 門 德	❺ ⑩ 六 歲 害 劫 3 (8) 1 (6) 偏印	❼ 囚 獄 6 8 世 開 禍 門 害	兌酉
寅	❽ 歲 亡 5 9 正 驚 天 官 門 宜	❶ 地 殺 2 2 傷 傷 歸 官 門 魂	❻ 歲 桃 7 7 食 杜 遊 神 門 魂	戌
艮	丑	坎子	亥	乾

◆ 食神이 7·7 熒惑殺(형혹살)과 桃花殺(도화살)을 대동하며 宮과 火金相爭하니 밥
그릇이 깨지는 것이다. 輕하면 직업이나 직장의 변동수가 들어오고 重하면 사
고나 질병으로 병원신세를 지거나 다시 流年運의 흉함이 가세하면 사망하는
문제도 발생할 수 있다. 震宮의 4金 官鬼가 중궁1水를 생하고 1水가 世宮 8木
을 생하니 世宮이 약변강이 되어 사망까지는 이르지 않는다.

◆ 離宮 10土 財鬼가 居生되어 旺하니 동처는 아니나 동함의 기색이 있는 것이다.
따라서 암암리에 震宮 4金 官鬼을 생하고, 官鬼가 중궁 1水 偏印을 생하게 된
다. 偏印은 흉액을 동반한 문서, 계약 건으로 논하며, 10土와 4金은 도로와
차바퀴로 논하니 차량과 연관된 사고수가 발생하는 것이다.

◆ 영업차량을 운전하던 중 앞서가던 오토바이를 피하려다 다른 차선의 화물트럭
을 추돌하여 도로 밖으로 굴러 떨어지는 큰 사고를 당해 2달간 병원신세를 졌
던 것이다. 官鬼宮 소재인 2월에 발생한 것이다.

(9) 수명운

◎ 일진궁의 왕쇠 여부와, 중궁과의 생극관계를 따져 수명의 장단을 살펴본다.

◎ 기문격국의 길흉과 印星宮을 살펴보되 正印宮에 비중을 둔다. 正印宮의 지반수
가 旺하면 命이 짧지는 않고, 다시 길문, 길괘가 乘하면 장수한다. 동궁한 흉살들
은 크고 작은 질병들과 연관하여 판단한다. 상기는 正印宮 지반수 4金이 居旺하
고, 다시 坤宮 正官宮의 10土가 居旺하여 생을 받으니 命이 길 것이라 판단한다.

(10) 문서운

문서운은 부동산 및 거래계약 등과 연관된 길흉을 판단하는 것이다. 印星宮과
일진궁의 길흉 여부를 위주로 판단하되 正印宮에 비중을 둔다. 正印宮 지반수의
旺衰보다는 동궁한 門·卦와 흉살의 길흉에 주안점을 두고 판단하는 것이다. 乾宮
正印宮의 지반수 4金은 居旺하여 旺하나, 傷門, 福德을 대동하여 반길반흉인데,
다시 年殺과 弔客殺(조객살), 病符殺(병부살)을 대동하니 문서운은 길하지 못하다 판
단하는 것이다.

(11) 건강운

각 궁의 홍국수의 길흉여부, 偏印宮과 日辰宮의 왕쇠 및 동궁한 門·卦의 길흉여부, 官鬼宮 및 日干宮의 정황 등을 종합하여 판단한다.

각 宮의 홍국수 상하가 상호 相爭하고 있다. 따라서 예기치 않은 질병과 사고수가 평생에 걸쳐 잠복하고 있는 것이다. 또한 坎1宮의 偏印은 비록 길문, 길괘를 득했으나 천·지반이 7·9로 丙庚殺을 이루니 偏印宮이 흉하다. 예상치 않은 수술건이 대두되는 것이다.

世宮은 受剋, 居剋되어 태약하고 死門을 대동하니 건강상 흉액의 조짐이 보이는데, 亡身殺(망신살)과 喪門殺(상문살)을 대동하니 병원신세를 지게 되는 문제가 다발하는 것이다.

日干宮은 震3宮에 낙궁하여 天·地盤奇儀가 己와 壬이다. "返吟濁水格(반음탁수격)"에 "地羅高張格(지라고장격)"이니 남녀 공히 상해가 다발하는 흉격이다. 상기명조인은 외실내허의 체질이다. 키는 크나 근육질이 되지 못하니 잔병치레를 많이 하는 것이다.

(12) 성격

중궁과 日辰宮, 日干宮, 각 宮의 洪局數 및 格局의 정황을 종합적으로 판단한다. 日辰宮이 태약하니 심지가 굳지 못할 것이라 판단하고, 중궁의 상하가 8木(卯)으로 巽卦의 성향을 띠니, 巽卦는 象이 風이라, 성격이 바람과 같이 변덕이 많다 판단한다. 日干宮은 홍국팔문의 杜門과 십이천장 중 太陰이 동궁하고 있다. 杜門이 동궁하니 아집과 고집이 있다 판단하고, 太陰은 暗昧之神(암매지신)이니 행동과 생각에 교활한 면이 있다 판단하는 것이다.

[2] 男命. 음력. 1957년 윤8월 3일 寅時生

1. 기문평생국 도식

```
時 日 月 年
7  8  6  4
庚 辛 己 丁      25÷9              7              7
           =   ----   나머지  ---  中宮數  ---
寅 丑 酉 酉      25÷9              7              7
3  2  10 10
----------
```

陰遁局 秋分 中元 1局

時 干 : 庚

時符頭 : 庚(甲申旬中)

巽	巳 建祿	離 午 冠帶	未 沐浴	坤
	❹	❾	❷	
辰帝旺	六太官空 20~20세 害陰符亡 78~80세 丁 年 <u>3</u> 丁 干 1 正杜遊咸　開九天白 財門魂池　門地輔	歲死 40~45세 55~62세 馬符 己 月 <u>8</u> 己 干 6 財傷天攝　休玄天黑 鬼門宜提　門武英	亡歲龍 23~31세 身破德 69~73세 乙 <u>5</u> 乙 9 食驚福天　生白天綠 神門德乙　門虎芮	申長生
	❸	❺ ⑩	❼	
震卯衰	月華喪 21~22세 殺蓋門 74~77세 丙 <u>4</u> 丙 10 劫開絕太　驚九天黃 財門命陰　門天沖	歲地 13~19세 桃殺 81~87세 <u>7 (2)</u> 癸 7 (2) 正　　青　　　赤 印　　龍	將陰 6~9세 星符 89~90세 辛 日 <u>10</u> 年 月 辛 干 4 支 支 傷景歸招　傷六天紫 官門魂搖　門合柱	兌酉養
	❽	❶	❻	
寅病	天攀太太 1~5세 殺鞍歲陽 46~54세 庚 時 <u>9</u> 世 時 庚 干 5 支 死絕軒　死直天白 門體轅　門符任	災病 32~39세 殺符 63~68세 戊 <u>6</u> 戊 8 正生禍太　景膽天碧 官門害乙　門蛇蓬	歲福弔 10~12세 劫德客 88~88세 壬 <u>1</u> 壬 3 官休生天　杜太天白 鬼門氣符　門陰心	戌胎
艮	丑 死	坎 子 墓	亥 胞	乾

2. 통변

(1) 개요

◎ 각 궁의 천·지반수는 상하 상생하나, 천·지반육의삼기는 상하 오행이 동일하여
伏吟局이 되었다. 萬事不動의 象이라 평생에 걸쳐 발전이 적은 것이다.

◎ 世宮은 居旺하여 旺하나, 死門, 絕體, 軒轅 등 흉문, 흉괘, 흉성이 동궁하니 매사
일마다 저체됨이 많았고 이룬 것이 적었던 것이다. 아울러 중궁의 熒惑殺(형혹살)
을 대동한 正印의 生을 받으니 잔병치레가 많았고, 문서와 연관된 사안들의 흉액
이 많이 발생했던 것이다.

◎ 중궁엔 偏印이 은복되고 正印이 출현했는데 홍국수가 7·7의 熒惑殺(형혹살)을 대
동하니, 본시 두뇌는 총명했으나 학문의 성과는 적었던 것이다.

(2) 부모운

중궁에 正印이 투출하고 偏印이 은복되었다. 正印이 7·7 熒惑殺(형혹살)을 대동
하니 어머니와의 연은 돈독하지 못했고, 지반수 7火가 처궁인 正財宮의 지반수 1水
와 水火相爭하니 고부간의 갈등이 심했던 것이다.

(3) 학업운

일진궁이 왕하고 길문, 길괘를 대동하며, 기타 궁의 천·지반수가 상하 상생되면
대체로 총명하다. 또한 印星宮 중 正印宮 위주로 학업운을 판단하는데, 상기는 偏
印이 은복되고 正印이 출현한 것이다. 正印이 7·7의 熒惑殺(형혹살)을 대동하고 다
시 桃花殺(도화살)과 咸池殺(함지살)이 동궁하니 이런 경우는 본시 총명하나 학문의
성과를 얻기는 힘든 것이다.

(4) 부부운

◎ 財星宮을 살펴보는데 正財宮에 비중을 더 두고 동향을 살펴보아야 한다. 正財宮
이 空亡되었다. 처와의 연이 적은 것이다. 아울러 지반수 1水가 천반수 3木에
洩氣되고, 宮이 巽宮이니 居衰가 되어 正財가 약한 것이다. 다만 坤宮의 食神宮
이 동하지 않았지만 正財宮을 생하니, 비록 杜門과 遊魂 등 흉문, 흉괘가 동궁하

여 처궁이 불안하지만 이혼까지는 가지 않았던 것이다.

◉ 처궁의 동향을 세밀히 관찰하려면 正財宮의 천·지반수를 다시 중궁입하여 世宮과 중궁 그리고 동처와의 연계관계 및 길흉을 세밀히 살펴보아야 한다. 아래 표와 같다.

巽　　巳	離　午	未　　坤
❹ 9/5 偏印 死門 生氣 辰	❾ 4/10 正印 景門 絶體	❷ 1/3 財鬼 休門 絶命 申
❸ 10/4 劫財 生門 福德 震卯	❺　⑩ 3 (8)/1 (6) 傷官	❼ 6/8 正財 驚門 禍害 兌酉
❽ 5/9 世 開門 天宜 寅	❶ 2/2 官鬼 杜門 歸魂	❻ 7/7 正官 傷門 遊魂 戌
艮　　丑	坎　子	亥　　乾

◆ 世宮은 妻星인 正財의 分身과 本性에 해당되는 것이며, 중궁은 正財에 영향을 미치는 주변의 여러 환경적 요소인 것이다. 世宮이 중궁을 생하면 처의 동향은 시댁과 친정 및 가정 밖의 일에 관여해야 하는 일이 많은 것이고, 중궁이 世宮을 생하면 처가 시댁과 친정 등에서 많은 도움을 받게 될 것이라 판단하는 것이다.

◆ 처의 성향은 世宮의 천·지반수와 동궁한 門·卦로 판단한다. 지반수 9金이 천반 5土의 생을 받으니 旺하여 생활력이 강한 것이다. 또한 世宮의 지반수가 태왕해지니 흉하게 변하여 이에 외곬수의 성격이 더해지는 것이다. 다시 開門, 天宜을 대동하니 생활력이 강하고 활동적인 성격이라 판단한다.

◆ 남편의 성향은 남편성인 官星宮을 살펴보는데 正官宮에 비중을 많이 둔다. 7火가 겸왕하여 熒惑殺(형혹살)이 되며 宮과 상극하니 발전이 막힌 운이고, 傷門

과 遊魂이 동궁하여 길하지 못하며, 중궁 1水 傷官의 剋을 받으니 봉급생활과는 연이 적고 자영업을 해야 하는 것이다.

⊙ 결혼하는 시기는 남명의 경우 평생국에서 行年이나 太歲가 世宮에 臨하거나, 行年이나 太歲가 正財宮에 臨할 때에 결혼하는 경우가 많다. 상기는 태세 丙寅年이 30세로 世宮에 임하게 되니 이때 결혼한 것이다.

(5) 자녀운

⊙ 食傷宮과 時支宮, 時干宮을 위주하여 판단한다. 兌宮의 4金 傷官이 동했고, 다시 居旺하고 受生되며 世宮의 생을 받으니 太旺하다. 비록 흉문, 흉괘가 동궁하지 않았더라도 太旺하며 다시 중궁의 7·7 熒惑殺(형혹살)과 상호 상쟁하니 흉화의 징조가 태동하는 것이다.

⊙ 傷官은 남명에서 딸로 논하니 이의 동향을 살펴보기 위해서는 傷官宮의 천·지반수를 入 중궁하여 世宮과 중궁, 官鬼宮의 길흉을 살펴보는 것이다. 이때의 世宮은 傷官星의 分身이며 本星인 것이며, 중궁은 傷官에 영향을 미치는 주변의 환경요소인 것이다. 아래 표와 같다.

巽	巳	離午	未	坤
辰	❹ 6/8 正印 驚門 歸魂	❾ 1/3 偏印 死門 福德	❷ 8/6 官鬼 生門 天宜	申
震卯	❸ 7/7 劫財 傷門 絶體	❺ ⑩ 10 (5) / 4 (9) 正財	❼ 3/1 正官 開門 遊魂	兌酉
寅	❽ 2/2 世 休門 絶命	❶ 9/5 食神 景門 生氣	❻ 4/10 傷官 杜門 禍害	戌
艮	丑	坎子	亥	乾

◆ 世宮의 천·지반수가 兼旺되었으나, 動處인 兌宮의 지반수 1水가 居生되어 旺하여 世宮의 2火를 극하고, 중궁의 旺한 4金이 역시 世宮의 2火와 火金相爭하니 世宮이 旺하다 판단할 수 없다.

◆ 중궁의 4金 正財는 受生되고 居生되니 太旺하여 財鬼의 역할을 하게 되는 것이다. 따라서 正印宮의 8木을 剋하니 命이 위태로운 것이고, 官鬼宮의 6水를 생하여 太旺해진 6水가 世宮의 지반수 2火를 剋하니 官鬼가 비록 길문, 길괘를 대동했다 하더라도 흉화를 모면할 수 없다.

◆ 女命 行年宮이 官鬼宮인 坤宮에 낙궁하는 태세에 禍를 모면할 수 없었던 것이다. 집 앞에서 놀다 교통사고를 당해 사망한 것이다. 4세 때의 일이다.

◆ 食傷이 旺하지 못하여 官鬼의 태동을 제압하는 힘이 부족하니 禍厄(화액)을 면하지 못했던 것이다.

(6) 형제운

劫財宮의 지반수 10土가 천반수 4金에 洩氣(설기)당하고, 宮과는 居剋되니 태약하다. 그러나 다행히 중궁의 7火가 생하니 핍절됨은 면한 것이다. 개문, 절명이 동궁하여 일희일비운인데, 月殺, 華蓋殺(화개살), 喪門殺(상문살)을 대동하니 형제자매간 화기애애함과 돈독함은 적을 것이라 판단한다.

(7) 재물운

財星宮을 살펴보되 正財宮에 비중을 두고 살펴본다. 재물운의 有無와 多少는 門·卦의 길흉여부보다는 지반수의 旺衰를 위주로 판단한다. 世宮은 居旺 하니 財를 능히 제압할 수 있으나, 正財宮의 지반수 1水는 천반과 宮에 洩氣(설기)되어 약하니 재물운은 많지 않을 것이라 판단한다. 兌宮의 傷官이 動하여 1水 正財를 生하려 하나, 중궁의 兼旺된 7火와 상극되니 正財를 생할 여력이 없다. 재물운은 적을 것이라 판단하는 것이다.

(8) 직업운

⊙ 世宮은 居旺되어 약하지 않으나 官鬼宮이 居剋을 받아 무력하니 무관직은 아니

다. 正官宮의 8木이 受生되고 居生되니 旺하나, 災殺을 대동하니 직업운은 길하다 논할 수 없다. 직업을 논할 시에 3·8木은 예체능계, 이공계로 논하는 경우가 많다.

⊙ 正官宮이 약하지 않으나 食神宮이 旺하여 正官宮을 剋하니 봉급생활자의 명조는 아닌 것이다. 자영업을 하고 있는 것이다. 食神宮의 지반수가 9金이니 이공계와 연관되어 공업고등학교를 나왔으나 대학에서는 경영학을 전공한 것이다.

(9) 흉액

⊙ 行年이나 太歲가 財鬼宮이나 官鬼宮에 낙궁할 시 흉화가 발생하는 경우가 많다. 행년 32세는 離火宮 財鬼宮에 낙궁하는데 중궁의 正印을 破剋하니 문서와 관련한 흉화가 발생하는 것이다. 부동산 관련업에 종사하던 중 토지매매사기단에 걸려들어 기천만원의 손재수가 발생했던 것이다.

⊙ 行年 35세는 乾宮 官鬼宮에 낙궁하여 官鬼가 태동하는데, 坤·兌宮의 食神, 傷官 자식궁과는 沖과 怨嗔되어 손상시키니 딸이 사망하는 교통사고가 발생한 것이다.

(10) 수명운

⊙ 수명은 印星宮의 旺衰와 각 궁의 격국의 길흉을 위주로 살펴보는데 正印宮에 비중을 두고 살펴본다. 중궁의 正印이 7·7 熒惑殺(형혹살)을 대동하여 흉한데, 다시 중궁 土에 洩氣(설기)되어 쇠약해지니 命은 길지 못할 것이라 판단한다.

⊙ 이외에도 수명의 장단을 논하는 방법은 다음과 같다.
  ◆ 일진궁이 약하고 財鬼와 官鬼가 太旺한 경우에는 명이 짧은 경우가 많다.
  ◆ 일진궁이 약한데 四殺(太白殺·熒惑殺·天罡殺·丙庚殺)을 대동하고 다시 흉문, 흉괘를 대동한 경우에도 명이 짧은 경우가 많다.
  ◆ 印星宮이 太旺한 경우에도 오히려 명이 짧은 경우가 많다.
  ◆ 財鬼가 食傷의 생을 받아 旺한데 官星이 무력하여 旺한 財鬼를 洩시킴이 약하고 印星을 심히 파극하는 경우
  ◆ 日干宮의 天·地盤奇儀가 흉격인 경우.
  ◆ 世宮이 약한데 다시 羊刃殺과 흉문, 흉괘를 대동한 경우.
  ◆ 日辰宮과 年支宮이 相沖되고 각 궁의 천·지반수가 상호 刑沖하는 경우.

◎ 古書에서 壽命限을 논하는 방법을 몇가지 기술하였는바 예시하면 다음과 같다.

〈제1법〉

◎ 天沖星 및 天柱星과 死門까지의 간격수로 판단한다.

◎ 男子는 天沖星에서 死門까지의 간격으로 년을 정하되 단위는 10년이다.

◎ 女子는 天柱星에서 死門까지의 간격으로 년을 정하되 단위는 10년이다.

◎ 1년 단위의 壽는 상기와 같이 재차 반복하여 단단위 數를 정한다. 乾, 坤, 艮, 巽 즉, 4維宮은 2회로 세고, 坎, 離, 震, 兌 즉, 4正宮은 1회로 센다.

　예) 어떤 남자의 평생사주국이 천충성에서 사문까지 五回라면 50살과 재차 세어서 5회라면 5세가 되는 것이다. 따라서 정명은 55세이다.

〈제2법〉

◎ 홍국기문에서 世宮에서 구궁정위도상으로 역행하여 死門까지의 간격수로 정하기도 한다. 단위는 10년인데 4維宮은 2회로 세고, 4正宮은 1회로 센다. 그리고 재차 세어서 단단위의 年을 정한다.

(13) 문서운

印星宮을 위주로 판단하는데 偏印 보다는 正印에 비중을 두어 살펴보며, 왕쇠보다는 門·卦와 格局의 길흉 여부에 주안점을 둔다. 正印이 중궁에 낙궁했는데 천·지반수가 7·7로 熒惑殺(형혹살)을 대동하니 흉하다. 본시 두뇌는 총명하나 문서와의 연이 없는 것이다.

비록 태을구성의 靑龍이 낙궁했으나 靑龍은 甲寅木에 속하는 길장으로 雙火 7·7熒惑(형혹)을 생하니 길변흉이 된 것이고, 桃花殺(도화살)과 地殺을 대동하니 사업의 변동이 잦아 자연 문서계약 관계는 많았으나, 모두 종국에는 온전하게 문서문제가 마무리되지 못했던 것이다.

(14) 건강운

일진궁이 死門, 絕體를 대동하니 평생에 걸쳐 건강문제가 대두된다. 다만 일진궁이 居旺하고 중궁의 生을 받으니 장수자의 명은 아니나 단명수는 면한 것이라

판단한다. 烟局의 天·地盤奇儀가 雙庚金이다. 격국이 "太白同宮(태백동궁)"에 "伏吟
戰格(복음전격)"이니 잔병치레가 많을 것이라 판단한다. 또한 중궁에 偏印은 은복되
었고, 正印이 출현했는데 천·지반수가 雙7火로 熒惑殺(형혹살)을 띠니 正印이 이제
偏印의 역할을 하는 것이다. 따라서 예기치 않은 여러 질병이 다발할 것이라 판단
하는 것이다.

(15) 성격

伏吟局이다. 만사 부동이며 沮滯(저체)의 象이다. 머릿속에 계획은 많으나 실천
력이 부족한 성격이다. 그러나 坎1宮의 正官이 生門을 띠고 受生되고 居生되어 旺
하니 맡은바 임무에는 충실하고 책임감이 있는 성격이기도 한 것이다.

[3] 男命. 음력. 1947년 2월 23일 丑時生

1. 기문평생국 도식

```
時 日 月 年
10 10 10 4
癸 癸 癸 丁      34 ÷ 9            7                7
          =    ----   나머지  ---  中宮數   ---
丑 巳 卯 亥      24 ÷ 9            6                6
2  6  4  12

----------

陽遁局  驚蟄  下元 4局
時  干：癸
時符頭：壬(甲辰旬中)
```

巽	巳 冠帶		離 午 建祿		未 帝旺		坤
辰 沐浴	**❹**		**❾**		**❷**		申 衰
	月 華 太 病	1~1세	天 攀 太	17~21세	將 喪 太	29~36세	
	殺 蓋 歲 符	46~48세	殺 鞍 陽	64~71세	星 門 陰	53~57세	
	丁	$\frac{3}{10}$ 世	壬 月 日 時 8		乙	$\frac{5}{8}$	
	戊		癸 干 干 干 5		丙		

震卯長生	傷禍招 門害搖　杜九天赤 門天蓬 **❸** 歲弔　　37~45세 劫客　　49~52세 庚／乙　4／9 月支 傷驚天軒 官門宜轅　傷九天白 門地心	劫杜絕天 財門命乙　景直天碧 門符任 **❺⑩** 地年　　2~7세 殺殺　　84~90세 己　　7(2)／6(1) 正 財　天 符　　白	官開絕攝 鬼門體提　死腌天黃 門蛇沖 **❼** 歲官　　10~12세 亡符　　81~82세 戊／辛　10／3 正生生咸 官門氣池　驚太天白 門陰輔	兌酉病
寅養	災陰福 殺符德　13~16세 72~80세 **❽** 辛／壬　9／4 時支 食休福太 神門德陰　生朱天黑 門雀柱	六龍 害德　22~28세 58~63세 **❶** 丙／丁　6／7 年干 偏景遊太 印門魂乙　休勾天綠 門陳芮	驛死歲 馬符破　8~9세 83~83세 **❻** 癸／庚　1／2 年支 正死歸靑 印門魂龍　開六天紫 門合英	戌死
艮　丑胎		坎子胞	亥墓	乾

2. 통변

(1) 개요

⊙ 世宮의 10土는 受剋되고 居剋되니 쇠약하다. 다행인 것은 乾宮의 2火 正印이 동하여 世宮의 10土를 생하니 태약한 것은 면한 것이다.

⊙ 중궁의 지반수 6水 正財는 상하 상극하고 居剋되어 旺하지 못하나 坤宮의 8木 官鬼를 생하고 있다. 坤宮의 8木 官鬼는 상하 상극되고 居衰되어 무력해진고로 본시 쇠약하나 중궁의 6水의 生을 받으니 약변강이 되어 鬼殺이 된 것이다. 다행인 것은 世宮이 태약하지 않아 능히 鬼殺을 제어할 수 있으니 鬼殺이 이제는 貴로 바뀐 것이다. 正印宮이 동하고 官鬼가 貴로 바뀌고, 世宮이 태약하지 않으니 무관직의 벼슬을 할 수 있었던 것이다. 아울러 兌宮 正官宮이 生門, 生氣를 득하여 길하니 지방자치단체의 경찰서장을 지낸 것이다.

(3) 부모운

印星宮을 위주로 보는데 남명의 기문평생국 통변에서는 正印을 모친, 偏印을 부친으로 논한다. 正印宮이 死門을 대동하니 모선망이라 판단한다. 偏印宮의 7火는 受剋되고 居剋되나 팔문신장이 景門이고 太乙이 동궁하니 길하다. 지방의 유지였으며 명망이 있었다.

(4) 학업운

正印을 위주하는데 동했으니 두뇌회전이 기민한 것이다. 死門을 대동하니 순수 학문의 학자의 길은 아닌 것이고, 태을구성의 靑龍을 대동하니, 官과 연관되어 명예를 얻는 것이다. 경찰직에 근무하며 경찰연수원의 교수를 역임했던 것이다.

(5) 부부운

妻宮인 正財宮의 천·지반수가 상하 상극하고 宮의 剋을 받으니 부부사이는 돈독하다 판단할 수 없다. 아울러 地殺을 대동하니 가사일에 전념하지 못하고 직장생활을 해야 하는 命인 것이다.

(6) 자녀운

食傷宮을 위주로 판단하는데, 남명에서 食神은 아들로 논하고 傷官은 딸로 논한다. 食神宮은 兼旺되고 居生되어 旺하며, 길문, 길괘를 대동하니 길한 반면, 傷官宮은 兼旺되나 居囚되고, 驚門, 天宜를 대동하고 다시 劫殺과 弔客殺을 대동하니 흉하다. 딸의 정황을 살펴보면 아래와 같다. 原命局의 傷官宮의 천·지반수를 入중궁하여 각 宮에 홍국수 및 구성요소들을 포국하여 판단한다.

巽	巳	離 午	未	坤
	❹	❾	❷	
辰	$\frac{10}{3}$ 世	$\frac{5}{8}$	$\frac{2}{1}$	申
	景 福 門 德	劫 死 歸 財 門 魂	正 生 遊 印 門 魂	

震卯	❸ 食神 休門 生氣 (1/2)	❺ ⑩ 官鬼 (4/9)(9/4)	❼ 偏印 杜門 天宜 (7/6)	兑酉
寅	❽ 傷官 傷門 禍害 (6/7)	❶ 正財 驚門 絶體 (3/10)	❻ 財鬼 開門 絶命 (8/5)	戌
艮	丑	坎子	亥	乾

- 世宮은 딸의 분신이라 논하고 중궁은 주변의 환경적 요소인 것이다. 중궁의 官鬼가 兼旺되고 居生되어 태왕한데 쇠약한 世宮을 충극하니 世宮에 탈이 난 것이다. 行年을 적용하면 29세에 해당하는 것이다. 췌장부위에 염증이 발견된 것이다. 震宮의 食神은 居生되니 힘을 얻어 중궁의 官鬼를 극하여 흉함이 태동함을 일시적으로 막으니 약물치료가 가능했던 것이다.
- 그러나 太歲가 乾宮 財鬼宮에 낙궁시는 중궁의 官鬼를 생하니 다시 官鬼가 태동하여 病이 재발하게 되는 것이다. 중궁의 官鬼를 坤宮出하여 行年을 적용하면 35세에 해당하는 것이다.
- 官鬼가 태왕하고 世宮이 태약하지는 않으나 食傷이 약하여 救神의 역할을 하지 못하니 命을 보존하기 힘든 것이다. 중궁의 官鬼에서 시작하여 구궁정위도상으로 순행하여 死門까지 세어나가면 五辰이다. 재발 후 5년 만인 39세에 사망한 것이다.

(7) 형제운

劫財宮 5土가 宮의 생을 받아 旺하니 형제가 많다. 상하 數를 합하면 13인데 卯月의 5土는 死되니 반감하면 6.5로 7명이 되는 것이다. 아울러 팔괘생기의 絶命을 대동하니 2명이 죽고 현재 5명이 생존해 있는 것이다.

劫財宮이 杜門, 絶命의 흉문, 흉괘를 대동하니 형제자매간 화기애애함을 기대할 수는 없는 것이다.

(8) 재물운

◉ 중궁의 財鬼가 은복되었으니 사업상의 財는 아닌 것이다. 봉급생활자의 財인데 食神宮의 천·지반수가 兼旺하고 居生되어 旺하게 중궁의 財를 생하니 재물복은 있다 판단한다.

◉ 재물의 多少는 중궁 正財宮의 천·지반수로 판단하는데, 상하 상극하고 居剋되니 본시 쇠약하나 동처인 食神宮의 生을 받고 사주원국이 卯月인 목왕지절 이라 중 궁 6水는 旺相休囚死의 休에 해당하니 천·지반 7과 6을 곱하여 반감시키면 21이 된다. 따라서 죽을 때 남기는 재산은 약 21억 정도 될 것이라 판단하는 것이다.

(9) 직업운

官星을 위주로 판단한다. 正印이 동하고 官鬼가 중궁 正財의 생을 받아 旺하니 무관직이다. 또한 正官이 兌宮에 있어 生門과 生氣를 득하니 길한데, 다만 官星宮 의 지반수가 旺하지 못하니 관직이 매우 높지는 못했던 것이다.

奇門에서는 官과 印에 해당하는 지반수에 해당하는 오행의 先天數(大定數)로 관 직의 高下를 논하기도 한다.

```
五  行 : 子 丑 寅 卯 辰 巳    午 未 申 酉 戌 酉
先天數 : 9  8  7  6  5  4    9  8  7  6  5  4
```

正官의 지반수가 子午의 경우라면 선천수가 9에 해당하니 지위가 매우 높다 판 단하고, 巳亥의 경우라면 지위가 낮다 판단한다. 다른 경우는 이에 갈음하여 판단 한다.

(10) 흉액

◉ 行年이나 太歲가 官鬼宮에 낙궁하는 시기에 사고, 질병이 발생하는 경우가 많다. 行年 65세는 官鬼宮에 낙궁한다. 이때 폐암에 걸린 것이다. 태세는 辛卯年인데 卯宮의 지반수 9金이 동하여 官鬼宮의 8木과 상극되니 발병한 것인데 9金은 申 金으로 폐와 연관되어 질병이 발생한 것이다. 官鬼宮에 대한 정황분석은 아래 표와 같다.

巽　　　　巳	離　午	未　　　　坤
❹ $\frac{1}{2}$ 世 死門 絕命	❾ $\frac{6}{7}$ 劫財 驚門 禍害	❷ $\frac{3}{10}$ 傷官 傷門 生氣
❸ $\frac{2}{1}$ 正官 生門 遊魂	❺　⑩ $\frac{5}{8}$ (10)(3) 正印	❼ $\frac{8}{5}$ 食神 景門 絕體
❽ $\frac{7}{6}$ 官鬼 杜門 歸魂	❶ $\frac{4}{9}$ 財鬼 開門 天宜	❻ $\frac{9}{4}$ 正財 休門 福德

辰 震卯 (좌측), 申 兌酉 戌 (우측), 艮 丑 坎子 亥 乾 (하단)

◆ 官鬼의 정황을 분석해보기 위해 官鬼宮의 천·지반수를 入 중궁하여 재차 포국해 보면, 世宮은 官鬼의 分身에 해당하는 것이고 중궁은 世宮과 연관된 주변의 환경적 요소인 것이다. 중궁의 지반수가 世宮의 지반수를 생하면 길하다 판단하는데 官鬼와 연관된 주변의 여건이 官鬼를 이롭게 하기 위해 작동하고 있다 판단하는 것이다. 官鬼는 대체로 흉사를 담당하지만 평생국에서 世宮이 태약하지 않으면, 오히려 흉변길이 되어 길하게 작동하여 무관직, 이공계, 연구직 등의 命으로 논하는 것이다. 만약 태약한 경우라면 흉사가 다발하게 되거나 治鬼者(치귀자)가 되거나, 역술, 침술, 풍수지관, 무속 등과 연관된 활동을 하는 경우가 많다.

◆ 상기는 중궁의 正印이 世宮 지반수를 생하고 다시 居生되니 지반수가 왕하여 길한데, 아쉽게도 흉문, 흉괘인 사문, 절명을 대동하니 관직이 크게 높지는 못했던 것이다.

◆ 官鬼와 연관된 사고, 질병의 정황을 살펴보려면, 官鬼를 생하는 財鬼나, 官鬼가 생하는 印星이 들어오는 시기가 흉사가 발생하는 시점인 것이다. 중궁의 正印을 坤宮出시키어 行年을 적용해보면 65세에 떨어지니 이때 폐암에 걸린 것이다. 사고, 질병 연관사는 문서가 흉하게 작동하는 것이라 偏印이 主事인

데, 상기의 경우처럼 官鬼가 생하는 印星은 역할이 偏印으로 바뀌는 것이다.

◉ 70세는 行年 낙궁이 震宮 傷官宮에 떨어지고, 태세로는 2016년 丙申年이니 坤宮 官鬼宮이 태세궁이다. 지반수가 상호 상극하니 흉사가 예측되는데 태세가 官鬼 宮에 낙궁하여 동하니 이의 정황을 살펴볼 필요가 있다. 2016년 일년신수국을 적용하여 홍국수 위주로 판단해본다. 아래 표와 같다.

남명. 음력. 1947년 2. 23일 丑時生의 2016년 丙申年 신수국

```
時 日 月 年
8  9  8  3
辛 壬 辛 丙      28÷9              1              1
            = ---- → 나머지  --- → 入中宮數 ---
丑 子 卯 申      16÷9              7              7
2  1  4  9
```

巽　　　　巳	離　午	未　　　　坤
❹ $\dfrac{7}{1}$ 偏 杜 遊 印 門 魂 辰	❾ $\dfrac{2}{6}$ 正 景 天 印 門 宜	❷ $\dfrac{9}{9}$ 正 休 福 官 門 德 申
❸ $\dfrac{8}{10}$ 財 開 絕 鬼 門 命 震 卯	❺ ⑩ $\dfrac{1}{7}$ (6) 　　(2) 食 神	❼ $\dfrac{4}{4}$ 官 傷 歸 鬼 門 魂 兌 酉
❽ $\dfrac{3}{5}$ 正 生 絕 財 門 體 艮　　寅　　丑	❶ $\dfrac{10}{8}$ 世 死 禍 門 害 坎　子	❻ $\dfrac{5}{3}$ 劫 驚 生 財 門 氣 亥　　　　乾 戌

♦ 世宮의 지반수 8木이 居生되어 약하지 않으나 흉문, 흉괘를 대동하니 길하지 못하다. 중궁에 食神이 出하고 傷官이 은복되었다. 은복된 육신은 역할을 못하니 傷官과 연관되어 사안이 도출되는 것이다. 남명에서 傷官은 자녀 중 딸로

논한다. 중궁은 일 년 동안의 제반사를 요약한 것이니 딸과 연관된 문제가 대두되는 것이다. 震宮의 財鬼 10土가 동하여 兌宮의 官鬼 4金을 생하고, 官鬼는 4·4로 兼旺하고 다시 宮과는 居旺하니 官鬼가 태왕하다. 中宮의 은복된 2火 傷官은 上下 相沖되고 受剋되고 居衰되어 태약한데, 官鬼宮과 火金相爭하여 태왕한 官鬼의 剋을 받아 손상됨이 큰 것이다. 딸의 췌장암이 재발하여 이 해에 사망한 것이다. 財鬼가 동한 卯月에 발생했다.

(11) 수명운

世宮이 약하고 官鬼宮이 旺하니 長壽者의 命은 아닌 것이다.

(12) 문서운

印星 중 正印을 위주로 판단하는데, 천·지반수가 상하 상극하고 宮과도 상극되며, 門·卦가 死門, 歸魂이니 길하지 못하다. 본인 명의의 문서로는 실익이 적었던 것이다. 부동산 매입의 시기 및 길흉을 판단해 본다. 아래 표와 같다.

巽　　巳	離　午	未　　坤
❹ $\frac{7}{6}$　世 杜　天 門　宜	❾ $\frac{2}{1}$ 劫　景　遊 財　門　魂	❷ $\frac{9}{4}$ 正　休　歸 印　門　魂
辰		申
❸ $\frac{8}{5}$ 官　開　禍 鬼　門　害	❺　　⑩ $\frac{1}{2}$　(6) 　　(7) 正 財	❼ $\frac{4}{9}$ 偏　傷　福 印　門　德
震 卯		兌 酉
❽ $\frac{3}{10}$ 正　生　生 官　門　氣	❶ $\frac{10}{3}$ 食　死　絶 神　門　命	❻ $\frac{5}{8}$ 傷　驚　絶 官　門　體
艮　　丑	坎　子	亥　　乾

◆ 부동산관련 건은 正印을 위주로 판단하는데 正印宮의 천·지반수를 입 중궁하
여 포국한 후 世宮이 正印의 分身이고, 중궁은 正印과 관련한 주변의 환경요소
인 것이다. 世宮의 6水와 중궁의 2火가 水火相爭하니 부동산매입과 관련해서
는 길함이 없을 것이라 판단하는 것이다.
◆ 離火宮의 劫財가 景門을 대동하니 동업자가 있는 것이라 판단하며, 손윗 동서
를 끌어들여 공동명의로 부동산을 매입한 것이다. 그러나 2火가 약하니 지분
은 많지 않을 것이라 판단한다.
◆ 매입가격은 중궁의 正財를 살펴보는데, 受剋되고, 居衰되어 쇠약한데, 月令과
는 乘生되니 1과 2를 곱한 수치를 반감하면 1이라 10억 정도 될 것이라 판단하
는 것이다.
◆ 매입시기는 行年의 生門 낙궁시기로 논하니 61세인 것이다.

(13) 건강운

世宮이 受剋되고 居剋되어 쇠약하며, 中宮과 正印宮의 천·지반수가 상하 상극
하니 건강한 체질은 되지 못한다. 또한 官鬼宮 지반수 8木이 艮宮의 4金부터 생생
함을 받아 태왕한데 世宮이 태약하니 예기치 않은 사고나 질병으로 인한 건강문제
가 발생하는 것이다. 다만 官鬼宮의 天·地盤奇儀가 乙丙으로 三奇順遂格(삼기순수
격)이니 건강문제가 심하게 대두되지는 않은 것이다. 그리고 艮宮의 천·지반수 9
·4金이 兼旺하고 居生되어 태왕한데 다시 十二神殺의 災殺을 대동하니 폐의 건강
에 문제가 있었던 것이다.

(14) 성격

世宮의 지반수가 10으로 土星에 해당하니 중후하며 공명정대한 성격이다. 아울
러 華蓋殺(화개살)을 대동하니 종교적으로 심취하는 성향이 짙다. 또한 日干宮의 奇
儀가 壬·癸인데 天盤 壬이 時干 癸에 임했으니 地羅遮格(지라차격)이다. 따라서 적
극적으로 나서는 성격은 못되고 매사 심사숙고하는 성향이다.

[4] 男命. 음력. 1956년 1월 29일 卯時生

1. 기문평생국 도식

```
時 日 月 年
10 4  9  3
癸 丁 辛 丙     35÷9              7                    7
=   ----  → 나머지  ---  → 中宮數  ---
卯 丑 卯 申     19÷9              1                    1
4  2  4  9
----------
```

陽遁局 驚蟄 下元 4局
時　干 : 癸
時符頭 : 辛(甲午旬中)

巽	巳 長生	離 午 沐浴	未 冠帶	坤
辰養	**❹** 月華 太官　25~29세 殺蓋 陰符　65~67세 丙　3 戊　5 偏開生攝　杜九天赤 印門氣提　門天芮	**❾** 天攀死　10~15세 殺鞍符　83~90세 辛時　8 癸干　10 正休絕咸　景直天碧 印門體池　門符柱	**❷** 歲歲龍　18~20세 馬破德　72~76세 庚年　5 年 丙干　3 支 財景絕天　死螣天黃 鬼門命乙　門蛇心	**申建祿**
震卯胎	**❸** 年 喪　21~24세 殺門　68~71세 癸　4 月時 乙　4 支支 劫杜福太　傷九天白 財門德陰　門地英	**❺ ⑩** 將亡　30~30세 星身　58~64세 　7 (2) 己　1 (6) 傷　軒　　白 官　轅	**❼** 六 陰鬼　38~45세 害 符門　55~56세 丁月　10 辛干　8 正驚禍天　驚太天白 財門害符　門陰蓬	**兌酉帝旺**
寅胞	**❽** 地日太太　1~9세 殺亡陽歲　46~54세 戊　9 世 壬　9　日華 死天青　生朱天黑 門宜龍　門雀輔	**❶** 歲病絞　16~17세 劫符神　77~82세 乙日　6 丁干　2 官生歸太　休勾天綠 鬼門魂陰　門陳沖	**❻** 災福弔　31~37세 殺德客　57~57세 壬　1 庚　7 正傷遊招　開六天紫 官門魂搖　門合任	**戌衰**
艮	丑墓	坎子死	亥病	乾

2. 통변

(1) 개요

◉ 世宮의 천·지반수가 9·9로 太白殺을 대동하고 상하 兼旺하며 居生되니 世宮이 태강한 것이다. 世宮이 旺한 것은 좋으나 흉살인 太白殺을 대동하고 다시 흉문인 死門을 대동하고 있으며 왕하니 평생의 명운은 오히려 길하지 못하다 판단한다.

◉ 世宮의 지반수 9金은 旺한데, 사주국의 日支 기준하여 亡身殺에 해당하니, 불교나 역술, 무속과 연관이 깊은 것이다. 乾宮 正官宮이 상하 相爭하고 宮과 居囚되니 태약하다. 직업, 직장, 직책에 해당하는 正官이 태약하니 안정된 직업을 기약할 수 없는 것이다. 또한 宮의 대다수가 상하 상극되고 일진궁의 亡身殺이 태왕하여 흉하니 神氣가 태동하여 법사의 길을 가게 된 것이다. 正官宮이 태약하지 않았다면 승도의 길을 갔었을 것이다.

◉ 艮宮의 왕한 9金이 중궁 1水를 생하고, 중궁 1水가 坤宮의 3木 財鬼를 생하니, 財鬼는 동한 것으로 논하는 것이고, 다시 坎宮의 官鬼를 생하게 되니 官鬼는 약변강이 되어 흉하게 동하는 빌미를 제공하게 된 것이다.

(2) 부모운

부모의 덕이 있고 없음은 印星宮의 문·괘와 神殺의 길흉으로 판단한다. 모친은 正印宮을 위주로 판단하는데 휴문, 절체가 동궁하여 길흉이 반반인 것이다. 부친은 偏印宮을 위주로 판단하는데 開門, 生氣가 동궁하여 길한 반면, 다시 月殺과 華蓋殺(화개살)이 臨했으니 역시 길흉이 반반인 것이다. 부친은 화개살이 승했으니 대처승의 신분이었으나 명망이 높았다.

(3) 학업운

印星宮 중 正印宮에 비중을 두어 판단한다. 正印宮의 지반수 10土가 宮의 생을 받고 休門을 대동하니 본시 두뇌가 총명하나, 坤宮 財鬼宮의 3木이 대칭궁인 艮宮부터 생생받아 왕해져 正印宮의 10土를 극하니 학업의 끈이 길지 못했던 것이다. 상업고등학교를 졸업한 것이다.

(4) 부부운

財星宮의 길흉으로 판단하는데 正財宮에 비중을 더 두고 판단한다. 부부사이의 和睦(화목)과 不睦(불목)은 전적으로 正財에 동궁한 문·괘와 태을구성 및 神殺의 길흉으로 판단한다. 驚門, 禍害 및 天符를 대동하고, 다시 십이신살의 六害殺(육해살)과 四利三元의 陰部殺(음부살)을 대동하니 부부연은 박하다 판단하는 것이다. 대운의 시기인 38세부터 45세 사이에 사무기기 유통 사업의 부진으로 인해 부부간 다툼이 잦았고 결국 이혼하게 된 것이다.

妻星인 正財의 정황을 알아보려면 正財宮의 상하 數를 入 중궁하여 다시 구궁을 포국하여 분석한다. 아래 표와 같다.

巽	巳	離 午	未	坤
辰	❹ $\frac{6}{2}$ 正 景 絕 財 門 命	❾ $\frac{1}{7}$ 財 死 禍 鬼 門 害	❷ $\frac{8}{10}$ 正 生 生 官 門 氣	申
震 卯	❸ $\frac{7}{1}$ 劫 休 遊 財 門 魂	❺ ⑩ $\frac{10}{8}$ (5) (3) 傷 官	❼ $\frac{3}{5}$ 官 杜 絕 鬼 門 體	兌 酉
寅	❽ $\frac{2}{6}$ 世 傷 歸 門 魂	❶ $\frac{9}{9}$ 偏 驚 天 印 門 宜	❻ $\frac{4}{4}$ 正 開 福 印 門 德	戌
艮	丑	坎 子	亥	乾

◆ 世宮은 妻星인 正財의 分身이다. 중궁은 正財와 연관된 주변의 환경적 요소들이다. 世宮의 지반수가 旺하면 부부연은 길연이고 처로서의 입지가 확고하다 판단한다. 상기의 경우는 世宮이 상하 상극이고 다시 居剋되고, 중궁의 8木에 설기되고, 동처인 正官宮의 10土에 극을 받으니 世宮이 태약하다. 처로서의 입지가 불안하고 부부연도 길하다 판단할 수 없는 것이다.

◆ 世宮의 천·지반수가 상하 상극이니 성정이 불안정하고 다시 宮의 剋을 받으니 내조의 역할을 크게 기대할 수는 없는 것이다.

(5) 자녀운

食傷을 위주로 논하는데, 남명에서는 世宮의 지반수가 생하는 數 중 음양이 같으면 食神이라 하며 아들로 논하고, 음양이 다르면 傷官이라 하며 딸로 논한다. 중궁에 傷官이 출현하고 食神은 은복되었다. 이런 경우는 대체로 부자지간에 연이 적은 것이다. 즉, 부자지간에 화목치 못하거나, 유학이나 이민 등으로 멀리 떨어져 지내게 되거나, 태어난 후 사별하게 되거나, 성격차 등으로 부자간 가까이하기 어려운 경우 등이 발생하는 것이다.

(6) 형제운

劫財宮을 위주로 판단하는데, 천·지반수 4·4는 酉金에 속하니 상하가 상호 自刑殺이 되어 흉하다. 아울러 杜門이 동궁했고 흉살인 桃花殺(도화살)과 喪門殺(상문살)을 대동하니 형제자매간의 우애는 돈독하지 못할 것이라 판단한다. 그 정황분석은 劫財宮의 천·지반수를 入 중궁하여 다시 구궁도를 포국한 후 판단해 본다. 아래 표와 같다.

巽	巳	離	午		未	坤
辰	❹ $\frac{10}{8}$ 正印 生門 歸魂		❾ $\frac{5}{3}$ 偏印 傷門 福德		❷ $\frac{2}{6}$ 官鬼 驚門 天宜	申
震卯	❸ $\frac{1}{7}$ 劫財 死門 絶體		❺ ⑩ $\frac{4}{4}$ (9) (9) 正財		❼ $\frac{7}{1}$ 正官 休門 遊魂	兌酉
寅	❽ $\frac{6}{2}$ 世		❶ $\frac{3}{5}$		❻ $\frac{8}{10}$	戌

開 絶	食 杜 生	傷 景 禍	
門 命	神 門 氣	官 門 害	
艮 　　　丑	坎 子	亥	乾

♦ 世宮은 劫財의 分身이고 중궁은 劫財와 연관된 주변의 환경적 요소이다. 중궁 과 火金相爭하니 형제자매간의 화기애애함과 돈독함은 적다 판단한다.

♦ 世宮의 지반수 2火가 受剋되고 居衰되니 약하다. 형제자매의 수는 많지 않다 판단하며, 팔괘생기의 絶命을 대동하니 태어나서 죽은 형제자매가 있다 판단 한다.

♦ 正印宮이 居旺하고, 劫財宮이 居生되니 印星과 劫財가 旺하다. 이런 경우는 이복형제 문제가 나오는 것이다. 부친 대인 것이다.

(7) 재물운

財鬼宮의 3木은 대칭궁인 艮宮의 9金부터 생생되어 왕하고, 正財宮 8木 역시 震宮의 4金부터 생생되어 왕하니 財星이 왕한 것이다. 다만 世宮의 천·지반수 9 ·9는 太白殺인데 다시 死門을 대동하고 십이포태운성의 墓宮에 있으니 자신의 財 로 만들기 힘든 것이다. 사무기기 유통사업을 했으나 사업의 부침이 많았고, 1990 년대 후반 IMF의 여파로 인해 사업을 정리해야 했다. 이후는 운이 막혀 神을 받고 法師의 길로 들어선 것이다.

(8) 직업운

官星을 위주로 판단한다. 正官宮은 지반수 7火가 受剋되고 居衰되니 旺하지 못 하여 직장과는 연이 적고, 官鬼宮은 지반수 2火가 역시 受剋되고 居剋되어 태약하 니 활용할 수 없는 것이다. 자영업의 길로 들어섰으나 世宮이 흉하니 길하지 못했 던 것이다.

(9) 흉액

평생국에서의 사고나 질병 등의 흉액은 財鬼宮이나 官鬼宮 및 偏印宮에 大運이 나 行年이 낙궁하는 시점에 많이 발생한다. 世宮이 태약한 경우에는 救濟의 神이 없는 경우에는 歲運에 낙궁할 때에도 흉액이 발생하는 경우가 많다. 行年 57세는

2012년 壬辰세운으로 坤宮 財鬼宮에 낙궁한다. 財鬼가 동하여 坎宮의 官鬼를 생하니 흉액이 염려된다. 2012년 壬辰세운의 일년신수국을 홍국기문 위주로 살펴본다.

一年身數局 圖式 : 2012년 1월 29일 卯時

```
時 日 月 年
8  8  9  9
辛  辛  壬  壬      34÷9              7
              =   ----   中宮數   ---
卯  亥  寅  辰      24÷9              6
4  12  3  5
```

巽	巳	離 午		未	坤
	❹	❾		❷	
	$\frac{3}{10}$	$\frac{8}{5}$		$\frac{5}{8}$	
辰	傷 景 禍 招 官 門 害 搖	食 死 絕 天 神 門 命 乙		正 生 絕 攝 印 門 體 提	申
	❸	❺ ⑩		❼	
震	$\frac{4}{9}$	$\frac{7}{6}$ (2) (1)		$\frac{10}{3}$	兌
卯	財 休 天 軒 鬼 門 宜 轅	官 天 鬼 符		偏 杜 生 咸 印 門 氣 池	酉
	❽	❶		❻	
寅	$\frac{9}{4}$	$\frac{6}{7}$		$\frac{1}{2}$ 世	戌
	正 傷 福 太 財 門 德 陰	劫 驚 遊 太 財 門 魂 乙		開 歸 青 門 魂 龍	
艮	丑	坎 子		亥	乾

◆ 艮宮의 正財가 兼旺하고 居生되어 태왕해져 중궁의 6水 官鬼를 생하니 官鬼가 태동하여 난동을 부리게 되며 世宮의 2火를 극하게 되는 것이다. 坤宮의 8木 正印은 중궁의 生을 받는다 하나, 태세가 壬辰이라 巽宮에 낙궁하니 지반수 10土가 동하여 正印宮의 지반수 8木과 상극되니 世宮의 2火를 생하러 갈 여력이 없다. 救濟의 神이 약하고 世宮의 지반수 2火는 受剋되고 居囚되니 태약하여 命을 보존할 수가 없었던 것이다.

◆ 食神宮 午火節은 음력 5월인데 死門, 絶命을 대동하여 극히 흉한 것이라 밥그 릇이 깨지는 격이니 이때 사망한 것이다.
◆ 世宮 2는 오행이 火라 혈관계질환과 연관되므로 급성심장병이 사망 원인이다.

(10) 수명운

世宮의 천·지반수가 9·9로 太白殺을 대동하고 다시 흉문인 死門이 동궁했으니 長壽者의 命은 아닌 것이다. 또한 印星의 길흉을 참조해야 하는데 印星宮은 비록 흉살이 乘하지 않았으나, 財鬼宮의 지반수가 艮宮에서부터 생생을 받아 왕해져 印 星宮의 지반수를 극하니 命을 길게 이어주지 못했던 것이다.

(11) 문서운

평생의 문서와 연관된 길흉은 印星宮을 참고하는데 그 중 正印宮에 비중을 두고 판단한다. 정황을 알아보기 위해서는 正印宮의 천·지반수를 入 중궁하여 구궁도 를 포국하여 살펴본다. 아래 표와 같다.

巽　　　巳	離　午	未　　　坤
❹ $\frac{4}{4}$ 官 驚 歸 鬼 門 魂	❾ $\frac{9}{9}$ 正 開 福 官 門 德	❷ $\frac{6}{2}$ 傷 杜 天 官 門 宜
震 卯 ❸ $\frac{5}{3}$ 劫 傷 絶 財 門 體	❺ ⑩ $\frac{8}{10}$ (3) (5) 財 鬼	❼ $\frac{1}{7}$ 食 死 遊 神 門 魂 兌 酉
寅 ❽ $\frac{10}{8}$ 世 景 絶 門 命	❶ $\frac{7}{1}$ 偏 休 生 印 門 氣	❻ $\frac{2}{6}$ 正 生 禍 印 門 害 戌
艮　　　丑	坎　子	亥　　　乾

- 世宮은 正印의 分身이고 중궁은 正印과 연관된 주변의 환경적요소이다. 世宮과 중궁의 지반수가 상호 상극하고, 중궁에 財鬼가 동하여 문서와 연관되는 印星을 극하니 문서와의 연은 없는 것이다. 평생 본인 명의의 부동산을 지니지 못했던 것이다.
- 世宮에 景門과 絶命이 동궁했다. 통변에서는 先門後卦로 통변하니 먼저는 길하고 나중은 흉한 것이다. 본인 명의의 부동산을 구입하더라도 종국에 는 지키지 못하고 타인의 손에 넘어갔던 것이다.

(12) 건강운

世宮의 상하 數 雙9金이 兼旺하여 太白殺로 논하는데 宮의 생을 받으니 世宮이 태왕하여 본시 건강한 命이다. 그러나 또한 太白殺이 旺해져 예기치 않은 사고, 질병이 예상되는데 심장마비로 60을 넘기지 못하고 사망한 것이다.

(13) 성격

世宮의 천·지반수가 雙9金으로 太白殺이 왕하니 고집이 있으면서도 다소 급한 성격이다. 또한 중궁의 상하수가 7·1로 火金相爭하니 변덕도 많은 성격인데, 亡身殺을 대동하니 간혹 욱하면 물불 안 가리고 좌충우돌하는 성향이 있다.

[5] 女命. 음력. 1961년 1월 16일 酉時生

1. 기문평생국 도식

```
時 日 月 年
10 1 7 8
癸 甲 庚 辛        26÷9                8               8
               =  ----  → 나머지  ---  → 入中宮數  ---
酉 午 寅 丑        22÷9                4               4
10 7 3 2
----------
```

陽遁局　驚蟄　上元　1局
時　干 : 癸
時符頭 : 戊(甲子旬中)

巽	巳 病	離 午 死	未 墓	坤
辰 衰	❹ 災弔病空　22~29세 殺客符亡　69~72세 乙／辛　年日／干干　4／8 劫生歸軒　杜勾天黑 財門魂輚　門陳英	❾ 歲太　1~3세 劫歲　46~54세 己／乙　9／3　世 傷福太　景朱天赤 門德陰　門雀芮	❷ 歲太喪日　9~14세 馬陽門劫　78~83세 丁／己　6／6 偏驚天太　死九天紫 印門宜乙　門地柱	**申 胞**
震 卯 帝旺	❸ 歲福　15~21세 桃德　73~77세 辛／庚　月／干　5／7 傷死絕攝　傷六天白 官門體提　門合輔	❺ ⑩ 將亡幻吞飛　30~33세 星亡神陷刃　61~68세 壬　8 (3)／4 (9)　總／空 正　招　碧 官　搖	❼ 六太　43~43세 害陰　58~58세 癸／丁　1／1　時／支 正休遊青　驚九天黃 印門魂龍　門天心	**兌 酉 胎**
寅 建祿	❽ 地龍陰　44~45세 殺德符　55~57세 庚／丙　10／2　年月 食開絕咸　生太天白 神門命池　門陰沖	❶ 天攀歲　4~8세 殺鞍破　84~90세 丙／戊　7／5 財杜生天　休䗁天白 鬼門氣乙　門蛇任	❻ 月華官死　34~42세 殺蓋符符　59~60세 戊／癸　時／干　2／10 正景禍天　開直天綠 財門害符　門符蓬	**戌 養**
艮	丑 冠帶	坎 子 沐浴	亥 長生	乾

2. 통변

(1) 개요

⊙ 世宮의 천·지반이 9·3으로 상하가 상충되고 있다. 다시 지반수 3木이 宮에 洩氣(설기)되니 世宮이 왕하지 못한 것이다.

⊙ 중궁의 4金 正官은 宮의 생을 받아 약하지 않고, 兌宮의 1水 正印은 兼旺하고

居旺하니 印星과 官星을 써먹어야 하는 것이다. 따라서 공직자의 길인데, 중궁의 正官보다 兌宮의 正印이 더 왕하니 교육직으로 간 것이다. 초등학교 선생의 명조이다. 世宮이 旺하지 못하니 직책은 높지 못했던 것이다.

(2) 부모운

印星宮을 위주로 살펴보는데 女命의 경우 正印은 부친이고 偏印은 모친이라 논한다. 正印, 偏印 모두 약하지 않은데, 偏印은 驚門과 劫殺을 대동하고, 正印은 休門을 대동했는데, 모친성인 偏印이 십이포태운성의 墓宮이고 흉문, 흉살이 있으니 母先亡인 것이다.

부모의 선망을 알아보는 다른 방법은 인성궁의 천·지반수를 入 중궁하여 世宮 지반수의 왕쇠 및 神殺의 길흉 여부를 비교해보는 것이다. 아래 표와 같다.

〈偏印〉

巽	巳	離 午	未	坤
辰	❹ $\frac{2}{10}$ 劫 景 禍 財 門 害	❾ $\frac{7}{5}$ 世 死 絕 門 命	❷ $\frac{4}{8}$ 正 生 絕 官 門 體	申
震卯	❸ $\frac{3}{9}$ 食 休 天 神 門 宜	❺ ⑩ $\frac{6}{6}$ (1) (1) 財 鬼	❼ $\frac{9}{3}$ 官 杜 生 鬼 門 氣	兌酉
寅	❽ $\frac{8}{4}$ 傷 傷 福 官 門 德	❶ $\frac{5}{7}$ 正 驚 遊 印 門 魂	❻ $\frac{10}{2}$ 偏 開 歸 印 門 魂	戌
艮	丑	坎 子	亥	乾

〈正印〉

巽　　巳	離　午	未　　坤
❹ 7/5 劫財 驚門 生氣	❾ 2/10 世 開門 絕體	❷ 9/3 正官 杜門 絕命
（辰）❸ 8/4 食神 傷門 福德	❺ ⑩ 1 (6) 1 (6) 財鬼	❼（申） 4/8 官鬼 死門 禍害
（震卯）❽ 3/9 傷官 景門 天宜	❶ 10/2 正印 休門 歸魂	❻（兌酉） 5/7 偏印 生門 遊魂
艮　　丑	坎　子	亥　　乾

◆ 女命의 모친성인 偏印의 정황은 世宮에 흉문, 흉괘인 死門과 絕命을 대동하고, 부친성인 正印의 정황은 世宮에 開門과 絕體를 대동하여 길흉이 반반이나 偏印宮이 더 흉하다. 母先亡인 것이다.

(3) 부부운

중궁에 正官이 있으니 평생 남편문제가 대두되는 것이다. 世宮이 약하니 남편성인 正官을 건사하지 못하는 것이다. 正官宮에 亡身殺, 幻神殺, 呑陷殺과 태을구성의 招搖가 대동하여 흉하다. 또한 巽宮 歸魂의 자리가 空亡이니 總空局이 된다. 남편과의 연이 적은 것이다. 첫 번째 남편은 식품회사의 수금사원이었는데 거래처에서 수금하고 歸社하는 중 괴한의 칼에 질려죽은 것이다. 대운의 시기인 32세의 일이다.

재혼한 남편은 偏官 위주로 판단하는데, 중궁의 은복된 數 9金이 官鬼로 궁의 생을 받아 왕하니 역시 길하지 못하다. 坤宮出시켜 행년을 적용하면 43세에 해당되는바, 재혼한 남편 역시 이 해에 교통사고로 사망한 것이다.

(4) 자녀운

食傷과 時支宮을 위주하여 판단하는데, 女命 간명시 아들의 판단은 世宮 지반수와 음양이 다른 傷官에 비중을 좀 더 두고, 딸의 경우는 음양이 같은 食神에 비중을 두고 판단한다.

食神인 딸은 開門, 絕命, 咸池를 대동하니 반길반흉이라 판단하고, 傷官인 아들은 死門, 絕體, 攝提를 대동하니 흉하다 판단한다.

(5) 형제운

劫財宮 천·지반수가 4·8로 상하 상극 관계이나, 居旺하고, 生門, 歸魂이 동궁하여 흉하지는 않아 형제자매간의 불목은 적겠으나, 흉살인 災殺과 弔客殺(조객살), 病符殺(병부살)을 대동하며 空亡地이니 형제자매 상호간 상부상조함은 적을 것이라 판단한다.

(6) 재물운

世宮이 居衰이고 世宮 지반수와 중궁이 木金 상극하여 왕하지 못하다. 財星宮은 受生되나 동하지 않았으니 큰 재물은 없는 것이다. 艮宮의 食神은 동했으나 宮에 설기되니 쇠약하여 財를 생하기 힘들고 다시 開門, 絕命을 대동하여 일희일비하니 큰 재물은 없을 것이라 판단한다.

(7) 직업운

중궁의 正官과 兌宮의 正印이 동했으니 공직자의 명조인데, 兌宮의 正印이 兼旺하고 居生되어 중궁의 官星보다 더 旺하니 교육자의 길이다. 다만 世宮이 왕하지 못하니 직책이 높이 오르지는 못할 것이라 판단한다.

중궁 正官이 招搖를 대동하니 공직기간 중 이런 저런 시비구설이 다발할 것이라 사료되는 것이다.

(8) 사고·질병

官鬼와 財鬼, 偏印과 天芮星을 위주로 판단한다. 9金 官鬼가 중궁에 은복되었다. 사고와 질병이 잠복되어 있는 것인데 9金을 대동하니 예기치 않은 교통사고가 염려된다. 坎宮의 5土 財鬼는 受生되나 宮과는 居囚되는 것이라 旺하지 못하고 또한 동하지 못하고 있다. 따라서 중궁의 4·9金을 생함은 약하다. 4·9金은 차사고, 수술칼로도 논하는데 宮의 生을 받아 약변강이 되고, 다시 財鬼宮은 십이운성의 沐浴과 십이신살의 天殺에 해당하니 예기치 않은 수술 건으로 인한 손재수가 발생하게 되는 것이다.

偏印은 흉액을 동반한 문서, 계약 등으로 논하는데 坤宮에 있어 兼旺하나 동하지는 못하고 있다. 그러나 驚門을 대동하니 전혀 예상하지 못한 흉화가 염려되는 것이다.

天芮는 본시 土星인데 離宮에 낙궁하고 있어 旺하다. 이런 경우는 頭, 眼, 심장질환, 울화병 등의 발생률이 높은 것이다.

(9) 수명

正印宮의 지반수가 兼旺하고 居生되니 旺하여 長壽하는 命이고, 문, 괘, 태을구성이 休門과 遊魂, 靑龍을 대동하여 흉하지 않으니, 큰 질병 없이 건강한 체질인 것이다.

(10) 문서운

正印宮의 왕쇠와, 동궁한 문·괘, 태을구성의 길흉 여부를 겸하여 판단한다. 상하가 1水로 兼旺하고 宮의 생을 받고, 休門과 遊魂, 태을구성의 靑龍이 승했으니 길하다. 상속받은 전답과 본인 소유의 상가건물이 있는 것이다.

(11) 건강운

官鬼와 財鬼, 偏印, 天芮星의 동향을 위주로 판단한다. 官鬼는 중궁에 은복되었고 財鬼는 동하지 못했으니 드러내 놓고 작동하지는 못할 것이라 평생에 걸쳐 중병 발생은 적을 것이라 판단하는 것이고, 病星은 天芮星으로 土星인데 離宮에 낙궁하여 생을 받으니 약하지 않다. 또한 지반수가 3木이라 木火 相生하니 신경계 질환이나 혈관계질환계통으로 발병이 있을 것이라 판단한다.

(12) 성격

世宮과 중궁에 臨한 六神과 태을구성, 日干宮의 奇儀에 따른 격국 및 지반수가 가장 旺한 宮의 오행 위주로 판단한다.

중궁에 正官이 있고 宮의 生을 받으니 고지식하고 맡은바 임무에 충실한 성격이라 판단한다.

世宮은 천·지반수가 상하 상극하고 태을구성 중 太陰이 乘했으니 외향적인 성격은 아니며, 속내를 잘 드러내지 않는 성격이라 판단한다.

兌宮의 1水가 동하였고 다시 兼旺하고 居生되니 太旺하다. 오행상 水는 지혜, 학문, 유통관련, 언어관련 등으로 논하니 두뇌회전이 빠르고 지모도 있고 융통성도 있는 성격이다.

[6] 男命. 음력. 1960년 6월 9일 寅時生

1. 기문평생국 도식

```
時 日 月 年
7  8  9  7
庚 辛 壬 庚      31÷9              4                    4
            =  ----  → 나머지  ---  → 入中宮數  ---
寅 卯 午 子      15÷9              6                    6
 3  4  7  1
──────────
陰遁局  夏至  下元  6局
時  干 : 庚
時符頭 : 庚(甲申旬中)
```

巽	巳 病		離 午 衰		未 帝旺		坤
辰死	天攀太喪 殺鞍陽門	❹ 45~45세 47~55세	月華空太 殺蓋亡陰	❾ 25~29세 81~85세	六空官死 害亡符符	❷ 10~17세 89~90세	申建祿

庚 年 時　10 庚 干 干　10 正驚禍太　休直天 印門害陰　門符輔 ❸ 地太　　1~9세 殺歲　　46~46세	丁　　5 月 丁　　5 支 偏死絕軒　生九天 印門命轅　門天英 ❺ ⑩ 歲將　　39~44세 亡星　　56~59세	壬 月　2 壬 干　8 正生絕太　傷九天 財門體乙　門地芮 ❼ 歲歲　　34~36세 馬破　　68~74세
震卯墓 辛 日　1 辛 干　9　世 傷天天　開螣天 門宜乙　門蛇冲	4 (9) 　6 (1) 己 食　咸 神　池	乙　7 乙　3 財開生天　杜玄天 鬼門氣符　門武柱 兌酉冠帶
寅胞 劫休福招　驚太天 財門德搖　門陰任 ❽ 歲日鬼弔病　30~33세 桃祿門客符　75~80세 丙 時　6 丙 支　4 艮　　丑 胎	❶ 災日福　18~24세 殺貴德　86~88세 癸 年　3 癸 支　7 正景遊攝　死六天 官門魂提　門合蓬 坎 子 養	❻ 歲用陰　37~38세 劫德符　60~67세 戊　8 戊　2 官杜歸青　景白天 鬼門魂龍　門虎心 戌沐浴 亥 長生　　乾

2. 통변

(1) 부모운

印星宮을 위주로 판단한다. 世宮의 지반수를 생하는 數 중 음양이 같으면 偏印으로 父로 논하고, 世宮의 지반수를 생하는 數 중 음양이 다르면 正印으로 母로 논한다. 印星宮의 天·地盤奇儀가 伏吟局을 형성했으니 부모의 命이 위태로운 것이다.

偏印宮은 父宮인데 상하가 5·5로 天罡殺(천강살)에 해당하며 흉문, 흉괘인 死門과 絕命을 대동하니 매우 흉하다. 부친께서 젊은 나이에 작고하신 것이다.

正印宮은 母宮인데 천·지반수가 10·10으로 모친의 성정은 현모양처에 해당하지만 흉문, 흉괘인 驚門, 禍害를 대동하니 모친 역시 단명했던 것이다.

(2) 학업운

印星宮을 위주로 논하는데 正印宮에 비중을 두어 살펴본다. 천·지반수가 10·10의 雙印이니 길하여 본시 총명하나 驚門, 禍害를 대동하니 학업과의 연이 적었을 것이라 판단하고, 특히 학창시절인 10~17세의 대운 시기는 財星運으로 들어오니 印星을 손상시켜 학업성적이 부진하여 지방대에 입학했던 것이다.

(3) 부부운

財星宮을 위주로 논하는데 正財宮에 비중을 두어 살펴본다. 坤宮의 正財宮은 본시 旺하지 못하나, 대칭궁인 艮宮의 지반수 4金이 중궁 6水를 생하고 다시 坤宮의 8木을 생하니 正財宮은 약변강으로 변한 것이다. 또한 生門과 絶體를 대동하여 다시 空亡地이고 六害殺이 臨하니, 일희일비하고 부부간 화기애애함은 적었으나 결혼생활은 무탈한 것이라 판단한다.

(4) 자녀운

중궁에 食神이 동하고 傷官은 은복되어 있다. 宮의 剋을 받으나 受生되어 태약하지 않으니 자손과 求財에 길함이 있는 것이다. 다만 태을구성의 咸池를 대동하니 향후 女難의 발생소지가 있다 판단한다.

(5) 형제운

형제운은 형제자매간의 화목, 불목의 여부와 상호 상부상조 여부를 판단해보는 것이다. 艮宮 劫財宮이 居生되고 休門, 福德의 길문, 길괘를 대동했으니 형제자매간 화기애애함과 돈독함이 있다 판단한다. 상기 명조인은 조실부모하여 형과 누이의 보살핌 속에 학업을 계속할 수 있었던 것이다.

아울러 형제자매간 수명의 장단은 劫財宮의 천·지반수를 중궁에 入하여 世宮과 중궁의 관계를 살펴 판단한다. 아래 표와 같다.

巽	巳		離 午		未		坤
辰	❹ $\frac{2}{8}$ 偏傷歸 印門魂		❾ $\frac{7}{3}$ 正生福 印門德		❷ $\frac{4}{6}$ 正死天 官門宜		申
震 卯	❸ $\frac{3}{7}$ 世 驚絶 門體		❺ ⑩ $\frac{6}{4}$ (1) (9) 財 鬼		❼ $\frac{9}{1}$ 官杜遊 鬼門魂		兌 酉
寅	❽ $\frac{8}{2}$ 劫景絶 財門命		❶ $\frac{5}{5}$ 傷休生 官門氣		❻ $\frac{10}{10}$ 食開禍 神門害		戌
艮	丑		坎 子		亥		乾

◆ 형제자매들 수명의 장단 여부는 겁재궁의 천·지반수를 중궁에 입하여 홍국수를 포국한 후 世宮의 왕쇠 여부 및 중궁, 그리고 官鬼宮과의 상생, 상극관계를 살피고 아울러 門·卦의 길흉도 참작한다.

世宮이 약하지 않으니 형제자매들의 단명수는 벗어났으나 흉문, 흉괘인 驚門, 絶體가 동궁했고, 중궁의 4金과는 火金相爭하고, 대칭궁인 官鬼宮이 受生되고 居生되어 旺한데 水火相爭하니 長壽할 수 없다 판단하는 것이다.

◆ 命이 위태로운 시기는 단명수는 면했으니 40세 이후로 논한다. 世宮의 7火가 受剋당하는 시점이 유력한데, 坤宮의 6水가 死門을 대동하고 世宮의 지반수를 극하니 이때가 위태로운 것이다. 行年을 적용하면 41세, 57세이며 다시 太歲를 적용하면 41세는 太歲가 壬辰이고, 57세는 丙申이다. 行年과 太歲가 공히 57세에 떨어지는 丙申年이니 이 해에 命을 보존하기 어렵다 판단한다. 5살 위인 큰 형이 62세로 심장병으로 사망한 것이다.

◆ 57세인 2016년 丙申年의 1년신수국을 살펴본다.

2016년 6월 9일 寅時

```
戊 乙 乙 丙              3
            =  中宮數  ---
寅 未 未 申              1

----------

陰遁局 小暑 上元 8局
```

巽	巳	離 午	未	坤
辰	❹ $\dfrac{9}{5}$ 財 死 生 招 鬼 門 氣 搖	❾ $\dfrac{4}{10}$ 正 景 絕 太 財 門 體 陰	❷ $\dfrac{1}{3}$ 世 休 絕 青 門 命 龍	申
震 卯	❸ $\dfrac{10}{4}$ 正 生 福 天 官 門 德 符	❺ ⑩ $\dfrac{3}{1}$ (8) (6) 正 印	❼ $\dfrac{6}{8}$ 劫 驚 禍 太 財 門 害 乙	兌 酉
寅	❽ $\dfrac{5}{9}$ 官 開 天 天 鬼 門 宜 乙	❶ $\dfrac{2}{2}$ 食 杜 歸 **咸** 神 門 魂 **池**	❻ $\dfrac{7}{7}$ 傷 傷 遊 攝 官 門 魂 提	戌
艮	丑	坎 子	亥	乾

◆ 艮宮의 官鬼 9金이 受生되고 居生되어 태왕하여 자연 3·8木을 극하는데, 世宮 3木은 艮宮의 9金이 중궁 1水를 생하고 중궁이 다시 世宮의 3木을 생하니 직접 世宮 지반수를 극하지 않는다. 따라서 劫財인 兌宮의 8木을 剋하게 되는데 兌宮 8木은 비록 受生되나 居剋되어 衰한 상태에서 太旺해진 9金 官鬼의 剋을 받으니 온전할 수 없었던 것이다. 財鬼宮에 해당하는 巳火節에 사망한 것이다.

(6) 재물운

正財宮은 대칭궁인 艮宮에서부터 시작하여 중궁을 거쳐 생함을 받으니 처복으로 인한 재물의 이득이 있고, 兌宮 財鬼宮은 대칭궁인 震宮에서부터 생함을 받아 역시 왕하니 사업상의 수완도 있는 것이다. 妻가 치과의사로 명성이 있었으니 財로 내조가 있었고, 본인은 대학교수로 있으면서 산학의 연구활동과 연관되어 사업의 수완을 발휘하여 다소의 得財가 있었던 것이다. 다만 世宮이 왕하지 못하니 大財와 는 거리가 먼 것이다.

(7) 직업운

중궁에 食神이 동하여 천반수 4金의 생을 받고, 世宮의 9金이 다시 중궁의 食神 을 생하니 命主의 의도는 食神과 연관된 직업을 택하려 하는 것이다. 坎宮의 7火 正官과 離宮의 5火 偏印이 동했으니 官印相生을 이루어 공직과도 연이 있으나 아 쉽게도 離宮 偏印이 雙印으로 天罡殺(천강살)에 해당하니 공직의 길을 가지 못하고 食神과 연관된 예체능계통의 대학교수의 길을 간 것이다.

(8) 사고·질병

官鬼宮이 태왕하지 못하고, 病星인 天芮가 伏吟이니 흉하게 작동하지 못하게 되어 평생에 걸쳐 大患은 없을 것이라 판단한다.

(9) 수명운

印星과 世宮 위주로 판단하는데 正印에 비중을 두어 살펴본다. 正印宮의 지반수 가 旺하면 장수할 命이라 보고 衰하면 장수하지 못하는 경우가 많다. 正印宮은 10 土 雙印이 동궁했으니 태약하지 않아 본시 단명은 면했으나 驚門, 禍害 등의 흉문 과 흉괘가 동궁했으니 長壽者의 命은 아니라 판단한다.

(10) 문서운

문서운은 부동산 등의 계약과 연관된 문서로 인해 길함이 있을 것인가? 없을 것인가?를 논하는 것인데, 正印宮 지반수의 왕쇠와 더불어 동궁한 門·卦의 길흉을 겸하여 논하는 것이다. 驚門, 禍害가 동궁했으니 소유한 문서와 연관지어 길함은 많지 않다 판단한다. 상기 명조인은 대다수의 부동산을 부인 명의로 해놓고 있는 것이다.

(11) 건강운

世宮의 지반수 9金이 震宮에 있어 宮과 상극되니 世宮이 약하다. 또한 世宮의 지반수 9金이 중궁 6水를 생하고, 중궁의 6水가 兌宮의 財鬼 3木을 생하고, 財鬼가 官鬼를 생하니 官鬼는 약변강이 되어 암암리에 世宮의 지반수를 剋하니 건강운은 좋지 못하다 판단한다. 또한 世宮의 天·地盤奇儀 가 辛·辛으로 天庭自刑格(천정자형격)이고 지반수가 9金으로 金氣를 띠니 잔병치례가 많을 것이라 판단하는 것이다.

(12) 성격

중궁 6水가 동했으니 두뇌회전이 빠르다. 다만 아쉽게도 財鬼宮이 旺하여 암암리에 印星을 극하니 총명하기는 하나 임기응변과 잔꾀에 능할 것이라 판단하는 것이다. 더욱이 咸池와 亡身殺을 대동하니 대인관계에서 종종 구설수를 유발하는 성격이다.

대인관계는 劫財와 중궁의 길흉여부를 위주로 논하는데 劫財宮에 休門, 福德의 길문, 길괘가 乘했으니 處世에 능할 것이라 판단하는 것이다.

[7] 男命. 음력. 1955년 1월 19일 巳時生

1. 기문사주국 도식

```
時 日 月 年
4  10  5  2
丁  癸  戊  乙        21÷9              3                    3
                =  ----  →  나머지  ---  →  入中宮數  ---
巳  卯  寅  未        21÷9              3                    3
6  4  3  8
----------
陽遁局  立春  中元  5局
```

時　干：丁
時符頭：癸(甲寅旬中)

巽　　　巳 胞 ❹	離午胎 ❾	未　養 ❷	坤
辰墓 空 　　　　 7~13세 亡 　　　 82~90세 庚 年　9 時 乙 干　7 支 正驚絕軒　休九天 財門體轅　門地柱	歲 　　　 35~36세 馬 　　　 57~60세 己 　　 4 時 壬 　　 2 財開生太　生九天 鬼門氣陰　門天心	天攀 　　 41~45세 殺鞍 　　 54~54세 癸 時　1 年 丁 干　5 支 官杜禍太　傷直天 鬼門害乙　門符蓬	申 長 生
震卯死 ❸ 地 　　　　 1~6세 殺 　　　 48~53세 丁 　10 世 丙 　6 傷歸攝　開朱天 門魂提　門雀芮	❺ ⑩ 歲 　　 14~16세 亡 　　 79~81세 ＿ 月　3 (8) 戊 干　3 (8) 食　招 神　搖	❼ 歲月 　 26~33세 華殺 　 66~71세 辛 　6 庚 　10 正死絕青　杜臒天 官門命龍　門蛇任	兌 酉 沐 浴
寅病 ❽ 歲 　　　 34~34세 桃 　　　 61~65세 壬 　5 月 辛 　1 支 劫景遊咸　驚勾天 財門魂池　門陳英	❶ 囚 　　 37~40세 獄 　　 55~56세 乙 日　2 癸 干　4 正休福天　死六天 印門德乙　門合輔	❻ 歲 　　 17~25세 劫 　　 72~78세 丙 　7 己 　9 偏生天天　景太天 印門宜符　門陰沖	戌 冠 帶
艮　　　丑 衰	坎子帝旺	亥　建祿	乾

2. 통변

(1) 부모운

印星宮의 왕쇠와 門·卦의 길흉 여부로 판단하는데 正印宮에 좀 더 비중을 두어 판단한다.

正印宮의 상하가 2·4로 火金相爭하고, 偏印宮의 상하가 7·9로 역시 火金相爭하니 장수자의 命은 아닌 것이다. 10살 이전에 부모가 모두 돌아가시고 조부모의 슬하에서 자랐던 것이다. 수명의 장단을 논함은 印星宮의 지반수의 왕쇠로 판단하고, 두뇌와 학업운을 논할 시는 印星宮에 臨한 門·卦의 길흉 여부로 판단하는 것이 통설이다.

◆ 부모궁(正印宮)의 천·지반수를 入 중궁하여 수명의 장단을 논해본다.

巽	巳	離 午	未	坤
辰	❹ 8/8 偏印 驚門 歸魂	❾ 3/3 正印 開門 福德	❷ 10/6 正官 杜門 天宜	申
震卯	❸ 9/7 世 傷門 絕體	❺ ⑩ 2/4 (7)(9) 財鬼	❼ 5/1 官鬼 死門 遊魂	兌酉
寅	❽ 4/2 劫財 景門 絕命	❶ 1/5 傷官 休門 生氣	❻ 6/10 食神 生門 禍害	戌
艮	丑	坎 子	亥	乾

◆ 부모궁의 數를 入중궁하여 다시 구궁을 포국한 후 그 정황을 살펴볼 경우에는, 世宮의 지반수가 부모궁 數의 分身이며 本性이고 또한 주체가 되는 것이다. 천반수와도 비교해 보고 중궁과도 비교해보아야 한다. 世宮의 지반수 7火는 宮의 생을 받으나 천반수 9金과는 상극되고, 중궁의 지반수 4金은 居生되어 旺한데 世宮의 지반수 7火를 상극하니 흉하다. 다시 흉문, 흉괘인 傷門, 絕體 가 臨하니 장수할 命은 아닌 것이다.

(2) 학업운

印星宮 중 正印宮을 위주로 판단한다. 休門, 福德의 길문, 길괘가 동궁하니 두뇌 가 명석하고 학습능력이 뛰어나다 판단한다. 명문고를 졸업한 것이다.

(3) 부부운

財星宮 중 正財宮에 비중을 두어 판단한다. 巽宮 正財宮의 지반수 7火가 거생되니 왕하다. 이별수나 사별수는 적다 판단한다. 그러나 驚門, 絶體의 흉문, 흉괘가 동궁했으니 妻의 내조는 적을 것이라 판단하는 것이다.

(4) 자녀운

食傷을 위주로 논하는데 중궁에 3木 食神이 兼旺되니 旺하다. 자녀들은 1남 1녀로 무탈하게 사회생활을 하고 있다.

(5) 형제운

艮宮 劫財宮의 지반수 1水가 천반 5土에 受剋되고, 다시 宮과는 居剋되니 매우 태약하다. 따라서 형제자매가 없는 것이다. 외동아들로 자랐던 것이다.

(6) 재물운

正財宮은 居生되나 천·지반이 상하 상극되어 손상되고, 偏財宮은 居旺되나 역시 상하 상극되어 손상되고, 世宮은 受剋되고 居衰되어 약하니 사업가의 財는 아니며 財를 건사하기 힘들다. 그러나 財星宮이 태약하지는 않고, 印星宮이 世宮을 생하여 世宮이 태약함을 벗어나 봉급생활자의 財로써 어느 정도의 財를 감당할 수 있게 됐으니 小財는 획득할 수 있게 된 것이다.

(7) 직업운

坤宮의 官鬼宮이 居旺되어 旺하나, 중궁의 食神이 艮宮의 생을 받아 旺해져 官鬼宮의 지반수를 극하여 制殺하니 官鬼의 난동을 먹을 수 있게 된 것이다. 世宮이 旺하지 못하니 무관직으로 갈수는 없는 것이다.

巽宮의 財星이 동하여 居生되어 旺해지며 兌宮의 正官宮을 생하니, 正官宮은 약변강이 되었고, 다시 印星宮을 생하는데, 길문, 길괘가 승했으니 정통 관료의 길인 것이다. 印星에 길문, 길괘가 승했으니 두뇌와 학업성적이 뛰어나 행정고시에 합격하여 관직에 들어선 후 도청의 고위직을 지냈고, 다시 正財宮이 동하고 약하지 않으니 국회의원 길을 택해 3선에 이른 것이다.

(8) 사고·질병

官鬼宮과 偏印宮, 財鬼宮 및 格局의 길흉을 겸하여 판단한다. 旺한 坤宮 官鬼宮을 중궁의 兼旺한 食神이 制殺하고, 坎宮의 偏印宮은 상하가 상극하고 다시 宮에 설기되어 쇠해지니 흉함이 태동되지 않는다. 離宮 財鬼宮은 居旺하여 旺하나 艮宮의 劫財宮이 동하여 지반수 2火를 극제하니 官鬼를 생할 여력이 없어 큰 탈은 없을 것이라 판단하는 것이다. 현재 63세까지 大禍 없이 지내온 것이다.

(9) 수명운

正印宮은 休門, 福德의 길문, 길괘가 臨했으나 宮에 洩氣되니 旺하지 못하고, 偏印宮은 生門과 天宜의 길문, 길괘가 臨했으며 居旺되나 상하가 7·9로 상극되니 길하지 못하다. 世宮은 受剋되고 居衰되니 역시 旺하지 못하다. 장수할 命은 못된다 판단하는 것이다.

(10) 문서운

부동산 등의 문서관련은 正印宮에 비중을 두어 판단하는데, 休門, 福德이 있어 吉하나, 지반수 4金이 왕하지 못하니 문서와의 연은 많지 않다 판단하는 것이다.

(10) 건강운

世宮의 왕쇠 및 길흉과 官鬼宮, 偏印宮, 財鬼宮을 종합적으로 판단한다. 官鬼宮은 旺하나 중궁의 食神에 의해 制殺되고, 偏印宮과 財鬼宮은 상하가 7·9로 상극되니 왕하지 못하여 흉함이 크게 태동하지 못할 것이라 판단한다.
건강한 편인 것이다.

(11) 성격

◉ 중궁에 食神이 兼旺하다. 食神은 일진궁의 氣를 洩하는 것이니 남에게 베풀기를 좋아하고 매사 화합을 이루려는 성격이 강하다. 아울러 兼旺하여 制殺하니 官鬼

의 난동을 막아 매사 즉흥적이지 않고 심사숙고하는 성격이다.

⊙ 일진궁은 受剋되고 居衰하니 旺하지 못하다. 따라서 매사 적극적이지 못하고 수동적인 경향이 짙은 면이 있다.

⊙ 각 宮의 천·지반수가 상하 상극됨이 많다. 이는 일처리에서 맺고 끊음이 다소 강한 면도 있는 것으로 판단하며, 일진궁이 旺하면 길하게 작용함이 많으나, 旺하지 못하니 결단의 시기를 놓치는 경우도 왕왕 있는 것이다.

印星宮에 길문, 길괘가 승하니 계획적이고 분석적이며, 인내심이 많은 성격이라 판단하는 것이다.

[8] 女命. 음력. 1960년 3. 4. 戌時生

1. 기문사주국 도식

```
時 日 月 年
7  4  6  7
庚 丁 己 庚      24÷9              6
            =  ----  →  中宮數  ---
戊 巳 卯 子      22÷9              4
11 6  4  1

----------

陽遁局 春分 中元 9局
時  干：庚
時符頭：壬(甲辰旬中)
```

巽	巳 衰		離 午 病		未 死		坤
	❹		❾		❷		
	六 幻　　　　1~8세		歲 喪　　　25~27세		歲 病　　　33~38세		
	害 神　　　46~47세		馬 門　　　60~66세		亡 符　　　51~54세		
辰 帝 旺	乙　　2　世 壬　　8		辛　　7 戊　　3		壬 年 時　　4 庚 干 干　　6		申 墓
	傷 歸 咸　　驚 九 天 門 魂 池　　門 地 任		劫 杜 福 軒　　開 九 天 財 門 德 轅　　門 天 沖		正 開 天 天　　休 直 天 印 門 宜 符　　門 符 輔		

❸		❺ ⑩		❼	
震卯建祿	囚獄　　　　39~45세 　　　　　48~50세 己／辛　　3月／7支 食神 驚門 絕體 青龍　死門 朱雀 天蓬		鬼門 絞神 桃花　9~12세 　　　　　　　85~90세 癸　　6／4 官鬼　太陰		劍鋒 將星　22~22세 　　　　　75~83세 戊／丙　9／1 偏印 生門 遊魂 太乙　生門 螣蛇 天英	兌酉胞
	❽		❶		❻	
寅冠帶	空歲太斧　23~24세 亡劫白劈　67~74세 丁／乙　8／2 傷官 休門 絕命 攝提　景門 勾陳 天心		空弔寡飛　28~32세 亡客宿符　55~59세 丙月　5年 己干　5支 正財 景門 生氣 招搖　杜門 六合 天柱		怨紅陰白飛　13~21세 嗔艷差虎刃　84~84세 庚日　10時 丁干　10支 財鬼 死門 禍害 天乙　傷門 太陰 天芮	戌胎
艮	丑　沐浴		坎子　長生		亥　養	乾

2. 통변

◎ 중궁에 官鬼가 출현했으니 正官은 은복된 것이다. 女命에서 正官은 본 남편이요 官鬼는 재혼한 경우의 남편이나 애인으로 논하니 본 남편관의 결혼연이 적다 판단한다. 이혼한 것이다. 이혼한 시점은 官鬼가 旺해지는 시점에 많이 하니, 乾宮 財鬼宮에 行年이나 太歲가 낙궁하여 중궁 官鬼를 생하는 시점인 경우가 많다.

◎ 世宮은 居旺하니 약하지 않다. 다만 중궁의 官鬼와 상충하여 흉하고, 傷門, 歸魂, 咸池가 동궁하여 길하지 못하고 六害殺(육해살)과 幻神殺(환신살) 등 神氣를 동반한 흉살이 임했으니 남들보다 神氣가 많은 것이다.

◎ 坤2宮 正印宮은 居剋되나 受生되니 태약하지는 않다. 대체로 印星으로 수명을 논하니 수명이 짧지는 않은 것이다. 또한 正印宮으로 학업운을 논하는데 開門, 天宜가 동궁하여 길하다. 開門은 본시 定位宮이 乾6宮의 金星인데 坤宮에 임하여 宮의 생을 받으니 旺해져 매우 길하다. 天宜 역시 팔괘생기 중 길신에 해당하니 두뇌가 총명하고 학업운이 좋아 명문여대를 나온 것이다.

◎ 坎1宮 正財宮은 동처이며 길문, 길괘인 景門, 生氣가 동궁했으나, 천·지반수가 5·5 天罡殺(천강살)을 대동하고, 다시 空亡과 弔客殺을 대동하니 길변흉이 되었

다. 비록 일진궁이 약하지 않으나 動하여 중궁의 官鬼를 生하니 흉한 것이다. 따라서 재물복이 적을 것이라 판단하는 것이다.

⊙ 兌7宮 偏印은 흉사를 동반한 문서나 계약관계로 논한다. 또한 두뇌회전이 빠르고 남을 이용하기를 잘하고, 교묘한 꾀로 타인의 재물을 편취하기를 잘하는 특성도 있다. 受生되고 居生되니 태왕하다. 이런 경우는 일생에 한두 번 문서와 연관하여 큰 손실을 보게 되거나, 사고, 질병 등으로 인한 큰 수술을 겪게 되는 경우가 많다. 중궁 官鬼가 4酉金을 대동하여 차바퀴나 수술칼과 연관되는데, 偏印을 生하니 차사고로 인한 큰 수술을 겪었던 것이다. 또한 偏印宮이 왕한 것은 문서로 인한 흉사와 연관됨이 많다. 동네 장사하는 아주머니들을 상대로 사채놀이를 하다 잘못되어 손실이 크게 난 것이다.

⊙ 離9宮 劫財宮은 지반수 3木이 천반과 宮에 洩氣(설기)되니 태약하다. 또한 흉문, 흉성인 杜門과 軒轅을 대동하니 형제자매간 화목하지 못한 것이다. 아울러 軒轅은 盜賊之星으로 논하는데 喪門殺(상문살)을 대동하고 다시 天·地盤奇儀가 "返吟被傷(반음피상)"과 "困龍被傷(곤룡피상)"에 해당하니 낳아서 죽은 형제자매가 있다 판단한다.

⊙ 각 宮의 천·지반수가 상하 상생되고 比和되니 성품은 유순하고, 친화력이 있다. 다만 世宮에 六害殺(육해살)과 幻神殺(환신살)이 있으니 종교에 심취하는 성향이 강한 것이다.

⊙ 震3宮 食神宮은 자식궁이다. 受生되고 居生되어 왕하나 중궁과 火金相爭 하고 흉문, 흉괘인 驚門과 絕體를 대동하고 다시 囚獄殺이 臨했으니 자식과의 연은 적은 것이다. 길 중 흉함이 있는 것이다. 본 남편과의 사이에 자식이 하나 있는데 남편이 양육권을 가져간 것이다. 그리고 그 자식은 총명하여 명문대를 나와 모대기업의 연구원으로 근무하고 있는 것이다.

⊙ 女命에서 食傷을 자식으로 논하는데, 재혼한 경우에 있어 본남편의 자식과 재혼한 사이에서 낳은 자식의 구별은 구궁수리의 次序로 판단한다. 구궁의 食神, 傷官 소재궁의 구궁수리가 빠른 쪽이 본남편의 자식이고, 늦은 쪽인 재혼한 남자의 자식이라 논한다. 따라서 상기의 경우는 食神이 震3宮, 傷官이 艮8宮에 있다. 震3宮의 數理가 빠르니 食神宮을 본남편의 자식, 傷官宮을 재혼한 남자와의 사이에서 낳은 자식이라 논하는 것이다.

⊙ 艮8宮 傷官宮은 재혼한 남자의 자식으로 논한다. 休門, 絶命이 동궁했다. 休門은 길문이지만 자식과의 연을 논하는 경우에는 休門이 동궁하면 자식과의 연이 적다 판단한다. 아울러 空亡地이고 劫殺과 太白殺, 斧劈殺(부벽살)이 臨했으니 역시 연이 적은 것이다. 神氣가 태동하여 神을 받게 되어 두 번째 남편과도 이혼했고 자식들과도 소원해졌던 것이다.

⊙ 중궁의 官鬼는 일진궁이 왕하면 흉변길이 되지만, 쇠약하면 흉하게 작동하는데, 鬼門關殺(귀문관살), 喪門殺(상문살), 弔客殺(조객살), 幻神殺(환신살), 絞神殺(교신살), 病符殺(병부살), 羊刃殺(양인살), 桃花殺(도화살) 등의 흉살을 대동하는 경우에는 神氣가 태동하여 무속인이 되는 경우가 많다.

상기 명조는 중궁 官鬼가 鬼門關殺(귀문관살), 絞神殺(교신살), 桃花殺(도화살) 등의 神氣와 연관된 흉살을 대동하니 神을 받고 무속인이 된 것이다. 驚門, 絶體의 흉문, 흉괘를 대동하며 궁의 지반수가 태왕하고, 또한 갇히는 殺인 囚獄殺(수옥살)이 臨한 震3木宮의 39~45세에 해당된다.

⊙ 世宮 지반수 8木은 乙木으로, 하늘의 象은 風(바람)으로 논하고 땅의 象은 稼花(가화)로 논한다. 따라서 부드럽게 움직이며 작품을 만드는 것이라 예체능과 기술계통과 연관되는데, 震3宮의 食神宮이 왕하니 내 자신의 재능을 표현하는 쪽으로 가깝다. 무용에 재능이 많아 무용과를 나왔으나 직업으로 택해지는 못했다.

⊙ 乾6宮 日干宮의 天·地盤奇儀가 庚·丁으로 상하 상극하고 있다. 배우자와의 연이 적은 것이다.

[9] 女命. 음력. 1983년 9. 9. 午時生

1. 기문사주국 도식

```
時 日 月 年
9  2  9  10
壬  乙  壬  癸      30÷9                    3
                =  ----  →  中宮數  ---
午  亥  戌  亥      42÷9                    6
7  12 11 12
```

陰遁局 寒露 下元 3局

時　干：壬

時符頭：己(甲戌旬中)

巽　　　巳 建祿	離午 冠帶	未 沐浴　　　坤
❹ 歲月　　　9~9세 華殺　　79~87세 辰帝旺 丁日　9 乙干　10 傷景禍青　驚九天 官門害龍　門地心	❾ 天攀　34~38세 殺鞍　64~67세 庚　4 時 辛　5 支 食杜絕太　開玄天 辛門命乙　門武蓬	❷ 空　　19~26세 亡　　70~70세 壬　1　　申長生 己　8 正開絕太　休白天 印門體陰　門虎任
❸ 歲日　10~18세 劫劫　71~78세 震卯衰 癸　10 戊　9 財休天咸　死九天 鬼門宜池　門天柱	❺ ⑩ 　　　3~8세 　　88~90세 　　3 丙　6 官　　　天 鬼　　　符	❼ 空歲日　43~45세 亡亡亡　53~58세 戊　6　兌酉養 癸干　3 偏死生軒　生六天 印門氣轅　門合沖
❽ 囚　39~42세 獄　59~63세 寅病 己月時　5 壬干干　4 正驚福攝　景直天 財門德提　門符芮	❶ 六　27~33세 害　68~69세 辛　2 庚　7 劫傷遊天　杜膽天 財門魂乙　門蛇英	❻ 歲日　1~2세 馬馬　46~52세 乙　7　世 年月 丁　2　　支支 戌胎 生歸招　傷太天 門魂搖　門陰輔
艮　　　丑 死	坎子 墓	亥 胞　　　乾

2. 통변

◉ 중궁의 官鬼는 居剋되어 약한 것 같으나, 艮宮 正財宮의 受生되고 居生된 4酉金의 생을 받아 약변강이 되었다. 그리고 世宮 지반수 2火는 兼旺되었다 하나, 宮과 상극되어 居囚되니 왕하지 못한 것이라 중궁 官鬼의 난동을 제압하기가 힘든 것이다.

- 중궁 官鬼가 태을구성의 天符를 대동하고 있는데, 天符는 손재, 관재구설, 질병 등을 야기하는 흉성이다. 따라서 官鬼가 이제 질병을 태동시키려는 의도가 있는 것이다. 이울러 천·지반수가 3·6이다. 질병 관련하여 3木은 신경계통으로 보고, 6水는 혈액순환기계통의 질병으로 논하니 상기 명조인은 신경계통과 혈액관련 질환이 연관되어 발병될 것이라 판단한다.
- 艮宮에 天芮星이 낙궁했다. 天芮星은 질병에서 病神으로 논하고 日干은 病人, 時干은 病症인 것이다. 日干 乙木과 時干 壬水가 상생하니 질병은 장구하게 계속되는 것이고, 天芮星은 定位星이 坤2宮의 土星인데 艮8宮에 낙궁하니 比和되어 태왕해져 난치병이라 판단한다.
- 年支宮이 乾6宮에 낙궁하여 중궁과 水火相爭하니 탈이 나는 것인데, 대운이 1~2세에 해당하니 태어나면서부터 건강상 문제가 발발한 것이다. 태어나면서 체중이 미달되어 보육기에서 자랐는데, 목 부위의 신경이 잘못되어 정상적으로 일어서거나 걷지 못하고 누워 지내야만 하게 된 것이다.
- 震3宮 財鬼가 중궁 官鬼를 생하고 중궁 官鬼가 兌7宮의 偏印을 생하니 흉액이 이미 예고되는 것이며, 偏印이 死門을 대동하니 완치가 어려운 것이다. 死門 낙궁의 대운 43~45세에 명을 보존하기가 어려울 것이라 사료된다.

[10] 男命. 음력. 1967년 9. 10. 申時生

1. 기문사주국 도식

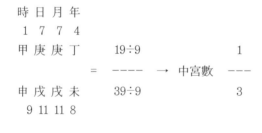

陰遁局 霜降 上元 5局

時　干：甲

時符頭：庚(甲申旬中)

巽　　　巳 病	離午衰	未 帝旺　　坤
辰 死 **❹** 六害　13~19세　83~89세 己　7 己　7 正官 休門 絕體 咸池　杜門 九天 天輔	**❾** 歲馬　35~36세　58~59세 癸　2 癸　2 官鬼 開門 生氣 攝提　景門 九地 天英	**❷** 天殺　26~30세　66~74세 辛　9　年時 辛　5　支支 偏印 杜門 禍害 天乙　死門 玄武 天芮 **申 建祿**
震卯墓 **❸** 空亡 日地　20~25세　75~82세 劫殺　75~82세 庚 月日時 8 庚 干干干 6 食神 景門 遊魂 太陰　傷門 直符 天沖	**❺ ⑩** 歲亡　10~12세　90~90세 　1 戊　3 財鬼 青龍	**❼** 歲月 華殺　38~45세　51~54세 丙　4 丙　10 正印 生門 絕命 招搖　景門 白虎 天柱 **兌西冠帶**
寅 胞 **❽** 空亡 歲桃　37~37세　55~57세 丁 年 3 丁 干 1 傷官 傷門 遊魂 軒轅　生門 螣蛇 天任	**❶** 囚獄　31~34세　60~65세 壬　10 壬　4 劫財 驚門 福德 太乙　休門 太陰 天蓬	**❻** 歲日 劫馬　1~9세　46~50세 乙　5　月 乙　9　支　世 死門 天宜 天符　開門 六合 天心 **戌 沐浴**
艮　　　丑 胎	坎子 養	亥 長生　　乾

2. 통변

◎ 각 궁의 천·지반수가 상하 比和되고 상생되니 평생운은 무탈하다 판단한다. 다만 坤2宮 偏印宮이 태왕하니 예기치 않은 흉사가 예상되는 것이다.

◎ 世宮 지반수가 受生되고 居旺되어 태왕하니 중궁 財鬼와 離9宮 官鬼를 잘 제어할 수 있다. 다만 死門이 동궁하니 장수자의 命은 아니라 판단하고, 또한 동궁한 天宜는 대체로 길사를 주관하지만 의술, 질병치료 등과도 연관되며, 旺한 坤2宮

偏印의 생을 받으니 흉사를 동반한 계약관계가 동하게 되어 수술 건 등이 발생하는 것이다.

◉ 중궁 財鬼가 靑龍을 대동하고 世宮이 왕하니 재물복이 많다 판단한다. 또한 財鬼가 正官宮과 官鬼宮을 생하는데, 巽4宮 正官은 7·7 熒惑殺(형혹살)을 대동하니 재물을 바탕으로 하는 명예직은 차지하기가 어렵다 판단한다. 離9宮 官鬼는 兼旺하고 居旺하니 흉액이 태동하는 것이다. 동궁한 開門은 定位宮이 乾6宮의 金星으로 火金相爭하여 이른바 "宮迫"되고, 生氣는 본시 木星인데 離火宮에 洩氣(설기)되니 開門과 生氣의 길함이 무력해진 것이다. 따라서 官鬼는 이제 坤2宮 偏印을 생하여 흉액을 초래하게 되는데, 偏印은 사고, 질병으로 인한 수술건 등과 연관되니 이제까지 대수술을 3번하게 된 것이다. 이는 食傷宮이 무력하여 官鬼의 난동을 제압할 수 없었기 때문이다.

◉ 중궁에 財鬼가 출현했고 本妻인 正財는 은복되었다. 부부간 화목하고 돈독함은 적다 판단한다.

◉ 부모수는 印星인데 男命에서는 正印을 母로 논하고 偏印을 父라 논한다. 父에 해당하는 坤2宮 偏印은 일가팔문이 杜門이고 시가팔문이 死門으로 흉하고, 팔괘생기와 직부팔장이 禍害와 玄武로 역시 흉하다. 부친이 일찍 작고한 것이다. 시기는 대운에 해당하는 26~30세 사이에 일어난 것이다.

◉ 형제자매의 많고 적음은 劫財宮의 왕쇠로 논하는데, 坎1宮 劫財는 受生되나 居衰되니 旺한 것은 아니다. 2명인 것이다.

◉ 자손수인 食神과 傷官宮은 居衰되고 居剋되어 왕하지 못하나, 世宮의 왕한 9金이 생하니 약변강이 되었고, 食神宮은 다시 景門, 遊魂, 太陰 등의 門·卦·星이 길하니 자식운은 좋은 것이다. 자녀 둘이 모두 명문대를 다니고 있는 것이다.

◉ 학업운은 正印 위주로 논하는데, 兌7宮 正印이 生門과 絶命을 대동하는데, 先門後卦이니 生門이 먼저 동하게 되어 길하다. 명문대를 나왔고 경제학 박사로 국영은행에 근무하고 있는 것이다. 다만 팔괘생기가 絶命이라 흉하니 교수직의 길을 가지 못한 것이다.

◉ 각 宮의 天·地盤奇儀가 같으니 伏吟局이 되어 천지부동의 象이다. 중궁에 財鬼가 동하고 世宮이 왕하지만 사업가의 길을 가지 못하고 고정 월급직인 은행에 근무하고 있는 것이다.

⊙ 중궁 財鬼는 妻星인데 兌7宮 正印을 극하니 모친과의 연이 적다. 장남이지만 따로 떨어져 살고 있는 것이다.

[11] 男命. 음력. 1959년 3. 7. 卯時生

1. 기문사주국 도식

```
時 日 月 年
8  3  5  6
辛 丙 戊 己      22÷9                    4
             =   ----   → 中宮數   ---
卯 寅 辰 亥      24÷9                    6
4  3  5  12

----------

陽遁局 穀雨 上元 5局
時  干：辛
時符頭：庚(甲申旬中)
```

巽	巳 養	離 午 長生	未 沐浴	坤
	❹	**❾**	**❷**	
	歲月　　34~34세	鬼天攀　　5~9세	將　　17~24세	
	華殺　　71~79세	門殺鞍　　86~90세	星　　81~82세	
辰 胎	癸　<u>10 月</u> 乙　<u>10 支</u>	辛　<u>5</u> 壬　<u>5</u>	丙　<u>2</u> 丁　<u>8</u>	申 冠帶
	偏杜禍招　景太天 印門害搖　門陰蓬	正景絕天　死六天 印門命乙　門合任	財休絕攝　驚勾天 鬼門體提　門陳沖	
震 卯 胞	**❸**	**❺⑩**	**❼**	兌 酉 建祿
	歲日　　25~33세	地　　35~40세	歲　　43~45세	
	劫馬　　80~80세	殺　　67~70세	亡　　52~58세	
	己日　<u>1 時</u> 丙干　<u>9 支</u>	＿ 月　<u>4</u> 戊 干　<u>6</u>	乙　<u>7</u> 庚　<u>3</u>	
	劫開天軒　杜螣天 財門宜轅　門蛇心	傷　　　天 官　　　符	正傷生咸　開朱天 財門氣池　門雀輔	

❽	❶	❻
囚　　　　　　　1~4세 獄　　　　　　46~51세	六　　　　　　10~16세 害　　　　　　83~85세	空歲日　　　　41~42세 亡馬亡　　　　59~66세
庚 時　 $\frac{6}{4}$ 世 辛 干	丁　　 $\frac{3}{7}$ 癸	壬 年　 $\frac{8}{2}$ 年 己 干　　　　支
生福太　傷直天 門德陰　門符柱	官死遊太　生九天 鬼門魂乙　門天芮	正驚歸青　休九天 官門魂龍　門地英
艮　　丑 胎 死	坎 子 病	亥 衰　　　乾

寅/墓 (왼쪽), 戌/帝旺 (오른쪽)

2. 통변

(1) 부모운

印星宮을 위주하여 판단한다. 正印은 母요 偏印은 父로 논한다. 正印이 兼旺되고 居生되어 태왕하다. 두 어머니 문제가 나오는 것이다. 부친이 이북에서 6·25때 피난와서 재혼한 것이다. 偏印은 父로 논하는데 10土가 兼旺하니 길하고 문서운이 있다. 쌀과 포목장사를 하면서 돈을 모아 집을 여러채 마련했던 것이다.

偏印宮이 10·10 雙印으로 兼旺하나 居剋되고, 杜門, 禍害, 招搖를 대동하니 門·卦·星이 모두 흉하다. 부친께서 장수하지 못한 것이다.

月支宮은 內卦요 年支宮은 外卦니 부모대에 고향을 떠나 타향으로 이사했음을 알 수 있다.

(2) 학업운

印星 중에서 正印을 위주하여 판단한다. 正印宮은 상하 數가 5·5로 兼旺하고 居生되어 태왕하나, 학업운은 동궁한 門·卦·星을 위주하여 판단하면 오류가 적다. 5·5는 天罡殺(천강살)이니 흉함이 있고, 景門, 絶命, 天乙이 동궁하여 길문, 흉괘, 길성이 임했으니 일희일비하다. 다만 17~24세의 대운 시기가 財鬼宮에 낙궁하여 자연 印星을 극하니 두뇌회전은 빠르나 친구들과 어울리기를 좋아하여 대학진학을 하지 못한 것이다. 晩學(만학)이다.

(3) 부부운

正財宮 위주로 판단한다. 지반수 3寅木이 천반에 洩氣(설기)되고 居剋되니 왕하지 못하다. 다시 傷門, 生氣, 咸池를 대동하여 흉문, 길괘, 흉성이니 先門後卦라 傷門이 먼저 작동하니 부부연은 길하지 못하다 판단한다. 아울러 亡身殺과 태을구성의 咸池를 대동하니 미모이고 애교가 있으나 전형적으로 집안 살림만 하는 가정주부의 象은 아닌 것이다.

坤2宮 偏財가 艮宮의 4酉金부터 생생을 받아 旺하다. 財鬼는 첩, 재혼한 경우의 처, 여자친구 등으로 논하는데 旺하니 본부인인 正財의 자리를 탐하는 것이라, 이혼수가 나오는 것이다.

(4) 자녀운

중궁에 傷官이 출현하고 食神은 은복되었다. 世宮과 음양이 같은 食神은 아들, 傷官은 딸로 논한다. 食神이 은복되니 아들을 두지 못한 것이다. 딸만 둘이다. 傷官은 居剋되나 受生되어 태약하지 않으니 딸들은 재능이 있고 총명하여 명문대에 입학한 것이다.

(5) 형제운

劫財宮 위주로 판단한다. 宮과 居囚되니 왕하지 못한데 離9宮 正印宮이 본시 동처는 아니나 태왕해져 동함의 의사가 있으니 劫財宮 9申金을 생하여 약변강이 되었다. 따라서 형제자매수는 많은 것이다. 다만 劫殺과 軒轅이 동궁하니 손상된 형제자매수가 있는 것이다. 형제자매수가 총 여덟인데 둘이 나서 죽고 현재는 3남3녀로 여섯이 남은 것이다.

劫財宮에 길문, 길괘인 開門, 天宜가 동궁하니 형제자매간 화기애애하고 상부상조함이 많은 것이다.

(6) 재물운

財星宮을 위주로 논하는데 봉급생활자는 正財宮, 기타 자영업자 등은 偏財宮에 비중을 두고 판단한다. 상기명조인은 중궁에 傷官이 동하여 官을 극하니 직장생활과는 거리가 멀다. 30대 초반에 대학 무역학과를 나와 무역회사에 잠시 근무하다 이후 무역관련 작은 사무실을 운영하고 있는 것이다.

坤2宮 財鬼宮은 艮宮부터 생생을 받아 약하지 않으나, 천반에 洩氣(설기)되고 宮에 居囚되니 왕하지 못하여 大財와는 거리가 먼 것이다. 동궁한 休門은 본시 坎1宮 배속의 길문이지만 坤土宮에 낙궁하여 居剋되니 길함이 반감된 것이며, 絕體, 攝提의 흉문, 흉성이 동궁하니 금전의 입·출이 빈번하나 정작 내손에 쥐어지는 돈은 많지 않은 것이다.

(7) 직업운

官星宮 중 正官宮 위주로 판단한다. 受生되나 居囚되니 왕하지 못하고, 驚門, 歸魂이 동궁하니 썩 길하지 못하다. 크게 발복하지는 못하고 있다.

(8) 사고·질병

坎1宮 官鬼宮이 受生되나 居剋되어 旺하지 못하고, 중궁에 傷官이 出하여 官鬼를 극하니 官鬼가 난동을 부리지는 못한다. 다만 門·卦가 死門, 遊魂이 臨하여 시비다툼과 관재구설 건은 빈번했으나 크게 흉함이 태동하지는 않았다.

(9) 수명운

印星宮이 旺하니 명이 짧지는 않다.

(10) 문서운

印星宮 중 正印 위주로 판단하는데, 離9宮 正印이 5·5 天罡殺(천강살)을 대동하니 문서와의 연은 적은 것이다. 직업이 선박과 연관된 오퍼상이라 자연 문서관련 일이 많으므로, 이로 인한 시비다툼 건이 많아 부동산 등 문서관련 건은 본인 名으로 해놓은 것이 없는 것이다.

(11) 건강운

正印宮이 왕하고 世宮도 왕하며, 生門, 福德, 太陰의 길신이 동궁했으니 건강하고 잔병치레도 적을 것이라 판단한다.

(12) 성격

중궁에 傷官이 출현했으니 남을 깔보고 교만한 성향도 있고, 또한 놀기 좋아하고 오락과 유흥에 흥미가 많은 성격이다. 또한 日干이 劫財宮에 있고 開門, 天宜를 대동하니 친구 사귀기를 좋아하는 성격이다.

[12] 女命. 음력. 1971년 7. 11. 亥時生

1. 기문사주국 도식

```
時 日 月 年
10 5  3  8
癸 戊 丙 辛      26÷9                8
          =   ----  → 中宮數  ---
亥 子 申 亥      34÷9                7
12  1  9 12

----------

陰遁局 處暑 中元 4局
時  干 : 辛
時符頭 : 壬(甲辰旬中)
```

巽	巳 沐浴		離 午 長生		未 養		坤
	❹		❾		❷		
辰冠帶	歲 桃	34~34세 64~67세	日 亡	空 亡	地 殺	9~14세 82~90세	歲 劫	空 亡	37~45세 53~58세	申 胎
	戊 戊	日 干	4 1	壬 壬		9 6	庚 庚		6 月 9 支	
	偏 開 遊 攝 印 門 魂 提	杜 九 天 門 地 輔	正 驚 天 青 印 門 宜 龍	景 玄 天 門 武 英	正 傷 福 招 官 門 德 搖	死 白 天 門 虎 芮	

震卯 建祿	❸ 歲華 35~36세 59~63세 己 5 己 10 財杜絕軒 傷九天 鬼門名轅 門天冲	❺ ⑩ 六害 27~33세 68~75세 乙 8 7 食神 太乙	❼ 囚獄 20~23세 78~78세 丁 1 丁 4 官休歸太 驚六天 鬼門婚陰 門合柱	兌酉 胞
寅 帝旺	❽ 天殺 15~19세 79~81세 癸 時 10 癸 干 5 正生絕咸 生直天 財門體池 門符任	❶ 將星 1~8세 46~52세 辛 年 7 辛 干 8 世 死禍天 休騰天 門害符 門蛇蓬	❻ 歲亡 24~26세 76~77세 丙 月 2 年時 丙 干 3 支支 劫景生天 開太天 財門氣乙 門陰心	戌 墓
艮	丑 衰	坎子 病	亥 死	乾

2. 통변

◉ 世宮 지반수 8木이 居生되어 旺하니 財와 官을 감당할 수 있는 것이다. 다만 死門, 禍害, 天符가 동궁하고 天盤奇儀가 辛儀이니 시비구설과 남의 陰害(음해)가 자주 발생할 것이라 판단한다.

◉ 중궁에 食神이 출현하여 受生되니 태약하지 않으며, 艮・震宮의 財星을 생하고 일진궁이 旺하니 재물복이 많은 命이다. 또한 중궁의 食神은 官을 극하니 직장생활과는 연이 적고 자영업 등에 종사하는 경우가 많은데, 지반수가 7火이니 대인관계가 많고 화려하며 미적감각과 연관된다. 미용실과 마사지업소를 운영하고 있는 것이다.

食神의 대운시기에 취직이나 창업을 하는 경우가 많은데, 食神 낙궁이 27~33세에 해당하므로 이 기간인 28세에 창업한 것이다.

◉ 女命의 正官宮은 직업, 직장, 직책과 연관되며 또한 남편궁이다. 坤2宮의 正官이旺하니 직업과 직장의 정황은 탄탄한 것이다. 여러 개의 미용실을 운영하는데, 대체로 잘 풀려나가고 있는 것이다.

또한 남편궁으로 보면 劫殺과 空亡을 대동하고 천반기의가 庚儀이며, 연국기문의 構成이 死門, 白虎, 天芮로 전부 흉신이니 매우 흉하다. 남편과의 연이 없는 것이다. 대운의 시기인 37세에 대만교포와 결혼했으나 1년 만에 성격차로 이혼한 것이다.

正官宮의 天·地盤奇儀가 상하 庚金으로 伏吟局이 되어, "伏吟戰格(복음전격)과 太白同宮格(태백동궁격)이 되니 앞으로도 재혼은 難望(난망)한 사안이다.

◉ 乾6宮 劫財宮은 형제자매, 동료, 동업자, 동창생 등으로 논하는데, 길신인 景門, 生氣, 天乙이 乘하여 길하다. 미용실을 여럿 운영하며 고용인들과 상호 유대관계가 좋은 것이다.

또한 형제자매로 보는 정황은 지반수 3木이 居剋되며 중궁에 洩氣(설기)되니 쇠약하며 亡身殺을 대동하니 흉하다. 이런 경우는 형제자매 중 손상된 사람이 있을 수 있다. 여동생이 어려서 죽은 것이다.

◉ 학업운은 離9宮의 正印의 정황을 보는데, 驚門과 亡身殺을 대동하니 길하지 못하며, 艮宮의 正財가 본시 동하지는 않았지만 태왕해져 자연 正印宮을 극하게 되니 학업과의 연은 적은 것이다. 전문대에서 미용기술을 배운 것이다.

◉ 巽4宮 偏印은 흉사와 연관된 문서문제로 논하는데 開門과 遊魂이 동궁하여 흉하지 않으니 예기치 않은 사고, 질병 등의 발생은 적을 것이라 판단한다.

◉ 兌7宮의 官鬼는 흉신으로 居旺하여 旺하다. 태을구성의 太陰을 대동하니 남의 음해와 시비구설에 자주 휘말릴 것이라 판단한다. 아울러 중궁의 7火 食神과 상극되니 官鬼를 재혼한 남자로 논한다면, 休門을 대동하여 휴식하는 것이니 역시 동함이 없어 연이 적을 것이라 판단하는 것이다.

◉ 震3宮의 財鬼는 사업자의 財로도 보고 빠져나가는 돈으로도 논하기도 한다. 흉문, 흉괘, 흉성인 杜門, 絶命, 軒轅이 동궁했으니 財의 손실이 발생하는 것이다. 종업원들 중 일부 동업관계로 있던 종업원들의 미용실 수익금과 미용재료 횡령으로 인해 금전적 손실이 빈번하게 발생했던 것이다.

◉ 중궁에 食神이 출현하고 日干宮에 桃花殺이 臨했으니 상당한 미모와 재능을 갖춘 여성사업가이다.

◉ 중궁에 食神이 출현했으니 성격은 남을 배려함도 많으며, 중궁에 7火가 있으니 성격이 활달하고 대인관계가 좋은 편이다.

제8편

응용應用

1. 가운추수법家運推數法

本命 子孫 上下數가 中宮에 入하여 布局하니 日辰宮부터 처음을 陽遁은 順하고 陰遁은 逆하니 旺相數와 吉門卦까지의 宮數로 몇 代가 吉할 것을 알고 休死, 凶門卦에 이르면 몇 代가 凶할 것을 알게 된다.

2. 상매商賣의 길흉吉凶

⊙ 용하고자 하는 當年太歲에, 生月, 生日, 生時를 적용 작국하여 六神 중 財宮의
　소재궁으로 판단하는데, 長生, 冠帶, 建祿, 帝旺地에 臨하면 大財를 취할 수 있다.
⊙ 墓, 絶, 胎에 臨하면 小財를 취하고, 衰, 病, 死地에 임하면 財를 얻지 못한다.
⊙ 길문, 길괘에 臨하면 이롭고, 가격을 높게 받는다.

3. 질병론疾病論

〈제1법〉
⊙ 發病 年, 月, 日, 時로 작국하거나, 問占時의 년, 월, 일, 시로 작국한다.
⊙ 全的으로 官鬼의 旺, 相, 休, 囚, 死로 판단한다.
⊙ 官鬼가 動하여 旺相하고, 受生되면 병이 낫기 어렵다.
⊙ 官鬼가 休囚되고 衰, 病, 死地에 臨하면 나을 수 있다.
⊙ 日이 生旺되면 살고, 日이 死, 絶되면 죽는다.
⊙ 旺官鬼라도 공망되면 덜하다.
⊙ 日辰이 生門과 生氣를 逢하면 生하고, 死門, 絶命이면 死한다.
⊙ 歸魂과, 杜門과 동궁이어도 위급하다.
⊙ 日辰宮 地盤數를 剋하는 날을 凶期로 보고, 生하는 날은 낫는다고 본다.
⊙ 中宮과, 巳辰宮의 旺, 相, 休, 囚, 死, 및 吉門, 吉卦로 종합 판단한다.

〈제2법〉

(1) 疾病原因(질병원인)

  1) 直符九星

    直符 － 陽症(더울 때 생기는 병)

    螣蛇 － 驚惶(경황). 遺精(유정)

    太陰 － 肺(폐). 疲勞(피로). 骨虛症(골허증)

    六合 － 中風(중풍). 痲痺(마비)

    勾陳. 白虎 － 胃痙攣(위경련). 疼痛(동통). 吐(토). 道路之傷死

    朱雀. 玄武 － 邪症(미친증세). 泄瀉(설사). 崩血(붕혈)

    九地 － 陰症(음증)

    九天 － 落魂(혼이 빠짐)

  2) 八門神將

    生門 － 腎虛(신허). 眼損(안손)

    傷門 － 風寒(풍한). 살갗이 땅기는 증세

    杜門 － 冷症(냉증). 喉齒疾患(후치질환). 胃風(위풍)

    景門 － 食傷(식상). 腫氣(종기)

    死門 － 蠱塊(고괴)

    驚門 － 疲勞症(피로증)

    開門 － 肺癰(폐옹). 喉舌症(후설증)

    休門 － 泄瀉(설사). 傷寒(상한)

  3) 天干

    甲 － 頭面(두면). 肝(간)

    乙 － 肩(견). 背(배). 膽(담)

    丙 － 額(액=이마). 背(배). 心. 筋肉(근육)

    丁 － 舌(설). 齒(치). 小腸(소장)

    戊 － 脾(비)

    己 － 胃(위)

庚 - 肺(폐). 筋(근)

辛 - 胸(흉). 大腸(대장)

壬 - 腎(신)

癸 - 膀胱(방광)

4) 天蓬九星

天蓬 - 水神의 作祟(작수)로 인한 疾病

天任 - 冷廟鬼(쇠락한 사당의 귀신)의 作祟(작수)로 인한 疾病

天沖 - 弔問가서 얻은 病. 産故로 인한 病. 命줄을 동여맨 木神의 발동으로
　　　 인한 疾病. 계절적인 전염병

天英 - 부엌신의 불안함으로 인한 疾病

天輔 - 天神의 오래된 바람이 완수되지 못하여, 東嶽大帝(동악대제)가 심사하
　　　 여 판결함으로 인해 발생한 疾病

天芮 - 祖上神의 作祟(작수)로 인한 疾病

天禽 - 城隍神(성황신)과 土地神이 福을 내림.

天柱 - 井, 墓의 구멍을 뚫음으로 인한 疾病

天心 - 七星의 노여움으로 인한 疾病

5) 九宮

坎1宮 - 血症. 脈胳不利(맥각불리). 水因性 傳染病(수인성 전염병). 腎臟(신장). 膀
　　　 胱(방광).

坤2宮 - 脾胃疾患(비위질환)

震3宮 - 火病. 心胸煩燥(심흉번조)

巽4宮 - 申子辰巳酉丑月, 日의 發病. 呼吸器 傳染病(호흡기 전염병)

中5宮 - 腹部疾患(복부질환). 巽4宮 관련 질병

乾6宮 - 寅午戌亥卯未月, 日의 發病

兌7宮 - 疲勞症(피로증). 筋骨痛(근골통)

艮8宮 - 鍼灸(침구)로 고칠 病

離9宮 - 風症. 肌體(기체)불편 疾患.

(2) 疾病占斷法(질병점단법)

> 日干 : 病人
>
> 時干 : 疾病
>
> 天芮 : 病神
>
> 日.時 納音 : 醫藥(의약)
>
> 生門 : 生
>
> 死門 ; 死

◎ 日干이 時干을 剋하면 차도가 있다.

　時干이 日干을 剋하면 病이 악화된다.

◎ 納音이 時干을 剋하면 藥을 씀이 좋다.

　納音이 日干을 剋하면 藥을 씀이 좋지 않다.

(3) 病症(병증)관련

1) 病愈時期(병유시기)

◎ 病星은 天芮星이다.

◎ 病人의 日干을 위주로 判斷한다.

◎ 天芮星 落宮之門으로 占斷한다.

◎ 生門이 낙궁이면 生하고, 死門이 낙궁이면 사망한다.

◎ 日干이 休囚되고 다시 凶星凶格에 臨한 자는 사망한다.

◎ 小兒病에 時干支가 入墓하면 死亡이다.

2) 疾病占斷(질병점단)

◎ 天芮星으로 病症을 본다.

◎ 生.死는 生門과 死門으로 占斷한다.

3) 治癒與否(치유여부)

◎ 天芮星이 生門 得이면 藥이 없어도 낫는다.

◎ 天芮星이 乾.兌宮에 낙궁하여 旺하면 치유하지 못한다.

⊙ 天芮星이 中宮, 離宮 낙궁자는 長病이다.

⊙ 天芮星이 震.巽宮 낙궁자는 病神受剋이라 하여 치유된다.

⊙ 天芮星이 坎宮에 낙궁하여 休囚되면 치유기간이 길어지나 종국에는 의원이 치유
  시킬 수 있다.

⊙ 新病에 天芮星이 空亡地에 낙궁이면 치유된다.

⊙ 日干이 旺相하고 生氣 得이면 치유된다.

⊙ 天芮가 死囚되고, 凶神, 凶格을 대동하면 치유된다.

4) 死亡者(사망자). 難治者(난치자)

⊙ 天芮가 死門에 낙궁하면 사망한다.

⊙ 久病에 天芮星이 空亡地에 낙궁이면 사망한다.

⊙ 日干이 死.囚되고 凶神, 凶格을 대동하며 三奇門을 得하지 못한 者는 사망한다.

⊙ 天芮星이 空亡地이고 흉신, 흉격을 대동하며, 日干이 旺相氣를 띠었으나, 天芮
  星이 年命을 沖剋하면 역시 사망한다.

⊙ 病人의 日干이나 年干이 入墓(입묘)되면 역시 사망한다.

5) 醫師(의사)를 請(청)할 때

⊙ 天心星 또는 乙奇를 醫員이라 한다.

⊙ 天心과 乙奇가 吉門, 吉卦를 得한 者는 良醫를 만난다.

⊙ 天心과 乙奇가 死.囚되고 吉門, 吉格을 得하지 못한 자는 良醫를 만나지 못한다.

⊙ 良醫라 할지라도 天芮를 능히 剋해야 病을 치유할 수 있다.

⊙ 天芮星 落宮處가 天心, 乙奇를 극하는 者는 良醫라도 치유치 못한다.

6) 어떤 病症(병증)인가?

⊙ 天芮星의 落宮處로 病症(병증)을 결정한다.

⊙ 天芮가 離宮 落이면 頭(두), 眼(안), 心臟疾患(심장질환), 鬱火病(울화병)이다.

⊙ 天芮가 中宮 落이면 內臟疾患(내장질환), 胃腸疾患(위장질환), 皮膚(피부), 右肩(우
  견), 右耳(우이), 瘡病(창병) 등.

⊙ 天芮가 兌宮 落이면 咽喉(인후), 肺(폐), 咳嗽(해수), 喘息.(천식), 齒痛(치통), 右肢(우현)

등의 증상.

⊙ 天芮가 乾宮 落이면 足筋(족근), 頭(두), 大腸(대장), 膀胱(방광), 변비, 痙結(경결), 腿足(퇴족), 筋骨(근골), 痛瘡(통창) 등이다.

⊙ 天芮가 坎宮 落이면 小腸, 腎氣(신기), 丹田(단전), 寒疾(한질), 遺精(유정), 泄瀉(설사), 宿滯(숙체), 酒滯(주체), 腹痛(복통), 陰虛症(음허증) 등이다.

⊙ 天芮가 艮宮 落이면 脾虛(비허), 虛脹(허창), 腿足(퇴족), 脚氣(각기), 風濕(풍습), 陰虛(음허), 癆症(노증) 등이다.

⊙ 天芮가 震宮 落이면 肝膽, 좌협, 허혈, 토혈, 寤寐驚悖(오매경패), 광언, 안맹, 귀머거리, 부풍, 癩瘡痛(나창통), 筋背(근배) 등이다.

⊙ 天芮가 巽宮 落이면 胃(위), 口, 膽(담), 中風으로 말을 못함, 肝(간), 肺(폐), 三焦虛熱(삼초허열), 喘息(천식), 左耳(좌이), 左肩(좌견), 左胘(좌현), 手足이 붓고, 四肢無力(사지무력), 火病(화병), 狂悖(광패) 등이다.

⊙ 天芮 낙궁처의 천반과 지반의 생화극제를 잘 살피면 실패가 없다.

4. 응시應試

⊙ 問占時의 年, 月, 日, 時로 作局하거나, 시험보는 날의 年, 月, 日, 時로 作局하여 판단한다.

⊙ 全的으로 官星을 보고 판단한다.

⊙ 官星이 旺相하면 합격한다.

⊙ 官星이 乘剋, 受剋, 居剋되면 불합격이다.

⊙ 歲宮이 中宮을 生하고, 日辰을 生하면 길하다.

⊙ 中宮이 歲宮官星을 生하거나, 歲宮이 中宮官星을 生해도 吉하다.

⊙ 歲宮이 開門, 福德, 天醫, 生氣를 逢하면 합격이다.

⊙ 歲와 月이 日을 생하고, 歲가 月을 生하고, 月이 日을 生해도 합격한다.

⊙ 官星이 空亡되면 불합격이나, 受生되면 出空亡되는 시점에 합격한다.

5. 송사訟事

〈제1법〉

◎ 問占時의 年, 月, 日, 時로 판단한다.

◎ 訟事가 발생하게 된 年, 月, 日, 時로 판단한다.

◎ 전적으로 官鬼를 보고 판단한다.

◎ 官鬼가 乘旺되고, 居旺되고, 兼旺하며, 乘生되고, 居生되며, 受生되면 흉하다.

◎ 太歲宮이 중궁 官鬼를 生하거나, 중궁 官鬼가 太歲宮을 生하면 흉하다.

◎ 太歲宮이 驚門, 死門, 傷門, 禍害, 絶命, 遊魂과 同宮이면 凶하다.

◎ 雙金, 雙火가 世宮이나, 중궁에 있으면 흉하다.

◎ 官鬼가 乘死하고, 居死하고, 囚死 하거나, 空亡地에 있으면 길하다.

◎ 자손(食傷)이 兼旺되어도 길하다.

◎ 歲宮이 生氣, 福德, 天宜를 逢하면 길하다.

◎ 歲宮이 중궁을 생하고, 중궁이 日辰을 생하면 일진이 왕상하게 되어 길하다.

◎ 驚門, 景門, 二門을 위주하여 판단하기도 한다.

◎ 驚門이 旺相之氣를 대동하면 主에게 訟事가 끝나지 않고, 景門의 경우도 같은
이치이다.

◎ 만약에 驚門, 景門, 二門이 墓宮에 떨어지거나, 空亡地에 낙궁이면 訟事는 主에
게 불리하다.

〈제2법〉

直符落宮天盤星 ： 原告
直符落宮地盤星 ： 被告

◎ 直符宮의 天盤星이 地盤星을 剋하면 原告가 승소한다.

◎ 直符宮의 地盤星이 天盤星을 剋하면 被告가 승소한다.

6. 실물失物

◎ 失物된 年, 月, 日, 時로 作局하니 失物의 五行과 所在宮의 旺·相·休·囚·死를 보고 판단한다.

◎ 失物 所在宮이 乘旺되고, 居旺되면 종국에는 찾게 된다.

◎ 失物 소재궁이 空亡, 衰病死絕地에 있으면 끝내 찾지 못한다.

◎ 失物 소재궁이 空亡되었더라도, 受生하면 出空亡 시기에 찾게 된다.

◎ 官鬼를 生하는 곳이 도적이 물건을 숨겨놓은 곳이고, 官鬼 소재궁이 도적의 위치이다.

◎ 官鬼 소재궁이 內卦면 가까운 곳의 盜賊이고, 外卦면 먼 곳의 盜賊이다.

　　內卦 : 坎宮. 艮宮. 震宮. 巽宮.

　　外卦 : 乾宮. 兌宮. 坤宮. 離宮.

◎ 일설에 日辰과 비교하여 가까이 있으면 인근의 盜賊, 떨어져 있으면 원근의 盜賊으로도 판단한다.

◎ 도적의 나이는 官鬼宮의 소재 八卦에 의거한다. 예로 官鬼宮이 兌宮에 있으면 少女, 震宮에 있으면 長男, 乾宮에 있으면 老父 등이다.

7. 물품구매物品購買

◎ 求하고자 하는 물품의 所在宮이 왕상하면 求하게 되고, 休囚되면 求하지 못한다.

◎ 1年身數局을 作局하여 판단한다.

8. 혼인婚姻

〈제1법〉

◎ 혼사얘기가 오가는 年, 月, 日, 時로 작국한다.

◎ 남자쪽은 財를 여자로 보고, 여자쪽에서는 官을 남자로 본다.

◎ 財나, 官이 왕상하고, 居旺, 乘旺되면 길하다.

◎ 財나 官이 空亡되거나, 休·囚·死·絶에 들면 흉하다.
◎ 혼처가 여러 곳인 경우 日辰과 相生되는 곳으로 택한다.

〈제2법〉

乙 : 女子
庚 : 男子
六合 : 中媒人

◎ 甲木의 妹인 乙木이 夫婦之合인 干合을 이루는 庚金 남자와 결혼하는 이치이다.
◎ 乙·庚의 낙궁처가 상생이나 합을 이루면 결혼은 성사되고, 상극이 되면 성사되지 않는다.
◎ 六合宮이 六乙宮을 生하면 중매인은 女家를 설득하는 것이고, 六合宮이 六庚宮을 生하면 중매인은 男家를 설득하는 것이다.
◎ 六庚宮이 六乙宮을 剋하면 女家에서 남자를 기피하여 혼사는 불성하고, 六乙宮이 六庚宮을 剋하면 男家에서 여자를 기피하여 혼사는 불성한다.
◎ 六乙宮이 擊刑을 대동하면 여자가 흉악한 것이고, 德合을 대동하면 여자는 온유한 것이다.
◎ 六庚宮이 凶神을 대동하면 남자가 흉폭한 것이고, 德合을 대동하면 남자는 천성이 후덕한 것이다.

9. 출행出行

◎ 출행하고자 하는 시점의 년, 월, 일, 시로 작국한다.
◎ 일진궁의 지반수가 主고, 천반수가 客이다.
　上이 下를 生하면 좋고, 下가 上을 剋하면 출행하지 않는 것이 좋다.
◎ 日辰의 護我方으로 출행하면 좋다.
◎ 官劫方, 洩氣方, 空亡되는 方은 불길하다.
◎ 歸魂, 杜門卦가 되면 도중에 돌아온다.
◎ 日辰의 支數로 머무르는 날짜를 정하고, 日辰의 干數로 돌아오는 시점을 정한다.

예로 干數가 1.6이면 壬癸亥子日에 돌아온다.

10. 대인待人

◎ 問占時의 年, 月, 日, 時로 작국한다.
◎ 日辰의 천반이 行人이고, 지반이 家宅이다.
　上剋下면 不來하고, 下剋上이면 돌아온다.

11. 개점開店

> 開門 : 店鋪
> 日干落宮處 : 店主

◎ 問占者의 방문시나, 開店時의 年, 月, 日, 時로 판단한다.
◎ 1년 신수국으로 開店의 길흉과 開店月을 판단한다.
◎ 開門을 위주하여 판단한다.
　1) 개문 낙궁처가 旺相氣를 띠면 길하다.
　2) 길격을 이루고 또한 日干宮에 낙궁자는 길하다.
　3) 比和되고 극제 받음이 없으면 다음으로 길하다.
　4) 開門이 墓宮에 떨어지거나, 返吟局을 이루고 空亡地에 낙궁이면 불리하다.
　5) 開門 낙궁처가 흉신과 흉격을 띠고 日干을 충극하는 자는 역시 불리하다.
◎ 일진궁이 왕상하고, 官鬼宮이 死囚되면 길하다.

12. 태세太歲의 천하국天下國의 길흉吉凶

◎ 當該年度 나라의 吉凶을 점칠 때
　年局 : 당년 太歲의 正月 一日의 干支를 基準하여 布局한 후, 艮宮의 천·지반수
　　　　를 재차 入 중궁하여 구궁도를 포국한 후 살펴본다. 時는 불용이다. 입춘

전이면 사주조식법과 같이 전년도의 干支를 사용한다.

月局 : 年局에서 용하고자하는 月의 천·지반수를 入 중궁한 후 구궁도를 포국하여 살펴본다.

日局 : 月局에서 용하고자하는 日의 천·지반수를 入 중궁한 후 구궁도를 포국하여 살펴본다. 日은 매월 절입일의 干支를 해당 십이지지정위도상에 附記한 후 月內의 日數만큼 干支를 순행하여 附記해나가는 것이다.

時局 : 日局에서 용하고자하는 時의 천·지반수를 入 중궁한 후 구궁도를 포국하여 살펴본다. 時는 십이지지정위궁상의 時를 말함이다.

◉ 나라의 地域別 吉凶을 알고자 하면 그 地域의 천·지반 數를 中宮에 入하여 布局한 후 살펴본다.

13. 도임到任

◉ 到任되는 年, 月, 日, 時로 作卦하니 官과 太歲가 相生하면 昇進하고, 相剋되면 罷. 免職(파·면직)당하게 된다.

◉ 官이 太歲 上數와 相生되면 遷移(천이)하고, 相比하면 滿期(만기)까지 있게 되고, 相剋하면 免職(면직) 당하게 된다.

◉ 官과 歲가 相生하면 반드시 옮기게 되니, 옮기는 시기는 支局 歲干數로 본다. 陽遁은 天盤 歲干上 支局 所得數로 하고, 陰遁은 地盤 歲干上 支局所得數로 하니 所得이 一이면 壬年, 二면 丁年이라 한다.

◉ 天盤 歲干이 日에 있고 空亡地가 되면 地盤 陰干數를 取하니 年으로써 數를 得하게 된다.

◉ 그리고 月을 알기 위해서는 이를 재차 中宮에 入시키어 此宮에 至하여 一이면 壬月이요 二면 丁月이니 月에 대하여는 空亡을 가리지 아니한다.

◉ 地盤 歲干上에서 官과 歲가 相剋하면 罷免(파면)당하는 시기이다. 干은 逆으로 계산하면 어느 해인지 알 것이다. 그리고 月은 陽遁干數면 逆하여 地盤 歲干上에 至하고, 陰遁干數면 天盤 歲干上에 至하여 一이면 壬月이고 二면 丁月이라 한다.

◉ 月이 墓를 逢하고 日干과 沖되면 方伯이 罷職(파직)되는 것이 분명하다. 歲가 墓

를 逢하고 日干과 沖되면 京使가 와서 方伯을 罷職(파직)시킨다.

⊙ 日干이 歲·月과 沖墓 相剋되면 불길하고, 福德, 祿, 馬, 貴人이 되면 大吉이고 이것이 四吉神이다.

14. 수명壽命

⊙ 天沖星 및 天柱星과 死門까지의 간격수로 판단한다.

⊙ 男子는 天沖星에서 死門까지의 간격으로 년을 정하되 단위는 10년이다.

⊙ 女子는 天柱星에서 死門까지의 간격으로 년을 정하되 단위는 10년이다.

⊙ 1년 단위의 壽는 상기와 재차 반복하여 단단위 數를 정한다. 乾, 坤, 艮, 巽 즉 4正宮은 1회로 세고, 坎, 離, 震, 兌는 즉 4維宮은 2회로 센다.

　예) 어떤 남자의 기문평생사주국이 天沖星에서 死門까지 五回라면 50살과 재차 세어서 5회라면 5세가 되는 것이다. 따라서 定命은 55세이다.

15. 고허법孤虛法

⊙ "黃石公(황석공)"왈 孤方을 등지고 虛方을 향해 일격을 가하면 일개 여인의 힘으로 10人 敵을 물리칠 수 있다고 했다.

⊙ 時孤擇이면 10인 대적이고
　日孤擇이면 100인 대적이고
　年孤擇이면 1000인 대적이다.

⊙ 이중 時孤擇이 제일 영험하다 했다.

⊙ 甲子旬 孤在 戌·亥　虛在 辰·巳
　甲戌旬 孤在 申·酉　虛在 寅·卯
　甲申旬 孤在 午·未　虛在 子·丑
　甲午旬 孤在 辰·巳　虛在 戌·亥
　甲辰旬 孤在 寅·卯　虛在 申·酉
　甲寅旬 孤在 子·丑　虛在 午·未

◎ 此法은 旺·相·休·囚·死에 따라 운용의 妙가 달라진다.

　旺氣는 10배, 相氣는 5배, 休囚는 減數, 死는 半減數

16. 꿈의 길흉판단

◎ 螣蛇가 所乘한 天·地盤의 八門과 奇儀로 알아본다.

◎ 길문, 길격이면 길하고, 흉문, 흉격이면 흉하다.

◎ 螣蛇가 地盤에서 空亡이나 墓庫宮이면 길흉은 없다.

17. 천이遷移

◎ 용사하고자하는 方向의 九星과 九宮으로 분별하여 方向을 定한다.

◎ 용사하고자하는 方向에 三奇와 吉門이 있고, 다시 時가

　天禽을 得하면 辰, 戌, 丑, 未月에 吉하다.

　天輔를 得하면 春·夏에 吉하다.

　天心을 得하면 秋·冬에 吉하다.

◎ 其他의 九星은 불길하나 이런 경우에는 문점자의 방문시점으로 九宮을 포국하여

　天乙 방향으로 정해주도록 한다.

18. 구재求財 · 경영經營

〈類神〉

日干 : 求店人
時干 : 재물. 돈. 물품
生門 : 이자. 이윤. 가옥
開門 : 영업개시. 창립.
死門 : 부지. 대지. 토지

六合 : 중매인. 중개상인. 브로커

月干 : 동종업계 경쟁자

直符·景門 : 행정

時干·直使門落宮 : 경영항목

開·休·生門落宮 : 득재방향

生門所在九星 : 財星

甲子戊 : 자본

生門落宮數 : 득재수량

直符 : 은행. 대출자. 채권자

直使·天乙 : 채무자

傷門 : 빚 독촉자

〈점단방법〉

1) 甲子戊와 生門이 空亡, 返吟, 墓絶에 떨어지고, 다시 凶格, 凶神이 있으면 재물을 얻지 못하고 도리어 禍를 부른다.

2) 生門이 休囚宮에 떨어지면 이익이 작고, 다시 흉격을 만나면 이익이 없고 밑진다.

3) 生門이 相宮에 떨어지면 보통이고, 旺宮에 떨어지고 三奇와 吉格을 얻으면 이득이 크다.

   甲子戊와 生門宮에 吉星이 乘하면 더욱 길하고, 흉성이 乘하면 吉中凶이 있다.

4) 地盤 甲子戊 위에 乘한 干으로 得財 정도를 파악한다.

5) 地盤 時干宮의 地支로 應期(응기)를 정하며 得財하는 年. 月. 日. 時다.

6) 伏吟局이면 生門이 沖한 宮의 地支가 응기이다.

7) 甲子戊와 生門이 함께 內盤(坎·艮·震·巽宮)에 入하면 사안은 빠르고, 外盤(離·坤·兌·乾宮)에 入하면 느리다. 모두 外盤에 있으면 더욱 느리다.

〈점단유형〉

1) 開店과 연관된 求財 건

日干 : 求店人

開門 : 공장. 영업개시. 주점. 여관

```
┌─────────────────────────┐
│ 時干 : 점포. 손님          │
│ 生門 : 이윤. 이자          │
└─────────────────────────┘
```

⊙ 日干, 時干, 地盤의 旺·相·休·囚, 生剋의 관계로 살핀다.

⊙ 時干은 손님인데 吉門, 吉格, 吉神이 旺相宮에 乘하고 開門과 相生되면 손님이 많고 반대면 손님이 적다.

⊙ 開門이 旺相宮에 乘하고 三奇, 吉星, 吉格, 吉神을 띠고 日干落宮을 생하면 大吉하다. 日干落宮과 比和되면 小吉하다.

⊙ 開門이 入墓, 空亡, 返吟되면 開店할 수 없다. 이미 開店했다면 중단되거나 폐업된다.

⊙ 開門落宮이 凶神, 凶格이 乘하여 日干宮을 剋하면 破財가 따른다.

2) 동업과 연관된 求財 건

⊙ 日干所在宮의 地盤干은 我方, 求占人이고, 天盤干은 동업자이다.

⊙ 天盤의 干이 地盤의 干을 生하면 유리하다. 比和되면 공평하고, 沖剋되면 불성되거나 이득이 없다.

⊙ 時干이 奇門, 吉格에 乘하여 日干宮을 生하면 我方이 有利하고, 日干宮이 時干宮을 生하면 他方이 有利하다. 比和되면 공평하다.

⊙ 生門宮이 日干을 生하면 吉하고 剋하면 凶하다.

3) 交易과 연관된 求財 건

```
┌─────────────────────────┐
│ 日干 : 구매자             │
│ 時干 : 판매자             │
│ 六合 : 중개인. 중개상인    │
└─────────────────────────┘
```

⊙ 日干이 時干을 生하면 판매자가 유리하고, 時干이 日干을 生하면 구매자가 유리하다. 比和되면 공평하다.

⊙ 日干이 時干을 剋하면 구매자가 사지 않고, 時干이 日干을 剋하면 판매자가 팔지 않는다.

⊙ 日干이나 時干 중 하나라도 空亡되면 交易은 성사되지 않는다.

⊙ 六合이 日干을 生하면 仲介人은 구매자 쪽을 향하고, 六合이 時干을 生하면 중개인은 판매자 쪽을 향한다.

⊙ 六合이 入墓, 空亡되면 반드시 賣買에 奸詐(간사)한 계략이 있다.

4) 金錢貸借(금전대차)

直符 : 채권자. 은행	
直使 : 채무자	

⊙ 直符가 直使를 生하거나, 直使가 直符를 剋하면 돈을 빌릴 수 있다. 그 반대이면 금전 대차 건이 순조롭지 못하다.

⊙ 直符나 直使 중에 하나라도 空亡되면 돈을 빌리지 못한다.

⊙ 地盤은 靜, 錢主(전주), 銀行이고 天盤은 動, 客, 돈을 빌리는 사람이다.

⊙ 돈을 빌리려는 방위가 空亡되면 錢主(전주)가 돈이 없거나, 빌리러 가도 성사되지 않는다.

⊙ 天盤의 干이 地盤의 墓庫(묘고)에 들면 錢主(전주)가 인색하여 돈을 빌려주지 않는다.

⊙ 天盤과 地盤의 干이 서로 相剋되면 빌리지 못하고 창피를 당한다.
　서로 比和되면 빌리고 싶어도 머뭇거리며 결정하지 못한다.

⊙ 地盤이 天盤을 生하면 반드시 돈을 빌리거나 대출이 성사된다.

5) 金錢回收(금전회수)

直符 : 은행. 대출자	
天乙 : 채무자 (천을은 직부아래 지반에 임한 九星을 말한다.)	
生門 : 이자. 이윤	

⊙ 直符가 天乙落宮을 剋하면 吉하고, 그 반대면 凶하다.

⊙ 天乙이 直符落宮을 生하면 吉하고 그 반대면 凶하다.

⊙ 生門과 天乙이 같이 直符落宮을 剋하면 방출한 대출금이 거의 다 소진되었다는 의미이다.

⊙ 生門과 天乙이 같이 直符落宮을 生하면 방출한 대출금과 이자를 거의 다 회수할

수 있다.

⊙ 生門과 天乙이 直符落宮을 하나는 生하고 하나는 剋하면, 대출금을 전액 받을
수 없거나 기한이 지나 어렵게 받게 된다.

⊙ 天乙落宮이 直符宮을 生하지만 休囚되면, 무력하게 되어 채무자가 갚을 능력이
없는 것이므로 전액 회수할 수 없거나, 기한이 지나 어렵게 받게 된다.

6) 金錢貸出 督促(금전대출 독촉)

```
直符 : 채권자
天乙 : 채무자
傷門 : 빚을 독촉하는 사람
```

⊙ 傷門이 天乙을 剋하면 독촉자가 열심으로 돕는 것이다.

⊙ 天乙이 傷門을 剋하면 서로 불복하고, 빚을 독촉하는데 막힘이 있다.

⊙ 傷門과 天乙이 같이 直符를 生하면 원금에 이자까지 독촉한다는 뜻이다.

⊙ 傷門과 天乙이 直符를 剋하면 원금과 이자를 모두 회수할 수 없다.

⊙ 傷門이 直符를 生하고 天乙을 剋하면 독촉하여 받는다.

⊙ 傷門이 天乙을 生하고 直符를 剋하면 독촉해도 받지 못한다.

⊙ 天乙이 旺相하여 傷門을 剋하면 채무자가 갚을 능력이 있으면서도 갚지 않는다.

⊙ 天乙이 庚辛에 乘하여 直符를 剋하면 반드시 소송이 따른다.

⊙ 直符가 天乙이 乘한 丁奇나, 杜門이 낙궁한 四辰宮을 극하면 四辰宮杜門은 軍警
과 연관된 법을 집행하는 기관이므로 소송이 따른다.

⊙ 天乙이 天蓬星이나 玄武에 乘하고 直符宮을 剋하면 債務人(채무인)이 마음은 있
으나 갚지 않는다.

⊙ 甲子戊가 開門과 同宮이고 內盤에 낙궁이면 빨리 돌려준다.

7) 投資(투자)

```
甲子戊 : 자본
生門 : 이윤. 이자. 주식배당
```

⊙ 生門 낙궁이 三奇와, 吉格, 吉星을 얻고 甲子戊 낙궁을 生하면 반드시 갑절의 이득이 있다. 比和되면 중간 정도의 이득이 있다.

⊙ 生門이 甲子戊 낙궁을 剋하고 凶神, 凶格을 만나면 손해 본다.

⊙ 甲子戊 낙궁이 生門 낙궁을 生하면 자본이 추가되고 이익을 얻는다.

⊙ 生門이 月令기준 墓絶地에 떨어지고, 다시 凶神, 凶格이 되면 반드시 자본이 탕진된다.

8) 買入物 吉凶(매입물 길흉)

> 日干 : 사는 쪽
> 時干 : 상품. 물품. 화물

⊙ 日干이 時干을 生하면 사는 쪽이 적극적이다.

⊙ 日干이 時干을 剋하면 살 수 있다.

⊙ 時干이 日干을 生하면 물품의 좋고 나쁨을 떠나 모두 살 수 있다.

⊙ 時干이 日干을 剋하거나 空亡되거나, 墓絶地면 이익이 없다.

⊙ 時干宮이 旺相하고 吉門, 吉格, 吉神이 乘하면 물품의 품질이 좋다.
　時干宮이 休囚되고 凶門, 凶格, 凶神이 乘하면 물품이 좋지 않다.

⊙ 時干宮이 休囚되고 凶門, 凶格에 玄武가 乘하면 물품이 조악하고, 가짜거나, 정상적인 상거래상의 물품이 아니다.

9) 販賣物 吉凶(판매물 길흉)

> 直符 : 파는 쪽
> 直使 : 사는 쪽
> 六合 : 중개인
> 日干 : 파는 쪽
> 時干 : 물품. 화물
> 甲子戊 : 자본
> 生門 : 이윤

⊙ 直使가 吉格에 乘하고, 直符를 生하거나 比和되면 팔아도 좋다.

⊙ 直符가 直使를 生하거나 相剋되면 팔지 못한다.

⊙ 日干이 時干을 生하면 파는 쪽이 팔 의사가 없다.

⊙ 時干이 日干을 生하면 물건을 아끼는 것이므로 팔리지 않는다.

⊙ 日干이 時干을 剋하면 빨리 팔려고 하나 더디게 진행된다.

⊙ 時干이 日干을 剋하면 거래가 빨리 성사된다.

⊙ 時干宮이 甲子戊나 生門宮을 生하지 않거나 相剋되면 이익이 없다. 반대로 생하면 이익이 있다.

⊙ 時干宮에 凶神, 凶格이 乘하고 日干宮을 沖剋하면 반드시 손해가 난다.

⊙ 地盤數 2·8宮이 返吟局이면 對沖方으로 판단하고, 返吟局이 아니면 比和로 판단한다.

10) 不動産 賣買(부동산 매매)

日干 : 사거나. 파는 쪽
生門 : 가옥
死門 : 부지. 대지
直符 : 사거나 파는 사람

〈洪局法〉

1) 日辰宮이 旺하고 太歲나 行年宮이 印星宮에 낙궁해도 매매가 성사된다.

2) 1년신수국에서 日辰宮이 旺하며 길문, 길괘가 동궁하고, 중궁에 正印이 있고 왕할 경우 매매가 성사된다.

3) 正印宮의 지반수가 太歲나 行年宮의 지반수와 합이 되는 경우에도 매매가 성사된다.

4) 태을구성의 太乙이나 天乙이 낙궁한 年, 月에 매매가 성사된다.

5) 日干을 기준한 天乙貴人이 있는 年, 月에서도 매매가 성사된다.

6) 印星宮의 상하수가 兼旺되어 있으며 길문, 길괘가 동궁하면 그 궁의 해당年, 月에 매매가 성사된다.

7) 景門이나 天英星이 길문, 길괘와 동궁해도 해당 年, 月에 매매가 성사된다.

〈烟局法1〉

> 日干 : 매입자 혹은 매도자
> 時干 : 가옥. 땅

1) 日干이 時干을 극하면 매입이 쉽고 매입 후 발전이 있다. 여기서 日干과 時干은 천·지반육의삼기를 말한다.
2) 時干이 日干을 극하면 매입이 어렵고, 조건이 까다로우며, 매입 후에도 손실이 발생한다.
3) 時干 낙궁처에 길문, 길괘, 直符, 六合, 九天이 乘하면 부동산 물건이 좋다.
4) 日干과 時干이 상충되면 매매가 성사되지 못한다.

〈烟局法2〉

> 日干 : 매입자 혹은 매도자
> 生門 : 주택
> 死門 : 땅. 부지

1) 日干이 生門과 死門 낙궁처의 천·지반육의삼기 지반의 干을 극하면 매입할 수 있고 또한 길하다.
2) 生門과 死門 낙궁처의 지반 干이 日干을 극하면 매입할 수 없다.
3) 日干宮과 生門, 死門宮의 생극관계로 길흉을 점단한다.

〈烟局法3〉

> 直符 : 매입자 혹은 매도자
> 生門 : 주택
> 死門 : 땅. 부지

1) 生門宮과 死門宮이 왕상하고 길문, 길괘, 길격이 승하면 부동산이 좋은 물건이고, 다시 直符宮을 생하면 매입인이 유리하고 매입 후 길함이 많다.

2) 生門宮과 死門宮이 休囚되고 흉문, 흉괘, 흉격이 乘하면 부동산이 흉하고, 다시 直符宮을 생하면 매도인이 유리하다. 그리고 팔고난 후에 길함이 있다.

3) 生門宮과 死門宮과 直符宮이 比和되면 무애무덕하다.

4) 生門宮과 死門宮이 休囚되어 무력하고, 흉문, 흉괘, 흉격이 乘하면 주택과 땅이 모두 좋지 않고, 生門宮과 死門宮이 直符宮을 剋하면 매수 후에 破財, 破家한다. 만약 直符宮이 生門宮과 死門宮을 생하면 주택과 땅으로 인해 파탄난다.

19. 승진昇進 · 좌천左遷

〈昇進(승진)〉

⊙ 文官은 開門을 보고, 武官은 杜門을 본다.

⊙ 開門이나 杜門이 三奇門에 乘하고, 왕상하며 , 年命이나 日干을 生하면 반드시 승진한다.

⊙ 太歲가 年命이나 日干을 生하면 최고책임자의 발탁으로 특별 영전한다.

⊙ 直符가 年命이나 日干을 生하면 직속책임자의 보증으로 추천된다.

⊙ 月建이 年命이나 日干이나 開門을 生하면 동료나 같은 부서 사람의 추천으로 승진하고, 공직자는 같은 부서인의 추천으로 승진한다.

⊙ 開門이 旺相하고 世宮이 旺相하며, 太歲나 日干宮이 官星宮을 生해도 승진한다.

⊙ 吉門을 얻고 三奇를 얻지 못해도 승진하나, 三奇는 얻었는데, 吉門을 얻지 못하면 직함은 더하나 영전은 못한다.

⊙ 開門이 生旺宮에 臨하고, 다시 三奇門을 득하며 德合의 길격을 이루고, 또한 太歲나 月建이 吉神을 대동하고 生하면 높이 승진함은 정한 이치다.

⊙ 길격을 이루었으나 왕상하지 못하거나, 혹 旺相하나 길격이 되지 못했거나, 또한 왕상하고 길격을 이루었어도, 太歲나 月建의 생을 받지 못하면 승진하지 못한다.

〈左遷(좌천)〉

⊙ 開門이 年命이나 日干을 剋하면 文官은 좌천된다.

⊙ 杜門이 年命이나 日干을 剋하면 武官은 좌천된다.

◎ 返吟局이면 전근되고, 空亡되면 면직이나 파면되고, 入墓되면 처벌에 배상이 부과된다.

◎ 太歲가 年命이나 日干을 剋하면 죄가 크고, 최고책임자의 문책이 따른다.

◎ 直符가 年命이나 日干을 剋하면 직속상사가 좋아하지 않는다.

◎ 月干이 日干을 剋하면 동료가 彈劾(탄핵)하고, 時干이 日干을 剋하면 하급자가 고발한다.

◎ 左遷의 원인은 直符八將의 配合으로 판단한다.

　玄武-절도

　白虎-살인

　朱雀-문서·인신

　螣蛇-타인과 연루

　太陰-파직·음험·사악함

　六合-도색·색정

　勾陳-탐욕, 사송에 연루

　九地-田地·음모

　九天-섭외

　直符-상사의 참견

　상기의 主事를 참조하여 開門과 杜門의 旺相 및 相生과 相剋의 관계를 종합적으로 분석하여 판단한다.

〈赴任者의 인품〉

◎ 開門은 官星이고, 開門낙궁의 天蓬九星으로 판단한다.

◎ 天蓬星은 도둑질을 좋아하고 음탕하다.

◎ 天芮星은 독하고 탐욕스럽다.

◎ 天沖星은 성급하다.

◎ 天輔星은 예법에 밝고 학문이 높다.

◎ 天禽星은 독후정직하고 성실하다.

◎ 天心星은 굳고 정직하고 선량하며 과단성이 있다.

◎ 天柱星은 巧言令色(교언영색)하고 정직치 못하다.

◉ 天任星은 인자하고 선량하며 백성을 돌보고 성품이 중후하다.
◉ 天英星은 성질이 조급하고 마음이 공허하다.

20. 풍수風水

〈陽宅(양택)〉

日干 : 현재 거주자	
時干 : 가옥	
生門 : 가옥	
死門 : 집터. 부지	
直符 : 새 집(新家)	
直使 : 헌 집(舊家)	

◉ 時干落宮이 三奇, 吉門, 吉星, 吉神, 吉格에 있고 旺相하며 日干을 生하면 사람
  에게 이로운 집이다.
◉ 時干落宮이 三奇, 吉門에 臨하지는 않았으나 吉星, 吉神, 吉格에 臨하고 旺相하
  고 日干宮을 生하면 비교적 좋은 집이다.
◉ 時干落宮이 吉凶이 半半이면 일반적인 집이다.
◉ 時干落宮에 凶門, 凶神, 凶星, 凶格에 臨하고 日干落宮을 剋하면 흉한 집이다.

1) 吉凶判斷(길흉판단)
◉ 靑龍返首(청룡반수)格은 공을 많이 들여 훌륭한 집이고, 飛鳥跌穴(비조질혈)格은
  바람을 감추고 기운을 모은 집이다.
◉ 九遁格은 집 주의에 다른 집이 둘러싸 호위하고 있음이고, 得使는 빽빽하게 줄지
  어 늘어선 집이다.
◉ 玉女守門(옥녀수문)格은 청길하고, 玉女遊天門(옥녀유천문)格은 출입이 자유롭고
  좋은 집이다.
◉ 天盤 乙에 地盤 辛은 현관, 복도에 손실이 있고, 天盤辛에 地盤乙은 집터가 강하다.

◎ 癸加丁은 부엌, 화장실이 불리하고, 丁加癸는 망령원귀의 作祟(작수), 도깨비의 재앙이 있는 집이다.

◎ 伏干格은 사람과 집이 모두 불리하고, 飛干은 재앙을 부르는 터이다.

◎ 伏宮格은 사람이 투기음해하고, 飛宮格은 禍가 집안에서 발생한다.

◎ 大格, 小格은 이웃집과 충돌이 있고, 刑格, 悖格은 가족이 편안치 못하다.

◎ 熒惑入白(형혹입백)格은 괴이함과 놀람과 화재 등의 방비가 있어야 한다.

◎ 五不遇時(오불우시)格은 사람이 손실되고, 天羅地網(천라지망)格은 괴이함이 과장된다.

◎ 六儀擊刑(육의격형)格은 凶禍가 거듭되고, 三奇入墓(삼기입묘)格은 암실, 깊숙한 방이나 집이다.

◎ 返吟(반음)格은 불길하고, 伏吟은 분명치 않다.

2) 古書訣(고서결)

◎ 白虎가 門에 들면 사람이 흩어진다.

◎ 朱雀이 刑을 띄면 관리가 쫓는다.

◎ 勾陳이 門을 刑하면 災禍(재화)가 있다.

◎ 白虎가 干을 害하면 사람의 傷害가 있다.

◎ 螣蛇가 天蓬에 同宮이면 다툼이 있고, 어린아이들이 놀란다.

◎ 玄武가 天任星과 同宮이면 奸邪(간사)하거나 邪惡(사악)한 사람이다.

◎ 六合에 天柱星이 同宮이면 자녀의 원망과 나무람이 있다.

◎ 太陰에 景門과 天英星이 同宮이면 寵愛(총애)하는 女婢(여비)의 간사함이 있다.

◎ 九地가 庚辛에 臨하면 伏雨인데 驚門, 傷門과 刑害를 띄면 암중 손실이 있다.

◎ 九天이 天盤 丙丁에 臨하고, 地盤 甲乙에 乘하고 剋戰하면 鬼神의 괴이함이 있다.

◎ 朱雀이 丙丁에 臨하면 口舌이 있다.

◎ 玄武가 壬癸에 臨하면 도둑이 날뛴다.

◎ 白虎가 庚辛에 臨하면 凶禍가 더 커진다.

◎ 勾陳이 戊己에 臨하여 刑沖되면 피폐된다.

◎ 白虎가 丙丁에 臨하면 先凶後吉이다.

◎ 螣蛇가 戊己에 臨하면 채운 후에 방비해야한다.

⊙ 飛符가 鬼鄕에 들면 그 休囚를 보고 판단한다.

⊙ 門이 宮의 上下干을 生하고, 六儀三奇가 旺祿地나 生宮에 臨하면 가옥이 안녕하고, 人宅이 편하면 재물이 는다.

⊙ 生門이 宮을 生하면 농작물이 풍성하고, 開門이 宮을 生하면 금은보화 및 귀인의 이득이 있다.

⊙ 凶門과 凶星이 宮을 剋하고 地盤이 衰墓에 임하여 受剋되면 관재구설, 재액이 있고, 小人은 근심걱정과 놀람이 있다. 陽의 天蓬九星이 受剋되면 남자의 변고요, 陰의 天蓬九星이 受剋되면 여자의 변고다.

⊙ 本命이 墓絕宮에 있고, 沖剋되면 재해로 命이 끊기고, 比和되어 生을 만나면 어려운 가운데 구원된다.

⟨陰宅(음택)⟩

```
死門 : 用神
死門落宮의 地盤 : 죽은 사람
死門落宮의 天盤 : 산 사람
```

⊙ 死門이 坤, 中宮, 艮, 離宮에 落하면 吉하고, 乾宮, 兌宮에 落하면 次吉하며, 坎, 震, 巽宮에 낙궁이면 불길하다.

⊙ 死門落宮의 天盤이 地盤을 剋하면 죽은 사람이 불리하고, 地盤이 天盤을 剋하면 산 사람이 불리하다.

⊙ 死門落宮이 凶神, 凶星과 同宮이고 三奇가 없고 다시 上下가 相剋하면 凶하다.

⊙ 死門落宮이 吉星과 同宮이고 三奇가 있고 上下가 相生이면 吉하다.

⊙ 陰宅에서 天蓬九星의 특성은 다음과 같다.

天蓬星은 水形이고 네모지고 뾰족하다.

天任星은 土形이고 굴곡지고 뾰족하다.

天沖星은 木形이고 길게 비스듬하다.

天輔星은 木形이고 수려하다.

天英星은 火形이고 뾰족하고 비어있다.

天芮星은 土形이고 한쪽으로 치우쳐져 있다.

天禽星은 土形이고 네모반듯하다.

天柱星은 金形이고 위쪽으로 결함이 있다.

天心星은 金形이며 문쪽에 움푹 패임이 있다.

日干 : 사람

時干 : 땅

日干 : 산의 정세

時干 : 走向

〈直符八將(직부팔장)〉

直符 : 산천. 묘방. 분묘의 용맥. 용혈의 주세나 형태.

螣蛇 : 도로. 산맥. 제방의 주향이다.

太陰 : 산림을 따라 분포된 용혈이다.

六合 : 면향도로, 마을 안에 위치한다.

勾陳·白虎 : 모래언덕. 내세는 크고, 외세는 사혈이다.

朱雀·玄武 : 명당. 흐르는 물. 산의 용맥이다.

九地 : 움푹 패인 낮은 지대.

九天 : 대면한 산의 구성형태.

〈直使八門(직사팔문)〉

休門 : 壬子癸의 黃泉殺이 辰에 있으므로 戊辰日時를 꺼린다.

生門 : 丑艮寅의 黃泉殺이 寅에 있으므로 丙寅日時를 꺼린다.

傷門 : 甲卯乙의 黃泉殺이 申에 있으므로 庚申日時를 꺼린다.

杜門 : 辰巽巳의 黃泉殺이 酉에 있으므로 辛酉日時를 꺼린다.

景門 : 丙午丁의 黃泉殺이 亥에 있으므로 己亥日時를 꺼린다.

死門 : 未坤申의 黃泉殺이 卯에 있으므로 乙卯日時를 꺼린다.

驚門 : 庚酉辛의 黃泉殺이 巳에 있으므로 丁巳日時를 꺼린다.

開門 : 戌乾亥의 黃泉殺이 午에 있으므로 丙午日時를 꺼린다.

21. 유실전물遺失錢物

日干 : 紛失人
時干 : 紛失物
玄武 : 좀도둑
天蓬 : 큰 도둑

◎ 時干에 玄武가 臨하면 도둑을 맞았거나 본인이 잃어버린 경우가 많다.

◎ 時干落宮이 玄武나 天蓬星落宮에게 受剋되면 도둑맞은 것이다.

◎ 玄武나 天蓬星落宮이 旺相, 有氣하면 도둑이 젊은 사람이고, 그렇지 않으면 나이 많은 사람이다.

◎ 玄武나 天蓬星落宮의 九星이 陽星이면 남자, 陰星이면 여자이다.

◎ 時干이 玄武나 天蓬星落宮에 있고, 日干이 外盤에 있으면 분실물은 집안에 있다.

◎ 日干과 時干落宮이 內盤이면 집이나 집 근처이고, 日干落宮은 內盤이고 時干落宮이 外盤이면 밖에 있고, 日干과 時干落宮이 함께 外盤이면 외지나 먼 곳이다.

◎ 日干과 時干이 同宮이면 잃어버린 것이 아니니 찾을 수 있고, 時干落宮이 旺相地고 日干落宮을 生하면 찾을 수 있고, 時干落宮이 空亡이나 墓絕宮이면 찾기 어렵고, 返吟局이면 찾을 수 있고, 伏吟局이면 찾을 수 없다.

◎ 찾는 시간은 時干이 日干을 生하는 日時이고, 日干이 墓庫에 臨하면 沖되는 日時이고, 旬空이면 旬中을 지나 塡實(전실)되는 日時다. 天·地盤六儀三 奇 중 庚金으로 논할 때에는 日干이 陰干이면 地盤庚의 上을 찾고, 日干이 陽干이면 天盤庚의 下를 찾는다.

1) 失物(실물)

時干 : 失物 主人
時干宮의 八門 : 失物

◎ 八門에 乘한 九星이 旺相하고, 六合에 乘하면 실물을 찾을 수 없고, 乘한 九星이 休·囚·死되면 찾을 수 있다.

◎ 八門이 臨한 地盤은 方向이고 天干은 찾는 날이다.

⊙ 八門이 空亡地에 낙궁이면 잃어버렸거나 도둑맞은 것이니 찾을 수 없다. 八門이
九地, 太陰에 乘하면 누군가 숨긴 것이다.
⊙ 八門이 九天에 臨하면 失物은 밖에 있으니 찾기 어렵다. 九天은 멀리 간 것으로
보기 때문이다.
⊙ 八門이 玄武에 乘하면 도둑맞은 것이고, 玄武가 없으면 자신이 잃어버린 것이다.
⊙ 八門이 螣蛇에 乘하면 추궁받는다.
⊙ 八門이 朱雀에 乘하면 失物의 소식을 듣는다.
⊙ 八門이 勾陳에 乘하면 자기가 관리하는 공공재물을 훔친다.
⊙ 六庚이 年格이면 年內에 얻고, 月格이면 月內에 얻고, 日格이면 日內에 얻고,
時格이면 時干 內에 얻는다.
⊙ 六癸가 內四宮(坎·艮·震·巽)에 있으면 失物을 찾을 수 있다.

〈時干은 失物主이고, 六合落宮은 잃어버린 물건〉
⊙ 六合落宮과 時干落宮의 八卦定位上 어느 곳에 있는가에 따라 遠近을 구별한다.
⊙ 時干과 六合이 內四宮(坎·艮·震·巽)이면 집안이니 찾기 쉽고, 外四宮(離·坤·兌·
乾)이면 집 밖이니 찾기 어렵다.
⊙ 六合은 外四宮, 時干은 內四宮이면 찾기 어렵다. 六合落宮은 方向이다.
⊙ 六合이 旺相의 九星에 臨하고, 開·休·生·杜에 居하면 찾을 수 없고, 그 외에는
찾을 수 있다.

日干落宮 : 失物主
時干落宮 : 失物

⊙ 時干落宮이 旺相하고 日干 낙궁을 生하면 찾을 수 있고, 返吟局이어도 찾을 수
있다. 그러나 時干落宮이 空亡이나, 墓宮이면 찾을 수 없다.
⊙ 時干落宮의 소재처로 판단한다.
乾宮 : 금. 쇠붙이. 보물. 둥근 동철. 모자의 턱끈. 말
坎宮 : 수정. 진주. 붓. 펜. 먹. 물감. 모발이 가늘고 부드러운 물건.
돼지

艮宮 : 산. 옥석. 그릇. 신발. 소. 개. 고양이

震宮 : 수레. 차량. 배. 목기. 푸른의복. 노새. 당나귀

巽宮 : 주단. 포목. 섬세하며 부드러운 물건. 채색된 가늘고 뭉쳐진 물건.

離宮 : 文明. 圖書. 두루마리. 서예나 미술작품. 인신. 문권. 따뜻한 옷. 색채가
        있는 짐승, 날짐승.

坤宮 : 동철. 고경. 가운데가 비어 소리나는 솥. 상아. 양

兌宮 : 금. 은. 머리장식. 양. 닭. 날짐승류

2) 盜賊(도적)

```
天蓬 : 큰 도적
玄武 : 작은 도적
```

⊙ 天蓬이나 玄武가 旺相한 氣에 乘하고, 奇門, 吉格, 吉神이 臨하면 도둑이 貴人이
  다. 休囚死 氣에 乘하고, 凶門, 凶格, 凶神이 臨하면 도둑이 비천한 사람이다.

⊙ 天蓬이나 玄武가 陽干에 臨하면 도둑이 남자이고, 陰干에 臨하면 여자이다.

⊙ 天蓬이나 玄武가 旺相한 氣에 乘하면 도둑이 소년이고, 休囚死 奇에 乘하면 노
  인이다.

⊙ 天蓬이나 玄武가 臨한 天干은 도적의 의복 색상이다.

⊙ 地支로 도적의 직업을 판단한다.

  寅은 공직자.

  卯는 중재인. 브로커.

  辰戌이고 흉살이면 군인

  巳는 수공예자.

  丑午는 길손.

  未는 잘 아는 사람

  申은 범인

  酉는 공예가. 도박꾼. 술꾼.

  亥子는 어부. 선원

⊙ 天蓬이나 玄武가 臨한 卦象으로 도적을 추단한다.

乾은 노년남자.

震은 중년남자.

坎은 젊은남자.

艮은 소년.

坤은 노년여자

巽은 중년여자

離는 젊은여자

兌는 소녀.

◎ 天蓬이나 玄武가 內四宮(坎·艮·震·巽)이면 잘 아는 사람이고, 外四宮(離·坤·兌·乾)이면 모르는 사람이다.

22. 형사소송刑事訴訟

> 玄武 : 경제범. 경미한 범죄
>
> 天蓬 : 중죄범. 살인자. 조직폭력범
>
> 庚金 : 살인 계획자
>
> 辛金 : 죄인
>
> 死門 : 죽은 사람
>
> 傷門 : 상한 사람
>
> 杜門 : 감추거나, 숨은 방위
>
> 六合 : 도망범

◎ 天蓬이나 玄武가 庚金에 臨하면 교활하고 중대한 범죄자이다.

◎ 天蓬이나 玄武가 辛金에 臨하면 상습범, 전과자이다.

◎ 天蓬이나 玄武가 壬·癸에 臨하면 도망범인 경우가 많다.

◎ 九星과 八門이 伏吟局이거나 用神이 內盤이면 직장 내의 사람이거나 부서 내의 사람이다.

◎ 九星과 八門이 返吟局이거나 用神이 外盤이면 직장이나 부서 밖의 사람이니 외지인이나, 도망범이 재차 범행한 것이다.

◉ 用神 낙궁의 旺衰와 임한 九星, 八門, 八將, 奇儀를 근거로 직업, 키, 얼굴, 성격, 나이 등을 알 수 있다.

◉ 六合落宮의 內·外盤과, 六合, 杜門의 落宮數로 도망자의 遠近을 안다.

◉ 天蓬이나, 玄武가 傷門에 臨하거나 傷門落宮이 天蓬이나 玄武落宮을 生하면 차량을 이용한 사건이다.

◉ 天蓬이나 玄武가 景門에 臨하거나 景門落宮이 天蓬이나 玄武落宮을 生하면 총기나 화재 건이다.

◉ 天蓬이나 玄武가 庚辛에 임하거나 庚辛落宮이 天蓬이나 玄武落宮을 生하면 예리한 칼이나 비수로 일으킨 사건이다.

◉ 天蓬이나 玄武가 巽宮에 臨하거나 螣蛇에 臨하면 노끈이나 밧줄로 목졸라 일으킨 사건이다.

◉ 天蓬이나 玄武가 甲乙에 臨하거나 傷門, 杜門에 臨하면 야구방망이, 곤봉, 각목 등으로 일으킨 사건이다.

◉ 天蓬이나 玄武가 死門에 臨하거나 九地이면 구덩이에 묻어 죽인 사건이다.

◉ 死門이 甲子戊에 臨하면 돈이나 재물 때문에 피살된 경우가 많다.

◉ 死門이 太陰, 六合에 乘하면 사사로운 감정이나, 애매한 일로 피살된 것이다.

◉ 死門이 乙庚丁壬에 임하거나 桃花를 띄면 간통과 연관된 피살 건이다.

◉ 형사사건은 傷門, 白虎, 庚, 直使門은 경찰, 검찰, 공안 등 도둑을 잡는 사람이다. 庚格이면 庚이 임하는 年, 月, 日, 時에 사건이 해결된다.

◉ 九星과 八門이 返吟이면 사건이 해결되고, 伏吟이면 해결되지 않고, 범인이 재범일 경우는 時에 해결된다.

◉ 捕盗官(포도관—傷門,白虎,庚,直使門)의 낙궁이 旺相하고, 天蓬이나 玄武落宮을 沖剋하면 반드시 해결된다. 그렇지 못할 경우는 해결되기 어렵거나 未濟件(미제건)으로 남는다.

◉ 杜門이 庚辛壬癸를 만나거나, 天盤六儀가 地盤六儀를 剋하거나, 地盤六儀가 天盤六儀를 生하면 해결된다.

◉ 事件의 해결 시기는 陰日일 경우에는 庚 上의 干을 보고, 陽日에는 庚 下의 干을 본다. 時干이 陰九星에 임하면 庚 上의 干을 보고, 時干이 陽九 星에 臨하면 庚 下의 干을 본다.

23. 행방불명行方不明

◉ 조부모, 부모, 장인, 장모 등 노인의 행방을 물을 때는 年干이 用神이다.

　형제자매, 동료, 동창, 동업자 등의 행방을 물을 때는 月干이 用神이다.

　子女의 行方을 물을 때는 時干이 用神이다.

　어린아이의 행방을 물을 때는 六合이 用神이다. 행방불명자의 年命天干을 겸해서 보아야 한다.

◉ 行方不明人의 吉凶을 볼 때는 用神 낙궁의 格局으로 판단한다.

　日干이 休囚死되고 凶星, 凶神, 凶門, 凶格, 空亡, 六儀擊刑(육의격형)格, 入墓(입묘)格을 만나면 대흉하다.

◉ 行方不明人의 方向은 六合 낙궁으로 본다.

　◆ 直符落宮, 直使落宮은 행인이 잠시 머문 곳이고,

　◆ 用神落宮은 최종지이거나 사망한 방향이다.

　◆ 杜門落宮은 도망하여 숨은 방향이다. 만약 九星이나 八門이 返吟局이거나,

　◆ 日干宮이 空亡되면 日干落宮의 對沖宮이 행방불명된 방향이다.

◉ 행방불명자의 遠近은 內盤(坎·艮·震·巽宮)과 外盤(離.坤.兌.乾宮)으로 판단한다.

　陽遁局에 日干이 內盤이면 가까이 있고,

　　　　　　　日干이 外盤이면 멀리 있다.

　陰遁局에 日干이 內盤이면 멀리 있는 것이고,

　　　　　　　日干이 外盤이면 가까이 있는 것이다.

◉ 행방불명자의 探人 성사여부는 日干과 時干을 본다.

　◆ 日干과 時干이 同宮이거나, 時干이 日干을 生하면 쉽게 찾거나, 스스로 돌아온다.

　◆ 日干이 時干을 生하거나 혹은 剋하거나, 時干이 日干을 剋하면 쉽게 돌아오지 않는다.

　◆ 日干이 旺相하고 開門, 休門, 生門, 杜門에 임하면 찾기 어렵고,

- ◆ 日干이 休囚되고 傷門, 景門, 死門, 驚門에 임하면 소식이 있고 찾거나 돌아온다.
◎ 행방불명된 사람의 안부는 日干이 用神인데
- ◆ 日干이 直符, 六合에 乘하면 평안무사하고,
- ◆ 日干이 螣蛇에 승하면 다른 사람에게 붙잡힌 것이고,
- ◆ 日干이 太陰에 승하면 피신한 것이고,
- ◆ 日干이 白虎에 승하면 밖에서 병이 났으니 刑傷을 막아야 하고,
- ◆ 日干이 玄武에 승하면 다른 사람이 속여 빼앗거나 꼬여낸 것이고,
- ◆ 日干이 九地, 太陰에 승하면 숨은 것이고,
- ◆ 日干이 九天에 승하면 먼 곳으로 가버린 것이다.
- ◆ 日干이 伏吟局에 승하면 돌아오기 어려우나, 返吟局에 승하면 반드시 돌아온다.
◎ 행불자의 돌아오는 시간은 日干과 直符를 살핀다.
- ◆ 만약 旬空되었으면 塡空될 때나 충돌될 때 돌아온다.
- ◆ 만약 沖이 되었으면 합될 때 돌아오고,
- ◆ 만약 합을 만나면 沖될 때 돌아온다.
◎ 庚格으로 돌아오는 시간을 판단한다.
- ◆ 年格이면 그 해에 돌아오고,
- ◆ 月格이면 그 달에 돌아오고,
- ◆ 日格이면 그 날에 돌아오고,
- ◆ 時格이면 그 時辰 안에 돌아온다.
- ◆ 陰日에는 庚上의 干을 보고, 陽日에는 庚下의 干을 보아 돌아오는 시간을 예측한다.
- ◆ 時干이 陰九星에 臨하면 庚上의 干이 應期이고
- ◆ 時干이 陽九星에 臨하면 庚下의 干이 應期이다.
◎ 驛馬殺로 돌아오는 시간을 판단한다.
  驛馬殺이 動하거나 沖動할 때 돌아온다.
◎ 吉凶格으로 논할 때에는
- ◆ 靑龍返首(청룡반수)格, 飛鳥跌穴(비조질혈)格은 몸소 여장을 꾸린 것이다.
  時期의 緩急(완급)은 刑合을 참고한다.
- ◆ 白虎猖狂(백호창광)格은 붙잡혀 돌아오지 못하는 것이고,

- 靑龍逃走(청룡도주)格은 뜻을 이루지 못하여 돌아오지 않는 것이다. 格이 時日 兩元과 合되면 돌아온다.
- 三詐格와 五假格은 白虎, 朱雀, 螣蛇가 臨하면 반드시 書信이 온다.
- 螣蛇妖嬌(등사요교)格은 도로에 災疫(재역)이 있고,
- 朱雀投江(주작투강)格은 돌아올 계책을 세우느라 방황하고 있는 것이다.
- 飛干格, 伏干格은 來情이 좋지 않고,
- 伏宮格, 飛宮格은 멀리 떨어진 궁벽한 곳에 있다.
- 大格, 小格은 時日을 지연시키고,
- 刑悖格(형패격)은 彼此 모두 傷한다.
- 太白入熒(태백입형)格은 행인이 도착하고,
- 熒惑入白(형혹입백)格은 書信이 모두 공염불이다.
- 五不遇時(오불우시)格은 무엇하나 바랄길이 없고,
- 六儀擊刑(육의격형)格은 연관된 일이 있고 해롭다.
- 入墓(입묘)格은 무방하여 도착한다 할 수 있고,
- 天羅地網(천라지망)格은 서로 방해하니 돌아온다 할 수 없다.
- 返吟, 伏吟, 文迫으로 行人의 遠近을 구분한다. 만약 驛馬가 臨한 宮과 合되면 도리어 主는 가고, 客은 堂에 오른다.

◎ 찾는 장소를 논할 시는
- 六合이 乘한 九星이 用神이다. 예로, 六合이 天蓬星을 얻으면 六合에서 가까이 물이 있는 곳을 찾거나 地名에 水(혹 삼수변)가 들어간 곳이나 水方을 찾아라. 그 외 九星은 본래의 五行으로 유추한다.
  - 天蓬星 : 水 – 地名水 혹은 水方向
  - 天芮星 : 土 – 地名土 혹은 土方向
  - 天沖星 : 木 – 地名木 혹은 木方向
  - 天輔星 : 木 – 地名木 혹은 木方向
  - 天禽星 : 土 – 地名土 혹은 土方向
  - 天心星 : 金 – 地名金 혹은 金方向
  - 天柱星 : 金 – 地名金 혹은 金方向

◆ 天任星 : 土 - 地名土 혹은 土方向

　◆ 天英星 : 火 - 地名火 혹은 火方向

◎ 어린아이를 찾을 시는

　　陽遁은 天盤 六合의 方位를 보고

　　陰遁은 地盤 六合의 方位를 보고 추측한다.

◎ 여종 혹은 여자 종업원을 찾을 시는

　◆ 陽遁에는 天盤 太陰의 方位를 본다.

　◆ 陰遁에는 地盤 太陰의 方位를 본다.

　◆ 六合, 太陰이 日干의 墓庫에 落하면 찾기 어렵고, 空亡에 落하면 다른 곳으로
　　간 것이다.

　◆ 日干과 用神이 相合되는 낙궁에 가면 찾을 수 있다.

◎ 六畜을 찾을 때에는 八卦를 참조한다.

　◆ 당나귀, 노새 : 傷門, 天沖이 用神

　◆ 소, 양 : 死門, 天芮가 用神

　◆ 돼지, 물고기 : 休門이 用神

　◆ 닭, 오리 : 杜門이 用神

　◆ 말 : 乾宮의 九星이 用神이다.

24. 잉태孕胎 · 출산出産

〈제1법〉

坤宮 : 産室
天芮星 : 産母
天芮星의 天盤에 臨한 九星 : 胎兒

〈제2법〉

日干 : 母

```
時干 : 子
坤宮 : 母. 産母
乾宮 : 父
坤宮의 天盤 九星 : 胎兒. 産室
直符 : 産母
坤宮 上에 臨한 八門, 直使, 六合 : 胎兒
```

◉ 天芮星이 天盤의 九星을 剋하면 빨리 출산한다.

◉ 天盤의 九星이 地盤의 天芮星을 生하면 자식이 어머니의 배를 사랑하는 것이니
출산이 더디다.

◉ 天盤星이 地盤星 天芮를 剋하면 자식이 어머니를 극하니 흉하다.

◉ 地盤 天芮星이 天盤星을 剋하면 어머니가 자식을 극하니 자식이 흉하다.
다만, 旺相氣나 길문, 길격을 얻으면 큰 탈은 없다.

◉ 時干이 臨한 天盤星이 地盤 墓에 落하면 태아가 어머니 뱃속에서 죽는다.

◉ 天·地盤이 모두 凶門, 凶格에 臨하면 산모와 태아가 모두 흉하다.

◉ 坤宮에 臨한 八門은 태아이고, 白虎는 胎産과 연관된 神이다.

◉ 九宮이 八門을 剋하면 母胎가 태아를 剋하니 태아가 불안하다.

◉ 八門이 坤宮을 剋하면 産母가 늘 병에 시달린다.

◉ 伏吟局이면 자식이 어머니의 배를 사랑하니 태아는 안정되나 출산이 더디고, 위
에 白虎가 乘하면 白虎는 血光殺이니 빨리 출산한다.

◉ 八門이 坤宮에 臨하고 休囚, 入墓되면 태아가 죽는 경우가 많으나 三奇가 臨하
면 길하다.

◉ 坤宮의 天芮星이 어머니이고, 天盤 坤宮에 臨한 九星이 태아다.
九星이 陽星이면 아들이고, 陰星이면 딸이다.

◉ 天禽星이 坤宮에 臨하면 쌍둥이고, 陽干은 아들이고, 陰干은 딸이다.

◉ 坤宮에 臨한 八門이 태아인데, 陽이면 아들이고, 陰이면 딸이다.

◉ 直符는 産母이고, 六合이나 直使는 태아이다.

◉ 坤宮의 對沖宮 天盤에 臨한 干이 應期다. 陰日에는 庚上의 干을 보고, 陽日에는
庚下의 干을 보아 출산시기를 판단한다.

◉ 九星의 氣運과 연관된 특성

　　天蓬星 – 水旺氣

　　天任星 – 土旺氣

　　天沖星 – 木旺氣

　　천輔星 – 木旺氣

　　天英星 – 火旺氣

　　天芮星 – 土旺氣

　　天禽星 – 土旺氣

　　天柱星 – 金旺氣

　　天心星 – 金旺氣이다.

◉ 直符八將과 연관된 특성

　　直符 – 산모

　　螣蛇 – 유산

　　太陰 – 산파. 조산사

　　六合 – 남녀화합

　　勾陳·白虎 – 산문. 태산을 유도하는 신

　　朱雀·玄武 – 태반. 태막. 산후의 찌꺼기

　　九地 – 胎神

　　九天 – 産神

◉ 출산과 연관된 八門의 특성

　　生門 – 출산이 순조롭고 아들이다.

　　傷門 – 산모가 놀라고 아들이다.

　　杜門 – 空産을 예방해야 하고 딸을 낳는다.

　　景門 – 태아가 편안하고 출산이 빠르며 딸이다.

　　死門 – 산모와 태아가 불리하고 딸이다.

　　驚門 – 유산의 우려가 있고 딸을 낳는다.

　　開門 – 출산은 이로우나 태아는 불리하고 아들이다.

　　休門 – 출산이 안정되나 더디고 아들이다.

⊙ 九宮과 연관된 특성

坎一宮 - 本宮의 日時나 甲午日 寅時면 아들이다.

坤二宮 - 四維(辰未戌丑)의 陽土면 아들이다.

震三宮 - 本宮 日時나 丑寅日時면 아들이다.

巽四宮 - 節이 申子辰에 居하고 氣가 巳酉丑에 居하지 않으면 뜻대로 되지 않고 刑害가 따른다.

中五宮 - 節氣가 土에 居하면 쌍태아를 낳는다.

乾六宮 - 節이 寅午戌에 居하고 氣가 亥卯未에 居하면 남자는 헛되이 놀라고, 여자는 休囚되니 흉하다.

兌七宮 - 本宮 日時나 辰巳日 亥時면 딸을 낳는다.

艮八宮 - 四庫 中 土陰이면 딸을 낳고,

離九宮 - 本宮 日時生이나 酉日 卯時나, 亥日 巳時면 딸을 낳는다.

⊙ 孟甲(甲寅. 甲申)은 初胎에 이롭다.

仲甲(甲午. 甲子)은 次胎에 이롭다.

季甲(甲辰. 甲戌)은 三胎에 이로운데 年命이 어느 甲아래에 있는지를 본다.

⊙ 坤宮과 八門

```
坤卦 : 産母
坤宮의 門 : 胎兒
坤宮의 天盤 : 産室
```

◆ 天盤이 八門을 剋하면 자식이 있지 않고,

◆ 坤宮이 八門을 剋하면 胎가 불안하다.

◆ 八門이 坤宮을 剋하면 임산부가 늘 아프고

◆ 天盤이 地盤을 剋하면 임산부가 불안하다.

◆ 八門이 陽이면 아들이고, 陰이면 딸이다.

◆ 伏吟局이면 자식이 어머니의 배를 사랑하여 안정은 하나 難産(난산)이고, 白虎를 띄면 血光殺이니 출산이 빠르다.

◆ 八門이 坤宮에 이르러 入墓되면 태아가 죽는다.

◆ 天盤星이 八門과 九星에서 墓되면 불길한데, 坤의 墓가 되면 산모가 불리하
  고, 門의 墓가 되면 태아가 불리하다.

⊙ 坤宮과 天芮星

> 坤宮 － 産室
> 天芮星 － 産母
> 坤宮 天盤의 九星 － 胎兒

◆ 天芮星이 天盤의 九星을 剋하면 출산이 빠르다.
◆ 天盤의 九星이 地盤의 天芮星을 生하면 출산이 더디다.
◆ 天盤星이 地盤星을 剋하면 산모가 흉하고,
◆ 地盤星이 天盤星을 극하면 태아가 흉하다. 그러나 旺相氣나 奇門, 吉格을 얻
  으면 길하다.
◆ 天盤星이 地盤星 四庫에 落하면 태아가 산모의 뱃속에서 죽는다.
◆ 天地盤이 凶門, 凶格에 臨하면 산모와 태아가 모두 흉하다.

⊙ 坎宮, 離宮은 陰陽을 나누는 시초이다.
◆ 양둔국은 坎·艮·震·巽은 內盤이고, 離·坤·兌·乾은 外盤이다.
◆ 음둔국은 離·坤·兌·乾은 內盤이고, 坎·艮·震·巽은 外盤이다.
◆ 年은 부모, 月은 형제, 日은 본인, 時는 자식이다.
◆ 本局의 干支로 추단하되, 두 곳에 去하면 분거된다. 한곳이면 아니다.
◆ 宮分支干을 歲·月·日·時와 대조하여 日期를 정하고, 旺·相·休·囚·死로 길
  흉을 판단한다.

25. 승패勝敗

⊙ 군사작전이나 진지구축에는 景門, 驚門을 위주로 판단한다.
  景門은 陣地를 破할 때 이롭고, 驚門은 亂(난)을 다스림에 이롭다.
  直符 소재궁을 主로 보고, 六庚 소재궁을 客으로 논한다.

◎ 直符 소재궁이 六庚 소재궁을 剋하면 我軍에게 이롭다.

◎ 主가 景門, 驚門 二門 得인데, 客宮과 相生되면 客에게 이롭다.

◎ 主와 客의 宮이 相生되면 내심으론 상호 和親을 구하는 象이다.

◎ 主와 客의 所在宮이 모두 旺相하고, 景門, 驚門 二門이 상호 刑剋되지 아니하고,
   역량이 상호 균등하면, 상호간 두려움을 느끼게 되어 전쟁을 하지 않고 물러난다.

◎ 六庚과 直符가 同宮이면 승패를 가릴 수 없다.

26. 고시考試·승학升學

> 日干 : 應試生(응시생)
> 直符 : 試驗主宰官(시험주재관=官廳)
> 天乙 : 試驗監督官(시험감독관)
> 六丁 : 文章(문장)

◎ 直符宮이 日干宮을 剋하면 시험주재관(관청)과의 연이 없다.

◎ 天乙宮이 日干宮을 剋하면 감독관과의 연이 없다.

◎ 六丁宮이 日干宮을 剋하거나, 日干宮이 六丁宮을 剋하거나, 六丁宮이 休囚되거
   나 失氣되었으면 시험의 제목이 난해한 것이고, 문장의 뜻을 이해하기 어려운
   것이다.

◎ 直符宮과 天乙宮이 日干宮을 生하고, 六丁宮이 旺相함을 얻으면 필히 합격한다.
   이 중 한 가지 조건이라도 결함이 있으면 합격하기 어렵다. 그러므로 考試占은
   이 모든 조건을 충족해야 하는 것이다.

27. 방우訪友

◎ 방문하고자 하는 방향의 천반을 我로 하고, 지반의 九星을 他人으로 논한다.

◎ 천반과 지반이 相生, 比和되면 필히 만나게 되고, 재차 三奇門과 길격을 득하며,
   아울러 천·지반의 干이 상합되면 酒食을 겸한 방문이다.

◉ 만약 천·지반이 상극되면 我가 시기하여 불견하게 되고, 또한 구성낙궁의 干이 入墓되면 타인이 집에 있지만 피하여 불견하게 되고, 또한 지반성이 空亡地에 낙궁이면 타인은 틀림없이 집에 없는 것이다.

28. 피난避難

◉ 杜門을 위주하는데 어느 方에 낙궁했는가를 살펴본다.
◉ 杜門 落宮處에 재차 乘한 干이 어떤 것인가를 살펴본다.
   甲子戊가 있으면 貴人은 潛行(잠행)하여 피한 것이고,
   만약 杜門에 三奇가 乘하면 멀리 갈 수 있는 것이니 대길하다.
   만약 庚이 있으면 잡히게 되니 木方으로 행하면 凶災는 면할 수 있다.
   만약 辛이 있으면 天獄이고, 壬이 있으면 地牢이니 필히 피난할 수 없다.
◉ 만약 杜門 낙궁의 地盤이 癸이면 天網格이다.
  ◆兌方과 艮方에 있으면 可用한데, 3,4척 높이의 木柵(목책)이 있는 곳이니 피난할 수 있다.
  ◆乾宮과 兌宮이면 匍腹(포복)하여 지나갈 수 있다. 木이 金의 剋을 받으니 피난할 수는 있으나 나중에 잡히게 된다. 만약 三奇, 吉格이 日干에 낙궁하면 구함을 얻을 수 있다.
  ◆坎宮과 離宮이면 8,9척 높이의 목책이니 간신히 몸을 빼돌려 지나갈 수 있다.
  ◆震宮과 巽宮에 있으면 杜門이 居旺해져 天網이 門에 가득찬 격이니 피난이 불가능하다.

29. 문죄問罪 경중輕重

甲午 辛 : 罪人
開門 : 文官

◉ 開門 낙궁처가 甲午辛 낙궁처를 生하면 文官이 불쌍히 여겨 죄를 묻지 않는다.

相比되면 죄는 필히 가볍고, 相剋이나 相沖되며 凶格이 乘하면 죄는 필히 무겁다.

⊙ 甲午辛이 空亡地에 있고 三吉門과 吉格을 得하면 구함을 얻을 수 있는데 필히 赦免(사면)받게 된다.

30. 수범자囚犯者 길흉吉凶

甲午 : 囚犯者(수범자)
辛 : 天獄(천옥)
壬 : 地牢(지뇌)
癸 : 天網(천망)

⊙ 日干이 空亡地에 낙궁하거나, 日干 地盤에 甲午辛이 臨하면 주로 흉하다.

⊙ 甲午辛 낙궁의 地盤에 壬癸가 臨하면 착오가 있어 天牢에 갇힌 것이니, 沖破日에 필히 출옥할 수 있다.

⊙ 만약 天盤 壬癸의 地盤에 甲午辛이 있으면 網羅蒙頭(망라몽두=망라가 얼굴을 가림)라 하여 囚禁(수금)되는 것이다.

⊙ 天盤奇儀가 地盤 壬癸 墓庫에 낙궁이면 끝내 출옥할 수 없어 감옥에서 죽는 것이다.

⊙ 天盤奇儀가 地盤 壬癸 空亡地에 낙궁하면 옥살이가 空亡되는 것이니 囚禁(수금)되지 않는다.

31. 포도捕盜

天蓬星 : 大賊
玄武   小賊
勾陳 : 捕盜人
杜門 : 捕獲 方向

⊙ 天盤을 위주로 활용한다.

⊙ 勾陳의 낙궁처가 天蓬과 玄武의 낙궁처를 剋하면 도적을 필히 포획한다.

◉ 天蓬, 玄武의 낙궁처가 勾陳의 낙궁처를 剋하면 도적의 勢가 창궐하니 감히 포획할 수 없다.

◉ 天蓬과 玄武宮이 勾陳宮과 比和되면, 捕盜人(포도인)이 도적과 내통하고 있는 것이다.

◉ 勾陳과 天蓬星이 同宮이면 捕盜人(포도인) 역시 도적인 것이다.

◉ 天蓬과 玄武宮이 勾陳宮을 生하면 捕盜人(포도인)이 뇌물을 받아서 종국에는 도적을 잡지 못한다.

◉ 총괄하면 庚格(天盤 庚)이 주체가 된다.

年格이면 일년 내에 포획한다.

月格이면 일월 내에 포획한다.

日格이면 일일 내에 포획한다.

時格이면 시간 내에 포획한다.

◉ 상기 庚格의 경우 杜門落宮이면 필히 포획하고, 그렇지 못하면 포획하지 못한다.

32. 내방인來訪人 길흉吉凶

◉ 내방인이 오는 방향의 宮의 천반성을 客으로 하고, 지반성을 主로 한다.

◉ 천반성이 奇門(三奇·吉門)을 득하고 지반성을 생하면 貴客이며 만나면 유익함이 있다.

◉ 천반성이 지반성을 극하고, 다시 흉문, 흉격을 대동하면 반드시 나에게 손해를 끼치는 자이니 만나지 않음이 길하다.

33. 천시天時

〈八門神將(팔문신장)〉

生門 – 黃砂. 바람

傷門 – 우레

杜門 – 무지개. 산들바람

景門 － 맑음

死門 － 서리

驚門 － 번갯불. 黃雨

開門 － 우레. 짙은 안개

休門 － 구름. 비. 눈

〈天蓬九星(천봉구성)〉

天蓬星 － 陰雨. 水神. 비. 장마

天芮星 － 안개. 이슬

天沖星 － 우뢰. 번개

天輔星 － 무지개

天禽星 － 태풍

天心星 － 눈. 우박

天柱星 － 얼음. 서리

天任星 － 바람. 먼지

天英星 － 맑은 햇살

〈直符八將〉

直符 － 일월. 쾌청

螣蛇 － 태양

太陰 － 달. (비구름. 서리. 눈)

六合 － 비. (바람. 쾌청)

勾陳 － 우레. (폭풍. 폭우)

朱雀 － 산들바람. (짙은 구름과 가랑비)

玄武 － 비

白虎 － 광풍

九地 － 구름. (흐림. 음냉)

九天 － 운무. (快晴)

〈天干〉

甲.乙 - 바람

丙.丁 - 불

戊.己 - 비구름

庚.辛 - 얼음. 눈

壬.癸 - 비. 빗물

⊙ 天蓬星에 壬癸가 승하고, 坎, 震, 兌宮에 留하거나, 天柱星에 壬癸가 승하고
  坎, 震, 兌宮에 留하면 비가 내린다.
  아울러 天沖星, 天輔星 낙궁의 天盤의 干이 地盤干을 극하면 반드시 풍우, 번개,
  우뢰가 동시에 온다. 直符와 가까우면 비가 빨리 오고, 멀면 비가 늦게 온다.

⊙ 天英星이 왕상하고 震·巽宮에 낙궁하거나 日干과 時干을 극하면 맑다.

⊙ 天輔星이 왕상하고 離宮에 낙궁하거나 낙한 궁을 극하거나 日干과 時干을 극하
  면 바람이 불며 맑다.

⊙ 天蓬星, 天柱星에 壬癸가 乘하고 坤宮에 있으면 구름은 짙으나 비는 없다.

⊙ 天蓬星과 天柱星에 壬癸水가 乘하지 않으면 비록 坎, 震,兌宮에 있더라도 비는
  없다.

⊙ 冬月에 天心星과 天柱星에 壬癸水가 乘하고, 乾宮과 兌宮에 있으면 눈이 내린다.

⊙ 水災를 논함에는 天蓬星과 休門이 用神이다.

  ◆ 天蓬星과 休門이 旺相氣에 乘하고 三奇를 얻으면 물은 불어나나 범람하지는
    않는다.

  ◆ 天蓬星과 休門이 旺相氣에 乘하고 庚格을 얻으면 下水가 막히며 범람한다. 아
    울러 甲辰旬中의 壬符頭가 螣蛇를 띄고 乘하면 홍수로 사람이 죽는다.

  ◆ 天蓬星과 休門이 坤宮, 中宮, 艮宮에 落하면 土가 水를 剋하는 것이니 홍수가
    사라지거나 물이 없다.

1) 占晴(점청)

⊙ 天輔星과 天英星이 旺相한데 離宮에 낙하거나, 낙궁을 극하거나, 日干과 時干을
  극하면 주로 맑다.

◉ 天英星이 旺相하고 震·巽宮에 落하거나 日干과 時干을 극하면 맑다.

◉ 陽의 八門과 陽의 九星을 만나고 陽의 宮에 臨하고 火土星이 同宮에 있으면 오래 도록 맑다.

2) 占雨(점우)

◉ 天蓬星이 坎, 兌, 震宮에 있거나, 天柱星과 天沖星이 壬癸水에 臨하고 坎, 兌, 震宮에 있으면 비가 온다.

◉ 天英星과 天輔星이 있는 宮의 천반의 干이 지반의 干을 극하면 반드시 큰 우레와 비가 온다.

◉ 陰의 九星과, 陰의 八門이 合水되거나, 金星이나, 壬癸水, 休門이 陰宮에 臨하고 두개의 局이 병합해 상생이나 沐浴이 되면 큰 비가 온다.

◉ 天禽星이 旺相宮에 臨하면 큰 비가 온다.

◉ 天柱星, 甲辰壬이 坎宮, 震宮, 兌宮에 臨하거나 다시 地盤에 甲辰壬이 있으면 큰 비가 온다.

◉ 甲辰壬(甲辰旬 壬符頭)이 震宮에 臨하면 龍이 뇌문에 오르니 뇌우, 우레, 비가 온다.

◉ 丁奇가 地盤 螣蛇에 臨하고 흉문에 乘하면 섬전, 번개가 있다.

◉ 震宮이 공망되거나 墓庫宮에 落하면 흐리나 비는 오지 않는다.

◉ 地盤에 壬癸水가 臨하고, 玄武, 白虎가 乘하면 水土가 응결되니 눈이 온다.

◉ 空亡이 入墓되면 주로 음산하고 차다.

◉ 白虎猖狂(백호창광)格이면 큰 바람이 분다.

◉ 靑龍逃走(청룡도주)格이면 바람이 불어 구름이 흩어지니 비가 오지 않는다.

◉ 太白入熒(태백입형)格은 우박이 내린다.

◉ 熒惑入白(형혹입백)格은 맑다.

◉ 天柱星이 坎,震,兌宮에 있어 壬癸를 띄거나, 地盤에 壬癸水가 있으면 무지개가 뜨고 비가 멈춘다. 壬癸水가 없고 螣蛇가 있으면 매우 가물다.

3) 占雲(점운)

◉ 冬月에 天心星과 天柱星이 壬癸에 乘하여 乾·兌宮에 이르면 주로 눈이다.

34. 십이월장十二月將 오부법五符法

(十二月將)

1. 五符(오부) 2. 天曹(천조) 3. 地符(지부) 4. 風白(풍백)

5. 雷公(뇌공) 6. 雨師(우사) 7. 風雲(풍운) 8. 唐符(당부)

9. 國印(국인) 10. 天關(천관) 11. 地軸(지축) 12. 天賊(천적)

十二神	吉凶	屬宮	主事
1. 五符	吉神	火	귀인의 알현에 길하다.
2. 天曹	吉	火	暗昧之事에 길하다.
3. 地符	半吉半凶	土	압박을 피함에 좋다.
4. 風白	凶	木	경공을 주관한다.
5. 雷公	凶	木	경공을 주관한다.
6. 雨師	半吉半凶	水	출행시 비를 만난다.
7. 風雲	半吉半凶	木	암매. 여인지사를 주관한다.
8. 唐符	小吉	金	구재, 경영에 길하다.
9. 國印	吉	金	승천에 길하다.
10. 天關	凶	木	매사 저체된다.
11. 地軸	凶	土	매사 반복된다.
12. 天賊	凶	水	도적, 분실의 건

1) 布局法

출행이나 용사코져 하는 時間에 月將加時하여 地盤 十二地支定位圖 上에 天盤을 順布한다. 이어서 天盤의 地支 中 日干의 祿星이 있는 곳에서 부터 五符 − 天曹 − 地符 − 風白 − 雷公 − 雨師 − 風雲 − 唐符 − 國印 − 天關 − 地軸 − 天賊 등으로 順布한다.

月	1월	2월	3월	4월	5월	6월	7월	8월	9월	10월	11월	12월
月將	亥	戌	酉	申	未	午	巳	辰	卯	寅	丑	子

2) 예제

10월 甲辰日 辰時에 出行이나 用事코져 한다면 아래와 같다.

		地府辰	風白巳		
天曹卯	巳	午	未	申	雷公午
五符寅	辰			酉	雨師未
天賊丑	卯			戌	風雲申
地軸子	寅	丑	子	亥	唐符酉
		亥 天關	戌 國印		

3) 풀이

10월은 寅將에 속하고 辰時인데 月將加時라 했으니 地盤 十二地支定位圖上의 辰上에 寅木을 加하여 순포시키어 상기 도표와 같이 천반을 포국한다.

다음 十二月將 五符法은 甲日干은 祿이 寅에 있다. 따라서 天盤 寅木에 五符를 부기하고 天曹, 地符… 등으로 순포시키는 것이다.

제9편

천하대국론 天下大局論

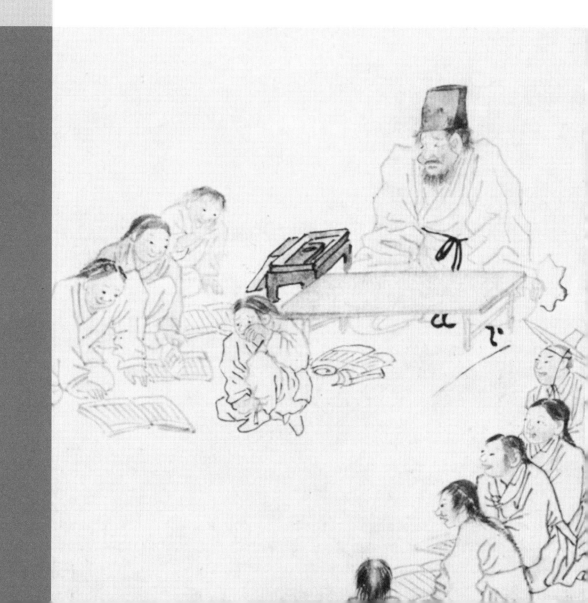

1. 천하국天下局 포국방법布局方法

⊙ 洪局, 烟局으로 포국하여 매년 음력 1월 1일을 年,月,日로 포국하여 매년의 천하국의 國事를 논하되 時는 不用이다. 이는 中國을 나타낸 것이므로 우리 我東邦은 艮方에 속하므로 艮宮의 천·지반수를 중궁에 入하여 구궁을 다시 포국한다.

⊙ 天下局 中 艮宮의 길흉을 보아 우리 아동방의 國事의 길흉을 볼 수 있다.

⊙ 艮宮의 洪局數, 지반기의, 홍국팔문을 중궁에 入하여 九宮을 다시 포국하여 우리나라 매년의 길흉을 볼 수 있다.

⊙ 天下大局의 布局法은 子平命理와 마찬가지로 立春節을 기준하므로, 그해의 음력 1월 1일 보다 입춘절이 먼저 들어왔으면 그 해의 干支와, 立春月建을 쓰고, 그해의 음력 1월 1일 보다 입춘절이 나중에 들어왔으면 사주명리와 마찬가지로 전년도 年干支와 立春月建 前인 전년도 12월 月建을 사용한다.

2. 아동방국我東邦國 포국방법布局方法

1) 天下局의 艮宮이 我東邦에 해당하므로 艮宮에 있는 洪局數, 地盤奇儀, 洪局八門을 다시 중궁에 넣고 포국한다.

2) 八門神將布局法

⊙ 艮宮에 있는 洪局八門을 中宮에 入시키어 九宮을 布局하되, 年局은 立春 기준이므로 陰遁은 不用하고 陽遁八門定位圖에 따라 구궁을 포국한다.

⊙ 陽遁八門定位圖

3	4	8
7		2
1 艮宮	5	6

⊙ 상기 1번 艮宮 해당 八門을 中宮에 넣은 후 다시 坎宮으로 出시키고, 2번 해당 팔문을 6번 乾宮으로 이거해 오고, 다음 3번궁 八門을 7번 震宮으로 이거하고, 다음 4번궁 팔문을 8번 坤宮으로 이거해 오고, 다음 5번궁 팔문을 1번 艮宮으로 이거해 오고, 다음 6번궁 팔문을 2번 兌宮으로 이거해오고, 다음 7번궁 팔문을 3번 巽宮으로 이거해 오고, 다음 8번궁 팔문을 4번 離宮으로 이거해온다.

3) 八卦生氣布局法
⊙ 艮宮의 天·地盤數를 中宮에 넣고 中宮의 지반수에 해당하는 九宮數理의 해당 卦宮을 本 卦로 하여 奇門四柱局과 동일하게 포국한다.

4) 東國天蓬九星布局法
⊙ 天下局의 艮宮에 위치한 天蓬九星定位星인 天任星을 中宮에 넣고 다시 배치한 我東邦의 東國天蓬九星布局圖를 기준으로 포국하는데, 地盤奇儀 중에서 日符頭 旬將이 있는 宮의 九星定位星을 地盤奇儀 중 日干이 있는 곳에 移去해와 順行布局한다.

天蓬九星 定位圖

巽 巳	離 午	未 坤
❹ 天輔	❾ 天英	❷ 天芮
❸ 天沖	❺ 天禽	❼ 天柱
❽ 天任	❶ 天蓬	❻ 天心
艮 丑	坎 子	亥 乾

辰 / 震卯 / 寅 (좌측), 申 / 兌酉 / 戌 (우측)

東國 天蓬九星 定位圖

巽 巳	離 午	未 坤
❹ 天柱	❾ 天沖	❷ 天禽
❸ 天心	❺ 天任	❼ 天蓬
❽ 天芮	❶ 天輔	❻ 天英
艮 丑	坎 子	亥 乾

辰 / 震卯 / 寅 (좌측), 申 / 兌酉 / 戌 (우측)

⊙ 天下局 九星定位圖의 8번艮宮 天任을 中宮에 入시키고, 九星定位圖 순서에 따라 다음 9번離宮의 天英을 乾宮으로 이거해 오고, 다음 1번天蓬을 兌宮으로 이거해 오고, 다음 2번坤宮의 天芮를 艮宮으로 이거하는 등… 순행포국한다.

⊙ 東國奇門 年局은 時干을 쓰지 않으므로 時符頭를 쓰지 않고, 日干의 日符頭旬將
  을 적용한다.

5) 六儀三奇布局法
⊙ 地盤六儀三奇 布局은 艮宮의 奇儀 중 地盤奇儀만을 中宮에 入시키어 九宮定位
  圖에 의거 布局한다. 즉 中宮-乾宮-兌宮-艮宮-離宮-坎宮-坤宮-震宮-巽宮
  순이다.
⊙ 天盤六儀三奇는 地盤六儀三奇에서 日干이 있는 宮에 日符頭旬將을 이거 해와
  順行布局한다.

6) 年局判斷(년국판단)
⊙ 일년동안의 國事의 吉凶을 보려면 매년 음력 1월 1일로 作局한 天下局 중 艮宮의
  천·지반수및 地盤奇儀를 中宮에 入하여 아동방의 年局을 판단한다.
⊙ 四季節의 판단은(我東邦은 天下局의 艮宮을 중궁 入시키어 포국 판단)
  春 – 매년 입춘 節入日時로 四柱로 작국
  夏 – 매년 입하 節入日時로 四柱로 작국
  秋 – 매년 입추 節入日時로 四柱로 작국
  冬 – 매년 입동 節入日時로 四柱로 작국하여 판단한다.

7) 月局 判斷(我東邦은 天下局의 艮宮을 中宮 入시키어 布局 판단)
⊙ 음력 매년, 매월, 초1일의 三柱로 작국 판단
⊙ 洪局八門과, 六儀三奇, 天蓬九星, 八卦生氣法은 年局과 동일하다.

3. 국사길흉론國事吉凶論

⊙ 我東邦의 局의 길흉판단은 천하국의 艮宮에 속하기 때문에 우선 艮宮의 길흉을
  먼저 판단해야한다.
⊙ 艮宮에 2·7火나 丙庚, 休門, 天蓬星이 同宮이면 가뭄, 병란, 재해를 겪고

◎ 艮宮에 1·6水나 壬癸와 동궁이고, 兼旺되고 受生되면 큰비로 水災를 겪는다.

◎ 艮宮에 4·9金, 庚辛, 驚門, 天柱星과 同宮이면 냉해를 입고, 천·지반이 수극되면 병란과, 재해 등 나라가 혼란해진다.

◎ 艮宮에 3·8木, 甲乙, 傷門, 天沖星이 同宮이면 풍해, 전염병 등이 발생한다.

◎ 艮宮에 5·10土, 戊己, 死門, 天芮星과 同宮이면 벌레, 질병 등이 발생한다.

◎ 다만 吉門卦가 重重하고 三奇가 相生되면 禍를 면하지만, 흉문괘와 太白殺이 있으면 대흉하다.

◎ 艮宮에 丙, 庚이 있고, 凶門卦가 重重하면 大凶하다.

◎ 歲支, 歲干은 君王, 국가의 원수, 부모, 사령관

　日支, 日干은 백성, 풍년, 흉년 유무

◎ 육친중 父母는 군왕과 국가원수 내외

　육친중 子孫은 아군의 장수, 후계자, 백성, 신하

　육친궁 官鬼는 적국의 장수, 역적, 병란, 재해

　육친중 官星은 관료. 사대부

　육친중 財星은 나라의 재물, 여자, 처첩, 백성, 신하로 판단한다.

제10편

정국법定局法

기문둔갑은 본시 兵事와 관련한 제반사에 유용하게 활용하고자 창안된 학문이나, 점차 학문적, 시대적 발달에 따라 天時, 地理, 人事 등의 제반 인간사와 연관하여 세밀하고 깊이 있게 궁구하고 考察(고찰)해보는 것까지 확대 응용하게 된 것이다.

1년간의 영향력을 考察해 보는 것은「年盤定局求法」

1월간의 영향력을 考察해 보는 것은「月盤定局求法」

1일간의 영향력을 考察해 보는 것은「日盤定局求法」

매시간의 영향력을 考察해 보는 것은「時盤定局求法」이다.

定局求法은 약칭 定局法이라고도 하는데, 상기 4가지 定局求法중 가장 유용하고 빈번하게 활용하는 것은 時盤定局法이나, 時盤은 日에서 인하여 정해지는 고로 日盤定局法도 간과해서는 안되는 것이다. 그리고 이 定局求法에는 일관되게 사용하는 구성요소가 있으니 다음과 같다.

- 天盤六儀三奇
- 地盤六儀三奇
- 直使
- 直符
- 時家八門神將
- 天蓬九星
- 直符八將

또한 상기 定局求法에는 陽遁局을 활용하지 않고 <u>陰遁局</u>만을 활용함을 명심해야 한다.

1. 년반정국年盤定局

(1) 槪要(개요)

- 年盤定局은 用事하고자 하는 사안에 대해 1년동안 영향력의 길흉을 판단해보는 求法이며, 또한 天道는 左旋하며 逆行하는 연고로 전적으로 陰遁局盤을 용

하는 것이다.

◆ 60년이 一元이 되고, 1年은 一局이 되는 것이다. 그런고로 一元은 六十局이 있으며 또한 一元 六十局은 上元, 中元, 下元으로 구분되는 것이다. 그리고 每 元은 60년인데, 上元甲子, 中元甲子, 下元甲子의 三元을 합하면 180년이 되고, 이것을 一個의 大週期라 칭하는 것이다.

上元甲子 : 1864 - 1923年
中元甲子 : 1924 - 1983年
下元甲子 : 1984 - 2043年

(2) 定局法(정국법)

양둔불용이고 음둔을 用해라 했으니, 먼저 상원 甲子年을 음1국으로 하면 음둔1국이 되는 것이다. 그리고 역행하니 乙丑年은 음둔9국, 丙寅年은 음둔8국… 이렇게 세어나가면 상원갑자의 끝인 癸亥年은 음둔5국이 되는 것이다.

이어서 상기와 같은 방법으로, 중원 甲子年은 음둔4국이 되고, 이어서 하원 甲子年은 음둔7국이 되며, 하원갑자의 맨 끝인 癸亥年은 음둔2국이 되는 것이다. 아래의 조견표와 같다.

年干支	甲子	乙丑	丙寅	丁卯	戊辰	己巳	庚午	辛未	壬申	癸酉	甲戌	乙亥	丙子	丁丑	戊寅
上元	1	9	8	7	6	5	4	3	2	1	9	8	7	6	5
中元	4	3	2	1	9	8	7	6	5	4	3	2	1	9	8
下元	7	6	5	4	3	2	1	9	8	7	6	5	4	3	2
	己卯	庚辰	辛巳	壬午	癸未	甲申	乙酉	丙戌	丁亥	戊子	己丑	庚寅	辛卯	壬辰	癸巳
上元	4	3	2	1	9	8	7	6	5	4	3	2	1	9	8
中元	7	6	5	4	3	2	1	9	8	7	6	5	4	3	2
下元	1	9	8	7	6	5	4	3	2	1	9	8	7	6	5
	甲午	乙未	丙申	丁酉	戊戌	己亥	庚子	辛丑	壬寅	癸卯	甲辰	乙巳	丙午	丁未	戊申
上元	7	6	5	4	3	2	1	9	8	7	6	5	4	3	2
中元	1	9	8	7	6	5	4	3	2	1	9	8	7	6	5

下元	4	3	2	1	9	8	7	6	5	4	3	2	1	9	8
	己酉	庚戌	辛亥	壬子	癸丑	甲寅	乙卯	丙辰	丁巳	戊午	己未	庚申	辛酉	壬戌	癸亥
上元	1	9	8	7	6	5	4	3	2	1	9	8	7	6	5
中元	4	3	2	1	9	8	7	6	5	4	3	2	1	9	8
下元	7	6	5	4	3	2	1	9	8	7	6	5	4	3	2

〈實例1〉

⊙ 2017년 丁酉年에 천안에 사는 A씨가 친척의 소개로 경기도 안성 소재의 직장에 취업하는 건에 대한 길흉을 점단해본다. 2017년 정유년은 하원갑자에 속하며 상기 조건표에서 하원1국에 해당되며, 년간지만 있으니 년간과 년부두를 적용하는 것이다.

下元 1局

年　干 : 丁

年符頭 : 辛(甲午旬中)

⊙ 布局

◆ 地盤六儀 三奇

2017년은 상기 년반정국표에서 하원갑자에 해당하며 丁酉年은 하원1국에 해당된다. 따라서 坎1宮에 甲子戊를 부법하는데 년반정국은 음둔국만 용하라 했으니 구궁정위도상으로 역포한다.

◆ 天盤六儀三奇

지반기의 中 丁이 있는 곳 上에 年符頭 辛을 끌어오고 나머지는 순차적으로 이거해온다.

◆ 時家八門神將

地盤奇儀 中 年符頭 辛이 있는 곳의 定位門은 兌宮에 있으며 驚門이다. 다시 이곳에서부터 旬首를 세어나가는데 陰遁局만 用하니 逆布하면 年干支 丁酉는 巽宮에 떨어진다. 따라서 이곳에 定位門인 兌宮의 驚門을 이거 해오고, 나머지는 음·양둔 불문하고 順行移去한다.

◆ 直符八將

천반기의 중 年符頭 辛이 巽宮에 있다. 이곳에 직부를 부법하고 나머지는 음둔국을 용해라 했으니 십이지지정위도 상으로 역포한다.

◆ 天蓬九星

지반기의 중 年符頭 辛이 兌宮에 있으며 정위성은 天柱星이다. 이 정위성을 지반기의 중 年干 丁이 있는 곳 上으로 이거해오라 했으니, 巽宮에 天柱를 부법하고 나머지 九星은 순차적으로 십이지지정위도상(활반법)으로 이거해온다.

◆ 三元紫白

2017년 丁酉年은 하원갑자에 속하며, 삼원자백 년국 조견표를 보면 丁酉年 하원은 1局으로 坎1宮에 해당된다. 따라서 坎1궁의 정위성인 1白을 중궁에 넣고 음양둔을 불문하고 구궁정위도상으로 나머지 九星을 순포하면, 2黑은 乾6宮, 3碧은 兌7宮, 4綠은 艮8宮, 5黃은 離9宮, 6白은 坎1宮, 7赤은 坤2宮, 8白은 震3宮, 9紫는 巽4宮에 부법한다.

巽　　　　巳	離午	未　　　　坤
❹	❾	❷
辰　辛 / 丁	壬 / 己	戊 / 乙　申
驚門 直符 天柱 9紫	開門 九天 天心 5黃	休門 九地 天蓬 7赤
❸	❺　⑩	❼
震卯　乙 / 丙	癸	庚 / 辛　兌酉
死門 螣蛇 天芮 8白	1白	生門 玄武 天任 3碧
❽	❶	❻
寅　己 / 庚	丁 / 戊	丙 / 壬　戌
景門 太陰 天英 4綠	杜門 六合 天輔 6白	傷門 白虎 天沖 2黑
艮　　　　丑	坎子	亥　　　　乾

⊙ 通辯(통변)

◆ 천안에서 안성은 동북방으로 艮方에 해당된다. 艮宮의 天·地盤 奇儀는 己와 庚으로 明堂伏殺(명당복살)格과 顚倒刑格(전도형격)에 해당되니 썩 길한 것은 못되나,

景門과 太陰의 吉門과 吉將이 同宮하니 凶함은 疏散(소산)되며 취직 건은 성사되리라 판단한다.

◆ 景門은 喜慶之事를 관장하니 취직하여 이런 저런 희경사가 있을 것이고, 太陰은 暗昧之事로 은밀하게 지인에게 청탁하여 취직이 성사됨을 암시하는 것이다.

◆ 天英星은 본시 재난을 상징하는 흉성이나 음주연회, 귀인알현, 경영계획, 헌책 등에 이로우니, 이직하여 자신의 분수를 지킨다면 크게 흉함은 없을 것이라 판단한다.

◆ 상기 問占者는 1974년 甲寅生으로 中元甲子生에 해당하며 本命星은 8白土星에 해당되어, 이직하고자 하는 艮土方의 회사와는 比和되므로 흉하지 않다 판단한다.

〈實例2〉

⊙ 1979년도 己未年의 사회적 정황을 살펴본다. 상기 년국조견표에서 1979년 己未年은 중원3국에 해당된다. 년반정국법은 年干支만 있으니 年干과 年符頭를 도출하여 作局하는 것이다.

```
○ ○ ○ 己
○ ○ ○ 未
------------
中元 3局
年  干 : 己
年符頭 : 癸(甲寅旬中)
```

巽	巳	離 午	未	坤
	❹	❾	❷	
辰	辛/乙	己/辛	癸/己	申
	景 太 天 門 陰 英	死 螣 天 門 蛇 芮	驚 直 天 門 符 柱	
	❸	❺ ⑩	❼	
震卯	乙/戊	丙	丁/癸	兌酉
	杜 六 天 門 合 輔		開 九 天 門 天 心	

	❽	❶	❻	
寅	戊／壬	壬／庚	庚／丁	戊
	傷白天 門虎沖	生玄天 門武任	休九天 門地蓬	
艮	丑	坎 子	亥	乾

◉ 通辯(통변)

- 년반정국법은 用事하고자 하는 사안에 대해 年 內의 기간동안 길흉을 판단 해 보는 것이다. 전반적인 사회적 정황에 대해 問占했으니 먼저는 각 궁의 정황을 살펴보아야 하고, 다음으론 각 궁 중에서 지반기의가 가장 왕성한 궁의 격국과 길흉여부를 살펴보아야 한다. 아울러 년반정국에서는 기반기의 중 年干 소재 궁이 년간정국구법의 주체가 되는 것이므로 국가의 수반이나, 중앙행정부서가 있는 정부청사로 논하기도 하며. 또한 그 해에 발생할 사안에 대해 가장 중요하게 대두되는 쟁점사안으로 논하기도 한다.

- 천·지반기의가 상하 상극하고 흉격으로 이루어진 곳은 巽宮, 坤宮, 震宮, 兌宮, 艮宮, 乾宮이다. 이 중 지반기의가 왕상한 곳은 巽宮, 坤宮, 兌宮인데, 兌宮은 開門, 九天, 天心이 동궁하여 길문, 길장이 임했으니 흉함이 적을 것이라 제외한다.

- 巽宮은 동남방이고 奇儀白格이 白虎猖狂格(백호창광격)으로 흉격이다. 사회적으로 혼란의 요소가 내재되어 있는 것이다. 또한 坤宮은 서남방이고 기의백격이 華蓋地戶格(화개지호격)으로 역시 흉격이다. 경상남도와 전라남도가 유신정권 말기 학생들의 소요가 많아 사회적으로 어수선했던 것이다.

- 년간정국법은 年干이 주체이니 국가로 보면 행정부의 수반의 위치이다. 年干 己가 坤宮에 있는데, 화개지호격이며, 驚門과 天柱星이 동궁하고 있다. 驚門은 경황, 괴이, 혼돈의 흉문으로, 정위궁은 兌金宮인데 坤宮으로 이거 해왔으니 坤宮의 생을 받아 왕해진 것이다. 天柱星은 정위성이 兌金宮으로 역시 坤宮으로 이거해와 생을 받아 왕해진 것이다. 흉문과 흉성이 소재궁의 생을 받아 왕해졌고 흉격을 대동했으니 크게 흉하게 작동하여 행정부수반의 자리에 변고가 예상되는 것이다. 이 해에 대통령 시해사건이 발생한 것이다.

◆ 년반정국법에서의 중궁은 年 內에 발생하는 여러 사안 중 사회적으로 가장 부각되는 쟁점사안이고, 또한 사회적인 중론이라 판단한다. 따라서 지반기의 丙火가 坤宮의 지반기의 己土를 생하니 사회적 중론의 동향이 坤·兌宮으로 향해 있으며 坤·兌宮의 길흉에 집결하는 것이다. 이 해에는 대통령의 시해사건이 주요 쟁점이었던 것이다.

2. 월반정국月盤定局

(1) 槪要(개요)

◆ 每 10개월을 1局으로 하여 전부 陰遁局만 사용한다.

◆ 年干支의 해당 三元을 먼저 定한 後, 月盤定局을 정한다.

(2) 定局法(정국법)

甲子年~癸亥年 까지 60년간은 720개월이므로 총 72局이 되는 것이다.

〈上元 : 甲子~戊辰年〉

甲子年 丙寅月~乙亥月　　　　　　陰遁1局

甲子年 丙子月~乙丑年 乙酉月 – 陰遁9局

乙丑年 丙戌月~丙寅年 乙未月 – 陰遁8局

…………

〈中元 : 己巳~癸酉年〉

己巳年 丙寅月~乙亥月　　　　　　陰遁4局

己巳年 丙子月~庚午年 乙酉月　　陰遁3局

庚午年 丙戌月~申未年 乙未月　　陰遁2局

…………

〈下元 : 甲戌~戊寅年〉

甲戌年 丙寅月~乙亥月　　　　　　陰遁7局

甲戌年 丙子月~乙亥年 乙酉月　　陰遁6局

乙亥年 丙戌月~丙子年 乙未月　　陰遁5局

…………

상기와 같은 방법으로 순차적으로 역행하여 총72局이 표기되는 것이다. 먼저 用하고자 하는 年干支가 三元 중 어디에 해당하는 가를 보고, 이어서 三元과 用하고자 하는 月干支를 찾아 해당 局數를 정하는 것이다.

아래 조견표와 같다.

三元	年干支				
上元	甲子	乙丑	丙寅	丁卯	戊辰
中元	己巳	庚午	辛未	壬申	癸酉
下元	甲戌	乙亥	丙子	丁丑	戊寅
上元	己卯	庚辰	辛巳	壬午	癸未
中元	甲申	乙酉	丙戌	丁亥	戊子
下元	己丑	庚寅	辛卯	壬辰	癸巳
上元	甲午	乙未	丙申	丁酉	戊戌
中元	己亥	庚子	辛丑	壬寅	癸卯
下元	甲辰	乙巳	丙午	丁未	戊申
上元	己酉	庚戌	辛亥	壬子	癸丑
中元	甲寅	乙卯	丙辰	丁巳	戊午
下元	己未	庚申	辛酉	壬戌	癸亥

三元	月干支														
	甲子	乙丑	丙寅	丁卯	戊辰	己巳	庚午	辛未	壬申	癸酉	甲戌	乙亥	丙子	丁丑	戊寅
上元	5	5	1	1	1	1	1	1	1	1	1	1	9	9	9
中元	8	2	4	4	4	4	4	4	4	4	4	4	3	3	3
下元	2	2	7	7	7	7	7	7	7	7	7	7	6	6	6
	己卯	庚辰	辛巳	壬午	癸未	甲申	乙酉	丙戌	丁亥	戊子	己丑	庚寅	辛卯	壬辰	癸巳
上元	9	9	9	9	9	9	9	8	8	8	8	8	8	8	8

中元	3	3	3	3	3	3	3	2	2	2	2	2	2	2
下元	6	6	6	6	6	6	6	5	5	5	5	5	5	5

	甲午	乙未	丙申	丁酉	戊戌	己亥	庚子	辛丑	壬寅	癸卯	甲辰	乙巳	丙午	丁未	戊申
上元	8	8	7	7	7	7	7	7	7	7	7	7	6	6	6
中元	2	2	1	1	1	1	1	1	1	1	1	1	9	9	9
下元	5	5	4	4	4	4	4	4	4	4	4	4	3	3	3

	己酉	庚戌	辛亥	壬子	癸丑	甲寅	乙卯	丙辰	丁巳	戊午	己未	庚申	辛酉	壬戌	癸亥
上元	6	6	6	6	6	6	6	5	5	5	5	5	5	5	5
中元	9	9	9	9	9	9	9	8	8	8	8	8	8	8	8
下元	3	3	3	3	3	3	3	2	2	2	2	2	2	2	2

〈實例〉

⊙ 충청남도 천안에 사는 A씨가 1980년(庚申年) 4월(辛巳月)의 여행하기 좋은 지역을 問占한 것이다. 庚申年은 상기 年干支 조견표에서 下元甲子에 속한다. 이해의 4월 月建이 辛巳이므로 상기 月干支 조견표에서 下元과 辛巳가 만나는 곳에 6이 있으므로 하원 6局이 되는 것이다.

```
○ ○ 辛 庚
○ ○ 巳 申
----------
下元 6局
月  干 : 辛
月符頭 : 己(甲戌旬中)
```

	❸	❺ ⑩	❼	
震卯	己 辛　月干 　景　直　天 　門　符　芮	己	丙 乙 　休　白　天 　門　虎　任	兌酉
	❽	❶	❻	
寅	丁 丙 　杜　螣　天 　門　蛇　英	庚 癸 　傷　太　天 　門　陰　輔	辛 戊 　生　六　天 　門　合　沖	戌
艮		丑	坎　子	亥	乾

◉ 通辯(통변)

◆ 年干, 月干이 巽宮과 震宮에 있으며 動한 것이다. 巽宮의 천·지반기의 乙庚은 日奇被刑格(일기피형격)으로 흉하다. 震宮은 濕泥汚玉格(습니오옥격)이다. 둘 다 흉격이다.

　巽宮의 死門은 定位門이 坤土宮으로 土星인데, 巽宮으로 이거하여 宮인 木星의 剋을 받으니 "制"가 되어 흉한 것이다. 직부팔장 中 白虎는 庚申金의 흉성으로 血光之神이라 하며 병란과 사고, 질병, 소란 등의 흉화를 담당하는데, 지반기의 庚金과 比和되니 흉화가 가중되는 것이다.

　天柱星은 隱匿(은익)과 伏藏(복장), 질병, 災害의 흉성이다. 定位星이 兌金局의 金星이므로, 巽宮으로 이거해와 지반기의 庚金과 比和되니 역시 흉함이 가중되는 것이다.

◆ 坤宮의 천·지반기의 癸壬은 沖天奔月格(충천분월격)으로 흉격이다. 同宮한 開門은 坤宮의 생을 받아 길하나, 太陰은 은밀하게 圖謀(도모)함이 있는 것이고, 天蓬은 시비다툼, 관재구설, 不測災禍(불측재화) 등을 담당하는 흉성이므로, 비록 開門이 길하나 격국과 직부팔장과 천봉구성이 흉하니 用事하지 않음이 좋겠다.

◆ 坎宮은 천·지반기의가 返吟大格(반음대격)으로 역시 흉하다.

◆ 月內의 길흉을 논하면, 巽卦方인 경상남도방향과, 坤卦方인 전라남도방향, 震卦方인 강원도방향, 坎卦方인 서울방향 등은 用事하지 않음이 좋겠다.

3. 일반정국日盤定局

(1) 槪要(개요)

◆ 日盤定局은 양둔국과 음둔국으로 나눈다.

◆ 매 1日이 一局이 된다.

◆ 일설에 日盤定局은 태을구성을 적용하고, 時盤定局은 천봉구성을 적용해야 한다는 이론이 있다.

◆ 또한 日盤定局에서는 12黃黑道時와 天乙貴人時를 논해야 하고, 時盤定局에서는 논하지 않아도 된다는 이론이 있다.

◆ 일설에 日盤定局에서는 喜神方도 활용해야 한다는 이론이 있다.

(2) 定局法(정국법)

◆ 冬至부터 양둔국이니 冬至에서 가장 가까운 甲子日이 陽遁1局이 되고, 乙丑日은 陽遁2局, 丙寅日은 陽遁3局… 이렇게 順行하여 局을 정한다.

◆ 夏至부터 음둔국이니 夏至에서 가장 가까운 甲子日이 陰遁9局이 되고, 乙丑日은 陰遁8局, 丙寅日은 陰遁7局… 이렇게 逆行하여 局을 정한다. 아래 조견 표와 같다.

三元	陽遁局/日干支														
	甲子	乙丑	丙寅	丁卯	戊辰	己巳	庚午	辛未	壬申	癸酉	甲戌	乙亥	丙子	丁丑	戊寅
上元	1	2	3	4	5	6	7	8	9	1	2	3	4	5	6
中元	7	8	9	1	2	3	4	5	6	7	8	9	1	2	3
下元	4	5	6	7	8	9	1	2	3	4	5	6	7	8	9

	己卯	庚辰	辛巳	壬午	癸未	甲申	乙酉	丙戌	丁亥	戊子	己丑	庚寅	辛卯	壬辰	癸巳
上元	7	8	9	1	2	3	4	5	6	7	8	9	1	2	3
中元	4	5	6	7	8	9	1	2	3	4	5	6	7	8	9
下元	1	2	3	4	5	6	7	8	9	1	2	3	4	5	6

	甲午	乙未	丙申	丁酉	戊戌	己亥	庚子	辛丑	壬寅	癸卯	甲辰	乙巳	丙午	丁未	戊申
上元	4	5	6	7	8	9	1	2	3	4	5	6	7	8	9
中元	1	2	3	4	5	6	7	8	9	1	2	3	4	5	6
下元	7	8	9	1	2	3	4	5	6	7	8	9	1	2	3

	己酉	庚戌	辛亥	壬子	癸丑	甲寅	乙卯	丙辰	丁巳	戊午	己未	庚申	辛酉	壬戌	癸亥
上元	1	2	3	4	5	6	7	8	9	1	2	3	4	5	6
中元	7	8	9	1	2	3	4	5	6	7	8	9	1	2	3
下元	4	5	6	7	8	9	1	2	3	4	5	6	7	8	9

三元	陰遁局/日干支														
	甲子	乙丑	丙寅	丁卯	戊辰	己巳	庚午	辛未	壬申	癸酉	甲戌	乙亥	丙子	丁丑	戊寅
上元	9	8	7	6	5	4	3	2	1	9	8	7	6	5	4
中元	3	2	1	9	8	7	6	5	4	3	2	1	9	8	7
下元	6	5	4	3	2	1	9	8	7	6	5	4	3	2	1

	己卯	庚辰	辛巳	壬午	癸未	甲申	乙酉	丙戌	丁亥	戊子	己丑	庚寅	辛卯	壬辰	癸巳
上元	3	2	1	9	8	7	6	5	4	3	2	1	9	8	7
中元	6	5	4	3	2	1	9	8	7	6	5	4	3	2	1
下元	9	8	7	6	5	4	3	2	1	9	8	7	6	5	4

	甲午	乙未	丙申	丁酉	戊戌	己亥	庚子	辛丑	壬寅	癸卯	甲辰	乙巳	丙午	丁未	戊申
上元	6	5	4	3	2	1	9	8	7	6	5	4	3	2	1
中元	9	8	7	6	5	4	3	2	1	9	8	7	6	5	4
下元	3	2	1	9	8	7	6	5	4	3	2	1	9	8	7

	己酉	庚戌	辛亥	壬子	癸丑	甲寅	乙卯	丙辰	丁巳	戊午	己未	庚申	辛酉	壬戌	癸亥
上元	9	8	7	6	5	4	3	2	1	9	8	7	6	5	4
中元	3	2	1	9	8	7	6	5	4	3	2	1	9	8	7
下元	6	5	4	3	2	1	9	8	7	6	5	4	3	2	1

4. 시반정국時盤定局

(1) 槪要(개요)

◆ 時盤求法은 陽遁局과 陰遁局으로 나눈다.
◆ 매 20시간이 一局이 되고, 節과 氣 사이가 15일이 되는데 이를 5일씩 상·중·하원으로 구분하니, 5日은 120시간이 되며 총 6局이 되고 이것을 一元으로 정한다.
◆ 일설에 時盤定局에서는 10개 吉·凶格을 겸하여 논해야한다는 이론도 있다.

(2) 定局法(정국법)

◆ 冬至부터 陽遁局이니 冬至에서 가장 가까운 甲子時~癸酉時 까지 陽遁1局이 되고, 다음 20시간인 甲戌時~癸未時 까지 陽遁2局, 다음 20시간인 甲申時~癸巳時 까지 陽遁3局… 이렇게 順行하여 局을 정한다.
◆ 夏至부터 陰遁局이니 夏至에서 가장 가까운 甲子時~癸酉時 까지 陰遁9局이 되고, 다음 20시간인 甲戌時~癸未時 까지 陰遁8局, 다음 20시간인 甲申時~癸巳時 까지 陰遁7局… 이렇게 逆行하여 局을 정한다.

아래 조견표와 같다.

	陽遁 上元/日干支							陰遁 上元/日干支					
	甲子 乙丑 丙寅 丁卯 戊辰 己巳 庚午 辛未 壬申 癸酉	甲戌 乙亥 丙子 丁丑 戊寅 己卯 庚辰 辛巳 壬午 癸未	甲申 乙酉 丙戌 丁亥 戊子 己丑 庚寅 辛卯 壬辰 癸巳	甲午 乙未 丙申 丁酉 戊戌 己亥 庚子 辛丑 壬寅 癸卯	甲辰 乙巳 丙午 丁未 戊申 己酉 庚戌 辛亥 壬子 癸丑	甲寅 乙卯 丙辰 丁巳 戊午 己未 庚申 辛酉 壬戌 癸亥		甲子 乙丑 丙寅 丁卯 戊辰 己巳 庚午 辛未 壬申 癸酉	甲戌 乙亥 丙子 丁丑 戊寅 己卯 庚辰 辛巳 壬午 癸未	甲申 乙酉 丙戌 丁亥 戊子 己丑 庚寅 辛卯 壬辰 癸巳	甲午 乙未 丙申 丁酉 戊戌 己亥 庚子 辛丑 壬寅 癸卯	甲辰 乙巳 丙午 丁未 戊申 己酉 庚戌 辛亥 壬子 癸丑	甲寅 乙卯 丙辰 丁巳 戊午 己未 庚申 辛酉 壬戌 癸亥
冬至	1	2	3	4	5	6	夏至	9	8	7	6	5	4
小寒	2	3	4	5	6	7	小暑	8	7	6	5	4	3

大寒	3	4	5	6	7	8	大暑	7	6	5	4	3	2
立春	8	9	1	2	3	4	立秋	2	1	9	8	7	6
雨水	9	1	2	3	4	5	處暑	1	9	8	7	6	5
驚蟄	1	2	3	4	5	6	白露	9	8	7	6	5	4
春分	3	4	5	6	7	8	秋分	7	6	5	4	3	2
清明	4	5	6	7	8	9	寒露	6	5	4	3	2	1
穀雨	5	6	7	8	9	1	霜降	5	4	3	2	1	9
立夏	4	5	6	7	8	9	立冬	6	5	4	3	2	1
小滿	5	6	7	8	9	1	小雪	5	4	3	2	1	9
芒種	6	7	8	9	1	2	大雪	4	3	2	1	9	8

	陽遁 中元/日干支							陰遁 中元/日干支					
	甲子乙丑丙寅丁卯戊辰己巳庚午辛未壬申癸酉	甲戌乙亥丙子丁丑戊寅己卯庚辰辛巳壬午癸未	甲申乙酉丙戌丁亥戊子己丑庚寅辛卯壬辰癸巳	甲午乙未丙申丁酉戊戌己亥庚子辛丑壬寅癸卯	甲辰乙巳丙午丁未戊申己酉庚戌辛亥壬子癸丑	甲寅乙卯丙辰丁巳戊午己未庚申辛酉壬戌癸亥		甲子乙丑丙寅丁卯戊辰己巳庚午辛未壬申癸酉	甲戌乙亥丙子丁丑戊寅己卯庚辰辛巳壬午癸未	甲申乙酉丙戌丁亥戊子己丑庚寅辛卯壬辰癸巳	甲午乙未丙申丁酉戊戌己亥庚子辛丑壬寅癸卯	甲辰乙巳丙午丁未戊申己酉庚戌辛亥壬子癸丑	甲寅乙卯丙辰丁巳戊午己未庚申辛酉壬戌癸亥
冬至	7	8	9	1	2	3	夏至	3	2	1	9	8	7
小寒	8	9	1	2	3	4	小暑	2	1	9	8	7	6
大寒	9	1	2	3	4	5	大暑	1	9	8	7	6	5
立春	5	6	7	8	9	1	立秋	5	4	3	2	1	9
雨水	6	7	8	9	1	2	處暑	4	3	2	1	9	8
驚蟄	7	8	9	1	2	3	白露	3	2	1	9	8	7
春分	9	1	2	3	4	5	秋分	1	9	8	7	6	5
清明	1	2	3	4	5	6	寒露	9	8	7	6	5	4
穀雨	2	3	4	5	6	7	霜降	8	7	6		4	3
立夏	1	2	3	4	5	6	立冬	9	8	7	6	5	4
小滿	2	3	4	5	6	7	小雪	8	7	6		4	3

芒種	3	4	5	6	7	8	大雪	7	6	5	4	3	2

	陽遁 下元/日干支							陰遁 下元/日干支					
	甲子乙丑丙寅丁卯戊辰己巳庚午辛未壬申癸酉	甲戌乙亥丙子丁丑戊寅己卯庚辰辛巳壬午癸未	甲申乙酉丙戌丁亥戊子己丑庚寅辛卯壬辰癸巳	甲午乙未丙申丁酉戊戌己亥庚子辛丑壬寅癸卯	甲辰乙巳丙午丁未戊申己酉庚戌辛亥壬子癸丑	甲寅乙卯丙辰丁巳戊午己未庚申辛酉壬戌癸亥		甲子乙丑丙寅丁卯戊辰己巳庚午辛未壬申癸酉	甲戌乙亥丙子丁丑戊寅己卯庚辰辛巳壬午癸未	甲申乙酉丙戌丁亥戊子己丑庚寅辛卯壬辰癸巳	甲午乙未丙申丁酉戊戌己亥庚子辛丑壬寅癸卯	甲辰乙巳丙午丁未戊申己酉庚戌辛亥壬子癸丑	甲寅乙卯丙辰丁巳戊午己未庚申辛酉壬戌癸亥
冬至	4	5	6	7	8	9	夏至	6	5	4	3	2	1
小寒	5	6	7	8	9	1	小暑	5	4	3	2	1	9
大寒	6	7	8	9	1	2	大暑	4	3	2	1	9	8
立春	2	3	4	5	6	7	立秋	8	7	6	5	4	3
雨水	3	4	5	6	7	8	處暑	7	6	5	4	3	2
驚蟄	4	5	6	7	8	9	白露	6	5	4	3	2	1
春分	6	7	8	9	1	2	秋分	4	3	2	1	9	8
清明	7	8	9	1	2	3	寒露	3	2	1	9	8	7
穀雨	8	9	1	2	3	4	霜降	2	1	9	8	7	6
立夏	7	8	9	1	2	3	立冬	3	2	1	9	8	7
小滿	8	9	1	2	3	4	小雪	2	1	9	8	7	6
芒種	9	1	2	3	4	5	大雪	1	9	8	7	6	5

제11편

방위길흉 판단법

方位吉凶 判斷法

제1장
문門·성星 작괘법作卦法

1. 천봉구성天蓬九星과 팔문八門의 길흉吉凶

◎ 遁甲盤을 사용하여 방위의 길흉을 결정할 경우에는 天盤과 地盤, 八門神將과 天蓬九星, 九宮과 直符八將의 吉凶을 확인해야 한다.

◎ 天·地盤과 天蓬九星과 八門神將이 凶하면 大凶하다. 이때는 九宮과 直符八將과는 무관하다.

◎ 天·地盤과 九宮과 直符八將이 吉하고 天蓬九星과 八門神將이 凶하면 결과는 中吉이다.

◎ 天·地盤은 吉한데 八門과 天蓬九星과 九宮과 直符八將이 凶하면 小凶이다.

◎ 八門과 天蓬九星은 吉한데 天·地盤과 九宮과 直符八將이 凶하면 小凶이다.

◎ 九宮과 直符八將이 吉한데 天·地盤과 天蓬九星과 八門이 凶하면 小凶이다.

2. 변괘법變卦法

◎ 天蓬九星으로 外卦를 삼고, 時家八門神將으로 內卦를 삼는다.
　直使(地盤六儀三奇 中 時符頭가 있는 곳의 定位門) 所在宮을 內卦로 만들고, 直符(天盤六儀三奇 中 時符頭가 있는 곳) 所在宮을 外卦로 한다. 이렇게 정한 다음 이를 本卦로 사용한다.
　이어서 사용하고자 하는 방위의 天蓬九星을 外卦로 하고, 사용하고자 하는 방위의 時家八門神將을 內卦로 하여 變卦를 만든다.

3. 천봉구성天蓬九星/팔문八門 길흉吉凶 요약표要約表

	天蓬星	天芮星	天沖星	天輔星	天禽星	天心星	天柱星	天任星	天英星
生門	水山蹇	地山謙	雷山小過	風山漸	重山艮	天山遯	澤山咸	重山艮	火山旅
	大吉	小凶	大吉	大吉	小凶	大吉	大吉	小凶	大吉
傷門	水雷屯	地雷復	重雷震	風雷益	重雷震	天雷无妄	澤雷隨	山雷頤	火雷噬嗑
	小凶	小凶	大凶	小凶	大凶	小凶	大凶	小凶	小凶
杜門	水風井	地風升	雷風恒	重風巽	重風巽	天風姤	澤風大過	山風蠱	火風鼎
	小凶	小凶	小凶	大凶	大凶	大凶	小凶	小凶	小凶
景門	水火既濟	地火明夷	雷火豐	風火家人	重火離	天火同人	澤火革	山火賁	重火離
	小凶	小吉	小吉	小吉	小凶	小吉	小吉	小吉	小凶
死門	水地比	重地坤	雷地豫	風地觀	重地坤	天地否	澤地萃	山地剝	火地晋
	小凶	大凶	小凶	小凶	大凶	小凶	小凶	大凶	小凶
驚門	水澤節	地澤臨	雷澤歸妹	風澤中孚	重澤兌	天澤履	重澤兌	山澤損	火澤睽
	小凶	小凶	大凶	小凶	大凶	小凶	大凶	小凶	小凶
開門	水天需	地天泰	雷天大壯	風天小畜	重天乾	重天乾	澤天夬	山天大畜	火天大有
	大吉	大吉	大吉	小凶	小凶	小凶	大吉	大吉	大吉
休門	重水坎	地水師	雷水解	風水渙	重水坎	天水訟	澤水困	山水蒙	火水未濟
	小凶	大吉	大吉	大吉	小凶	大吉	大吉	大吉	小凶

本卦表								
上 / 下	坎	坤	震	巽	乾	兌	艮	離
坎	坎	師	解	渙	訟	困	蒙	未濟
艮	蹇	謙	小過	漸	遯	咸	艮	旅

震	屯	復	震	益	无妄	隨	頤	噬嗑
巽	井	升	恒	巽	姤	大過	蠱	鼎
離	旣濟	明夷	豊	家人	同人	革	賁	離
坤	比	坤	豫	觀	否	萃	剝	晋
兌	節	臨	歸妹	中孚	履	兌	損	睽
乾	需	泰	大壯	小畜	乾	夬	大畜	大有

變卦表								
下 ＼ 上	天蓬	天芮	天沖	天輔	天禽	天心	天柱	天任	天英
休門	坎	師	解	渙	坎	訟	困	蒙	未濟
生門	蹇	謙	小過	漸	艮	遯	咸	艮	旅
傷門	屯	復	震	益	震	无妄	隨	頤	噬嗑
杜門	井	升	恒	巽	巽	姤	大過	蠱	鼎
景門	旣濟	明夷	豊	家人	離	同人	革	賁	離
死門	比	坤	豫	觀	坤	否	萃	剝	晋
驚門	節	臨	歸妹	中孚	兌	履	兌	損	睽
開門	需	泰	大壯	小畜	乾	乾	夬	大畜	大有

(實例)

음력. 1967년 5월 17일 丑時의 기문점단

時 日 月 年

乙 己 丙 丁

丑 未 午 未

――――――――――

陰遁局 夏至節 下院 6局

時　干：乙

時符頭：戊(甲子旬中)

時家八門神將 九宮定位圖　도표1

巽 巳	離 午	未 坤
辰 ❹ 杜門	❾ 景門	❷ 死門 **申**
震 卯 ❸ 傷門	❺	❼ 驚門 **兌 酉**
寅 ❽ 生門	❶ 休門	❻ 開門 **戌**
艮 丑	坎 子	亥 **乾**

天蓬九星 九宮定位圖　도표2

巽 巳	離 午	未 坤
辰 ❹ 天輔	❾ 天英	❷ 天芮 **申**
震 卯 ❸ 天沖	❺ 天禽	❼ 天柱 **兌 酉**
寅 ❽ 天任	❶ 天蓬	❻ 天心 **戌**
艮 丑	坎 子	亥 **乾**

도표3

巽　　巳	離　午	未　　坤
❹ 丁 2 / 庚 1 死門 六合 天英	❾ 壬 7 / 丁 6 驚門 太陰 天芮	❷ 乙 4 / 壬 9 世 開門 螣蛇 天柱　**辰 … 申**
❸ 庚 3 / 辛 10 景門 白虎 天輔　**震 卯**	❺ ⑩ 6 / 己 7	❼ 戊 9 / 乙 4 休門 直符 天心　**兌 酉**
❽ 辛 8 / 丙 5 杜門 玄武 天沖　**寅 艮 丑**	❶ 丙 5 / 癸 8 傷門 九地 天任　坎 子	❻ 癸 10 / 戊 3 生門 九天 天蓬　**戌 亥 乾**

⊙ 地盤六儀三奇는 상기사주에서 乙丑時는 甲子旬中에 있으므로 甲子戊하여 6局
　　인 乾宮에서부터 戊,己,庚,辛,壬,癸,丁,丙,乙 순으로 부법하되 陰遁局이므로 逆
　　布한다.

◉ 天盤六儀三奇는 乙丑時이므로 지반육의삼기에서 時干 乙이 있는 兌宮에 時符頭인 戊土를 끌어오되 처음 있는 곳인 乾宮에서 이거해 오고, 순차적으로 부법한다.

◉ 時家八門神將은 상기 도표1에서 地盤六儀三奇 중 時符頭가 있는 定位門을 直使라 하는데 상기의 경우는, 時符頭가 乾宮에 있고 이곳의 定位門은 開門이다. 또한 부법하는 방법은 九宮定位圖에 의거 乾宮에서 부터 甲子를 旬首로 시작하여 時干支까지 음둔국이므로 역행으로 세어나가는데, 상기 用事時인 乙丑時는 갑자순중에 해당되므로 乾宮에 旬首인 甲子, 다음 역행하여 中宮에 乙丑, 다음 역행하여 巽宮에 丙寅… 등으로 부기해 나간다. 상기의 乙丑時는 中宮에 떨어지므로 이곳에 定位門인 開門을 끌어오는데, 中宮의 乙丑은 坤宮出시키므로 끌어온 開門 역시 坤宮出시킨다. 따라서 坤宮에 開門을 부법하고 음·양둔을 막론하고 순행부법하므로, 兌宮에 休門, 다음 乾宮에 生門, 다음 坎宮에 傷門, 다음 艮宮에 杜門, 다음 震宮에 景門, 다음 巽宮에 死門, 다음 離宮에 驚門을 부법하는 것이다. 도표3과 같다.

◉ 直符八將 附法은 천반육의삼기 중 時符頭가 있는 곳에 直符를 붙이고, 양둔국은 순행, 음둔국은 역행시키니 상기의 경우는 음둔국이므로 역행시키는데, 천반육의삼기 중 時符頭(戊)가 兌宮에 있으므로 兌宮에 直符, 坤宮에 螣蛇, 離宮에 太陰, 巽宮에 六合, 震宮에 白虎, 艮宮에 玄武, 坎宮에 九地, 乾宮에 九天을 부기한다.

◉ 天蓬九星 附法은 도표2를 활용하는데, 九宮定位圖에 의거하여 부법한다.
상기의 경우는 지반육의삼기 중에서 時符頭(戊)가 있는 곳의 定位星을 지반육의삼기 중 時干 乙이 있는 곳으로 이거해 오고, 구궁정위도에 의거 음양둔국을 막론하고 순행 부거해 가는데, 상기의 경우는 時符頭 戊土가 乾宮에 있다. 乾宮은 도표2처럼 天心星이 定位星이 되는데, 이 天心星을 지반육의 삼기 중 時干 乙이 있는 곳(兌宮)으로 이거해 오므로, 兌宮에 天心星, 다음은 天蓬星이 乾宮, 다음은 天任星이 坎宮, 다음은 天沖星이 艮宮, 다음은 天輔星이 震宮, 다음은 天英星이 巽宮, 다음은 天芮星이 離宮, 다음은 天柱星이 坤宮에 부법된다. 도표3과 같다.

4. 길흉 판단법吉凶 判斷法

1) 本卦를 만든다.

直使가 있는 所在宮이 內卦(下卦)가 되고

直符가 있는 所在宮이 外卦(上卦)가 된다.

상기의 경우는 直使인 開門이 乾宮에 있으므로 乾卦☰가 內卦(下卦)가 되고, 直符는 兌宮에 있으므로 兌卦☱가 外卦(上卦)가 된다.

本卦
▅▅ ▅▅
▅▅▅▅▅
▅▅▅▅▅

▅▅▅▅▅
▅▅▅▅▅
▅▅▅▅▅
澤天夬

2) 六爻法에 의거 十二地支(飛神)를 附法한다.

內·外卦 地支寄法

(8) 坤 土 ☷	(7) 艮 土 ☶	(6) 坎 水 ☵	(5) 巽 木 ☴	(4) 震 木 ☳	(3) 離 火 ☲	(2) 兌 金 ☱	(1) 乾 金 ☰	屬宮	
癸丑	丙戌	戊申	辛未	庚午	己酉	丁亥	壬午		
酉 亥 丑	寅 子 戌	子 戌 申	卯 巳 未	戌 申 午	巳 未 酉	未 酉 亥	戌 申 午	六爻 五爻 四爻	上卦 (外卦)
乙未	丙辰	戊寅	辛丑	庚子	己卯	丁巳	甲子		
卯	申	午	酉	辰	亥	丑	辰	三爻	下卦

巳 未	午 辰	辰 寅	亥 丑	寅 子	丑 卯	卯 巳	寅 子	二爻 初爻	(內卦)

本卦	地支
--	未
—	酉
—	亥
—	辰
—	寅
—	子
澤天夬	

3) 變卦 作成(변괘 작성)

사용하고자하는 방위가 艮宮이므로 艮宮엔 天沖星과 杜門이 있다. 상기의 變卦表에서 天沖星과 杜門이 맞닿은 곳에 恒卦(항괘)가 있으므로 周易의 六十四卦 중 雷風恒(뇌풍항) 卦가 된다. 여기에 動爻와 六神을 부법한다. 아래 표와 같다.

變卦	動爻	本卦	地支
-- 戌		--	未
-- 申	(動) 傷官	—	酉
— 午		—	亥
— 酉		—	辰
— 亥		—	寅
-- 丑	(動)比肩	—	子
雷風恒		澤天夬	

4) 六神 附法(육신 부법)

◉ 六神은 印星(正印·偏印), 官星(正官·官鬼), 財星(正財·財鬼) 食神, 傷官, 比肩, 劫財 이다.

⊙ 자평명리식으로 나를 생하는 것이 印星이고, 나와 같은 오행이 比劫이고, 나를 극하는 것이 官星이고, 내가 극하는 것이 財星이고, 내가 생하는 것이 食傷이다. 여기서 나라는 것은 자평명리에서의 日干을 의미하는 것으로 상기의 澤天夬(택천쾌)卦를 예로 들어본다. 澤天夬(택천쾌) 卦는 夬卦가 坤土宮에 속한고로 지지오행 중 "土"에 해당되는 오행이 "나(日干)"가 되는 것이다. 상기의 경우는 坤土宮이 陰土宮이므로 上爻의 未土가 "나(日干)"가 되는 것이다.

⊙ 상기의 澤天夬(택천쾌)卦로 六神을 부기한다면 上爻 未土를 我(日干)로 하여 각 地支에 육신을 부기하니 아래 표와 같다.

變卦	動爻	本卦	地支	六神
▪▪ 戌		▪▪	未	我
▪▪ 申	(動) 傷官	▬	酉	食神
▬ 午		▬	亥	正財
▬ 酉		▬	辰	劫財
▬ 亥		▬	寅	正官
▪▪ 丑	(動)比肩	▬	子	財鬼
雷風恒		澤天夬		

5) 伏神(복신=沒神) 附法

⊙ 伏神(복신)이란 효상에 나타나지 않은 沒神(몰신)을 말한다.
상기 澤天夬(택천쾌)卦의 경우 地支 중에서 父母爻인 印星이 나타나지 않고 있다. 그리고 각 속궁에서 我인 日干을 삼아야 하는 地支가 나타나지 않는 경우는 각 爻에 六神을 부법할 수가 없으므로, 은복된 것을 출현시켜 六神을 붙이는 것이다.

⊙ 예를 들면 상기 澤天夬(택천쾌)卦의 경우 本卦 및 變卦는 아래 표와 같다.

變卦	動爻	本卦	地支	六神
⚋ 戌		⚋	未	我
⚋ 申	(動) 傷官	▬	酉	食神
▬ 午		▬	亥	正財
▬ 酉		▬	辰	劫財
▬ 亥		▬	寅	正官
⚋ 丑	(動)比肩	▬	子	財鬼
雷風恒		澤天夬		

⊙ 상기 澤天夬(택천쾌)卦는 印星爻가 은복되었으므로, 이를 假想으로 출현시켜야한
다. 伏神(복신)의 附法은 다음과 같다. 위의 澤天夬卦는 坤土宮에 속하므로 속궁인
坤土宮의 내괘와 외괘에 해당하는 爻를 만들어 地支를 부법하면 澤天夬卦에서는
沒神(몰신)되었던 地支 "巳(正印)"가 출현한다. 이것에 伏神이라 부법한다. 坤土宮
의 내괘, 외괘를 작괘하여 伏神을 표시하면 아래 표와 같다.

變卦	動爻	本卦	地支	六神	伏神
⚋ 戌		⚋	未	我	⚋ 酉
⚋ 申	(動) 傷官	▬	酉	食神	⚋ 亥
▬ 午		▬	亥	正財	⚋ 丑
▬ 酉		▬	辰	劫財	⚋ 卯
▬ 亥		▬	寅	正官	⚋ 巳 正印
⚋ 丑	(動)比肩	▬	子	財鬼	⚋ 未
雷風恒		澤天夬			重地坤

6) 世·應 附法(세·응 부법)

(1) 世爻 定局(세효 정국)

坤土宮	艮土宮	坎水宮	巽木宮	震木宮	離火宮	兌金宮	乾金宮	世爻
坤	艮	坎	巽	震	離	兌	乾	六爻
復	賁	節	小畜	豫	旅	困	姤	初爻
臨	大畜	屯	家人	解	鼎	萃	遯	二爻
泰	損	旣濟	益	恒	未濟	咸	否	三爻
大壯	暌	革	无忘	昇	蒙	蹇	觀	四爻
夬	履	豊	噬嗑	井	渙	謙	剝	五爻
需	中孚	明夷	頤	大過	訟	小過	晋	四爻
比	漸	師	蠱	隨	同人	歸妹	大有	三爻

상기 澤天夬卦의 경우는 五爻에 世를 부법한다. 아래 도표4와 같다.

도표4

變卦	動爻	本卦	地支	六神	伏神	世·應
▬▬ 戌		▬▬	未	我	▬▬ 酉	
▬▬ 申	(動)傷官	━	酉	食神	▬▬ 亥	世
━ 午		━	亥	正財	▬▬ 丑	
━ 酉		━	辰	劫財	▬▬ 卯	
━ 亥		━	寅	正官	▬▬ 巳 正印	應
▬▬ 丑	(動)比肩	━	子	財鬼	▬▬ 未	
雷風恒		澤天夬			重地坤	

(2) 應爻 定局(응효 정국)

初爻 世 -- 應爻 四爻

二爻 世 -- 應爻 五爻

三爻 世 -- 應爻 六爻

四爻 世 -- 應爻 初爻

五爻 世 -- 應爻 二爻

六爻 世 -- 應爻 三爻

世爻가 五爻가 되므로 應爻는 二爻에 부법한다. 상기 도표4와 같다.

7) 身·命 附法(신·명 부법)

寅申持世 -- 身居三爻. 命居 六爻

巳亥持世 -- 身居六爻. 命居 三爻

子午持世 -- 身居初爻. 命居 四爻

卯酉持世 -- 身居四爻. 命居 初爻

辰戌持世 -- 身居五爻. 命居 二爻

丑未持世 -- 身居二爻. 命居 五爻

世爻가 酉에 居하니 身은 四爻가 되고, 命은 初爻가 된다. 아래 도표5와 같다.

도표5

變卦	動爻	본괘	地支	六神	伏神	世·應	身·命
▪▪ 戌		▪▪	未	我	▪▪ 酉		
▪▪ 申	(動) 傷官	▬	酉	食神	▪▪ 亥	世	
▬ 午		▬	亥	正財	▪▪ 丑		身
▬ 酉		▬	辰	劫財	▪▪ 卯		
▬ 亥		▬	寅	正官	▪▪ 巳 正印	應	
▪▪ 丑	(動)比肩	▬	子	財鬼	▪▪ 未		命
雷風恒		澤天夬			重地坤		

8) 十二天將을 附法한다.

用干에는 年盤定局이면 年干, 月盤定局이면 月干, 日盤定局이면 日干, 時盤定局이면 時干을 사용한다.

기문사주국의 경우는 사주원국의 日干을 사용한다.

日　干	甲	乙	丙	丁	戊	己	庚	辛	壬	癸
晝天乙貴人	未	申	酉	亥	丑	子	丑	寅	卯	巳
夜天乙貴人	丑	子	亥	酉	未	申	未	午	巳	卯

⊙陽遁이면 晝天乙貴人. 陰遁이면 夜天乙貴人을 적용한다.

　　十二天將附法에는 順將法과 逆將法이 있는데, 사용하고자하는 방위가 坎, 艮, 震, 巽 방위는 順將이므로 십이천장을 順行시키고, 離, 坤, 兌, 乾 방위는 逆將이 므로 십이천장을 逆行시킨다.

　　상기의 경우는 사용하고자하는 방위가 艮方이며, 日干 己土가 陰遁局이므로 夜天乙貴人을 적용하여 申에 夜天乙貴人을 붙이고, 艮宮을 사용하고자 하는 것 이므로 順將을 적용하여 십이지지정위도상의 申金에 貴人을 부법하고 순행부법 한다. 아래 표와 같다.

```
巽      巳 玄武    離 午 太陰     未 天后    坤
       ┌─────────┬─────────┬─────────┐
       │    ❹    │    ❾    │    ❷    │  申
辰     │         │         │         │  貴
太     │         │         │         │  人
常     ├─────────┼─────────┼─────────┤
       │    ❸    │  ❺ ⑩   │    ❼    │  兌
震     │         │         │         │  酉
卯     │         │         │         │  螣
白     │         │         │         │  蛇
虎     ├─────────┼─────────┼─────────┤
       │    ❽    │    ❶    │    ❻    │  戌
寅     │         │         │         │  朱
天     │         │         │         │  雀
空     └─────────┴─────────┴─────────┘
艮      丑 靑龍    坎 子 勾陳     亥 六合   乾
```

◆十二天將 中 天乙貴人은 申金에 떨어지는데 사용하고자하는 방위가 艮宮이므 로 順將을 적용하여 十二天將을 順行시키는 것이다. 아래 도표6과 같다.

도표6

變卦	動爻	本卦	地支	六神	伏神	世·應	身·命	12天將
⚋ 戌		⚋	未	我	⚋ 酉			天后
⚋ 申	(動) 傷官	⚊	酉	食神	⚋ 亥	世		螣蛇
⚊ 午		⚊	亥	正財	⚋ 丑		身	六合
⚊ 酉		⚊	辰	劫財	⚋ 卯			太常
⚊ 亥		⚊	寅	正官	⚋ 巳 正印	應		天空
⚋ 丑	(動)比肩	⚊	子	財鬼	⚋ 未		命	勾陳
雷風恒		澤天夬			重地坤			

9) 六神(六天將) 附記法

壬·癸日	庚·辛日	己日	戊日	丙·丁日	甲·乙日	日干
白虎	螣蛇	勾陳	朱雀	靑龍	玄武	上爻 (六爻)
螣蛇	勾陳	朱雀	靑龍	玄武	白虎	五爻
勾陳	朱雀	靑龍	玄武	白虎	螣蛇	四爻
朱雀	靑龍	玄武	白虎	螣蛇	勾陳	三爻
靑龍	玄武	白虎	螣蛇	勾陳	朱雀	二爻
玄武	白虎	螣蛇	勾陳	朱雀	靑龍	初爻

◆ 日干이 己土에 해당하니 상기 澤天夬卦에서 六爻에 勾陳, 五爻에 朱雀, 四爻에 靑龍, 三爻에 玄武, 二효에 白虎, 初爻에 螣蛇를 부법한다. 아래 도표 7과 같다.

도표7

變卦	動爻	本卦	地支	六神	伏神	世·應	身·命	12天將	六神
⚋ 戌		⚋	未	我	⚋ 酉			天后	勾陳
⚋ 申	(動) 傷官	⚊	酉	食神	⚋ 亥	世		螣蛇	朱雀
⚊ 午		⚊	亥	正財	⚋ 丑		身	六合	靑龍
⚊ 酉		⚊	辰	劫財	⚋ 卯			太常	玄武

一 亥		一	寅	正官	∷ 巳 正印	應		天空	白虎
∷ 丑	(動)比肩	一	子	財鬼	∷ 未		命	勾陳	螣蛇
雷風恒		澤天夬			重地坤				

10) 動爻 解義(동효 해의)

◆ 動爻는 諸爻의 沖을 받으면 보다 더 그 세력이 강성해진다.

◆ 變爻는 능히 動爻를 제압하는 힘이 있다.

1. 父爻 (正印·偏印) 動

  ◆ 자손에게 災禍가 있다.

  ◆ 病占에는 약효가 없다.

  ◆ 賣買占에는 불리하다.

  ◆ 待人占에는 소식이 있다.

  ◆ 訟事占에는 訴가 취하된다.

  ◆ 官爵占에는 승진수가 있다.

2. 子爻 (食神·傷官) 動

  ◆ 官爵占에는 불리하다.

  ◆ 鬼殺은 무력해져 무탈하다.

  ◆ 病者는 쾌유된다.

  ◆ 旅行·賣買·婚姻·得子 등은 길하다.

3. 官鬼 (正官·偏官) 動

  ◆ 형제자매점에 불리하다.

  ◆ 婚姻占은 불성한다.

  ◆ 病占은 병세가 가중된다.

  ◆ 旅行·遠行 등은 災厄을 당한다.

  ◆ 訟事·賣買·農耕·六畜 등은 불리하다.

4. 財爻 (正財·偏財) 動

   ◆ 名利를 求함은 불리하다.

   ◆ 經營事는 대길하다.

   ◆ 친인척간에 不和가 있다.

   ◆ 病占은 병세가 악화된다.

   ◆ 失物占은 집안에 있다.

   ◆ 出入占은 현재 動하고 있다.

5. 兄爻 (比肩·劫財) 動

   ◆ 每事에 불리하다.

   ◆ 財物占에 불리하다.

   ◆ 病占은 치료가 더디다.

11) 艮宮 用事 解義

◎ 만약 어떤 문점인이 艮宮의 방향과 연관된 사안의 求財 件에 대해 물을시의 解義
는 다음과 같다.

◎ 初爻의 財鬼가 動하여 比肩으로 바뀌었다. 求財 件은 財爻가 動함을 길하다 여
기는데, 比肩으로 바뀌었으니 경쟁자가 나타나거나 재물의 분배 건에 대해 문제
가 발생할 것이라 판단하는 것이다.

初爻는 內卦이니 가까운 친인척과 연관된 사안이라 판단한다.

◎ 五爻의 食神이 動하였으니 역시 求財 件은 吉하다 판단하는데, 傷官으로 바뀌었
으니 손아랫사람이 연관됐거나, 傷官은 官을 손상시키는데 勾陳과 螣蛇를 대동
하니 求財 件과 연관하여 직업, 직장, 직책과 연관된 시비구설이 발생할 수 있다
판단하는 것이다.

◎ 기타 문서나 계약관계 혹은 명예와 연관된 사안의 間占은 모두 길하지 못하다
판단한다.

제2장
제사諸事 길吉·흉방凶方 요약要約

1. 구재求財 및 동산動産을 구할 때

天盤	戊	丁	甲	戊	乙	戊	辛	壬	戊	癸	乙
地盤	丙	戊	甲	丁	丁	丙	丙	戊	丙	乙	己
格局	青龍回首	青龍得光	雙木成林	火燒赤壁	三奇相佐	青龍回首	干合字師	小蛇化龍	青龍回首	梨花春雨	日奇得使
업종	공무원 자영업자 회사원		일반 공무원		일반 직업부녀		부동산, 증권, 중개업자, 농업, 청소업, 운수업, 예술업자				

天盤	戊	丙	丁	丁	丁	丙	丙	丙	丙	丙
地盤	丙	戊	乙	丙	戊	乙	丁	戊	辛	壬
格局	青龍回首	月奇得使	燒田種作	姮娥奔月	青龍得光	艶陽麗華	三奇順遂	月奇得使	日月相會	火入天羅
업종	자영업자		기자, 대중, 전파사업, 문서사업			부동산, 증권, 중개업자, 농업, 청결업, 운수업, 예술업자				

2. 상업商業, 교역交易의 이득利得 방위方位

天盤	甲	甲	甲	甲	乙	乙	丙	丙	丙	丙	丙	丁	丁	戊	辛	辛	壬
地盤	甲	乙	丙	丁	丙	己	甲	丁	戊	己	辛	乙	丙	丙	丙	丁	丁
格局	雙木成林	藤蘿伴木	青龍返首	乾柴烈火	三奇順遂	日奇得使	飛鳥跌穴	三奇順遂	月奇得使	火字入刑	日月相會	燒田種作	姮娥奔月	青龍回首	干合字師	獄神得奇	干合成奇

3. 상업商業, 교섭交涉, 판매販賣, 방문訪問, 금전투자金錢投資

1) 國·公職 공무원

天盤	甲	甲	甲	乙	丙	丁	丁	丁	戊	戊
地盤	甲	丙	丁	己	甲	乙	丙	戊	丙	戊
格局	雙木成林	青龍返首	乾柴烈火	日奇得使	飛鳥跌穴	燒田種作	姮娥奔月	青龍得光	青龍回首	伏吟峻山

2) 자영업, 제조업, 도·소매업, 부동산업, 운수업, 일반회사원

天盤	甲	甲	甲	丙	丙	丙	丙	丙	丙
地盤	甲	丙	丁	甲	乙	丁	戊	辛	壬
格局	雙木成林	青龍返首	乾柴烈火	飛鳥跌穴	艶陽麗華	三奇順遂	月奇得使	日月相會	火入天羅

3) 기자, 대중매체, 방송, 문서관계 종사자

天盤	甲	丙	丁	丁	丁	丁	戊	辛	壬
地盤	丙	甲	乙	丙	戊	壬	丙	丙	戊
格局	青龍返首	飛鳥跌穴	燒田種作	姮娥奔月	青龍得光	乙奇入地	青龍回首	干合字師	小蛇化龍

4. 입학, 고시, 시험

天盤	甲	乙	乙	丙	丁	丁	丁	丁	丁	丁	戊	庚	壬
地盤	丁	丁	己	甲	甲	乙	丁	戊	庚	壬	丁	丁	辛
格局	乾柴烈火	三奇相佐	日奇得使	飛鳥跌穴	青龍轉光	燒田種作	奇入太陰	青龍得光	火煉眞金	星奇得使	火燒赤壁	亭亭之格	淘洗珠玉

5. 친목親睦, 연회宴會, 화친和親, 회담會談

男子	天盤	甲	甲	乙	乙	乙	丁	癸	癸	癸
	地盤	己	癸	甲	戊	己	戊	甲	丙	戊
	格局	根制鬆土	樹根露水	錦上添花	鮮花名瓶	日奇得使	靑龍得光	楊柳甘露	華蓋字師	天乙會合

女子	天盤	乙	乙	乙	丁
	地盤	甲	戊	己	戊
	格局	錦上添花	鮮花名瓶	日奇得使	靑龍得光

6. 천거, 청탁, 알현, 지위나 명성을 얻음, 영도적 역할 求할 때

天盤	戊	戊	乙	乙	乙	丁	丁	丁	丁	丁
地盤	丙	丁	丙	丁	己	甲	乙	丁	庚	壬
格局	靑龍回首	火燒赤壁	三奇順遂	三奇相佐	日奇得使	靑龍轉光	燒田種作	奇入太陰	火煉眞金	星奇得使
업종	공사및 회사직원 영업직원		사무 및 서무계통 종사자 회계, 인사 책임자			기술, 기획 종사자 일반공무원 일반미혼 여성직원				

天盤	甲	甲	甲	乙	乙	乙	己	戊	戊
地盤	甲	乙	丁	丙	丁	己	戊	丙	丁
格局	雙木成林	藤蘿伴木	乾柴烈火	三奇順遂	三奇相佐	日奇得使	犬遇靑龍	靑龍回首	火燒赤壁
업종	관리자(과장, 부장급 이상)			공사직원, 회사직원, 공직근무 여성					

7. 결혼, 연애, 약속, 모임

男子	天盤	甲	甲	甲	甲	甲	甲	丙	丙	丙	丙	丙	丙	戊	戊	戊	戊
	地盤	甲	乙	丙	丁	己	癸	甲	乙	丁	戊	己	辛	丙	丁	己	壬
	格局	雙木成林	藤蘿伴木	青龍返首	乾柴烈火	根制鬆土	樹根露水	飛鳥跌穴	艶陽麗華	三奇順遂	月奇得使	火字入刑	日月相會	青龍回首	火燒赤壁	貴人入獄	龍入天牢
女子	天盤	乙	乙	乙	乙	乙	丙	丁	丁	己	己	壬	壬	壬			
	地盤	甲	丁	戊	己	壬	丁	丁	壬	乙	戊	丁	戊	辛			
	格局	錦上添花	三奇相佐	鮮花名瓶	日奇得使	乙奇入地	三奇順遂	奇入太陰	星奇得使	柔情密意	犬遇青龍	干合成奇	小蛇化龍	淘洗珠玉			

8. 여자가 결혼 후 시집생활 및 양자養子를 들이는데 길한 방위

天盤	乙	乙	乙	乙	乙	丁	癸
地盤	甲	丁	戊	己	壬	壬	戊
格局	錦上添花	三奇相佐	鮮花名瓶	日奇得使	乙奇入地	星奇得使	天乙會合

9. 협조자 구원자 없는 고립무원의 방위

天盤	乙	丙	丙	戊	戊	己	己	庚	庚	辛	辛	壬	壬	癸
地盤	乙	丙	庚	戊	辛	己	壬	癸	庚	戊	辛	己	壬	庚
格局	伏吟雜草	伏吟洪光	熒惑入白	伏吟峻山	返吟洩氣	地戶逢鬼	返吟濁水	返吟大格	伏吟戰格	困龍被傷	伏吟相剋	返吟泥漿	伏吟地網	返吟侵白

10. 각종사고, 분쟁 등을 주의할 방위

天盤	甲	丙	戊	己	己	己	庚	辛	辛	辛
地盤	庚	庚	辛	丙	庚	壬	甲	乙	庚	辛
格局	飛宮砍伐	熒惑入白	返吟洩氣	火孛地戶	顚倒刑格	返吟濁水	伏宮摧殘	白虎猖狂	白虎出力	伏吟相剋

11. 구재求財에 불리한 방위

天盤	乙	乙	丙	丙	戊	戊	戊	己	己	庚	庚	庚	庚	辛	辛	辛	壬	壬	癸	癸
地盤	乙	辛	丙	庚	戊	辛	壬	己	壬	丙	庚	壬	癸	乙	戊	辛	己	壬	庚	癸
格局	返吟雜草	靑龍逃走	伏吟洪光	熒惑入白	伏吟峻山	返吟洩氣	龍入天牢	地戶逢鬼	返吟濁水	太白入熒	伏吟戰格	耗散小格	返吟大格	白虎猖狂	困龍被傷	伏吟相剋	返吟泥漿	伏吟地網	返吟侵白	天網四張

12. 관재구설官災口舌, 여난女難이 우려되는 방위

天盤	丁	戊	己	庚	壬
地盤	己	己	庚	己	乙
格局	星墮勾陳	貴人入獄	顚倒刑格	官符刑格	逐水桃花

13. 여행에 불리한 방위

天盤	癸
地盤	癸
格局	天網四張

14. 고시考試, 각종시험에 불리한 방위

天盤	丁	癸
地盤	癸	丁
格局	朱雀投江	螣蛇妖嬌

15. 희신방 요약표

日干	甲己日	乙庚日	丙辛日	丁壬日	戊癸日
方位	艮宮	乾宮	坤宮	離宮	巽宮
	遠行, 求財, 昇級(승급), 賭博(도박), 시합 등에 길하다.				

16. 절로공망截路空亡 조견표

日干	甲己日	乙庚日	丙辛日	丁壬日	戊癸日
時支	申酉時	午未時	辰巳時	寅卯時	子丑時
	용병관련이나 출행 건은 沮滯(저체)되어 고생한다. 길흉이 다 허사고, 凡事가 불성이다. 金木空亡은 소리가 나서 소흉하다.				

17. 오불우시五不遇時 조견표

日干	甲	乙	丙	丁	戊	己	庚	辛	壬	癸
時干	庚	辛	壬	癸	甲	乙	丙	丁	戊	己
	용이 눈동자를 잃어버리는 시간이므로, 해와 달이 광명을 잃은 상태와 같으니 매사에 흉하다.									

18. 이십팔숙二十八宿 조견표

	月	火	水	木	金	土	日
申子辰日	畢(필)	翼(익)	箕(기)	奎(규)	鬼(귀)	氐(저)	虛(허)
巳酉丑日	危(위)	觜(자)	軫(진)	斗(두)	婁(루)	柳(류)	房(방)
寅午戌日	心(심)	室(실)	參(참)	角(각)	牛(우)	胃(위)	星(성)
亥卯未日	張(장)	尾(미)	壁(벽)	井(정)	亢(항)	女(녀)	昂(앙)

	二十八宿 길흉 요약
角	증개축에는 길하고 혼인에도 길하다. 移葬(이장)이나 봉분의 수리에는 불길하다. 이날이 초하루면 대흉이다.
亢	증개축에는 장자부부가 망하고 혼인은 독수공방수가 있고, 장례는 흉하다. 이 날이 그믐날이면 더욱 흉하다.
氐	집을 짓거나 혼례에 길하고 매장이나 墳墓(분묘)를 고치는 등 여타의 일에는 흉하다.
房	모든 일에 다 길하다. 단지 장례나 이장은 불길하다.
心	모든 일에 불길하다.
尾	집을 짓거나, 葬埋(장매), 開門, 혼인, 防水 등에 모두 길하다.
箕	증개축, 葬埋, 封墳(본분)수리, 開門, 방수에 모두 길하다.
斗	모든 일에 길하다. 집을 짓거나 葬埋에는 더욱 길하다.
牛	매사에 불리하다.
女	집을 짓거나, 安葬, 개문, 방수 등에 모두 흉하다.
虛	모든 일에 다 길하나 오직 장례에는 흉하다.
危	증개축, 매장, 開門, 防水 등에 흉함.
室	집을 짓거나, 장매, 개문, 방수 등에 길하다.
壁	葬埋, 가옥건축, 수리, 혼인, 방수 등에 길하다.
奎	장매, 개문, 방수에 불길하나, 집을 짓거나 수리하는 일에는 흉하다.
婁	혼인, 안장, 개문 등에 길한데, 다만 이날이 그믐날이면 흉하다.
胃	장매와 혼인에 길하다.
昂	방수, 장매, 개문, 혼인에 흉하고, 가옥을 짓거나 수리하는데는 길하다.
畢	집을 짓거나, 장매, 개문, 방수, 혼인 등에 길하다.

觜	모든 일에 다 흉하나 장매에는 길하다.
參	혼인, 안장, 개문, 방수 등에 흉하나, 가옥 수리에는 길하다.
井	집을 짓거나, 개문, 방수 등에는 길하나 오직 葬埋에는 흉하다.
鬼	葬埋에는 길하나 집을 짓거나 혼인 등에는 흉하다. 특히 이날이 그믐날이면 더욱 흉하다.
柳	葬埋, 집을 짓는데 흉하다.
星	신방을 꾸밈에 길하나, 다만, 흉성을 만나면 이별이나 사별이 있다.
張	집을 짓거나, 葬埋, 혼인, 출행, 就任, 군사를 움직임에 모두 길하다.
益	장매에만 길하다. 증개축, 개문, 방수 등 다른 일은 흉하다.
軫	집을 짓거나, 배를 만들거나, 옷을 만들거나, 장사지내거나 출행 등에 길하다.

제12편

기문요결奇門要訣

1) 홍국기문은 기문둔갑에 사주의 자평명리법을 도입하여 命主의 운세를 간명 해 보는 방법으로 奇門四柱局이 主流다. 따라서 사주국의 구성요소인 홍국수, 육신, 일가팔문신장, 팔괘생기, 태을구성, 십이운성, 십이신살, 십이천장 및 기타 여러 神殺 등과의 상호 연계관계 분석과 왕쇠 여부, 그리고 일진궁과 타궁과의 연계 및 왕쇠를 분석하는 것이 기문통변의 첫걸음이며, 아래와 같이 局의 구성을 天·地·人 3요소로 분류해보면 통변의 가닥이 쉽게 잡힐 것이라 사료된다.

◆ 天時的 要素 - 太乙九星
◆ 地理的 要素 - 八卦生氣
◆ 人事的 要素 - 六神. 日家八門神將

2) 홍국기문의 주류인 奇門四柱局은 자평명리에서와 같이 六神의 역할이 절대적이라 해도 과언이 아니다. 따라서 육신과 門·星·卦의 旺衰와 吉凶 여부 및 神殺의 역할을 면밀히 분석하여 길흉 여부를 가리면, 보다 정확한 기문 통변이 가능한 것이다.

六神의 통변			
		主事(男命)	主事(女命)
官星	正官	•자식(여) •문관직 •직업. 직장. 직책(정규직) •승진. 합격. 당선	•남편 •문관직 •직업. 직장. 직책(정규직) •승진. 합격. 당선
	偏官	•자식(남) •무관직 (군인.경찰.소방.이공계) •직업. 직장. 직책 (비정규직) •관재구설. 시비 다툼. 사고. 질병	•재혼할 남. 애인 •무관직(군인.경찰.소방.이공계) •직업. 직장. 직책 (비정규직) •관재구설. 시비 다툼. 사고. 질병
財星	正財	•본 처 •고정수입 재물	•고정수입 재물 •시어머니
	偏財	•첩. 애인 •아버지 •투기사업 재물	•아버지. 시어머니 •투기사업 재물

印星	正印	•본 어머니 •지혜. 학문. 문서. 도장. 소식 •이사문제. 계약관계 •수명 •언어능력 •선천적 질병	•본 어머니 •지혜. 학문. 문서. 도장. 소식 •이사문제. 계약관계 •수명 •언어능력 •시어머니

	偏印	•庶母.
		•흉사를 동반한 부정적 요소
		  (지혜. 학문. 문서. 도장. 소식 등)
		•질병. 수술
		•흉사를 동반한 이사문제, 계약관계
		•후천적 질병
			•庶母
			•흉사를 동반한 부정적 요소
			  (지혜. 학문. 문서. 도장. 소식 등)
			•질병. 수술
			•시어머니
			•흉사를 동반한 이사문제, 계약관계

食傷	食神	•밥그릇(취직) •자식(아들) •예체능(문학계통)	•밥그릇(취직) •자식(딸) •예체능(문학계통)
	傷官	•자식(딸) •예체능(예술. 체육계통) •자식을 극함	•자식(아들) •예체능(예술. 체육계통) •남편을 극함
比劫	比肩	•형제자매(남형제) •동업관계. 동창관계. 동료관계 •副業	•형제자매(여형제) •동업관계 •副業
	劫財	•형제자매(여형제) •동업관계. 동창관계. 동료관계	•형제자매(남형제) •동업관계

3) 宮의 역할론 요약

기문국의 통변에서 비중있게 살펴보아야 하는 宮의 역할에 대해 요약해보면 아래와 같다.

	國運占	奇門四柱局	奇門占事局	烟局奇門
中宮	행정부처	가택 당면과제	쟁점사항	조정자
日辰宮 日干宮	국가수반	문점인	문점인	주체요소 조직 수반
四辰宮 四干宮	주변 환경	주변 환경	주변 환경	연관사안
行年宮 太歲宮	당면과제	쟁점사항	귀결요소	귀결요소

4) 日辰宮은 旺함을 요한다. 日辰宮은 君王의 자리로 논하므로 旺해야만 기타宮을 잘 통제하고 제압할 수 있으니 길한 명조가 되는 것이다.

5) 四辰(年支宮. 月支宮. 日辰宮 天·地盤. 時支宮)은 動處인 中宮의 天·地盤과 더불어 타 宮에 직접적으로 영향을 미칠 수 있으나, 기타 宮은 中宮을 거쳐야만 타 宮에 영향을 미칠 수 있다. 그러나 非動處라도 旺하면 동처의 역할을 한다고 보아야 한다.

6) 行年宮과 太歲宮도 동처의 역할을 한다.

7) 奇門四柱局과 占事局은 각 宮에 부법하는 여러 神殺들과의 연계관계를 잘 파악하고, 이를 잘 활용하는 것이야말로 기문둔갑 통변의 첩경이란 점을 숙지해야 한다.

8) 홍국기문에서 大運의 고찰은 먼저 其 낙궁처의 왕쇠를 살펴봄이 중요하고, 동궁한 六神이나 門·星·卦와의 연계는 차후다. 이것은 大運 낙궁처의 六神의 역할보다는 宮의 旺衰에 비중을 두어 판단해야 한다는 것이다. 예로, 문점인의 正財 낙궁의 대운이 2~7세라면, 이 시기에 正財에 해당하는 사안이 발생한다고 판단하기 보다는, 其 宮의 왕쇠를 논하여 왕하면 평생에 재물복이 많은 것이고, 쇠하면 재물복이 적을 것이라 판단해야 한다는 것이다. 得財의 시기는 행년과 태세가 正財 낙궁시나 각 궁의 지반수가 왕한 대운의 시기로 판단한다.

9) 홍국기문에서의 門·星·卦는 정위궁과 소재궁을 비교하여 길흉의 강약을 고찰해야 한다. 예로, 日家八門의 生門은 定位宮이 艮8土宮인데 巽4木宮에 낙궁이면 宮의 剋을 받아 이른바 "宮迫"되니 길함이 반감되는 것이다. 또한 八卦生氣에서 生氣의 경우라면 본시 木星이나 乾6金宮에 낙궁이면 역시 宮의 剋을 받아 길함이 반감되는 것이다. 만약 生門이 離9火宮이나 坤2 土宮에 낙궁이면 宮의 生을 받고 또한 比和되니 길함이 더욱 가중되는 것이다.

10) 年干과 年支宮은 祖上으로 보고, 月干과 月支宮은 부모형제자매로 본다. 日干은 己身이고 日干宮의 上神을 처로 논한다. 時干은 자식으로 보고 時支는 첩이나 수하인으로 논한다.

11) 질병과 연관되는 卦宮의 신체배속을 살펴본다.

　　離宮　　　：머리. 얼굴
　　乾宮. 艮宮 ：양발

坤宮. 巽宮 : 양어깨. 양귀

兌宮. 震宮 : 양손

坎宮 : 신장. 방광. 생식기

中宮 : 심장. 복부

12) 格局으로는 사주 그릇의 크기를 논하고, 命運으로 길흉의 大小 및 득실의 多少를 논한다.

13) 먼저 世宮과 중궁의 六神의 旺衰를 보고, 다시 생극관계 및 길흉을 따져 인생사 전반에 걸쳐 발생할 사안에 대해 큰 틀을 잡고, 다음으로 사진동처의 동향을 잘 살피어 타 궁과의 연계관계에서 발생할 길흉을 논한다.

14) 空亡地 및 이를 沖하는 궁을 살펴보아 局에 미칠 영향을 분석한다.

15) 庚儀는 太白殺로 논하니 부모궁인 乾宮과 坤宮, 또는 년간궁이나 년지궁에 임하면 조실부모의 우려가 있고, 劫財宮이나 월간궁이나 월지궁에 임하면 부모나 형제관련하여 손상이나 동료관계에서의 손실이 발생하고, 일간궁에 임하면 가택과 관련한 흉화가 염려되고, 시간궁이나 식상궁에 臨하면 자식에게 흉화가 발생하거나 자식을 두지 못하는 경우가 있다.

16) 時家八門神將은 기문국의 구성요소 중 지리적 요소에 해당하니, 天·地盤奇儀와 각 宮의 홍국수와 매우 밀접한 관계에 있는 것이다. 또한 기문국에 미치는 영향도 크다 판단해야 한다. 특히 生門과 死門은 生沒과도 연계되며 또한 命運의 始終과도 연계되는 것이다. 세밀하게 고찰해야 한다.

17) 生門이 太白殺인 庚儀와 동궁하는데, 상하 상충하고 다시 宮의 剋을 받으면 조업과 터를 버리고 고향을 떠나게 되고, 상하 상극이고 다시 宮의 剋을 받으면 물려받은 재산을 모두 탕진하게 된다.

18) 生門이 內卦에 있고 日干宮(己身宮)이 外卦에 있으면 대체로 조상의 조업과 재산을 모두 탕진하게 되고, 生門이 外卦에 있고 日干宮(己身宮)이 內卦에 있으면 대체로 고향을 떠나 타향에서 발전하게 된다.

內卦(陽遁局 : 坎·艮·震·巽　陰遁局 : 離·坤·兌·乾)

外卦(陽遁局 : 離·坤·兌·乾　陰遁局 : 坎·艮·震·巽)

19) 生門과 日干宮(己身宮)이 모두 內卦에 있으면 대체로 평생 안온한 생활을 하게 되고, 生門과 日干宮(己身宮)이 모두 外卦에 있으면 고향을 떠나 타향에서 자수

성가하게 된다.

20) 日干宮(己身宮)이 空亡地에 낙궁하고, 時干宮이 日干宮과 대충방에 낙궁이면 소년시절에 의지할 곳 없이 고독하게 되고, 이와 반대의 경우에는 노년에 고독하며 곤고하다.

21) 年干宮이 흉격을 이루고 상하 상극하고, 다시 타 宮 동처의 충극을 받으면 빈천한 인생을 보내게 되고, 日干宮(己身宮)이 흉격을 이루고 墓, 絕宮에 臨하면 평생 발전이 적고, 時干宮이 흉격을 이루고 墓, 絕宮에 臨하면 자식들의 발전을 기대하기 어렵다. 月干宮이 그러하면 부모형제자매간 불목하고 상부상조함이 적고 태어나서 죽은 형제자매가 있는 경우가 많다.

22) 天蓬星은 北垣으로 坎1宮에 속하며 盜賊之星(도적지성)이다. 왕상하고 길문, 길괘를 득하면 邪된 마음을 품어 叛逆(반역)하는 무리의 首魁(수괴)가 되나, 흉문, 흉괘를 득하면 일개 盜賊輩(도적배)에 불과하다.

23) 天蓬星이 財星宮에 落宮하면 물건 값을 비싸게 책정하여 폭리를 취하려는 일면도 있고, 기타의 宮에는 破財의 의미가 강하다.

23) 天芮星은 병란, 질병, 도적, 종교 등과 연관되는 흉성으로 病故之星(병고지성)이다. 왕상하고 길문, 길괘를 만나도 대체로 貴를 얻지 못하고 평탄한 인생을 살아가나, 格局이 吉하면 名醫, 治安책임자, 종교지도자가 되는 경우가 있으나, 休·囚되고 흉문, 흉괘를 만나면 사기꾼, 돌팔이의사, 사이비종교의 지도자로 전락하는 경우가 많다.

24) 天芮星이 六親과 同宮이면 모두 凶하다.

24) 天沖星은 進就之星(진취지성)으로 패기와 왕성함이 있으며 평길성인데, 왕상하고 길문, 길괘를 득하면 武科 관련하여 武將으로 공명을 떨치고, 休·囚되고 흉문, 흉괘를 득하면 건달, 도적, 無賴輩(무뢰배)에 불과하다.

25) 天輔星은 大吉之星인데 왕상하고 三奇와 길문, 길괘를 득하면 학문으로 발달하여 문관으로 이름을 날린다.

26) 天禽星은 중궁의 길성이다. 三奇와 길문, 길괘를 득하면 백계의 재능이 있고, 다시 正官과 正印이 아름다우면 百官의 으뜸이 된다. 日辰宮이 坤宮이면 坤宮은 中宮의 天禽이 坤宮出이므로 특히 그러한 재능이 있는 사람이다.

27) 天心星은 의약, 수도, 정신관련, 부적 등을 관장하는 길성이다. 왕상하고 길격이

면 의학과 종교, 교육가로 명성을 떨치고, 흉격이면 平生半作의 평범인이다.

28) 天柱星이 三奇와 길문, 길괘를 득하면 諫言(간언)하는 직책이나 法曹人(법조인)으로서의 능력이 있다. 그러나 흉격을 이룬 경우에는 隱居之人(은거지인)이나 修道人(수도인)의 길을 가는 경우가 많다.

29) 天任星은 暗昧之事(암매지사)나 女人之事와 연관된 길성이다. 왕상하고 길문, 길괘를 득하면 계책이 뛰어나 창업과 연관하여 높은 직책에 오르고, 국가대사의 장기적 계획을 수립함에도 能臣이다. 다만 흉문, 흉괘를 득하면 다성다패하므로 인물됨이 매사 有始無終(유시무종)하기 쉽다.

30) 天英星은 南方火星의 흉성이다. 길문, 길괘를 득하면 재능있는 관리이나, 그렇지 못하면 매사 용두사미의 하천인이다.

31) 開門이 三奇(丁奇·丙奇·乙奇)를 득하고 왕상하며 길격을 이루면 文官으로 이름이 높다.

32) 傷門이 月令에서 왕상하며 길격을 이루면 武官으로 출세한다.

33) 生門이 三奇를 득하고 길괘와 길격을 이루면 大財를 획득한다.

34) 景門이 三奇를 득하고 길괘와 길격을 이루면 문학으로 이름을 얻고, 학문으로도 칭송을 얻는다.

35) 驚門이 길괘와 길격을 이루면 변설에 능하고, 방송매체로 이름을 날릴 수 있다.

36) 死門이 三奇와 길괘를 득하면 刑吏의 官을 얻고 법집행과 연관된 공직에 근무하는 경우가 많다. 賤格이면 일생 곤란이 많이 따른다.

37) 杜門이 길괘와 길격을 이루면 宗敎와 修道 관련하여 高名하게 되고, 은거하며 학술탐구와 제자양성에 길하다. 時支나 時干宮에 동궁이면 자식을 늦게 두거나, 자식과 연이 없는 경우가 많다.

38) 休門이 길괘와 길격을 이루면 大事에 조력자로서의 역할로 명성을 얻고, 富와 명예를 획득할 수 있다.

39) 開門이 內卦에 있으면 이른 나이에 발전하게 되고, 外卦에 있으면 중년 이후 발전하게 된다.

40) 開門이 乾宮에 있으면 乾宮은 老父宮이니 老年에 官職을 얻게 된다.

41) 三吉星(天輔·天禽·天心)이 三奇(乙·丙·丁)를 득하고 길괘가 동궁이면, 이른바 격국이 길한 것이니 富豪의 命이고, 흉격이면 평상인에 불과하다.

42) 開門과 天心이 동궁이면 天心은 의약, 종교, 부적 등과 연관되니, 왕상하면 의술이나 복술, 종교가로 이름을 얻고, 休·囚·死되면 단지 기술자의 命이다. 아울러 世宮과 日干이 왕하면 高名하고 休·囚·死되면 평범이다.

43) 休門과 天蓬이 동궁이면 둘 다 坎1宮의 水星으로 比和된다. 왕상하면 軍營의 하급장교나 武職의 하급관리이고, 休·囚·死되면 兵卒이나 下賤人이다.
만약, 천봉이 흉문과 동궁이고 흉격이면 도살업이나 무뢰배에 불과하다.

44) 生門과 天任이 동궁이면 둘 다 艮8宮의 土星으로 比和된다. 왕상하면 전답이 많고, 休·囚·死되면 공업이나 농부이다. 이에 만약 흉격을 이루면 小作農에 불과하다.

45) 傷門과 天沖이 동궁이면 둘 다 震3宮의 木星으로 比和된다. 왕상하면 軍營의 지휘관이나 무술고단자이고, 休·囚·死되면 하급관리나 운송관련 驛吏員이다.

46) 杜門과 天輔가 동궁이면 둘 다 巽4宮의 木星으로 比和된다. 왕상하면 벼슬없이 隱居(은거)하는 고명한 선비이고, 휴수사되면 僧徒나 道人, 山林에 隱居(은거)하는 自然人이다.

47) 景門과 天英이 동궁이면 둘 다 離9宮의 火星으로 比和된다. 왕상하면 위맹하고 강개한 선비이고, 休·囚·死되고 흉격이면 단순노동직의 신분이다.
女命의 경우에는 미용과 인테리어, 혹은 대인관계가 빈번한 보험관련업에 종사하는 경우가 많다.

48) 死門과 天芮가 동궁이면 둘 다 坤2宮의 土星으로 比和된다. 旺相하면 지방직 수령이거나 의원으로 고명하고, 休囚死되면 하급관리나 의료관련 유통업에 종사하고, 다시 흉격이면 葬埋業(장매업)이나 風水나 墓所(묘소)관련 직업에 종사하는 경우가 많다.

49) 驚門과 天柱가 동궁이면 둘 다 兌7宮의 金星으로 比和된다. 왕상하면 지방의 하급직 탐관오리이거나 수전노와 같은 금융대부업 종사자이거나, 폭력 조직의 首魁(수괴)가 되는 경우가 많다. 休·囚·死되고 흉격이면 건달, 깡패나 무위도식자가 된다.

50) 天心星은 의사와 의약, 정신수련, 부적 등을 관장하는 길성이다. 공망됨을 대기한다. 길격이고 길문, 길괘를 득하면 길한 작용을 하지만, 사절묘에 臨하고 흉격이면 평생 빈한한 생활을 면치 못한다.

51) 移徙運(이사운)은 正印宮이 旺해지는 流年運이나 태세 낙궁처가 日辰이나 日干을 충극하는 경우에 많이 한다.

52) 天蓬이나 玄武가 일간이나 일진궁에 臨하는 태세에 盜難(도난) 건이 많이 발생한다.

53) 부동산이 매매되는 시기는 중궁이나 태세궁에 正印이 임하거나, 사주일간 기준하여 天乙貴人이 일진이나 일간궁에 임하는 경우에 많이 성사된다.

54) 天候占에 白虎나 驚門은 돌풍이나 변덕스런 날씨와 연관되고, 太陰이나 咸池는 음울한 날씨와 연관된다.

55) 占雨는 天蓬星이 壬癸에 乘하고 坎, 震, 兌宮에 臨하거나, 天柱星에 壬癸가 乘하고 坎, 震, 兌宮에 臨하면 비가 온다.

56) 占晴은 天英星이 왕상하고 震·巽宮에 壬하거나 日干과 時干을 극하면 맑다.

57) 求財나 경매, 부동산 매매 등과 관련한 재물의 多少는 財星宮 上下 數로 유추하는데 旺相休囚死를 참작한다.

　旺相 : 財星宮 上下 數를 곱한 數

　　休 : 財星宮 上下 數를 곱한 數의 1/2

　　囚 : 財星宮 上下 數를 더한 數

　　死 : 財星宮 上下 數를 더한 數의 1/2

58) 子孫의 길흉 여부는 時支宮, 時干宮과 食傷宮의 격국 및 문·괘의 길흉 여부로 판단한다.

59) 질병, 사고관련 問占은 행년과 태세의 동향을 살펴보고, 格局과 偏印, 官鬼, 財鬼宮의 門·卦·星을 위주하여 길흉을 판단한다.

60) 교통사고는 역마살이나 地殺, 태을구성의 軒轅이 중궁이나 年支宮에 있고, 官鬼가 日干이나 行年에 臨하면 발생하게 된다. 또한 지반수 3·8木에 官鬼가 臨할 때에도 교통사고가 발생한다.

61) 伏吟局은 萬事不動의 象이니 求財, 婚事(혼사), 昇進(승진), 當選(당선) 관련사는 길함이 적다.

62) 시비다툼이나 관재구설, 女難 등의 관련사는 천·지반기의가 丁·己(星墮勾陳格), 戊·己(貴人入獄格), 己·庚(顚倒刑格), 庚·己(官符刑格), 壬·乙(逐水桃花格) 등의 방위는 기피해야 한다.

63) 원행이나 여행 등은 상하 奇儀가 癸·癸인 天網四張(천망사장)格의 방위는 기피
   해야 한다.

64) 甲加丙(天盤이 符首이고 地盤이 丙奇인 경우)이면 靑龍返首(청룡반수)格이라 하여 지
   방공직의 首領이 될 수 있다.

65) 丁加甲(天盤이 丁奇이고 地盤이 符首인 경우)이면 靑龍轉光(청룡전광)이라 하여 공직
   자는 직위가 높고 부자의 命이다.

66) 辛加乙이면 白虎猖狂(백호창광)이라 하여 예기치 않은 사고, 질병이 多發하고,
   건달, 깡패, 무뢰배의 命이다.

67) 乙加辛이면 靑龍逃走(청룡도주)라 하여 매사 적극적이지 못한데, 手下人이나 妻
   로 인해 損財數가 들어오며 선천적인 질병이 있는 경우도 있다.

68) 丁加辛이면 朱雀投江(주작투강)이라 하여 하급관리나 회사의 회계경리나 비서
   직을 맡거나 단순노동직에 종사하는 경우가 많다.

69) 癸加丁이면 螣蛇妖嬌(등사요교)라 하는데 사람이 허황되고 거짓말을 잘하고 심
   성이 악독하다. 문서난, 관재구설, 火災 등이 多發한다.
   흉격이고 타 宮에 구조의 神이 없으면 선천적인 장애자인 경우가 있고, 왕상하
   면 火災를 당하는 경우가 있다.

70) 庚加丙이면 太白入刑(태백입형)이라 하는데 도둑으로 인해 손재수가 생기고, 행
   동은 민첩하고 활동적이나 먼저는 빈고하고 나중은 좀 안정된다.

71) 丙加庚이면 熒惑入白(형혹입백)이라 하는데 재물이 흩어지고 빈한해진다.

72) 庚儀(太白殺)가 天乙과 干合되면 성패가 다단하고, 庚儀(太白殺)와 天乙이 동궁
   이면 형제간에 불화하고, 庚儀(太白殺)와 天蓬星이 동궁이면 妻에게 고질병이
   있으며, 다시 흉문, 흉괘를 득하게 되면 집안의 淫事(음사)로 인해 추문이 이웃
   에 퍼지게 된다.

73) 庚加癸이면 返吟大格(반음대격)이라 하는데, 사업에 실패수가 있고, 유랑인의
   팔자이며, 動하면 官災數가 있고, 靜하면 母女俱傷의 흉함이 있다.

74) 庚加壬이면 耗散小格(모산소격)이라 하는데, 일처리에 잘못이 있어 손재와 시비
   구설이 따르고, 남녀간의 사안이라면 哀思(애사)가 있다.

75) 庚金이 四干과 동궁인 경우, 年干과 동궁이면 年格, 月干과 동궁이면 月格,
   日干과 동궁이면 日格, 時干과 동궁이면 時格이라 하는데, 대체로 사안은 흉하

게 작동한다. 통변은 동궁한 六神의 향배를 살펴보아야 하며, 아울러 생극관계, 문·괘의 길흉여부를 참작하여 판단하면 실수가 적다.

76) 辛은 天賊(천적)이고 壬은 地牢(지뢰)라 하는데 日干宮(己身宮)에 臨하면 하천인이며, 행동과 성격이 저질적이고, 평생을 울분과 한탄으로 보내는 경우 가 많다.

77) 玉女守門(옥녀수문)은 길격이지만 흉문, 흉괘를 대동하면, 妻가 情分(정분)이 나서 남자를 따라 달아나는 경우가 있으니 宮의 親疎(친소)관계를 잘 살펴보아야 한다.

78) 癸儀는 天網이니 그물의 고저를 살펴보아야 한다. 旺相하고 길문, 길괘를 득하면 華蓋가 되어 총명하고 귀격이나, 休·囚·死되고 흉문, 흉괘를 득하면 이제는 옥죄는 그물이 되어 신변에 이르니, 매사 저체되고, 빈고하고, 성사됨이 적다.

79) 乙奇는 妻妾으로 논한다. 乙奇가 入墓되면 처가 자식을 낳지 못하고, 乙奇가 空亡되면 처와의 연이 없거나 독신으로 살게 되고, 천반이 乙奇이면 처첩이 화목하고, 천반 丁에 지반 乙이면 九遁格(구둔격) 중 人遁格(인둔격)이니 현모양처를 얻게 된다.

80) 螣蛇가 景門에 臨하면 燈燭火(등촉화)로 보고, 驚門에 臨하면 災害(재해)로 본다.

81) 玄武가 財鬼宮에 臨하면 多病함이 있다.

82) 六合이 景門과 同宮이면 酒食(주식)이나 僧徒(승도)의 예술관련 事案이 응해온다.

83) 勾陳이 官鬼宮에 臨하면 拘留(구류), 爭訟(쟁송) 관련이나 질병, 사고를 유발한다.

參考圖書

玉光會 編著, 『奇門遁甲揭秘』, 대만: 育林出版社, 2013.

저자미상, 『奇門遁甲全書』 복사본, 隆泉書局, 민국75년.

魯揚才 編著, 『奇門遁甲現代應用學』, 中國哲學文化協進會, 2015.

法主堂山人 編著, 『奇門遁甲』, 世一文化事業股份 有限公司, 2002.

張耀文 著, 『奇門遁甲天地全書』, 대만: 武陵出版社, 1996.

孔日昌 編著, 『奇門遁甲入門訣』, 대만: 久鼎出版社, 민국105년.

端木譽 著, 『白話奇門遁甲』, 龍吟文化事業股份, 1995.

魯揚才 著, 『奇門遁甲高級豫測學』, 中國哲學文化協進會.

魯揚才 編著, 『奇門堪輿學』, 中國哲學文化協進會, 2000.

張崇俊 編著, 『奇門遁甲金函玉鏡眞詮』, 대만: 武陵出版社, 2013.

甘霖時 撰, 『奇門一得』, 대만: 武陵出版社, 1992.

明代 程道生 著, 『奇門遁甲演義』, 대만: 武陵出版社, 2011.

高安齡 著, 『奇門遁甲應用研究』, 대만: 武陵出版有限公司, 1995.

謝宏茂 著, 『九宮數財運學』, 대만: 大元書局, 2012.

邵問津·潘子傑 合著, 『琴堂波古法奇門揭秘』, 대만: 武陵出版有限公司, 2010.

陳怡誠 編著, 『奇門遁甲擇日學』, 大元書局, 2011.

增田眞介 原著, 『奇門遁甲實占』, 대만: 武陵出版有限公司, 민국79년.

張子房·諸葛亮 著, 劉伯溫 輯, 『奇門遁甲秘笈全書』, 竹林書局, 민국104년.

저자미상, 『珍本奇門遁甲』, 淸大 古今圖書集成局 集文書局有限公司, 민국85년.

李奇穆 著, 『奇學精說』, 明文堂, 1981.

李于齋 編著, 『新稿洪煙眞訣精解』, 明文堂, 1976.

류래웅 저, 『기문둔갑신수결』, 大有學堂, 2005.

오청식 편저, 『時家奇門遁甲入門』, 효정출판사, 2010.

吳澤鎭 編著, 『奇門遁甲秘經』, 明文堂, 1992.

이을로 著, 『기문둔갑 I·II』, 동학사, 2001.

곽동훈 저, 『기문둔갑정해』, 선영사, 2008.

金星旭 編著, 『九宮秘訣』, 明文堂, 1994.

朴興植 著, 『奇門遁甲玉鏡』, 삼한출판사, 1999.

김수길·윤상철 공역, 『周易入門2』, 大有學堂, 2004.

金明濟 著, 『九星學(氣學)入門』, 明文堂, 1972.

李在南 著, 『六壬正斷』, 明文堂, 1985.

편저자 김갑진

- 단국대학교 졸업
- 역술학 강의 이력(단국대학교 천안 평생교육원 2007~)
  - 기문둔갑
  - 육임
  - 주역
  - 사주초급
  - 사주고급
  - 실전사주
  - 사주통변술
  - 관상학
- 역술학 강의 이력(중앙대학교 안성 평생교육원 2017~)
  - 사주(초급·중급)
  - 풍수지리
- (현)구궁학회 회장
- (현)구궁학회 상담실 운영(1991)
- 연락처　041-552-8777
　　　　　010-5015-9156

실전 기문둔갑 [이론편]

2018년 5월 28일 초판 1쇄 펴냄

편저자 김갑진
펴낸이 김흥국
펴낸곳 도서출판 보고사
등록 1990년 12월 13일 제6-0429호
주소 경기도 파주시 회동길 337-15 2층
전화 031-955-9797(대표)
　　　 02-922-5120~1(편집), 02-922-2246(영업)
팩스 02-922-6990
메일 kanapub3@naver.com
http://www.bogosabooks.co.kr

ISBN 979-11-5516-749-6　93180
ⓒ 김갑진, 2018

정가 43,000원